眞 空 家 鄉

清代民間秘密宗教史研究

莊吉發著

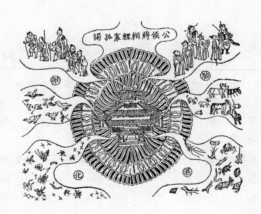

文史哲學集成

文史哲出版社印行

國家圖書館出版品預行編目資料

真空家鄉：清代民間秘密宗教史研究 / 莊吉發
著. -- 初版. -- 臺北市：文史哲，民 91
面： 公分 -（文史哲學集成；459）
ISBN 957-549-435-0 (平裝)

1.宗教 – 中國 –清（1644-1912）2.秘密會社
- 中國 –清（1644-1912）
209.207　　　　　　　　　　　　91007465

文史哲學集成 ㊼

眞空家鄉：清代民間秘密宗教史研究

著　　者：莊　　　　吉　　　　發
出版者：文　史　哲　出　版　社
登記證字號：行政院新聞局版臺業字五三三七號
發行人：彭　　　　正　　　　雄
發行所：文　史　哲　出　版　社
印刷者：文　史　哲　出　版　社
　　　臺北市羅斯福路一段七十二巷四號
　　　郵政劃撥帳號：一六一八○一七五
　　　電話 886-2-23511028・傳真 886-2-23965656

實價新臺幣六四○元

中華民國九十一（2002）年六月初版

眞空家鄉

——清代民間秘密宗教史研究

目　次

第一章　緒　論

　　《論語・述而》有「子不語怪力亂神」等語。清錢塘人袁枚，字子才，他倣魏晉志怪小說，撰《子不語》一書，正編二十四卷，續編十卷，專記神鬼怪異之事。孔子雖然以「怪力亂神」之事，無益於教化，而不言鬼神，但是，「子不語」這句話的背後，正好反映當時的社會有人喜歡談「怪力亂神」，同時也說明宗教信仰的問題，早已受到國人的重視。

　　在不同的文化背景之下，其宗教形態，具有不同的特點。我國傳統文化，大致可以分為上下兩個層次：上層文化是傳統社會的主導文化，以士大夫階層為文化中堅；下層文化就是民間文化，構成傳統社會的文化潛流，是屬於潛文化，或隱文化，為下層社會的廣大民眾所傳承①。佛教、道教等傳統正信宗教，其最顯著的特徵，就是經過漫長的歷史發展，社會整合，使佛教和道教在事實上已經成為社會上層建築的一部分。相對於傳統正信宗教而言，許多較晚出現，並具有某些新形態和特點的新興教派，則屬於下層社會的民間宗教信仰②。

　　盛行於下層社會的民間新興宗教，其稱謂頗不一致，或稱為民間宗教，或稱為民間秘密宗教，或稱為秘密教門，或稱為白蓮教，中外學者迄未獲得一致的術語。馬良文撰〈中國民間宗教芻議〉一文指出，民間宗教的稱謂，五花八門，傳統的術語「邪教」、「異端教」、「妖教」等等，都無助於闡明民間宗教的本質，因

為這些術語帶有明顯的政治色彩。很多中國學者目前所採用的「秘密宗教」概念，最近受到不少外國及中國學者的公正批評。首先，每種宗教都有自己的「秘密」，其次，很多中國民間宗教，並不把自己的教義和活動，當作秘密，相反地是公開招攬一切人成為它們的信徒。在西方和日本，廣泛使用「混合宗教」和「新宗教」概念，但在中國這類概念現時很少使用。馬良文進一步指出，民間宗教是與傳統分開的，同時又是傳統的繼續，它們是傳統的反射產物，也因此民間宗教不能不獲得「異端」的綽號。同時各教派又代表著革新傳統的因素，可以稱之為革新的宗教，使用「新宗教」這個術語，也是有道理的③。其實，盛行於下層社會的民間秘密宗教，就是糅合儒釋道教義思想而產生的新興教派，所謂的「混合宗教」，就是屬於民間秘密宗教的範疇，可以說明新興宗教的特質。秦寶琦著《中國地下社會》一書指出，秘密社會又稱為秘密結社，分為秘密教門與秘密會黨兩大系統，前者是由宗教信仰演變而成的民間秘密結社；後者是以異姓結拜弟兄的形式出現。作者分析秘密教門的本質與社會功能後指出：

> 秘密教門雖然以宗教信仰的面貌出現，但在本質上它是被壓迫階級中少數不肯向自己命運低頭的人，以宗教信仰為紐帶自發結成的民間秘密結社。秘密教門的創立者和參加者，大多希望借助於這種秘密組織的力量，來達到自己的某種政治或經濟方面的要求，使自己的地位和處境得到改善。秘密教門多源於佛教異端教派，繼承了異端教派中的叛逆思想，具有反現存社會秩序，反傳統的特點，在歷史上多次舉行武裝反抗鬥爭，因而被歷史統治階級視同叛逆，受到取締與鎮壓，只能在民間秘密活動。所以，我們認為它非宗教信仰，秘密教門的組織，亦非宗教團體，而僅僅

是一種披著宗教外衣的民間秘密結社④。

引文內容指出秘密教門因遭到政府的取締，而只能在民間秘密活動，是符合歷史事實的。但作者對秘密教門論述，過於強調各教門的政治意識，同時也否定了秘密教門的宗教性質。作者認為民間秘密教門的本質，並非宗教信仰，秘密教門的組織，亦非宗教團體，都是有待商榷的。其實，民間秘密教門，就是民間秘密宗教的教派，民間秘密教門，並非都有暴力傾向，在佛教術語中，教門就是具有宗教信仰的宗教組織或宗教團體。雍正十三年（1735）十二月十五日，乾隆皇帝諭總理事務王大臣云：

> 給發度牒一事，若經由僧道錄司之手，勢必又滋苛索之弊。且禮部議稱，度牒一張，紋銀三錢。夫交官者，雖僅三錢，而本人之所費，恐十倍於此矣。此等之人，亦吾赤子，朕豈忍歧視而使之不得其所乎？僧有宗門、教門、律門之分，皆遵守戒律清淨梵修者，即應於此中選擇僧錄司，以為緇流之領域，或亦可行⑤。

由引文內容可知，除教門外，還有宗門和律門，都是佛教遵守戒律清淨梵修者，教門與宗門、律門都是佛教範疇的術語，新興教派中亦有以教門命名者。但襲用佛教術語來通稱新興教派，確實有其局限性。

有清一代，民間新興教派，到處創生，教派林立，除了元末明初廣為流傳的白蓮教仍然繼續活動外，其他教派，枝幹互生，衍生轉化，名目繁多，不勝枚舉。喻松青撰〈關於明清時期民間秘密宗教研究中的幾個問題〉一文中認為各教派雖然各具特色，但是，總的來說，它們的教旨、組織、群眾基礎、活動方式等各個方面，和白蓮教大致相同。長期以來，教派之間互相融合，各自的特色，多相混淆，各教派之間的差別逐漸縮小，日趨接近。

朝廷認爲各教派的名稱雖然不同，「諱言白蓮，實即白蓮」，可見當時所謂的白蓮教，實際上是「邪教」的代名詞，是民間秘密宗教的總稱。因此，喻松青認爲將民間秘密宗教的各個教派，概稱之爲白蓮教，也是符合歷史實際的⑥。清代不同時期民間秘密宗教各大教派各有特色，倘若概稱之爲白蓮教，對各教派之間的橫向比較，未作深化研究，過於籠統，似乎有失嚴謹。

李世瑜撰〈民間秘密宗教史發凡〉一文中指出，「民間秘密宗教是指做爲正規的、公開的宗教，如佛教、道教等的異端，在民間秘密流傳的各種宗教，它們是廣大人民群衆所崇奉的宗教。這種宗教的源遠流長，生命力極強，發展變化很複雜；教理、儀節俱收並蓄，存世經卷雖不如佛、道教爲多，但對它的研究在我國宗教哲學思想上的關係綦重。」⑦民間秘密宗教的特點就是在於它是屬於下層社會的潛文化或隱文化的範疇。民間秘密宗教與傳統正信宗教之間，雖然並沒有一道不可跨越的鴻溝，但是民間秘密宗教之所以不同於傳統正信宗教，究其原因，就在於民間秘密宗教各教派的創立背景和發展過程，受到不同傳統文化層次的影響，而具有不同的特點。被定位爲傳統正信宗教異端的新興教派，概稱之爲民間秘密宗教，較能反映下層社會的宗教特點。喻松青雖然將新興各教派概之爲白蓮教，但他同時也認爲將民間新興各教派稱爲民間秘密宗教是很恰當的，節錄一段論述如下：

　　首先有一個名稱問題，先來正名，然後可以「順言」。明清時期的民間秘密宗教，有人稱爲明清民間宗教，有人概稱爲白蓮教，也有人稱之爲新興民間宗教的。我認爲，民間宗教的含義較爲廣泛，其中包括民俗學，各類迷信活動等內容，不如稱爲民間秘密宗教，既可以和幾個大宗教中的秘密教派相區別，（如佛教的密宗），又可縮小廣泛意

義的民間宗教的研究範圍，比較確切地反映民間秘密宗教
所研究的對象和內容。雖然民間秘密宗教各大教派有時並
非「秘密」，尤其在它們創教之初，大都公開活動，有的
還得到統治階級陣營中人的支持和護法。但後來它們都逐
漸地排入「邪教」之列，隨著朝廷的查禁，各教派自公開
潛入地下，於是進行秘密的串聯傳教活動，遂成為它們的
特點。所以稱其為民間秘密宗教，較之稱為民間宗教更為
恰當⑧。

民間宗教的含義較為廣泛，它包括民間秘密宗教，使用民間秘密
宗教的稱謂，確實較為恰當。民間秘密宗教雖然是建立在小傳統
的一種社會制度，各教派也多具有生存、整合與認知的社會功能。
但因朝廷制訂律例，取締傳統正信宗教以外的異端「邪教」，各
新興教派的組織及其活動，都是不合法的，只能在社會底層暗中
傳佈，秘密發展，更增加其神秘色彩。所謂民間秘密宗教，一方
面是對朝廷而言，新興各教派都是一種秘密性質的不合法宗教組
織；一方面也是相對於傳統正信宗教而言，民間秘密宗教各教派
都是佛教和道教等傳統正信宗教以外的異端教派。

　　近年以來，中外學者對於清代民間秘密宗教的研究，已經發
表了不少的學術論著，研究成果，相當豐碩。馬良文撰〈中國民
間宗教芻議〉一文曾經指出，中外學者對研究中國民間秘密宗教
問題特別重視的主要原因，是「因為民間宗教是中國文化的很重
要的，同時又是研究較差的一部分。」⑨誠然，民間秘密宗教是
我國下層社會文化很重要的部分，目前已經出版了不少有關民間
秘密宗教的基本論著，然而對清代民間秘密宗教的本質，及其在
清朝社會的作用，仍有待進一步深化的研究。宗教史的研究，是
屬於宗教學的縱向研究，以編年體的方法來分析宗教的階段性和

歷史的發展變遷，以重現過去宗教的面目，進而綜合說明宗教史
發展的規律。至於各教派之間的比較研究，則屬於橫向研究。這
種方法注意到宗教在空間地域上的不同和形式種類的多樣性，從
不同教派的比較來尋找宗教的共同本質及其意義，並且歸納宗教
的典型形式和特徵⑩。透過宗教學的縱向和橫向研究，我們可以
較充分地顯示民間秘密宗教的本質及其在清朝社會的作用。

　　涉及民間秘密宗教史的研究資料，大致可以分爲兩大類：一
類是民間秘密宗教內部流傳的寶卷文獻；一類是政府文書，即所
謂歷史檔案。民間秘密宗教各教派爲了傳佈其教義思想，多編有
寶卷，以寶卷爲其宗教經典。各種寶卷多屬於變文的形式，敷衍
故事，雜糅佛道思想、民間信仰、各種詞曲及戲文的形式，通俗
生動，容易爲下層社會識字不多的善男信女所接受。各種寶卷的
抄寫翻刻，流傳頗廣，成爲下層社會常見的宗教讀物。但因直省
臣工奉旨嚴屬查禁民間秘密宗教，銷燬各種寶卷善書，以致後世
所見寶卷的品類及其數量，已大爲減少。甘肅臨洮人黃育楩是嘉
慶九年（1804）甲子科舉人，歷任直隸清河、鉅鹿等縣知縣及
深州、滄州知州。他在知縣、知州任內，到處訪查民間秘密宗教
寶卷，先後在寺廟菴觀及民家查抄各教派的寶卷，並將這些寶卷
尋章摘句，加以辯駁，編成《破邪詳辯》一書。據書中記載，黃
育楩在鉅鹿縣知縣任內，曾查出寶卷二十種，他逐一辯駁，於道
光十四年（1834）刻成《破邪詳辯》四卷。他在滄州知州任內
查出寶卷二十六種，也是逐卷辯駁，於道光十九年（1839）刻
成《續刻破邪詳辯》一卷。同年春初，黃育楩與吏目喬邦誓遍訪
各地廟宇，查得城內有無生廟碑。後來又在滄州南捷地鎮查出無
生廟一座，在滄州東南舊州集也查出無生廟一座。其後，黃育楩
又在鄰近州縣查出寶卷二十二種，於道光二十一年（1841）刻

成《又續破邪詳辯》及《三續破邪詳辯》各一卷。黃育楩所辯駁的寶卷，合計六十八種，都是流行於下層社會通俗化的民間秘密宗教經卷⑪，對研究民間秘密宗教的教義思想，提供了很珍貴的第一手資料。

　　近年以來，海峽兩岸學者，積極搜集各種寶卷，整理出版。一九六一年，李世瑜編印《寶卷綜錄》，頗受學術界重視。天津圖書館在整理古籍文獻時，發現了一批寶卷，共九十二種，其中明清時期刊刻的寶卷，計六十六種，包括羅祖教、弘陽教、大乘圓頓教、西大乘教、聞香教、黃天道、還源教等教派的寶卷，俱係珍貴文獻。謝忠岳撰〈天津圖書館藏善本寶卷敘錄〉一文曾將該館珍藏《古佛天眞考證龍華寶經》、《銷釋木人開山寶卷》、《銷釋接續蓮宗寶卷》、《普度新聲救苦寶卷》、《銷釋圓覺寶卷》、《銷釋圓通寶卷》、《下生歎世寶卷》、《欽頒護道榜文》、《佛說弘陽慈悲明心救苦寶懺》、《佛說梁皇寶卷》、《地藏王菩薩執掌幽冥寶卷》、《銷釋歸依弘陽覺愿中華妙道玄懷眞經》、《佛說達摩直指正宗行覺寶卷》、《佛說西祖單傳明眞顯性寶卷》、《銷釋大乘寶卷》、《銷釋顯性寶卷》、《弘陽至理歸宗思鄉寶卷》、《嘆世無爲卷句解》、《苦功悟道卷句解》、《正信除疑無修證自在寶卷句解》、《破邪顯證鑰匙卷句解》、《混元寶燈起止規範》、《銷釋般若心經寶卷》、《大藏般若通明寶經》、《佛說皇極收圓寶卷》等二十五種寶卷各作敘錄⑫，都是研究民間秘密宗教的重要資料。喻松青著《民間秘密宗教經卷研究》一書，對《轉天圖經》、《普明如來無爲了義寶卷》、《無爲正宗了義寶卷》、《皇極金丹九蓮正信皈眞還鄉寶卷》、《觀音濟度本願眞經》、《衆喜寶卷》、《法船經》等寶卷的作者，出版年代，各寶卷的思想信仰及其對後世的影響進行了較深入的探討⑬。

　　基於資料共享的精神，張希舜、濮文起等主編《寶卷》初集，共四十冊，收錄寶卷等共計一五三種，由太原山西人民出版社出版。段平纂集《河西寶卷續選》，上中下三冊，收錄寶卷共計二十二種，由臺北新文豐出版社出版。王見川、林萬傳主編《明清民間宗教經卷文獻》，共十二冊，收錄寶卷一百五十餘種，主要是明清時期民間秘密宗教流行的經卷文獻、善書及救劫經等三大類，搜羅資料頗爲廣泛集中，包括重要經卷的不同版本。其中含有不少海內外罕見的殘本，而成爲此套叢書的主要特色。

　　歷史檔案是一種直接史料，其可信度較高，歷史研究和歷史檔案，十分密切。清代歷史研究和清代檔案利用，必須結合，離開了清代檔案，就無從研究清代歷史、史學家常用隱射推論的溯源方法探索重大的歷史事件，但是，這種方法，並不適用於清代民間秘密宗教史的研究。發掘歷史檔案，掌握直接史料，就是探討清代民間秘密宗教史的重要途徑，以論代史，是無視客觀的歷史存在。近數十年來，中外學者對清代民間秘密宗教問題的研究，有一個逐步深化的過程：一方面是由於學術研究方向的多元化，下層社會的歷史發展，日益受到學者的重視，而投入大量的人力和時間，研究成果更加豐碩；一方面則是出現一個十分有利的客觀條件，那就是海峽兩岸本著資料共享的理念，積極整理檔案，公佈歷史檔案，提供豐富的第一手原始資料，使從事清代民間秘密宗教史研究的中外學者，無論在檔案資料的發掘，研究方法的運用，理論架構的建立，都有突破性的進步。

　　臺北國立故宮博物院和北京中國第一歷史檔案館典藏清代檔案資料，數量龐大，品類繁多，其中清代歷朝皇帝親手御批的硃批滿漢文奏摺，原存宮中懋勤殿等處，習稱《宮中檔》。《宮中檔》硃批奏摺錄副存查的副本，以及未奉硃批的廷臣原摺等文書，

則按月分包歸檔，存放於軍機處，稱爲《軍機處檔・月摺包》。
《外紀簿》是內閣漢票籤處抄錄摺奏事件的重要檔冊，因其所抄
的摺件多爲外省臣工即外任官員的奏摺，所以稱爲《外紀簿》，
即《外紀檔》。《月摺檔》是一種簿冊，其已奉硃批或未奉硃批
的臣工奏摺，逐日抄錄，按月分裝成冊，原存東華門內國史館。
此外，還有《奏摺檔》，也是抄錄奏摺後裝訂成冊的簿冊。硃批
奏摺原件、奏摺錄副，及各種奏摺抄件，除了少數部院廷臣的摺
件外，主要爲來自直省文武職外任大員的奏摺及其附件，含有極
爲豐富的民間秘密宗教資料。至於軍機處及內閣的《上諭檔》、
《寄信檔》、《廷寄檔》等也錄有重要教犯供詞及廷臣議覆奏稿。
中央研究院歷史語言研究所現藏內閣大庫明清檔案，也含有相當
豐富的地方史料。

　　檔案資料的整理出版，可以帶動研究風氣，擴大研究領域。
北平故宮博物院編印的《史料旬刊》、《文獻叢編》，臺北國立
故宮博物院整理出版的清代歷朝《宮中檔》硃批奏摺，中央研究
院出版的《明清史料》或《明清檔案》，北京中國第一歷史檔案
館編印的《康熙朝漢文硃批奏摺彙編》、《雍正朝漢文硃批奏摺
彙編》、《光緒朝硃批奏摺》、《乾隆朝上諭檔》、《光緒宣統
兩朝上諭檔》、《清代檔案史料叢編》，北京中國社會科學院歷
史研究所編印的《清中期五省白蓮教起義資料》等等，大都含有
清朝直省臣工查辦「邪教」案件保存下來的各種官方文書，對研
究民間秘密宗教史，提供了珍貴的直接史料。總之，發掘歷史檔
案，充分利用原始資料，講求研究方法，就是從事清代民間秘密
宗教史研究的基本態度，展望未來，將有更豐碩的研究成果。

　　【註　釋】

① 　金澤著《中國民間信仰》（杭州，浙江教育出版社，一九九五年三月），頁232。

② 　希文撰〈傳統宗教‧新興宗教‧邪教〉，《世界宗教文化》，一九九九年，第四期（北京，中國社會科學出版社，一九九九年十二月），頁18。

③ 　馬良文撰〈中國民間宗教芻議〉，《世界宗教研究》，一九九四年，第一期（北京，中國社會科學出版社，一九九四年三月），頁122。

④ 　秦寶琦著《中國地下社會》（北京，學苑出版社，一九九四年一月），頁9。

⑤ 　《起居注冊》（臺北，國立故宮博物院），雍正十三年十二月十五日，諭旨。

⑥ 　喻松青撰〈關於明清時期民間秘密宗教研究中的幾個問題〉，《明清白蓮教研究》（成都，四川人民出版社，一九八七年四月），頁327。

⑦ 　李世瑜撰〈民間秘密宗教史發凡〉，《世界宗教研究》，一九八九年，第一期（一九八九年二月），頁1。

⑧ 　喻松青撰〈關於明清時期民間秘密宗教研究中的幾個問題〉，《明清白蓮教研究》，頁326。

⑨ 　馬良文撰〈中國民間宗教芻議〉，《世界宗教研究》，一九九四年，第一期，頁122。

⑩ 　卓新平撰〈論西方宗教學研究的主體、方法與目的〉，《中國社會科學院研究院學報》，一九八八年，第四期（北京，一九八八年七月），頁53。

⑪ 　喻松青撰〈破邪詳辯淺析〉，《明清白蓮教研究》，頁264。

⑫ 　謝忠岳撰〈天津圖書館藏善本寶卷敘錄〉，《世界宗教研究》，一九九〇年，第三期（一九九〇年九月），頁54。

⑬　喻松青著《民間秘密宗教經卷研究》（臺北，聯經出版事業公司，
　　民國八十三年九月），頁1-343。

紅陽教印信：「紅陽寺寶」印模

善惡兩分明
報應不一同
古來善惡存
行惡無宗影

六道化生示意圖　《弘陽嘆世經》

第二章　清朝的文化政策與政教關係

第一節　清朝文化政策的制訂

　　清朝政府在定鼎中原之初，即已深悉致力於政治、軍事、社會、經濟及文化等方面的建設，都是鞏固政權的基本工作，對於怪力亂神，並不迷信。清世祖順治皇帝在位期間，一面禁止聚衆燒香，僞造符契，妄談禍福；一面開始制訂文化政策。清朝政府深信儒家思想有利於統治政權的鞏固，而於順治十年（1653）四月，禮部遵旨將「崇儒重道」定爲基本國策，於各省設立學宮，令士子讀書，各治一經，以培養教化①。清朝國策的制訂，一方面反映滿族積極漢化後，更能接受儒家傳統文化；一方面反映順治年間的開國氣象，已經頗具規模。

　　清聖祖康熙皇帝並未完全否定宗教，但他認爲孔孟之道，朱熹之學，遠較佛道空寂說更有利於政治②。康熙皇帝深信儒家的綱常名教，君臣、父子、夫婦、朋友之倫，上下尊卑之序，就是社會賴以存在的生活規範。康熙九年（1670）十月，康熙皇帝諭禮部時，進一步將順治年間制訂的「崇儒重道」國策具體化③，提出了以「文教是先」爲核心的十六條聖訓，其要點如下：

> 朕惟至治之世，不以法令爲亟，而以教化爲先。其時人心醇良，風俗樸厚，刑措不用，比屋可封，長治久安，茂登上理。蓋法令禁於一時，而教化維於可久。若徒恃法令，而教化不先，是舍本而務末也。近見風俗日敝，人心不古，

囂凌成習，僭濫多端，狙詐之術日工，獄訟之興靡已，或
豪富凌轢孤寒，或劣紳武斷鄉曲，或惡衿出入衙署，或蠹
棍詐害善良，在苻之劫掠時聞，讐忿之殺傷疊見，陷罹法
網，刑所必加，誅之則無知可憫，宥之則憲典難寬。念茲
刑辟之日繁，良由化導之未善。朕今欲法古帝王，尚德緩
刑，化民成俗。舉凡敦孝弟以重人倫；篤宗族以昭雍睦；
和鄉黨以息爭訟；重農桑以足衣食；尚節儉以惜財用；隆
學校以端士習；黜異端以崇正學；講法律以儆愚頑；明禮
讓以厚風俗；務本業以定民志；訓子弟以禁非爲；息誣告
以全良善；誡窩逃以免誅連；完錢糧以省催科；聯保甲以
弭盜賊；解讐忿以重身命，以上諸條，作何訓迪勸導，及
作何責成內外文武該管各官，督率舉行，爾部詳察典制，
定議以聞④。

前引聖訓的範圍很廣，自綱常名教之際，以至於耕桑之間，本末
精粗，公私鉅細，民情所習，都包含在內。清初諸帝都尊崇孔子，
其根本目的是在於運用以孔子爲代表的儒家思想去統一知識界的
共識，確立其統治政權的基本道德規範。道德所反映的人際關係，
雖較政治更具有特殊的規範，更廣泛的社會性等特徵，在調整人
際之間的利害衝突時，可以起到政治所無法產生的作用，道德可
以和政治相輔相成，成爲治世理民的工具。但是由於清朝實行中
央集權，使政治處於首要地位，而使道德配合政治，道德必須服
從政治。清初諸帝在強化中央集權統治的同時，又竭力鼓吹儒家
倫常思想，他們以儒家倫理來移風易俗，其本身就是一項重大的
政治活動。清初諸帝的倫理觀念也被納入政治思想體系之中，他
們深信儒家倫理道德，會爲他們帶來長治久安，社會穩定的積極
作用。儒家思想遂成爲正統思想，同時也是主流思想。引文中的

十六條聖訓，可以說是清朝政府的治國綱領，也是清朝的基本文化政策，所謂隆學校以端士習，黜異端以崇正學，講法律以儆愚頑等，都是化民成俗的具體措施，其目的就是在求鞏固清朝政權。

　　大學士熊賜履是日講官，他潛心於孔孟之道和程朱理學，康熙皇帝崇儒重道的思想，頗受熊賜履的影響。康熙十二年（1673）十月初二日辰刻，康熙皇帝御弘德殿，熊賜履進講「子曰以不教民戰」等章畢，即召熊賜履至御前，諭以「朕生來不好仙佛，所以向來爾講闢異端，崇正學，朕一聞便信，更無搖惑。」熊賜履覆奏稱：「帝王之道，以堯舜為極。孔孟之學，即堯舜之道也。外此不特仙佛邪說在所必黜，即一切百家眾技，支曲偏離之論，皆當擯斥勿錄，庶幾大中至正，萬世無弊。」⑤提倡堯舜之道，講求孔孟之學，闢異端，黜邪說，就是崇儒重道的具體內容。康熙皇帝以上接二帝三王的正統自居，既不惑於福果說，一切俱以堯舜之道為法，罷黜異端邪說，藉以轉移風教，化民成俗。

　　清世宗雍正皇帝即位後，亟於移風易俗，對於崇儒重道政策的執行，可謂不遺餘力。雍正二年（1724）二月，雍正皇帝將聖訓十六條尋繹其義，旁徵援引，推衍其文，共得萬言，題為《聖諭廣訓》，並譯成滿文本和蒙文本，令八旗於每月朔望之日宣講，以教誨兵民，俾知忠孝立身的大義。因各旗只能在都統衙門及佐領之家宣講，聽講之人往往不能齊集。所以後來又規定每月逢三，逢八之日，八旗齊集教場操練兵丁時，於射箭以後，宣講聖訓一、二條，如此則「地廣人多，於家喻戶曉之道，似有裨益。」⑥現存《聖諭廣訓》一卷，除武英殿漢文刊本外，還有滿漢合璧本及滿蒙合璧本。其中《黜異端以崇正學》一條經雍正皇帝演繹的內容如下：

　　　　朕惟欲厚風俗，先正人心，欲正人心，先端學術。夫人受

天地之中以生，惟此倫常日用之道，爲智愚之所共由。索
隱行怪，聖賢不取。易言蒙以養正，聖功以之；書言無偏
無頗，無反無側，王道以之。聖功王道，悉本正學。至於
非書之書，不經之典，驚世駭俗，紛紛藉藉，起而爲民物
之蠹者，皆爲異端，所宜屏絕。凡爾兵民，愿謹淳朴者固
多，間或迷於他岐，以無知而罹罪戾，朕甚憫之。自古三
教流傳，儒宗而外，厥有仙釋。朱子曰：釋氏之教，都不
管天地四方，只是理會一個心；老氏之教，只是要存得一
個神氣。此朱子持平之言，可知釋道之本指矣。自游食無
藉之輩，陰竊其名，以壞其術，大率假災祥禍福之事，以
售其誕幻無稽之談，始則誘取貲財，以圖肥己，漸至男女
混淆聚處，爲燒香之會，農工廢業，相逢多語怪之人。又
其甚者，奸回邪慝，竄伏其中，樹黨結盟，夜聚曉散，干
名犯義，惑世誣民，及一旦發覺，徵捕株連，身陷囹圄，
累及妻子，教主已爲罪魁，福緣且爲禍本，如白蓮、聞香
等教，皆前車之鑒也。又如西洋教宗天主亦屬不經，因其
人通曉曆數，故國家用之，爾等不可不知也。夫左道惑眾，
律所不宥，師巫邪術，邦有常刑，朝廷立法之意，無非禁
民爲非，導民爲善，黜邪崇正，去危就安。爾兵民以父母
之身，生太平無事之日，衣食有賴，俯仰無憂，而顧昧恒
而即匪彝。犯王章而干國憲，不亦愚之甚哉！我聖祖仁皇
帝漸民以仁，摩民以義，藝極陳常，煌煌大訓，所以爲世
道人心計者，至深遠矣。爾兵民等仰體聖心，祇遵聖教，
擯斥異端，直如盜賊水火，且水火盜賊，害止及身，異端
之害，害及人心，心之本體，有正無邪，苟有主持，自然
不惑，將見品行端方，諸邪不能勝正，家庭和順，遇難可

以成祥。事親孝，事君忠，盡人事者，即足以集天休，不
求非分，不作非爲。敦本業者，即可以迓神慶，爾服爾耕，
爾講爾武，安布帛菽粟之常，遵蕩平正直之化，則異端不
待驅而自息矣⑦。

《聖諭廣訓》是清朝的治國綱領，也是基本文化政策。引文中已
指出聖功王道，悉本正學，非聖之書，不經之典，驚世駭俗者，
都是應該摒棄的異端。雍正皇帝對異端的含義，提出了他的看法，
他說：

> 釋氏原以清淨無爲爲本，以明心見性爲功，所以自修自全
> 之道，莫善於此，若云必昧君臣之義，忘父子之親，棄置
> 倫常，同歸寂滅，更有妄談禍福，煽惑凡庸，藉口空門，
> 潛藏奸宄，此則佛教中之異端也。儒者守先王之道，讀聖
> 賢之書，凡厥庶民，奉爲坊表，倘或以詩書爲弋取功名之
> 具，視科目爲廣通聲氣之途，又或逞其流言邪說以動人之
> 聽聞，工爲艷詞淫曲，以蕩人之心志，此則儒中之異端也。
> 即如巫醫二者，雖聖人之所不棄，然亦近異端，而巫以祀
> 神祇，醫以療疾病，皆不得不用者。至村巫誘人爲非，庸
> 醫傷人之命，此即巫醫中之異端也，可因其異端有害於人
> 而不用藥乎？不獨此也，即一器一物，皆以備用，乃位置
> 不得其宜，或破損失其本體，便成異端矣。子疾病，子路
> 請禱，子曰：某之禱久矣。蓋子路之禱異端也，夫子之禱
> 正道也，同一事而其中之是非邪正分焉，是者正者，即爲
> 正道，非者邪者，即爲異端，故所論只在是非邪正之間，
> 而不在人己異同之迹也。凡天下中外設教之意，未有不以
> 忠君孝親，獎善懲惡，戒淫戒殺，明己性，端人品爲本者。
> 其初創設之人，自然非尋常凡夫俗子，必有可取，方能令

　　　　人久久奉行也，至末學後人敷衍支離，而生種種無理悖謬
　　　　之說，遂成異端矣⑧。

引文中已指出同是一事，就有是非邪正之分，是者正者，就是正
道，非者邪者，就是異端。換句話說，儒釋道三者，都有正道，
也有異端。儒者守先王之道，讀聖賢之書，就是正道。若以詩書
爲弋取功名的工具，甚至離經叛道，編造流言邪說，就是儒中異
端。佛道有其正面的作用，清朝以儒家爲正宗，以儒家思想爲主
體思想，而使佛道成爲輔助的力量。但佛道若昧君臣之義，忘父
子之親，棄置倫常，妄談禍福，藉口空門，潛藏奸宄，就是佛教、
道教中的異端。或謂以佛治心，以道治身，以儒治世，儒釋道相
輔相成。然而雍正皇帝認爲儒釋道三教，初無異旨，無非欲人同
歸於善。「三教雖各具治心、治身、治世之道，然各有所專，其
各有所長，各有不及之處，亦顯而易見，實缺一不可。」⑨雍正
皇帝諭內閣云：

　　　　從來帝王治世之道，惟有綱常倫理爲百姓所當知當務，此
　　　　外有造作妖言如讖緯圖記機祥禍福之類，皆惑世誣民之大
　　　　者，罪不容於誅，其說口不可得言，耳不可得聞也。自古
　　　　聖人覺世牖民，惟恐愚氓易惑，是以著爲法律，凡妖言左
　　　　道妄談禍福者，必置之重典，以明其爲王法所不容。蓋思
　　　　深慮遠，所以正人心，定民志，使臣庶各保其安全者至矣。
　　　　朕觀各省之人，智愚不一，而陝西一省，乃關中重地，其
　　　　人風氣剛決，武藝強勇，常有可用之材。但習俗相沿，每
　　　　喜造作妖妄怪誕之言，互相蠱惑，譸張爲幻，其迷謬較他
　　　　處爲甚。如向日允禵處則有算命人張愷妄談禍福迷惑愚頑；
　　　　年羹堯處則有鄒魯及淨一道人；郃陽縣則有妖道潘鳳池倡
　　　　率翟斌如等傳授符術，招集匪類。目今延信處又有道姑王

氏等猥鄙荒唐之事，數年之間，妖言左道者，接踵敗露，
此誠人心風俗之大害，不可不正其惑，而清其源也。蓋陝
省之人平日習於邪妄，不知其非，而陝省官吏又不能教誨
開導，以悟其愚迷，且有狂悖逆亂如允禵、年羹堯、延信
諸人，尚從而崇信之，則鄉曲愚民溺於邪誕者，不知幾矣。
鄒魯等人皆自取誅戮，已經正法，其從前所造無稽之言，
並無毫釐影響之驗，則少有知識之人，亦可曉然於妖言之
無益而有害矣。尚何爲不痛改其惡俗而以身家性命供奸人
之愚弄乎？彼造爲邪説者，不過一時聳動人心，希圖微利
之意，眾人不察，乃起而和之，遂罹於大禍而不可宥，甚
屬可憫。且當此太平盛世，幸而其言不驗，故禍患不過在
本人而止，倘事幾偶然相值於幾微疑似之間，其言少可附
會，則聽而和者必更多，其禍尚可言乎？朕洞悉陝省人民
愚蔽之深，不忍其陷於無知，特加明白曉諭，嗣後各宜猛
省，惟思綱常倫紀之不可少違，天心人事之莫非正理，王
章國典之斷無疏漏，安分守法，共爲良民，俯仰寬舒，災
禍不及，受天地常養之恩，享國家昇平之福，豈不美歟！
陝省文武官吏均宜體朕諄切至意，訓誡軍民人等，仍不時
查察，倘有仍前造作妖言，意圖惑眾者，當立即嚴拿治罪，
不得稍有怠忽寬縱，以滋人心風俗之害，特諭⑩。

在傳統社會裡，以儒家倫理道德爲生活規範，是可以肯定的。但
雍正皇帝過於泛政治化，倫常道德必須服從政治。皇十四子允禵
與皇四子胤禎因皇位繼承問題，以致兄弟鬩牆。由前引特諭，可
以理解雍正皇帝所謂妖言左道，妄談禍福，惑世誣民的言論，都
是違悖政治倫理的，必須嚴加防範。清高宗乾隆皇帝因鑒於數年
以來，民風仍未還醇，而於乾隆八年（1743）閏四月諭令地方

大吏整飭風俗，實力奉行《聖諭廣訓》，其諭旨內容如下：

> 諭國家予惠黎元，教養由來並重，朕君臨天下，宵旰維勤，
> 重農桑，輕徭賦，所以養民者，惟恐不周，至於正人心，
> 厚風俗，皆國之大務，尤所時廑於懷者。凡中外臣工，莫
> 不諄切誡諭，務使民間習尚馴良，訟獄衰息，以漸臻風移
> 俗易之效，乃數年以來，民風仍未還醇，習俗每輕犯法，
> 豈小民之不可牖迪歟！抑牧令之教化不浹，而德意未孚也。
> 古者朝廷之政，象魏懸書，閭里之教，月吉讀法，三物六
> 行，匪徒具文，我聖祖仁皇帝聖諭十六條，飭紀敦倫，型
> 方正俗，精義超越前古，世宗憲皇帝萬言廣訓，益加詳明，
> 剴切開導，所以牖民覺世者至矣。使地方有司，竭誠宣布，
> 雖甚愚頑，誰無天性，亦必洗心滌慮，革薄從忠，駸駸於
> 上理，無如實力奉行者甚少。即朔望宣講，不過在城一隅，
> 附近居民，聚集觀聽者，僅數十百人，而各鄉鎮間有講學
> 之所，亦多日久廢弛，全無實際。至所奉諭旨，有關於教
> 民者，亦惟張掛告示，視為通行之常例，焉能使之悅耳革
> 心，翻然悔悟，是以尚氣輕生，狃於性成，作奸犯科，常
> 為俗染，及其怙終不悛，而刑罰隨其後，朕甚憫之。夫守
> 令者，民之父母，古所稱忠信之長，慈惠之師，惟本至誠
> 惻怛之意，以感動愚民，使之各自警省，又能隨時隨事，
> 委曲勸誘，諒無有不可化誨之人，亦無往而非敷教之地，
> 即聽訟一端，兩造具在，鄰佑親族，齊集公庭，正百姓耳
> 目所屬，推誠曉諭，最易提撕，不徒現犯者各自愧悔，並
> 使旁觀者亦因此傳播，交相勸勉。若公事稍暇，或講讀編
> 審，或勸課農桑，即可單車簡從，親歷鄉村，遇父老子弟，
> 獎其善良，懲其不率，申之以勸誡，示之以榮辱，循謹者

益加鼓舞，即強悍者亦知戒懲，漸摩日久，性情和順，貪
利好勝之心不作，而一道同風之盛可幾矣！惟是百姓以守
令之行事爲觀感，守令以督撫之意旨爲從違，爲督撫者，
果能董率所屬，留心化導，實力奉行，日計不足，月計有
餘，斷未有爲其事而無其功者。若徒視爲虛文，接到諭旨，
轉行牌示，遂以爲已經遵奉，則亦何益之有。各省督撫等，
受朕深恩，畀以封疆重寄，尚其儆惕黽勉，以無負朕諄諄
告誡之至意⑪。

引文內容已指出康熙皇帝聖諭十六條的宗旨，主要是在化民成俗，
「飭紀敦倫，型方正俗。」雍正皇帝的《聖諭廣訓》，其用意亦
在牖民覺世，啓迪民智。直省督撫，倘能剴切開導，必能使人洗
心滌慮，革薄從忠。但因地方官每月朔望宣講《聖諭廣訓》，不
過在城中一隅，附近居民，聚集觀聽者，僅數十百人。至於鄉鎮
村莊，惟張掛告示，不能使人悅耳革心，翻然悔悟。因此，乾隆
皇帝特頒訓諭，各省督撫務必董率所屬，留心化導，實力奉行，
不得視爲虛文。

　　嘉慶年間，川陝楚等省教亂，蔓延極廣，因此，取締邪教，
化民成俗，遂成爲當務之急。嘉慶皇帝在《御製文集》中撰寫〈
邪教說〉、〈原教〉、〈弭邪教說〉、〈化民成俗論〉、〈善教
得民心〉、〈我亦欲正人心〉等文，指出邪教妄立怪論，盜竊儒
書，妄談性命釋典道籙，惑世誣民，接踵而起，主要原因就是由
於正教不明，無怪乎邪教日熾。因此，黜邪崇正就是嘉慶朝堅持
的施政方針，嘉慶皇帝屢飭內外臣工正己率屬，使民衆深知正教
之益，邪教之害，而漸歸於倫常禮義。〈我亦欲正人心〉中有一
段話說：

　　古先聖王以道德仁義維持世道，惟恐人心失於正教，流於

邪僻而不自覺，其害非淺鮮也。孟子當周之末世，諸侯爭
衡，大夫放侈，加之以楊墨之道不息，孔子之道不著，邪
說誣民，充塞仁義，故欲正人心，以承三聖。孟子，聖人
之徒，尚如此亟欲挽回正教，況君臨天下，養育蒼生，何
忍坐視愚民從流下而忘返，不思拯救乎？夫人之一身，以
心爲主，天君泰然，百體從令，心正於內，行正於外，內
外交養，本末相資，正己正人，皆歸正道，世治民安，庶
幾可望矣！若不正本清源，徒以嚴刑峻法繩治，加以貪官
污吏，從而剝削，顛倒是非，妄緝株連，是驅之日就邪路，
陷溺沉迷，終不能歸心正道，甚至以邪爲正，爲害益鉅矣！
三代去古不遠，尚有楊墨之徒，後世人心持正者鮮，可不
強勉養正之聖功，以希成己成物之善政哉！孟子法言，宜
自勵也⑫。

邪說誣民，正本清源之道，必須提倡正教，使歸於正道。在《御
製文集》中，論述黜邪崇正的文字，佔了極大的篇幅。嘉慶皇帝
認爲三綱五常之外，別無所謂教，天理王法之外，他無可求之福。
君臣父子之經，仁義禮智之性，爲萬世不易之道，朝廷所修明，
師儒所講習，都必須以此爲正軌⑬。嘉慶皇帝撰〈化民成俗論〉
一文，對正道、正教作了更明確的詮釋。節錄一段內容如下：

學記曰：君子如欲化民成俗，其必由學乎？旨哉！是言千
古不磨之論也。蓋人不學不知道，道者何？天經地義，日
用倫常，皆道也。孝弟忠信，禮義廉恥，國之四維，民之
大用也。知者則爲賢臣循吏，孝子良民；不知者則爲貪官
污吏，逆子亂民矣。變化氣質，養正毓德，舍學無術也。
正學興，則邪說熄；官常肅，則庶民從之。今之大弊在正
學式微，官常疲惰。故邪說日熾，蠱惑鄉愚，頑俗固結，

而不可解者，總由於不學之人過多之故也。性本善，惟學
能導其善，漸仁摩義，教孝教忠，非學不能明德也。廢學
則爲冥頑之民，不習正學，必流於邪教矣。如水之就下，
不可遏禁，終至泛濫難止，同歸於污濁，皆不學之害也。
學者知大義，不學者圖小利，而不顧大義，犯上作亂之徒，
皆因利也。利心起而義心失，大害隨至，尚不自知，如飛
蛾投火，至燼不悟，誠可憫也。見利忘義，皆不學之人也，
此類人多非國家之福也。家有塾，黨有庠，州有序，國有
學，不可廢而不設也，不可設而不學也，不可學而不思也。
設官講學，明正教也，教官之名，豈空言哉！天下未有不
可化之人，未有不能辦之事。所慮者，官不盡職，苟且因
循，民不能化，俗不能成，坐視流於污俗，不肯拔救，激
成變亂，惟用嚴刑峻法鍛鍊株連，波累無辜，流離顛沛，
不教而殺，謂之虐，是可忍也，孰不可忍也。三苗尚能感
格，況中土之人乎？邪教之本，唯一利字，利心深染，正
義全乖，欲格其非心，必自正學始，道德齊禮，有恥且格，
是聖王之全體大用，不可不亟講也。經正民興，斯無邪慝，
君臣各盡其道，士庶各修其業，形端表正，上行下效，庶
幾移風易俗，返樸還淳，洵由昌明正學始也⑭。

嘉慶皇帝深信提倡正學，推廣教育，方能變化氣質，設官講學，
就是闡明正教，宣揚正道的具體措施。就社會改造而言，嘉慶皇
帝化民成俗的措施，確實有其積極意義。

　　爲了配合《聖諭廣訓》的宣講，各州縣一方面清查保甲，實
力奉行；一方面由保甲分司講鐸，以厚風俗。例如山東城武縣的
保甲是就四鄉里耆分司講鐸。因村莊子弟無力讀書識字，多失於
教訓，稍長競習囂薄，好勇鬥狠，動觸法網，以致喪身亡家，所

以每於農隙時及每月朔望宣講《聖諭廣訓》，使其平時「曉然於善之當爲，不善之不可爲，則良心時時提醒，自然革薄從忠。」城武縣知縣趙嗣晉曾因講鐸舊本，多述成語，不能深入淺出，鄉民不能理解，所以另編通俗演義一書，廣爲講解。後因年久版失，知縣袁章華將《聖諭廣訓》抄錄多本，於編定保甲後，即集各鄉里耆，每名給發一本，即由各里耆於所管里內，選擇人煙湊集之所，逢朔望日會集里中士庶拱聽宣講⑮。

道咸年間，太平軍勢力方興未艾，邪教盛行，兩江總督陸建瀛奏請崇正學，以黜邪教。咸豐元年（1851）七月二十二日，內閣奉上諭，節錄一段內容如下：

> 前因兩江總督陸建瀛奏請崇正學，以黜邪教，當經降旨飭令各省地方課士授徒，均以御纂性理精義、聖諭廣訓爲講習之本，良由士爲民倡，士習端，則民風自歸淳正。近年兩廣盜賊肆行，據奏多係會匪煽惑鄉曲，愚氓習聞異說，致罹法網，朕甚憫焉。因思正人心，必先息邪說，息邪說，必先廣化導。恭讀皇考宣宗成皇帝欽定敬闡聖諭廣訓，黜異端以崇正學一條，四言韻文，語簡意賅，允足警覺冥頑，俾知感悟。從前曾奉諭旨頒行，直省大小官吏自必敬謹奉行。第恐日久視爲具文，而窮鄉僻壤，又未能家置一編，人人誦習，茲特親書一通，命武英殿勒石搨印，頒行天下，各直省將軍督撫府尹學政督飭地方文武官員及各學教官欽遵宣布，無論官紳士庶，均准摹勒刊刻，以廣流傳，俾山陬海澨，鄉塾顓蒙，口誦心維，滌瑕盪穢，咸曉然於名教之可樂，邪說之難容，父師以是爲教，子弟以是爲守，正道既明，群情不惑，一切誕妄之言，無從煽誘，薄海蒼黎，涵濡聖化，風俗蒸蒸日上，朕實有厚望焉，將此通諭中外

知之，欽此⑯。

由引文內容可知黜邪崇正，崇儒重道，始終是清朝政府的文化政策，《欽定敬闡聖諭廣訓黜異端以崇正學韻文》一篇，就是道光皇帝所頒行的標準本，咸豐皇帝為提倡正道，特將所頒韻文親書一通，命武英殿勒石揚印，頒行各省，其內容如下：

> 惟天生民，異質同性，畀以五常，統乎百行，自聖及凡，
> 無邪有正，本體既明，趨向乃定，惟聖覺世，振頑啓愚，
> 防以刑政，迪以詩書，雷霆儆戶，日月照衢，提撕引拔，
> 惟善之驅，緬思古昔，俗美化醇，豆籩知義，箕帚明倫，
> 以忠於上，以孝於親，里因仁美，鄰以德薰，蓋惟先民，
> 正學是尚，戶謹師承，家遵蒙養，行不履邪，言不涉妄，
> 聖教既昌，皇風斯暢，聿有二氏，曰老曰釋，老主清淨，
> 釋宗寂滅，為教雖殊，其指則一，今之異端，乃襲其說，
> 嗟彼異端，何獨非民，不知父子，不知君臣，若飲狂藥，
> 如墮迷津，離經畔道，與匪為鄰，匪之不除，邪說競作，
> 偽託師巫，妄言禍福，結會傳徒，糾盟黨惡，使我良民，
> 受其愚惑，惟民之愚，見異思遷，謂可成佛，謂可昇仙，
> 教之不悟，信之愈堅，不惜軀命，無論金錢，嗟爾之軀，
> 生自父母，望爾承先，待爾啓後，達固為榮，窮亦可守，
> 奈何不肖，受其脅誘，嗟爾之財，辛苦所餘，累非朝夕，
> 積自錙銖，衣食所賴，緩急是需，奈何被惑，罄其蓄儲，
> 今為爾告，爾其敬聽，自來百邪，不敵一正，見晛雪消，
> 遇霜草隕，身敗名隳，曾不轉瞬，不見異端，男女同室，
> 廉恥道亡，綱常理息，如彼禽獸，豈容天日，一旦伏誅，
> 悔之無及，不見異端，茹素念經，愚我黔首，亂我儒衿，
> 生為民蠹，死受國刑，殃禍不救，祈祝無靈，不見異端，

> 創立名號，敢肆譸張，自外覆燾，翦鴞於林，磔鼠在道，
> 曾不崇朝，首領莫保，前車可鑒，覆轍當思，何習其教，
> 更拜爲師，念此蠢蠢，哀我蚩蚩，狂瀾不返，疇其拯之，
> 乃飭疆吏，乃命守土，爲爾去莠，爲爾除蠹，殄此虺蛇，
> 投彼豺虎，一警迷塗，同歸覺路，自今庶民，各守爾義，
> 農服耕耘，士脩孝弟，商阜其財，工勤其藝，莫作非爲，
> 永保勿替，更告爾兵，武藝爲先，冠不在美，衣不在鮮，
> 武勇旣備，禮讓並嫻，毋蹈非分，永守勿怨，矧今盛世，
> 何生不育，化及昆蟲，澤被草木，飽煖有資，俯仰具足，
> 幸生其時，太平可樂，勿干國憲，勿犯王章，各安本務，
> 共享平康，秋田息蜡，春社烹羊，人其永壽，天亦降祥⑰。

前引四言韻文，反覆指斥異端邪教，妄言禍福，創立名號，良民
被愚。《聖諭廣訓》的宗旨，就是崇正學，爲民去莠除蠹，使庶
民感悟，重視綱常，各安本分，農服耕耘，士修孝悌，商阜其財，
工勤其藝，士農工商，安分守己，共享安康。清朝入關之初，兵
事方殷，休養生息，未遑及之，然而終能實現國家的統一，中央
政權益趨鞏固，社會經濟逐漸繁榮，促成這一歷史轉變的因素，
固然是多方面的。但是，清朝政府始終以「文教是先」作爲制訂
文化政策的立足點，把文化教育作爲治國的根本大計，其文化政
策，確實發揮了積極的歷史作用⑱。就國家社會整體利益而言，
一個健全的社會發展，必須具有凝聚全體社會成員的力量。樹立
共同的理想社會，必須具有全體社會成員共同遵循的公共道德規
範。崇儒重道是歷代以來的社會道德規範，以崇儒重道爲核心的
文化政策，確實較易形成共識，成爲全體社會成員的凝聚力量。
因此，清朝政府以崇儒重道爲立國方針，並制訂文教爲先的文化
政策，這不僅是爲了鞏固滿族政權，同時也是爲了凝聚多民族的

社會力量，建立全民公共道德規範。就這方面而言，清朝政府的
文化政策，是具有積極的意義。

第二節　清朝的宗教政策

宗教信仰是一種文化現象，在人類文化史上，宗教信仰佔了
相當重要的地位。儒釋道對歷代民間思想信仰，都提供了相當豐
富的營養。清代歷朝君主爲了要貫澈崇儒重道的立國方針，極力
提倡儒家孔孟正道，以樹立正統，對佛、道二氏，頗多批評，佛、
道以外的新興民間秘密宗教，則被指爲左道邪教，清朝政府爲黜
邪崇正，對新興民間秘密宗教的取締，可謂不遺餘力。取締異端，
打壓紅教；樹立正統，振興黃教，是清朝政府對藏傳佛教所採取
的宗教政策。《清史稿》有一段記載說：

> 西藏喇嘛，舊皆紅教，至宗喀巴始創黃教，得道西藏噶勒
> 丹寺。時紅教本印度之習，娶妻生子，世襲法王，轉指密
> 咒，流極至以吞刀吐火炫俗，盡失戒定慧宗旨。黃教不得
> 近女色，遺囑二大弟子，世以呼畢勒罕轉生，演大乘教[19]。

紅教喇嘛又稱紅帽喇嘛，清朝官方文書認爲「紅帽一教，本屬喇
嘛異端，自元季八思巴流傳至今。」[20]紅教留髮娶妻，又重法術，已
失戒定慧宗旨，而被清朝政府視爲異端。十五世紀初，宗喀巴在
西藏拉薩以東十五里的地方建造噶丹寺，創立格魯派，即俗稱黃
教。經宗喀巴改革後形成的黃教，其教義及教規，都比其他教派
完整、系統、正規，而且影響越來越大，信衆與日俱。宗喀巴自
充第一位噶丹池巴，在他即將圓寂時，將衣帽傳給了他的弟子達
瑪仁青，即賈曹傑，於是賈曹傑接替宗喀巴的地位爲第二任噶丹
池巴。宗喀巴的另一弟子克珠傑，後來爲第三任噶丹池巴。克珠

傑後來被格魯派追認爲第一世班禪呼圖克圖。明世宗嘉靖二十五
年（1546），宗喀巴的大弟子根登珠巴的繼承人根登嘉措圓寂
後，根據宗喀巴的遺囑，得以轉世，形成了達賴喇嘛的轉世系統，
根登珠巴後來被追認爲第一世達賴喇嘛。從此以後，藏傳佛教的
格魯派便產生了以達賴喇嘛和班禪呼圖克圖兩大活佛的轉世系統
㉑。達賴喇嘛居住前藏拉薩布達拉寺，班禪呼圖克圖居後藏日喀
則札什倫布寺。明朝中葉以後，黃教不僅在西藏地區取得統治地
位，而且它的勢力，迅速地擴展到蒙古等地區。藏傳佛教與清朝
政府建立關係，可以追溯到清朝入關以前。清太宗崇德四年（
1639）十月，皇太極派遣察漢喇嘛即察干格隆齎敕書出使西藏。
崇德七年（1642），五世達賴喇嘛所派遣的使者伊拉古克三呼
圖克圖抵達盛京。這些活動說明藏傳佛教與清朝政府已開始建立
了密切的聯繫。隨著形勢的變化，清朝政府與藏傳佛教的關係，
變成了清朝政府與西藏黃教地方勢力之間的關係㉒。順治九年（
1652），五世達賴喇嘛入北京，順治皇帝招待他住在太和殿，
爲他修建西黃寺。五世達賴喇嘛返回西藏時，順治皇帝還親自爲
他餞行，授他金冊、金印，封他爲西天大善自在佛，領天下釋教
普通鄂濟達賴喇嘛。清朝政府通過與黃教領袖的密切關係，以維
持對西藏和蒙古的影響。康熙五十二年（1713）四月，康熙皇
帝冊封五世班禪呼圖克圖爲班禪額爾德尼，並賜滿、漢、藏文金
冊、金印，這是西藏歷世班禪呼圖克圖正式稱爲班禪額爾德尼的
開始，同時標誌著班禪額爾德尼轉世系統已在宗教和政治上取得
了與達賴喇嘛轉世系統平行的地位。清朝政府爲懷柔西藏、蒙古，
所以制訂了扶持黃教的基本政策。但在優禮喇嘛之中又予以適度
的裁抑。皇太極在位期間，清朝政府與黃教的關係，雖然日趨密
切，但皇太極對荒唐喇嘛，並不曲庇。《清太宗文皇帝實錄》有

一段記載說：

> 上謂眾臣曰：喇嘛等口作訛言，假以供佛持素為名，姦淫
> 婦女，貪圖財物，逆行惡道，彼陽間索取人財帛牲畜，口
> 稱使人陰間無罪孽，其虛誕未有甚於此者。喇嘛等不過陽
> 圖財物，至於陰間孰念爾之情面，遂免其罪孽也。今之喇
> 嘛，皆屬荒唐，不足以稱喇嘛之名。蒙古輕信喇嘛，費用
> 財物，懺悔罪過，令冥魂超生福地，扯布條受戒者，今後
> 不許為之㉓。

蒙古輕信喇嘛，浪費財物，扯布條受戒，都受到皇太極的禁止。
康熙皇帝自幼就不迷信喇嘛，他自己說過，「朕十歲時，一喇嘛
來朝，提起西方佛法，朕即面闢其謬，彼竟語塞，蓋朕生來便厭
聞此種也。」㉔近人每以信奉黃教為近代蒙古衰弱的主要原因，
認為蒙古信奉黃教，又是明清兩代有意導致，圖藉黃教的信仰，
變化蒙古勇武的氣質，實現其愚弱蒙古的政策。其實，這種說法，
可以說是漢族本位文化的一種偏見，對黃教的評價，有失於公平，
與明清歷史，並不相合。近代蒙古的衰弱貧困，其原因是多方面
的，並非單純由於信奉黃教所致㉕。

雍正年間，清朝政府對藏傳佛教，仍然貫澈因其教不易其俗
的策略，對西藏、蒙古實行懷柔政策。乾隆年間，清朝政府為了
促進西藏、蒙古內部的穩定，極力支持黃教的政教合一，即所謂
興黃教，以安西藏、蒙古。但乾隆皇帝對黃教實行保護政策，是
有條件的。他一方面因俗而治，一方面因勢利導，進行改革，積
極設法由中央直接治理西藏，靈活推行具體措施，以加強國家的
統一㉖。乾隆五十三年（1788）、乾隆五十六年（1791），廓
爾喀兩次入侵後藏，乾隆皇帝歸咎於紅帽喇嘛沙瑪爾巴的唆使。
乾隆五十七年（1792），沙瑪爾巴在廓爾喀病故，廓爾喀將他

的骨殖獻出。乾隆皇帝諭令將沙瑪爾巴的骨殖在前後藏及察木多
一帶通衢大站懸掛示眾，使各處紅帽喇嘛等觸目驚心，用示儆戒。
沙瑪爾巴既爲藏傳佛教的罪魁禍首，雖伏冥誅，但仍不准其轉世，
嗣繼衣鉢。在陽八井地方有沙瑪爾巴舊住廟宇，廟內紅帽喇嘛共
一百零三名，俱令改歸黃教，送往前藏寺廟安插。乾隆皇帝認爲
黃教是正教，紅教是邪教，他企圖以政治力量迫使紅帽喇嘛改歸
黃教。乾隆皇帝壓抑紅教，振興黃教的措施，就是遵循清初以來
對黃教的保護政策。乾隆皇帝乘派兵入藏擊退廓爾喀入侵勢力的
有利時機，因勢利導，進一步從藏傳佛教信仰的本質及制度進行
改革，一方面採取一系列的措施，打壓紅教，一方面對黃教也進
行整頓，喇嘛犯法，或出賣國家利益時，即按律治罪，強調法律
的不可侵犯，國家利益至上，並不因朝廷優禮喇嘛而豁免，不允
許喇嘛有凌駕大清律例之上的特權。札什倫布寺是向來班禪額爾
德尼轉輪駐錫之地，廓爾喀兵將至，仲巴呼圖克圖即將寺內要緊
細軟財物連夜搬至東噶爾地方藏匿。濟仲喇嘛羅卜藏丹巴及四學
堪布喇嘛羅卜藏策登俱至寺中求吉祥天母的龍丹占卜，寫作「打
仗好」、「不打仗好」兩籤，以糌粑和爲丸，放入磁碗求卜，結
果占得「不打仗好」龍丹一丸，一面稟知仲巴呼圖克圖，一面通
知眾人毋庸打仗，以致眾心惑亂，紛紛離去，廓爾喀兵遂輕易攻
佔札什倫布，將寺內法器寶物肆行劫掠。乾隆皇帝認爲仲巴呼圖
克圖爲佛法所不容，下令解除他的商卓特巴職務，將他解送入京。
濟仲喇嘛羅卜藏丹巴起意假託占辭，喪心叛教，情罪重大，諭令
將他剝黃後押赴市曹處斬。至於四學堪布喇嘛羅卜藏策登等四名，
亦拏解入京，以示占卜一途，固不可信，尤足惑亂人心，必須嚴
法懲治。

　　呼畢勒罕（hūbilhan），是蒙古語的音譯，漢譯爲化身，意

即轉世靈童，或再生人。藏傳佛教的活佛轉世傳承法，是以佛教
的輪迴轉世理論爲依據，在西藏特殊環境中逐漸發展起來的一種
特殊的宗教信仰。他們相信活佛或大喇嘛生前修佛已斷除妄惑業
困，證得菩提心體，肉身往生之後，能不昧本性，不隨業而自在
轉生㉗。黃教注重見性度生，排斥幻術小乘，爲唐古忒、衆蒙古
所崇奉。但在呼畢勒罕活佛轉世的過程中，由拉穆吹忠降神指認
的流弊，日益嚴重。拉穆吹忠受人囑托，假藉神諭，任意妄指。
例如喀爾喀三音諾彥部落額爾德尼班第達呼圖克圖圓寂後，蒙古
汗王車登多爾濟欲使一子承襲其汗爵，又使一子爲呼畢勒罕，希
冀得到喇嘛財產。其商卓特巴那旺達什爲營謀汗王之子爲呼畢勒
罕，遂代求達賴喇嘛，並賄囑拉穆吹忠降神妄指。乾隆皇帝降旨
將車登多爾濟革去汗爵，商卓特巴那旺達什則奉旨剝去黃衣，發
往河南地方安置，同時禁止蒙古王公的子弟爲呼畢勒罕。乾隆皇
帝特頒諭旨，說明朝廷整飭流弊護衛黃教的用意，節錄諭旨一段
內容如下：

> 達賴喇嘛、班禪額爾德尼係宗喀巴大弟子，世爲黃教宗主，
> 衆蒙古番民，素相崇奉。近年因指認呼畢勒罕之古爾登巴
> 等，法術無靈，不能降神，且徇情妄指，或出自族屬姻婭，
> 或出自蒙古汗王公等家，竟與蒙古王公，八旗世職官襲替
> 相似。論以佛法，必無此理。甚且至噶布倫丹津班珠爾之
> 子，亦出有呼畢勒罕，以致衆心不服，沙瑪爾巴遂乘機起
> 意，謀占班禪遺產，唆使廓爾喀搶掠扎什倫布，遂煩大兵
> 聲罪致討。朕護衛黃教，欲整飭流弊，因製一金奔巴瓶，
> 派員齎往，設於前藏大昭，仍從其俗，俟將來藏內或出達
> 賴喇嘛、班禪額爾德尼及大呼圖克圖等呼畢勒罕時，將報
> 出幼孩內，擇選數名，將其生年月日名姓，各寫一籤，入

於瓶內，交達賴喇嘛念經，會同駐藏大臣，在眾前籤掣，
以昭公當。又眾蒙古地方，舊有各旗部落供奉之呼圖克圖
甚多，此內大小不等，如概令赴藏，交達賴喇嘛會同駐藏
大臣掣籤，不免煩擾，且路途遙遠，軫念眾蒙古力量維艱，
因於京城雍和宮內，亦設一金奔巴瓶，如蒙古地方出呼畢
勒罕，即報明理藩院，將年月名姓，繕寫籤上，入於瓶內，
交掌印扎薩克達賴喇嘛呼圖克圖等在佛前念經，並交理藩
院堂官，公同掣籤，其從前王公子弟內，私自作爲呼畢勒
罕之陋習，永行停止。朕之此旨，原爲近來蒙古番民等，
失其舊時淳樸之風，不思佛法，但知圖利，必至謀奪財產，
求爲呼畢勒罕，久之亦如沙瑪爾巴之唆訟肇釁滋事，朕甚
憫焉，是以如此掃除積弊，潛移默化，各蒙古自當共知感
激，副朕護衛黃教至意㉘。

爲從宜從俗之計，拉穆吹忠雖然仍可作法降神，指出呼畢勒罕若
干名，但最後必須由金奔巴掣籤粘定具奏後生效。

　　呼畢勒罕是借活佛轉世來轉移宗教權利的一種特殊方式，也
是藏傳佛教的特點之一。爲了解決宗教首領繼承問題，藏傳佛教
即以靈魂轉世說法爲依據，以寺廟經濟關係爲基礎而創立了活佛
轉世的宗教制度，就是用維護寺廟獨立經濟及宗教特權作爲鞏固
西藏政教合一的一種統治手段㉙。活佛轉世相承的辦法，對黃教
寺廟集團的法統繼承問題及鞏固寺廟集團的政治、經濟實力都具
有重要意義，它可以使寺廟領導集團保持相對的穩定，避免了內
部因權利之爭而引發分裂。尤其重要的是活佛轉世制度的推行，
一方面使寺廟財產得以合法繼承，一方面又能名正言順地繼承前
輩宗教領袖的社會關係，使轉世者及其僧侶貴族集團得以承襲和
維護他們既得的特權地位，並擴大其影響㉚。活佛轉世制度形成

無限制的發展，缺乏統一公正的標準爲依據，往往因財富過於集中，以致宗教領導階層內部爭端頻起。隨著政教合一制度的進一步發展，上層活佛的職位便成了僧俗各勢力集團爭奪的目標，從而出現了一個家族裡轉世幾個或幾代活佛的現象，甚至有些活佛示寂時就作出他將轉世在哪個家族的決定。由於這些現象往往是借用神祇的旨意即神諭來進行，降神遂爲他們的合法化提供了依據，這就使朝廷確信其中必有串通作弊的情形，於是便利用發兵西藏的有利時機，頒佈了金瓶掣籤制度，充分表現出清廷對原有活佛轉世制度的看法，以及對拉穆吹忠降神指認呼畢勒罕極端不信任的態度。從本質上講，金瓶掣籤與吹忠降神，並無區別，都是缺乏科學依據的，但從效果來看，金瓶掣籤制度可以阻止貴族勢力對活佛轉世過程中的干涉。但因吹忠降神在西藏已有悠久的歷史，是活佛轉世制度中不可或缺的組成部分，所以並非只用金瓶掣籤的辦法就能代替的。經過大學士欽差大臣福康安與西藏上層人物反覆商議，最後採取了一個折衷的解決辦法。這個折衷辦法就是將認定靈童出生的方向，尋訪及決定候選靈童的人數，都由吹忠降神來決定，至於最後確定誰是眞正的靈童，就要通過金瓶掣籤來決定。如此，既符合西藏佛教的傳統，又執行了乾隆皇帝制定的金瓶掣籤制度，將達賴喇嘛、班禪額爾德尼及各大呼圖克圖等繼任人選的決定大權，由西藏地方集中到朝廷中央，這是清朝政府對西藏行使主權的一項重要決策㉛。

　　相對於藏傳佛教，內地佛教被稱爲漢傳佛教。康熙皇帝不好佛道，他認爲仙佛思想大都荒誕不經。康熙十二年（1673）十月初九日，《起居注冊》記載康熙皇帝和講官熊賜履討論佛道思想的談話，節錄一段內容如下：

　　　　上召賜履至御前，諭曰：「朕十歲時，一喇嘛來朝，提起

西方佛法，朕即面關其謬，彼竟語塞。蓋朕生來便厭聞此
種也。」對曰：「二氏之書，臣雖未盡讀，亦曾窮究，其
指大都荒唐幻妄，不可容於堯舜之世。愚氓惑於福果，固
無足怪，可笑從來英君達士，亦多崇信其說，畢竟是道理
不明，聰明誤用，直於愚民無知等耳。皇上亶聰作哲，允
接二帝三王之正統，誠萬世斯文之幸也。」上曰：「朕觀
朱文公家禮、喪禮不作佛事。今民間一有喪事，便延集僧
道，超度煉化，豈是正理？」對曰：「總因習俗相沿，莫
知其非。近見民間喪家，一面修齋誦經，一面演劇歌舞，
甚至孝子痛飲，舉家若狂，令人不忍見聞。諸如火葬焚化、
跳神禳賽之類，傷財敗俗，不可殫述。皇上既以堯、舜爲
法，一切陋習，力行禁革，轉移風教，嘉與維新，化民成
俗，未必不由此也㉜。」

康熙皇帝認爲僧道超度，並非正理。熊賜履認爲佛道二氏之書，
荒唐幻妄，世人惑於福果，傷財敗俗。雍正皇帝在藩邸時，於究
心經史之餘，亦拈性宗，頗有所悟。御極以後，臣工奏摺所奉御
批，亦多引佛家語。雍正九年（1731）正月二十四日，《起居
注冊》有一段記載如下：

域中有三教：曰儒，曰釋，曰道，儒教本乎聖人爲生民立
命，乃治世之大經大法，而釋氏之明心見性，道家之鍊氣
凝神，亦與吾儒存心養氣之旨不悖，且其教皆於勸人爲善，
戒人爲惡，亦有補於治化。道家所用經籙符章，能祈晴禱
雨，治病驅邪，其濟人利物之功驗，人所共知，其來亦久
矣㉝。

儒釋道有補於治化，且其由來已久，因此，雍正皇帝對佛道二氏
並不排斥，域內高深道教眞人，尤受禮教。江西貴溪縣龍虎山，

爲漢代張道陵煉丹成道勝地。雍正皇帝頌揚張道陵「嘗得密書，通神變化」，能驅除妖異。卜卦算命等術士，也得到雍正皇帝的禮遇，他相信命運之說。例如雍正六年（1728）四月二十九日，陝西總督岳鍾琪具摺開列副將王綱等人的年甲八字。雍正皇帝以硃筆批諭說：「王剛八字想來是好的，馮允中看過，甚不相宜，運似已過，只可平守，袁繼蔭亦甚不宜，恐防壽云云。張元佐上好正旺之運，諸凡協吉。參將王廷瑞、遊擊陳弼此二人命運甚旺好，若有行動，此二人可派入。今既數人不宜用，卿可再籌畫數人，即將八字一併問來密奏，所擬將官中要用人員不妨亦將八字送來看看。命運之理難徵，然亦不可全不信，即朕此謹慎求全一點誠敬之念，想上天自必洞鑒賜佑卿等所指協吉也。爲日上遠，如副參中有可用之人，陞用他一般也㉞。」命理難徵，但也不可全然不信。怡親王胤祥抱恙期間，雍正皇帝密諭親信臣工訪查精於醫理及通曉性宗道士，以爲調攝頤養之助。京師白雲觀一名道士曾奉召醫治胤祥病症，並蒙賞賜。雍正八年（1730）七月，這名道士又化名賈士芳，由田文鏡差人護送進入大內。《起居注冊》記載雍正皇帝接受治病及懲辦賈士芳的經過頗爲詳盡，節錄一段內容如下：

> 昨七月間，田文鏡將伊送來。初到之時，朕令內侍問話，並試以占卜之事。伊言語支離，有意啓人疑惑，因而說出上年曾蒙召見，朕始知即白雲觀居住之人也。朕因諭之曰：「自爾上年入見之後，朕躬即覺違和，且吾弟之恙亦自此漸增，想爾本係妖妄之人，挾其左道邪術，暗中播弄，至於如此。今朕躬尚未全安，爾既來京，當惟爾是問。」伊乃自言長於療病之法，朕因令其調治朕躬。伊口誦經咒，並用以手按摩之術，比時見效奏功，無不立應。其言則清

淨無爲，含醇守寂之道，亦古人之所有者。一日，朕體中
不適，伊授以密咒之法。朕試行之，頓覺心神舒暢，肢體
安和，朕深爲喜慰，加以隆禮。及此一月以來，朕躬雖已
大愈，然起居寢食之間，伊欲令安則安，伊欲令不安，則
果覺不適，其致令安與不安之時，伊必先露意，且見伊心
志奸回，言語妄誕，竟謂天地聽我主持，鬼神供我驅使，
有先天而天弗違之意。其調治朕躬也，安與不安，伊竟欲
手操其柄，若不能出其範圍者。朕降旨切責云：「爾若如
此處心設念，則赤族不足以蔽其辜。」伊初聞之，亦覺惶
懼，繼而故智復萌，狂肆百出，公然以妖妄之技，謂可施
於朕前矣。彼不思邪不勝正，古今不易之理。況朕受命於
天，爲萬方之主，豈容市井無賴之匹夫狗彘不如者，蓄不
臣之心，而行賊害之術乎？前日京師地動，朕恐懼修省，
誠心思過，引咎自責，又復切頒諭旨，訓飭官員兵民人等，
而地動之象久而不息。因思前月之震動實在朕加禮賈士芳
之次日，意者妖邪之人，胸懷叵測，而朕未之覺察，仰蒙
上天垂象，以示儆乎？況伊欺世惑眾，素行不端，曾經原
任巡撫楊宗義訪聞查擧，伊始稍稍斂跡，厥後仍復招搖。
今則敢肆其無君無父之心，甘犯大逆不道之罪，國法具在，
難以姑容，且蠱毒壓魅，律有明條，著擧交三法司會同大
學士定擬具奏。若伊之邪術果能操禍福之柄，貽患於朕躬，
則伊父祖之墳塋悉行掘發，其叔伯兄弟子孫族人等悉行誅
戮，以爲異常大道之炯戒。夫左道惑眾者，亦世所常有，
若如賈士芳顯露悖逆妄行於君上之前，則從來之所罕見，
實不知其出於何心？其治病之處，預先言之，莫不應驗，
而伊遂欲以此脅制朕躬，恣肆狂縱，待之以恩而不知感，

惕之以威而不知畏，竟若朕之禍福，惟伊立之，有不得不
委曲順從者。朕若不明於生死之理，而或有瞻顧游移之見，
乞憐於此等無賴之妄人，則必不免抱慚，而對天下臣民亦
滋愧怍，朕豈如是之主哉！夫貪生惡死者，人之常情，伊
之脅制朕躬者在此，不知朕之知天知命確乎不可惑者亦即
在此，朕爲世道人心綱常名教計，懲彼魑魅魍魎於光天化
日之下一身之休咎所不計也，並諭廷臣共知朕心㉟。

白雲觀道士賈士芳擅長療病，口誦經咒，以手按摩，立時見效。
身體不適，授以密咒之法，頓覺心神舒暢，肢體安和。但雍正皇
帝認爲賈士芳挾其左道邪術，欺世惑眾，妖邪之人，胸懷叵測，
故令拏交三法司，會同大學士，按照左道惑眾蠱毒壓魅律從重治
罪。

　　乾隆皇帝即位後，鑒於應付、火居僧道飲酒食肉，各畜妻子，
每藉二氏之名，作奸犯科，肆無忌憚，所以酌復度牒之法，使有
志於修行者，永守清規，於是特頒諭旨，節錄一段內容如下：

朕於二氏之學，皆洞悉其源流，今降此旨，並非博不尚佛
老之名也。蓋見今之學佛人，豈特如佛祖者無有，即如近
代高僧，實能外形骸，清淨超悟者亦稀；今之道士，豈特
如老莊者無有，即如前世山澤之癯，實能凝神氣，養怡壽
命者亦稀。然苟能遵守戒律，焚修於山林寂寞之區，布衣
粗食，獨善其身，猶於民無害也。今則不事作業，甘食美
衣，十百爲群，農工商賈，終歲竭蹶以奉之，而蕩檢踰閑，
於其師之說，亦毫不能守，是不獨在國家爲游民，即繩以
佛老之教，亦爲敗類，而可聽其耗民財，淈民俗乎？著直
省督撫飭各州縣按籍稽查，除名山古刹，收接十方叢林及
雖在城市，而願受度牒，遵守戒律，閉戶清修者不問外，

> 其餘房頭、應付僧、火居道士，皆集眾面問，願還俗者聽
> 之，願守寺院者亦聽之。但身領度牒，不得招受生徒，所
> 有貲產，如何量給還俗，及守寺院者爲衣食計，其餘歸公，
> 留爲地方養濟窮民之用，並道士亦給度牒之法㊱。

應付僧各分房頭，世守田宅，乾隆皇帝一方面以應付僧、火居道
士等竊佛道二氏之名，而無修持之實，甚至作奸犯科，難於稽查
約束，一方面認爲農夫作苦，自食其力，於四民之中最爲無愧。
僧道不耕而食，不織而衣，耗費民財，多一僧道，即少一農民。
因此，應酌復度牒之法，雖係尼僧，亦須接受約束。乾隆元年（
1736）二月二十五日，所頒諭旨中有一段內容如下：

> 又聞外間有尼僧一種，其中年老無依情願削髮者，尚無他
> 故，其餘年少出家之人，心志未定，而強令寂守空門，往
> 往蕩閑踰檢，爲人心風俗之害。且聞江浙地方，竟有未削
> 髮而號稱比丘者，尤可詫異，似亦應照僧道之例，不許招
> 受生徒，免致牽引日眾。有情願爲尼者，必待年齡四十以
> 上，其餘概行禁止㊲。

乾隆皇帝認爲朝廷給發僧道度牒，令地方官有所稽查，使無賴之
徒，無從竄入其中，近似民間保甲，不致藏奸，亦如貢監有執照，
不容假冒，並非禁絕釋道，不許人爲僧道。

　　康熙皇帝堅持崇儒重道，黜邪崇正，不喜歡佛道，甚至視二
氏爲異端。雍正皇帝和乾隆皇帝基本上肯定了儒釋道的正面教化
功能，但他們接受佛道爲正信宗教是有條件的，他們排斥儒釋道
中的左道邪術，他們反對的是竊取二氏之名而作奸犯科的個人，
不容假冒僧道，惑眾誣民，聚眾滋事，並非不許人爲僧道，更非
禁絕佛道二氏。民間秘密宗教是指由佛道等正信宗教衍化而來的
世俗化新興教門，同時依附於儒釋道的思想信仰而流佈於下層社

會。各種教門都是儒釋道的左道異端。雍正皇帝和乾隆皇帝不僅視民間秘密宗教爲邪教，而嚴加取締，同時也禁止人民皈依民間秘密宗教，對各教門的態度可謂深惡痛絕。因民間秘密宗教日益盛行，雍正皇帝頒降硃筆特諭，命江西等省督撫查禁邪教，其特諭內容如下：

> 諭江西巡撫，朕惟除莠所以安良黜邪，乃以崇正，自古爲
> 國家者，綏戢人心，整齊風俗，未有不以詰奸爲首務者也。
> 聞江蘇等地方頗有邪教，大抵妄立名號，誆誘愚民，或巧
> 作幻端，或不事耕織，夜聚曉散，黨類繁多，此等之人，
> 蹤跡多屬詭秘，而奸回則更不可測。苟不絕其根株，必致
> 蔓延日甚，地方諸大僚，倘務姑息，不爲訪拿，是養奸也，
> 澄清風俗之謂何？爾督撫當嚴飭所屬司道府州縣等官密訪
> 爲首之人嚴拏治罪；愚民能去邪歸正者，概與從寬；有能
> 出首爲首之人者，即量加獎賞。務令奸萌盡去，陰翳全消，
> 風俗人心，咸歸醇正，其或因循苟容，不行查禁，事發之
> 後，該管各官一併從重議處，特諭㊳。

除江西省外，其餘江蘇、湖廣等省督撫亦奉到硃筆特諭，內容相同。雍正皇帝認爲邪教妄立教門，誆誘善男信女，蔓延日廣，必致枝蔓難圖。念經祈福是各教門的共同信仰，但乾隆皇帝認爲「念經祈福，即爲惑眾之漸。」㊴乾隆皇帝曾針對江浙地區盛行的師巫邪術頒旨取締，節錄諭旨中一段內容如下：

> 聞吳下風俗，篤信師巫，病不求醫，惟勤禱賽，中產以下，
> 每致破家，病者未必獲痊，生者已至坐困，愚民習而不悔，
> 尤屬可憫，地方官亦當曲加訓誨，告以淫祀無福，嚴禁師
> 巫，勿令蠱惑，亦保民之一端也㊵。

師巫禱賽，以超自然能力，對病患進行民俗醫療，被認爲是蠱惑

善男信女的迷信，而遭到嚴禁。顧琮在浙江巡撫任內，對取締邪教也提出他的看法，他認爲「邪教惑民，最爲人心風俗之害，其始竊取佛老之說，別立名號，或幻稱因果，或假託修持，勸人食素誦經，燒香結會，不過圖騙錢財，若被〔誘〕既多，人心皈向，則肆其邪妄，瀆亂不經，甚或聚衆橫行，敢爲悖逆之事，此等匪類，自昔有之㊶。」浙江巡撫顧琮認爲民間秘密宗教竊取佛老之說，圖騙錢財，聚衆滋事，有暴力傾向。河南巡撫葉存仁具摺時亦稱：「倡爲邪教者，開口即言行善，而又可求福避禍，即群相附和，方以爲求福之緣，而不知其爲犯法之事㊷。」嘉慶初年以來，川陝楚等省民間秘密宗教大規模起事，聲勢浩大，朝廷派兵鎮壓。嘉慶皇帝採取「去邪教以遏亂，焚邪經以滌源」的措施。大致而言，從清初以來，朝廷與地方取締民間秘密宗教的態度是相當一致的，都主張嚴禁，並不曾鬆動過，對佛道二氏雖有不少的批評，但卻相當寬容，然而對民間秘密宗教卻是不寬容的。由於教案層出不窮，嘉慶皇帝認爲消弭教亂，應該從社會教育著手，化民成俗，仍是當務之急，他在所頒諭旨中指出：

> 自古聖賢之教，惇敍彝倫，惟君臣父子之經，仁義禮智之性，爲萬世不易之道，朝廷之所修明，師儒之所講習，必以此爲正軌，故神佛祠宇，列入祀典，瞻禮祈禱，亦律所勿禁。至創立教名，私相授受，行蹤詭秘，惟恐人知，斯則一二姦民，倡爲邪說，其意專在傳徒斂錢，而愚民無知，惑於禍福，其初不惜捐資破産，飽首惡之囊橐。迨經官府查辦，則爲從徒黨，亦與爲首之犯，同罹法網，貽害多人，深堪憫惻，如近日直隸、江西、福建、廣東、廣西、貴州等省，每有奏辦邪教及會匪等案，此等頑民，既經破案，不能不嚴行懲辦。若先時化導，可冀其覺悟改悔，陷法者

少。著該督撫各就該省情形，敘次簡明告示，通行曉諭，
使鄉曲小民，群知三綱五常之外，別無所謂教，天理王法
之外，他無可求福，從正則吉，從邪則凶，間有一二莠民，
設法煽誘，而附和無人，奇邪自日漸熄滅，風俗人心，庶
可日臻淳樸，將此通諭知之㊵。

由前引諭旨可知，嘉慶皇帝對民間秘密宗教的否定，佛道寺觀，
已經列入祀典，成為合法正信宗教。三綱五常之外，別無所謂民
間秘密宗教。倘若先時化導，則可望其覺悟改悔，不致為邪教所
惑，陷法者必可減少。嘉慶二十年（1815）十月三十日，嘉慶
皇帝又頒降諭旨說：

治民之道，不外教養二端，六禮節性，八政防淫，古者道
人木鐸，宣諭化導，使人易知易從，意至善也。直省生齒
日繁，民愚易惑，近日傳習邪教匪徒如白陽、紅陽、大乘、
無為以及天主教各種名目，輾轉煽誘，罹法者眾，朕甚憫
之，地方有司日役役於簿書錢穀，而於化民成俗之原，恝
焉不講，甚非所以佐朕致治之意也。因思各省學政，皆慎
簡儒臣，畀以教化之責，且按試州郡，遠邇必週，於該省
風土人情，無難察訪周知，奸民倡為邪說，頗蒙從而習之，
或誘於財利，或溺於淫邪，均各有受蔽之由，著該學政各
就按試之地，察其民人所易惑者，作為論說，剴切化導。
其詞無取深奧，但為辨其是非，喻以利害，明白淺近，使
農夫販豎，皆可聞而動心，發交各州縣官，刊刻印刷，於
城市鄉村廣為張貼，務俾家喻戶曉，知所從違。至士為四
民之首，該學政於接見士子時，尤當諄切訓誨，使以孝弟
忠信禮義廉恥，倡率鄉閭，身以先之，言以喻之，由寡以
及眾，由親以及疏，蚩蚩者氓，耳濡目染，有所觀感而興，

　　　　將日用飲食，群黎偏德，久之遷善遠惡，翕然成風，斯邪
　　　　說不足以誘之矣。該學政等所作論說，遇有奏事之便，各
　　　　錄稿進呈，朕將親覽焉㊹。

前引諭旨是明發上諭，由內閣抄出，經禮部箚知各省學政。同年
十二月十五日，湖南學政劉彬士奉到諭旨後即擬寫辨惑二條，都
用里巷常言，由州縣官刊刻告示，每一句加一單圈，印成單張，
分發各保甲，每家給與一張，令其於門前屋內牆上壁間，隨便張
貼，庶幾觀看既久，醒悟漸開。劉彬士所擬辨惑二條，於嘉慶二
十一年（1816）正月十七日具奏呈覽，其中〈辨邪正之惑〉一
條的內容如下：

　　　　爾百姓雖愚，斷未有不知是非好歹的，那邪教斂錢聚眾，
　　　　男女不分，明明是個姦盜邪淫的人，爾百姓豈不知道麼？
　　　　但他的這些罪惡是招引多人之後纔漸漸大膽起來，他先來
　　　　誘人入教之時，必是勸人行善，愚民不曾讀書，看不出他
　　　　的邪處來，所以被他詃騙了。其實，他的邪處，當時就可
　　　　以看出的，我今把辨別邪正的方法說與你們知道。凡人無
　　　　論貴賤都不能出五倫之外，你百姓都有五倫，就都有五倫
　　　　分內之事，如愛戴朝廷，畏懼王法，就是有君臣之倫了。
　　　　爲父的勤儉起家，爲子的聽父母教訓，奉養不缺，就是有
　　　　父子之倫了。爲男人的不做游蕩的事，爲女人的謹守規矩，
　　　　敬重丈夫，就是有夫婦之倫了。至於兄弟相愛，不因財利
　　　　口角傷了和氣，就是有兄弟之倫了。朋友相交，不爭財，
　　　　不說謊，就是有朋友之倫了。你們完全得五倫的事，就是
　　　　個正人君子，鄉黨必敬重你，天道必保佑你，一生必安穩
　　　　無害，將來必有好子孫，光顯門戶。孔聖人教人是這個正
　　　　道，朝廷教人也是這個正道。做五倫分內的事就是正教，

不做五倫分內的事，就是邪教，這是極容易辨別的。如有教匪來勸你爲善，你就要把他分內的事，替他想一想。若是你平素不認識他，他就是來歷不明的人，一定是邪教了。若是你平素認識他，他一定不能做這分內的事，這分內的事，自家不做，卻勸人爲善，豈不是口善心惡的邪人麼？況他的邪處也不必看他平日的事。這私立教名，招徒聚眾，原是王法所不容的，一經訪拏，就連累父母妻子兄弟了。他竟大膽來勸你入教，這就是不畏王法，不顧父母妻子兄弟的人，即此一端，五倫全不顧了，明明是一個邪人，你如何可聽他誘引呢？你若知道他窩藏地方，更有不法的實事，並可到官出首他，這就是當下辨別邪正的方法，你們不可不知。再邪教說是入教念經可以成佛，更斷無此理，這佛法雖與孔聖人的儒教不同，也是教人莫貪財色，莫起妄想。那邪教不畏王法，貪財好色，就是佛法也斷不容他，此等罪人，豈有成佛的事。再爾百姓也有曾爲不善，指望入教念經，可以懺悔的，這又是糊塗了。大凡聖賢都望人改過，鬼神也許人改過，如昨日做了惡事，今日立志再不做惡事，就是改過。若惡事不改，僅止念經，還是口善心惡的人，何爲懺悔。況入教念經又犯王法，正是罪上加罪，過上加過了，你們切不可聽他愚弄。你們愚民有說儒教勸人爲善，朝廷導重他。釋教、道教也有修行懺悔的話，朝廷也不禁他，偏禁這些教是甚麼緣故？我今把這緣故說與你聽。釋教、道教雖與儒教不同，卻都是圖個安靜，不敢生事害人，所以朝廷都不禁他。何爲安靜？大凡這三教都有師徒，只是爲師的不肯往四方去招引徒弟，有願爲徒的卻也受他，有不願爲徒的，卻不招引他，這將來自然沒有

聚眾的事，所以三教都是安靜的。那邪教四出招引，一人
傳十，十人傳百，這就是將來聚眾的根子。這些入教的愚
民未必都是思想為匪的，假若一旦有個匪徒或誘引徒弟為
匪，或脅制徒弟為匪，也是一人傳十，十人傳百，這就害
人不少了。可知道這誘人入教就是他的邪處，所以朝廷定
要禁他，也無非是保全百姓的心思。你們要知道各處出示
曉諭保全你們，這都是皇上恩典也⑤。

由前引內容，可知湖南學政劉彬士所擬辨邪正之惑原稿的主旨，
主要在曉諭百姓辨別邪正的方法，五倫是正道，孔子以正道教人，
朝廷也以正道教人。民間秘密宗教不做五倫分內的事，就是邪教。
朝廷尊重儒釋道，而取締民間秘密宗教的主要緣故，是由於儒釋
道都是圖個安靜，教人莫貪財色，莫起妄想，不敢生事害人。而
邪教誘人入教，四出招引，一人傳十，十人傳百，招引多人之後，
就漸漸大膽起來，終於聚眾起事，所以朝廷一定要查禁邪教。劉
彬士在〈辨利害之惑〉論說稿中又指出：

爾百姓雖愚，斷未有不知利害禍福的，凡人本性，莫不愛
父母，莫不愛自身，莫不愛兄弟妻子。爾百姓幸生太平之
世，雖不能皆享富貴，如果專執一業，勤儉為本，亦必能
衣食無虧，上養父母，下保妻子兄弟，不受強暴之欺凌，
不受兵差之擾累，這就是太平之福，享用不盡了。倘或入
教念經，斂錢聚眾，一旦發覺，身死家破，連累父母妻子
兄弟，此時思想居家安樂，不可再得，心裡豈有不懊悔的
麼？那邪教初來時，必是把行善有福的話誆騙你們，你們
若是平心細想，就知道這有福的事，也不能出五倫之外。
這五倫的真福都是你百姓現在有的，皇上恩典寬大，你們
不犯王法，長享太平，就是君臣之福。你奉養父母，父母

自然慈愛你，兄弟不傷和氣，自然同心合力，門庭之內有
一段真快活，就是父子兄弟之福。至於夫妻有禮，家道自
然興隆，就是夫婦之福。朋友相信，爭訟自然不起，就是
朋友之福。這人倫內五樣的真福，你們日日享用，不知不
覺，這是最難得的，除此以外，還有甚麼是福呢？那邪教
誆騙你們說，死後可到天堂，來生還有好處。這天堂地獄，
來世輪迴，誰人看見，原是一派荒唐的話，祇有從邪教的
身受重刑，不從邪教的安穩自在，這是人人看見的。你們
若不顧看見的利害，倒信無影無形的話，真正愚到極處了。
古來聖賢經書，都沒有這荒唐的話，就假如有天堂，也必
是完全五倫的人纔到得上去；假如有輪迴，也必是完全五
倫的人纔能託生好處。今這邪教，私立教名，不畏王法，
不顧自己父母兄弟妻子，誘害良民，連累他人父母兄弟妻
子，這就是大惡人。又況斂錢聚眾，男女不分，甚或無法
無天，殺人放火，這等罪大惡極，假如有地獄，也必是他
去坐；假如有輪迴，也必墮入畜生道中，這是可斷之以理
的。大凡做事，必慎之於始，這被誘的愚民，先不過說是
念經行善，未必就有無法無天的心思，後來那邪教漸漸大
膽起來，斂錢聚眾，搖惑人心。這些愚民因是業已入教，
恐怕官府訪拏，不敢聲張，遂至身陷重刑，求福得禍，這
都是不慎之於始，後來悔之無及了。所以有人引你入教，
你或從或不從，就是生死分途，不可不平心細想也。再匪
徒說入教可免劫數，更是荒誕的話，人之死生，皆有定命，
古來大聖大賢，只做安分聽命的事，惟厚德的人，必然有
壽，就是國家長久太平也是從厚德積來的。我朝開基以來，
厚澤深仁，無微不至，皇上聖神文武，勤政愛民，海內承

平，兵革不用，強者不敢欺弱，眾者不敢欺寡，數千百年
來，未有如我朝這樣厚恩的，也未有如今日這樣太平的。
萬年有道，是理之自然，你百姓各安本業，傳之子孫，世
世爲太平良民，纔是正經道理，乃或聽信無根的妄言，豈
不是糊塗之至麼？即如白蓮、白陽、紅陽、大乘、無爲等
教，或戕害生靈，旋被天兵剿滅，或聚眾滋事，即被官府
查拿，那些教頭都明正典刑，何曾免得一死，你們看看，
就該醒悟了。假如有漏網的邪黨逃至此間，他自知罪大惡
極，王法不容，或來誘引你們入教，要你們容留他，你們
切莫聽信，即將他拿送到官，這纔是能知大義的百姓。再
西洋異國之人，私入內地傳授天主邪教，此等匪徒，一經
拿獲，王法斷不赦他，爾民從之，必有大禍，切不可被他
愚弄了。大凡朝廷禁的都是邪教，從正教的必然無害，從
邪教的必然有害。自此以後，爾百姓須知安分是福，犯法
是禍，各做五倫分內之事，莫聽荒唐無根之言。凡事慎之
於始，各安本業，這就是你們報答君親的事，也就是你們
無疆之禍，宜時常思省也㊻。

劉彬士所擬〈辨利害之惑〉原稿進一步從民間秘密宗教的基本教
義進行批判。引文中指出邪教所稱天堂地獄，來世輪迴，死後可
到天堂，來生還有好處，原是一派荒唐的話，無影無形，古來聖
賢經書都沒有這些荒唐的話。即使有天堂，也必是安分聽命完全
五倫的人始得上去，輪迴託生好處。邪教犯法害人，罪大惡極，
即使有地獄，也必是他們去坐，輪迴墮入畜生道中。朝廷認爲白
蓮教、白陽教、紅陽教、大乘教、無爲教等都是新興教門，就是
邪教，天主教是外來的新宗教，也被指爲邪教。清初以來，歷朝
君主對崇儒重道文化政策的執行，可謂不遺餘力，他們也因此而

成爲正統主義者，護持正教，樹立正統，取締邪教，打壓異端，
遂成爲清朝政府的宗教政策。清朝政府對宗教政策的制訂，是以
有利於統治政權的鞏固爲指導原則的，而且也與文化政策的制訂，
有密切的關係，清朝政府取締民間秘密宗教，就是執行文化政策
的具體措施。

第三節　禁止師巫邪術律例的修訂

　　清代律例雖然承襲明代律例，但有清一代的法律，由於因時
制宜，陸續增訂條例，而有很大的變化。有的是由內外臣工條奏，
經刑部議准，纂爲條例；有的由皇帝頒發諭旨，定爲條例；有的
將原例損益合併，成爲新例。清律的連續性和變化，以及條例在
法律上的作用，是很值得重視的問題。瞿同祖撰〈清律的繼承和
變化〉一文已指出，「研究清代法律，必須研究條例，不能僅研
究律文，否則不但了解不全面，不了解其變化，不了解法律的具
體運用，還會發生錯誤，將早已不用的律文當做清代的法律來論
證。這一點常爲人所忽略，往往重視律文，而不注意條例。」⑰
清代律例的變化，主要就是在它的條例部分。據《清史稿·刑法
志》記載，「例文自康熙初年僅存三百二十一條，末年增一百一
十五條。雍正三年，分別訂定，曰原例，累朝舊例凡三百二十一
條；曰增例，康熙間現行例凡二百九十條；曰欽定例，上諭及臣
工條奏凡二百有四條，總計八百十有五條。」⑱乾隆元年（1736），
刑部奏准三年修例一次。乾隆十一年（1746），內閣等衙門議
改五年修例一次。但促成清廷修訂條例的主要原因，實由於清初
以來社會變遷的劇烈。《清史稿》已指出所增設的條例是以因案
增設者居多，其原文略謂「高宗臨御六十年，性矜明察，每閱讞

牘，必求其情罪曲當，以萬變不齊之情，欲御以萬變不齊之例。故乾隆一朝纂修八、九次，刪原例、增例諸名目，而改變舊例及因案增設者爲獨多。」⑭清代君臣認爲刑法中的律文，不足以包羅萬象，恐法外遺奸，爲求情罪相當，於是針對各種不同狀況而增加條例，使執法者不至各有歧異。

　　乾隆、嘉慶時期（1736-1820），不斷以新例來補充律文，或改變舊例，於是條例愈來愈多，愈多愈繁，經道光、咸豐以迄同治，其條例乃增至一千八百九十二條。《清史稿》對清代律例的變化，已指出其得失。其原文略謂「蓋清代定例，一如宋時之編敕，有例不用律，律既多成虛文，而例遂愈滋繁碎，其間前後牴觸，或律外加重，或因例破律，或一事設一例，或一省一地方專一例，甚且因此例而生彼例，不惟與他部則例參差，即一例分載各門者，亦不無歧異，輾轉糾紛，易滋高下。」⑮新例與舊例既前後牴觸，彼此歧異，當時人遂有「大清律易遵，而例難盡悉；刑律易悉，而吏部處分律難盡悉，此不過專爲書吏生財耳」的歎息了⑯。郭建撰〈當代社會民間法律意識試析〉一文指出我國歷代法律是以刑法、行政法等調整君主臣民關係的法律規範爲主，極度缺乏調整社會成員個人之間經濟社會關係的法律，在日常生活中體會不到法律的存在。法律的權威，遠低於皇帝的敕令，眞正在司法中起作用的就是敕令與條例⑰。

　　明朝後期，由於政治的更加惡化，社會經濟遭受重大的破壞，然而民間秘密宗教的活動，並未因此停止。明廷爲取締左道異端，曾制訂〈禁止師巫邪術〉的律例，其要點如下：

　　　凡師巫假降邪神，書符咒水，扶鸞禱聖，自號端公、太保、
　　　師婆及妄稱彌勒佛、白蓮社、明尊教、白雲宗等會，一應
　　　左道亂正之術，或隱藏圖像，燒香集眾，夜聚曉散，佯修

善事，扇惑人民，爲首者絞，爲從者各杖一百，流三千里。
若軍民裝扮神像，鳴鑼擊鼓，迎神賽會者，杖一百，罪坐
爲首之人。里長知而不首者，各笞四十。其民間春秋義社，
不在禁限㊿。

清朝入關後，從明末延續下來的民間秘密宗教，仍然繼續活動，
枝榦互生，出現了許多新興教派。清廷也沿襲明朝的政策，查禁
民間秘密宗教的活動。順治元年（1644）十月初十日，頒佈即
位詔，臚列應行條例，其中有一條規定：「凡訛言妖術，煽惑平
民，燒香聚衆，僞造符契，擁集兵仗，傳頭會首，已緝獲正法，
其脅從人等，果改邪歸正者，前罪免論。」㊾順治四年（1647）
三月十四日，諭兵部云：「左道妖人，妄談禍福，游手無賴，喜
布訛言，無非驚動煽惑，欲致遷徙流移，以便劫掠。見今大兵誅
剿之處，俱係反叛作亂眞賊，原不波及無辜，凡我良民，毋得輕
言妖訛，自取困苦。」㊿左道妖術，煽惑民衆，對清朝的用兵及
統治，都產生負面的影響，因此，嚴屬查禁。有清一代，爲取締
左道異端，亦沿襲明代律例，制訂《禁止師巫邪術》專條，所取
締的範圍，包括民間秘密宗教及民間信仰活動。由於民間秘密宗
教及民間信仰的日趨盛行，其間又多次修訂條例，可以根據清朝
會典、實錄、《讀例存疑》等資料，列出簡表。

清代禁止師巫邪術律例修訂簡表

年　　分	律　例　修　訂　內　容	備　　註
順治三年 （1646）	凡師巫假降邪神，書符咒水，扶鸞禱聖， 自號端公、太保、師婆名色，及妄稱彌勒 佛、白蓮社、明尊教、白雲宗等會，一應 左道異端之術，或隱藏圖像，燒香集衆， 夜聚曉散，佯修善事，煽惑人民，爲首者	

	絞監候，爲從者各杖一百，流三千里。若軍民裝扮神像，鳴鑼擊鼓，迎神賽會者，杖一百，罪坐爲首之人。里長知而不首者，各笞四十，其民間春秋義社，以行祈報者，不在此限。
順治六年 （1649）	凡僧道巫覡之流，妄行法術，蠱惑愚衆者，治以重罪。
順治十三年 （1656）	諭凡左道惑衆，如無爲、白蓮、聞香等教名色，起會結黨，迷惑無知小民，殊可痛恨，今後再有踵行邪教聚會燒香斂錢號佛等事，在京著五城御史及地方官，在外著督撫司道有司等官，設法緝拏，窮究姦狀，於定例外加等治罪。
順治十八年 （1661）	定凡無名巫覡私自跳神者，杖一百，因而致人於死者，處死。
順治十八年 （1661）	題准，凡婦女不許私入寺廟燒香，違者治以姦罪，旁人能緝首者，罰本犯銀十兩給之。
康熙元年 （1662）	題准，人有邪病，請巫覡道士醫治者，須稟明都統，用印文報部，准其醫治，違者巫覡道士正法外，請治之人亦治以罪。
康熙五年 （1666）	覆准，凡邪教惑衆，在京行五城御史，在外行督撫，轉行文武各地方官嚴禁查拏。如不行查察，督撫等徇庇不參，事發，在內該管官每案罰俸三月；在外州縣官降二級調用，督撫罰俸一年。
康熙十二年 （1673）	題准，凡端公、道士、私行跳神醫人者，免死，杖一百，雖曾稟過禮部，有作爲異端跳神醫治，致人於死者，照鬥毆殺人律擬罪，其私請之人，係官議處，係平民，照違令律治罪。
康熙十八年	議准，凡迎神進香，鳴鑼擊鼓，肆行無忌

（1679）	者，為首之人，照邪教惑眾律，擬絞監候，秋後處決，為從之人，枷號三月，係旗下，鞭一百，係民，責四十板，俱不准折贖。
康熙五十七年（1718）	議准，各處邪教，令該督撫嚴行禁止，若地方官不行嚴查，或別處發覺者，將地方官及該督撫一併嚴行查議。
雍正三年（1725）	邪教惑眾，照律治罪外，如該地方官不行嚴禁，在京五城御史，在外督撫，徇庇不行糾參，一併交部議處。旁人出首者，於各犯名下，並追銀二十兩充賞，如係應捕之人拏獲者，追銀十兩充賞。
雍正七年（1729）	熟習符咒，不畏刑罰，不敬官長，作姦犯科，惑世誣民者，照光棍例，為首者立斬，為從者，概擬絞監候，秋後處決。
雍正十一年（1733）	私習羅教為首者，照左道異端煽惑人民律擬絞監候，不行查報之鄰右總甲人等，均照律各笞四十，其不行嚴查之地方官，交部議處。
雍正十一年（1733）	凡有姦匪之徒，將各種避刑邪術，私相傳習者，為首教授之人，擬絞監候，為從學習之人，杖一百，流三千里，若事犯到官本犯以邪術架刑者，照規避本罪律遞加二等，罪止杖一百，流三千里。其犯該絞斬者，仍照本罪科斷。至事犯到官，本犯雇人作法架刑者，亦照以邪術架刑例治罪，並究出代為架刑之人，照詐教誘人犯法與犯人同罪律，至死減一等。得贓照枉法從重論。保甲鄰里知而容隱不首者，照知而不首本律笞四十，地方官不行查拏者，照例議處。
乾隆九年	私刻地畝經及占驗推測妄誕不經之書售賣

（1744）	圖利及將舊有書板藏匿，不行銷毀者，俱照違制律治罪。	
乾隆三十六年 （1771）	凡左道惑衆之人，或燒香集徒，夜聚曉散，爲從者發邊遠充軍，若稱爲善友求討布施至十人以上，並軍民等不問來歷，窩藏接引，或寺觀住持容留披剃冠簪者，發近邊充軍。	
乾隆四十六年 （1781）	各省遇有興立邪教，哄誘愚民事件，該州縣立赴搜訊，據實通稟，聽院司按核情罪輕重，分別辦理。儻有諱匿，輒自完結，別經發覺，除有化大爲小曲法輕縱別情，嚴參懲治外，即罪止枷責，案無出入，亦爲照諱竊例，從重加等議處。	
嘉慶六年 （1744）	各處官吏軍民僧道人等，妄稱諳曉扶鸞禱聖，書符咒水，或燒香集徒，夜聚曉散，並捏造經咒邪術，傳徒斂錢，一切左道異煽惑人民，爲從者，發往回城，給大小伯克及力能管束之回子爲奴，其稱爲友善，求討布施至十人以上者，或稱燒煉丹藥，出入內外官家，或擅入皇城，夤緣作弊，希求進用者，並軍民人等寺觀住持，不問來歷，窩藏接引，容留披剃冠簪至十人以上者，俱發近邊充軍，若不及十人，容留潛住，薦舉引用，及鄰甲知情不舉，並皇城各門官衛官軍不行關防搜拏者，各照違制律治罪，如事關重大，臨時酌量辦理。至於守業良民諷念佛經，茹素邀福，並無學習邪教，捏造經咒，傳徒斂錢惑衆者，不得亂用此例。	邪教爲從者，原作發往黑龍江給索倫達呼爾爲奴，嘉慶十八年奉准邪教爲從者改發新疆，給額魯特爲奴，二十年復改爲發往回城，給大小伯克及力能管束之回子爲奴。
嘉慶十八年 （1813）	奏辦理邪教總以有無傳習經咒，供奉邪神拜授師徒爲斷，至白陽教即係白蓮教及八卦教之別名，最足爲害，嗣後爲首照左道	

	異端煽惑人民律擬絞監候，為從發新疆給額魯特為奴，旗人銷除旗檔，與民人一律辦理。至紅陽教及各項教會名目，並無傳習咒語，但供有飄高老祖及拜師授徒者，發往烏魯木齊，分別旗民當差為奴，其雖未傳徒，或曾供奉飄高老祖及收藏經卷者，發邊遠充軍。至坐功運氣，雖非邪教，亦比照故自傷殘律杖八十，若訊明實止茹素燒香，諷念佛經，止圖邀福，並未拜師傳徒，亦不知邪教名目者，方予免議，奉旨嗣後審辦白陽白蓮八卦等邪教，凡傳徒為首者，定擬絞決，其紅陽等及各項教會名目，即照刑部所議辦理。	
嘉慶十八年 （1813）	凡傳習白陽白蓮八卦等邪教，習念荒誕不經咒語，拜師傳徒惑眾者，為首擬絞立決，為從年未逾六十，及雖逾六十而有傳徒情事，俱改發回城給大小伯克及力能管束之回子為奴，如被誘學習尚未傳徒，而又年逾六十以上者，改發雲貴兩廣煙瘴地方充軍，旗人銷除旗檔與民人一律辦理。至紅陽教及各項教會名目，並無傳習咒語，但供有飄高老祖及拜師授徒者，發往烏魯木齊，分別旗民，當差為奴，其雖未傳徒，或曾供奉飄高老祖及收藏經卷者，俱發邊遠充軍，坐功運氣者，杖八十，如有具結改悔，赴官投首者，准其免罪，地方官開造名冊，申送臬司衙門存案，儻再有傳習邪教情事，即按例加一等治罪，若拏獲到案始行改悔者，各照所犯之罪問擬，不准寬免，如訊明實止茹素燒香諷念佛經，足圖邀福，並未拜師傳徒，亦不知邪教名目者免議。	嘉慶二十四年因調劑回疆遣犯，將被誘學習並未傳徒而又年逾六十者，改發雲貴兩廣煙瘴地方充軍，並增入具結改悔及拏獲始行改悔二層。

嘉慶二十一年 （1816）	奉旨嗣後各直省遇有倡立邪教惑衆騙錢案內應行發遣之犯，著該督撫於審明定案時，酌留一二名於該省犯事地方永遠枷號示衆。	
嘉慶二十一年 （1816）	諭孫玉庭等奏傳習牛八邪教案犯，先後赴官投具悔結，懇請免罪一摺，湖北省傳習牛八教之邵元勝等經地方官宣諭開導，具結改悔投案者共有三百六十四名，湖北一省如此，可見各省傳習邪教者，尚復不少，鄉民妄聽邪說，信從入教，本應治罪，但人數過多，愚民無知，一時被誘，若不予以自新之路，朕心實所不忍，惟是此內眞心改悔者，固不乏人，恐亦有希圖免罪，暫時投首者，閱時既久，難保其不故智復萌，應酌定條例，以示儆戒，著阮元張映漢飭令該地方官將此次具結改悔之人，再行曉諭，以該犯等本係有罪之人，現奉恩旨准予自新，係屬法外施仁，若改悔之後，又復習教，則是怙惡不悛定當加等治罪，責令各出具再犯習教情願加等治罪甘結，方准免罪，該地方官仍將具結之人，開造名冊，申送臬司衙門存案，儻將來冊內之人，再有傳習邪教者，一經訪獲，即將該犯按律加一等治罪，各直省俱照此一律辦理。	
嘉慶二十二年 （1817）	先經習教人犯，除自行呈首免罪及坐功運氣，茹素諷經尚非實犯邪教外，其實因習教犯案，罪在徒流以上者，查明其子孫，實未入教，即以本犯之子爲始，三輩後所生之子孫，始准考試報捐。其應行入考報捐之人，先行呈明地方官，取具鄰族甘結，詳報督撫，咨部查核。儻有矇混應考報	此條係嘉慶二十二年刑部議覆湖廣總督孫玉庭奏准定例。

	捐者，以違制論。至習教復又從逆各犯子孫，永遠不准考試報捐。	
嘉慶二十四年（1819）	各項邪教案內，應行發遣回城人犯有情節較重者，發往配所永遠枷號。	
道光元年（1821）	諭方受疇奏邪教案內留於本境永遠枷號人犯，請即行解配等語，邪教案內應行發遣人犯，留於本境枷示，原以化誨愚蒙，俾知儆戒，今本犯既不知改悔，匪徒復踵習其教，自不若投之遐荒，免滋煽惑，著即照該督所議，旮明李光和二犯，仍照刑部原擬，一併解發回城為奴，嗣後拏獲邪教案犯，審明應發遣者，均即行解配，其有情節較重者，發往配所永遠枷號，毋庸留於犯事地方監禁枷示，以消萌蘗。	
道光十二年（1832）	諭此案尹老須即尹資源接管劉功離卦教，自稱南陽佛，創立朝考等場，黑風等劫名目，神奇其說，煽惑至數千人之多，句結至三省之遠，狂悖已極，尹老須即尹資源著即凌遲處死，仍傳首犯事地方，以昭炯戒，尹明仁著即處斬，韓老吉蕭滋依議應斬，著監候入於本年朝審情實辦理，其失察之地方官及查辦不實各員，著吏部查取職名，分別議處。	
道光十二年（1832）	傳習白陽、白蓮、八卦、紅陽等項邪教，為首之犯，無論罪名輕重，恭逢恩赦，不准查辦，並逐案聲明遇赦不赦字樣，其為從之犯，亦俱不准援赦。	此條係道光十二年刑部會奏孟六等習教一案奉旨纂輯為例

資料來源：《欽定大清會典事例》、《清實錄》、《讀例存疑》。

明清律例，有其延續性，《大明律例》已有禁止師巫邪術的

條文，清朝初年，沿襲明朝律例，亦制訂禁止師巫邪術的律例。
前列簡表的內容，包含民間信仰和民間秘密宗教。明朝萬曆年間，
禮部題請查禁的「左道」，主要是指民間秘密宗教，嚴令查禁，
依律從重究擬。清朝初年以來，民間秘密宗教，方興未艾，活動
頻繁。順治三年（1646）六月，吏科給事中林起龍以「異端蜂
起」，疏請查禁各教門，處以重罪。原疏所稱「異端」，主要也
是指民間秘密宗教。清朝政府爲取締各色教門，也承襲明朝《禁
止師巫邪術》的律例，並作爲原例。前表所列順治三年（1646）
所制訂的律例內容，與明朝律例相近，文字雷同，可以說明清朝
律例承襲明朝律例的情形。清朝援引明朝原訂律例而稍加修改，
譬如將「左道亂正之術」修改爲「左道異端之術」；「爲首者絞」
修改爲「爲首者絞監候」，其餘文字，並無不同。清朝政府也認
爲師巫假降邪神，各教門夜聚曉散，佯修善事，煽惑人心。因此，
朝廷取締民間秘密宗教的政策，並未因明清政權的遞嬗而有所鬆
動。但因清初以來，由於民間秘密宗教的蓬勃發展，教案迭起，
清朝政府又針對各案件，因時制宜地增訂了頗多的條例，其中因
教案特降諭旨而纂爲條例者，更是不勝枚舉。爲了進一步說明清
朝政府修訂律例的過程，藉以了解清朝律例的形成，可將順治十
三年（1656）十一月初七日諭禮部內容照錄如下：

> 朕惟治天下，必先正人心，正人心必先黜邪術，儒釋道三
> 教並垂，皆使人爲善去惡，反邪歸正，遵王法而免禍患。
> 此外，乃有左道惑眾，如無爲、白蓮、聞香等教名色，起
> 會結黨，夜聚曉散。小者貪圖財利，恣爲姦淫；大者招納
> 亡命，希謀不軌，無知小民，被其引誘，迷罔顛狂，至死
> 不悟。歷考往代，覆轍昭然，深可痛恨。向來屢行禁飭，
> 不意餘風未殄，墮其邪術者，實繁有徒。京師輦轂重地，

借口進香，張幟鳴鑼，男女雜遝，喧填衢巷，公然肆行無
忌，若不立法嚴禁，必爲治道大蠹。雖倡首奸民，罪皆自
取，而愚蒙陷網罹辟，不無可憫。爾部大揭榜示，今後再
有踵行邪教，仍前聚會燒香，斂錢號佛等事，在京著五城
御史及該地方官，在外著督撫按道有司等官，設法緝拏，
窮究姦狀，於定律外，加等治罪，如或徇縱養亂，爾部即
指參處治㊞。

將簡表中所載順治十三年（1656）的條例，與前引諭旨互相對
照後，可知簡表中所載條例，就是節錄諭旨內容而修訂的。前引
諭旨中「乃有左道惑眾，如無爲、白蓮、聞香等教名色，起會結
黨，夜聚曉散。」修訂條例改爲「凡左道惑眾，如無爲、白蓮、
聞香等教名色，起會結黨。」又如諭旨中「無知小民，被其引誘，
迷罔顛狂，至死不悟。歷考往代，覆轍昭然，深可痛恨。」修訂
條例改爲「迷誘無知小民，殊可痛恨。」對照原頒諭旨後，可知
增訂條例的文字，改動不多。簡表中雍正三年（1725），增訂
條例的內容，是專爲地方官不行嚴禁邪教而設，原爲康熙年間刑
部、禮部議覆臣工題准定例，經雍正三年（1725）修改而制訂
的。雍正十三年（1735）八月，雍正皇帝遺詔中有一段記載說：

　　國家刑罰禁令之設，所以詰姦除暴，懲貪黜邪，以端風俗，
　　以肅官方者也。然寬嚴之用，又必因乎其時。從前朕見人
　　情澆薄，官吏營私，相習成風，罔知省改，勢不得不懲治
　　整理，以戒將來。今人心共知儆惕矣，凡各衙門條例，有
　　從前本嚴，而朕改易從寬者，此乃從前部臣定議未協，朕
　　與廷臣悉心斟酌而後更定，以垂永久者，應照更定之例行。
　　若從前之例本寬，而朕改易從嚴者，此乃整飭人心風俗之
　　計，原欲暫行於一時，俟諸弊革除之後，仍可酌復舊章，

　　　　此朕本意也。向後遇此等事，則再加斟酌，若有應照舊例
　　　　者，仍照舊例行⑰。

各衙門所定條例，寬嚴不一，雍正皇帝爲端正風俗，有將條例改
易從嚴，以暫行於一時者，部院臣工未加斟酌，俱增入條例。《
清史稿》引雍正皇帝遺詔後指出條例的缺失說：「惜後世議法諸
臣，未盡明世輕世重之故，每屆修例，第將歷奉諭旨及議准臣工
條奏，節次編入，從未統合全書，逐條釐正。」⑱乾隆年間以後，由
於因時制宜，而陸續增訂條例。促成清朝政府屢次修訂條例的主
要原因，是由於社會變遷的日益劇烈，社會案件的層出不窮，爲
了有效地進行社會控制，而增訂條例。《清史稿》已指出其間所
增訂的條例，是以因案增設者居多。其中針對民間秘密宗教案件
而增訂的條例，佔了頗大的比重，清朝政府修訂律例的頻繁，充
分反映了民間秘密宗教的盛行。順治初年，針對各教門的活動而
制訂律例，各教首被捕後，從重擬絞監候，爲從者流三千里。乾
隆年間，各教案爲從者發邊遠充軍。嘉慶年間，邪教案件爲從者
發往黑龍江給索倫、達呼爾爲奴。嘉慶六年（1801），一切左
道異端爲從者發往回城，給大小伯克爲奴。嘉慶十八年（1813），
廷議將邪教爲從者改發新疆，給厄魯特爲奴。嘉慶二十年（
1815），又改爲發往回城，給大小伯克爲奴。其習教犯案罪在
徒流以上者，其子孫雖未入教，必俟三輩後始准考試報捐。至於
習教又參加宗教叛亂各犯子孫，則永遠不准考試報捐。有清一代，
官府審擬邪教案件，主要是援引禁止師巫邪術律例辦理的。

　　清初以來，朝廷推行崇儒重道的文化政策，其目的就是重新
確立以儒家倫理觀念爲移風易俗的指導思想。但因清初實行中央
集權，清初諸帝在強化中央集權的過程中，也把儒家的倫理觀念
納入中央集權的思想體系之中。清朝律例的修訂，也把儒家倫常

道德列入民法，採用立法的手段來保障儒家倫理規範的實現，企圖用強制的法律手段來促成道德自覺的實現⑲。民間秘密宗教的各種活動，因不合儒家倫理觀念或生活規範，而被指為夜聚曉散，男女雜處，因此，必須透過法律的制裁，以期達到移風易俗的目的。

【註　釋】

① 《清世祖章皇帝實錄》，卷七四，頁13。順治十年四月甲寅，諭旨。
② 朱德宣著《康熙思想研究》（北京，中國社會科學出版社，一九九〇年十月），頁299。
③ 《清代全史》，第二卷（瀋陽，遼寧人民出版社，一九九一年七月），頁430。
④ 《清聖祖仁皇帝實錄》，卷三四，頁10，康熙九年十月癸巳，諭旨。
⑤ 《康熙起居注》（北京，中華書局，一九八四年八月），㈠，頁1250。
⑥ 《起居注冊》（臺北，國立故宮博物院），雍正十三年八月十六日，諭旨。
⑦ 《聖諭廣訓》，《文淵閣四庫全書》（臺北，臺灣商務印書館，民國七十五年三月），第七一七冊，頁599。
⑧ 《雍正起居注冊》（北京，中華書局，一九九三年九月），第二冊，頁1176。
⑨ 《起居注冊》（臺北，國立故宮博物院），雍正十一年二月十五日，內閣奉上諭。
⑩ 《雍正起居注冊》，第三冊，頁1961。
⑪ 《清高宗純皇帝實錄》，卷一九〇，頁16。乾隆八年閏四月十四日，訓諭。

⑫　清仁宗：《御製文餘集》（臺北，國立故宮博物院，道光間武英殿刊本），卷上，頁4。

⑬　《欽定大清會典事例》（臺北，國立故宮博物院，光緒二十五年石印本），卷132，頁11。

⑭　《御製文二集》（臺北，國立故宮博物院，嘉慶二十年，內府烏絲欄寫本），卷九，頁19。

⑮　袁章華修《城武縣志》（臺北，國立故宮博物院，道光十年刊本），卷七，武備志，頁9。

⑯　《上諭檔》（臺北，國立故宮博物院），咸豐元年七月二十二日，頁153。

⑰　《上諭檔》，咸豐元年七月二十二日，頁149。敬闡聖諭廣訓黜異端以崇正學韻文。

⑱　《清代全史》，第三卷，頁407。

⑲　《清史稿校註》（臺北，國史館，民國七十九年五月），第十五冊，藩部列傳，頁12022。

⑳　《欽定廓爾喀紀略》（臺北，國立故宮博物院，清內府朱絲欄寫本），卷四一，頁1。

㉑　豆格才讓‧扎嘎：〈班禪世系的產生及歷世班禪的轉世過程〉，《西藏研究》，1991年，第1期（拉薩‧西藏社會科學院，1991年2月），頁77。

㉒　陳小強：〈試論西藏政教上層與滿洲清政權的初次互使〉，《西藏研究》，1992年，第2期（1992年5月）頁48。

㉓　《清太宗文皇帝實錄》（臺北，國立故宮博物院，初纂本），卷二二，頁30。天聰十年三月十五日，諭旨。

㉔　《康熙起居注》，(一)，頁127。康熙十二年十月初九日，諭旨。

㉕　李毓澍著《蒙事論叢》（臺北，永裕印刷廠，民國七十九年十一月），頁

2。

㉖　顧祖成：〈清朝前期治藏政策述略〉，《西藏研究》，1989年，第4期（1989年11月），頁45。

㉗　巴桑羅布：〈活佛轉世傳承的文化內涵〉，《西藏研究》，1992年，第4期（1992年11月），頁72。

㉘　《清高宗純皇帝實錄》，卷一四二四，頁24。乾隆五十八年三月十五日，諭旨。

㉙　孫雨志：〈談談西藏宗教習俗〉，《世界宗教研究》，1990年，第3期（北京，中國社會科學出版社，1990年9月），頁106。

㉚　勁夫：〈西藏佛教發展的幾個階段及特徵〉，《西北民族研究》，1991年，第1期（蘭州，西北民族學院，1991年6月），頁143。

㉛　豆格才讓、扎嘎：〈班禪世系的產生及歷世班禪的轉世過程〉，《西藏研究》，1991年，第3期（1991年8月），頁76。

㉜　《康熙起居注》，(一)，頁127。

㉝　《起居注冊》（臺北，國立故宮博物院），雍正九年正月二十四日，內閣奉上諭。

㉞　《宮中檔雍正朝奏摺》，第十輯（民國六十七年八月），頁369。雍正六年四月二十九日，陝西總督岳鍾琪奏摺。

㉟　《起居注冊》，雍正八年九月二十五日，內閣奉上諭。

㊱　《起居注冊》，雍正十三年十一月初六日，特諭。

㊲　《起居注冊》，乾隆元年二月二十五日，諭旨。

㊳　《宮中檔雍正朝奏摺》，第三輯（民國六十七年一月），頁253。雍正二年八月初十日，硃筆特諭。

㊴　《清高宗純皇帝實錄》，卷一一三二，頁13。乾隆四十六年閏五月初八日，諭旨。

㊵　《起居注冊》，乾隆元年五月十七日，諭旨。

㊶ 《軍機處檔．月摺包》，第2772箱，15包，2069號，乾隆十三年三月初八日，浙江巡撫顧琮奏摺錄副。

㊷ 《宮中檔乾隆朝奏摺》，第十七輯（民國七十二年九月），頁79。乾隆二十八年二月二十八日，河南巡撫葉存仁奏摺。

㊸ 《欽定大清會典事例》（臺北，國立故宮博物院，光緒二十五年石印本），卷一三二，頁11。

㊹ 《清仁宗睿皇帝實錄》，卷三一一，頁28。嘉慶二十年十月辛巳，內閣奉上諭。

㊺ 《軍機處檔．月摺包》，第2751箱，3包，47522號，嘉慶二十一年正月十七日，辨邪正之惑稿。

㊻ 《軍機處檔．月摺包》，第2751箱，3包，47522號，嘉慶二十一年正月十七日，辨利害之惑稿。

㊼ 瞿同祖：〈清律的繼承和變化〉，《歷史研究》，一九八〇年，第四期（北京，中國社會科學出版社，一九八〇年八月），頁137。

㊽ 《清史稿校註》（臺北，國史館，民國七十九年五月），卷一四九，頁3971。

㊾ 《清史稿校註》，卷一四九，頁3971。

㊿ 《清史稿校註》，卷一四九，頁3971。

(51) 夏先範：《胡文忠遺集》（臺北，文海出版社，民國六十七年一月），卷三，頁34。

(52) 郭建：〈當代社會民間法律意識試析〉，《復旦學報》，一九八八年，第三期（上海，復旦大學，一九八八年五月），頁81。

(53) 《大明會典》（臺北，新文豐出版社，民國六十五年七月），卷一六五，頁3。

(54) 《清世祖章皇帝實錄》，卷九，頁20。順治元年十月甲子，詔書。

(55) 《清世祖章皇帝實錄》，卷三一，頁4。順治四年三月乙卯，諭旨。

㊱　《清世祖章皇帝實錄》，卷一〇四，頁12。順治十三年十月辛亥，諭旨。

㊲　《清世宗憲皇帝實錄》，卷一五九，頁22。雍正十三年八月己丑，遺詔。

㊳　《清史稿校註》，第五冊（臺北，國史館，民國七十五年九月），卷一四九，頁3972。

㊴　賀聖迪：〈秦始皇的倫理觀〉，《上海大學學報》，一九九三年，第四期（上海，上海大學，一九九三年），頁53。

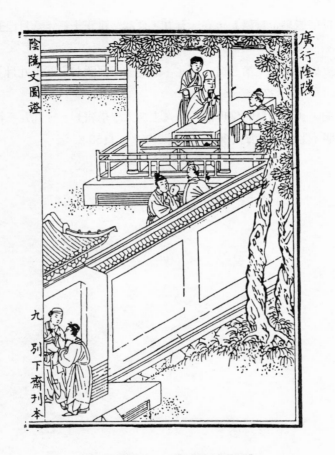

廣行陰騭圖　《陰騭文圖證》

第三章 清朝初年民間秘密
宗教的活動

第一節 崇德順治時期民間
秘密宗教的活動

明清時期是中國民間秘密宗教較爲活躍的時期，教派林立，名目繁多，到處創生。民間秘密宗教的日趨盛行，固然有其政治、經濟背景，但是從明代中葉以後朝廷本身的放任，宮中的篤信宗教，非佛即道，上行下效，宗教氣氛濃厚，而爲民間秘密宗教的發展，提供了有利的環境。明世宗好鬼敬神，日事齋醮。明神宗佞佛之風，更是甚囂塵上，以致游食僧道，與日俱增。民間秘密宗教也開始傳入宮廷，妃嬪、宮女，尤其是太監，多出資刊刻寶卷，流風所及，白蓮教等教派，多各立期會，佈金出米。戴玄之撰〈明末的秘密宗教〉一文已指出明朝末年民間秘密宗教名目繁多，原文中共列舉四十餘種不同的教派名稱，除了白蓮教、白雲教、明尊教、羅祖教及無爲教等爲原有的民間秘密宗教外，其餘多爲新興的民間秘密宗教①。

清朝初年以來，民間秘密宗教的活動，更加頻繁，新興教派的出現，如雨後春筍，各教派案件，層出不窮，屢禁不絕，茇而復生，即所謂野火燒不盡，春風吹又生。各教派或以所供奉的神像、物品命名，或取經卷名稱而立教，或採擷經文字義而倡教，

或以信仰儀式而取名，或因地而得名，或以姓氏拆字設教，或因
演繹八卦而得名，或以其性質特徵而命名，亦即所謂經非一卷，
教不一名。爲了說明各教派案件的出現過程及其分佈情形，可就
清初以來，各教派的活動及教案取締經過，按照不同時期，分別
列表論述。

崇德順治時期民間秘密宗教案件分佈簡表

年　　　　月	教派名稱	分　佈　地　點	備　　　註
崇德元年十月	東大乘教	遼寧錦州	
順治元年	白蓮教	直隸等地	
順治元年	無爲教	直隸等地	
順治元年	混元教	直隸等地	
順治元年	聞香教	直隸等地	
順治元年	大成教	直隸等地	
順治二年	大成教	直隸眞定府、深州武強縣	
順治三年	大成教	直隸等地	
順治四年	大成教	山西絳州	
順治五年二月	三寶大教	陝西興安州、長安縣	
順治八年二月	白蓮教	直隸曲周縣	
順治十五年	無爲教	山西平陽府、夏縣	
順治十六年閏三月	大成教	廣東廣州	
順治十六年六月	大乘教	江蘇池州府	
順治十六年六月	大乘教	江蘇溧陽縣	
順治年間	天圓教	浙江杭州、蘭谿縣	
順治年間	弘陽教	直隸京畿等地	

資料來源：《清太宗文皇帝實錄》、《清世祖章皇帝實錄》、《明清檔案》
　　　　　、《皇清奏議》。

　　由前列簡表可知崇德、順治時期，官府所查出的民間秘密宗
教名目，共計十種，包括：遼寧錦州的東大乘教，直隸境內的白

蓮教、聞香教、無爲教、混元教、弘陽教，直隸、山西、廣東等
地的大成教，陝西境內的三寶大教，江蘇境內的大乘教，浙江境
內的天圓教等教派。滿洲入關前後盛行的教派，主要是明代後期
民間秘密宗教的延展。其中東大乘教即聞香教，其創始人王森（
1542-1619），原名石自然，祖籍順天府薊州。聞香教在發展過
程中不僅受到羅祖教、靜空教、黃天教等教派的影響，而且在擴
張教派勢力過程中還廣羅經卷，開設經房，因此形成了一個體系
龐雜，組織完備，等級森嚴，以王氏家族爲核心的地下秘密宗教
王國。王森曾經是羅祖教一個大支系大乘教的信徒。明代正德年
間（1506-1521），著名的靜空祖師在薊州毗鄰的順義創立靜空
教，祖寺名叫清淨寺，寺中供奉無生父母圖像，教中口授五戒及
坐功運氣。靜空教的活動，對王森產生了影響。黃天教是外佛內
道的一個著名教派，創始人是李賓，他早期的活動地點主要在直
隸宣化府等地。黃天教的寶卷，對王森的宗教思想，也產生了啓
迪的作用，所不同的是以彌陀教主取代了彌勒教主下生救世。王
森在經卷中以下世彌陀自居，並用聞香教的名目統一各色民間教
派，達到人人歸於聞香教總收元之目的②。徐鴻儒，本名徐誦，
祖籍山東鉅野縣，後來遷居鄆城縣。萬曆中葉，徐鴻儒加入聞香
教，是王森手下的一個大傳頭。萬曆四十二年（1614），王森
被捕後，其第三子王好賢等仍在北直隸一帶秘密活動，徐鴻儒則
在山東地區傳教收徒，自稱是其母夜夢紅日入懷而娠，倡言入教
後就能看到金山、銀山，希求未來富貴的善男信女，相繼入教，
於是信徒日衆。天啓二年（1622）初，徐鴻儒與王好賢等聯絡，
預訂於同年中秋節同時起事。因計劃泄露，徐鴻儒於五月初三日
提前起事，徐鴻儒被擁立爲中興福烈帝，建元大乘興勝，先後攻
佔鄆城、鄒縣、滕縣等地。同年十月，起事失敗，徐鴻儒等被捕

③。徐鴻儒起事失敗以後，聞香教以善友會等名目仍在各地繼續
傳教。清太宗崇德元年（1636）十月，和碩睿親王多爾袞、和
碩豫親王多鐸統兵征明。十月十五日，清軍至錦州臨近下營，錦
州城內善友會以崔應時爲首，共五十人，議定差遣胡友升持書呈
遞多鐸。馬西沙、韓秉方著《中國民間宗教史》一書指出這是聞
香教勾結滿洲的事件④。胡友升所進呈的原書內容如下：

> 天荒地亂亦非輕，古佛牒文下天宮，紫薇大金臨凡世，天
> 聰世間侵北京，奉佛天差一帝王落凡住世，大破乾坤，只
> 因牛八江山絕盡，今該大金後代天聰，掌立世界乾坤。普
> 天匝地，大地人民，久等明君出現，救度男女，總歸一處，
> 東有四處金兵皈順，北有插酋降伏皈順。此主不非輕，天
> 差下世，替舊換新，改立乾坤，重立世界。牛八江山功滿
> 回天宮，天聰掌教，各位諸佛諸祖下世，擁護當今天聰皇
> 上掌教，從混沌分下世界乾坤。天降眞印，南朝皇帝時塞，
> 失落西夷之手，五百年間而赴皈，天聰掌立，后會彌勒，
> 大地乾坤，好人落凡，通你金身，不敢言出。天下十三布
> 政，都有賢人，救苦觀音，護你掌教。陝西秦地，出一眞
> 佛，通著乾坤，要見金身，終日兩泪悲傾。昨有山西平陽
> 府西河王府，差四人來到遼東，單請天聰，掌立世界。四
> 人五月到彼今至未回山西，等候眞君，見君一面，訴說前
> 因。我山西平陽府人民，久等君到，收聚人民，只用三四
> 千人馬，各處地方歸順我王，同上北京坐殿。南省、湖廣、
> 四川、浙江、福建、廣東、廣西，齊通山西平陽府一人，
> 串同四夷，夥同一處，扶天聰掌教乾坤，能扶一主，不扶
> 二主。此字請主另差金兵，多則一萬，少則五千，關王顯
> 聖，領你親到山西平陽府城縣道，接一好人，來到燕京，

扶你坐殿。若他不到，你金殿還遲三四月，接他到彼，見
你金身，剎那之間，重立中京，天下人民，齊來皈投一朝
帝王，因你掌立天下，多人難曉。山陝秦晉，聖地出一明
人，夜夢境中，觀你金身，他要見你，山遙路遠，難以來
到，久等至今。乾坤變亂，該你大破燕京，四面八方，齊
來護你坐殿。觀世音菩薩，空中顯化，高叫天聰。我朝眞
印，今差送你，不能曉的。崇禎功圓果滿，劫盡回宮，該
你掌教。天差插箐，親送眞印，救苦觀音菩薩，彌勒菩薩，
各佛諸祖，都在空中擁護，送印執掌乾坤，此兵數萬，得
進北京，不是非輕。觀音菩薩顯化，領你大兵進牆，你怎
得知，二千五百大劫以盡，該你大金掌立天下，非同小可。
金兵西夷，只是各處搶奪東西財物，不能成大事，要你親
來領兵，分付各營金兵，守至某處，戰得燕京，此寶無窮。
關東八城，兵馬盡都西征調去，空缺城池，清虛冷淡，你
要領兵，淨行大路，不用費力，八城山關，北京天下，十
三布政，若你不得，你把我擎拏殺床與眾諸將觀看，自願
死矣。放著現成世界，不會用兵，只顧貪財，不是大人作
事。天下兵馬，見了金兵，膽戰心寒，等就丙子丁丑，該
天聰北京坐殿，百戰百勝，無人敵鬥。東勝神州，出一帝
王，名大金，前有大元、大明二帝，不滿五百年間，而大
金皇上隆興，恢復舊治，掌立乾坤，是彌勒佛出世，天下
人民改換，天聰掌立世間乾坤，天差各位神兵，九曜星官，
二十八宿，三十六祖，四十八祖，五十三佛，六代菩薩，
關王領兵助陣，八十一洞眞人，三千徒眾，子路顏回，齊
來出世，同助天聰掌立，大破燕京，八方兵馬，一處聚兵，
盡死在你手，天兵天將，現出大金，從赴舊位，等就劫年，

該你出世，山海關津，各處地方，都有敗壞，破一家乾坤，
粉碎，成一家大金，復興替舊換新，改立乾坤天年大事，
盡都知聞，百般依吾，見見成成，佛說大慈悲救苦觀音，
護大金乾坤立世，普天下天聰超生，若不是天年時盡，誰
肯言這箇年成。普天下黎民都有，都只在夢中光陰，未劫
年天差下俺護大金，掌立乾坤，夢中境無所不曉，只在心
訴與誰聽，你在東天隔兩岸，我在西不敢動身，終日家睡
思夢想，眼睜睜望的眼昏，擎住泪不敢言語，痛傷心肚內
成汪，捨死命在要去了，丟家鄉妻兒苦辛。爲我王乾坤世
事，從立天改換年成，大鬧四海運州城捨損黎民，天年盡
該你掌教，你的心從政一番，別比那前朝古帝，另立你世
間乾坤，只天年你不通曉，天差你紫薇星君，換新春另立
世界。天下臣等候明君，破燕京牛八退位，立中京你在夢
中，神安年新換世界，長安界大破西秦，收吾體調理大事，
別量我臭亂僕根。從累劫混沌分下，初立世又是一同。戊
午年天差下你，塵世間收聚緣人，薄福的刀兵收去，有緣
的護你爲君。二十年干戈不定，纏等到丙子年成，發大兵
燕京大戰，破燕京好座龍墩。你動非同小可，天佛差玉皇
勅令，八方境齊都護你，普天下你總收攏，只些事吾都知
到，懷在心久等爲君，說乾坤禮儀穿龍袍腳登雲履，要行
吾天朝大事，留髮戴網帽，想當初不得我天朝，照依你金
兵削髮度日。今得天朝，照依大明皇帝官員衣巾，大小頭
領從新改立，一樣相同。先日大凌河，我爲你打發一人，
到你營送信，叫你擎住此人，不要鬆放，誰想你撒了手放
了來，那時不放他回來，北京早得了，不等到如今。只一
遭他領兵西征，崇禎陞他都元帥，天下官員，盡與他管，

總隨領兵還有你心，天下大事說不盡。看了此字急發大兵，
你領徑走大路，無人阻隔，送信人打發一人回來，我只里
好防，八城得一城，都是現成，別比前番，一擁到關，安
住大兵，立下營寨，不用費力，八城急隨，堵住路口，他
何處逃走，千萬急來。天佛牒文，玉皇勅令，護你爲君，
分付金兵，不愛財物，得了金鑾寶殿，坐住龍墩，另立新
春，從換官員，殺盡不平男女贓官，改換世界，赴皈舊位，
另掌乾坤。我今說下，大金原根，大元大明，不滿五百年
間，大金皇上，赴興恢復舊治。今五百年間，必有聖人生
者，我皇上是也，萬萬餘春⑤。

善友會道人崔應時原書長達二千餘言，是屬於一種歌謠體裁。或
因原書文字冗長，所述內容又屬釋道二氏玄機，所以在康熙年間
以後重修實錄時，其書信原文俱刪略不載。《清太宗文皇帝實錄》
重修本的記載如下：

先是，和碩睿親王多爾衰、和碩豫親王多鐸往征明國，至
錦州下營，城內有道人崔應時者爲首，與其黨五十人同謀，
造爲歌謠，其書數千言。大約言明國當滅，我朝當興，宜
速進兵，攻取山海等關之意。遣胡友升持獻多鐸軍前，約
爲內應⑥。

崔應時原書雖然冗長，但對於探討聞香教的活動及其教義思想，
卻提供了相當珍貴的文獻。原書中的「插酋」，是指察哈爾林丹
汗。所謂「天差插酋，親送眞印」等語，是敘述天聰九年（
1635）八月二十六日皇太極獲得歷代帝王傳國玉璽漢篆「制誥
之寶」的故事。相傳該玉璽後來爲蒙古所得，明太祖推翻元朝時，
元順帝棄大都，攜玉璽逃走大漠。元順帝崩殂後，歷代傳國玉璽
亦遺失。二百年後，玉璽爲蒙古牧羊人所獲，輾轉歸於林丹汗。

皇太極征伐察哈爾時，遂得玉璽⑦。皇太極認爲這是天賜至寶，有德者得之，而於天聰十年（1636）四月改國號「大金」爲「大清」的同時，又將年號改爲崇德。善友會道人崔應時或因尚未獲悉皇太極稱帝更改國號及年號，所以仍襲用「大金」、「天聰」字樣。崔應時原書內容，確實有勾結滿族的動作，但不能因此過於強調他們的意識形態。原書中所稱「牛八」，即「朱」字的拆寫。「牛八江山絕盡」，是指朱元璋所建立的政權即將結束，而明朝覆亡的原因，是由於「牛八江山功滿回天宮」、「崇禎功圓果滿，劫盡回宮」。明朝政權結束後，即將由清朝皇帝皇太極掌教，掌立世界乾坤，救度男女，天佛差玉皇勅令，諸佛諸祖下世，擁護皇太極。救苦觀音菩薩、彌勒菩薩，都在空中擁護。觀世音菩薩，空中顯化，高喊皇太極。關王即關帝顯聖，帶領清兵入關，大破燕京，四面八方，齊來保護皇太極坐殿。崔應時原書可以反映民間秘密宗教的末劫思想，所謂「二千五百大劫以盡，該你大金掌立天下」，就是民間秘密宗教對明清政權遞嬗的詮釋。崔應時又致書多鐸等，相約於十月二十日夜間二更時分裏應外合，以攻取錦州城。因城中人發覺，崔應時被執，監禁獄中，胡有升等人則出城降清。

　　清朝入關後，民間秘密宗教的活動，並未稍戢。順治年間（1644-1661），直省地方大吏查獲的教案，件數頗多。順治三年（1647）六月，吏科給事中林起龍題請查禁各色教派，節錄一段內容如下：

> 爲速禁異端止訛言以安人心事。臣思天下教化一而後風俗同，人心安而後根本固。臣觀明末教化不興，風俗大壞，異端蜂起，有所謂白蓮教者，有所謂大成教者，有所謂混元教者，有所謂無爲教者，種種名色，不能枚舉，此輩以

遊手奸民妄稱教主，聚眾招群，男女混雜，不分晝夜，私
印經文，訛言滋興，人心煽惑，良民不安生理，不務耕作，
燒香禮懺，不曰此處有活佛，則曰來世生真主，抑或謂目
下天降異災，人死九分，或謂幾時國動，大兵殺盡。大半
愚民無知，聽其招搖，任其魚肉，拋家棄業，生計鮮少。
或起逆謀者有之，或從盜賊者有之，如李自成之逆惡，鳳
合營之大盜，悉屬此類，明明可鑑者也⑧。

順治年間，聞香教以大成教等名目，在直隸等地繼續活動，此外，
還有白蓮教、混元教、無為教等教派，都是明末民間秘密宗教的
延展。吏科給事中林起龍疏請速敕都察院、五城御史、巡捕各衙
門及在外撫按等官，如遇各色教門，即行嚴捕，處以重罪，以為
杜漸防微之計⑨。

　　順治二年（1645），直隸真定府武強縣人趙高明等拜饒陽
縣孔姓教首為師，皈依大成教，每日叩頭三次：一報天地；二報
皇天；三報父母。教中宣稱將來兵火臨頭，入教之後，便可燒香
避災。趙高明曾邀請孔姓教首至其家中，借抄《九蓮經》、《定
劫經》等寶卷，以及《黃石公御覽集》等書籍。經卷中有「彌勒
佛掌教」、「十止小月是個趙」、「十止小月坐龍墩」等隱語。
順治三年（1646），趙高明等人被捕後供出「十止小月坐龍墩」
等句，意指趙姓將得有天下。清朝政府以趙高明等人違旨蓄髮，
明有爭天下之意，乃效張角、劉福通之所為，即依照叛逆律處以
絞刑⑩。順治四年（1647）四月，山西絳州境內有大成教聚眾起
事一案，教首為鄭登啟，稱為大成教師。經山西巡撫申朝紀嚴緝
剿平，教首鄭登啟及僧人王月天等俱被拏獲處決⑪。大成教的傳
播，遠至廣東。順治十六年（1659）閏三月初四日，廣東破獲
大成教案件，教主周裕傳授七珍八寶，勸人領香入教。周裕被拏

後供稱：

> 小的年肆拾貳歲，是陝西三元縣人。順治六年間，曾投拜
> 過正黃旗原吏部侍郎周希貴老爺門下，後就常往廣東來做
> 生意，便中就傳些教，雖有些入教的人，虧本城住的領眾
> 師傅馮正保他替我各處勸化引進，實欲借此機會靠著入教
> 的人裏頭布施些錢糧去蓋觀音堂。小的這教門中人死了不
> 哭，不做齋，不燒錢化紙，是得大涅槃到清福裏去的⑫。

周裕是正黃旗旗下人，自稱大成教的教主。周裕到廣東做生意期
間，傳教斂錢，籌款修建觀音堂。大成教門中人是得到大涅槃到
清福裏去的，所以人死了不哭，不做齋，也不燒錢化紙。教中領
眾師傅馮正保被捕後也供稱：

> 小的是順天人，在天津衛營內隨王入廣東，從來一向吃齋。
> 因是拾貳年間與這周師傅相遇，講起大成教來，小的愚人，
> 就十分聽信他。小的住在城裏頭，替他勸化些人入教是實。
> 周師傅如過嶺去了，小的在廣城裏替他主教，叫人聚會領
> 香，要斂錢糧，都是實情，不敢欺瞞⑬。

大成教中稱周裕、馮正保爲師傅，他們在廣東傳教，到人家裏聚
會領香，要斂錢財。廣東巡按張問政將周裕、馮正保、盛啓明等
發廣州府監候。在大成教信徒中有孀婦鄒氏、劉氏、田氏等人。
張問政認爲這些婦女「不守閨門，乃敢隨眾入教，廉恥與婦德盡
喪」，而將鄒氏等孀婦俱行斬首正法。張問政指出，廣東是濱海
偏隅，不與內地相同，人心易於搖惑，於是疏請勅部將周裕、馮
正保等從重議處。順治十六年（1659）閏三月二十六日，張問
政將辦理原委具題，同年六月初六日奉旨，在諭旨中指出，「兵
丁、孀婦，均爲入教之人，或分別處治，或即行斬首，輕重大相
懸絕也，著嚴察確擬具奏。生殺出自朝廷，該藩凡有緝獲，俱當

審明奏請，乃先行正法，然後奏聞，殊非人臣奉公守法之義。」
⑭諭旨中已指出大成教的信徒中，除男婦民人以外，還有兵丁入
教。

　　順治年間，白蓮教的政治意識，仍極濃厚，其中直隸曲周等
地白蓮教曾計畫起事。此案件的策畫人是宋伯光，他自稱是明朝
天啓皇帝第三子，計畫舉兵反清。適有白蓮教的教首栗丁來訪，
宋伯光以栗丁既然是教中首領，結識的人必然眾多，宋伯光遂封
栗丁爲首帥。曲周縣人張振奎曾替宋伯光算命，宋伯光即封張振
奎爲軍師。順治八年（1651）二月，宋伯光、張振奎等人商議，
訂於二月十六日舉事，先攻曲周、廣宗、肥鄉等縣城。張振奎之
兄張經魁因恐事敗後受到牽連，即向官府出首，張振奎等五十餘
人被捕⑮。

　　陝西地區，民間秘密宗教，亦極盛行。順治初年，陝西長安
縣人楊藍自稱活佛，倡立三寶大教，教中大頭目是城固縣生員王
正世、興安州人徐學孔等人，在漢中一帶，設有五十餘壇。順治
五年（1648）二月二十一日，興安州知州稟稱：

> 卑職遵依訪緝間，偶於本月二十日據保正周之龍密稟，有
> 一妖人楊藍，號稱三寶大教，無分畫夜，男女聚黨成群，
> 自漢中洋鳳以東傳染結連，羽翼繁多，及至興安，煽惑不
> 下數千。每至一處，男女俯伏至地，不敢仰視。至於水陸
> 奉供，僭竊凌越，無所不至，見在蓼葉溝蔡家堂登壇聚會，
> 江北一帶，多爲歸從，釀害地方，大爲不便。但人數眾多，
> 器械全備，非卑職差役所能獲者，若不密報發兵擒拏，爲
> 禍非淺⑯。

興安鎮總兵官任珍於二月二十一日巳時據分守關南道朱參議移會
後，即親領馬兵數百，馳至漢中蔡家堂，見教中大設壇場，高布

帳幔，羅列器械，聚集男婦，頭披白布一條爲號。任珍即令各兵
於教中營壇後抄圍住，生擒教中首夥一百二十二名，婦女六十一
口，查獲《無爲經》及弓箭七副，長短鎗三十一桿，黃旗一杆，
大白布帳三十幅。三寶大教念誦的主要寶卷爲《無爲經》，或許
可以歸入羅祖教系統的一個教派。

　　羅祖教，又稱羅教，羅祖教的興起，改變了中國宗教史的面
貌。它的教義對禪宗思想大膽發揮，它以大刀闊斧的氣勢，提出
自己對宇宙、萬物、人生的看法，提出解決生與死、善與惡、有
與無、正與邪、虛與實、源與流、功利與幻滅、天堂與地獄等等
一系列人生命題，創造了駁雜而又獨具特色的思想體系⑰。羅祖
教創立之初，又稱無爲教。明朝末年，山西平陽府夏縣人張一品
傳習無爲教，曾經編造過寶卷經書十二本，他自稱「彌勒佛下界」，
傳下「正、心、護、元、氣」五輩字號，先後收陝西人高林霄等
人爲徒。張一品目睹天下大亂，即向信衆宣稱，「山西遍地流賊，
要好惟有河南安靜。有人跟我下河南，就是有命的。」高林霄等
隨同張一品前往河南居住。後因河南年荒，難以度日，他們又返
回山西，寄居高平縣，續收縣民王明興等人爲徒。順治十三年（
1656），張一品身故，其子張天即自稱「未來佛下界」。他的
胸前刺有「日、月」二字，兩臂刺有「乾、坤」二字，兩膝刺有
「天、地」二字，自稱無爲教主。教中成員傳播無爲教，勸人喫
齋學好，每逢初一日念經，以餅果供神。高林霄等奉張天爲「天
師」，先後傳宋國友等十三人爲徒。順治十三年（1656）八月，
令鐵匠爲他私鑄銅印一顆，重五斤半，篆書「正平王鎭國寶」字
樣。此外，還藏有碧玉石一塊，重十斤，張天企圖登基稱帝。順
治十五年（1658），山西夏縣訪獲張天傳習無爲教案件⑱。

　　清初以來盛行的大乘教，是屬於羅祖教的一個大支系，大乘

教案件層見疊出。順治十六年（1659），江寧池州府破獲大乘教案件。是年六月，池州府民人金世聞、金枚甫、陳雨等人將已故何姓屍棺密藏幽室。何姓身屍僭用黃色衣物裝殮，擅設金字聖旨亭，揚言回生做帝。此案經江寧巡撫衛貞元揭報後援引「凡造妖書妖言傳用惑眾者斬監候律，於同年九月十三日巳時將金世聞等三名綑綁押赴市曹處斬，其何姓屍棺及寶卷、紙亭抬至橋南獅子口燒燬[19]。江蘇鎮江府溧陽縣人端應國、曹氏夫婦向來喫齋，傳習大乘教。順治十八年（1661）六月間，端應國夫婦被捕[20]。

　　天圓教在順治年間已開始活動。浙江金華府蘭谿縣人舒思硯，又名舒靖文。順治年間，舒思硯遷居杭州城荣市橋地方，開立始初堂，編造《延齡拔黃離塵寶懺》、《金天科儀》，並撰《臨凡機語》，創立天圓教，舒思硯自稱彌勒下凡，為天圓教主，聲稱彌勒治世，救度殘靈。先後收俞松恩、黃天亮、顏靈心、張揚雲等人為徒。入教者，給與「萬化斗章」等票，以為憑信[21]。

　　順治年間，民間秘密宗教的活動，雖然並不頻繁，規模也不算大，但它所以引起清朝政府的重視，主要原因有二：其一，總結歷代秘密宗教反政府的教訓，認為各種秘密教派，名目雖然各異，但其本質都一樣，那就是各教門俱為張角、劉福通一類的謀反者，往代覆轍昭然，必須嚴加防範；其二，清初秘密宗教的活動，往往帶有政治色彩，且以明裔相號召，這在當時滿漢民族矛盾十分尖銳的環境下是個極為敏感的問題。因此，清朝政府對此十分注意[22]。

第二節　康熙年間民間秘密宗教的活動

　　康熙年間（1662-1722），由於全國的統一，清朝政權更加

鞏固，清廷採取各種措施，以恢復舊秩序，於是社會日趨穩定，經濟逐漸繁榮，這些條件，頗有利於宗教的發展。爲了防範宗教活動對清朝政權的鞏固及社會發展產生負面的作用，康熙皇帝對民間秘密宗教的取締，固然不遺餘力，同樣地，對釋、道二教，亦不放縱。康熙十一年（1672）二月二十八日，康熙皇帝駐蹕赤城，見道士跪於路旁，即令兵部尚書明珠查詢緣故。據道士奏稱，「臣廟在金閣山，離此三十里，名靈眞觀，雖向有此名，然遭逢聖主，若得旌表，另賜名號，則光寵益甚。」康熙皇帝認爲道士妄干徼倖，求賜名號，有蠱惑愚民之嫌，於是頒諭說：

> 朕親政以來，此等求賜觀廟名號者，概不准行。況自古人
> 主好釋老之教者，無益有損。梁武帝酷好佛教，捨身於寺，
> 廢宗廟之血食，以麵爲牲，後竟餓死台城。宋徽宗好道，
> 父子皆爲金虜，此可鑒也。道士止宜清靜修身，何必求朕
> 賜號。爾妄求徼倖，本應處治，姑從寬宥。以後若敢妄行，
> 決不饒恕㉓。

康熙皇帝相信自古以來惟孔孟之道大有益於世，人主若好釋道，則無益有損，道士亦止宜清靜修身，不可妄行。因此，屢以梁武帝、宋徽宗等人爲前車之鑒。同年十二月二十一日辰時，康熙皇帝出正陽門，幸南苑，行經海會寺。康熙皇帝曾聽說海會寺內有一狂僧，自稱得道，於是乘路過之便命學士傅達禮前往海會寺查詢。傅達禮查明後遵旨覆奏，節錄一段內容如下：

> 臣觀此僧，語言動靜，大似狂妄，勿論得道之僧，即使眞
> 正活佛，亦與國家何益？況此輩不耕而食，不織而衣，自
> 謂得道，招搖鼓惑，深爲可惡。至於黃天、弘陽等教，男
> 女雜集，誦經說法，先經嚴禁，至今尚未革除。切思此等
> 之人，自古以來，止足爲害，實無裨益。若不預行禁止，

恐愚民被其煽惑，深爲不便。伏乞皇上斥逐此僧，且嚴禁
黃天等邪教，以肅清京畿內地，則天下幸甚㉔。

學士傅達禮認爲僧道不耕而食，不織而衣，均與國家無益。至於
黃天、弘陽等教派，煽惑愚夫愚婦，必須預行禁止。康熙皇帝也
認爲「出家人止宜住在深山窮谷，京師豈是修行之地。自古以來，
狂妄僧侶，往往爲害不淺。」至於黃天、弘陽等教派，妖言惑衆，
情罪更爲可惡，自應依律處治。因此，康熙年間直省大吏所查獲
的教案，名目較多。爲了便於說明，可將康熙年間所查獲的教案，
列出簡表如下：

康熙年間民間秘密宗教案件分佈簡表

年　　月	教派名稱	分佈地點	備　　註
康熙初年	五葷道收元教	山東單縣	
十一年十二月	黃天道	直隸	
十一年十二月	弘陽道	直隸	
十六年	羅祖教	江蘇蘇州	
十九年五月	聖人教	直隸	
二十五年	羅祖教	廣東乳源縣	
二十六年	羅祖教	廣東乳源縣	
二十七年	弘陽教	奉天	
二十八年	弘陽教	奉天	
三十年	源洞教	山西安邑縣	
三十九年	天圓教	浙江杭州	
四十一年	黃天教	直隸萬全縣	
四十四年	收元教	山西定襄縣	
四十五年	收元教	山東單縣	
四十八年	羅祖教	廣東乳源縣	
五十二年	大乘教	江蘇蘇州	
五十三年	八卦教	山東城武縣	
五十六年	神捶教	山東、河南	
五十六年	收元教	山東單縣	

五十六年	白蓮教	山東、河南	
五十七年	白蓮教	山東、河南	
五十八年	弘陽教	奉天	
五十八年	收元教	山西、山東	
六十年	羅祖教	廣東乳源縣	
康熙年間	大乘教	直隷灤州	

資料來源：《起居注册》、《宮中檔》奏摺、《軍機處檔·月
　　　　　摺包》等。

由前列簡表可知康熙年間，民間秘密宗教的名目，共計十二種，
包括：山東、山西境內的五葷道、收元教，直隷境內的黃天道、
聖人教，直隷、奉天境內的弘陽教，山西境內的源洞教，山東、
河南境內的白蓮教、神捶教、八卦教，江蘇、廣東境內的羅祖教，
直隷、江蘇境內的大乘教，浙江境內的天圓教等。

　　弘陽教相傳創自明代萬曆年間的飄高老祖，因飄高老祖自稱
弘陽子，所以又稱他所創立的教門爲弘陽教。因教中崇奉混元老
祖，所以又稱混元弘陽教，簡稱混元教。乾隆初年以降，因避「
弘曆」御名諱，弘陽教改書紅陽教。關於飄高老祖其人，學術界
頗有爭議。大致可以歸納爲兩種說法：一說飄高老祖是山西洪洞
人高揚；一說飄高老祖是直隷廣平府曲周縣人韓太湖。清吏黃育
鞭認爲在《紅陽寶懺中華序》內雖有「治德文佛悲愍濁世，臨轉
雲空，廣平地界，俗居韓門」等語。但查序尾，「有順治十七年
四月初八日飄高登壇演法字樣。」由此推知「韓太湖傳教在本朝
順治年間，高揚傳教在明朝萬曆年間。是高揚爲眞飄高，韓太湖
爲假飄高。」㉕在《混元紅陽臨凡飄高經》序文內云：「萬曆中，初
立混元祖教，二十六歲上京城，先投奶子府，有定國公護持，混
元祖教興隆，天下春雷響動，御馬監陳公，內經廠石公，盔甲廠

張公，三位護法。」㉖日本學者澤田瑞穗已指出混元弘陽教的教祖是山西平陽人飄高老祖，他於萬曆二十二年（1594）在太虎山創教。日本學者鈴木中正等人也指出飄高祖上京後，接近明朝政府官員，進行傳教，並取得成功，因而許多地方都出現了自稱飄高祖的人，其中之一便是直隸曲周的韓太湖㉗。喻松青不同意黃育楩的說法，她指出《紅陽寶懺中華序》在結尾處所說「順治十七年四月初八日飄高登壇演法」一事，實指飄高老祖韓太湖臨凡所降下的壇訓，而不是指飄高老祖韓太湖親自「登壇演法」，所以不能據此推斷說韓太湖是清初順治時人。《混元弘陽苦功悟道經》中〈聖中催趕徒弟品第十八〉有「能可摘我黃道人，休摘韓道人功」等語，喻松青據此證明飄高老祖姓韓，同門師兄稱他為「韓道人」。道光十九年（1839）間，據廣平府稟報，查出飄高名韓太湖，是曲周人，曲周還有韓太湖之墓。光緒年間重修《廣平府志》，其卷六十〈仙釋傳〉中也說韓太湖號弘陽，曲周人，通醫術，曾在北禪山曹溪洞靜修多年，著有《明心經》、《救苦懺文》等，喻松青認為這些資料都說明飄高老祖是韓太湖的確證㉘。韓太湖別名韓春坡，馬西沙、韓秉方著《中國民間宗教史》引明清檔案等資料證實飄高祖就是韓太湖。事實上，高揚和韓太湖本來就是一個人，既無真假，也無前後之分㉙。清朝初年，弘陽教的傳佈，地區很廣。康熙年間，在奉天境內查獲弘陽教案多起。康熙二十七年（1688），直隸人蔡萬賢在奉天下家河地方傳習弘陽教，教中規定每年七月十五日做盂蘭會一次，十二月初八日做太平會一次，蔡萬賢曾收梁起鳳等人為徒。康熙五十八年（1719），奉天一帶有正紅旗公明英家奴郭進英、金國弼等傳習弘陽教㉚。

　　黃天道，又名黃天道教，簡稱黃天教，創自明代嘉靖年間的

李賓。李賓是直隸宣化府南興寧鎮上牛村人，出身農家，早年曾
爲軍人，因鎮守野狐嶺關口失去一目。後來又因被誣告積欠糧草，
受過酷刑煎熬。釋放回家後，訪友參師，修煉悟道，自稱得遇眞
傳，爲當陽佛轉世，於嘉靖三十三年（1554）創立黃天道，法
號普明。嘉靖三十七年（1558），李普明著《普明如來無爲了
義寶卷》，簡稱《普明寶卷》，清代官書作《普明經》。黃天道
以外佛內道爲特徵，主張夫婦雙修。其初創時期，由於受到道教
深刻的影響，它的教義及修煉方法主要源自兩宋時代道教內丹派
及其後起的全眞道。因此，黃天道可以說是一支流傳於民間的世
俗化了的道教支派。黃天道的產生，除了受到道教根深蒂固的影
響外，同時還受到羅祖教深刻的影響，在黃天道的寶卷中宣揚無
爲法、無爲道，在追求清淨無爲的修持方法上，也與羅祖教頗相
近似。黃天道創立後，主要在宣化府和山西大同一帶秘密流傳。
後來李普明把家安置在萬全衛屬膳房堡，並在膳房堡之西一里許
的碧天寺內講經說法。李普明就在嘉靖三十七年（1558）身故，
法燈嗣者是他的妻子王氏，法號普光。繼承普光的是鄭姓，法號
普靜。萬曆十二年（1584），普靜著《普靜如來鑰匙寶卷》，
共六卷，卷首題「普靜如來鑰匙古佛通天六冊」字樣，這是繼羅
祖的五部六冊及《普明寶卷》以後一部重要的民間秘密宗教經卷。
萬曆十四年（1586），普靜身故後，他的後繼者是汪普善。後
來汪普善定居於浙江衢州府，另立長生教。從清朝初年以來，黃
天道在京畿一帶日益盛行。康熙年間，黃天道仍以直隸萬全縣等
地爲中心，在華北各地傳播。康熙十一年（1672），《起居注
冊》已有黃天教先經嚴禁，尚未革除的記載㉛。康熙四十一年（
1702），黃天道嫡派正宗傳人李蔚，曾公開爲李賓樹碑。李蔚
是貢生，爲李賓胞兄李震四世孫。李蔚死後被黃天道信徒尊爲普

慧佛。

　　羅祖教是明代山東即墨縣人羅夢鴻所創立的教門，他以清淨無爲創教，人們稱之爲無爲教，又因教中尊羅夢鴻爲羅祖，所以又稱無爲教爲羅祖教，簡稱羅教。羅夢鴻所撰五部六冊，成爲羅祖教的重要經典。羅夢鴻身故後，羅祖教由其子女及弟子分別傳習，而形成許多支派。羅夢鴻之子佛正繼承教主地位，世代傳習羅教。羅夢鴻之女羅廣，法名佛廣，與其夫王蓋人則以無爲教或大乘教名目繼續傳教。明朝末年，有錢姓、翁姓、潘姓等人在杭州、蘇州等地創建羅祖教菴堂，作爲羅祖教傳教的中心，以糧船水手駐足之所。清初以來，羅祖教或大乘教主要在漕運水手中流傳，大批的糧船水手皈依羅祖教或大乘教。由於信衆與日俱增，菴堂也不斷的擴建。康熙十六年（1677），羅祖教信徒徐士鸞在江蘇蘇州建造削筋墩經堂，有屋八間。康熙二十五年（1686），鄧姓民人在廣東乳源縣建造紫微山經堂，這是一座香火院，後來延請鄧慈濟住持紫微山經堂，以傳習羅祖教。康熙二十六年（1687），生員何大成之祖在乳源縣境內建造眞武閣經堂，由素習羅祖教的縣民羅廷章住持。康熙三十九年（1770），素習羅祖教的周元甫在蘇州買地建造南堂，有屋十四間，後來由陳文堂掌管，又稱陳姓經堂。康熙初年，有雲遊道人柯養會，他素習羅祖教系統的大乘無爲教。後來柯養會到廣東樂昌縣琵琶山建造洞頭菴，招徒習教。柯養會身故後，其徒黃國徵於康熙四十八年（1709）在乳源縣境內另造樂成仙經堂，招收黃長賢爲徒。後來黃長賢轉招劉可嘉爲徒，劉可嘉又轉招杜清謨爲徒，輾轉招徒，都在樂成仙經堂傳習大乘無爲教。康熙五十二年（1713），盛姓縣民在蘇州建造北堂，有屋二十一間，後由姜漢如掌管，又稱姜姓經堂。康熙五十三年（1714），傅姓民人在蘇州建造西來

菴經堂，有屋八間，由僧人性海住持。廣東乳源縣境內的觀音閣，傾塌已久，康熙六十年（1721），由縣民謝之誠重建，招收朱觀祥爲徒，傳習羅祖教。康熙六十一年（1722），馬姓民人在蘇州買地建造馬菴經堂，有屋十九間，後由郭肇中掌管。各經堂俱無「妖書符咒」，信徒喫齋念經，傳習羅祖教或大乘教㉜。

康熙十九年（1680），清廷查獲多起教案。是年二月初四日，吏部等衙門審擬邪教趙氏等惑衆謀逆一案，經大學士明珠等議覆，將教首趙氏、陳三道等立斬，壇主李應宗等應斬，秋後處決㉝。同年五月初二日，三法司議奏張九富設立聖人教名色一案，原奏以張九富蠱惑庸衆，擬絞監候，秋後處決。康熙皇帝認爲「小人一時妄行，雖名邪教，所犯者小，與前趙氏等惑衆謀逆者不同，張九富即行處死太過，著減等發落。」㉞浙江蘭谿縣人舒思硯遷居杭州後，創立天圓教。順治年間，天圓教，活動頻繁。舒思硯之徒兪松恩、黃天亮、顏靈心、張揚雲四人，分爲「中和聖善」四支。各支所收之徒，又分爲「根本清涼始圓明」八派。康熙三十九年（1700），舒思硯遭人告發，聞拏逃逸。段思愛是山西猗氏縣人，遷居安邑縣。他生前曾遇河南人吳姓，即拜吳姓爲師，皈依收源教，又名源洞教。康熙三十年（1691），段思愛身故，其繼子段而俊在段思愛墳園內建有佛堂，供奉圖像㉟。

明朝末年，京畿一帶，弘陽教頗爲盛行，其成員含有不少宮中太監。順治年間，京畿弘陽教首領太監魏子義收河南人李樂天即劉佐臣爲徒，傳習弘陽教，後來劉佐臣寄居山東單縣。康熙初年，劉佐臣改立五葷道收元教，又稱收元教，或五葷道，亦作收元教五葷道。教中因分八卦收徒，又稱八卦教。劉佐臣派河南商邱縣人郜雲龍執掌離卦教，曹縣人王容清分掌震卦教。劉佐臣身故後，其長子劉儒漢踵行收元教。山西定襄縣人劉起祥、劉起鳳

兄弟二人，曾在山東傭趁，並拜劉儒漢為師，皈依收元教。康熙四十四年（1705），劉起鳳由山東返回山西定襄縣原籍，以收元教可修來世富貴，不忌酒肉，亦不作會，而勸令韓德榮皈依收元教㊱。韓德榮隨同劉起鳳前往山東單縣拜劉儒漢為師。劉儒漢抄給《錦囊神仙論》、《五女傳道書》、《稟聖如來》、《八卦圖》等書。劉起鳳後來遷居山東城武縣，韓德榮則返回山西。康熙四十五年（1706），劉儒漢被劉本元首告傳習邪教，拏解審釋。其後劉儒漢由捐納選授山西榮河縣知縣。直隸長垣縣人王天賜移居河南虞城縣。康熙五十三年（1714），王天賜到山東賣布，遇山西定襄縣人劉起鳳，即隨同劉起鳳拜劉儒漢為師，皈依收元教。王天賜身故後，其所遺《五女傳道書》、《小兒喃孔子》、《八卦圖》等經卷書籍，俱由韓德榮帶回山西。康熙五十七年（1718），劉儒漢因其父劉佐臣係「白蓮教」頭目，被牽入邪教案內，經部議以劉儒漢及其弟候選教諭劉儒清係邪教之子，俱行革職回籍㊲，以劉佐臣早已病故，其子並無行教情事，題結在案㊳。

　　河南杞縣、蘭陽縣與直隸大名府接壤，白蓮教頗為盛行。康熙五十六年（1717）十月，直隸總督趙弘燮風聞河南有白蓮教，又名神捶教。有杞縣境內李家集人李廣居出首張千一，供出蘭陽縣北門裡李貢生家窩穩多人㊴。河南巡撫張聖佐具奏時亦稱，蘭陽縣民李雪臣之子李興邦在生員李山義家，以白蓮教為名，聚徒惑眾㊵。杞縣即知會蘭陽縣差役將李雪臣、李山義等人拏獲。同年十月二十三日，起居注冊記載康熙皇帝御暢春園內澹寧居聽政，曾面諭大學士馬齊等人說：「今聞河南有白蓮教大行，山東巡撫李樹德奏稱，白蓮教已至山東矣。白蓮教不可聽其蠢動。朕已諭李樹德，亦諭太原總兵官，令其嚴拏。」㊶

　　康熙年間，活動較頻繁的教門，如黃天道、弘陽教、羅祖教、大乘教、白蓮教、天圓教等都是明末以來流傳較久，信徒較多的較大教門。聖人教、源洞教等較小教門，信徒較少，神捶教則爲白蓮教的別名。至於五葷道收元教或八卦教的創立，對後來的宗教運動，產生重大的影響，可以說是民間秘密宗教開始活躍的重要標誌。民間秘密宗教的活動，已不限於華北地區，江南、廣東教案的頻繁發生，也是值得重視的事實。

第三節　雍正年間民間秘密宗教的活動

　　雍正年間（1723-1735），由於雍正皇帝對地方財政及吏治的積極整頓，使社會經濟更加繁榮，更有利於民間秘密宗教的發展，一方面是原有教門的復蘇，一方面是新興教門的出現，枝幹互生，名目繁多。爲了便於說明，可將雍正年間直省所查獲的教案列出簡表如下：

雍正年間民間秘密宗教案件分佈簡表

年　　　月	教派名稱	分　佈　地　點	備　　　註
元年	白蓮教	河南	
元年	一炷香教	山東	
元年	空子教	山東	
元年	無爲教	山東	
元年	羅祖教	山東、浙江、江西	
元年	大成教	山東	
二年三月	空子教	山東安邱縣	
二年六月	順天教	直隸刑台縣	
二年九月	空子教	山東東平州、魚台縣	
二年九月	大成教	江蘇邳州	
三年五月	道心教	福建、浙江	

三年九月	白蓮教	山西長子縣	
三年	混元教	山西長子縣	
三年	羅祖教	廣東樂昌縣	
五年閏三月	橋樑教	河南	
五年閏三月	哈哈教	河南	
五年閏三月	悟眞教	河南	
五年六月	龍華會	山西澤州	
五年十月	羅祖教	浙江金衛所	
五年十月	龍華會	山西澤州	
五年十一月	羅祖教	浙江杭州	
五年	長生教	浙江西安縣	
六年正月	羅祖教	江蘇蘇州	
六年七月	空子教	山東高密縣	
六年八月	空子教	山東東平州	
六年	三元會	山東嶧縣	
六年	白蓮教	山西長子縣	
六年	混沌教	山西長子縣	
七年	少無爲教	直隸永平府	
七年	羅祖教	江西南安府	
七年	無爲教	浙江縉雲縣	
七年	一字教	江西臨川縣	
八年	羅祖教	江西南安府	
八年	大乘教	雲南大理府	
九年四月	大成教	湖北羅山縣	
九年四月	大成教	湖北黃安縣	
十年正月	大成教	江蘇陽湖縣	
十年五月	儒理教	直隸隆平縣、唐山縣	摸摸教
十年十一月	大成教	直隸灤州	
十年十二月	大成教	直隸灤州、深州	
十年十二月	大成教	河南	
十年十二月	衣法教	直隸饒陽縣	
十年	大乘教	直隸	

十年	收元教	山東、山西	
十年	三皇聖祖教	江西南昌府	圓頓大乘教
十二年三月	朝天一炷香教	山東高唐州	愚門弟子教
十二年十二月	三乘會	江南南陵縣	糍粑教
十三年閏四月	三乘會	江南南陵縣	
十三年九月	大乘教	雲南大理府	
十三年十一月	一炷香教	直隸	
十三年十一月	老君會	直隸	
十三年十一月	羅爺會	直隸	
十三年十一月	大成教	直隸	
十三年十一月	朝陽會	直隸	
十三年十一月	清淨無爲教	直隸	
十三年	皇天教	山西平定州	

資料來源：《宮中檔雍正朝奏摺》、《硃批奏摺》、《軍機處檔‧月摺
　　　　　包》等。

由前列簡表可知雍正年間，直省先後查獲的民間秘密宗教名目，
共計三十二種，包括：河南、山西等地的白蓮教，山東、直隸等
地的一炷香教，山東等地的空子教，山東、浙江、江西、江蘇等
地的羅祖教，直隸、山東、河南、江蘇、湖北等地的大成教，直
隸等地的順天教，浙江、福建等地的道心教，山西等地的混元教，
河南等地的橋梁教，河南等地的哈哈教，河南等地的悟眞教，山
西等地的龍華會，浙江等地的長生教，山東等地的三元會，山西
等地的混沌教，江西等地的一字教，雲南、直隸等地的大乘教，
直隸等地的儒理教，又名摸摸教，直隸等地的衣法教，山東、山
西等地的收元教，江西等地的三皇聖祖教，又名圓頓大乘教，山
東等地的朝天一炷香教，又名愚門弟子教，江南等地的三乘會，
又名糍粑教，直隸等地的老君會、羅爺會、朝陽會、清淨無爲教、
少無爲教，山西等地的皇天教等等。簡表中所列教案，共計五十

六起，其中直隸計十三起，約占百分之二十三，山東次之，計十二起，約占百分之二十一，山西又次之，計七起，約占百分之十三，都是教案較頻繁的地區。直隸境內查獲的教案名目，主要是順天教、少無爲教、儒理教即摸摸教、大成教、衣法教、大乘教、一炷香教、老君會、羅爺會、朝陽會、清淨無爲教等，山東境內查獲的教案名目，主要是一炷香教、空子教、無爲教、羅祖教、大成教、三元會、收元教等，山西境內查獲的教案名目，主要是白蓮教、混元教、龍華會、混沌教、收元教、皇天教等，其中多爲新興教門。

　　雍正元年（1723）春，河南巡撫石文焯陛辭時，雍正皇帝即諭以河南有白蓮教惑衆斂錢，令其訪聞辦理，其他各省大吏亦遵奉諭旨嚴加取締。翰林院庶吉士董思恭，籍隸山東，對山東地區的宗教活動，頗爲留意。是年四月，董思恭具摺指出，山東邪教分爲二派：一派是一炷香教；一派是空子教。一炷香教專以燒香惑衆，聲稱領香一炷，諸福立至，百病皆除，愚夫愚婦奉一炷香教首爲師，或五日，或十日，輪流做會，不事生理，荒棄農業。空子教較一炷香教更甚，其教惟以邪術哄誘人心，一家之內有一人入其教者，勢必舉家歸教，如痴如迷，賣田宅，棄物利，以恣其掌教者之欲，甚至男女雜處，晝則散居於各村，夜則相聚一室，恬不知恥㊷。一炷香教是因教中焚香一炷而得名，教中相信燃上一炷香，就可以請來諸路仙佛及各位祖師，諸福立至，百病皆除。雍正二年（1724）九月間，山東巡撫陳世倌在山東省境內除了查獲羅祖教、無爲教、大成教以外，也查獲空子教。在山東魚台縣境內拏獲空子教要犯李萬祿等人。李萬祿供出魚台縣空子教是傳自東平州楊得祿，他教人朔望燒香，編造八卦歌持誦，稱爲運脈，傳授口訣，閉目捲舌運氣，默念「眞空家鄉，無生父母」二

語，名爲內承法，內承法習熟後給與法名，其不能坐功運氣者，
稱爲外承法㊸。是年三月間，山東安邱縣人李大本勸令同縣范存
信燒香入教，四時叩頭，早晨求衣服，晌午求好模樣，晚上求財
帛，子時求壽限，按一家人口，每月一口給三個香錢。青州府益
都縣人高擇善即徐秀於高密縣被捕後供出牛三花拉，名叫牛見德，
是兗州府東平州人，牛三花拉於雍正五年（1727）七月十五日，
頭戴五幅冠，身穿青綢褊衫，坐在桌子上發表牒超度人三代宗親，
持誦「正空家鄉，無生父母，現在如來，彌勒爲主」四句眞言㊹。句
中「正空家鄉」，即「眞空家鄉」，「眞」字因避雍正皇帝「胤
禛」御名諱而改書「正」。牛三花拉，又作牛三花子，他是空子
教的教首，曾收李大本等人爲徒，托名貿易，寄居諸城縣，往來
於膠州、高密等地，收徒傳教㊺。空子教又稱三元會空子教。河
東總督田文鏡具摺時亦指出牛三花拉倡立三元會空子教，以喫齋
念佛，修善祈福，並超度他人祖宗，醫治疾病，信徒眾多，在東
平、青、萊等府境內先後拏獲教犯五十餘人㊻。

　　直隸巡撫李維鈞遵奉諭旨，對民間秘密宗教，加意察訪。雍
正二年（1724）六月，直隸順德府知府曾逢聖稟報邢台縣中巖
寨有劉大師傅即劉言基等倡立順天教，聚眾講法，煽惑鄉愚。巡
撫李維鈞據報後即移行通判胡開京、守備馬進良等密拏各要犯。
先後拏獲教首劉言基，頭目要國卿、周定國、楊自起等人，向來
莊農。據供稱劉言基的曾祖劉才運，與要國卿、周定國、楊自起
等人，向入中巖寨，托稱修行持齋，而創立順天教，相傳至劉言
基，仍爲大教主，以要國卿等十人爲十保正。教中塑造眞空老祖
金公、無生佛母黃婆塑像供奉，每年三、十兩月聚眾燒香斂取銀
錢，書符消災。中巖寨祠宇及香客住房共計五百餘間，中巖寨附
近的太子寨，亦有廟宇，善男信女自中巖寨進香後，又至太子寨，

稱爲燒轉香⑰。順天教是大乘天眞圓頓教的一個支派⑱，直隸巡撫李維鈞細閱各要犯供詞後亦指出，順天教雖非白蓮教遺派，惟其講法書符，男女混雜，敗壞風俗，既係邪教，自應按律治罪。

張進斗即張冉公，是山西潞安府長子縣人，從康熙末年起即在原籍傳習混元教，並收王奉祿等人爲徒。雍正三年（1725），王奉祿收長子縣人馮進京爲徒。馮進京平日以剃頭、算卦、賣針營生。馮進京學會參禪說偈，運氣念誦無字眞經，燒香占病，並拜王奉祿爲師。王奉祿傳給他兩首偈語：「化言化語化良人，同進天宮證佛身。修身圓滿正果位，勝積寶貝共黃金」；「清涼廳上好歡喜，我下靈山暗吊賢。無生慈悲加生意，要分三乘也不難。」所謂三乘，即指上、中、下三乘，上乘官員吏典，中乘一切富豪，下乘受窮賤人。後來馮進京隨同王奉祿同往拜見張進斗。張進斗又傳馮進京一偈：「虛空懸掛一廟堂，青松貴柏鬧元陽，禪林長就奇山景，人人難到苦家鄉。」馮進京於是又拜張進斗爲師。河南濟源縣人翟斌如，外號翟神仙，他曾拜張進斗爲師。翟斌如等人供出張進斗所傳習的教門叫做龍華會。雍正五年（1727）四月二十四日，教中商謀起事，預訂於八月二十六日夜間進入山西澤州城，二十七日，正式動手，以放炮爲號。但在起事前翟斌如等人已被山西澤州官府拏獲。同年七月十三日，監察御史性桂奉命前往山西看審。七月二十一日，性桂馳抵太原，會同護理山西巡撫布政使高成齡、按察使蔣洞等人將所獲龍華會教犯隔別研訊。據翟斌如供稱：

> 小的會看風水子平，原有個姓楊的，是山東人，在懷慶府寄居，做過千總，名楊廷選，小的與他相識。今年四月二十四日，靳廣們邀小的們趕晉普山會，共有五、六十個人吃酒，小的同他們吃了就回家去了。及至六月裡，靳廣又

　　　　送書來叫小的，小的沒有去。那張冉公他是個齋公教主，
　　　　會名叫龍華會。焦明山、靳廣都是這教裡人。又張冉公對
　　　　小的說，他教有九杆十八頭，要小的與他調理，山東有人，
　　　　直隸有人，河南有人，磁州營裡有人，湖廣有人⑭。

據山西巡撫覺羅石麟等具摺稱，張進斗是山西長子縣的白蓮教教
首⑩。但據翟斌如等供稱張進斗是龍華會教主，教中組織有九杆
十八頭。馮進京雖拜張進斗為師，但馮進京自稱所傳習的是混沌
教。他說：「小的這教名為混沌教，混者，混然凡氣；沌者，沌
悟明心。男子學成就是混天佛，女人學成就是沌天母。」⑪焦明
山是龍華會的重要頭目之一。他被捕後供稱，翟斌如告知陝西出
了紫微星，河南是天心地膽，河南動了，別處就都動⑫。龍華會
本來是佛教浴佛廟會活動，清初以來的龍華會，主要是取義於白
蓮教教義的「龍華三會」。張進斗所傳習的白蓮教，具有濃厚的
政治意識，他被捕後，即被處斬。

　　黃天教傳入浙江後，出現了長生教，創始人是黃天教內重要
首領普靜的弟子汪長生即普善（1604-1640），原籍直隸，後來
遷居南方，最後定居在浙江衢州府西安縣⑬，在西安縣創建齋堂，勸
人喫齋念佛，以求祛病延年，稱為長生教。汪長生身故後，葬於
齋堂左側無影山。後因信徒眾多，齋堂增至數百間，並購置大筆
田產。雍正五年（1727），浙江總督李衛對西安縣長生教齋堂
進行查禁，將各齋堂的外地人遞回原籍，本地人則驅逐出堂，拆
燬齋堂，改為普濟、育嬰二堂，田地入官，僅留數間作為佃種官
田者居住之所。

　　牛其祿是江蘇邳州贛榆縣人，當他八歲時，就在原籍出家為
僧，到三十二歲時，還俗為民，在山東嶧縣做生意。雍正初年，
牛其祿因病請道士孟懷斗治療痊癒，隨即皈依孟懷斗所傳習的三

元會，並且跟隨孟懷斗到邠州西鄉朝拜三元會祖師吳大虛的老堂。堂內供有吳大虛夫婦的棺木。教中傳說吳大虛是三元會祖師第九世轉身，當地人每年對吳大虛的屍棺燒香禮拜，並稱三元會的祖師還要轉身，牛其祿即自稱是祖師吳大虛的轉身。他在邠州西鄉住了四、五年，學得一些經文及藥方。教中也相信他是眞祖師轉身。雍正六、七年間，牛其祿在山東嶧縣地方揚言自己是三元會祖師轉身，曾轉過十世了，是十轉金丹，應該轉入王宮。牛其祿還捏稱自己是皇十四子胤禵，他私下偷走出來，隱姓埋名，度化衆人，待圓滿時仍回王宮去㊿。

康熙年間，羅祖教系統的大乘無爲教，在廣東乳源、樂昌等縣境內先後建造了許多經堂。雍正三年（1725），樂昌縣民朱學文又在縣屬建造蘇仙閣經堂，招收朱榮松等人爲徒，傳習羅祖教。後因朱學文、朱榮松先後病故，經堂傾圮，縣民何公義另建毓泉菴㊿。清初以來，皈依羅祖教的糧船水手，與日俱增，水手滋事案件，層見疊出。康熙五十七年（1718），浙江糧船與湖廣糧船在直隸順天府武清縣地方相遇，兩幫爭鬥，殺傷多人。康熙六十一年（1722），嚴州、廬州等幫糧船在山東地方行劫鹽店，大夥劫殺等案件。刑部尚書勵廷儀長久以來對糧船水手的種種不法，曾經留意細究。雍正元年（1723）十二月初七日，勵廷儀具摺奏稱：

> 竊查糧船每隻頭舵二名，水手八名，又閑散二、三名，此類率多無籍之徒，朋比爲奸。本船正副旗丁二名，勢不能彈壓制服，當漕糧兌足之後，仍延捱時日，包攬私貨，以致載重稽遲，易於阻淺，不能如期抵通。及回空經産鹽之地，又串通風客，收買私鹽，此其弊端之彰著者。乃尤有不法之事，凡有漕七省之水手，多崇尚羅門邪教，而浙江、

> 湖廣、江西三省，其黨更熾，奉其教者，必飲生雞血酒，
> 入名冊籍，並蓄有兵器，按期念經，則頭戴白巾，身著花
> 衣，往往聚眾行兇，一呼百應㊏。

引文中的「羅門邪教」，就是羅祖教，教中念經時，頭戴白巾，
身穿花衣。康熙年間，有漕省分的水手，多皈依羅祖教。雍正年
間，羅祖教常以大成教、三乘教、無爲教等名目，在有漕省分廣
爲傳播。雍正二年（1724）九月，山東巡撫陳世倌具摺指出江
南邳州有羅祖教、大成教的活動，節錄一段內容如下：

> 訪得江南邳州五聖堂地方迤西半里，有吳滔天者，係羅祖
> 教，其人物故已五十餘年，其妻亦故十有餘年，而至今不
> 葬，遠近傳言金剛不壞，每逢正月十三、二月二十及九月
> 二十七等日，伊夫婦忌日，四方男婦，多至其前，焚香羅
> 拜，謂之朝祖。其子亦故，其婿尚在，更有瞽目馮君重，
> 居於邳州徐揚山，踵行其教，名曰大成教㊐。

由引文可知江南邳州人吳滔天傳習羅祖教，同邑馮君重踵行其教，
稱爲大成教。

雍正三年（1725）五月間，浙江、福建、江西等地破獲道
心教。是年五月十三日，溫州城守備張進陞等在永嘉縣拏獲教首
范子盛等人，並在其住屋內搜出五爪金龍、大小金龍、大小金銀
牌十餘面、《推背圖》及姓名冊籍等件。據教首范子盛供稱，教
中信徒分佈於溫州、永樂、瑞平等縣，男婦約五千餘人。浙江按
察使甘國奎查閱教中姓名冊籍後指出，道心教信眾不止此數。他
具摺奏稱，道心教根由已有五、六十年，祖父相傳，形成教門，
喫齋拜佛，教首范子盛揚言「天地已屆末劫，午未之年，就要塌
陷，今喫此丹藥，有此符牌，將來可以逃劫。」㊒善男信女爲了
逃劫避難，爭相出錢買取丹藥。每年四季還要各出銀錢解交福建

教主。王文治是福建教首，其祖父王還初跟隨張姓人傳授道心，
故稱道心教。張姓教首身故後，王還初即接充教首，教人燒香供
奉彌勒佛。後來王還初因案發被捕，在福建省城雙門前被杖斃示
眾。王文治家住福建省城湯門內畢水港，經手將丹藥、劄牌發售
信眾，他常在溫州一帶販售丹藥。雍正三年（1725）五月十九
日，王文治被拏解到案。教門中相傳的歌句還有「天地當來，虛
空家鄉，彌勒」等字樣。例如號稱彌勒老佛的張姓教首住在布政
司衙門後白雲洞，號稱太陰娘娘的教首住在北京大同關。爲了使
人信服，王文治用駝骨、銅錫製成數寸長的小牌，上面鑿成花紋。
又用白紙畫龍，製成小票，作爲入教憑證，藉販售小票斂財⑲。

　　由於羅祖教的盛行，糧船水手多崇奉羅祖教，教中爲了容留
糧船水手住歇，在運河糧船停泊處所建造了許多菴堂。雍正五年
（1727），浙江總督李衛清查杭州菴堂時，查出杭州北新關一
帶的羅祖教菴堂多達七十二所，因恐水手回空後無處棲身，所以
僅拆燬菴堂四十餘所，仍保留三十餘所未拆。雍正六年（1728），
刑部行文漕運總督、閩浙督撫、蘇州巡撫等，「將當日建造之由，
並現今菴內或止做會，或另有用處及菴內居住者係何等之人，逐
一查明報部。」⑳蘇州巡撫陳時夏奉到部文後，即飭令所屬州縣
查報各處菴堂，同年正月二十九日，繕摺具奏。可據原摺所開蘇
州羅祖教菴堂名目及其分佈列出簡表如下：

雍正六年蘇州羅祖教菴堂分佈簡表

菴　名	地點	住菴人	原　　籍
閣姓菴	蘇州	沈姓	
閣姓菴	長洲	畢君甫	揚州
俞　菴		沈姓	
王　菴	蘇州	王經遠	山東東昌府
西來菴	蘇州	陳伯霞	湖廣

西來菴	蘇州	李二	揚州
西來菴	蘇州	杜三	揚州
施茶菴	蘇州	謝金昇	安徽寧國府
王　菴	蘇州	劉廣生	揚州
王　菴	蘇州	吳子佩	安徽太平府
王　菴	蘇州	薛立	安徽太平府
王　菴	蘇州	王四海	揚州
王　菴	蘇州	丁念先	揚州
王　菴	蘇州	夏貴生	揚州
馬　菴	元和	袁四海	山東
馬　菴	元和	邵玉	徽州
李　菴	元和	李君實	南通州
李　菴	元和	金友先	南通州
半野菴	元和	賽子榮	江西
龍　菴		貴生芝	安慶
倪　菴		周瑞九	山東
劉　菴		劉桂生	江蘇清河縣

資料來源：《雍正朝漢文硃批奏摺彙編》（江蘇，古籍出
版社，一九九一年三月），頁531。

清代長洲、元和縣與吳縣，並爲蘇州府治。簡表中的菴
堂，都座落於蘇州府境內，各菴堂住持的原籍，除江蘇外，還包括安徽、
江西、浙江、山東及湖廣等地，多爲異籍之外地人。福建巡撫劉
世明拏獲羅祖教要犯羅明忠等人。羅明忠供出羅祖教菴堂林立，
譬如山東登州府的米家菴，杭州府城外的翁姓菴、錢姓菴、潘姓
菴，保定府王姓菴，天津獨柳村李姓菴，正定府富城驛徐姓菴，
蘇州府北關閻姓菴，涿州呂姓菴，河間府交河縣施藥菴，直隸順
天府茶棚菴，保定府無爲菴等，更是遠近馳名。張維英也是羅祖
教要犯，他被捕後供稱，福建汀州地方，並無羅祖教菴堂，信衆

都在家喫齋修行⑥。

蘇州巡撫陳時夏具奏時指出各菴房屋不過數間而已，菴中供奉三世佛，誦經做會，非僧非道，每與糧船水手同教，糧船抵達蘇州，各菴多以米糧資其食用。糧船水手或有疾病流落者，各菴住持亦資其盤費⑥。漕運總督張大有具摺時亦稱：「羅祖教流傳日久，各處俱有菴院，而糧船水手入其教者尤多。」⑥糧船水手動輒恃衆打架，肆行無忌，生事橫行，擅用非刑。劉把式是山東兗州府人，趙玉是江南廬州府人，兩人都皈依羅祖教，劉把式是趙玉的師叔。雍正五年（1727），劉把式因乾兒子嚴會生持斧砍人，又詐騙工價銀逃走，而指使趙玉割去嚴會生左耳，劉把式、趙玉先後被捕。據劉把式供稱：

> 我係山東兗州府陽穀縣人，在嘉興幫當水手，趙玉是我同羅祖教的師姪。我師父李道是杭州前衛幫水手，病故有十二年了，從這教門不止我一幫的人，每幫也有四、五人，也有十數個人的。我們教主羅道是羅祖的後代，自羅祖至今有八輩子了，我沒有見過教主，聽他說在京東石拉子裡住，是那州縣地方我不知道⑥。

由引文可知雍正年間，漕運糧船各幫水手皈依羅祖教的，平均每幫自五人至十餘人不等。趙玉是金衢所幫水手，劉把式是嘉興幫水手，劉把式的師父李道是杭州前衛水手，同門師徒，並不在同一幫糧船充當水手。江蘇、浙江地區的無爲教是羅祖教的一個支派。浙江處州府縉雲縣人殷繼南於明朝嘉靖三十三年（1554），皈依無爲教，自稱羅祖轉世，著有《聖論寶卷》、《天經》、《結經》、《直指口訣》、《懇切嘆世歌》等經卷。明神宗萬曆四年（1576），殷繼南率弟子登天台山，宣揚教法，集徒衆三千餘人，引起明廷警覺，遂以「妖言惑衆」之罪，將他拏獲。萬曆

十年（1582）八月，他被處決，享年四十三歲。雍正七年（
1729），無爲教的教首張維英被捕時，自認所傳無爲教是傳自
羅祖教，張維英供認無爲教就是羅祖教。官府根據張維英等人供
詞，也把江浙等地的無爲教歸入羅祖教。教犯羅明忠祖上已皈依
無爲教，張維英供詞中也有「此教是羅明忠的祖上羅成，就在正
德年間傳下來的，封爲無爲教，誦的是一部《苦心悟道經》，吃
齋點燭。」羅明忠在供詞中指出永平府石佛口王道創立少無爲教
時也念羅經。張維英同時供出浙江處州府慶雲縣人姚細妹是姚文
羽的子孫，法名普振，就是祖師⑥。姚細妹是姚煥一的乳名，他
遷居江西撫州府臨川縣。姚煥一生子四人：姚千祐、姚成武、姚
文謨、姚際眉。據姚文謨供稱，其祖上都奉羅祖教，高祖姚華卿，
法名普緒，曾伯祖姚安福，法名普掌，曾祖姚安慶，法名普器，
其父姚煥一，法名普振，曾拜普萬即陳萬善爲師。據此可知張維
英與姚文謨的供詞，是彼此相合的。康熙十九年（1680），姚
煥一身故。雍正七年（1729），浙江地方官奉旨查辦羅祖教，
姚姓子孫爲了避免被查拏，而將羅祖教或無爲教改爲一字教，當
地稱爲老官齋教⑥。

　　民間秘密宗教因含有濃厚的巫術文化成分，而被指爲邪教。
江西地區，醫卜星相各種術士，一向多於他省，往往有游民流棍
假託風水地理師，以斂取銀錢。因此，江西民間秘密宗教的活動，
頗受官府的注意。雍正七年（1729）九月十二日，刑部行文署
理江西巡撫謝旻轉飭各府州縣訪查羅祖教菴堂，拏解住持教首，
並將羅祖教經卷一併解部。謝旻奉到部文後即札令各屬遍行密查。
後來據南安、贛州、吉安、瑞州、南昌、撫州等地拏獲信衆王耀
聖等一百二十三人，以及僧人海照等六十八名，解送經卷四十一
部。其習教之人，在城鎮者多習手藝，在鄉村者各務耕作，信衆

多在家中喫素修行⑰。雍正八年（1730）二月，江西南贛總兵官劉章密訪查出所屬南贛吉三府各縣境內仍有民人傳習羅祖教，每縣多者數十人，少者亦十餘人，有的在家供經念誦，亦有在鄉僻小菴供經念誦者⑱，群相附和。

雍正年間，聞香教仍以大成教或大乘教的名目繼續傳播。直隸總督李衛曾派人投入大乘教內部，以訪查其活動。李衛奏明辦理經過，節錄一段內容如下：

> 直屬有大成、衣法等教名目，愚民信從入夥，轉相接引者甚多，臣查知數處為首之人，開名飭令地方官再加就近密訪確實，並令選擇誠謹之人佯投入內探其作為。除永平知府尚未覆到，已據深州知州徐綬等員回稟前來，照依指示辦理之法。查得大成教首係旗人王姓武舉果，住灤州石佛口，名下有次掌教二人：一係周世榮，住饒陽縣曲呂村，今因癱瘓，有伊弟廣東丁憂通判周世臣代主其事；一係王瑛，住深州貢家台。周姓教中約有千餘家，王姓教中幾及千人。凡教內有能宣經講道者，即為小教首，分住各處，招引眾人。如深州之鄭自昌，衡水縣之楊林全、侯燕平，河南地方之靳清宇，皆其領頭門徒。其衣法教之老教首乃已故旗人董一亮，今有伊女代掌，住居易州，而饒陽縣武舉王作梅為之管事。次教首則饒陽之孫連若等，尚有數處，相從之人亦眾。以上二教皆始於順治年，其來日久，以輪迴生死誘人修來世善果為名，吃齋念經，男女混雜，彼此不避⑲。

引文中的大成教，就是東大乘教。住在灤州石佛口的王姓，就是指王森後裔王敏迪。直隸總督那蘇圖具摺指出，「石佛口族人王敏迪，因祖父接交大乘教，經前督臣審擬絞罪，奉赦釋回。」⑳

王敏迪於康熙年間因傳教犯案，擬絞監候，雍正三年（1725），遇赦釋回。

　　雲南雞足山，位於大理府東北部蒼山，因山前有三峰，後有一峰，前三後一，形似雞足，故稱雞足山。元朝末年以來，雞足山與五台、普陀、峨嵋、九華等山齊名，成為我國五大佛教聖地之一。山內寺廟林立，清代有雞足山三十六大寺，七十二小菴之說，香火頗盛。張保太，又作張寶泰（1659-1741），是雲南大理府太和縣人，景東府貢生。他自幼喫報恩齋。及長，拜雲南騰越州生員楊鵬翼為師，習教念經，以避風劫。康熙二十年（1681），張保太以同教做龍華會為名，傳習大乘教，在雞足山開堂倡教，法號道岸，釋名洪裕，自稱西來教主，聲稱大乘教是陝西涇陽縣八寶山無生老祖開派，流傳至楊鵬翼是大乘教第四十八代祖師，張保太本人則是第四十九代收圓祖師⑦。雞足山一帶的佛寺，多屬禪宗一派，受宋代以來禪、淨一致，三教合一思想的影響頗深，張保太也主張三教合一，提倡儒釋道三教同源說，勸人入教修行，喫齋念佛，聲稱將來可以成佛升天。張保太傳習大乘教後，即刊刻楊鵬翼所著《三教釋道》等經卷，凡入其教者，均須購買此類寶卷。凡至雞足山進香的善男信女，多至張保太處請求傳經授記。張保太的傳教活動，引起地方大吏的注意，雍正八年（1730），雲南地方當局以張保太左道惑眾之罪，將他逮捕，擬絞監候。

　　大乘天眞圓頓教，簡稱圓頓大乘教，又作圓頓教，清初以來，圓頓教發展迅速，擁有廣大信徒。程元章在浙江總督任內，江西查辦圓頓大乘教案件，解到教犯黃森官等十五名。據供稱，黃森官因開店折本，無可營生，遂於雍正十年（1732）三月內與傅秀山商議，在江西省城建造齋堂，傳習圓頓大乘教，改立三皇聖

祖教及白陽會等名目，以招引信徒。黃森官之父黃廷臣自稱爲天老爺，又稱黃太師，黃森官則爲彌勒佛紫微星，不但入教男婦奉黃森官爲教主，即其胞叔亦甘心下拜，以徒弟自居。其後因信徒日衆，黃森官居然以紫微星君自居。

雍正九年（1731），湖北黃州府知府康忱、黃安縣知縣鍾彝等拏獲大成教要犯管廷訓即管天申等人。據管天申供稱，大成教是從信陽州胡良友輾轉傳下來的⑫。雍正十年（1732）正月，署理蘇州巡撫喬世臣訪聞常州府陽湖縣地方有周天祚等人傳習大成教，信徒衆多。喬世臣隨即密諭常州府知府魏化麟親至周天祚家，搜出圖像經懺等件。周天祚供出前因其子周文惠在糧船上做裁縫，路過天津，遇有大成教的教首周士成傳教，每逢上元、中元、下元等日，信衆各出銀錢做會，茹素誦經，除去會費外，另湊銀十兩或五兩寄送天津給予周士成拜懺，周天祚父子俱聽信入教。喬世臣即移咨直隸拘拏周士成，將他移解江南常州府嚴訊。據周士成供稱：

> 這大成教，小的聽得從前師父周尚禮說是一個名叫石伸起首的，後傳與董自亮、呂九九、陳耀馭、周應魁、張玉含、周尚禮、周士秀，遞相傳流下來。那教頭周士秀在日，原有陽湖、江陰各處的人來過天津的，如今周尚禮、周士秀都死了，所以是小的出名的。小的看的是羅門經，喫長齋，勸人爲善，每年各處的人來做會拜懺，原要費幾十兩銀子，餘剩的積貯在那裡做些好事⑬。

署理蘇州巡撫喬世臣原奏指出陽湖、江陰、宜興、無錫、蘇州、鎮江、揚州、淮安、徐州、鳳陽、泗州、天長及浙江山陰等處，俱有大成教頭領分居招引信徒。教首周士成供出大成教中看的是羅門經，即五部六冊。

　　安徽、江蘇習稱上、下江，安徽較江蘇居長江上流，稱爲上江，江蘇居下流，稱下江。雍正年間，破獲三乘會。三乘會是無爲教的一個支派，康熙末年，由安徽南陵縣人潘茂芳即潘千乘所創立，因教中以糍粑供佛，所以又被稱爲糍粑教。潘茂方身故後，由其子潘玉衡傳習三乘會。雍正四年（1726），潘玉衡曾經按察使祖秉圭查拏枷責釋放。雍正十二年（1734）五月十二日，合肥縣稟報拏獲南陵縣三乘會教首潘玉衡等十四名⑭。據潘玉衡供稱：

> 小的復捐的監名叫潘懋璣，已蒙斥革了。小的父親叫潘千乘，又名茂芳，是雍正三年死的。那霧靈山碑文是父親手裡遺下來的，今既查有羅祖字樣，小的也不敢辯了。這三乘會是父親行的教名，因用糍粑供佛，外人又傳說糍粑教的。父親在日曾傳過南陵縣人王子玉、侯君耀、余自全，宣城縣人董君瑞，無爲州人王子開，合肥縣人郭平言、夏公旭，巢縣人榮得明，銅陵縣人吳彬然，都起有法名。如今這些人都已死了，他們原送過父親種根銀子，教內人送香資也是看人家有力無力，參錢、伍錢，原不拘定。父親在日，小的跟著喫齋念經。父親死後，就是小的行教，也有人來念經拜佛施捨，小的沒有給過人的法名。雍正四年，劉第臣把小的在前臬司告了，革去小的監生，打過取有改過自新甘結。那陳玉秀、夏相九、錢君相、瞿雲九、瞿扶九、瞿紹九、夏弘彩們，小的從不認得，並非同教。只夏公旭是從父親教的，上年二月十八日，夏公旭害病，叫夏玉三接小的去，同夏玉三、王之惠念了一念經。夏公祥是夏公旭的兄弟，因他有病，那夜沒有同小的念經，這劉天相、胡宗仁、夏德先，是夏公旭的親戚族人，來看夏公旭

的病偶遇纔認識的。至小的家平日念經就是夏公祥、夏玉
三、王之惠，並已死的夏公旭，此外再無別人，只常有來
求念經治病的。小的們念經時都是穿的隨身衣服，是小的
站在上首，眾人都在下邊跪拜，供的是笑羅漢，點起火燭，
供些茶果、糕粑，黃昏起念到五更時候，把糕粑切開喫了
散去，那道衣道巾是教內裝老的，這起來的木劍是念經時
挑經用的，也不做什麼法術。小的這教原以念經治病為名
騙人的錢用是有的。那婦女來求治病，有錢的送錢，如貧
窮無錢的也不拒他。或有不正經的哄誘他成姦也是有的，
那近處的婦女因識破了都不來了。小的行教之後就只有個
戴氏，壹個史氏，是遠處人來求治病，小的曾哄誘姦過他
是實⑦。

由引文可以推知南陵縣破獲的三乘會應是康熙年間潘茂芳創立的，
雍正三年（1725），潘茂芳身故後，由其子潘玉衡接掌教務。
教中所供的笑羅漢，就是布袋和尚，杭州等地寺廟的塑像，撫膝
袒胸，開口而笑，荷布袋於身旁，世傳為彌勒佛的應化身，因此，
笑羅漢就是彌勒佛。教中為病人念經是從黃昏上燈時念到五更，
然後將供佛的糕粑切開，男女各吃一塊，吃畢散去，婦女往後樓，
男人在前樓歇息，潘玉衡則在後樓歇息。凡逢諸佛菩薩生日，信
眾都到潘玉衡家念經喫齋。江南總督趙弘恩等以潘玉衡踵父習教，
被捕懲治之後，仍不知改過歛跡，且詐騙銀錢，誘姦婦女，傷風
敗俗，於是奏請發回本籍，密令知縣傳集鄉保人等，當堂將潘玉
衡杖斃。雍正十三年（1735）五月，趙弘恩遵奉諭旨將潘玉衡
等立行杖斃。

儒理教又稱摸摸教，清初以來，流傳於直隸境內。雍正十年
（1732）五月間，直隸趙州隆平縣知縣鄭遠奉命親赴村莊稽查

保甲，訪獲縣民李思義，他以治病爲由，傳習儒理教，收張茂林
等人爲徒⑯。康熙年間，山西定襄人韓德榮在山東與劉起鳳、王
天賜拜劉儒漢爲師，入五葷道收元教。韓德榮回到山西，繼續傳
教。康熙末年，劉儒漢因八卦教被官府查禁，而暫停傳教活動。
王天賜身故後，其子王之卿從河南虞城縣遷至商邱縣居住。雍正
五年（1727），韓德榮重新開始傳教活動。他自稱是「孔子再
世」，自任教首。雍正十年（1732），韓德榮命其徒張印、田
大元往山東，同劉起鳳之子劉二長兒至河南虞城縣同教王之卿家
面商入教事宜。據田大元供稱：

> 從前我師傅韓德榮叫我同張印到山東劉起鳳家去，那時他
> 家住在山東城武縣宋家花園東邊三間草房子裡。其時劉起
> 鳳已死，有他姪子劉二長兒引我同張印一齊到河南虞城縣
> 一個村裡。他說是連城村，從前孔夫子的徒弟子路在那裡
> 住過一夜，又叫寓賢集，尋著王之卿，是個麻面，連鬢鬍
> 子胖漢子，住的是坐北朝南的草房，還有西首三間草房，
> 留我們住了一夜，我叫他歸了山西的教。他說這教是起自
> 山東，我們這裡是師傅，你那裡是徒弟，怎麼反叫我們歸
> 你的教呢？把我罵了一頓趕回來的⑰。

引文內容雖然指出山西、河南、山東各教首之間存在著矛盾或歧
見，但也反映五葷道收元教或八卦教在雍正年間的傳教活動，仍
相當頻繁。此外，在河南境內也破獲幾個小教門，例如臨穎縣人
許登第、中牟縣人耿炳光等人倡立橋梁教、哈哈教、悟眞教等教
派，規模都不大⑱。

　　朝天一炷香教，又稱爲愚門弟子教，也是一個小教門。雍正
十二年（1734）三月初六日，山東高唐州拏獲教犯楊翠、王天
柱等教犯，供出夏津縣人陳永順傳習朝天一炷香教，又稱愚門弟

子教，一日三時向太陽磕頭，念持咒語，祈求降福消災。陳永順被捕後供認朝天一炷香教爲肥城縣人王弼、恩縣人楊世公所傳。教中信衆分佈夏津、肥城、恩縣、平陰、滋陽等縣，自三月十一日起至三月十七日等日，先後拏獲教犯楊世公等二十餘人[79]。

雍正十三年（1735）八月初四日，直隸保定營參將王之琳稟報拏獲竊賊李尙發等人，直隸總督李衛委令清苑縣嚴訊。李尙發籍隸山西平定州，他供出鄰人李福傳習皇天教，家藏邪書五種，其中《寇天寶書》內載有「二康發現到卯年時節交換」之語。傳說李福之子李俊成會呼風喚雨。李尙發曾親見李俊成咒倒大樹。教中以陳蠻子爲軍師[80]。李衛以李福傳習邪教，煽惑愚民。教中又有軍師名號，迹近不軌，因此，移咨山西查拏李福父子。

京師爲首善之區，但民間秘密宗教的活動，左道惑衆的案件，均極頻繁。雍正十三年十一月，監察御史三圖具摺指出：

> 近見京城內外有一炷香、老君會、羅爺會、大成會、朝陽會、清淨無爲等名色，不下數十種，不憚科禁明條，假託希求功德，撰出鄙陋之詞，編成歌曲，各立門頭，互相附和，牽引愚夫愚婦，若病若狂，信其恐嚇矯詐，希冀將來福報，是以每至會期，爭前恐後，雖典衣借債，毫無嗟怨，而家中父母，衣食有缺，亦不暇顧，方且覓車辦香，前往上會，即數百里之外，亦必廢工棄業，晝夜奔馳，千日成群，男女雜處，殊爲謬妄，良可忿恨，似此邪說害人之徒，豈可稍爲姑容[81]。

清朝初年的民間秘密宗教，一方面是明末民間秘密宗教的延續，一方面是後來出現的新興教門。從各教門的分佈及其活動範圍，可以看出明末清初以來，各教門主要是盛行於華北地區，如直隸、山東、山西、河南等省，然後漸及於江蘇、安徽、浙江、

江西、湖廣、閩粵等地區，是由北向南的傳播。雍正年間，已遍及南北各省。就社會經濟的發展而言，民間秘密宗教的男女關係、宗教狂熱、廢工棄業、資源分配，對傳統社會確實產生了較多的負面作用，中央與地方對取締民間秘密宗教的活動，也都有共識。但因朝廷對查禁民間秘密宗教採取了慎重而不擾民的措施，所以在各地查辦各教門的過程中，並未出現太大的偏差。雍正皇帝爲了防微杜漸，整飭風俗，查拏各教首，一方面密諭督撫等封疆大吏暗中訪拏，不頒明旨，一方面不許屬員擾民，激成事端。雍正皇帝親書密諭，令督撫謹慎辦理。例如雍正皇帝寫給田文鏡的硃筆密諭說：

> 此事石文倬〔焯〕未來任時，已曾諭你，你也奏過，此教甚密，然不可因其密而忽之，置之不問，令其滋蔓也。爾等可密密訪察，時時留心，勿亂囑屬員，令擾民驚眾，反令魁姦深藏防範，與事無益，須著實嚴察。若少有風聲，則設法立大賞，權巧緝獲其首，除其教長，方可除此習弊，不然反恐激成事端，有害無益。將朕諭止可汝二人知之，密密慎之，竭力訪察，留心料理⑧。

雍正皇帝對宗教信仰問題的處理，採取了謹慎的態度。他所稱邪教，並非世俗尋常僧道之謂，故不准地方官藉此多事。地方大吏查禁各教門時，亦不可張大聲勢，以駭眾心，僅能密訪緝拏其教首。至於被惑愚民，則盡行不究，以免不肖有司藉此恐嚇，累及無辜。由於中央與地方君臣態度審慎。因此，清朝初年的民間秘密宗教，並未因官府的查禁而產生大規模的宗教叛亂。

【註　釋】

① 　戴玄之：〈明末的秘密宗教〉，《文壇》，285期（臺北，文壇月

　　刊社，民國七十三年三月），頁99。

② 馬西沙、韓秉方：《中國民間宗教史》（上海，上海人民出版社，
　　一九九二年十二月），頁559。

③ 濮文起：《中國民間秘密宗教辭典》（成都，四川辭書出版社，一
　　九九六年十月），頁360。

④ 《中國民間宗教史》，頁576。

⑤ 《清太宗文皇帝實錄》（臺北，國立故宮博物院，初纂本），卷二
　　三，頁29。崇德元年十月十五日，善友會投書。

⑥ 《清太宗文皇帝實錄》，乾隆四年重修本，卷三一，頁14。崇德元
　　年十月丙戌，記事。

⑦ 《舊滿洲檔》（臺北，國立故宮博物院，民國五十八年），第九冊，
　　頁4427，天聰九年八月二十六日，記事。

⑧ 《皇清奏議》（臺北，文海出版社，民國五十六年十月），卷二，
　　頁277。

⑨ 《清世祖章皇帝實錄》，卷二六，頁18。順治三年六月丙戌，據林
　　起龍奏。

⑩ 秦寶琦：《中國地下社會》（北京，學苑出版社，一九九四年一月），頁
　　71。順治三年七月二十八日，兵部右侍郎兼都察院右副都御史郝晉
　　揭帖。

⑪ 《明清檔案》，第六冊（臺北，中央研究院，民國七十五年六月），
　　頁B3277。順治四年十月二十七日，山西巡撫祝世昌題本。

⑫ 《明清檔案》，第三十五冊（民七十五年十月），頁B20097。順治
　　十七年正月初八日，廣東巡按張問政揭帖。

⑬ 《明清檔案》，第三十五冊，頁B20097。

⑭ 《明清檔案》，第三十五冊，頁B20098。

⑮ 《刑科題本》，順治八年二月初七日，據張存仁題。見《中國地下

社會》，頁72。

⑯　《明清檔案》，第七冊（民七十五年六月），頁B3893。順治五年
　　三月十九日，陝西三邊總督孟喬芳題本。

⑰　《中國民間宗教史》，頁163。

⑱　《中國地下社會》，頁74。順治十五年，雁關提督白如梅題本。

⑲　《明清檔案》，第三十五冊（民國七十五年十月），頁B19563。順
　　治十六年九月，江寧巡撫衛貞元揭帖。

⑳　《清聖祖仁皇帝實錄》，卷三，頁12。順治十八年六月丙午，記事。

㉑　《宮中檔乾隆朝奏摺》，第十八輯（臺北，國立故宮博物院，民國
　　七十二年十月），頁332、616。

㉒　《中國地下社會》，頁73。

㉓　《康熙起居注》（北京，中華書局，一九八四年八月），（一），頁24。
　　康熙十一年二月二十八日，諭旨。

㉔　《康熙起居注》，（一），頁69。康熙十一年十二月二十一日，據學士
　　傅達禮奏。

㉕　黃育楩：《又續破邪詳辯》，見《清史資料》，第三輯（北京，中
　　華書局，一九八二年），頁110。

㉖　澤田瑞穗：《校注破邪詳辯》（日本，道教刊行會，昭和四十七年
　　三月），頁122。

㉗　鈴木中正：《千年王國民眾運動研究》（東京，東京大學出版會，
　　一九八二年二月），第二部，第二章，第八節〈乾隆後期（40-60年）之
　　宗教運動〉，頁297。

㉘　喻松青：《明清白蓮教研究》（成都，四川人民出版社，一九八七
　　年四月），頁44。

㉙　《中國民間宗教史》，頁495。

㉚　《硃批奏摺》（北京，中國第一歷史檔案館），乾隆四十年五月十

六日，奉天府尹弘晌奏摺。

㉛　《康熙起居注》，㈠，頁69。

㉜　《軍機處檔‧月摺包》（臺北，國立故宮博物院），第2740箱，36
　　包，5157號，乾隆十三年十二月十九日，兩廣總督碩色等奏摺錄副；
　　《中國地下社會》，頁117。

㉝　《康熙起居注》，㈠，頁494。

㉞　《康熙起居注》，㈠，頁535。

㉟　《軍機處檔‧月摺包》，第2764箱，103包，22056號，乾隆四十三
　　年十二月十一日，山西巡撫覺羅巴延三奏摺錄副。

㊱　《軍機處檔‧月摺包》，第2772箱，15包，2010號，乾隆十三年二
　　月二十九日，山西巡撫準泰奏摺錄副。

㊲　《軍機處檔‧月摺包》，第2772箱，15包，2081號，乾隆十三年三
　　月二十三日，阿里袞奏摺錄副；同前檔，第2772箱，18包，2447號，
　　乾隆十三年六月初三日，山西巡撫準泰奏摺錄副。

㊳　《軍機處檔‧月摺包》，第2765箱，90包，16957號，乾隆三十七
　　年五月十二日，山東按察使國泰奏摺錄副。

㊴　《宮中檔康熙朝奏摺》，第七輯（臺北，國立故宮博物院，民國六
　　十五年九月），頁259。康熙五十六年十月二十四日，直隸總督趙
　　弘燮奏摺。

㊵　《清聖祖仁皇帝實錄》，㈥，卷二七五，頁3。康熙五十六年十一
　　月己未，據河南巡撫張聖佐奏。

㊶　《康熙起居注》，㈢，頁2448。

㊷　《雍正朝漢文硃批奏摺彙編》（江蘇，古籍出版社，一九九一年），
　　㈠，頁328。雍正元年四月，翰林院庶吉士董思恭奏摺。

㊸　《宮中檔雍正朝奏摺》，第三輯（臺北，國立故宮博物院，民國六
　　十七年一月），頁175。雍正二年九月十二日，山東巡撫陳世倌奏

摺。

㊹　《宮中檔雍正朝奏摺》，第十一輯（民國六十七年九月），頁101，雍正六年八月十四日，巡察山東等處湖廣道監察御史蔣洽季奏摺；同書頁295，雍正六年九月初八日，河東總督田文鏡奏摺。

㊺　《宮中檔雍正朝奏摺》，第十一輯，頁113。雍正六年八月十七日，署理山東巡撫岳濬奏摺。

㊻　《宮中檔雍正朝奏摺》，第十三輯（民國六十七年十一月），頁663。雍正七年七月二十一日，河東總督田文鏡奏摺。

㊼　《宮中檔雍正朝奏摺》，第二輯（民國六十六年十二月），頁740。雍正二年六月十二日，直隸巡撫李維鈞奏摺。

㊽　《中國民間秘密宗教辭典》，頁274。

㊾　《宮中檔雍正朝奏摺》，第八輯（民國六十七年六月），頁690。雍正五年八月十六日，監察御史性桂等奏摺。

㊿　《史料旬刊》（臺北，國風出版社，民國五十二年六月），天298。雍正五年十一初六日，山西巡撫覺羅石麟等奏摺。

(51)　《中國地下社會》，頁259。

(52)　《宮中檔雍正朝奏摺》，第八輯，頁690。

(53)　喻松青：《明清白蓮教研究》，頁208。

(54)　《中國地下社會》，頁314。

(55)　《軍機處檔．月摺包》，第2740箱，36包，5157號，乾隆十三年十二月十九日，兩廣總督碩色奏摺錄副。

(56)　《宮中檔雍正朝奏摺》，第二輯，頁139。雍正元年十二月初七日，刑部尙書勵廷儀奏摺。

(57)　《宮中檔雍正朝奏摺》，第三輯，頁176。雍正二年九月十二日，山東巡撫陳世倌奏摺。

(58)　《宮中檔雍正朝奏摺》，第四輯（民國六十七年二月），頁452。

雍正三年六月初二日，浙江按察使甘國奎奏摺。

(59)《雍正朝漢文硃批奏摺彙編》，第五冊，頁252。雍正三年六月初三日，福建浙江總督覺羅滿保奏摺。

(60)《宮中檔雍正朝奏摺》，第九輯（民國六十七年七月），頁744。雍正六年二月初三日，漕運總督張大有奏摺。

(61)《宮中檔雍正朝奏摺》，第十四輯（民國六十八年二月），頁699。雍正七年十月十三日，福建巡撫劉世明奏摺。

(62)《雍正朝漢文硃批奏摺彙編》，第十一冊，頁531，雍正六年正月二十九日，蘇州巡撫陳時夏奏摺。

(63)《雍正朝漢文硃批奏摺彙編》，第十一冊，頁729，雍正六年二月二十日，漕運總督張大有奏摺。

(64)《史料旬刊》，天50，抄錄刑部咨文。

(65)《宮中檔雍正朝奏摺》，第十四輯，頁699。雍正七年十月十三日，福建巡撫劉世明奏摺。

(66)《軍機處檔·月摺包》，第2772箱，25包，3733號，乾隆十三年十一月二十四日，開泰奏摺錄副。

(67)《史料旬刊》，第二期，天49，雍正七年十二月初六日，江西巡撫謝旻奏摺。

(68)《宮中檔雍正朝奏摺》，第十五輯（民國六十八年一月），頁677。雍正八年二月十二日，江西南贛總兵官劉章奏摺。

(69)《宮中檔雍正朝奏摺》，第二十輯（民國六十八年六月），頁867。雍正十年十一月二十九日，直隸總督李衛奏摺。

(70)《軍機處錄副奏摺》（北京，中國第一歷史檔案館），乾隆十一年十二月十五日，直隸總督那蘇圖奏摺錄副。

(71)《清高宗純皇帝實錄》，卷273，頁4，乾隆十一年八月辛巳字寄。

(72)《宮中檔雍正朝奏摺》，第十七輯（民國六十八年三月），頁899。

雍正九年四月初六日，魏廷珍奏摺。

⑦ 《宮中檔雍正朝奏摺》，第十九輯（民國六十八年五月），頁1487。
雍正十年閏五月初一日，署蘇州巡撫喬世臣奏摺。

⑦ 《宮中檔雍正朝奏摺》，第二十四輯（民國六十八年十月），頁
148。雍正十三年二月十五日，江南總督趙弘恩奏摺。

⑦ 《史料旬刊》，第十一期，天373，雍正十三年五月十二日，趙弘
恩等奏摺。

⑦ 《宮中檔雍正朝奏摺》，第十九輯，頁826。雍正十年閏五月初六
日，署直隸總督劉於義奏摺。

⑦ 《軍機處檔・月摺包》，第2772箱，17包，2373號，乾隆十三年五
月十九日，山西巡撫準泰奏摺錄副附韓德榮等供單。

⑦ 《宮中檔雍正朝奏摺》，第七輯（民國六十七年五月），頁797。
雍正五年閏三月二十日，河南巡撫田文鏡奏摺。

⑦ 《宮中檔雍正朝奏摺》，第二十二輯（民國六十八年八月），頁
745。雍正十二年三月二十四日，山東巡撫岳濬奏摺。

⑧ 《史料旬刊》，第十七期，天608，雍正十三年八月初十日，直隸
總督李衛奏摺。

⑧ 《宮中檔雍正朝奏摺》，第二十五輯（民國六十八年十一月），頁
436。雍正十三年十一月二十四日，監察御史三圖奏摺。

⑧ 《宮中檔雍正朝奏摺》，第二輯（民國六十六年十二月），頁676。
雍正二年五月十八日，硃筆特諭。

第四章　乾隆時期民間秘密
宗教的發展

第一節　乾隆朝前期民間秘密宗教的活動

　　在乾隆朝（1736-1795）六十年間，民間秘密宗教的活動，益趨頻繁，出現了更多的新興教門，教案疊起，後世所保存的案卷，爲數極爲可觀，爲了便於說明民間秘密宗教的發展過程，可將乾隆朝六十年畫分爲三個階段，分節討論。自乾隆元年至二十年（1736-1755）爲乾隆朝前期，民間秘密宗教經雍正朝嚴禁後復趨活躍；自乾隆二十一年至四十年（1756-1775）爲乾隆朝中期，教案層出不窮；自乾隆四十一年至六十年（1776-1795）爲乾隆朝後期，教門林立，滋蔓難圖。其中乾隆朝前期各教門的分佈，可先列簡表如下。

乾隆朝前期（1736—1755）教案分佈表

年　　　月	教派名稱	分　佈　地　點	備　註
元年（1736）	大乘教	雲南、四川	
三年（1738）	大乘教	四川	
三年（1738）	大乘教	江蘇常州府	
四年（1739）	西來教	江蘇常州府	
五年（1740）	山西老會	山西介休縣	
五年（1740）	燃燈教	江蘇太倉府	
五年（1740）	大乘教	廣東樂昌縣	

五年（1740）	白蓮教	河南		
五年（1740）	收緣會	直隸沙河縣		
六年（1741）	白蓮教	湖廣安陸府		
六年（1741）	清淨無爲教	直隸		
七年（1742）	榮華會	直隸通州		
七年（1742）	龍天道	山東新城縣		
七年（1742）	收源教	山西	源洞教	
十年（1745）	龍華會	江蘇丹徒縣		
十一年（1746）	大乘教	雲南、貴州、四川		
十一年（1746）	紅陽教	直隸		
十一年（1746）	彌勒教	湖北襄陽縣		
十一年（1746）	大乘教	雲南、州		
十一年（1746）	大乘教	陝西西安		
十一年（1746）	羅祖教	福建政和等縣		
十一年（1746）	拜祖教	陝西		
十一年（1746）	四正香教	山西、陝西		
十一年（1746）	無爲教	直隸宛平縣		
十一年（1746）	無極教	四川		
十二年（1747）	大乘教	貴州貴筑等縣		
十二年（1747）	橋梁會	山西臨汾縣		
十三年（1748）	長生道	浙江紹興府	子孫教	
十三年（1748）	收元教	山西定襄等縣		
十三年（1748）	金童教	福建莆田等縣		
十三年（1748）	大乘教	江西龍南縣		
十三年（1748）	一字教	江西石城縣		
十三年（1748）	祖師教	福建海澄縣		
十四年（1749）	大乘無爲教	廣東乳源縣		
十四年（1749）	羅祖教	湖南宜章縣		
十五年（1750）	羅祖教	廣東		
十七年（1752）	橋梁會	山西臨汾縣		
十七年（1752）	白蓮教	湖北羅田縣		
十七年（1752）	三元會	山東嶧縣等地		

十八年（1753）	榮華會	直隸、河南	
十八年（1753）	龍華會	浙江寧波	
十八年（1753）	混元教	山西長治縣	
十八年（1753）	混元教	直隸	
二十年（1755）	大乘教	湖北應城縣	

資料來源：臺北國立故宮博物院典藏《宮中檔》、《軍機處檔·月摺
　　　　　包》、北京中國第一歷史檔案館典藏《硃批奏摺》、《軍
　　　　　機處錄副奏摺》等。

　　由前列簡表可知乾隆朝前期的教門，固然多為明末清初民間秘密
宗教的延續，但也出現了許多新興教門。其中大乘教、白蓮教、
羅祖教、無為教、紅陽教即弘陽教、龍華會、三元會、混元教、
橋梁會、長生道、一字教、老官齋等都是清初以來曾經查禁的教
門。但就官方文書而言，新見於各種文書的名目也不少，如西來
教、西來正宗、山西老會、燃燈教、拜祖教、收緣會、祖師教、
彌勒教、子孫教、金童教、四正香教、無極教等都是乾隆朝文書
中新出現的教門。各教門的地理分佈，亦遍及各省，在華北地區，
主要集中於直隸、山西、陝西、山東、河南等省，在華南地區，
主要分佈於江蘇、湖廣、浙江、福建、江西、四川、雲南、貴州、
廣東等省境內，教門林立，名目繁多。

　　碧天寺位於直隸萬全衛膳房堡西郊、原為佛教寺院，明代中
葉，李賓創立黃天道後，將碧天寺占為己有，作為修道之所。乾
隆初年，碧天寺住持李繼應被捕後供認是黃天道教首李懷雨的徒
弟。山西介休縣張蘭鎮人曹生泰於乾隆五年（1740）間，與李
懷雨常相往來。李賓所遺留的經卷，曾由曹生泰抄錄，卷面上圖
像，也是曹生泰所畫。曹生泰在介休縣原籍設立山西老會，此外，

還有續安會、天眞堂等名目①。因山西老會、續安會、天眞堂爲往來於碧天寺的曹生泰所設立，教中所念誦的，主要也是黃天道創立人李賓所遺留的寶卷，因此，可以歸入黃天道系統。

　　清淨無爲教是屬於東大乘教的一個教門，由王森五世孫王懌所創立②。在乾隆初年，清淨無爲教已被破獲。高六指子是直隸永清縣人，寄居京師順城門外，其高祖高宏龍在日，曾遇陝西漢中府固原縣陳姓，向他傳授清淨無爲教，供奉天地君親師字軸，自任教主，持齋念經，勸人行善。高宏龍身故後，由高二充任掌教，每年清明及九月二十六日高宏龍忌辰做會二次。乾隆六年（1741），高二身故，由高六指子掌教。因高六指子本人目不識丁，難以掌教，遂由其親戚王佐家人韓必登代掌教中事務③。

　　乾隆五年（1740），除大乘教，還有燃燈教、收緣會、白蓮教的活動。直隸沙河縣人胡二引進創立收緣會。是年十二月二十三日，河南伏牛山白蓮教女教首一枝花被官府密訪緝獲。乾隆六年（1741）六月初三日，有湖廣安陸府沔陽州人王在一呈控向彥升煽惑其妻向氏入白蓮案一案。向彥升是王在一的妻舅，向充白蓮教頭目。教中夜聚曉散，招搖男女，傳符授咒，引誘王在一之妻向氏入教。其妻向氏入教後，捨夫棄子，因事關風化及倫常，王在一不得已親赴都察院呈控。其原奏略謂：

　　　　六月初三日，據湖廣安陸府沔陽州民人王在一呈稱，爲邪教活割髮妻妖黨計謀焚巢事。身於雍正九年禍遭妖舅向彥升等曉散夜聚，招搖男女，誆〔誘〕妻入教。身思煌煌首禁，堅不入教。妖見不允，遂鼓簧身妻向氏入教，棄夫捨子，全不思歸，倫常大變，陷身隻身，幼子無依，身恐禍及連身，迫奔首州押取妖舅，出具甘結在案。身妻歸室未久，又遭妖教煽惑，王尊一授意妖舅彥升勾引身妻，窩匿

從術，敗倫莫此爲甚，身復槀州不查，前押結案。又奔府
呼道不察嚎司不究，激叩督部，德憲批州押送完聚，並飭
查明向彥升等果否白蓮邪教，一併具報。無如州接督批不
究邪教，改換前供冤詳身瘋顛，蔽督消案。妖黨得志，傳
符授咒，百計奸生，使妻舉火焚巢，絕身父子永無首報之
證，幸天不殺，攜子逃命，向氏飛奔妖黨，身迫無奈，復
控督憲，憫批：此案久經批結，何得尚不具呈，王在一如
果瘋顛，自應看守，向彥升不遵批飭，依律究懲，併將伊
妹押令交還團聚，仰沔陽州查明具報。沔陽州不但不依律
究懲，妖黨反加枉法，蒙上枉下，權到令行，是身原無瘋
疾，並非顛狂，清清白白良民，豈敢活割，前督屢飭押送，
煌煌巨案現存，妖心不改，妻墮其術，歸後又復誘逃計遭
沔陽州冤責無事再訴，府司既不加查，妖黨害民，州又誣
爲瘋顛，此風一倡，邪教不息。止因府道司院不究，不憚
攜子迤邐數千里，沿途覓食，寧甘冒死，決不枉斃，郡邑
總由殃民，壅於上聞，院檄藐若故紙，上飭目爲習套，若
不上叩，則百姓坐死覆盆矣④。

由引文內容可知湖廣安陸府沔陽州的白蓮教，在雍正年間已經很
活躍，教首是王尊一，州民向彥升入教後，曾勸令妹夫王在一入
教，遭到堅拒後，又勸令其妹向氏入教，以致向氏棄夫捨子，破
壞倫常，地方官不能秉公究辦，也反映了白蓮教的勢力，已極猖
熾。

　　四正香教流傳於直隸宣化、山西汾州、陝西朝邑等地。相傳
四正香教於明初永樂年間由直隸宣化府人李立榮所創立。乾隆十
一年（1746），李立榮的後裔李昌年在山西汾州、陝西朝邑等
地活動，以供佛燒香，施茶修路爲名，傳徒斂錢⑤。

　　在陝西境內破獲的拜祖教，是東大乘教的支派。乾隆十一年（1746），陝西境內破獲拜祖教，教首爲李緒唐。據李緒唐供稱，拜祖教是輾轉傳自直隸灤州石佛口的王姓⑥。

　　雍正年間，祖師教流傳於浙江、福建等地，其教首爲王文治，教中宣傳「天地當來，虛空家鄉，彌勒」等思想⑦。乾隆十三年（1748）九月，福建地方大吏訪聞海澄縣東南一帶鄉村，有人傳習祖師教，學習拳棒，聲稱將符咒燒化，溶於水中，飲服後即可揮拳執棒起舞，久則熟悉武藝，無師自通⑧。

　　長生道即長生教，是黃天道的支派，爲黃天道第十祖浙江衢州府西安縣人汪長生所創立，子孫教就是長生教的別名。雍正五年（1727），浙江總督李衛查禁長生教，但禁而不絕。乾隆初年，浙江地方官訪聞紹興府境內有子孫教即長生道的活動，男信眾稱爲齋公，女信眾稱爲齋娘，尊彌勒佛爲師，倡言入道之人，身後但歸西天，以今世修行功德的深淺，定來生功名富貴的大小。凡做佛事，稱爲開堂，從教信眾，自攜錢米前赴開堂之家拜佛，稱爲趕堂。教中傳授閉目瞑心，號爲清淨。更有聲稱身到西天目睹諸佛菩薩及種種奇異佳境，就是來生受享之地。愚夫愚婦信從其說，每週開堂，男女混雜，信徒眾多。兵役先後在仁和、錢塘等縣拏獲祝士華等十名，按照律例將教首祝士華擬絞監候⑨。

　　收源教，又名源洞教，流傳於山西太原府陽曲縣，逮捕教首段文琳等人。段文琳原籍猗氏縣，移居安邑，他在永寧州被捕後供出康熙年間段文琳的嗣祖段思愛開始傳習收源教，段思愛身故後，其繼子段而俊在墳園內建有佛堂，供奉圖像。雍正七年（1729），經安邑縣訪知，將經像佛堂改燬究辦。段文琳就是段而俊之子，他因家貧，憶及永寧州人景福奇是他嗣祖段思愛之徒。乾隆十二年（1747），段文琳赴永寧州拜景福奇爲師。景福奇

將其女配與段文琳爲妻。景福奇父子身故後，段文琳將景福奇所遺經卷收存。乾隆十三年（1748），段文琳與陽曲縣人張成復行傳教⑩。

　　乾隆初年，山西平陽府破獲的橋梁會，是由無爲教改名而來的一個教門。康熙年間，山西平陽府臨汾縣人關綸民傳習無爲教，替人念經治病。村民胡昌思自幼務農爲業，十八歲時，身患癩瘡，經關綸民念經治癒，胡昌思即皈依無爲教，茹素持齋，並娶關綸民女關氏爲妻。胡昌思三十二歲時，關綸民身故，胡昌思即將關綸民所遺經卷攜回誦習，以治病爲名，傳徒斂錢。有王存古等人因治病痊癒，俱拜胡昌思爲師，於每年正月二十九日聚集治癒的男人念經。正月三十日，聚集治癒的婦女念經，收取布施錢米，每人各帶糧數升，以供衆人食用，剩餘部分，用作修橋鋪路工資。後來，胡昌思又捐地募銀，在路旁建蓋茶房五間，向過路行人施茶。因雍正年間嚴禁無爲教等教門，胡昌思即將無爲教改爲橋梁會。後來，又有平日因病治癒的秦世祿及太平縣民梁學雍等先後入會，胡昌思即將經卷給與梁學雍，令其誦習。乾隆十二年（1747）六月，胡昌思身故，其妻胡關氏因貧困無以餬口，移居茶房，仍沿其夫念經治病，聚衆做會，傳習橋梁會，將所募化的銀錢，多用作施茶、修橋、鋪路使用⑪。乾隆十七年（1752），官府查禁橋梁會，胡關氏等人被捕。山西按察使唐綏祖提審胡關氏等人後指出，橋梁會並無招集匪類夜聚曉散，或另有邪術煽惑人心情形，其所念經卷，都是鄉曲婦女俚鄙勸善之詞，並無妄言邪術，符咒荒謬語句，實無聚衆爲匪等事。胡關氏照例收贖⑫。

　　乾隆年間，福建查辦老官齋教案，浙江巡撫覺羅雅爾哈善具摺指出，「羅教龍華會即老官齋之別名」⑬。龍華教是無爲教支派，因龍華三會而得名。明嘉靖二十三年（1544），浙江處州

府麗水縣人殷繼南創立無爲教。殷繼南以羅祖轉世自詡，成爲處州一帶無爲教的教主。萬曆十年（1582），殷繼南被斬首，教門勢力渙散，天啓三年（1623），姚文宇重新統一教中勢力，改稱龍華會。姚文宇自稱是殷繼南轉世，爲龍華會教主⑭。雍正年間，羅祖教已奉密諭查禁，老官齋查禁在後，覺羅雅爾哈善遂謂羅祖教爲老官齋的別名。福州將軍兼管閩海關事務新柱具摺時則稱老官齋是羅祖教改名，傳自浙江處州府慶元縣姚姓遠祖普善，遺有《三世因由》一書，托言初世姓羅，二世姓殷，三世姓姚，現爲天上彌勒，號無爲聖祖⑮。閩浙總督喀爾吉善對「老官齋」名稱的由來，提出了解釋。他具摺時指出入教吃齋之人，鄉里皆稱爲「老官」，遂相傳其教爲老官齋，或老官齋教。因在《三世因由》一書內有「羅祖」字樣及「無爲宗師」名號，所以喀爾吉善認爲老官齋就是羅祖教的別名⑯。據江西省所拏獲的教犯嚴友輝供稱，因地方官查禁羅祖教，始改爲一字教，又名老官齋⑰。江西贛州府石城縣高田地方拏獲姚文宇的子孫姚文謨。據姚文謨供稱：「小的祖居浙江處州府慶元縣，父親姚煥一，乳名細妹，移住撫州府臨川縣。小的祖上原奉羅教，雍正七年，奉文查拏，就改爲一字教，又名老官齋。小的法名姚世英，父親法名普振，父親的師父叫陳萬善，法名普萬。」⑱姚文謨的父親姚煥一，又名姚細妹，他於康熙五十九年（1720）身故。姚文謨被捕時，在他二哥姚成武家中起出康熙年間抄存的破碎《科教心經》、《無量佛經》各一本。由各教犯供詞的敘述，可知老官齋或一字教，都是源出羅祖教，是羅祖教的一個重要支派。

　　老官齋教中習念的寶卷及其入教儀式，與羅祖教都很相近。其習教次第分爲十二步，凡入教之始，由小引入大引，再由大引進爲四句，始入小乘，授以二十八字法。由四句進爲傳燈，發給

教單，准許領尋常拜佛法事。由傳燈進爲號敕，准傳大乘法，由
號敕進爲明偈，始可代三乘人取法名。由明偈進爲蠟敕，許作蠟
會，領法事。由蠟敕進爲清虛，就等於副掌教，蠟敕以下皆聽指
揮。最尊者爲總敕，就是教主⑲。地方大吏具摺時亦稱，老官齋
平素勸人吃齋從教，聲稱可以成佛，每月定期聚集吃齋一、二次，
率以爲常。各處聚會吃齋聚會，皆有齋堂。福建建安、甌寧二縣，
其初僅有遺立即移立地方齋頭陳光耀法號普照齋明堂一處，後來
在周地村立有千興堂，齋頭是江華章，法號普才；芝田村立有得
遇堂，齋頭是魏華勝，法號普騰；七道橋立有興發堂，齋頭是黃
朝尊，又名黃朝莊；埂尾村立有純仁堂，齋頭是王大倫，以上五
堂，各堂入教男婦每逢朔望，各聚會一次，各人持香至齋堂，誦
經禮佛，吃齋後散去，每次聚會約數十人或百餘人不等。教中各
堂每年還舉行盛大聚會，點蠟一次，稱爲蠟會。做蠟會時，於堂
中上首設立無極老祖神位，旁列文殊、普賢，中設香斗，建布旗，
焚旃檀，旁燃巨燭十六枝或十二枝，晝夜誦經不輟。

　　乾隆十二年（1747）十一月間，遺立地方的齋明堂齋頭陳
光耀在街中搭蓋蓬廠，聚集多人念經點蠟。經鄉長陳瑞章稟報後，
甌寧縣委派縣丞程述祖往查，拏獲陳光耀等五名監禁。乾隆十三
年（1748）正月，各堂齋頭恐開印訊究，株連信衆。當時有金
山崗馮應漢案內逸犯葛竟仔及其妻舅魏現，與七道橋齋頭黃朝尊
及教內朱錦標之妻女巫嚴氏商謀聚衆劫獄。爲號召信徒，朱錦標
號稱朱彌勒，其妻嚴氏號稱老官娘，又稱朱小娘，法名普少，聲
稱坐功上天，師父囑咐，今應彌勒下降治世，以煽惑信徒，同往
劫獄，救出陳光耀等人，並乘勢搶掠富戶，私造剳付、兵簿、旗
幟，由參謀李潘書寫元帥、總帥、總兵、副將、遊擊、守備、千
總等職銜。各齋頭手執大小藍、白旗幟，旗面或書「無爲大道」，

或書「代天行事」，或書「無極聖祖」，或書「勸富濟貧」等字
樣。其兵簿二本，開列副將吳月照、吳國用，參將葛亮志，守備
饒志用，並書明擇十四日會齊，十五日攻破建寧府，帶領兵丁，
不得有誤，依令施行等字樣[20]。信衆以綢布包頭，蓋用「無極聖
祖」圖記，各給一塊，作爲標記。

　　乾隆十三年（1748）正月十二日，女巫嚴氏假託降神讖語，
揚言正月十五月彌勒佛及菩薩入城，各村鄉民於十三、四日先已
聞風躲匿，齋頭黃朝尊等分路糾約，散箚招兵，信徒以包頭爲號，
各有等次，青緞者爲首領，綾綢者次之，青藍布者司戰鬥。正月
十五日晨，信衆聚集於芝田祭旗，鄉民無論老幼男婦俱被裹脅隨
行，分爲三隊：第一隊先行，欲攻府城，第二、第三隊在後，沿
途放火劫掠村莊。女巫嚴氏坐轎張蓋，率衆先行，令鄉人扛抬神
像，一路跳躍。沿途裹脅村民，給與綠布包頭，勒令隨行，不從
者即焚燬其房屋。途中經過九村，共焚燬房屋五百一十四間，計
一百九十三戶，聲勢浩大。建寧府文武衙門據報後，即差遣兵丁
民壯百餘名前往堵禦。正月十五日未刻，官兵抵達單領頭，與教
民相遇，老官齋信衆爲烏合之衆，交戰不久，第一隊被官兵堵截
不能前進，第二、三隊又遭到受害村民趕殺，不克接應，老官齋
信衆四散奔逃，女巫嚴氏於十五日被村民打死，被捕教犯二百餘
名內分爲六等定罪，凌遲處死者二名，立斬者四十九名，正法者
三十七名，已被村民打死及監斃者十二名，仍照例正法梟示，立
絞候者一名，發遣烏喇者八十八名，枷責者九十九名[21]。

　　老官齋聚衆起事，規模雖大，但倉卒起事，缺乏周密的計畫
與充足的準備，其信衆及被裹脅的村民，可以說是烏合之衆，以
致起兵一日之內即告瓦解。至於遭受鄉民的反對，也是導致老官
齋起事失敗的主要原因之一。福州將軍兼管閩海關事務新柱具摺

時奏稱：

> 因此案賊犯與附近不吃齋村民素日原係交惡，及至賊徒倡
> 逆，沿村迫脅恐嚇，恣意焚劫。其時何人指揮主使，鄉民
> 原所目擊，始猶畏賊兇燄，未敢輕與對敵，後見賊勢稍弱，
> 各痛心疾首，一遇指揮主使之賊，無論男婦，一齊奮力趕
> 殺，是以女巫朱雷氏即嚴氏，法名普少、葛竟仔、王大倫、
> 林元清、江元郎等均被鄉民立時打死，魏現亦被房村街民
> 砍傷左額顱一刀②。

老官齋信眾與未吃齋的鄉民之間，形成對立，老官齋起事後，在
官兵與民壯的雙重壓力下，力量薄弱，而走上失敗之途。

　　羅祖教的活動，在雍正年間雖然遭到嚴厲的取締，惟其活動，
並未因此停止，其中福建、浙江等省，羅祖教菴堂，到處林立，
信徒眾多。地方大吏認為老官齋是羅祖教的餘孽，老官齋起事後，
各省奉旨對羅祖教進行嚴厲查辦，查出教案多起，其中汀州府寧
化縣龍上里有嚴友輝、嚴松、嚴岩等學習羅祖教，乾隆十四年（
1749）四月，查拏教犯三十一名。嚴友輝供出龍上里羅祖教，
傳自江西，嚴友輝拜江西人姚文謨為師，法名普俊，因查禁羅祖
教嚴緊，改為一字教，又名老官齋，教中每月初一、十五等日念
經，信眾捐助錢米㉓。福建興化府屬莆田、仙遊二縣破獲金童教，教
中供奉觀音大士，善男信女聚會吃齋。邵武府邵武縣查出大乘教，
信眾各在家中吃齋。建寧縣查出羅祖教齋堂二處，汀州府屬長汀
縣查出羅祖教大乘門、一字門齋堂十四處，寧化縣查出改供觀音
的羅祖教齋堂十三處，清流縣查出齋堂十三處，歸化縣查出大乘
門齋堂十三處。連城縣破獲觀音教，並查出大乘門齋堂二處，武
平縣查出觀音教齋堂六處，延平府屬南平縣查出羅祖教菴堂一處，
建寧府屬建安縣查出羅祖教菴堂四處，崇安縣查出觀音教齋堂一

處，臺灣府諸羅縣查出羅祖教菴堂二處。各齋堂吃齋者自十餘人
至二、三十人不等，其中多爲廢疾衰老無所倚靠之人，藉齋堂居
住誦經禮懺。浙江省查辦教案，也是不遺餘力，慶元縣姚姓子孫
姚必起等俱照例定擬，分別治罪。地方大吏通飭各屬凡係姚姓子
孫居住的地方，必須嚴行稽查管束，不許復出傳授。乾隆十八年
（1753）六月，浙江寧波府查獲曹進侯等傳習羅祖教案內，除
糧船水手外，也有營兵入教誦經。廣東詔州府乳源縣地方有羅祖
教經堂，叫做樂成仙齋堂，由劉可嘉看守。有乳源縣人杜清謨即
杜清磨在齋堂念經，他曾拜劉可嘉爲師，學習羅祖教即大乘無爲
教，俗稱齋公。乾隆十四年（1749）正月初三日，齋公杜清謨
從原籍乳源縣攜帶經書前往湖北，同年二月十八日到武昌省城時
被拏獲。乳源縣境鄰近湖南宜章縣地方也查出蘇仙樓齋堂，堂內
燒火的齋公是何公儀，他曾拜樂昌縣人朱學文爲師，他被捕後供
出曾與何天彩等人共建蘇仙樓齋堂，皈依大乘無爲教。何天彩供
出大乘無爲教是祖上何貴卿從樂昌瑟琶山分派傳下來的，不過勸
人吃齋修善㉔。

　　張保太是大乘教的教主，康熙年間，收徒傳教。雍正十年（
1732），他在雲南被捕監禁。雍正十三年（1735）九月，張保
太遇赦釋回後，仍繼續傳教。以雲南、貴州等省爲根據地的大乘
教，順長江而下，出三峽，向湖廣、江南等地傳播。馬西沙、韓
秉方著《中國民間宗教史》一書，將張保太傳習的大乘教，稱爲
雞足山大乘教，並將其發展過程分爲四個階段：

　　　第一個階段，從清初至康熙二十年（1681），是雞足山
　　　大乘教醞釀準備階段。
　　　第二階段，從康熙二十年（1681）至乾隆四年（1739），
　　　是雞足山大乘教正式創立和大發展階段。

第三階段，從乾隆四年（1739）至乾隆十二年（1747），是雞足山大乘教進一步擴大影響，密謀策劃政治行動，並遭到清朝嚴重打擊的階段。

第四階段，從乾隆十二年（1747）以後，是雞足山大乘教殘存勢力，仍不因形勢險惡放棄信仰力圖以各種方式復興大乘教的階段㉕。

江蘇宜興縣人吳時濟，在茅山洞披剃爲僧，曾拜張保太爲師。他後來在江蘇丹徒縣藉醫行教，倡立龍華會㉖。由此可知吳時濟所傳習的龍華會，就是張保太大乘教的支派。乾隆四年（1739），常州府江陰縣東鄉長涇鎮一帶，有居民夏天佑等人傳習西來教，茹素誦經。夏天佑被捕後供稱，教主張寶泰（張保太）居住雲南大理府蒼山，年已八十餘歲，自稱達摩四十八代嫡派，江陰縣一帶皈教者有二百人。夏天佑曾於乾隆三年（1738）正月親往雲南，面見張寶泰，傳授經卷，每人取銀一、二錢，給授記一張㉗。夏天祐原供所稱「張寶泰」，即張保太的同音異寫。夏天佑以外，如唐世勳曾受張保太承中授記，呂仕聘受上繞授記，魏之璧受督果位護道金剛授記，魏明璋等分別各授上繞、下繞授記。乾隆三年（1738）三月間，江西贛州府龍南縣人曾鳳科到四川重慶府拜唐登芳爲師，皈依張保太的大乘教，取名曾瑞芳，他於乾隆五年（1740）回籍。乾隆七年（1742），他遇見鍾大喬，彼此談起張保太是無極轉世，鍾大喬給過他齋帖㉘。乾隆十三年（1748），曾瑞芳被捕㉙。

乾隆五年（1740），江蘇太倉州地方破獲燃燈教，教犯供出其教傳自雲南張保太。乾隆六年（1741），雲南巡撫張允隨將張保太拏獲監斃。張保太身故後，其繼子張曉接法開堂，並由魏王氏、劉奇等繼續傳習。同時，大乘教與西來正宗逐漸合流。

西來正宗教內相傳教主姓徐，廣東人，是個和尚，乃達摩由西域過東土後所傳，至六祖慧能時，被七十二魔人趕到廣東。因此，稱爲西來正宗。其後有白來玉祖師，在江西起教，與張保太同祖分派。劉奇被捕後亦供出大乘教與西來正宗的正式合而爲一，是始自張保太身故之後㉚。

　　張保太的雞足山大乘教，分爲天官、地官、水官、火官等會，有一定的會期。教中護法分爲三船：一名法船，二名瘟船，三名鐵船，各有教首。劉奇爲法船教首，雪峰爲瘟船教首，朱牛八爲鐵船教首。每年四月十五日是火官會期，雲南、貴州、四川等省的大乘教信眾，屆期俱齊集拜會。瘟船教首雪峰，又名霖龍，是江西人，俗姓陳，曾在浙江杭州靈隱寺出家。據其弟子一梅供稱，霖龍手中有八卦紋，胸前有肉瘤，腳下有七顆黑痣，在順慶地方收徒傳教，揚言「如今該係彌勒佛管天下了，皇帝是李開發。」所以將來要做李開花的軍師。因左允文供出在四川時曾聽見劉奇的徒弟黃世運、陳良璧等說過雪山梁浩，混名赤龍，幫扶李開花等語，川陝總督慶復遂疑赤龍就是霖龍。魏王氏與其夫魏明璉受張保太之封，魏明璉身故後，魏王氏以一女流公然接教開堂，以右中宮兼管左中宮，加陞總統宮元佛權，其子魏之瑗等三人俱授爲果位金剛，凡是入教之人，皆至魏堂掛號。乾隆八年（1743），魏王氏母子前往四川，謁見劉奇，共謀舉事，並與李開花暗通聲氣。

　　法船教首劉奇即劉權，又名劉元亨，私設度牒圖記。據劉奇供稱，當年曾學無生最上一乘教，原是張保太傳給瀘州鄭文元，再由鄭文元傳授的。太倉王徐氏之夫王巖，傳習張保太的大乘教，王巖身故後，王徐氏接教開堂。乾隆九年（1744），江蘇案犯陸元祥逃入雲南，寄信轉告王徐氏，揚言張保太已借四川劉奇之

竅，臨凡度衆。王徐氏令同教左允文等赴川探聽，相信劉奇確係張保太轉世，雪山梁浩，聚集多人，幫李開發，與劉奇常相往來。張保太繼子張曉在雲南設教，將來興龍華大會，推劉奇爲教主，聞王徐氏有德行，欲令其入川，王徐氏將香金紗衣，交令同教左允文等赴川致送劉奇。乾隆十一年（1746）正月間，將過繼周彥章女周氏，教令學習坐功，編造乩語，指爲活佛。周彥章附從其說，即在住家內聽從王徐氏開堂傳教。

　　江蘇宜興縣人吳時濟在丹徒縣倡立龍華會後，勸人禮佛，聲稱功行圓滿，即可白日飛昇，並稱教中秦順龍等人均係公孫勝轉世，以致善男信女都奉吳時濟爲教主。秦順龍、蔣祖法等人或累日不食，或終夜不眠，苦志修行，希冀成佛做祖。後來走火入魔，竟以功行圓滿，意欲歸天。蔣祖法即令其子往邀吳時濟到家，叩問行止。吳時濟以蔣祖法等人既可七日不食，功行圓滿，當可脫凡，應在水鄉飛昇。蔣祖等人深信不疑，他見太湖山中可以絕食飛昇，所以決意闔家泛湖進香，以成正果。蔣祖法之姪蔣仲年延請族人苦勸，蔣祖法仍執迷不悟，將田房分撥蔣仲年等收管。蔣祖法挈子媳幼孫弟姪、秦順龍妹秦氏及工人朱順天、宗正乾等十五人赴太湖山中絕食。因慮無人收屍，議令朱順天、宗正乾二人仍行復食，又令廟祝吳紹文買柴爲焚屍之用。蔣祖法等十三人先後餓斃，朱順天等遵照蔣祖法遺命將屍船用柴架墊焚化。案發後，將吳時濟左道異端煽惑人民律擬絞援例加爲擬絞立決。其後，山東道監察御史張漢訪聞事件經過，情節頗有出入。張漢具摺指出，兇僧吳時濟等倡立邪教，秦順龍、蔣祖法誤入其教。因二人家有二千金之產，吳時濟等將蔣祖法等闔家大小活燒而死，謀殺圖財，蔣祖法等人並非忍餓願死。

　　乾隆十一年（1746），乾隆皇帝諭令各省在四月望日前後

相機訪拏各教首要犯。同年四月十一日，雲南拏獲張保太之弟張
二郎。四月十五日，貴州拏獲魏齋婆。在太倉州捕獲燃燈教王徐
氏及其甥女周氏，在審理期間，突有數十人持香齊至州堂，聲言
周氏是觀音轉世，王徐氏是活佛臨凡，信眾前來迎接供養。因署
太倉州事高廷獻下鄉相驗未回，信眾轉赴蘇州省城，適江蘇巡撫
陳大受下鄉勸農，有太倉、嘉定、寶山、崑山、新陽、青浦等處
民人一百數十名焚香跪稱，彼等皆係賣產入教之人，因活佛被捕，
不可得見，所以請求一見，死亦甘心等語，經地方官勸止解散。
同年五月，貴州拏獲魏王氏、唐世勳等一百四十餘名，搜出與張
保太繼子張曉、法船教主劉奇往來的密札、格簿、赦帖等件，雲
貴總督張廣泗移咨四川等省查拏劉奇等教犯。四川巡撫紀山甫抵
新任，即訪聞有無極教名色。同年六月，在四川涪州拏獲劉奇、
盧子林等要犯。所謂無極教，似因四川地方相傳張保太爲無極轉
世而得名。爲嚴懲各要犯教首，乾隆皇帝曾頒諭旨云：

> 逆犯張保太倡爲邪教，煽惑愚民，分布黨羽，連結奸徒，
> 潛謀不軌，如雲南之張曉，四川之劉奇，貴州之魏齋婆等，
> 皆罪大惡極，逆跡顯然，現在拏獲正法，脅從之犯，亦分
> 別治罪。此等情同梟獍，孼由自作，實天理之所不容，國
> 法之所難逭。至無知愚民，被誘入教者，若概抵於法，朕
> 心有所不忍，前曾降旨，寬其既往，予以自新，令將圖像
> 妖言，赴地方官自首，免其究治。今此案首惡已誅，爲從
> 之犯，亦皆拏獲，其餘各省牽連者頗眾，該督撫等尚在緝
> 捕，未免驚擾。朕念此等皆係情罪較輕之人，前已令自首，
> 茲特再降諭旨，除實在要犯外，其餘一概不必復行查拏，
> 令該督撫遵照辦理，並飭地方官明白剴切，通行曉示，俾
> 小民感恩悔悟，悉改前非，各安本業，永享昇平之福㉛。

在所拏獲的大乘教各教首齋頭內劉奇、魏王氏、魏之瑗、唐世勳、呂仕聘等俱照謀大逆律凌遲處死，蘇君賢冒認李開花，他與魏之璧等犯俱斬立決梟示，魏明璉雖已身故，仍令查明屍塚，挖掘戮裂。至於川滇黔三省所起出的大乘教書籍圖記，亦令於結案後，查明銷燬，不准留存。

　　民間秘密宗教中以大乘爲名的大乘教，除了雲南大理府雞足山張保太的大乘教一支外，其他至少還有三支：其一爲以北京西黃村皇姑寺爲基地的西大乘教；其二爲羅祖教別派流傳的灤州石佛口王森的東大乘教；其三爲羅祖教傳入江西、浙江、福建等省的江南齋教，亦稱大乘教。乾隆十一年（1746），陝西省城西安破獲大乘門，有丁順等人在西安西關一帶施捨茶湯。教中所傳大乘門是由山東即墨祖師羅宏夢所創，向以施茶念經爲主要活動，每月初一、十五日燒香，以報答天地君親師。教中所述傳教人物羅宏夢，似即羅夢宏或羅夢鴻的訛寫。

　　乾隆年間，貴州、湖廣等地，彌勒教，頗爲活躍。江夏縣民曠雲章曾拜穀城縣民鍾廣國爲師。曠雲章遷居襄陽後，即倡立彌勒教，勸人吃齋，招徒入教。教中傳有《東明書》，據稱爲鍾廣國所留遺。乾隆十一年（1746），官府以曠雲章「妄捏不經之說，主令傳用惑人」，遂依造妖書妖言律擬斬監候㉜。

　　由於民間信仰的盛行，善男信女自幼出家爲僧尼者，並不罕見。例如江蘇邳州贛榆縣人牛其祿八歲時即出家爲僧，三十二歲時還俗爲民，在山東嶧縣地方經營生意。雍正初年，牛其祿拜道士孟懷斗爲師，傳習三元會。乾隆元年（1736），牛其祿被嶧縣訪拏杖責，遞解回籍。後來牛其祿又捏稱有符咒，能治百病，並以治病爲名，收徒斂錢，聲稱入會之後，可以消災致福。乾隆十四年（1749），山東滕縣生員龍克燦皈依三元會。乾隆十七

年（1752），牛其祿等八人被捕。次年正月，牛其祿等被押至
江蘇、山東交界的夏鎮地方處斬㉝。

　　乾隆年間，民間秘密宗教各教派案件的分佈，遍及南北。在
乾隆朝的前期，所查禁的各小教派，已經是名目繁多。至於大乘
教，也是枝幹互生，分佈極廣，信徒眾多。大乘教的菴堂，到處
林立。尤其是雲南大理府張保太的雞足山大乘教，傳播迅速，信
徒尤夥，其教義思想，對後世影響深遠。其中老官齋教起事，反
映了地方社會的複雜問題。

第二節　乾隆朝中期民間秘密宗教的活動

　　乾隆朝中期（1756-1775）是乾隆朝盛世的巔峰，乾隆皇帝
揆文奮武，勵精圖治，政權鞏固，社會繁榮。儒家道統文化是清
朝的主流文化，可以說是上層文化；民間文化是下層文化，民間
宗教信仰是文化的潛流。乾隆皇帝為貫徹崇儒重道的文化政策，
他對樹立正統，取締民間秘密宗教，打擊異端，可謂不遺餘力。
但是，民間秘密宗教卻更加活躍，各教派枝幹互生，輾轉衍化，
以致野火燒不盡，春風吹又生。由於各大教派的組織，日趨嚴密，
勢力雄厚，經費充足，以致逐漸走上宗教叛亂的途徑。為了便於
說明，先將乾隆朝中期各教派案件的分佈，列出簡表如下：

乾隆朝中期（1756—1775）教案分佈表

年　　　　月	教派名稱	分　佈　地　點	備　　註
二十二年（1757）	榮華會	河南洧川縣	
二十八年（1763）	黃天教	直隸萬全衛	
二十八年（1763）	天圓教	浙江杭州、湖州	
二十八年（1763）	天圓教	江蘇蘇州	
二十八年（1763）	無爲教	浙江錢塘等縣	

二十九年（1764）	大乘教	江蘇蘇州	
三十三年（1768）	羅祖教	浙江杭州	
三十三年（1768）	龍華會	甘肅文縣	
三十三年（1768）	彌勒教	貴州思南府	
三十三年（1768）	大乘教	浙江杭州	
三十四年（1769）	大乘無爲教	江蘇蘇州	
三十四年（1769）	無爲教	浙江江陰等縣	
三十四年（1769）	長生教	江蘇蘇州、常州	
三十四年（1769）	天圓教	浙江湖州	
三十四年（1769）	未來教	湖北江陵縣	
三十六年（1771）	白陽教	河南杞縣	
三十六年（1771）	白陽教	直隸東安等縣	
三十六年（1771）	白陽教	江蘇江都等縣	
三十六年（1771）	白陽教	安徽天長、盱眙	
三十七年（1772）	羅祖教	江西寧都州	
三十七年（1772）	喫素教	江蘇崇明等縣	
三十七年（1772）	白陽教	直隸東安等縣	
三十七年（1772）	八卦教	山東單縣	
三十七年（1772）	未來教	河南桐柏縣	
三十七年（1772）	收元教	江蘇銅山縣	
三十七年（1772）	收元教	山東單縣	
三十七年（1772）	收元教	直隸容城等縣	
三十八年（1773）	太陽經教	湖北應山縣	
三十九年（1774）	清水教	山東臨清等縣	
四十年（1775）	無爲教	浙江遂昌縣	
四十年（1775）	未來眞教	直隸清河縣	
四十年（1775）	青陽教	河南鹿邑縣	
四十年（1775）	混元教	河南鹿邑縣	
四十年（1775）	混元教	安徽亳州	
四十年（1775）	混元紅陽教	奉天海城縣	
四十年（1775）	一炷香如意教	奉天承德等縣	

資料來源：國立故宮博物院典藏《宮中檔》奏摺；《軍機處檔・月摺
　　　　　包》等資料。

由前列簡表可知大乘教、羅祖教、無爲教、黃天教、長生教、龍華會、混元教等教門，雖經乾隆朝前期的嚴厲取締，但各教門仍極活躍。各教門的活動地區，雖仍以河南、山東、直隸、江蘇、安徽、江西、浙江湖北、貴州等省境內各州縣爲主要地點，但是，奉天承德、海城等縣，也查出教案，反映民間秘密宗教信仰的日趨普及。至於收元教、八卦教、天圓教、紅陽教、白陽教、清水教等教門的發展，更是不可忽視的新興宗教勢力。

乾隆二十一、二年（1756-1757），河南省查辦洧川縣張仁、王五鈞等人傳習榮華會案件，供出設會招引的是胡張氏。後來經直隸拏獲胡張氏等人，解交刑部審訊，查明胡張氏是直隸順德府胡大之妻，乾隆五年（1740），胡張氏拜山西潞府田老人爲師，田老人身故後，胡張氏以田老人之徒周三捏稱爲田老人後身。胡張氏後來收張文建爲義子，改名胡文保。周三病故後，胡張氏聲稱周三靈光附入胡文保身上。並以山西周姓爲活佛，李姓爲李老君。教中傳有黑紙合同五百張，張仁被捕後，合同交給胡張氏收受。合同上書寫「十門有道一口傳，十人共士一子丹，十口合同西江月，開弓射箭到長安」四句咒語㉞。

乾隆初年，湖北襄陽等縣查禁彌勒教後，信衆仍暗中傳習，乾隆中期，貴州也破獲彌勒教，拏獲教犯朱維上等人。朱維上供出他的曾祖朱國昆與楊勝佑的族叔楊昌貴之父楊文才，早年俱拜游瑤的曾祖游登高即游三祖爲師，傳習彌勒教。康熙年間，游登高之子游子鄭因選授四川射洪縣教諭，遂改悔出教，將家藏《風輪經》、《七字經》等經卷轉交給朱維上、楊昌貴等人。楊昌貴後因官府禁教而改習端公，與人祈禱治病。乾隆二十四年（1759），楊勝佑跟隨楊昌貴學習做道士，楊昌貴身故無嗣，其家藏經卷遂爲楊勝佑所有。同年二、三月間，貴州思南府米價稍

昂，楊勝佑見《風輪經》內有「午未年饑荒，戌亥二年大亂」等語，即宣稱經書記載應驗，並將經卷攜至朱維上堂叔朱文元家，述及其事。朱文元查閱游姓交下《定劫經》、《東明書》、《善經》等三本經卷，見其內容與《風輪經》大致相同。楊勝佑希圖聚眾斂錢，而與朱維上、朱文元等商議復興彌勒教，於是親赴遵義接取游瑤到思南府開堂設教。乾隆二十四年（1759）十月二十日，游瑤等至朱文元家邀約徐全等人向游瑤叩頭禮拜，教中聲稱游瑤是陀羅菩薩轉世，掌教度人，可保平安，事畢，游瑤返回遵義。乾隆三十二年（1767）三月，游瑤又來至思南府朱維上家中開堂燃燭，朱維上等人奉游瑤為教主菩薩。同年九月，楊勝佑、朱維上查閱《風輪經》內有「子丑動刀兵，寅前卯後，黑風黑雨擾世界，將符頂在頭上，可免災難」等字樣。又見《七字經》內有《八牛掛起天羅網》及《長壽佘太君、楊令公》等字樣，便商議騙錢，楊勝佑便自稱「楊令公之後」。朱維上見「八牛」二字，是屬朱姓，也自稱明朝朱太子後裔。他們又向大眾宣稱「子丑年動刀兵，寅卯年火燒一城，水淹二城，風捲三城，天下人盡死。教主游瑤係陀羅菩薩轉世，扶助朱維上度數十萬八千人，可以為帝」等語。後來朱維上、楊勝佑等人多次以燃燭為名，向徒眾騙取銀錢。乾隆三十三年（1768）六月，信徒楊光前被捕，供出楊勝佑、朱維上等人傳習彌勒教經過㉟。

　　未來教雖然是一個小教門，但由於教中誦習多種經卷，是值得重視的一個教門。江西南昌縣人李純佑，又名李正顯，他自幼讀書未成，前往湖北荊州府江陵縣沙市學習裁縫生理。有江陵縣民賀坤，平日吃齋，家中藏有《三官經》、《觀音經》、《雷祖經》、《玉皇經》、《金剛經》、《還鄉經》、《末劫經》、《定劫經》等八部經卷，勸人茹素念經祈福免災，並於每年三月初

三、五月十三、九月初九等日做會一次。乾隆二十五年（1760）
十二月，賀坤身故。乾隆二十七年（1762），賀坤之子賀祥因
曾向黃昌緒借錢三百文，無力償還，遂將其父所遺經卷八部給與
黃昌緒作抵。同年十一月，黃昌緒出外生理，將經卷寄放同教呂
法振家中。乾隆二十九年（1764）十二月間，李純佑赴呂法振
家中探望，見到《末劫經》、《定劫經》兩種經卷，名目奇異，
即起意惑眾騙財，於是向呂法振借抄，送還原本。乾隆三十年（
1765）正月，爲了傳教動人，李純佑將《末劫經》改編成《五
公末劫經》一本。同年八月，令木匠姜五倫雕刻龍頭小棒一根，
裝點金漆飾爲受戒所用。又令刻字匠羅國太刊刻「報恩堂」三字
木圖章一個，「段思愛」三字木圖章一個，其本名「純佑」二字
木圖章一個，正式倡立未來教名目，並編造山西安邑縣西古村老
教主段思愛命他充當教首的說法。又由羅國太刻成票板一塊，凡
有入教之人即刷印紙票，填入姓名，作爲憑據，並聲稱死後將票
燒化，即可免墮地獄。乾隆三十二年（1767）四月間，編造康
熙六、七兩年旨意，敘成《護道榜文》一篇，央請同籍的徐斗山
謄寫，捏稱榜文得自山西段家，以見此教年久路遠，使人信服入
教。教中規定每年正月、七月、十月逢十五日做會，稱爲三元會，
不拘男女，入教者出錢自六十八至一百、二百文不等㊱。湖北巡
撫梁國治具摺時也指出，李純佑因見《末劫》、《定劫》兩經名
色奇異，輒圖惑眾騙財㊲，於是倡立未來教。由於經卷的大量翻
刻與流傳，更助長了民間秘密宗教的盛行。除未來教外，還有未
來眞教，據教中要犯崔煥等供稱，未來眞教是順治、康熙年間河
南人張姓開始傳習，其後不行。乾隆三、四十年間，直隸清河縣
人劉姓復興未來眞教，後來劉姓又傳給交河縣人崔大功、崔文載
等人㊳。

　　乾隆中葉，甘肅地區所破獲的龍華會，是雲南大理雞足山大乘教的支派。其中教犯張仁就是龍華會吳時濟的信徒，他在乾隆十二年（1747）案發後發配甘肅文縣安置，因其母年老，留妻子侍養，單身發配，由其親戚宗正虔伴送同行，代為搬取行李，將張保太留傳《歸元直指》、《母生教》、《根宗命脈》各一本，一併攜帶到配所。張仁到配後在甘肅文縣城隍廟旁小屋內棲身，自號為云玉子，披剃為僧，在街挑水，賣錢為生，宗正虔則返回江蘇原籍。乾隆十三年（1748），張仁的母親又央請宗正虔送盤費銀二十兩、家信、鞋子等物到甘肅配所。當時宗正虔已經出家為僧，並帶有溧陽縣小崇隆寺朝時課誦一本，送給張仁。宗正虔到配所後，即向張仁言及龍華會教中漏網各人仍然吃齋唸佛做會。乾隆三十一年（1766）冬，宗正虔又送家信到配。有宜興縣僧人秦長元因欲到甘肅尋找其曹姓親戚，缺乏路費，願替宗正虔肩挑行李，藉資口食，於是同至甘肅文縣。秦長元到文縣後，流落街頭，於是依棲文縣城外東嶽廟為僧。乾隆三十二年（1767）十二月，溧陽縣人殷萬里到文縣探望張仁，帶有史文元所著《鸚言詩集》一本，並告知教中諸人盼望張仁返回江蘇，或往生後搬取其骸骨回鄉。由此可以說明張仁發配甘肅後，仍與江蘇龍華會同教往來密切，信眾多未出教。此外，杜玉良也是龍華會吳時濟的信徒，於乾隆十二年（1747）案發後同妻子發配到甘肅禮縣城內典房居住，賣豆腐營生。杜玉良供認從前在江南時，曾拜吳時濟為師，皈依龍華會，吳時濟給與《三教指南》、《三規五戒》、《四經科》等書，案發後俱被地方官全行搜去。陝甘總督吳達善等人具奏指出，流犯張仁到配後即削髮為僧，但仍將張保太留傳經卷私自藏匿，宗正虔、殷萬里等人為教案內漏網之人，常與張仁代通信息，欲謀復興龍華會，而將張仁依左道惑人

爲首律擬絞，並請旨即行處決，杜玉良等復萌故智，仍行監禁㊴。

　　江蘇崇明縣取締的喫素教，也是張保太大乘教的支派。江蘇太倉州王徐氏是張保太大乘教案內逸犯，她於乾隆十一年（1746）被拏獲正法，大乘教中是以同做龍華會爲名，做會吃齋。乾隆三十三年（1768）十一月間，崇明鎮總兵官馬全查拏大乘教餘黨，有把總錢逢源向韓隴山買得《上賢簿》，據韓隴山供稱，《上賢簿》爲其叔祖自太倉王徐氏家得來。乾隆三十七年（1772）二月初十日，崇明縣知縣郭本才因奉文通緝白陽教案犯，訪得崇明縣另有喫素教名目，縣民龔添瑞曾經入教吃齋，他藏有《言論歌詞》一本，是借自龔秀坤。隨後在龔秀坤家起出《達摩指迷》、《懺訣》各一本。此外又於教犯倪廷口家起出《血盆經》一紙，《歎骷髏書》一本。其中《言論歌詞》爲十二月採茶歌，又名《採茶經》，歌詞內被指有讖緯妖言狂悖不法語句。兩江總督高晉具摺時指出，《言論歌詞》、《上賢簿》內均有「弓長了道一法收緣」字樣，正與張保太之姓及收圓字樣符合。至於採茶歌內「牛八木子」等字，與原案夥黨朱姓號爲牛八，蘇君賢假托李開花姓字相同，似即張保太、劉奇等餘黨遺留之書。姑且不論《採茶經》或採茶歌的內容是否狂悖不法，但大乘教影響深遠，則是事實。

　　爲追查採茶歌的由來，地方官又先後查出《伯溫問答》、《推背圖》等「逆書」。河南泌陽縣民李文振素無家業，向與表甥張成功同居。乾隆三十年（1765）二月，李文振拜徐國泰爲師，李文振素不識字，徐國泰口授「南無天元太保阿彌陀佛」十字經咒，令其回家持誦，李文正即勸張成功及母張氏同念。乾隆三十三年（1768）正月，徐國泰徒弟徐珮給與李文振抄書四本，抄單二紙，卦圖一張。乾隆三十四年（1769）冬，李文振因貧難

度，起意商同張成功復興舊教，騙錢分用，張成功允從。張成功遂向村鄰王天基、梅正行等宣稱，燒香入教，可免災病，並稱自己入教免一身之災，轉勸數人，即免一家之災。又立根基錢名色，聲稱代修善事，積下根基，今生出一，來世得百，王天基、梅正行聽信入教。李文振隨即將舊日榮華會收元教合名收元榮華會，並於乾隆三十五年（1770）三月十五日正式開教，張成功母子、梅正行等俱拜李文振爲師。李文振後來又編造「早中晚燒香，萬佛都請到」等經咒，其所住房間，遂稱萬佛樓⑳。收元榮華會的信衆分佈安徽六安州、霍邱縣等地。卓分與陽在天同籍霍邱縣，兼有親戚關係。後來陽在天自赴河南，在泌陽桐柏交界的草廟溝爲李文振家種地，並拜李文振爲師入教，李文振即將徐國泰所給《伯溫問答》等書給與陽在天㉑。乾隆三十五年（1770）七月間，陽在天至江南，勸其表姪陶金玉入教。乾隆三十六年（1771）二月，陽在天又同張成功前往江南陶金玉、卓分等家，傳給卓分《五女傳道經》、《太陽經》等經卷㉒。李文振、陶金玉等被捕後供出，《採茶歌》後所附《伯溫問答》是李文振所給，《推背圖》則爲徐國泰所給㉓。官府所指「讖緯妖言」，當即《推背圖》及《伯溫問答》中的政治預言。由於《太陽經》的流傳，又出現太陽經教名目。湖北德安府應山縣廣水地方，與河南信陽州接壤，有廣水人朱洪之父朱子常持誦《太陽經咒》，聲稱可以消災致福。乾隆三十七年（1772）六月，朱洪突患疾病，因念經痊癒，村民請求傳授。爲取信於村民，朱洪憶及其父生前曾提及白陽教，朱洪便以《太陽經》爲名，創立太陽經教，並默寫其父在世時的對聯「人人從天命，佛明九眞；陰陽還照理，天換世界人」，粘貼屋內㉔。乾隆三十八年（1773）四月，官府破壞太陽經教，朱洪等人被捕。

　　民間秘密宗教頗多以大乘爲名的教派，乾隆朝中期所查禁的大乘教，主要是羅祖教傳入江西、浙江、江蘇、福建、廣東等省的大乘教。其中江蘇蘇州城外，大乘教經堂林立，包括南堂、北堂等，均被地方官查禁拆燬。乾隆三十三年（1768）九月，浙江仁和縣知縣王莊稟明訪聞杭州北新關外拱宸橋地方有不僧不俗廟宇十餘處，俱係供奉羅祖教經卷之所。王莊隨即親赴拱宸橋地方，在李菴內查出羅祖像二軸，羅經三箱，在劉菴內查獲羅經七部。王莊等當場曉諭各菴呈首經卷，隨後，老菴呈出羅祖教寶卷共計五十餘卷。浙江巡撫覺羅永德率同藩臬兩司及杭州、紹興二府知府提訊羅祖教各犯，供出各菴都是糧船水手回空居住之所，住菴之人，「皆係外省人氏」。其中朱光輝住管老菴，原本是錢菴，因年代久遠，所以稱爲老菴；唐潮住管萬菴，原本是翁菴，因由萬姓改建，所以稱爲萬菴；王世洪住管王菴，原本是潘菴，因續經王姓改建，所以改稱王菴。其餘李菴、劉菴、陸雲菴、八仙珠菴、滾盤菴、周菴、閻菴、石菴等，都是由錢菴分出。楊欽所住劉菴、李應選所住李菴、周成龍所住王菴以及章菴、虞菴、彭菴等都是從翁菴分出。高萬成所住清涼菴、丁文學所主王菴、張國柱所住劉菴等都是從潘菴分出，以上各菴除清涼菴傳習大乘教外，其餘各菴俱傳習羅祖教。各菴起出經卷頗多，例如陸雲菴起出經卷計十二部，據管菴人繆世選供稱，是在蘇州徐涵輝家買來，其中《正信經》六卷，有「姑蘇陳子衡刊賣」字樣。此外，還有《苦功》、《破邪》、《金剛》等經卷。至於清涼菴大乘教經卷，主要爲《還源》、《開心》、《明證》、《報恩》等經。浙江巡撫覺羅永德檢閱各經卷後具摺指出「現起經卷，亦大率輪迴地獄勸人修行之鄙俚辭語，別無悖逆不法邪術。」但因「此等邪教最易惑衆，況糧船水手甚多，皆係好勇鬥狠之徒，聲應氣從，

亦易齊心生事。」所以「縱或因水手無托足容留之處，亦應毀去菴名，改爲公所，止許回空時暫爲棲止，責令該管衛所幫弁稽查，並禁止一切糧船，不許再稱羅教等名色。」⑤但乾隆皇帝認爲覺羅永德所辦，尚未妥協。乾隆三十三年（1768）九月十七日，乾隆皇帝命大學士傅恒等寄信覺羅永德，諭令覺羅永德除將各犯從重辦理外，所有各菴堂，概行拆毀，毋得仍前留存，復貽後患⑥。覺羅永德奉到諭旨後，即檄飭藩臬兩司將北新關外查出菴堂計二十三處，委員概行拆毀，不使留存。其後，覺羅永德又於劉菴丁天佑名下究出羅祖教經卷計六十八卷，連同前獲羅祖教經卷五十九卷，共計一百二十七卷，委員解送軍機處。

　　無爲教是羅祖教系統的教門，乾隆朝中期，江浙等地區，無爲教案件，續有破獲。熊學鵬在署理浙江巡撫任內，於武康、餘杭、山陰等縣拏獲傳習無爲教的要犯阮學聖等多名。阮學聖是餘杭人，兄弟四人，長爲阮學秀，次即阮學聖，三爲阮學元，四爲阮學明，俱務農爲業。乾隆二十六年（1761）四月，阮學元出外營生，途遇無爲教信徒錢塘縣民姚天榮，姚天榮勸令阮學元持齋誦經，以求增福延年。阮學元允從，同至姚天榮家內焚香禮拜，誓不開葷。同年七月間，姚天榮至阮學家探望，又勸令阮學聖、阮學秀皈依無爲教，姚天榮給與抄白《意旨集》、《心經》、《天經》、《吉經》等經卷，告知每逢庚戌庚申等日各自在家拜念，希圖免災祈福。乾隆二十八年（1763）八月間，因海寧天圓教破案，阮學聖將姚天榮所授經卷禁燬。乾隆三十五年（1770），阮學聖等人被捕。署理浙江巡撫熊學鵬具摺指出，「無爲教，即係羅教，久經嚴禁」。熊學鵬認爲《金剛經》、《心經》、《三官經》、《大乘經》是各寺廟原有經卷，觀音佛像也是僧俗所同供奉，均無足怪。其抄白《判福經》、抄白《意旨了然集》、《

證自在經》、《深根結果經》、《天緣經》、《吉經》等都是勸人吃素修行之語，語多鄙俚，但抄白《偈子詩》是將燈謎書寫於前，將立誓吃素書寫於後，如「一馬三人上鼓城，鼓城路上少行人，五虎把住三關口，姐妹三人定太平。」，熊學鵬認爲將妄誕燈謎改爲偈子詩存留，駭人聽聞，甚屬可惡⑰。山陰、海鹽等縣訪知無爲教信衆多名，其中陳張氏曾創建仁惠菴，收留陳梁氏、陳朱氏等在菴吃素做會，每月初一日，信衆各出錢三十文在菴念經⑱。

　　福建上杭縣人鄭統拜無爲教教首張普天即張玉桂爲師，皈依無爲教。乾隆十一年（1746），鄭統遷居浙江遂昌縣，勸人持齋念佛，聲稱可以消災祈福，善男信女皈依無爲教者頗多。每年正月二十九日、二月二十八日、八月初四日、十二月初一日，同教信衆各出銀六分，在鄭統家擺設蔬果及空椅一把，懸掛天地君親師畫像，祭拜無爲教主羅祖。乾隆四十年（1775），浙江破獲無爲教，拏獲蔡立賢、魯聖先等人，供出向在松陽、遂昌等縣傭工耕種。其後魯聖先在仙巖寺充當廟祝。

　　江西寧都州所屬懷德鄉地方，山嶺錯雜，地形隱蔽，內有河樹菴古廟一所，僻在山隅，經齋公朱文瑞及其徒孫先懋、黃安康等修葺居住，信奉羅祖教。乾隆二十六年（1761），朱文瑞身故。乾隆三十年（1765），孫先懋、黃安康各藉祈福消災爲名，收徒傳戒，分爲二支：一支自孫先懋傳給羅奕祥、謝志會、李維也、王志福四人。羅奕祥傳徒廖廷瞻、曾廷華、王萬傳三人。廖廷瞻傳徒張煥彩、羅林秀、沈本源三人，謝志會等亦各自輾轉傳徒。另一支自黃安康傳給劉開蘭、吳蘭生、陳承輝、張式先、詹志清、張利人等六人。詹明空是江西石城縣人，他自幼失怙恃，飄蕩外省。乾隆二十七年（1762），詹明空回籍，皈依羅祖教。

因寧都州獅子巖地方幽靜，所以潛住焚修。由於山路難行，詹明空即在山下蓋屋居住。乾隆三十年（1765），詹明空表弟陳必先從石城縣來投靠詹明空，相依種地，並拜詹明空爲師，皈依羅祖教，吃齋念經。後來詹明空陸續傳徒謝雲章等人。乾隆三十七年（1772）正月，詹明空將所藏《五公尊經》、《紅爐接續》、《護道榜文》抄本各一本，給與謝雲章供奉。詹明空自從收徒傳教之後，每以得受異傳自誇，以提高其聲望及地位。他提倡「阿彌陀佛」四字分貼性命心意之說，以傳授其徒衆㊾。孫先懋素好經卷，喜談教義，因其師朱文瑞早故，又聞詹明空議論新奇，傾心佩服，前往拜謁詹明空討論教義，孫先懋自願退居弟子之位。

　　浙江蘭谿縣人舒思硯即舒敬文，遷居杭州府城。順治年間，舒思硯自稱彌勒下凡，爲天圓教主，編造《延齡拔黃離塵寶懺》等經卷。他在杭州荣市橋開立始初堂，倡立天圓教，招收湖州府長興縣人兪松恩、黃天亮即黃添亮、顏靈心四人爲徒，分爲中和聖善四支。顏靈心等人輾轉傳徒，又設立「根本清涼始初圓明」八派，分頂四支。舒思硯生有四子；長名舒孔傳即舒學佳，次名舒禹傳即舒與參，又作舒泰，三子早夭，四子舒機暢。長子舒孔傳生子舒德玉，住居浙江臨平鎭。次子舒禹傳生子舒敬即舒天英，住居杭州府城太平門。四子舒機暢生子舒宏緒，他返回蘭谿縣居住。舒敬在杭州生長進學，是杭州府學武生。康熙三十九年（1700），舒思硯被人首告，逃匿未獲。舒思硯身故後，遺有經卷板片，包括：《拜佛圓圈》板片二塊，刷印《修行直指科儀寶卷》一本，抄本《天圓萬善眞經》一摺，《無極育天太極安世皇極普度》㊿、《始初堂書》、《脫離苦難寶懺》、《延齡拔黃離塵寶懺》等經卷，此外還有路引、科儀及木戳兩個：一刻「清涼普善明經寶印」八字；一刻「如意皈昭」四字。舒思硯信徒中兪

松恩、顏靈心、張揚雲等三人在浙江傳教；黃天亮一支，流入江蘇，在蘇州、松江一帶傳教。雍正四年（1726），舒禹傳身故，其子舒敬年止十五歲，由黃天亮之徒陳子陵接往松江家中，代爲婚聚。教中收徒斂錢，如有皈教之人，即填給「萬化斗章」圖記票紙，每張取銀一、二錢至三錢六分不等。陳子陵身故後，由其子陳旦觀及其徒姚盛愚相繼接教。陳旦觀、姚盛愚身故後，由姚盛愚之徒楊維中承接，仍以松江爲中心，繼續傳習天圓教。楊維中假托祖師之名，撰有《空峰語錄》等書。他與舒敬往來密切，以舒敬爲收圓教始祖嫡孫，藉名招攬善男信女入教。有金山衛生員徐筠，南匯縣生員徐周柄等人俱隨楊維中傳習天圓教。每年正月、八月在姚家菴聚會誦經，教中藉填發票紙斂錢。松江府人徐耀輝因與楊維中同教異派，而另行開設佛堂。徐耀輝表妹王康氏另撰《庚辰調和帖》數種，詆毀楊維中等奉教不力，並編造陰牒，填寫經文中語句，誘人領買。徐耀輝、王康氏遂與楊維中在松江各立門戶，各自傳習天圓教。顏靈心之徒沈光辰在蘇州傳習天圓教，遞傳至楊忝一，他自稱靈陽正宗，刻有圖記。其後由翁仁榮、莊松年等接掌教務。乾隆二年（1737），舒孔傳身故。乾隆十五年（1750），舒德玉之妻徐氏患有瘋病。乾隆二十二年（1757）春，舒敬自松江返回杭州，路過探望其嫂徐氏病情，告知祖上遺留《天圓經懺》，可以消災延壽，所以從松江取回，交給徐氏拜誦。乾隆二十三年（1758）秋，舒敬又從江蘇帶回《脫苦難塵寶懺》三十六張，路引符咒數張，木戳兩個，交給徐氏拜誦。乾隆二十八年（1763）五月，官府取締天圓教，在松江府屬上海、南匯一帶拏獲徐筠、楊維中等人。在楊維中家裡起出《延齡拔黃離塵寶懺》等經卷。在徐筠家中起出《金剛經》、《彌陀經》及寶懺圖冊等件㊶。在舒思硯之孫舒德進等家中搜出《

拜佛圓圈》板片及《修行直指科儀寶卷》、《天圓經》、《萬善眞經》、《無極育天太極安世皇極普度》等經卷㊿。天圓教盛行於江蘇、浙江等省，江蘇巡撫莊有恭等具摺指出天圓教「係彌勒邪教支派」㊾。地方大吏審擬天圓教案件時指出舒思硯倡立邪言，其徒沈光辰等人因得依托附會，撰集悖謬言辭，非僅如一應左道異端可比，雖已身故多年，倖逃顯戮。其孫舒敬身列青衿，猶敢襲行祖教，刊發圖章，斂取財物，應即以舒敬當其祖罪。除已故沈光辰等不議外，舒敬一犯按照讖緯妖書妖言傳用惑衆者斬律擬斬監候。楊維中掌教最久，又與舒敬翻刻經板，會衆誦經，教內之人信奉最深，按照一應左道異端煽惑人民爲首者絞律擬絞監候。其餘舒德玉等發往烏魯木齊等處種地當差。徐筠家內並無經卷，但身係生員，領單入教，非愚民無知者可比，即革去衣頂，同收藏經卷的汪明修等照爲從者酌減一等，各杖一百，徒三年㊴。天圓教雖遭官府取締，但民間仍然秘密傳習。乾隆三十四年（1769）十月十八日，浙江湖州府屬烏程縣知縣莊有儀在縣境內湯起龍家拏獲天圓教人犯鄒岐山，當場起獲圖像一幅，《金剛經》二本。地方兵役隨後又前往鄒岐山家搜出圖像一幅、《天圓拔黃懺》、《天圓接續朝源懺》、《彌勒懺》、抄本《延齡懺》各一部，此外還有經板六十八塊㊶。

　　清初以來，黃天道仍極流行，官府嚴加取締。碧天寺及普明墳塔的拆燬，是對黃天道的嚴重打擊。乾隆二十七年（1762），直隸總督方觀承辦理孫耀宗教案時，曾檢查乾隆八年（1743）田金台等犯案內聲敘「黃天道教倡自前明萬全衛屬膳房堡李賓，乃嘉靖時人，法號普明，死後在堡起有廟塔，普明墳在塔下，凡皈教者，俱來上墳，有同教之許姓在彼居住接待」等語。黃天道信衆千里拜墳，自前明至清代乾隆年間，香火仍盛。乾隆二十七

年（1762）冬，口北道員玉神保因公至直隸省城，直隸總督方觀承面囑玉神保查明廟塔情形，後來方觀承又由張家口親赴查勘，查明廟塔在膳房堡迤西二里許碧天寺內。碧天寺四面環山，基址頗大，寺門鑴刻「祇園」二字。寺宇五層，前面一、二、三層俱供立佛、坐佛等像，三層東西兩壁繪畫李賓生平事蹟；儘後一層高閣，是三清神像，閣上匾額正中題「先天都斗宮」，東題「玉清殿」，西題「斗牛宮」；閣前石塔十三層即李賓墳墓，高三丈六尺，周十二步，稱爲明光塔，因李賓號普明，其妻王氏號普光，普明和普光同瘞一塔，故取普明的「明」及普光的「光」而得名。普明和普光都被信衆尊爲佛祖。樓下儘東、儘西二間屋宇之內，又用灰磚發圈砌爲洞形，繪畫種種異像。住廟人李繼印不僧不道，住屋三間，亦於屋內圈砌成洞。方觀承查看經卷刻本及抄本，方觀承疑其另有藏匿，即令弁目等將李繼印所居圈洞夾牆刨毀，其空隙處，果有經卷符篆字蹟木戳藏匿在內。方觀承指出孫耀宗等案內的悖逆詞句，如「雲盤都斗龍華收元，明祖暗祖頭行引進」等字樣，皆本於碧天寺所刨出的經卷字蹟㊟。乾隆二十八年（1763）四月初六日，方觀承、兆惠等人從宣化起程前往萬全縣碧天寺，凡遇有碑碣字蹟，即行詳細閱看，見到普明塔前碑記上有「康熙四十一年元孫李蔚立石」等字樣。經查詢後知李蔚是歲貢生，是普明胞兄李宸四世孫，曾充教首，死後被尊爲普慧佛，其名號見於碧天寺所藏《佛法源經》內。兆惠飭令多集人夫將明光塔連夜拆毀，塔下並無普明夫婦棺屍，隨即將彌勒殿中間深掘入土一丈六尺有餘，終於鍬獲屍骨，將二屍骸骨拋棄郡城外，即於車道寸礫揚灰，並將碧天寺屋宇拆爲平地。至於康李氏二女，米康氏外孫女三塔，亦令拆毀，所獲屍骸，亦照普明一律碎剉㊟。據方觀承具摺指出，普明只生二女，稱爲普淨佛、普照佛，次女之

女稱爲普賢佛，此外並無嫡派親屬㊽。清初以來，有許多教門是由黃天道轉化而來，其中長生教就是直接由黃天道衍生而來的一個教門。乾隆三十四年（1769），江蘇蘇州府吳江、長洲等縣，常州府屬陽湖、無錫、江陰等縣，先後破獲長生教案件，拏獲朱華章等人，其田產等籍沒入官㊾。

　　乾隆三十六年（1771），直隸、安徽、江蘇、河南等省查辦白陽教案件，查明白陽教的源流。乾隆十七年（1752），直隸盧龍縣安家樓人王秀捐納監生。乾隆十九年（1754），王秀於江賑例捐納未入流，未經選用。據王秀供稱，其父王懌在日原奉灤州石佛口大乘教，雍正年間，其族祖王敏迪犯案，王懌將大乘教改爲清淨無爲教，簡稱無爲教，傳習三皈五戒，收河南杞縣人王輔公爲徒，王輔公轉收江蘇沭陽縣人周天渠、通州人周受南、江都縣人丁學周、安東縣人王可珍等爲徒，均以三皈五戒勸人入教，並令入教之人以清茶奉佛，所以又有清茶會之名。王輔公無子嗣，以泗州同族王三英之子王淳即王漢九爲嗣，王漢九自幼隨父吃齋。雍正七年（1729），王輔公身故，王漢九因捐監隨後開葷。乾隆二十四年（1759），王漢九因無子嗣，同妻王氏仍復吃齋。王秀之子王忠順，原名王來儀，又名王家棟，因堂名忠順，所以又作王忠順。王秀因未傳習清淨無爲教，王忠順向食胎素，又習地理，王懌即令王忠順代父承接。乾隆二十九年（1764），王忠順因家道漸貧，又見其祖所奉清淨無爲教無人信奉，於是起意改立白陽教，自稱彌勒佛轉世，勸人爲善。其父王秀赴京挑選，未經選用，遂以行醫爲業。同年八月間，王忠順欲外出，以看風水爲名，藉以傳教，勸其父王秀同行，以便彼此照應。王秀父子在京師會遇以賣帽爲生的鉅鹿縣人李祥即李尙升。李祥因患病吃齋，王忠順即以持齋必須受戒爲詞，勸令李祥入教

⑥。王秀、王忠順父子隨後又到廣宗、鉅鹿、開州等州縣傳教收徒。王忠順憶及其祖王憚之徒王輔公住居河南杞縣王家樓，於是前往探望。王忠順等到河南後訪知王輔公已死，其子王漢九是杞縣監生，因訟事糾纏，王忠順即至其家，告知家世來歷，並責王漢九奉教不誠，以致連年涉訟，王漢九聞言驚異。王忠順又指王漢九家所供之佛爲過去佛，王忠順爲現在佛，能知過去未來。王漢九聽信入教，即拜王忠順爲師。王忠順又爲王漢九將房門改向開門，聲稱一年之內即可得子，並令王漢九勸人入教，隨願佈施，王漢九即致送王忠順拜師銀十二兩。王秀先行離去，前往他處行醫，王忠順則因目疾而返家。乾隆三十一年（1766）四月，王漢九果得一子，夫妻信教更加虔誠⑥。王栗是王忠順的叔父，乾隆三十四年（1769）八月，王忠順父子曾令王栗赴湖廣京山縣陳萬年等家收取佈施銀錢。王栗被捕後供稱，王忠順向人佈施銀錢。刻有「忠信篤敬」、「愼言」、「忠順堂」等圖書，作爲收取銀錢憑據⑥。乾隆三十六年（1771）十一月十九日，開封府知府朱岐榘報在王漢九家查獲《惟緣簿》一本，《觀音救苦經》一摺⑥。同年十二月初二日，王漢九等人在甘泉縣境內被捕。次日，王忠順等人在天長縣境內被捕。據王漢九供稱，白陽教名義，是取爲人清白，可見太陽之意⑥。

直隸大興縣人屈得興素患怯症，在家養病打坐，自言有佛法護持。乾隆三十四年（1769）正月內，在青雲店集上與同縣素識的趙美公會遇，趙美公言及不時患病，未得良醫調治，屈得興即告知有彌勒佛白陽教所傳八字眞言持誦，可以卻病，必須吃齋，燒香宣疏，方可傳授。趙美公聽信其言，當天邀請屈得興到家，叩頭受教，拜認爲師。屈得興替趙美公宣疏，傳給「眞空家鄉，無生父母」八字眞言，囑令每夜盤膝打坐默念，日久即可消災獲

福。同年十一月，大興縣賣油人丁文印前往青雲店買賣，亦與屈
得興相遇。屈得興見丁文印有病，亦以八字秘傳默誦卻病之言勸
令丁文印入教。乾隆三十五年（1770），有劉世英等人拜師入
教。各信徒於每年秋後各送給屈得興大錢一百文⑥。王忠順與屈
得興並非同夥，王忠順家族所傳的白陽教是由明末流傳已廣的東
大乘教輾轉易名而來，王忠順自稱是彌勒佛轉世，也就是未來救
世主的化身。屈得興所傳白陽教雖然與王忠順雖非同夥，但都自
稱是彌勒佛降生，各傳各的白陽教。

　　河南歸德府鹿邑縣人趙文申傳習青陽教，每月朔望焚香念誦
歌句，磕拜太陽，以求消災免禍，不受輪迴之苦，家中藏有《青
陽經》一本。趙文世是趙文申的堂弟，向來推小車度日。乾隆三
十九年（1774）十二月，趙文申之妻病故，趙文申臥病在床，
並無親人，趙文世前往代為料理，在房中撿出抄經一本，趙文申
告知是禮拜太陽的《青陽經》，每月朔望焚香念誦經內「奉母親
命祖萬篇，安天立地總收元，替父完結立後世，真金子女保團圓」
等歌詞，向太陽虔心禮拜，今生可以消災免禍，來世託生好人，
不受輪迴之苦。趙文申病故後，趙文世即將抄本《青陽經》取回，
起意倡立青陽教。同年十二月十五日，趙文世即邀同其弟趙文炳
等焚香同念歌詞，禮拜太陽，收徒斂錢，信徒眾多⑥。

　　收元教又稱五葷道收元教，或簡稱五葷道。收元一詞，多見
於寶卷，《皇極收元寶卷》內云，「收的五盤人數勾，再收四貴
總還元，殘靈一網都收盡，四生畜類也收元。」又云，「收元則
能上天宮，上天則即到家鄉，到家則參見古佛，分掌五盤，且以
煉成九葉金蓮，而同轉八十一萬年。」⑥山東按察使國泰查辦單
縣劉省過教案，查明劉省過又名劉宗禮，是捐納縣丞，其曾祖劉
佐臣於康熙年間以傳習白蓮教奉文查拏病故，其祖父劉如漢繼續

傳教，將所收徒弟分為八卦⑱。河南商邱縣民郜三故父郜從化與虞城縣民陳聖儀故父陳霞九、王繼盛故祖王天賜、故父王之卿向習山東單縣劉儒漢五葷道收元教。」⑲山西定襄縣人韓德榮傳習收元教，他被補後供出山東單縣人劉儒漢傳習五葷道，又名收元教。山西定襄縣人劉起鳳到山東單縣拜劉儒漢為師入收元教。康熙四十四年（1705），劉起鳳從山東單縣回到山西定襄縣原籍，傳授韓德榮等人，告以對天地燒香磕頭，投入收元教，可修來世富貴，不忌酒肉，相對五戒而言，所以稱為五葷道。後來，韓德榮隨同劉起鳳前往山東單縣，拜劉儒漢為師，抄有《錦囊神仙論》、《五女傳道書》及八卦圖等件。康熙四十五年（1706），劉儒漢曾被劉本元首告邪教拏解省釋，旋由捐納選授山西榮河縣知縣。康熙五十八年（1719），因其父劉佐臣為白蓮教頭目，劉儒漢被牽入白蓮教案內參革回籍，移居東關。王天賜祖籍直隸長垣縣，移居河南虞城縣。康熙五十三年（1714），王天賜到山東販賣布疋，隨同劉起鳳到單縣見過劉儒漢，投入收元教。王天賜返回河南後，又令其子王之卿皈依收元教。康熙六十一年（1722），王天賜身故，遺下《五女傳道書》、《八卦說》、《小兒喃孔子》、《訓蒙說》、《金丹還元寶卷》等各一本⑳。

八卦是《周易》中的八種符號，各代表一定屬性的若干事，乾為天，坤為地，震為雷，巽為風，坎為水，離為火，艮為山，兌為澤。其中乾與坤，震與巽，坎與離，兌與艮是對立的，剛柔相推，陰陽合德，八卦成列，象在其中。兩卦相疊，可以演為六十四卦，以象徵自然現象和社會現象的發展及變化。劉儒漢等所傳收元教，分為八卦，每卦設一卦長，下分左支右干某卦名目，所收信眾，即入某卦名下。因其組織分為八卦，所以收元教又稱八卦教。入教信眾每日清晨供奉清水三杯，望空叩頭，默誦「眞

空家鄉，無生父母，現在如來，彌勒我主」四句眞言，藉稱消災除難，以及要求來生福，還需今世財等語勸人入教⑦。韓德榮由山東將各書攜回山西定襄縣後，時時參看。雍正五年（1727），韓德榮起意斂財，自稱孔子再世，並以許願入教，來生即得富貴等語，勸人入教。雍正七年（1729）正月，劉起鳳身故。雍正十年（1732），韓德榮因聞劉儒漢身故，遂命其徒田大元等前往山東，並引寶卷內「身落寒門傳大道」等句，句中「寒」是「韓」的同音字，以牽扯韓姓，以示暗合天意，欲藉機將劉儒漢信眾併入山西收元教系統內。田大元等抵達山東單縣後，劉儒漢之子劉恪指斥韓德榮爲野徒，拒絕接納田大元等人，韓德榮合併山東收元教的計劃，並未成功。乾隆二年（1737）二、三月間，劉起鳳的姪子劉二長兒將田大元等引至河南虞城縣王之卿家面商。王之卿以收元教起自山東，豈有反爲山西徒弟之理，田大元等被當面呵斥而回。田大元等返回山西後，將被拒情形告知韓德榮，韓德榮於是自行接教，宣揚傳播，揚言甲子年爲末劫，有水火刀兵，入其教者可免災難，信從者漸多。甲子年相當乾隆九年（1744），到了乾隆十年（1745），信眾見甲子年已過，不但無水火刀兵，反而年豐物阜，始悟韓德榮所言荒謬，且其所斂錢財，專事肥己，並欲爲其子娶妾，眾人遂不信其言。田大元見韓德榮的信眾渙散，遂乘機以寶卷內「十口」是「田」字的隱語，倡言應由田大元續教，且以接續韓德榮自居，而自稱爲太子。田大元平日藉修橋鋪路行善爲名，以招人入教，韓德榮所傳八卦內信眾，多轉投田大元。乾隆十三年（1748）正月，山西定襄、五台、崞縣、忻、代等州縣，查拏教匪，韓德榮、田大元等人俱被捕。

　　直隸長垣縣人徐國甫曾與王天賜在一處做過生意，並拜王天賜爲師，王天賜身故後，徐國甫帶領同縣人徐文美、呂大訓拜王

天賜之子王之卿爲師，取回《金丹還元寶卷》、《五女傳道書》等寶卷。乾隆十三年（1748）三月，王之卿等在河南商邱縣地方被捕。徐文美與王之卿是表親，據徐文美供稱，王之卿曾說過，儒門聖教又叫收元教，是教人行好的⑰。同年四月，劉二長兒、王之卿、徐文美、呂大訓等先後身故。同年五月間，山西代州平城村拏獲教犯雷永林，供認拜王伏昌爲師，在雷永林家中搜出三教圖一軸。另有村民鄭祥首出《明宗牟尼注解祖經》一部，據鄭祥供稱，是由崞縣田家莊劉姓所傳，稱爲明宗教，入教之人，俱吃齋燒香，求福免災。同年九月，韓德榮被綁赴市曹處斬，田大元則發回五台縣審擬正法。

　　收元教是以父死子繼，世代相傳。山東單縣收元教教主劉儒漢身故後，由其子劉恪掌教。河南商邱縣郜從化原充收元教離卦卦長，劉恪掌教後，仍奉劉恪爲教主，虞城縣民陳霞九等則在離卦下聽從入教。當韓德榮案發後，劉恪亦因犯案被提解質審，郜從化與陳霞九向同教信衆湊得銀一千兩，欲送給劉恪，幫助發配盤費，後聞劉恪釋回，郜從化之子郜三隨將銀兩開舖經營圖利。劉恪身故後，由其子劉省過充當教主。乾隆二十二年（1757）十月，有山東人孔萬林至河南商邱縣看地，郜三詢知孔萬林原係劉儒漢收元教內坎卦卦長。孔萬林等推郜三接充離卦卦長，以郜三之兄郜二爲左支，以陳霞九子陳聖儀爲右干。

　　乾隆二十二年（1757），河南查辦教案時，曾拏獲王五鈞、張仁等教犯，供出倡立榮華會，編造「逆詞」，惑衆騙錢。王五鈞曾收孫士謙等人爲徒，孫士謙轉收許州人徐國泰爲徒。王五鈞被正法後，孫士謙之弟孫士信與徐國泰等漏網未獲。乾隆二十三年（1758），孫士信自號眞人，與任洪鈞等惑衆騙錢，孫士謙、孫士信被拏枷號遊示。孫士謙在路途中將所抄書本交給徐國泰收

藏。孫士謙，孫士信行至泌陽縣地方先後病故。乾隆二十八年（
1763），徐國泰與徐珮商謀復興舊教，徐國泰遂將榮華會改爲
收元教，捏稱張仁、王五鈞、孫士謙、孫士信俱已轉世在京師。
凡入教者，磕頭賭誓，傳給十字經：「南無天元太保阿彌陀佛」；
八字眞言：「眞空家鄉，無生父母」；四句歌詞：「十門有道十
口傳，十人共事一子擔，十口和同西江月，開弓射箭到長安」⑬。四
句歌詞主要在影射周、李、胡、張四姓傳教首領姓氏。

　　乾隆三十二年（1767），徐國泰聞知官兵出征緬甸，雲南
有用兵之事，又見《推背圖》內有「鼠尾牛頭」字句，於是自行
編造歌詞，歌詞中有「戊子己丑天下亂」等句，藉以勸人入教。
棗陽縣民李從呼是徐國泰的表弟，鍾祥縣民葉正遠是羅祖教信徒，
他們都先後皈依徐國泰的收元教⑭。孫貴遠住居襄陽、棗陽二縣
交界地方，平日石匠生理。乾隆三十三年（1768）八月，孫貴
遠在李從呼家鑽磨，李從呼告知信奉收元教，吃齋念經，可以消
災免禍。孫貴遠即給錢百文，拜李從呼爲師，皈依收元教。李從
呼即傳授十字經咒語，令其念誦，並將徐國泰原給《九蓮》、《
苦難》、《五女傳道書》等經各一本，咒語單一紙，給與孫貴遠
帶回，囑令勸人入教。

　　河南泌陽縣民李文振，傭工度日，與其外甥張成功同居。乾
隆三十年（1765）二月，李文振聽從陳中舜招引投拜徐國泰爲
師，皈依收元教。李文振不識字，徐國泰口授李文振十字眞經，
令其回家持誦。乾隆三十四年（1769）冬季，李文振因貧難度，
起意商同張成功復興收元教，騙錢分用，向熟識的村鄰王天基等
宣傳燒香入教，可免災病，並宣稱自己入教，可免一身之災，轉
勸數人，即免一家之災，又立有根基錢名目，代修善事，積下根
基錢，今生出一，來世得百，王天基等人聽信入教。李文振將收

元教與榮華會合而爲一，稱爲收元榮華會。乾隆三十五年（1770）三月十五日，收元榮華會正式開教，王天基等各攜錢一百文赴張成功家買備香燭素供，在神前磕頭設誓，與張成功之母子同拜李文振爲師，傳習十字眞經，並令王天基等輾轉招引徒衆。同年七月，有原籍安徽壽州，寄居六安州杭石沖的民人陽在成即歐相成向村民聲言其兄陽在天在河南省桐柏縣與泌陽縣的草廟溝爲李文振家種地，草廟溝地方有萬佛樓，前往燒香禮佛，可以免災祈福。乾隆三十六年（1771）正月，陽在成率同村民周至均等前往萬佛樓，教首李文振令衆人設誓，誦念十字眞經，周至均等各出錢上名入教。同年二月，陽在天到安徽壽州卓分家，宣稱今年本地人口多災，並告知李文振家供有靈感觀音，每人寄錢二百文上名做醮，在家朔望吃齋，朝夕念誦十字眞經，便可消災獲福，卓分聽信，即致送錢一千二百文，拜陽在天爲師。陽在天給卓分《五女傳道經》、《太陽經》各一本，令其背誦⑦。同年三月間，李文振、張成功等十三名被捕，梅正行等十二名自行投首。

　　乾隆三十七年（1772）五月十一日，山東按察使國泰抵達單縣教首劉省過家中搜查經卷等物，在地下起磚刨挖，起出大小瓶罐計二十七個，都貯滿銀兩，兼有散埋土中者，銀元寶共五個，其餘都是大小錠銀兩，合計共銀一萬二千四百二十七兩。此外，還有金子一錠，計重二兩五錢。劉省過被拏後供出收元教分佈江南銅山縣，山東單縣，直隸雄縣、容城、齊東、汶上、章邱、惠民、虞城、金鄉、商邱、東明等縣⑯。劉省過也供出同教多人，其中李中久即李大本是江南人。乾隆三十七年（1772）五月，山東巡撫徐績移咨署理江蘇巡撫薩載訪拏李中久等人。同年六月，江蘇銅山縣兵役在柳家雙樓地方拏獲李中久，並搜出舊書一本，薩載查閱後指出書本內有「無生父母，彌勒我主」等句，與劉省

過所供「無生父母，彌陀我主」等語，正屬相符，而認爲李中久的書本是從劉省過家抄傳而來⑦。同教王中之徒龍居涇所傳徒弟李孟鈉等人亦被拏獲，搜出王中所傳行善書一本，龍居涇傳抄時，見書中有「平胡」字樣，觸犯忌諱，於是將「胡」字改寫「明」字。孔萬林是山東曲阜縣人，平日學習地理算命，在寧陽棗莊被拏獲，跟隨孔萬林學習地理的秦舒後來在鄒縣被拏獲。在孔萬林家中起出奇門書四本，詞語單一紙。單內詞語云：

> 生來困苦實多，誰料平地又風波；內外皆是奸魔，吾若得
> 志除缺，那管親舊全捉，存心忍耐悟知覺；躲出天網地羅，
> 笑哈哈笑哈哈，任平鬼魈消破⑦。

山東巡撫徐績指出詞語單內如「平地又風波」、「躲出天網地羅」二句同涉僥倖脫罪之意；「內外皆是奸魔」、「吾若得志除缺」等句，更屬包藏禍心，尤爲可惡⑦。孔萬林又供出《五女傳道書》藏於其兄孔興巳家中，隨後在孔興巳家中搜出《五女傳道書》及無名經書各一本。山東按察使國泰指出《五女傳道卷》，雖然是邪說，但尚無悖逆等句。在無名邪書內有「走肖木易卯金刀來爭戰」等語。據孔興巳供稱無名邪書內的隱語是指趙楊劉朱四姓起事之人⑧。孔萬林素日與劉省過熟識，俱傳習收元教，孔萬林家中起出的歌單及孔興巳家藏無名經書，俱被官府指爲悖逆不法。由於收元教傳習已久，信徒眾多，分佈甚廣，影響久遠。

　　乾隆年間，山東王倫率領清水教起事，其規模較老官齋更大。官方文獻與私家記載對王倫所領導的教派名稱及其信仰觀點，並不一致。山東壽張縣捐納吏目杜安邦曾被王倫徒黨掠去，後來脫出。據杜安邦稟稱，「王倫等實係白蓮邪教」⑧。山東巡撫徐績具摺時亦稱王倫倡立白蓮教名色，起意聚眾謀反⑧。乾隆三十九年（1774）十月初二日〈內閣奉上諭〉有「明季山東徐鴻儒興

白蓮教，擾害城邑居民，蔓延至二十年之久」等句⑧。或因徐鴻在山東傳習白蓮教，所以官府多稱王倫傳習的教派就是白蓮教。但是官方文獻中所稱「白蓮教」，只是一種泛稱，並未查明其教派原名。大學士舒赫德奉命查辦王倫教案，他具摺時指出，「查山東河南邪教一事，雖不敢顯稱白蓮教，而清水教、無爲教等名色，其實則一，以避劫之語，煽惑愚民，故從者動至千百人。」⑧山東巡撫楊景素具摺時亦稱，「逆匪王倫，聚衆謀爲不軌，先由邪教而起，有白蓮、白陽、清水教各種名色。始則念經聚會，斂錢哄騙，漸則散布邪言，學習拳棒，以致流爲叛逆。」⑧王倫起事前已有清水、無爲、白陽等教門，由「不敢顯稱白蓮教」等語，可知王倫並未自稱白蓮教，白蓮教名目是他稱。俞蛟與王倫同時代，曾目睹王倫起事，著有《臨清寇略》等書，原書有一段記載說：

> 先是五月間，四鄉忽起訛言，清水教主招聚訓練，擇八月
> 二十八日起事矣。或問起事云何？曰：殺官劫庫藏。察之，
> 每村果有賊目數人，教習鎗棒，聲言飲水一甌，可四十九
> 日不食，因名其教爲清水云。時未知渠魁爲王倫也⑧。

教中相傳天下將有四十五天劫數，入道運氣不吃飯的人纔能避過劫數，飲水一甌，四十九天不吃飯，相信可以避過四十五天的劫數，因爲飲用清水，所以叫做清水教。佐藤公彥據《清高宗純皇帝實錄》等記載推測清水教是八卦教中震卦的別稱或流衍。馬西沙則認爲事實上並無任何史料可以證明八卦教中震卦教與王倫清水教的組織聯繫⑧。馬西沙認爲清水教是八卦教異名同教，王倫清水教是整個清水教的一個旁枝。山東單縣人劉佐臣倡立五葷道收元教，教中供清水三杯，所以又稱清水教。王倫信奉創教人劉佐臣及其宗教思想，但王倫教中則飲水一甌，與正宗清水教有相

當大的差異。王倫清水教並不是一個單純的宗教組織。乾隆三十六年（1771），山東荷澤縣曾破獲以王中爲首的清水教。

王中即王中玉，是山東荷澤縣人，父王志誠，行醫爲業，又傳習靜功，手錄運氣歌訣一本，王中學習外科醫理。乾隆三十五年（1770）十二月，王志誠病故，王中繼承父業，替人醫治瘡毒。乾隆三十六年（1771）六月間，王中因醫術不行，貧難餬口，起意編書勸善，圖騙銀錢，於是將運氣歌訣參以平日所聞鄙俚歌曲添造勸善語句，裝訂成冊，改名《行善書》。另用黃布二尺餘，上寫中天、先天、後天等字作爲牌位，安設在家，供以清水三杯，清晨點香拜誦，起名清水教。王中曾收濮州人龍居涇爲徒。李孟鐉、李孟鈵與龍居涇同村居住，種地爲業，龍居涇將清水教轉傳李孟鐉、李孟鈵。喬國才祖籍在直隸長垣縣，寄居臨潁縣推車度日。乾隆三十六年（1771）八月，喬國才推車至濮州，路過李孟鈵家，遇雨投宿，乏錢買飯，李孟鈵見其饑餓，給與飯食。李孟鈵告知自己信奉清水教，勸令喬國才入教，喬國才即拜李孟鈵爲師⑧⑧。諶梅是臨潁縣人，推車度日，與喬國才相好。是年十二月間，喬國才到諶梅家，勸令諶梅入教，來生得有好處，諶梅即拜喬國才爲師。吳克己籍隸河南確山縣，寄居山東曹縣。乾隆三十六年（1771）間，吳克己拜山東荷澤縣人布偉爲師，入劉省過清水教，傳有靈山禮茶歌等歌詞⑧⑨，布偉就是王中的義兄弟。清水教流傳雖然甚廣，但是王倫所傳習的清水教是否傳自王中的清水教，二者有無組織上的關係，學者的看法，並不一致。鈴木中正認爲王倫所傳習的清水教，可能傳自王中，因爲王倫的家鄉壽張縣與王中傳習清水教的荷澤縣，在地理位置上相距不遠，而且王倫傳習清水教的時間，與王中傳習清水教的時間，大體相近。因此，王倫的傳教活動，不會不受到鄰縣王中的影響。王倫

的治病術傳自袁公溥，而袁公溥有可能傳自王中⑨。濮文起認爲
清水教本爲八卦教的另一稱謂，王倫襲用了八卦教的這一教名，
它是一個不在劉氏教首宗支派系的八卦教流裔，與劉氏教首宗支
的八卦教有著本質上的區別⑨。秦寶琦認爲山東荷澤縣人王中所
傳清水教，實際上傳自劉佐臣創立的五葷道收元教，也就是後來
的八卦教。看來王中在荷澤所傳清水教與王倫在壽張、堂邑一帶
所傳清水教，雖然沒有史料說明二者間有無橫的聯繫，但它們都
來源於劉佐臣創立的五葷道收元教即八卦教，卻是毫無疑問的了。
乾隆三十七年（1772），王中在荷澤縣破案，教中李夢炳在河
南臨穎縣所傳邪書內有「平胡不出周劉戶，近在戊辰己巳年」一
語，曾被乾隆皇帝定爲「大逆」之罪，所以王倫在傳徒時，便竭
力迴避自己所傳清水教與王中清水教之間的關係，以避免遭到官
府的查禁和使一般群衆望而卻步，不敢加入⑨。誠然，王中所傳
清水教與王倫所傳清水教都來源於劉佐臣的收元教的說法，是較
爲符合歷史事實的。

　　王倫是山東壽張縣黨家店人，兄弟四人，王倫居長，依次爲
王眞、王樸、王淑。俞蛟著《臨淸寇略》對王倫其人有一段描述
說：

　　　　倫，陽穀人，貌魁岸，性狡譎，多力，有拳勇。嘗爲縣役，
　　　　因事責斥，無以爲生；遂攝方書，爲人治癮瘍，頗驗。擇
　　　　受病男婦之精悍者，不受値，均感其惠，願爲義兒義女，
　　　　以報德。又詭稱遇異人，授符籙，能召鬼神諸邪法，以惑
　　　　愚民，積十餘年，而奸黨遍諸各邑⑨。

據王倫三弟王樸等人供稱，王倫兄弟是壽張人，而不是陽穀人。
據教犯閻逢源供稱，王倫年約四十餘歲，身長四尺，鬚長五寸，
素日爲人治病，家有地一頃五、六十畝。王倫時往堂邑縣，學習

拳棍，凡入教之人，俱稱王倫爲教主⑭。王樸也供出王倫的師父是張既成，張既成的師父是袁公溥⑮。大學士舒赫德具題時也指出，王倫之師張既成是陽穀縣黃塚人，張既成妻弟張克印現在行道。張既成之師袁公溥是東阿縣馬山頭人，王倫於乾隆十六年（1751）拜張既成爲師⑯。袁公溥平日行醫，原會推拿，常出外與人治病。張既成是木匠，時常爲王倫修蓋房屋。王倫藉邪術惑人入道，山東巡撫徐績具摺奏稱，「親見賊人內有持刀疾走，宛如獼猴之人，餘亦不避鎗砲」等語。德州城守尉格圖肯齊摺家人亦稱，聞外間謠言，「賊夥往來行走，有忽見忽不見之語。」乾隆皇帝認爲「障眼隱身之法，本不足信，既或有之，亦不過一兩人，邪術暫時迷惑衆人，斷不能使成群逐隊之賊黨盡皆隱迹不見。」⑰

　　王倫不僅傳授巫術咒語，還教習運氣練拳。壽張縣人梵偉，從幼出家，在南台顯慶寺出家，因其法名梵偉，人多稱爲梵和尚。據梵偉供稱，「我與王倫同縣認識，王倫素日會煉氣使拳棒，各處招人學習，認爲徒弟，我於今年四月也跟他學習，他教我使雙刀運氣，我也能四、五日不喫飯，稱他爲師父。」⑱教中傳習的武藝，除了使用雙刀運氣外，也傳授各種拳法。據山西壺關縣人張九錫供稱，「這義和拳三字，係我從前在冠縣聽得人說王倫是義和拳，其實是義和？是義合？我原不知道的是實。」⑲乾隆三十九年（1774）九月二十九日〈寄信上諭〉中亦稱，「此等奸民，俱由白蓮教而起，又名義和拳，煽惑鄉愚，擾害不法。」⑳王倫除了教習義和拳外，也傳習七星紅拳㉑。此外，也傳習八卦拳㉒。

　　王倫平日教人運氣，習練拳棒，糾人入道。據堂邑縣人王經隆供稱，「那壽張縣的王倫，平日敬奉眞武，稱天爲無生父母，

素習煉氣拳棒，收徒傳道，有三年多了。」[103]王倫從乾隆三十五、六年（1770-1771）間就開始收徒傳道。王倫在眾徒弟中收王經隆、閆吉祥、李桐、李玉珍、趙煥、艾得見、邵然、趙大坊、李世傑、丁若金、趙玉佩、溫炳、李贊一、李得申、徐足、張百祿、趙傳、景淑等十八人爲義子。王經隆被捕後供出，「王倫的徒弟們在壽張、陽穀、堂邑、臨清各處，轉輾糾合入道，近年來約有五、六百人。王倫稱呼學習煉氣不喫飯的爲文徒弟，演習拳棒的爲武徒弟。」[104]在徒弟中孟燦的拳腳很好，王樸也會教武藝，梵偉只會過陰。陽穀縣人李貴曾任教中傳事官，常在王倫跟前伺候。據李貴供稱，「王倫平日運氣，教拳棒，常和梵偉講過陰做夢的話，又會捉邪治病，各處的人多有隨他入教做徒弟的。從前梵偉過陰回來，曾說王倫是收元之主，眞紫微星，眾人越發信服他了。」[105]李貴供詞反映了王倫與收元教的關係。王倫常藉「捉邪治病」吸收信徒。壽張縣賈家莊人李桐也供稱，「去年我害了病，王倫替我治好，我沒有謝他，因此，就拜他爲義父。他教我運氣，我都學不會，學了幾天拳棒是眞。」[106]玄武爲北方之神，因避諱康熙皇帝玄燁御名諱，而改稱眞武，王倫敬奉眞武。臨清州人李旺向來販賣豆腐乾生理，據李旺供稱，「素與王經隆認識，知道他會煉氣，不喫飯。我要學他的道，於本年六月初六日拜認爲師，學習煉氣，不曾煉成。王倫的三兄弟王樸認我爲乾兒子。王倫平日敬奉眞武，稱天是無生父母，每日在院子或空房內禮拜磕九個頭，常對人說，他是收元之主，眞紫微星，將來有四十五天劫數，要不喫飯的人纔能過劫的話，我都是知道的。王倫還能替人醫治邪病，故此眾人都信服他。」[107]王倫禮拜無生老母的儀式，多在院子或空房內進行，要磕九個頭。王倫宣稱，天下開黃道者有七十二家，專等一家來收元，王倫是眞紫微星，就是收元之主。王

倫也傳授咒語，對敵打仗時念著咒語說：「千手攏萬手遮，青龍白虎來護著，求天天助，求地地靈，鎗砲不過火，何人敢攏我。」⑱由於清水教信眾與日俱增，王倫遂有起事顯道的計劃。據教犯張百祿供稱，王倫稱孤道寡的話是聽見他的舅舅孟燦說王倫做了夢，「夢見他自己是條龍，將來貴不可言」⑲。王經隆供出王倫起事的原因，「我們百姓都受皇上恩典，今年壽張等處，年歲俱各有收，並不荒歉，實因平日跟著王倫學習拳棒運氣，他說現在正遇劫數，必須不喫飯的人，方能過劫。又說他是收元之主，真紫微星，我們見他能多日不喫飯，拳棒又好，大家信服了他，就該死跟著他造反了，並不是地方荒歉，難受饑寒。」⑩荒歉饑寒並不是清水起事的原因，王倫傳習清水教後，隨著教派勢力的日益強大，於是逐漸萌生推翻現狀的野心。

　　乾隆三十九年（1774）八月間，因官府將派人查拏王倫，王倫於是決定提前起事。據王樸供稱，「今年八月，有縣裡的民壯劉煥，也是他的徒弟，來送信說官府知道我們煉氣不喫飯，是邪教，要差人指拿，我哥哥王倫就約會了梵偉、閆吉仁、艾得見、丁若金、李桐、李贊一、閆吉祥等七人商量造反。」⑪起事計劃是在王倫家中進行的，是年八月二十四日，王倫邀約梵偉等七人到自己家中商議。梵偉被捕後供稱，「聽見有人出首我們邪教，文武官要查拏，不如我們先行動手，他就自稱為真紫微，封我為元帥，因我係和尚，眾人遂稱我為軍師，約定二十八日半夜子時起事。」⑫孟燦等人被封為元帥，是年八月二十五日，王倫差遣孟燦前往張四孤莊約會王經隆傳集信眾同往壽張縣接應。王經隆隨後傳集入道的四百多人，要他們各帶小刀一把到王經隆莊上吃肉過劫。八月二十七日，王經隆率領信眾在莊上將素日有仇的劉四家放火殺害起手，動身前往壽張縣迎接王倫。八月二十八日一

更時分，梵偉等率衆至壽張縣城門外。四更時分，王倫徒弟充當縣衙民壯的劉煥帶了二十餘人爬進城內開門放人入城，擒殺知縣沈齊義，搶得庫銀一千兩，遂佔領壽張縣城。八月二十九日，迎接王倫入城，信衆稱王倫爲主子，行禮時磕八個頭。九月初三日，王倫攻破陽穀縣城，殺害縣丞、典史，釋放監犯。九月初四日，攻破堂邑縣，殺害知縣陳枚。王倫認爲壽張、陽穀、堂邑等縣，地方窄小，城牆低矮，不能據守，臨清州城大堅固，計劃攻佔臨清州，安頓駐守，然後北上。九月初七日，屢攻臨清新城不下，信衆被官兵殺了三、四百人。臨清舊城周圍四十里，九月初八日，信衆至舊城東南門外駐紮。王經隆手下季國貞獻計搶奪糧船搭蓋浮橋，並派人在浮橋兩岸防堵。九月初十日，信衆攻破舊城，佔住民房，京兵隨後抵達臨清，將舊城四面圍困。雙方激戰。王倫以邪術驅兵作戰，官兵亦以邪制邪。捐納吏目杜安邦具稟指出，「賊人常時前後混喊鎗砲不過火，及攻臨清之日，賊人跑回亂喊說此處出了能人了，遠見城上有穿紅的女人了，城牆抹了黑狗血，破了法，鎗砲竟過火了。」軍機大臣將黑狗血一節訊問教犯後，據教犯李旺供稱，「這是頭一次攻臨清西門的事，這一次王貴在前，攻城時，城上施放鎗砲，王貴的眼被打瞎，跑轉回來，說是城上有女人破了法了。那時我也遠遠望見城上有兩個披著頭髮的女人，一個騎在城垛上溺尿，這一次我們的人被鎗打死的狠多。」⑬孟燦亦供稱，「攻臨清時，聽見王倫說，城上有穿紅的女人，光著下身，抹著血溺尿，把我們的法破了。」鎗砲不過火，就是相信鎗砲不傷人，不怕刀鎗。民間秘密宗教常藉刀鎗不入的「邪術」，以激勵信衆衝鋒陷陣。官兵亦以「邪術」還施彼身，王倫起事終歸失敗。王倫在臨清舊城中箭敗退後於九月二十八日見官兵圍困緊急，於是焚樓燒死。十月初四日，〈寄信上諭〉中指出王倫起

事以來，教犯被擒獲者共一千七百十六名，其中訊供後處決者計三百四十三名，正在審辦者計一千三百七十三名⑭。王倫等要犯的祖墳俱被官府刨掘燒燬。兗州府知府福森奉命將王倫曾祖、祖父、父親等墳墓刨掘後具稟稱，王倫曾祖、祖父棺木已腐壞，王倫之父已葬五年，棺猶發熱，屍面長有白毛，容顏如生。兵役隨即用兵器將其屍身撲碎，腦漿迸流，尚有鮮血⑮。王倫起事失敗後，清水教等教派遂遭受重大的打擊，查禁更加嚴厲。

第三節　乾隆朝後期民間秘密宗教的活動

民間秘密宗教是民間下層文化的重要內容，它是基於鬼神信仰而形成的地方祭祀共同體。乾隆朝後期，由於地方共同體的趨於多元化和複雜化⑯，民間秘密宗教，一方面由於各大教派的規模明顯擴大，組織日趨嚴密，社會整合力逐漸加強，經費充足，勢力更加雄厚，一方面由於祭祀團體的趨於多元化，各小教派也是此仆彼起，相當活躍。因此，探討民間下層文化的內容，不能忽視民間秘密宗教的活動。為了便於說明，先將乾隆朝後期民間秘密宗教各教派案件的分佈，列出簡表如下：

乾隆朝後期（1776－1795）教案分佈表

年　　　　　　　月	教派名稱	分　佈　地　點	備　註
乾隆四十二年（1777）	混元教	河南	
乾隆四十二年（1777）	沒刦教	河南	
乾隆四十二年（1777）	離卦教	山東館陶縣	
乾隆四十二年（1777）	元頓教	甘肅河州	
乾隆四十三年（1778）	源洞教	山西安邑、陽曲等縣	收源教
乾隆四十三年（1778）	義和拳門	山東冠縣	

乾隆四十三年（1778）	震卦教	直隸元城縣		
乾隆四十三年（1778）	乾卦教	直隸元城縣		
乾隆四十四年（1779）	混元教	河南商邱縣		
乾隆四十五年（1780）	白蓮教	山東曹縣		
乾隆四十五年（1780）	八卦教	直隸		
乾隆四十五年（1780）	紅陽教	山西平遙縣		
乾隆四十五年（1780）	空字教	湖北孝感縣		
乾隆四十六年（1781）	羅祖教	湖北應城縣		
乾隆四十六年（1781）	羅祖三乘教	江西贛縣、四川巴州		
乾隆四十六年（1781）	羅祖教	安徽亳州		
乾隆四十六年（1781）	無爲教	山西介休縣		
乾隆四十六年（1781）	離卦教	山東館陶縣		
乾隆四十七年（1782）	混元教	安徽亳州		
乾隆四十七年（1782）	白蓮教	河南虞城等縣		
乾隆四十七年（1782）	震卦教	山東單縣		
乾隆四十八年（1783）	天一門教	直隸清豐縣		
乾隆四十八年（1783）	紅陽教	山西平遙縣		
乾隆四十八年（1783）	八卦教	山東鄒縣		
乾隆四十八年（1783）	收元教	直隸南宮縣		
乾隆四十八年（1783）	震卦教	山東菏澤縣		
乾隆四十八年（1783）	八卦教	直隸南宮縣		
乾隆四十九年（1784）	羅祖教	湖廣德安府隨州		
乾隆五十一年（1786）	儒門教	河南永城縣		
乾隆五十一年（1786）	八卦教	直隸元城縣		
乾隆五十一年（1786）	泰山香會	山東鄒縣		
乾隆五十一年（1786）	震卦教	直隸開州		
乾隆五十二年（1787）	坎卦教	山東鄒縣		
乾隆五十二年（1787）	白陽會	直隸蠡縣		
乾隆五十二年（1787）	消災求福會	山東歷城縣		
乾隆五十二年（1787）	念佛會	直隸南信縣		
乾隆五十二年（1787）	三佛會	直隸文安縣		
乾隆五十三年（1788）	悄悄會	陝西寶雞縣		

乾隆五十三年（1788）	白陽教	陝西扶風縣
乾隆五十三年（1788）	震卦教	山西壺關縣、直隸大名縣、河南內黃縣
乾隆五十三年（1788）	八卦教	直隸開州
乾隆五十三年（1788）	邱祖龍門教	直隸任邱縣
乾隆五十四年（1789）	震卦教	山東菏澤縣
乾隆五十四年（1789）	三益教	河南新野縣
乾隆五十五年（1790）	三陽教	安徽太和縣
乾隆五十五年（1790）	收元教	湖北穀城縣
乾隆五十六年（1791）	八卦教	貴州貴筑縣
乾隆五十七年（1792）	西天大乘教	陝西安東縣
乾隆五十八年（1793）	西天大乘教	湖北襄陽縣
乾隆五十九年（1794）	無無教	浙江仙居縣
乾隆五十九年（1794）	三陽教	甘肅
乾隆六十年（1795）	儒門教	河南商邱縣
乾隆六十年（1795）	長生教	浙江蕭山縣
乾隆末年	末劫教	山東單縣

資料來源：《軍機處檔·月摺包》、《宮中檔》、《上諭檔》。

由前列簡表可知乾隆朝後期民間秘密宗教案件，包括：混元教、沒劫教、離卦教、震卦教、乾卦教、坎卦教、八卦教、元頓教、源洞教即收源教、白蓮教、紅陽教、空字教、羅祖教、羅祖三乘教、無爲教、義和拳門教、天一門教、儒門教、白陽會、消災求福善會、念佛會、三佛會、悄悄會、邱祖龍門教、三陽教、三益教、西天大乘教、長生教、末劫教等。收元教的宗教組織分隸八卦，乾卦教、離卦教、震卦教、坎卦教等都是八卦教的分支，也都是屬於收元教的系統，乾隆朝後期，八卦教的勢力日趨強大。至於空字教、天一門枚、儒門教、泰山香會、消災求福善會、念

佛會、三佛會、悄悄會、邱祖龍門教、末劫教等新興諸小教派的
活動，也值得重視。各教派的地理分佈，主要在直隸、山東、山
西、河南、甘肅、安徽、江西、湖北、陝西、浙江等省境內。此
外，在貴州境內也出現八卦教案件，大致而言，各教派盛行的地
區，主要在長江以北的地區，北方各省教案，屢見不鮮。

　　混元教雖經官府屢次取締，但其活動，並未停止。其中楊集、
樊明德等人的傳習混元教，受到地方大吏的嚴厲查禁。焚明德又
作樊鳴德，他是河南歸德府鹿邑縣人，務農度日，兼習醫道。乾
隆三十九年（1774）正月間，樊明德罹患疾病，有素好的余成
明前往探視，言及楊集能為人治病，頗有效驗。樊明德即託余成
明延請楊集至家，醫治痊癒。楊集傳給樊明德《混元點化經》、
《大小問道經》各一本，及請神疏頭一紙，聲稱傳自仙人，勸令
樊明德每晚燒香。先念疏頭，默通姓名，後念問道經，可以獲福
消災，死後不入地獄，世世轉生好人。楊集又囑咐樊明德不可宣
露《混元點化書》。樊明德獲得諸書後，開始習念經疏，並起意
倡立混元教名目，勸人學習，圖騙錢文。每年清明，五月十五日、
九月初十日、十二月初一等日，在樊明德家中聚會念經。樊明德
編造「波彌勘，波彌天」口訣二句。在《大小問道經》內如換乾
坤、換世界、反亂年、末劫年等句，《混元點化書》中如末劫年
刀兵現、龍虎二將中元鬥、三十六將臨凡世、二十八宿臨凡世等
句，都被官府指為悖逆⑩。

　　乾隆三十八、九年間（1773-1774），楊集從河南至安徽亳
州，藉行醫為名，傳有經咒，有梁朝富、王仲、丁洪寬等人先後
請楊集治病，並拜楊集為師。乾隆三十九年（1774）三月間，
安徽亳州人丁洪奇同張菊至河南鹿邑縣販賣草帽，寓居樊明德家，
並拜樊明德為師。丁洪奇將《大小問道經》、《混元點化書》等

經本抄回念誦，後來又引進其胞兄丁洪度等拜樊明德爲師。後來丁洪度收河南陳中禮等人爲徒⑱。乾隆四十年（1775）正月間，河南鹿邑縣人侯子欽拜秦玉樓爲師，入混元教。同年三月間，河南鹿邑縣知縣沈佐清訪知混元教聚衆斂錢，而將樊明德、樊宗年等人一併拏獲，經署河南布政使榮柱等審訊。樊明德供出入教者有三十七人。隨後在毗連鹿邑縣的安徽亳州拏獲丁洪奇、張菊等人。同年四月十二日，《寄信上諭》指出，混元教與收元、無爲及白蓮等，均屬同教異名⑲。六月二十四日，混元教要犯王法僧隨其父王懷玉逃赴安徽阜陽縣瓦店集空廟內。次日，王法僧赴集買食，隨後被捕。樊明德、楊集、丁洪奇、張菊等分別審擬斬絞。鹿邑縣人劉松也是重要教犯，他與王法僧等人問擬軍罪，於乾隆四十（1775）、四十一（1776）等年先後充發甘肅隆德縣地方。王懷玉、丁洪度等逃匿在外。乾隆四十二年（1777）二月，教犯田恒業見前案久結，起意興教斂錢，於是往見教首侯子欽，告以欲假王懷玉之名，收徒斂錢，侯子欽允從，田恒業即拜侯子欽爲老師傅。乾隆四十三年（1778），丁洪度潛回安徽亳州原籍，與陳中禮商議復興混元教。乾隆四十五年（1780），劉松的兒子劉四兒前往配所，同在隆德縣北關外居住，開張雜貨店。乾隆四十六年（1781）十二月，陳中禮赴山東曹縣賣酒，勸令朱邦賢等人入教。乾隆四十七年（1782）二月，朱邦賢由陳中禮引至安徽亳州，往見丁洪度，探聽王懷玉下落⑳。同年三月間，陳中禮返回河南原籍後被捕。同年六月，安徽破獲復興混元教案件，逮捕田恒業、丁洪度等三十三名，將田恒業、丁洪度等擬斬決，餘犯張珩等三十一名分別斬候或發遣。乾隆四十八年（1783）六月，在龍勝城外拏獲教犯許明德等四人，在行李內搜出混元派牒文一張，供出是由平樂府武生吳姓抄給㉑。

　　教首劉松曾收安徽太和縣原香集人劉之協爲徒，混元教破案時，劉松未將劉之協供出，以致漏網未獲。劉之協所傳混元教，又稱清淨混元教。據亳州張村集所拏獲的教犯任梓等供稱，曾入清淨混元教，拜劉之協爲師，口授歌詞⑫。乾隆五十三年（1788）三月，劉之協前往隆德縣配所探望劉松，商議復興混元教。因混元教破案已久，人多不信，必須另立教派名稱，於是商定改名爲三陽教，並將混元教內《混元點化經》改爲《三陽了道經》，靈文則改爲口訣。劉之協又恐不能動衆，又與劉松商量，欲覓一人，稱呼牛八，湊成「朱」字，指稱明朝嫡派，將來必然大貴。又指劉松之子劉四兒爲彌勒佛轉世，保輔牛八，入其教者可免一切水火刀兵災厄，並推劉松爲老教主。劉之協收湖北襄陽縣人宋之清等爲徒，信徒日衆，所斂得的根基銀兩，即由劉之協、宋之清陸續送交劉松收存⑫。乾隆五十三年九月，宋之清令其徒宋顯功同李殿邦到隆德縣配所送給劉松根基銀五十兩，面見劉松、劉四兒父子。是時，劉四兒年約八、九歲⑫。每逢送銀到日，劉松即用黃表紙一張，對天燒化，口念靈文經句，爲奉獻根基銀兩的善男信女消災祈福。

　　安徽太和縣人阮志儒與劉之協鄰居素好，乾隆五十五年（1790），劉之協勸令阮志儒等人入教，並告知此教本名混元教，改作三陽教，甘肅老教首劉松之子劉四兒是彌勒佛轉世，每年出錢，送往打丹，可免瘟疫水火等災。阮志儒等聽信，即拜劉之協爲師。劉之協即傳授靈文口訣、護身咒及《三陽了道經》中經句。劉之協所傳歌句是「清清涼涼棟梁材，翻三四五正午年；大家都到龍華會，候著佛法保周全」四句。教中供奉彌勒佛圖像，每月朔望，懸掛燒香禮拜⑫。

　　宋之清是湖北襄陽縣人，乾隆四十七年（1782），宋之清

到河南新野縣貿易，與宋文高熟識，宋文高傳給宋之清《太陽經》及靈文咒語。其咒語是「十門有道一口傳，十人共子一支丹，十口合同西江月，開弓射箭到長安」等句，宋之清送給宋文高根基銀一千文。乾隆五十七年（1792）冬月間，宋之清因貧難度，憶起宋文高已故，宋文高所授《太陽經》可以騙錢，於是與樊學鳴等商議傳教，陸續輾轉收徒多人⑱。教中捏稱彌勒佛轉世，必須學習西天大乘教，以躲避災難。劉之協因不能多斂銀錢，而於同年三月間前往劉松配所，告知劉松，宋之清另傳西天大乘教，並邀劉四兒前往湖北襄陽縣，與宋之清理論。宋之清以劉四兒不像彌勒佛，河南南陽人李三瞎子才是真彌勒佛，雙方歧見，未能溝通。隨後劉四兒返回隆德縣配所，劉之協則返回安徽，另覓太和縣人王雙喜作為牛八。宋之清宣稱彌勒轉世在河南登封縣無影山張家，假稱牛八朱姓，名叫朱紅桃。隨後有齊林、伍公美等人拜宋之清為師，後來伍公美又收樊學鳴為徒，樊學鳴又轉收蕭貴等人為徒。其中蕭貴是湖北襄陽縣人，乾隆四十一年（1776），蕭貴到陝西安康縣滔河種地營生。乾隆五十四年（1789）五月，蕭貴的妻弟樊學鳴到陝西來探望，適滔河痘疫流行，樊學鳴起意騙錢，代人燒香拜佛。同年閏五月內，樊學鳴被捕，解省枷責，遞還原籍管束。乾隆五十七年（1792）六月，蕭貴回至襄陽縣，樊學鳴告知蕭貴，有同縣人伍公美、宋之清傳習西天大乘教，揚言將有五魔下降、水火諸劫，必須尊奉彌勒佛，燒香念經，方能躲避。蕭貴請求入教，樊學鳴即令蕭貴發過誓願，先出根基銀一兩。樊學鳴用黃表紙開寫姓名，望空拜佛，念經焚化，稱為打丹。樊學鳴隨即給以《太陽經》、《靈文合同》二本，並粗為講解。乾隆五十八年（1793）三月，蕭貴回到陝西安康縣滔河，轉收蕭正傑等人為徒。蕭貴被捕後供出合同內所稱「十門有道一口傳」

是指周姓，「十人共子一支單」是指李姓，「十口合同西江月」
是指胡姓，「開弓射箭到長安」是指張姓，都是暗藏傳教人的姓
氏㉖。

　　湖廣、陝西、河南、四川等省境內拏獲的混元教要犯，其供
詞內容，頗有出入。陝甘總督勒保將劉松所供情節逐細參核後，
指出各省教犯供詞參錯之處，皆有因緣，節錄原奏一段內容如下：

> 劉松立教之始，劉之協與宋之清本合而爲一，迨宋之清自
> 行立教，與劉之協各立門戶，宋之清徒黨日多，各示新奇，
> 輾轉傳播，是以各省犯供互異。溯厥由來，皆因劉松等捏
> 稱雙喜兒爲牛八，劉四兒爲彌勒佛轉世而起。至各省拿獲
> 人犯，俱供其教傳自宋之清，自係宋之清收徒眾多，因此
> 皆知宋之清爲教首，而不知宋之清之上尚有劉之協，劉之
> 協之上尚有劉松。是此案邪教起自劉松，傳於劉之協，盛
> 於宋之清㉗。

由引文內容可知宋之清因信徒日眾，與劉之協互相爭教，於是另
立西天大乘教。劉之協原習混元教，後來改立三陽教。易言之，
三陽教、西天大乘教都是混元教系統的教派。劉松是混元教重要
教首，但是混元教起源很早，並非起自劉松。

　　三陽教是青陽教、紅陽教、白陽教的合稱。乾隆朝中期，紅
陽教屢遭取締，乾隆朝後期，紅陽教案件，更是層出不窮。山西
平遙縣人王毓山與王增元同村相好，王毓山之父王永福在日，曾
經傳習紅陽教，王增元拜王永福爲師入紅陽教後，與王毓山學習
念經。乾隆十一年（1746），因直隸紅陽教破案，查禁甚嚴，
王永福將經卷、佛像交給王毓山和王增元分開收藏，不敢行教念
誦。乾隆十七年（1752），王永福病故，王毓山出門經營生意，
王增元務農爲業。乾隆四十四年（1779）冬間，王毓山因買賣

折本，窮難度日，王增元亦因年老不能力作，兩人商同復興紅陽教，勸人消災求福，藉此獲取佈施錢文分用。王毓山、王增元擅長針灸治病，常爲近村居民治病，必俟病人痊癒後方始勸令入教，病人遂以紅陽教能消災治病而相繼加入紅陽教㉘。王毓山之子王治瓏亦隨同拜佛念經。平遙縣人渠閏甫，與王增元同村，乾隆四十五年（1780），渠閏甫拜王增元爲師，入紅陽教，吃齋念經，師叔王毓山、閻慶廷，師兄郭永都等十餘人，每年七月初四日，開堂做會一次，供奉飄高老祖，持誦《觀音普門品經》。乾隆四十六年（1781），郭全儀等人拜王增元爲師，入教念經。同年七月初四日，在王增元家起會，有段立基等六人，均因針灸病痊，前往佈施，王增元將段立基等六人及其妻姓氏列寫會簿，代爲保佑。乾隆四十七年（1782），又有王庭福等人投拜王增元爲師，村民許福貴等人，亦隨同入教，王增元給與許福貴《祖明經》一本。乾隆四十八年（1783），王訪才等人拜王增元爲師，入紅陽教，七月初四日，做會念經。同年十月，渠閏甫因欲充南政村外龍天廟住持，恐無經本攜帶，不能入廟，憶及曾見許福貴家藏有王增元所給《祖明經》一本，其經本封面書有「京都黨家老舖造賣經文」等字樣，並聞京城琉璃廠五聖菴有經本出售，隨後即將住房三間賣給堂兄渠成倉，得銀五十兩，於同年十一月初六日起身進京，行至直隸途中被保定府拏獲㉙。十一月二十七日，直隸總督劉峩移咨山西巡撫農起訪拏紅陽教的教首王增元等人。十一月二十九日，當山西巡撫農起馳抵平遙縣時，山西按察使長麟等已將王增元、王毓山等拏獲，起出經卷、佛像及會簿三本，內中開列紅陽教男婦姓名共三十三人。

　　《混元紅陽顯性結果經》、《混元紅陽臨凡飄高經》等都是紅陽教的重要寶卷，因此，紅陽教又稱混元紅陽教。乾隆四十年

三月間，奉天府尹德風在海城縣訪獲旗人劉得智等傳習混元紅陽教，此外，在錦縣、承德縣及牛莊等地訪獲一炷香如意教要犯。劉輝遠是直隸任邱縣人，莊農度日。乾隆五十三年（1788），劉輝遠拜新城縣人蘇敬爲師，學習邱祖龍門派下混元門紅陽教。蘇敬傳授「眞空家鄉，無生父母」八字眞言口訣，每逢朔望，聚會念經[130]。紅陽教因燒一炷香，所以又稱爲一炷香紅陽教。直隸衡水縣已革武生英凌霄，其家藏有祖遺印板《十王經》二本，圖像二軸：一軸是佩像及飄高老祖像；一軸是無生老母像。英凌霄之母英李氏在日，不時焚香禮拜圖像。乾隆五十六年（1891），英凌霄親戚胡德明因見英李氏燒香念佛，遂傳給大乘門教，即一炷香紅陽教，每逢朔望做會時，先用淨水洗臉，並在桌上用白石灰畫天地人圖像，燒香磕頭，念誦《十王經》，講解視聽言動四門，講畢，復用淨水洗臉，燒香磕頭而散。英凌霄隨後也拜胡德明爲師。胡德明口傳無字眞經歌訣，即「無生父母，眞空家鄉」八字眞言。並令英凌霄每日對太陽焚香磕頭，學習坐功運氣，聲稱功夫習成，可以消災延年，並修來世[131]。

　　直隸蠡縣人董敏，自幼吃齋讀書，其故祖遺存《收圓經》、《收元經》、《九蓮救度經》等寶卷，其父董可亮因不識字，並未翻閱。董敏粗知文義，學習唪誦，欲以誦經爲由，獲取錢財，起意將《收圓經》等寶卷抄寫成曲，易於歌唱，先後收段雲等爲徒，成立白陽會友，共同歌唱佛曲，唪誦經文。村中善男信女布施香錢一、二十文不等，隨同入會。完縣人郭林也是自幼吃齋，向與內邱縣人劉進心結爲善友。劉進心告知山西長子縣有人刊刷歌單，以四張爲一副，兩張爲合同，兩張爲靈文，生時唪誦，可以獲福，死後一半燒化，一半放在胸前，即可成爲善人。乾隆五十一年（1786）六月，郭林跟同劉進心到山西長子縣，向田景

盛買取歌單二十餘副，由郭林先將歌單攜回。郭林在途中與董敏
撞遇，彼此談及吃齋念佛等事，並詢知歌單來歷。董敏欲將歌單
散賣，以圖獲取錢財。因郭林年長，董敏即拜郭林爲師，郭林隨
將歌單交給董敏持回，賣給村民，每張賣京錢一、二百文，每副
賣四、五百文不等。董敏等被捕後，先經直隸總督劉峩審擬，將
董敏依律擬斬，請旨即行正法；郭林擬絞監候。劉峩具摺奏聞後，
由軍機大臣議覆具奏。軍機大臣所援引的律例包括：㈠造讖緯妖
書妖言惑眾者斬監候；㈡左道異端之術，燒香集眾，煽惑人民，
爲首者絞監候；㈢左道惑眾爲從者，發邊遠充軍；㈣知人犯罪而
恐嚇取財者，以枉法論，枉法贓五十五兩，杖一百流三千里。軍
機大臣授引律例後作出了以下的判決：

> 此案董敏私將祖遺邪經抄襲成曲，詞多違悖，並創立白陽
> 會名，收段雲爲徒，雖詞無謀爲不軌情事，但其編造歌曲，
> 惑眾斂錢，實屬不法，未便僅照尋常左道爲首律擬絞，董
> 敏應如該督所擬照造讖緯妖書妖言惑眾者斬律應擬斬監候，
> 請旨即行正法。郭林既知董敏係白陽會首，復將歌單令董
> 敏散賣，雖現在查閱歌單俱係鄙俚字句，不至如董敏自編
> 歌曲多違悖，但該犯聽董敏拜伊爲師，其自認爲左道之首，
> 已屬顯然，未便因歌單傳自田姓，並未自行立會，稍爲寬
> 縱，郭林亦應如該督所擬依左道異端之術煽惑人民爲首者
> 絞律擬絞監候，秋後處決，該犯情節較重，應請入於本年
> 秋審辦理⑱。

由引文內容可知直隸總督與軍機大臣辦理董敏白陽會案件的態度
是彼此一致的。至於隨同董敏入白陽會的王芒兒等七犯，直隸總
督劉峩按照左道惑眾爲從發邊遠充軍例改發雲貴兩廣充軍，至配
所各折責四十板。軍機大臣議覆時指出奉天、吉林等處，例係停

發，但與其將王芒兒等七犯發往雲貴兩廣仍屬內地，恐尙有惑衆不法情事，而黑龍江非若奉天、吉林之有民人者可比，不若改發黑龍江分給索倫等爲奴，各犯無從煽惑。因此，議覆將王芒兒等七犯改發黑龍分給索倫等爲奴。

　　民間秘密宗教以過去青陽、現在紅陽、未來白陽爲上中下三元，因此，三陽教又稱爲三元會。康熙年間，山東館陶縣遊方道士劉姓自稱受天花玉皇差遣，普度衆生。因身穿白衣，他所傳的教門，就是白陽會。劉姓道士在陝西扶風縣演唱道情，有扶風縣民楊添壽等人拜劉道士爲師，傳有抄本《皇極經》、《數珠經》各一本。劉道士自稱是無相天花，楊添壽則稱藍玉寶花。劉道士身故後，葬於扶風縣東觀村內。楊添壽收李德沛、姚繼業、楊忠三人爲徒。李德沛、姚繼業因欲演唱道情，所以傳習《數珠經》、《皇極經》。李德沛自稱是勝景龍花，姚繼業自稱是護法。楊忠因腿有殘疾，不能出外演唱，只向人傳授尋常念誦的《太上功課經》、《元門施食經》二卷。楊忠後來又收呂良棟爲徒，李德沛赴各處雲遊，演唱《數珠經》內水火刀兵災厄的預言。乾隆三十六年（1771），有寶雞縣民楊加與李德沛相遇，李德沛告知寶雞地方今年當有兵馬之災，楊加轉告雷得本。同年十月，適值金川用兵，寶雞縣曾有兵差經過，雷得本遂信其說。乾隆四十二年（1777），雷得本在寶雞縣境內玉皇山遇見李德沛，相邀到家。李德沛預言將來尙有大難，念經可以躲避，並告知已故劉道士等人的傳教原委，教中尊劉道士爲白衣祖，楊添壽爲接法祖，李德沛自稱是續法祖。因雷得本手掌粗亂碎紋是梅花井字紋，是天盤梅花，因此，可以傳經授教，雷得本即拜李德沛爲師，送錢七百五十文。李德沛即將《數珠經》、《皇極經》內大意當面講解，並口授〈上大人〉等俚語一篇，稱爲《大成經》，令雷得本念誦。

乾隆四十四年（1779），李德沛身故。乾隆四十九年（1784），甘肅回亂，雷得本益信李德沛預言徵驗，即至李德沛家取經。李德沛之妻將家存《數珠經》、《皇極經》撿出給與雷得本。雷得本攜經回家後，見經內有「無影山可避災難」等句，於是自稱神仙，設立悄悄會，收侯榮、馬本、侯受廷、李文、王喜等五人爲徒。馬本識字能書，雷得本令馬本抄錄《數珠經》四本，《皇極經》一本，同原本分給李文等人。雷得本揚言勸人出錢入會，可以度脫災難。教中輾轉糾邀三百餘人入會，每人出錢一、二百文至一、二千文不等。其信徒分佈於鳳翔、寶雞、扶風、汧陽、隴州、岐山等州縣境內。在劉道士墳旁有三教廟一座，因被雨淋塌，楊忠欲圖另興白陽一會，在三教廟內聚眾燒香，希圖獲取錢財，欲與雷得本悄悄會並行傳教。於是假藉修理地方古廟爲名，與呂良棟等分頭募化。自乾隆五十二年（1787）春間起陸續募得錢二百餘千文，甫將三教廟宇修好，楊忠等人即被拏獲⑬。乾隆五十三年（1788），雷得本等男婦大小三百餘名口被捕，起出《數珠經》、《皇極經》等經卷。陝甘總督勒保等查閱各經卷後指出《數珠經》內悖逆語句，不一而足，例如「南方丙丁木易先要起」；「西北乾天李劉起，各引雄兵直止長安地」；「曲江池邊生下姓李家」；「小心鼠尾木易興，小心牛頭卯金龍」等句，俱屬違悖不法。

　　乾隆朝中期，由於嚴厲查辦民間秘密宗教，直省收元教的活動，受到官府的取締，教案層出不窮。教首劉省過因清水教一案，被判凌遲處死，後來改爲斬決，其弟劉省愆被判秋後處決，長子劉大洪被囚禁在單縣監獄，次子劉二洪脫逃，三、四、五子判給功臣之家爲奴。劉廷獻又名劉聞詩，是劉省過的族弟，當劉省過犯案時，劉廷獻受到牽連，與其子劉成立、劉成器、劉成林等被

發配新疆烏魯木齊，安插到濟木薩地方種地。劉廷獻到配所後，
仍進行復教活動。劉佐臣創立五葷道收元教之初，以八卦分徒，
曾指派侯棠掌管震卦一支，侯棠後人侯樸即侯尙安，也是八卦教
內重要教首。乾隆四十五年（1780），侯尙安爲了復興八卦教，
即藉口劉廷獻是劉佐臣子孫的名義，進行號召，並派直隸人徐卿
雲、山東人劉南喜到濟木薩尋找劉廷獻，告知劉省過死後，八卦
教無人掌管，欲推劉廷獻爲中天教首，總管八卦之事，劉廷獻應
允。乾隆五十一年（1786），大名府八卦教案件發生後，劉省
過長子劉大洪、次子劉二洪等人皆被處死，劉省過的本支便被澈
底消滅了。乾隆五十八年（1793），侯尙安又將所斂銀二千兩，
黃金若干兩，令徐卿雲等送往烏魯木齊，交給劉廷獻使用。孔萬
林被捕斬決後，坎卦分支各案教犯內王秉可遣戍，李之望等杖徒。

　　官府雖然嚴懲教犯，但直省收元教的活動，並未因此停止。
孫貴遠拜棗陽縣人李從呼爲師入收元教後，曾獲得《九蓮經》、
《苦難經》、《五女傳道》等寶卷各一本，咒語單一紙，李從呼
囑令收徒傳教，可以賺取錢文。乾隆四十九年（1784）冬間，
孫貴遠因病窮苦，憶及李從呼曾告知傳教可以騙錢，於是起意復
行收元教。同年十二月二十四日，孫貴遠路過王易榮家，告以收
元教吃齋念經，可以消災獲福。王易榮聽信，即拜孫貴遠爲師。
因適逢新年空閒，所以月餘之間，即有二十餘人聽從入教。乾隆
五十年（1785）二月初八日，襄陽縣兵役拏獲孫貴遠、王易榮
等二十六名[134]。

　　柳進心即劉進心，是直隸內邱縣人，莊農度日，曾拜唐山縣
人卜繼源爲師，入收元教。卜繼源給與勸善歌單四紙，告知是山
西長子縣教首田金台刊刻流傳。乾隆四十五年（1780），柳進
心與卜繼源偕赴山西貿易，至田景盛家，查詢有無舊存歌單。據

稱田景盛家中一切禁品，早已爲官府起獲。因歌單無存，卜繼源
遂起意翻刻漁利⑬。

　　王四即王崇仁，是山東館陶縣珠兒莊人，他與離卦教頭目張
爾素熟識，張爾素曾替王四醫病。乾隆四十二年（1777），張
爾素勸令王四入離卦教⑬。謝朝宗又名謝三麻子，是直隸清豐縣
人，平日飯賣糧食生理。乾隆四十八年（1783）八月間，謝朝
宗至同縣素識的鄭才家裡，鄭才告知震卦教，又叫天一門，燒香
行好，可以獲福，入教必有好處，謝朝宗即拜鄭才爲師，入了震
卦教。山東菏澤縣人步偉，原習八卦會震卦教，得有指路眞人名
號，曾引吳克己入教。乾隆四十二年（1777）十二月，步偉病
故。乾隆四十七年（1782），吳克己破案，供出步文斌爲步偉
之子，經審明後，將步文斌充發廣東德慶州，於乾隆四十八年（
1783）到配。步文斌供出震卦教的掌教王中是他的母舅，王子
重是王中的兒子。王文斌也供出震卦教中流傳四相歌，節錄原供
如下：

> 我們流傳的歌詞原不得一樣，都是編造的俚詞，因劉照魁
> 略解字義，所以傳他：一指東方他爲尊，陰陽二氣上下分，
> 八卦八開天地理，眞性纏得出崑崙的歌詞。這胡國吉們不
> 能記誦，我所以止教他們耳爲東方，眼爲南方，口爲北方，
> 鼻爲西方，早不向東，午不向南，晚不向西，夜不向北的
> 歌詞。他們也有記得八句的，也有只記得四句的。這四相
> 歌句因是太陽出入的時候，一切污穢事體禁忌，不可朝向，
> 可以消災得福。耳眼口鼻四句歌詞，也是勸人行正道，就
> 是視聽言動，非禮勿爲的意思，並無別的講解，這都是我
> 母舅王中傳我的是實⑬。

王中所傳震卦教四相歌，與朝拜太陽坐功運氣的教法不同。四相

歌的內容，因將一切污穢列爲禁忌，所以在太陽出入的時候，不可朝向，以求消災得福。

　　簡七是直隸南宮縣簡家莊人。乾隆三十四年（1769），簡七隨其姊夫鄧耀羽學習拳棒。寧晉縣高口人李成章因其地畝被水淹沒，遷至衛村居住。簡七聞李成章拳棒好，於是以大錢八百文爲贄禮往拜李成章爲師，學習拳腳功夫，後來李成章返回高口。乾隆四十六年（1781）正月間，簡七往高口拜年，李成章已兩腳患病成廢，告知簡七，自己原本是收元教內分掌兌卦的卦長，今已年老待死，兒子李可忠、李可德不足掌教，隨即取出白紙字本一件、黃紙字片一張、木戳三個，面交簡七，囑令如有願拜爲師者，即用黃紙照抄一張，背後填寫徒弟姓名，望空燒化，令其磕頭爲徒，兼可得受贄禮錢文，簡七應允。簡七因素不識字，向李成章詢問字片字本是何意思？入教有何好處？李成章告知黃紙內有「四相嚴謹，五行歸中」字樣，總說人之視聽言動，不可邪妄，教得好徒弟，愈多愈好，死後可以上昇。乾隆四十八年（1783）五月，李成章病故，兩年以來，簡七收溫大等六人爲徒⑱。

　　乾隆四十八年（1783）十一月間，刑部左侍郎姜晟奉命前往山東查審鄆城縣民王愼典呈控官吏濫行科派一案，十一月十九日，姜晟行抵新城途次，因南宮縣民魏王凱至京控告縣民李存仁等演習拳腳一案，內閣學士松筠口傳諭旨令其前往直隸南宮縣嚴查教案。同年十一月二十二日，姜晟馳抵南宮縣，查明魏家莊在南宮縣境內西南，相距縣城六里，居民將近百戶，魏姓居其六、七，居民多以做香爲業。簡家莊在魏家莊之南，相距六里。據簡七之子簡成供稱，其父所演習的拳棒，叫做小紅拳。山東冠縣人李坤先是收元教內分掌坤卦的卦長，平日販售粉皮生理。乾隆四十年（1775），李坤先到南宮縣出售粉皮，他見南宮縣人于聞

粗通文理，即勸于聞入教，並收附近村民邢金闕等人爲徒。乾隆四十七年（1782）三月，于聞聽說李坤先病重，即令邢金闕等前往冠縣探望，李坤先面囑邢金闕代書紅紙一張，寫明「坤宮執掌傳與于聞」字樣，令刑金闕轉交于聞。同年八月十五日，李坤先病故⑬，于聞正式掌管坤卦。乾隆四十七年（1783），安徽亳州人田恒業因復興收元教被捕正法，其胞弟田恒實即田恒時前往河南永城縣。乾隆五十一年（1786）三月間，田恒實因貧苦難度，起意倡立儒門教，編造「清清涼涼棟梁材，翻三五四正午年，大家都到龍華會，候著佛法保周全」四句歌詞，藉以騙錢度日，先後收亳州人康惠、永城縣人賈俊等人爲徒⑭。由此案可知儒門教是收元教的支派，由收元教衍生出來的新興教派。

　　樊永錫、樊永金兄弟是直隸清豐縣人，乾隆四十八年（1783），開州人郝成倡立東方震卦教，又名收元祖白羊會，收張法仲爲徒，張法仲轉收樊永錫兄弟等人爲徒，每年正月十五、三月十五等日，各出錢一、二百文聚會，燒香磕頭，祈求保佑來世。樊永金病故後，張法仲給與字紙一張，令其兄在樊永金墳上燒化，並口授「三點三山七竅開，整起圓光下天台，眞來投凡如一法，大本還原上天台，受過符下紙，好赴龍花來」咒語六句，樊永錫在墳前邊念邊燒。河南巡撫畢沅指出，樊永錫所習震卦會名色，即係八卦會的支派，口授咒語，亦屬誕妄。

　　山東館陶縣人李王氏及其夫李二和尙，住居縣境皮後頭村，乾隆三十年（1765）左右，有威縣不知姓名婦人到皮後頭村拾麥，李王氏留她居住，不知姓名婦人口授傳教歌詞，李二和尙則拜師入教。李二和尙身故後，李王氏將歌詞述與義子劉繼康抄寫。乾隆五十年（1785）二月，直隸廣平縣人段文經至李王氏家，拜李王氏爲師，入八卦教，充當卦長。據教犯王成功供稱，段文

經是個羅鍋子，他能運氣。有時將氣運至胸前，有時又運至背後。段文經曾經試驗給眾人看，所以纔信服他的⑭。元城縣人徐克展也是八卦教的卦長，他曾充元城縣衙役。山東單縣教主劉省過被拏正法後，八卦教各卦長仍奉劉省過次子劉洪即劉二洪爲教主。劉洪被拏後，即在單縣監禁。段文經、徐克展等人起意糾眾劫獄搶庫，於是通告各卦信眾定期擺會。元城縣人邢士花，平日種地度日，閒空時提錢占卦糊口。其占卦方法是用錢九個，團鋪地上，提繩穿銅錢百十文，口念「關王大士，無生老母」等句咒語，以錢動爲準。乾隆四十八年（1783）九月，邢士花拜徐克展爲師，入八卦教，被分在震卦。乾隆五十一年（1786）七月初一日，邢士花奉命進城至徐克展家。徐克展告知教中議定搶佔大名府，劫牢搶庫後往山東單縣監內救出教主劉洪，即令刑士花占出動手日期。邢士花占了一卦，是八月十五日起事。因所占日期太遠，恐人走漏消息，徐克展又令邢士花再占一卦，定於閏七月十五日起事⑭。

乾隆五十一年（1786）閏七月十四日，段文經糾合五十餘人，他們都有膂力，當天夜晚同至教中許三家燒香磕頭，以段文經、徐克展爲總頭，其餘分作五排，每排有頭目一人，充作軍師，帶領十人。第一排頭目是張君德；第二排頭目是郝潤成；第三排頭目是邢有富；第四排頭目是邢士花；第五排頭目是彭克勤⑭。到了半夜三更時分，段文經帶領眾人，手執器械，從道署東邊推牆進入大名縣衙門，砍斃知縣家人、監夫、刑書等人，同時擁入道署，大名府道員熊恩紱出堂喊令家人把守庫門，竟爲教徒所殺害，衙役家人、火夫傷亡十六名。後來兵役在廂房內搜出教犯五名，其餘教徒奔逸時，殺死守門兵丁三名，然後逃出城門。大名、元城二縣衙署同在府城內，而道府、副將又同城駐箚，衙役兵丁

眾多，教徒竟肆行無忌，從容逃逸，直隸總督劉峩一面奏請將署大名協副將舒通額革職拏問，大名縣知縣吳之珩、元城縣知縣沈雲尊革職，留於地方協緝；一面飭令地方文武員弁嚴拏教犯⑭。旋據大名、元城二縣稟報陸續拏獲教犯三十八名，可將其中錄有供詞各教犯列出簡表如下：

乾隆五十一年大名府八卦教案犯簡表

姓　名	年齡	籍　貫	職　業	卦別
王抱珠	32	直隸肥鄉縣	木匠	
王奇功	28	直隸肥鄉縣	賣餅	
王成功	28	直隸肥鄉縣		
孔玉顯		山東鄒縣		
田景盛		山西長子縣		
李　正		山東曹縣	種地	
刑土花		直隸元城縣	種地、占卦	震卦
周　明		河南彰德府		
季大麥		直隸元城縣		
呼連舉		直隸元城縣	開張鞋舖	
施　敬		直隸廣平縣	販賣糧食	
姚應彩		湖北襄陽縣	行醫	
孫貴遠		湖北襄陽縣		
徐克展	30	直隸元城縣	衙役	
徐德成	28	直隸元城縣	鄉約	
秦國棟		河南伊陽縣	種地	
郝　成		直隸開州	木匠	
郝潤成		直隸肥鄉縣		震卦
張君德	24	直隸肥鄉縣	馬兵	
張忝然		江蘇沛縣		
郭　俊		山西壺關縣		
郭　信		山西壺關縣		
梁　儉		直隸肥鄉縣		震卦

梁有義		直隸肥鄉縣		震卦
梁爾吉		直隸肥鄉縣		震卦
閏　法	49	直隸肥鄉縣		震卦
焦成芳	23	山東館陶縣		震卦
焦玉坤	60	山東館陶縣		震卦
劉　臣		直隸開州		
劉　彥		直隸大名縣		
劉　通		山東曹縣		
劉進心		直隸內邱縣		
劉　仁		江蘇銅山縣	鞋匠	
劉效先		江蘇沛縣	種地	
裴錫富		河南林縣		
謝　有		直隸大名縣		
謝朝宗		直隸清豐縣	販賣糧食	

資料來源：國立故宮博物院典藏《上諭檔》，乾隆五十一年冬
　　　　　季分。

　　段文經、徐克展聚眾起事以後，直省嚴拏教犯，解送入京，多錄
有供詞。前列簡表中共計三十七名，分隸直隸、山東、山西、湖
北、河南、江蘇等省，其中籍隸直隸者計二十一名，約佔百分之
五十七，山東省計五名，約佔百分之十四，其餘山西、河南等省
合計十一名約佔百分之二十九。直隸境內的八卦教信徒，主要分
佈於肥鄉、元城、廣平、開州、大名、內邱、清豐等州縣，尤以
肥鄉縣所佔比例最高。就八卦教的卦別而言，多屬於震卦教。由
此可以說明大名府八卦教起事人群是以直隸肥鄉縣震卦教爲主體
的宗教起事案件。八卦教的勢力雖然雄厚，但是段文經、徐克展
並無遠大的規劃，並未聯合震卦以外其他各卦同時舉事，以致在
搶掠大名府城後即行竄逸，起事規模不大。段文經、徐克展等於

同年閏七月十九日逃至山東館陶縣陳衛氏家，剃了鬍鬚。閏七月二十一日，兩人逃至邯鄲縣時，因查拏嚴緊，丟棄馬匹，連夜逃至磁州彭城，以山東同教的人多，可以躲避，又繞道回至段文經家，然後逃往冠縣城南宓家鹽村同教的董玉麟家。因離大名府甚近，兩人不敢同行，約定段文經先行，徐克展隨後趕去。八月初三日，當徐克展趕至董玉麟家時，段文經已先行離去，徐克展由僻路一直往東南逃走。九月二十三日過河至安徽亳州地方奶奶廟內，徐克展與段文經會合商議前往潁州府城東李自榮家躲避。段文經於九月二十四日一早先行離去，徐克展於九月二十八日到盧家茶館做工，兩天後被捕。段文經則逃往別處，迄未拏獲，主要原因是由於八卦教信徒眾多，容易藏匿，被捕各犯於審問時多謊供不吐實情，以致段文經等可以從容逸去。

【註　釋】

① 《宮中檔乾隆朝奏摺》，第十七輯（臺北，國立故宮博物院，民國七十二年九月），頁347。乾隆二十八年四月初一日，山西巡撫明德奏摺。

② 《中國民間秘密宗教辭典》（成都，四川辭書出版社，1996年10月），頁232。

③ 《硃批奏摺》（北京，中國第一歷史檔案館），乾隆十一年十二月初七日，直隸總督那蘇圖奏摺。秦寶琦：《中國地下社會》（北京，學苑出版社，1994年1月），頁309。

④ 《明清檔案》，第103冊（臺北，中央研究院，民國七十六年七月），頁B58359。乾隆六年六月二十六日，都察院左都御史杭奕祿等奏副。

⑤ 《硃批奏摺》，乾隆十一年九月初五日，陝西巡撫陳弘謀等奏摺。《中國地下社會》，頁310。

⑥ 《硃批奏摺》，乾隆十一年九月初五日，陝西巡撫陳弘謀等奏摺。

⑦ 《中國民間秘密宗教辭典》，頁429。

⑧ 《硃批奏摺》，乾隆十三年三月二十八日，福建巡撫潘思榘奏摺。
《中國地下社會》，頁312。

⑨ 《軍機處檔・月摺包》（臺北，國立故宮博物院），第2772箱，15
包，2069號。乾隆十三年三月初八日，浙江巡撫顧琮奏摺錄副。

⑩ 《軍機處檔・月摺包》，第1764箱，103包，22056號。乾隆四十三
年十二月十一日，山西巡撫覺羅巴延三奏摺錄副。

⑪ 《軍機處檔・月摺包》，第2740箱，58包，8180號。乾隆十七年四
月初六日，山西巡撫阿思哈奏摺錄副。

⑫ 《宮中檔乾隆朝奏摺》，第三輯（民國七十一年七月），頁485。
乾隆十七年七月二十八日，山西巡撫阿思哈奏摺。

⑬ 《史料旬刊》（臺北，國風出版社，民國五十二年六月），第二十
四期，天八六二。乾隆十八年七月十九日，浙江巡撫覺羅雅爾哈善
奏摺。

⑭ 《中國民間秘密宗教辭典》，頁176。

⑮ 《史料旬刊》，第二十七期，天九六五。乾隆十三年三月十四日，
福州將軍新柱奏摺。

⑯ 《軍機處檔・月摺包》，第2772箱，15包，2042號。乾隆十三年二
月二十七日，閩浙總督喀爾吉善奏摺錄副。

⑰ 《軍機處檔・月摺包》，第2740箱，30包，4341號。乾隆十四年四
月二十三日，武進陞奏摺錄副。

⑱ 《軍機處檔・月摺包》，第2772箱，25包，3733號。乾隆十三年十
二月十二日，江西巡撫開泰奏摺錄副。

⑲ 戴玄之撰〈老官齋教〉，《大陸雜誌》，第五十四卷，第六期（臺
北，大陸雜誌社，民國六十六年六月），頁9。

⑳　《軍機處檔・月摺包》，第2772箱，14包，1968號。乾隆十三年正
　　月二十八日，武進陞等奏摺錄副。

㉑　《史料旬刊》，第二十九期，地六六。乾隆十三年六月初九日，閩
　　浙總督喀爾吉善等奏。

㉒　《史料旬刊》，第二十八期，地三三。乾隆十三年四月初二日，福
　　州將軍新柱奏。

㉓　《軍機處檔・月摺包》，第2740箱，30包，4341號。乾隆十四年四
　　月二十三日，福建陸路提督武進陞奏摺錄副。

㉔　《軍機處檔・月摺包》，第2740箱，30包，4324號。乾隆十四年四
　　月二十四日，湖南巡撫開泰奏摺錄副。

㉕　馬西沙、韓秉方著《中國民間宗教史》（上海，上海人民出版社，
　　1992年12月），頁1178。

㉖　《明清檔案》（臺北，中央研究院歷史語言研究所，民國七十七年
　　二月），第一四〇冊，頁B78751。乾隆十年十一月十九日，議政大
　　臣刑部尙書盛安等副奏。

㉗　《清高宗純皇帝實錄》，卷九〇，頁18。乾隆四年四月戊子，字寄。

㉘　《軍機處檔・月摺包》，第2740箱，32包，4583號。乾隆十四年六
　　月二十五日，署理江西巡撫趙家屏奏摺錄副。

㉙　《軍機處檔・月摺包》，第2772箱，17包，2377號。乾隆十三年四
　　月二十九日，江西巡撫開泰奏摺錄副。

㉚　《清高宗純皇帝實錄》，卷二七一，頁18。乾隆十一年七月己未，
　　據劉奇供。

㉛　《清高宗純皇帝實錄》，卷二七三，頁3。乾隆十一年八月辛巳，
　　字寄。

㉜　《清高宗純皇帝實錄》，卷二七五，頁20。乾隆十一年九月，據湖
　　廣總督鄂彌達奏。

㉝　秦寶琦著《中國地下社會》，頁315。

㉞　《宮中檔乾隆朝奏摺》，第七十二輯（民國七十七年四月），頁867。乾隆五十四年七月十三日，湖廣總督畢沅奏摺。

㉟　《硃批奏摺》（北京，中國第一歷史檔案館），乾隆三十三年六月十九日，貴州巡撫良卿奏摺。見《中國地下社會》，頁312。

㊱　《軍機處檔·月摺包》，第2771箱，72包，11148號。乾隆三十四年十一月二十日，湖北巡撫梁國治奏摺錄副。

㊳　《上諭檔》，嘉慶二十一年二月二十八日，董誥等奏稿。

㊴　《明清檔案》，第二〇七冊，頁B115907。乾隆三十三年十二月初九日，大學士管理部務劉統勳等副摺。

㊵　《軍機處檔·月摺包》，第2771箱，84包，14467號。乾隆三十六年七月十五日，河南巡撫何煟奏摺錄副。

㊶　《軍機處檔·月摺包》，第2765箱，88包，16335號。乾隆三十七年三月初十日，河南巡撫何煟奏摺錄副。

㊷　《軍機處檔·月摺包》，第2765箱，87包，16127號。乾隆三十七年正月二十日，河南巡撫何煟奏摺錄副。

㊸　《軍機處檔·月摺包》，第2765箱，90包，17050號。乾隆三十七年四月初四日，安徽巡撫裴宗錫奏摺錄副。

㊹　秦寶琦著《中國地下社會》，頁317。

㊺　《史料旬刊》，第十二期，天四〇四。乾隆三十三年九月初十日，浙江巡撫覺羅永德奏摺。

㊻　《清高宗純皇帝實錄》，卷八一九，頁3。乾隆三十三年九月十七日，寄信上諭。

㊼　《軍機處檔·月摺包》，第2771箱，73包，11632號。乾隆三十五年二月二十日，署理浙江巡撫熊學鵬奏摺錄副。

㊽　《軍機處檔·月摺包》，第2771箱，72包，11375號。乾隆三十四

年十二月十三日，署理浙江巡撫熊學鵬奏摺錄副。

㊾《軍機處檔・月摺包》，第2705箱，129包，30065號。乾隆四十六年三月二十三日，江西巡撫郝碩奏摺錄副。

㊿《宮中檔乾隆朝奏摺》，第十八輯（民國七十二年十月），頁311。乾隆二十八年六月二十七日，浙江學政錢維城奏摺。

(51)《宮中檔乾隆朝奏摺》，第十八輯，頁616。乾隆二十八年八月初六日，兩江總督尹繼善等奏摺。

(52)《宮中檔乾隆朝奏摺》，第十八輯，頁648。乾隆二十八年八月初八日，浙江學政錢維城奏摺。

(53)《宮中檔乾隆朝奏摺》，第十八輯，頁543。乾隆二十八年七月初四日，廷寄。

(54)《宮中檔乾隆朝奏摺》，第十八輯，頁618。乾隆二十八年八月初六日，兩江總督尹繼善等奏摺。

(55)《軍機處檔・月摺包》，第2771箱，72包，11144號。乾隆三十四年十二月初一日，浙江巡撫覺羅永德奏摺錄副。

(56)《宮中檔乾隆朝奏摺》，第十七輯（民國七十二年九月），頁288。乾隆二十八年三月二十七日，直隸總督方觀承奏摺。

(57)《宮中檔乾隆朝奏摺》，第十七輯，頁423。乾隆二十八年四月十二日，直隸總督方觀承奏摺。

(58)《宮中檔乾隆朝奏摺》，第十七輯，頁379。乾隆二十八年四月初五日，直隸總督方觀承奏摺。

(59)《軍機處檔・月摺包》，第2771箱，72包，11233號。乾隆三十四年十二月十二日，兩江總督高晉奏摺錄副。

(60)《軍機處檔・月摺包》，第2765箱，88包，16299號。乾隆三十七年三月初十日，直隸總督周元理奏摺錄副。

(61)《軍機處檔・月摺包》，第2765箱，88包，16433號。乾隆三十七

年三月二十日，河南巡撫何煟奏摺錄副。

(62) 《軍機處檔·月摺包》，第2765箱，86包，15626號。乾隆三十六年十二月初九日，直隸總督周元理奏摺錄副。

(63) 《軍機處檔·月摺包》，第2765箱，86包，15403號。乾隆三十六年十一月二十四日，河南巡撫何煟奏摺錄副。

(64) 《軍機處檔·月摺包》，第2765箱，88包，16214號。乾隆三十七年三月初一日，安徽巡撫裴宗錫奏摺錄副。

(65) 《軍機處檔·月摺包》，第2765箱，88包，16388號。乾隆三十七年三月十八日，直隸總督周元理奏摺錄副。

(66) 《史料旬刊》（臺北，國風出版社，民國五十二年六月），第二十七期，天993。乾隆四十年閏十月十五日，徐績奏摺。

(67) 澤田瑞穗著《校注破邪詳辨》（東京，昭和四十七年，日本道教刊行會），頁149。

(68) 《軍機處檔·月摺包》，第2765箱，90包，16985號。乾隆三十七年五月十六日，山東按察使國泰奏摺錄副。

(69) 《軍機處檔·月摺包》，第2765箱，92包，17978號。乾隆三十七年八月二十九日，河南巡撫何煟奏摺。

(70) 《軍機處檔·月摺包》，第2772箱，19包，2558號。乾隆十三年六月二十五日，河南巡撫碩色奏摺錄副。

(71) 《軍機處檔·月摺包》，第2765箱，92包，17978號。乾隆三十七年八月二十九日，河南巡撫何煟奏摺錄副。

(72) 《軍機處檔·月摺包》，第2772箱，16包，2257號。乾隆十三年四月二十八日，直隸總督那蘇圖奏摺錄副。

(73) 《清代檔案史料叢編》，第九輯（北京，中華書局，1983年6月），頁158。乾隆三十三年九月十七日，河南巡撫阿思哈奏摺。

(74) 《清代檔案史料叢編》，第九輯，頁160，乾隆三十三年十月十三

日，河南巡撫阿思哈奏摺。

(75) 《軍機處檔·月摺包》，第2771箱，84包，14521號。乾隆三十六年七月初二日，安徽巡撫裴宗錫奏摺錄副。

(76) 《軍機處檔·月摺包》，第2765箱，90包，16985號。乾隆三十七年五月十六日，山東按察使國泰奏摺錄副。

(77) 《軍機處檔·月摺包》，第2765箱，93包，18183號。乾隆三十七年九月二十日，署理江蘇巡撫薩載奏摺錄副。

(78) 《軍機處檔·月摺包》，第2765箱，89包，16664號。乾隆三十七年五月初十日，山東按察使國泰奏摺錄副。

(79) 《軍機處檔·月摺包》，第2765箱，90包，16946號。乾隆三十七年五月十二日，山東巡撫徐績奏摺錄副。

(80) 《軍機處檔·月摺包》，第2765箱，90包，17007號。乾隆三十七年五月十九日，山東按察使國泰奏摺錄副。

(81) 《清高宗純皇帝實錄》，卷九六八，頁6。乾隆三十九年十月辛巳，諭旨。

(82) 《東案檔》（臺北，國立故宮博物院），上冊，頁83。乾隆三十九年九月十二日，寄信上諭。

(83) 《東案檔》（臺北，國立故宮博物院），下冊，頁21。乾隆三十九年十月初二日，內閣奉上諭。

(84) 《欽定勦捕臨清逆匪紀略》（臺北，國立故宮博物院），卷一五。乾隆三十九年正月癸丑，據舒赫德奏。

(85) 《硃批奏摺》（北京，中國第一歷史檔案館），乾隆三十九年十一月十三日，山東巡撫楊景素奏摺。

(86) 俞蛟著《臨清寇略》，見《筆記小說大觀》，第十編（臺北，新興書局，民國六十四年十二月），頁65。

(87) 馬西沙著《清代八卦教》（北京，中國人民大學出版社，1989年9

月），頁188。

⑧⑧　《軍機處檔‧月摺包》，第2765箱，89包，16602號。乾隆三十七年四月初六日，河南巡撫何熚奏摺錄副。

⑧⑨　《宮中檔乾隆朝奏摺》，第五十二輯（民國七十五年八月），頁212。乾隆四十七年六月二十四日，山東巡撫明興奏摺。

⑨⓪　鈴木中正編《千年王國的民衆運動之研究》（東京，東京大學出版會，1982年2月），頁289。

⑨①　濮文起著《秘密教門：中國民間秘密宗教溯源》（南京，江蘇人民出版社，2000年8月），頁214。

⑨②　秦寶琦著《中國地下社會》（北京，學苑出版社，1994年1月），頁158。

⑨③　《筆記小說大觀》，第十編，頁65。

⑨④　《欽定剿捕臨清逆匪紀略》（臺北，國立故宮博物院，嘉慶間朱絲欄寫本），卷二。

⑨⑤　《東案檔》（臺北，國立故宮博物院），上冊，頁41。乾隆三十九年十月初四日，寄信上諭。

⑨⑥　《明清檔》，第二十五冊（臺北，中央研究院歷史語言研究所，民國七十九年八月），頁B126445。乾隆四十年九月十七日，大學士舒赫德題本。

⑨⑦　《東案檔》，下冊，頁75。乾隆三十九年九月十二日，寄信上諭。

⑨⑧　《山東口供檔》（臺北，國立故宮博物院），乾隆三十九年，頁13。

⑨⑨　《軍機處檔‧月摺包》，第2764箱，104包，22384號。乾隆四十四年正月初五日，刑部奏摺錄副。

⑩⓪　《東案檔》，上冊，頁305。乾隆三十九年九月二十九日，寄信上諭。

⑩①　《硃批奏摺》（北京，中國第一歷史檔案館），乾隆四十年二月二

十四日，山東巡撫楊景素奏摺。

⑩　《欽定剿捕臨清逆匪紀略》，卷一四，乾隆三十九年十月十八日，
　　河南巡撫何煟奏摺。

⑩　《東案口供檔》，頁1。乾隆三十九年，王經隆供詞。

⑩　《東案口供檔》，頁1。乾隆三十九年，王經隆供詞。

⑩　《東案口供檔》，頁71。乾隆三十九年，李貴供詞。

⑩　《東案口供檔》，頁29。乾隆三十九年，李桐供詞。

⑩　《東案口供檔》，頁21。乾隆三十九年，李桐供詞。

⑩　《東案口供檔》，頁1。乾隆三十九年，王經隆供詞。

⑩　《東案檔》，上冊，頁275，張百祿供詞。

⑩　《東案口供檔》，頁59。乾隆三十九年，王經隆供詞。

⑪　《東案口供檔》，頁11。乾隆三十九年，王樸供詞。

⑫　《東案口供檔》，頁13。乾隆三十九年，梵偉供詞。

⑬　《東案口供檔》，頁55。乾隆三十九年，李旺供詞。

⑭　《東案檔》，下冊，頁39。乾隆三十九年十月初四日，寄信上諭。

⑮　《欽定剿捕臨清逆匪紀略》，卷三，據徐績奏。

⑯　《清代全史》，第五卷（瀋陽，遼寧人民出版社，1991年10月），
　　頁432。

⑰　《清代檔案史料叢編》，第九輯（北京，中華書局，1983年6月），
　　頁167。乾隆四十年五月二十八日，河南巡撫徐績奏摺。

⑱　《宮中檔乾隆朝奏摺》，第五十三輯（民國七十五年九月），頁
　　214。乾隆四十七年九月二十九日，安徽巡撫薩載奏摺。

⑲　《清高宗純皇帝實錄》，卷九八〇，頁11。乾隆四十年四月十二日，
　　寄信上諭。

⑳　《宮中檔乾隆朝奏摺》，第五十四輯（民國七十五年十月），頁
　　818。乾隆四十八年正月二十六日，河南巡撫李世傑奏摺。

㉑　《上諭檔》（臺北，國立故宮博物院），乾隆四十八年夏季檔，頁567。六月二十四日，軍機大臣奏稿。

㉒　《清代檔案史料叢編》，第九輯，頁202。乾隆五十九年十月初六日，陝甘總督勒保奏摺錄副。

㉓　《清代檔案史料叢編》，第九輯，頁201。乾隆五十九年十月初二日，河南巡撫穆和蘭奏摺錄副。

㉔　《清代檔案史料叢編》，第九輯，頁215。乾隆五十九年十月十九日，陳用敷奏摺。

㉕　《清代檔案史料叢編》，第九輯，頁190。乾隆五十九年九月初九日，畢沅等奏摺。

㉖　《清代檔案史料叢編》，第九輯，頁188。乾隆五十九年八月三十日，陝西巡撫秦承恩奏摺。

㉗　《清代檔案史料叢編》，第九輯，頁203。乾隆五十九年十月初六日，陝甘總督勒保奏摺錄副。

㉘　《軍機處檔·月摺包》，第2776箱，150包，36027號。乾隆四十九年三月初七日，山西巡撫農起奏摺錄副。

㉙　《宮中檔乾隆朝奏摺》，第五十九輯（民國七十六年三月），頁456。乾隆四十九年三月初七日，山西巡撫農起奏摺。

㉚　《軍機處檔·月摺包》，第2751箱，10包，48969號。嘉慶二十一年九月初三日，直隸總督方受疇奏摺錄副。

㉛　《軍機處檔·月摺包》，第2751箱，9包，48690號。嘉慶二十一年八月初四日，直隸總督方受疇奏摺錄副。

㉜　《上諭檔》，方本（臺北，國立故宮博物院），乾隆五十二年三月初二日，和珅等奏稿。

㉝　《宮中檔乾隆朝奏摺》，第六十九輯（民國七十一年一月），頁182。乾隆五十三年八月初八日，勒保等奏摺。

⑬ 《清代檔案史料叢編》，第九輯，頁173。乾隆五十年四月十一日，湖廣總督特成額等奏摺。

⑬ 《宮中檔乾隆朝奏摺》，第六十四輯（民國七十六年八月），頁661。乾隆五十二年六月十二日，直隸總督劉峩奏摺。

⑬ 《宮中檔乾隆朝奏摺》，第六十七輯（民國七十六年十一月），頁130。乾隆五十三年正月二十四日，山東巡撫覺羅長麟奏摺。

⑬ 《乾隆朝上諭檔》，第十六冊，頁652。乾隆五十七年正月二十六日，步文斌供詞。

⑬ 《宮中檔乾隆朝奏摺》，第五十八輯（民國七十六年二月），頁578。乾隆四十八年十二月初七日，直隸總督劉峩奏摺。

⑬ 《宮中檔乾隆朝奏摺》，第五十九輯（民國七十六年三月），頁95。乾隆四十九年正月十三日，山東巡撫明興奏摺。

⑭ 《宮中檔乾隆朝奏摺》，第六十輯（民國七十六年四月），頁656。乾隆五十二年六月初七日，河南巡撫畢沅奏摺。

⑭ 《上諭檔》，方本，乾隆五十一年九月十七日，王成功供詞。

⑭ 《乾隆朝上諭檔》，第十三冊，頁394。乾隆五十一年八月十七日，邢士花供詞。

⑭ 《上諭檔》，方本，乾隆五十一年十月二十三日，郝潤成供詞。

⑭ 《國史大臣列傳稿》（臺北，國立故宮博物院，國史館檔），正編，卷一六五，劉峩列傳稿；《清高宗純皇帝實錄》，卷一二六一，頁15。

十殿轉輪王圖　《消災延壽閻王經》

第五章　嘉慶年間民間秘密
宗教的發展

第一節　川陝楚等省白蓮教的活動與起事

　　清代民間秘密宗教是在佛道信仰的基礎上發展起來的新興教派。嘉慶皇帝已指出，「向來楚豫交界地方，多有持齋念佛，背誦經咒之人。」①由於持齋念佛蔚爲風氣，新興教派因此擁有廣大的信眾。乾隆末年，川陝楚豫等省，混元教、三陽教、白蓮教及其支派，活動頻繁，教案疊起。嘉慶初年，爆發了以白蓮教爲通稱的大規模宗教起事，歷時九年，蔓延四川、陝西、甘肅、湖北、河南等五省，被捕教首，人數眾多，大都錄有供詞，有助於了解民間秘密宗教的活動，以及導致宗教起事的主要原因。安徽阜陽縣人張效元，向來在家裡種地，開過染坊生理。他自幼跟從族人張榮見學習白蓮教，乾隆五十一年（1786），張榮見因病身故，由張效元之兄張鎮接管教務。後因白蓮教破案張鎮被充發，張效元即接管白蓮教事務。張效元被捕後供稱：

　　　　我於十六歲上哥子張鎮因白蓮教犯事充發後，我就承管白
　　　　蓮教事務。張效增也是我的本家哥子，他的教是我傳的，
　　　　我父親的教是我哥子傳的。我們的教不論輩分，所以父親
　　　　是我的徒孫。現在四川的白蓮教是張效增傳了劉成玉，後
　　　　來輾轉相傳，所以四川同教的人，都尊我爲教首。我另有
　　　　小名，叫做張油錘，提起張油錘三字，四川同教的人無不

　　知道。四川斂來的根基錢，都送與我，我轉交王老保收藏。
　　起初斂得的銀錢尚少，這五、六年來每年約有萬餘兩，這
　　些銀兩都爲累年打官司費用及同教的人發遣做盤纏②。

由引文內容可知張效元是嘉慶初年四川白蓮教的重要教首，教中
事務，輾轉接管。教中規矩，依照入教師承定輩分，不論家庭血
緣倫理輩分。張效元是大教首，他的本家哥子張效增拜張效元爲
師，弟弟成了師父，哥子成了徒弟；張效元的父親拜張效增爲師，
父親成了張效元的徒孫。據張效元供稱，他傳習白蓮教的原因，
只是念佛行善，並沒有造反的事③。

　　河南西華縣人王廷詔是張效元的表叔，王廷詔傭工度日，後
來販賣帶子過活。王廷詔的祖父王珊，原來也是白蓮教重要教首，
王珊身故後，家中留下燒香的經卷，王廷詔常常帶在身邊，白蓮
教信衆看見他所帶的經卷，都說王廷詔是老師父王珊的孫子，就
稱王廷詔爲老掌櫃④。王廷詔被捕後也供認他在河南、湖北交界
地方往來經過時，遇見燒香念經的人家拿出經卷來，沒有不敬重
他，稱他爲老掌櫃子孫的⑤。

　　張正謨是湖北宜都縣人，兄弟四人，張正謨排行第三，是湖
北重要教首之一。乾隆五十九年（1794）四月間，張正謨拜房
縣人白培相爲師，入白蓮教。白培相告知山西平陽府樂陽縣王家
莊長春觀有個李犬兒，是戊戌年生的，雙手有日月兩字，相貌異
於常人，是神將轉世。教中劉之協是軍師，朱九桃是輔佐。那王
家莊有大石一塊，忽然迸開，現出經文，有「一旦夜黑風起，吹
死人民無數，白骨堆山，血流成海」四句詞語，衆人念熟了，就
可免災。李犬兒到辰年辰月辰時起事，大家須暗地製備刀鎗火藥，
將來事成，定有好處。教中又傳符一道，有「貫寸長」三字，是
倒隱著「長春觀」的地名。張正謨即轉傳曾應懷及其堂兄張正榮

等人，又叫他們到處轉傳，人數就漸多了⑥。

　　劉之協是安徽潁州府太和縣人，一向做棉花買賣，同時傳習混元教。乾隆年間，官府取締混元教，查出混元教傳自河南人樊明德，他轉傳王懷玉、王法僧父子，王懷玉傳徒劉松，劉松傳徒劉之協。當劉松、王法僧被捕後，發配甘肅，王懷玉、劉之協在逃期間，仍繼續傳教活動。後來劉之協與劉松商議，將混元教改爲三陽教，有河南鹿邑縣人劉勝洲等人皈依三陽教。劉之協將劉勝洲的胞姪劉成兒改名爲王雙喜，以冒充王懷玉之孫，藉此號召信衆。劉之協是三陽教中的老師父，也是後來的軍師，凡有入教之人，劉之協即給與黃綾一塊，黃綾上面書寫經咒，信衆相信將黃綾帶在身邊，凡有災難，都可避過。劉之協被捕後也供認自己是劉松的徒弟，他們所傳習的三陽教或混元教因被官府指爲白蓮教，所以，在劉之協的供詞中亦稱「我習白蓮教，不過要勸化人爲善。」教中所念經咒是「從離靈山失迷在家，住在婆娑苦痛殺，無生老母梢書信，特請你大歸家」四句。據劉之協供稱，所念經咒是每日燒香唪誦，以修來世的意思⑦。但他同時又供認「我從前買王雙喜到甘肅劉松處，捏名牛八，充作明朝的後代，說劉松的兒子劉四兒是彌勒佛轉世，可以輔助牛八，希圖哄動衆人。」⑧從供詞中編造牛八的用意，可以反映劉之協傳習收元教或三陽教確實具有濃厚的政治意味。軍機大臣慶桂等審擬劉之協時，亦指出「劉之協傳習白蓮教，收買王雙喜，託名牛八，指出前明後代，將劉松之子劉四兒稱爲彌勒佛轉世，輔助牛八，始圖惑衆騙錢，繼遂潛謀不軌。」⑨混元教或三陽教的政治圖謀，在天災人禍或官逼民反的外力衝擊下，很容易走上宗教起事的途徑。

　　川陝楚豫等省白蓮教起事的原因固然很多，但是，地方吏治欠佳，官逼民反也是不容忽視的重要因素。錢塘人崔琦等已指出：

> 厥初，川楚等省賦繁役重，窮民流而爲盜賊。滿洲大臣要
> 取功名，請剿，調鄉勇討之。一切驅督，繩以峻法，糧餉
> 又不給，鄉勇悉變爲盜賊，所在滋蔓，官長被殺害，平民
> 被燒劫，慘不可言⑩。

姑不論是否由滿洲大臣主張進剿白蓮教而引起信眾的起事，然而
由於白蓮教受到官府的鎮壓，遂起而反抗，則是事實。據被捕的
教犯李潮供稱：

> 年四十四歲，湖北襄陽縣人，平日務農。父宏文，母魏氏，
> 俱沒。妻陶氏，早沒。兄李淮，本年二月已在進口關被獲。
> 嘉慶元年，有本縣匪棍李奎、劉相、劉大刀，奉縣給頂戴
> 令旗，同捐職理問劉滋，牌甲劉二賊，沿鄉托名查拿邪教，
> 李奎等藉此勒索，賄賂即爲良民，無錢財即爲教匪，混行
> 擅殺，抄擄家財，作踐婦女。小人不依，同他理論，毆殺
> 劉相是實，就把我們算了叛逆。有烏大人帶兵來剿，我拒
> 敵是眞。弟兄商量，難以下場，只得聚眾。到二年上，才
> 同棗陽縣張家樓住家的張漢潮合營⑪。

地方胥役惡棍，動輒勒索訛詐，殘民以逞，升斗小民因抗拒衙役，
遂釀成事端。張正朝是湖北長陽縣人，在房縣居住，替掌教張馴
龍種田。嘉慶元年（1796），張正朝拜師入教，被封爲右軍師。
覃加耀是湖北長陽縣人，自幼讀書，後又習武，是武童出身。因
覃加耀年紀輕，又認得字，張馴龍就令覃加耀與林之華同做頭目
管事。張正朝、覃加耀被捕後俱押解入京，經軍機大臣等審問。
《剿捕檔》抄錄了他們的供詞，軍機大臣問：「你們都是百姓，
覃加耀曾經讀書識字，張正朝亦是種地愚民，儘可安居樂業，因
何學習邪教，甘心鬧事，自蹈重罪呢？」覃加耀、張正朝同供：
「我們從前投師習教，原是勸人爲善，並無不法的事情，後來官

府查拏緊急，那些書吏衙役，就從中需索逼辱的，我們實在難堪，所以那張馴龍、林之華纔商量鬧事的，這實是出於無奈，不敢謊供。」軍機大臣問：「你們若果係良民，就不該習教，縱被官府查拏，吏役需索，也應自行控告，何敢抗拒官兵，東奔西竄，這不是你們甘心鬧事嗎？」覃加耀、張正朝同供：「我們習教，原係愚民勸善免災，就是婦女幼孩，也一同吃素拜佛，本無別的意思，後被官府查拏，吏役藉端百般逼索，如何容到衙門，就是鬧事後，那些逃難的良民，尚有被兵勇指爲邪教全行殺害的，實在投訴無門。至大兵到後，我們原也商量想要投順，因身犯重罪，不敢出去，所以東奔西竄，止圖苟延性命，這是實情。」⑫覃加耀等人所供官逼民反的情節，確屬實情。《關於在中國及東印度傳教會傳教通信新集》一書對川陝楚豫等省白蓮教起事前後的情形記載頗詳，例如原書第三卷爲四川省傳教士特朗尚給紹孟的信函，在一七九八年相當於嘉慶三年九月三日的信中有一段記載說：

> 這場內戰是由於名叫白蓮教的教派的造反所激起的，其目標是推翻當前御位的皇帝，驅除帝國境內的韃靼人，並擁戴漢人作皇帝。長期以來他們在秘密地傳播他們的教派，而特別是最近幾年，他們在山區地方發展了大量的教徒。一七九四年他們被查禁，其中很多人在湖北省、陝西省和四川省被捕，並被處死刑。但是有很多人未被查出，很多人逃掉了；另外一些人則用金錢賄賂各官員，得免一死，官員聲稱他們是被人誣告的，並釋放了他們。因此，只有根本沒有一點錢財的人才被處死刑。第二年，他們很多的主要頭目在達州地區仍然受到通緝。然而他們花了三萬至四萬兩銀子賄賂，未受任何懲罰就得到釋放。但是，他們的告發者卻以誣告無辜而受到責打。最後在一七九六年嘉

慶的父親乾隆在那年把帝國傳給了他。白蓮教首先在湖廣，
隨後在河南、四川和陝西發動叛亂⑬。

劉之協託名牛八，指稱前明後代的政治意味雖然很濃厚，但不能
過分強調反滿的種族意識。引文內容，對地方吏治的描繪，雖然
言過其實過於誇大，但是由於官府嚴厲緝拏信眾，查辦過激，動
輒處以死刑，信眾惶恐，終於釀成鉅案。《寄信上諭》中有一段
分析說：

此等習教之徒，俱係內地編氓，其初不過爲斂錢起見，並
未敢糾眾滋事，若地方官設法勸禁，原不難消患未萌，無
如州縣等以查拏教匪爲名，任聽胥役訛詐恐嚇，或以一人
而株累多人，或以一案而牽連多案，輾轉追求，使若輩無
容身之地，遂致激而生變，皆以官逼民反爲詞，攘奪之不
已，則繼之以焚掠，焚掠之不已，則繼之以裹脅，裹脅日
眾，黨與日多，因而抗拒官兵，肆行無忌，不敢投降，恐
干刑戮，亡命日久，欲罷不能⑭。

由於投訴無門，白蓮教信眾遂鋌而走險，教中擇期起事，編造歌
謠，到處傳誦，利用血緣與地緣關係，招人入教，擴大組織。例
如四川宜都縣人聶傑人，他生有三子：長子聶泮，次子聶池，三
子聶渭。其次子聶池有個女兒，許配給張宗文的兒子爲妻，所以
聶傑人與張宗文是兒女姻親。張宗文曾拜張正謨爲師，學習白蓮
教。乾隆六十年（1795）五月，張宗文同其師父張正謨到聶傑
人家，告知「明年三月是辰年辰月，定起黑風，死人無數。」編
造黑風末劫預言，勸聶傑人入教，以免災禍。聶傑人聽信，就與
次子聶池同拜張宗文爲師，每日燒香敬神。同年七月間，白蓮教
頭目劉盛才引述張正謨的話，轉告聶傑人說：「山西岳陽縣有個
李犬兒，是戊戌年生的，他是神將轉世，將來我們同教的人都要

保護他在河南立業。」⑮教中揚言保護李犬兒成事後，可得好處。「他們差人到處密散謠言，這些愚民有心裡害怕圖免禍的，也有貪心想得好處的，所以聽從入教的狠多。」⑯教中所謂好處，是指按信眾各人所出根基錢的多寡，一方面保佑來生富貴，死後不入地獄；一方面今生可以於起事成功以後，分別封官。據劉盛才告稱，「習教的人各出銀兩，交與掌櫃的收下，轉送李犬兒，就在簿內開入名字，日後成事，查對納銀多少，分別封官。聶傑人心想做官，就出銀一百兩，交劉盛才收去，劉盛才說，聶傑人的銀多，可做總督。」⑰白蓮教又聲稱倚恃經咒靈文，可免災禍，可避鎗箭。四川東鄉縣人王三槐被捕後供稱：

> 小的是東鄉縣人，現年三十五歲。向來學習巫師，與人禳災治病，得錢度日。父親王元亨，母親王楊氏。娶妻陳氏，生有一個兒子，甫經數月。因我犯了事，就不知下落了。乾隆五十七年間，有湖北襄陽人孫老五即孫賜俸，來到四川太平一帶，勸人出根基錢，學習靈文經咒，可以免災。有小的素識之冷添祿，已經學會了，小的也要學，隨拜冷添祿為師，後來凡遇小的到人家治病，即將經咒轉相傳授，得過根基錢，多少不等⑱。

白蓮教的靈文經咒，長短不一，譬如湖北光化縣人劉其兄拜劉經佩為師，所念咒語為：「啓稟家鄉掌教師，我佛老母大慈悲」；「八大金剛將，哪吒揭諦神」；「普庵來到此，魍魎化灰塵」⑲。湖南新化縣人曾世興、湖北房縣人祁中耀供稱：「小的們習白蓮教，起初原是行善，只說誦習靈文可以消災避劫，靈文只是口授。教中規矩，上不露師，下不露徒，故同教之人，亦止以傳習靈文之人為師。」只傳習靈文，不宣露教中師徒姓名，以免官府查挐。曾世興等人口授的靈文如下：

　　　啓稟家鄉掌教師，我佛老母大慈悲，南無天元太保阿彌陀
　　佛，八大金剛將，哪叱揭諦神，普庵來到此，魑魅化灰塵，
　　抬頭奉請觀世音，四大金剛揭諦神，十八羅漢前行路，八
　　大金剛護我身，祖父之劫在五倫，仁義禮智天地人，割骨
　　還父母，割肉還雙親，劈山來救母，才是眞孝人⑳。

曾世興等人所授靈文較完整，靈文經咒中的「家鄉」，是指「眞
空家鄉」；「老母」，則指「無生老母」。善男信女相信身佩靈
文，口誦咒語，就可消災避劫。湖北教犯胡明遠供認白蓮教起事
前，就有「過了癸亥年，賽過活神仙」的歌謠，彼此傳誦。教犯
趙聰觀是湖北襄陽人，他被捕後供稱：

　　　當初傳教講經，有說白蓮教劫數，過了豬犬之年，就可成
　　事。後來官兵殺得利害，老教的人也都懊悔的。樊人傑怕
　　人心要散，就勸眾人不要害怕，從前原有過了壬戌、癸亥
　　年都得好處的話，神佛斷不負人，必要應驗的，大家奈〔
　　耐〕到九年上，就是下元申子了。他又說白蓮教過了癸亥
　　年，把經念滿了，官兵自然就散，不來追趕，我們大家就
　　可成事㉑。

干支壬戌年相當於嘉慶七年（1802），癸亥年相當於嘉慶八年
（1803），兵連禍結，長達七、八年之久，民不聊生，但因白
蓮教有九年的劫難，清軍仍未撤退。甲子年相當於嘉慶九年（
1804），官兵停止進剿白蓮教，善男信女或愚夫愚婦終於結束
了兵燹災難。

　　白蓮教起事的日期，是由各教首約定的，據劉之協供稱：「
我同姚之富、齊王氏，原擬嘉慶元年（1796）三月初十日辰時
是辰年辰月辰日辰時起事，為的是興旺意思。原想用一色干支，
使同教人看得新奇，好信服我。」㉒教首張正謨等原訂於三月初

十日正式起事，但因地方官查拏甚緊，恐被拏到官府問罪，適見各處官兵俱往湖南征苗，於是提前於正月初八日在湖北長陽縣邀集數百人將白布旗號、黃綾符帖、刀槍等物攜至聶傑人家中藏貯。告知聶傑人說：「劫數將到，凡入教的分爲上下文武兩班：竹溪、房縣、保康各處爲上頭武仙；枝江、宜都、宜昌爲下頭文仙，三月間劫數一到，武仙與文仙會齊，殺人無數，只見頭帶白布號帽，身上有黃綾符帖，就曉得是同教的人，可以免難。」㉓因聶傑人房屋座落山中，隱蔽寬大，信衆即於聶傑人家中屯住，並推聶傑人爲首，提前於正月十一日起事，年號爲「天運」㉔。正月初九日，同教的信衆又來了一百多人。初十日，被宜都縣會營查拏，張正謨率衆拒退官兵。張正謨等令各頭目率領信衆在各村莊搶劫糧食，擄人逼脅入夥。至二月間，男婦大小共有一萬餘人，其中二千餘人爲白蓮教信衆，其餘男婦幼孩等都是被擄掠而來的。教犯向瑤明供出，張正謨說過，先搶了枝江、宜都縣城，奪了荊州，直到襄陽，再往河南保扶李犬兒成事。因屢遭官兵鄉勇剿殺，張正謨等率衆移紮灌灣腦山內。湖北巡撫惠齡具摺時指出，「一切謀逆，均係張正謀主持，有張宗文、張正瑞、劉宏鐸、向瑤明等四人爲其心腹管事。」㉕

　　川陝楚等省白蓮教起事各股，分營管轄，有軍師、都督、元帥、先鋒、總兵、副將、提點、提巡、探馬、旗手等職稱㉖。據良民供稱，白蓮教分爲五寨：楊起元是大頭目，先鋒副將是蕭富；中寨頭目是羅傳禮，先鋒副將是易廷柱；左寨頭目是王正統，先鋒副將是陳德名；前寨頭目是劉季時，先鋒副將是楊起瑞；後寨頭目是李萬選，先鋒頭目是全加寬㉗。教犯覃加耀亦供稱，每寨之內又分作五營。張正謨起事後，其他教首亦先後聚衆起事。其中楊起元一股於同年二月初在當陽起事，李長富等人於三月間在

保康縣起事，湖北棗陽縣人崔連樂等人亦於三月間起事，棗陽縣人張世龍等人於三月十六日在黃龍蕩起事，張廷舉等人於三月間在襄陽縣起事，雲陽縣人張長青與林亮功於嘉慶二年（1797）閏六月間一同起事。各股旗色分爲青、白、藍、黃、紅等號，分別稱爲青號旗、白號旗、藍號旗、黃號旗、紅號旗。據教犯王蘭供稱，「姚之富有四十八個徒弟，分爲四十八線，那李長富是十九線的教首。」㉘隸屬於四十八線的白蓮教信衆，稱爲線子號。據教犯張效元供稱，白蓮教起事以後，信衆以身穿青藍衣服，頭頂三尺藍布，腰纏三尺藍布爲外號；以傳誦「天上佛，地上佛，四面八方十字佛，有人學會護身法，水火三災見時無」等歌詞爲內號㉙。劉之協所豎旗號爲「天王劉之協」，被官府指爲罪大惡極㉚。清軍進剿白蓮教期間，拏獲教犯人數衆多，經審訊後多錄有供詞，根據各教犯的供詞，可列出白蓮教信衆分佈簡表如下：

嘉慶初年川陝楚等省白蓮教信衆分佈表

姓　名	籍　　貫	年齡	職業	職掌	備註
王三槐	四川東鄉縣	35	巫師		
王元臣	湖北竹溪縣	30		矛手	
王全禮	湖北鄖縣	56			
王廷詔	河南西華縣	57	小販		
王奇瑞	四川雲陽縣	30		矛手	
王可秀	陝西安康縣	59			
王凌高	安徽宿松縣	35			
王添萬	湖北蒲圻縣	28	木匠		
王開俊	湖北襄陽縣	27			
王學禮	四川達州			軍師	
王　章	四川東鄉縣				
王　義	湖北穀城縣	27			
王　蘭	湖北穀城縣	34	賣炭		

亢作俸	湖北圻水縣	33		
申維選	湖北光化縣	48		
田多吉	四川東鄉縣	35	石匠	
冉學勝	湖北襄陽縣	34	務農	
冉添元	四川通江縣	36		
冉 瑤	四川巴州	29		總兵
白 庸	四川巴縣	31		總先鋒
向朝科	四川來鳳縣	27	傭工	
向瑤明	湖北宜都縣	63	教師	
江政忠	湖南沅陵縣	31	挑水	
成自智	陝西安康縣	56		
朱 貴	湖北襄陽縣	31		
朱潮化	湖北襄陽縣	21		矛手
李三在	湖南瀘溪縣	54		
李 林	湖北均州	33		
李如藻	四川儀隴縣	22		矛手
李登敖	湖北宜恩縣	37		
李登祥	湖北宜恩縣	28		
李榮獻	湖北圻水縣	45		
李 寬	四川東鄉縣	39	裁縫	
李 杰	湖南郟縣	45	賣酒	
李 淮	湖北襄陽縣	50		
李 潮	湖北襄陽縣	44	務農	
李 述	湖北襄陽縣			
吳 強	陝西平利縣	25		矛手
吳德貴	陝西商州	24		矛手
余有吉	四川涪州			
余 魁	湖北龍山縣	39	差役	
宋錫文	湖北宜恩縣	29		
宋應伏	河南新野縣	26		掌櫃
汪 瀛	四川達州	37		
辛 斗	湖北宜城縣	38		

沈　訓	湖南臨湘縣		傭工		
周　柱	湖北光化縣	25			
周世紅	四川太平縣	24			
周添祿	湖北光化縣	48			
祁中耀	湖北房縣	36			
林之華	湖北長陽縣				
林開泰	廣東嘉應州	62	種地		
侯學明	湖北來鳳縣	54			
胡正中	湖北來鳳縣	25	巫師		
胡正華	湖北宣恩縣	30			
胡明遠	湖北襄陽縣	29		元帥	
夏達恩	四川巴州	30			
苟朝九	四川巴州	26			
席雲峰	湖北當陽縣	33	皂頭		
翁祿玉	湖南平江縣	44	醫生		
高名貴	湖北襄陽縣	41	豬販		
高成傑	湖北襄陽縣	50			
高均德	湖北襄陽縣	35			
馬應祥	湖北襄陽縣	49			
馬幅貴	湖北荊門州	35		矛手	
張正謨	湖北宜都縣	35			
張正朝	湖北長陽縣	29	種田		
張正隆	湖北襄陽縣	57			
張士虎	湖北襄陽縣				
張子聰	四川東鄉縣	43			
張　什	湖北宜城縣	51			
張用科	湖南麻陽縣	35	傭工		
張世彬	四川溫江縣	42			
張必富	湖北襄陽縣	42			
張長青	四川雲陽縣	34	種田	元帥	
張廷舉	湖北襄陽縣	20			
張效元	安徽阜陽縣	27	染坊		

張萬節	湖北來鳳縣	22		
張榮相	湖北宣恩縣	53		
張榮學	湖北宣恩縣	65		
張建國	湖北襄陽縣	21		
張書漢	四川達州	31	差役	先鋒
張馴龍	湖北房縣			
張　喜	湖北襄陽縣	22	差役	掌櫃
張　簡	四川東鄉縣	29		元帥
陳于青	湖北竹山縣	19		矛手
陳化麟	四川墊江縣	20		矛手
陳廷舉	湖北來鳳縣	21		
陳德本	湖北東湖縣	31		
陳　恩	湖北宣恩縣	30		
陳　級	四川墊江縣	26		矛手
曾世興	湖北保康縣	28	販柴炭	
曾原臣	湖北襄陽縣	35		
梅繼辛	湖南武陵縣	36		
曹仁貴	四川東鄉縣	26		
符曰期	四川東鄉縣	32		
度向瑤	四川東鄉縣	52		老師傅
崔宗和	湖北襄陽縣	25		元帥
習年生	湖北保康縣			
馮百川	湖北當陽縣	54	鐵匠	
馮得仕	湖北孝感縣	30		
楊子敖	湖北來鳳縣	30		
楊正爵	湖北來鳳縣	48	鄉約	
楊啓瑞	湖北當陽縣	39		
楊潮順	陝西城固縣	22		矛手
楊應邦	湖北襄陽縣		傭工	
湯明奇	江西金溪縣	56		
黃文義	四川東鄉縣	47		
黃長青	湖北來鳳縣	48	武生	

覃加耀	湖北長陽縣	26	武童		
覃靖鍾	湖北長陽縣	65			
舒德有	湖北荊門州	28		矛手	
惠宗常	湖北房山縣	25		矛手	
雷成邃	湖北當陽縣	46	捕快		
雷幅林	四川江北廳	25		矛手	
賈泳昌	湖北房山縣	22		矛手	
滿大才	湖北來鳳縣	39			
蒲添明	四川東鄉縣	28			
趙聰觀	湖北襄陽縣	41		掌櫃	元帥
劉之協	安徽太和縣	61			
劉士進	湖南麻陽縣		傭工		
劉季時	湖北當陽縣	36			
劉經黃	湖北光化縣	44			
劉世珍	湖北孝感縣	42			
劉洪鐸	湖北宜都縣	25			
劉文廣	陝西保康縣				
劉起榮	湖北襄陽縣	42			
劉朝選	四川東鄉縣	52		元帥	
劉沅	四川武縣	30		矛手	
鄧正汲	湖南辰州府	52			
滕子貴	湖南漵浦縣	20			
冀大榮	河南襄城縣	32	皂役		
樊國受	四川合州	24		總兵	
閻盛傳	湖北房縣	30		矛手	
閻思程	湖北竹溪縣	43		矛手	
薛紹貴	四川廣元縣	18		矛手	
瞿文青	湖北來鳳縣	42	鐵匠		
聶京龍	湖北雲夢縣	35			周京龍
聶傑人	湖北宜都縣	68			
魏洪升	湖北襄陽縣	35			
譚正琪	湖南新化縣	50	幫工		

譚祖蘭	四川巴東縣	32		
羅國秀	湖北來鳳縣	45		
羅傳禮	湖北遠安縣	30		
羅其清	四川巴州	39	機匠	
羅其書	四川巴州			
藍榮俸	四川營山縣			矛手

資料來源：國立故宮博物院典藏《宮中檔》硃批奏摺；《清中
　　　　　期五省白蓮教起義資料》。

前表所列教犯共計一四七人，分隸湖北、四川、湖南、河南、陝
西、安徽、廣東、江西等省，其中籍隸湖北省的教犯共八十五人，
約佔總數的百分之五十八，比重最大；籍隸四川省的教犯共三十
七人，約佔百分之二十五；籍隸湖南省的教犯共十一人，約佔百
分之七；陝西教犯共六人，約佔百分之四；河南教犯共三人，約
佔百分之三；安徽、江西、廣東外來人口共四人，約佔百分之三，
其中來自安徽的教犯，主要是混元教或三陽教的傳教師父，來自
廣東、江西的流動人口，主要是種地謀生的貧民。表中年齡分佈，
有年歲可查的教犯計一三三人，平均年齡爲三十七歲。其中矛手
的平均年齡爲二十六歲。各教犯的職業分佈，因資料不完整，所
以只能大致得知除務農外，還有巫師、小販、木匠、石匠、傭工、
挑夫、裁縫、開張染坊、蒙館教師、醫生、鐵匠、機匠、衙役、
武生、武童等，小販中有販賣帶子、柴炭、酒類、豬隻、棉花等
民生物資，農民所佔比例不高。據教犯趙聰觀供稱，「因人太多，
難以管束，就各立旗號，打仗殺人，都是元帥、先鋒、總兵、探
馬、旗手的事。」③湖北房縣人張馴龍是白蓮教掌教，也是主謀
者之一，教中俱稱呼他爲龍先生，傳說他有法術，認得天上星宿

㉜。湖北長陽縣人張正朝受封爲右軍師，凡是打仗守卡的人，都
聽他調度㉝。由於各股白蓮教先後起事，聲勢浩大，清朝調動大
隊客籍兵馬進剿，師老糜餉，處處失利，只能尾追而不能迎頭痛
擊，歷時八、九年，幾致動搖清朝的統治基礎。李劍農著《中國
近百年政治史》一書對清軍進剿白蓮教失利的原因作了分析，節
錄一段內容如下：

> 在白蓮教亂當中，滿清的政治，還暴露一個大弱點，就是
> 軍備已經失了作用。滿清的所謂經制兵——即常備軍，原
> 有八旗兵與綠營兩種；到嘉慶時代，這兩種常備軍，都已
> 腐敗不能作用。當嘉慶民亂，有記述當時情形者，謂「交
> 戰時以鄉勇爲先鋒，漢人之綠營次之，其素稱驍勇絕倫之
> 旗兵在最後，賊軍亦驅難民以當鋒鏑，眞賊在後觀望；鄉
> 勇與難民交戰，而官兵則與賊兵不相値。鄉勇傷亡，則匿
> 而不報，或稍得勝利，則冒爲己功；然與賊會之時甚稀，
> 惟尾追而不迎擊㉞。

引文中的常備軍，主要是指八旗兵與綠營兩種經制兵。姑且不論
清朝的常備軍是否已經腐敗不能作用，但官兵進剿白蓮教時，只
能尾追而不能迎擊，則是事實。

富成，石莫勒氏，滿洲鑲黃旗人，出身健銳營前鋒，從征烏
什、大小金川，屢立戰功。嘉慶初年，奉命兼領直隸、吉林新調
勁旅進剿白蓮教，由提督擢至成都將軍。嘉慶四年（1799），
因經略勒保疏參富成兵力不足，未能制敵，褫職逮問。陝甘總督
松筠遵旨馳赴略陽，將富成革職拏問，宣旨革去翎頂，摘取印信，
並將諭旨內指出各情節，逐一嚴詢。據富成供稱：

> 我係滿洲世僕，受恩深重，帶領多兵，不能趕緊殺賊，及
> 早蕆事，上煩聖慮，理應即行正法，今蒙皇上天恩，不即

置之重典，傳旨訊問，我自十九歲當兵，出征西路雲南金川等處，從未稍有退縮。今由總兵提督擢任將軍，尤應感激思奮，更何敢心存滿足，推諉玩視。總緣闇劣無能，惟知一味追賊，有時抄道迎截，無如賊匪狡獪，探知前有官兵，立即折回，或翻山旁竄，又成尾追，總未能痛加殲戮，每次所殺賊匪實在不多，心中著急，無顏奏報，仍照在四川時具報經略，實是我糊塗該死。至於兵丁飢瘦情形，雖州縣日日運糧，緣賊蹤無定，行營亦無定所，米麵必須馱負，迨探知軍營所在，將近趕到，賊匪已經逃竄，不但不走大路，且不由小路，竟自翻山爬岩，深林密箐，隨砍隨行，官兵只得跟蹤緊追，不及等待，其運來糧米，又須覓道繞送，往返迂迴，又趕不上，故不能按日支領，只得零星在就近村寨採買散給，不得飽食，皆屬實情。我原帶山東兵三千五百名，向在兗州鎮任內管教熟習，故於湖北、四川打仗甚屬得力，因陞任四川提督將軍，此次來甘，帶領四川、貴州、雲南、洮岷河州各營兵丁，並河南、四川、貴州各處鄉勇，通共七千餘名，除傷亡病故外，現存兵三千九百八十名，鄉勇二千三百九名，各有將備管領，語言性情不一，我又無能妥實訓練，以致打仗常不得力。又隨帶馱騾甚少，鑼鍋帳房，一切多係兵丁自行背負，行走未免艱難，到打仗時，先到者不過二千多人，山路崎嶇，每遇雨水泥濘，催令奔走，衣履易於破壞，兵丁多有跣足，或用牛皮包裹行走，每以好言勸說，兵丁亦知感奮。近日於黃家坪大水溝黨家坪蔣家山毛埡山連打數仗，尚能奮勇殺賊。但斬獲之數，仍復無多。已於本月十五、二十二兩日具奏，究竟不能痛加剿殺，心中愧恨交集。至兵丁沿途

俱知守法，惟鄉勇人雜，乏食之日，不無搶奪強買情事，
我曾隨時懲治。在成縣里落壩，將四川鄉勇李五正法。又
在禮縣孟家梁，將河南、湖南鄉勇張文學、董受林正法。
其割耳插箭捆打示懲者尤多，實不敢縱容騷擾百姓。但不
能預爲防閑約束，就是我的不是，只求將我從重治罪㉟。

富成供詞內容涉及的問題，十分廣泛，包括戰略戰術、軍需補給、
軍事地理、兵勇紀律等等，都值得重視。大致而言，兵丁軍紀尙
佳，惟鄉勇人雜，不無騷擾百姓之處。糧米運送，困難重重。寄
信上諭指出，「自辦理軍務數年以來，各路撥發部庫銀已不下七
千餘萬，上年（嘉慶四年）朕親政以後，又撥給銀一千餘萬，並
有不待伊等奏請即預爲撥給者，通計所發餉項及各省協撥銀兩不
下萬萬。」㊱但因教匪蹤跡無定，行營無定所，州縣所運糧米，
必須覓道繞送，不能按日支領，以致兵丁不得飽食，而日形飢瘦。
湖北巡撫汪新已指出，「宜昌、施南等境，該處跬步皆山，人夫
不能負重，轉運糧餉軍裝軍火等項，若全資夫力，不特險僻之區，
僱集不易，且逼近賊氛，奸良莫辨，更慮非宜。」㊲富成供詞中
所稱兵丁必須馱負米麵，鑼鍋帳房，也是兵丁自行背負，行走艱
難等語，都屬實情。教匪退入山林時，既不走大路，也不走小路，
竟自翻山爬岩，官兵徒事尾追，因循耽延，兵力疲敝。官兵處處
失利的原因，都與地理因素有密切的關係。

　　嘉慶初年，白蓮教起事後的活動範圍，主要在川陝楚一帶，
大致包括黃土高原、漢水谷地、四川盆地、兩湖盆地及部分南陽
盆地等五個地理區，其地形雖然有差異，卻彼此毗鄰。在川陝楚
三區交界爲秦嶺、大巴山地，四川盆地北以大巴等山和漢水河谷
相隔。劉鴻喜教授著《中國地理》一書指出，秦嶺南北寬約一百
二十至六十公里，岩石嶙峋，山勢雄壯，爲地形上一大障壁，自

古以來，不易通過。大巴山區是川北盆地的邊緣，為一複背斜，地質時代發生隆起，使地層發生傾斜，南北寬約六十公里，山中有許多斷層和逆斷層，平均高度約二千公尺。大巴山北側的層面短促而陡峻，造成不少的單面山脊，向南緩緩傾斜㊳。原書繪製秦嶺巴山地形圖，影印如下：

秦嶺巴山地形圖　劉鴻喜：《中國地理》

秦嶺、大巴山區素有老林之稱，四川華陽人卓秉恬，嘉慶七年（1802）進士，歷任給事中、鴻臚寺少卿、順天府丞。他於〈川陝楚老林情形疏〉中指出：

> 由陝西之略陽、鳳縣迤邐而東，經寶雞、郿縣、盩厔、洋
> 縣、寧陝、孝義、鎮安、山陽、洵陽至湖北之鄖西，中間
> 高山深谷，千枝萬派，統謂之南山老林；由陝西之寧羌、
> 褒城迤邐而東，經四川之南江、通江、巴州、太平、大寧、
> 開縣、奉節、巫山，陝西之紫陽、安康、平利，至湖北之
> 竹山、竹谿、房縣、興山、保康，中間高山深谷，千巒萬
> 壑，統謂之巴山老林。老林之中，其地遼闊，其所產鐵礦、
> 竹箭、木耳、石菌，其所宜包穀、蕎豆、燕麥，而山川險

　　　阻，地土磽瘠，故徭糧極微，客民給地主錢數千即可租種
　　　數溝數嶺，江廣黔楚川陝之無業者，僑寓其中，以數百萬
　　　計，依親傍友，墾荒種地，架數椽棲身，歲薄不收則徙去，
　　　斯謂之棚民。其種地之外，多資木廠鹽井鐵廠、紙廠、煤
　　　廠，傭工爲生㊴。

南山老林、巴山老林天然資源豐富，江廣黔楚川陝等省無業貧民
多湧入山區，或開荒種地，或伐木採礦，傭工度日，除棚民外，
還有啯嚕等流動人口，都成爲白蓮教的基本信衆。但因地勢險峻，
深溝邃谷，白蓮教起事以後，官兵進剿艱難，領兵大員奏報頗詳。
經略大臣額勒登保是瓜爾佳氏，滿洲正黃旗人。他具摺時指出，
川陝楚三省邊界遼闊，山林險阻，教匪白晝伏而不出，凡溝渠林
箐，在在皆可藏身，夜間潛地奔逃，不惟官兵難於偵探，雖寨碉
民人亦莫測其蹤跡深山密林中。迨至百姓報知官兵，或我軍偵得
教匪信息，帶兵邅往，教匪早已遠颺，往往窮日奔馳，卻徒勞無
益。各官弁兵勇在荒山冰雪中晝夜奔馳，勞不敢休，饑不遑食，
教匪以逸待勞，驟難蕩平㊵。惠齡是蒙古正白旗人，當教匪由漫
川關一帶逃向陝西山陽縣境時，官兵跟蹤而至，但因山陽地形險
峻，徒勞無功。惠齡具摺指出，「山陽一帶，跬步皆山，均極險
峻，如花園嶺、土地嶺、七里峽、大新川、小新川、板崖、殺虎
嶺等處，尤爲陡狹，一線羊腸，盤旋而上，多有馬不能行之處，
而各山連接，可通洵陽、鎮安、平利等縣，賊人畏懼官兵馬隊，
多從陡仄難行之路翻越分逃。」㊶由於教匪畏懼官兵馬隊，而大
山密林中，難於剿捕，因此，額勒登保等人設法將教匪驅出大山，
轟出老林，不令其復入老林內。

　　清朝將領用兵於川陝楚期間，分別採取剿、堵、撫三種策略。
但因地形限制，剿、堵、撫的策略，並未收到效果。因各省情形

不同，其策略亦有差異，教匪初起，領兵大員及朝廷多主剿，後期或剿或堵或撫，因地而異。其中四川教匪最多，川民被裹者亦最多，主張用撫；陝西民人入教爲匪者較少，無可招撫，主張用剿；湖北因殺戮過甚，教匪剿、堵不易，楚人亦接受招撫。當教匪起事之初，朝廷原想一舉蕩平教匪，於是採取分進合擊的策略，各路官兵分路進攻，然後會合兵力，四面圍剿。同時採用四正八奇陣法：湖北正兵一路，由荆門而向鄖陽，奇兵二路，一由宜昌而指達巴、歸州，一由襄陽而向均州、房縣；四川正兵一路，由達州而抵大寧，奇兵二路，一由忠、萬而繞夔、巫，一由巴州而入通江、太平；陝西正兵一路，由興安而達平利、白河，奇兵二路，一由商州而扼山陽，一由漢中而趨西鄉；河南正兵一路，駐唐、鄧以爲南北聲援，奇兵二路，一由淅川而抵商南，一由信陽而繞桐柏⑫。各路官兵雖然同時大舉，但因外線作戰，又受地理限制，四正八奇分進合擊的包圍戰略，並未奏功。龔景瀚著《澹靜齋文鈔外篇》有一段分析如下：

> 賊生長深山，登降便捷，婦人孺子，輕趨如飛，而我兵除四川、貴州外，陝、甘、河南、直隸等省之兵，習於平地，不慣山行，登高履險，未及半日，汗流氣喘。賊惟手持一矛，到處占住民房，無須餘物；而我兵鳥槍弓箭藥彈乾糧，身所佩帶，不下數十斤，又有鑼鍋帳房軍裝軍火，皆用夫騾運送，山徑險窄，行走不易，動輒擁擠，棄之則無以爲資，可暫而不可久。賊行無隊伍，止無營盤，隨時隨地，可以安歇，而我兵行必結隊，止必紮營，坐牆守卡，日夜不得休息。賊常逸而我兵常勞⑬。

軍需糧餉，補給艱難，官兵遠調直隸、山東、東三省，不耐嵐瘴，地氣卑溼，天氣郁蒸，身受風雨，足沾泥途，夜臥草地，日飲冰

水，非手足臃腫，則腰腳疼痛；非內患痢泄，則外生惡瘡，雖精
壯之人，亦多半病困。官兵不服水土，也與川陝楚的地理因素有
密切的關係。圍堵教匪，也是領兵大員常用的策略，但常常徒勞
無功。節錄惠齡奏摺一段內容如下：

> 據探報苟、宋二逆由景峪腦翻山直向東奔，有出澇峪之勢。
> 奴才等即星馳趕至澇峪口堵截，適總兵薛大烈、張績等亦
> 帶兵抄至賊匪東面，該匪等又復折竄西北，有出田峪之勢。
> 奴才等亦即折回田峪堵截，往來兼顧，不予以暇，該匪等
> 見北面處處有兵，不能北竄，即向南面銀硐溝桃園子一帶
> 鑽入老林（夾批：可恨）總兵薛大烈、張績帶領兵勇緊躡
> 賊蹤，相距已不甚遠。奴才等恐該匪又由別路逃遁，亦由
> 乾峪景峪撥兵入山，在東西兩面堵截，俾該匪不能分竄，
> 則薛大烈等剿殺自可得手，薛大烈、張績即於十三日未刻
> 趕抵桃園子，督率兵勇，直前衝殺，斃賊三十餘人，生擒
> 四名，賊匪驚慌，紛紛翻上圓嶺山老林，推放木石，憑高
> 抵拒，官兵正在奮力仰攻，忽聞後路鎗炮之聲，據報另有
> 賊匪四五百人由山溝突出，抄截我兵後路（夾批：可恨）
> ㊹。

教匪佔據老林山頭，易守難攻，官兵仰攻，木石齊下，憑高抵拒，
擲石如雨，官兵仰攻，教匪反而由山溝突出抄襲官兵後路，堵截
失利。教匪起事以後，官兵鄉勇無日不堵，無地不堵，但教匪仍
然往來自如，結果是所謂剿，只是隨教匪奔走而已；所謂堵，只
是坐延歲月而已㊺。

　　清朝對外部用兵，無論對蒙古、準噶爾、回部或朝鮮的戰役，
都可以說是長驅直入，無往不利，惟獨對清朝內地的用兵，多未
能速戰速決。其中平定川陝楚教亂、大小金川之役，固然老師糜

餉，其遷延歲月，更是「重煩廟算」。經略大臣額勒登保身經百戰，頗知兵法。《清史稿》對額勒登保有一段敘述，他初隸名將海蘭察部下，海蘭察曾經對他說：「子將才，宜略知古兵法。」於是送給他滿文本《三國演義》，因此曉暢戰事。他在進剿教匪期間曾經指示諸將弁說：「兵條條生路，惟舍命進戰是一死路；賊條條死路，惟舍命進戰是一生路。惟有出其不意，攻其不備之一法。」㊻額勒登保具摺時曾對用兵於教匪的性質進行分析，節錄一段內容如下：

> 伏思向來剿辦外番部落，其收效只在於掃穴擒渠，正不必盡數誅戮，使無噍類。此則內地亂民，誠如聖諭不可稍有草率，且現在所剩者，又多係狡猾亡命之徒，飄忽無常，若不全行剿除，不足以杜後患，然欲杜後患，實不能不稍需時日㊼。

進剿教匪歷時八、九年的原因，一方面與地理因素有關，一方面也是因為教匪是內地的叛亂勢力。清朝對外用兵，所以能靠馬隊長驅直入，主要是在於掃穴擒渠，不必盡數消滅。但是對內地叛亂則必須永杜後患，澈底鎮壓，全行剿除，使無噍類，所以不能速戰速決，以免稍有草率。

李劍農著《中國近百年政治史》一書論述清軍進剿教匪時認為白蓮教亂的平定，並不是清朝八旗兵與綠營等常備軍打平的，亂事蔓延到無可如何的時候，採用兩種政策：一是堅壁清野；二是團練鄉勇。堅壁清野的政策，由德楞泰建議，就是令地方市鎮堅築堡壘，不給賊以掠奪機會，待其自滅。此法初行於湖北隨州，頗有效力，後乃命川陝豫各省仿行。團練鄉勇的政策由合州知事龔景瀚建議，他因為八旗官兵不可恃，所過地方，受害甚於盜賊，故主張募集鄉勇，給以武器，舉辦團練，既可替國家節省軍費，

又可減免地方的擾害㊽。堅壁清野確實是清朝用兵策略很大的改變，但是如果說清朝平定教匪，只是採用堅壁清野和團練鄉勇兩種策略，並不是常備軍打平的，這種說法，並不客觀，因為川陝楚等省採行堅壁清野及團練鄉勇的策略以後，教匪仍然猖獗，又歷經四、五年始告藏事。或許可以說除了官兵剿、堵、撫以外，又採行堅壁清野及團練鄉勇的策略，而加速了教匪的平定。

　　堅壁清野的策略，主要是鞏固壁壘使敵人不易攻擊，遷移人口、物質使敵人無所獲取，即所謂壁壘堅則不易攻，原野清則無所獲，在戰爭中常用為對付優勢敵人入侵的一種作戰方法，歷代兵家多以堅壁清野為困敵之策。《清史稿》記載嘉慶四年（1799），勒保疏陳紮寨團練，行之四川有效，請通行於湖北、陝西、河南㊾。周凱著《內自訟齋文鈔》記載嘉慶四年（1799）正月，嘉慶皇帝親政，詔責統兵諸臣老師糜餉，久延歲月，以四川總督勒保為經略大臣，節制川、楚、陝、甘、豫五省。採行堅壁清野之議，令居民結寨團練，自為守禦，賊無所掠。其議出自蘭州知府龔景瀚㊿。龔景瀚著《澹靜齋文鈔外篇》一書對堅壁清野的策略，分析頗詳，節錄一段內容如下：

> 平賊之策奈何？曰：堅壁清野之法，不戰而屈人，策之最上者也。山地則用寨，平地則用堡。山中之村落零星，人居稀少，不能歸併者，及老林之居民，皆遷其人，而空其地，資以口糧，賜之宅舍，為數無多，小費不足惜也。入堡寨者，必行保甲之法，十家互保，毋使溷入，不可信者仍其舊居，則良莠分矣。無地非堡寨，則無民非兵，婦人孺子皆可擲瓦轉石以擊賊；而賊不得裹脅吾民為賊，死亡斬獲，其數日減。則我兵常多而賊反少矣。無事則耕田買賣，安其故業；有事則登陴守禦，保其室家。我兵之分布

策應者，賊攻堡寨，出而救之，賊退亦退，無奔走追逐之
勞；而賊匪跧伏則無以生，出竄則靡所騁，處處憂慮，時
時忙迫。則我兵常逸而賊反勞矣。堡寨林立，相距遠者不
過六七十里，近者二三十里，屯積糧餉，官兵經過，隨時
供支，無轉運之勞，無遲誤之慮；而賊匪焚掠千里，不過
空屋，攻圍堡寨，非旦夕所能拔，而有官兵之救援，鄰堡
之邀截，又欲拔而不能，到處皆然，無所得食，則我兵常
飽而賊反饑矣。官兵鄉勇，時時休息，時時操練，角藝以
爲樂，犒享以爲歡，其情既洽，其心必齊，其身既安，其
氣自振；而賊匪凶悍之力無所施，狡詐之謀無所用，狂噪
跳擲，久將自衰，饑餓遷流，坐而待斃，則我兵常強而賊
反弱矣。此反客爲主，用我所長，而舍其短，旬月之後，
賊不轉死於溝壑，則散而之四方矣，誠良策也[51]。

堅壁清野的策略，是山地用寨，平地用堡。清朝因應川陝楚的地
形而採行堅壁清野的策略，終於改變了敵我的形勢，引文中已指
出堅壁清野使我兵常多而敵反少，我兵常逸而敵反勞，我兵常飽
而敵反饑，我兵常強而敵反弱。嘉慶十年（1805），勒保入覲
時奉詔曰：

自嘉慶三年，勒保在川省令鄉民分結寨落，匪始無由焚劫，
且助官軍擊賊。其後陝、楚傚行，賊勢乃促。今三省閭閻
安堵，實得力此策爲多[52]。

川陝楚等並未因白蓮教大規模起事，以致社會失控，確實得力於
堅壁清野的策略。龔景瀚曾列舉堅壁清野有十利，其要點如下：

一、堡寨林立，聲勢聯絡，民居既安，民志自定，不虞爲
教匪逼脅，可以保全良民，潛消教匪之勢。

二、糧皆藏於堡寨之內，所餘村落、店館皆爲空屋，教匪

千里焚掠，無所得食，非潰而四散，則輾轉於溝壑之內而已，可以制奔竄之教匪。

三、冬春之交，野無青草，坐困月餘，積糧既竭，終亦歸於死亡逃散而已，可以制負固之教匪。

四、州縣城郭四面皆有堡寨障蔽擁護，教匪不敢輕犯。城郭有急，則環而救之，教匪腹背受敵，官兵又乘其後襲擊，可以保障州縣。

五、堡寨遠近相距十餘里，官兵經過，就近供支，糧台可以不設，官無轉運之費，民無挽輸之勞。位於大路之堡寨，俱安設夫馬遞送文報，無須兵勇護送，可省台站之費。

六、川陝楚每省挑選精兵三千，隨教匪分合，牽制其後，其餘兵丁俱令歸伍，營伍不至於空虛，既省鹽糧，亦少差徭，民受其利。

七、守陴壯丁，無需按月鹽糧，其費較招募鄉勇爲省，其愛護鄉里，猶有古人守望相助之意，不若鄉勇從征日久，習於凶暴，怯公戰而喜殺掠，釀成日後無窮隱憂。

八、保伍時相糾察，堡寨之長又從而稽查，則奸宄無所容，即使囁嚅，亦懾而不敢肆，可以漸化爲良民。

九、良民與白蓮教信眾居不相雜，其悔悟出教者可以安居故業，保全身命，絕後患之萌，開自新之路。

十、規模既定，守而勿失，遠近一體，上下同心，如網之在綱，有條不紊，如身之使臂，無令不從。無事之時，按籍而稽，瞭如其掌；有事之時，畫地而守，井井有條，一勞永逸[53]。

堅壁清野，可以自保，加強防禦，可以解決軍需補給問題，保境安民，守望相助，可以困敵，使佔優勢的教匪不能得逞，堅壁清

野的作用，是可以肯定的。但是，由於清朝採行堅壁清野的策略以後，使教匪野無所掠，散而之四方，蔓延益廣，勒保曾因此被逮，詔褫職，以額勒登保代爲經略。

　　清朝採行堅壁清野的策略以後，官兵剿、堵、撫的策略，並未捨棄。現存檔案中含有嘉慶五年（1800）〈江口等處分兵堵禦圖〉，有助於了解清軍安設營卡堵剿佈署情形，將原圖影印如後。由〈江口等處分兵堵禦圖〉的繪製，可知官兵在陝西南部漢水上游巴山老林邊緣地區，或安營，或安卡，對教匪進行圍堵。圖中洋縣位於陝西南鄭縣東北，屬於漢中府，地居漢水北岸，縣東有子午谷的午口，爲入川棧道。洋縣西南爲城固縣，城瀕湑水入漢水的會口。地處巴山、秦嶺之間，爲川、陝交通要道。南鄭縣爲漢中府治，城瀕漢水北岸，西出金牛道，可通巴、蜀，浮漢水而東，可入湖北，交通便利，形勢鞏固。褒城縣在南鄭縣西北，位於太白河西岸，屬於漢中府。沔縣在褒城縣西南，位於漢水北岸，屬於漢中府。沔縣東北爲留壩縣，留壩縣西北爲鳳縣，俱屬漢中府。在洋縣以北爲華陽縣，華陽縣向北過秦嶺、太白山，經斜峪關至郿縣，郿縣位於渭水南岸，屬於鳳翔府。郿縣西南有五丈原，即蜀漢諸葛亮出師身死處。在郿縣西北、鳳翔縣西南爲寶雞縣。圖中江口即位於留壩縣東北，留壩縣在太白河西岸，江口則在太白河東岸。原圖所繪區域包括華陽、洋縣、城固、南鄭、褒城、沔縣、留壩、鳳縣、寶雞、郿縣等縣，而以江口爲居中之地，成爲官兵駐紮大本營，形勢鞏固。但是，對剿除教匪仍未發揮功成神速的作用。嘉慶七年（1802）二月，湖廣總督吳熊光具摺時，對官兵進剿教匪的失利情形，陳述頗詳，節錄一段內容如下：

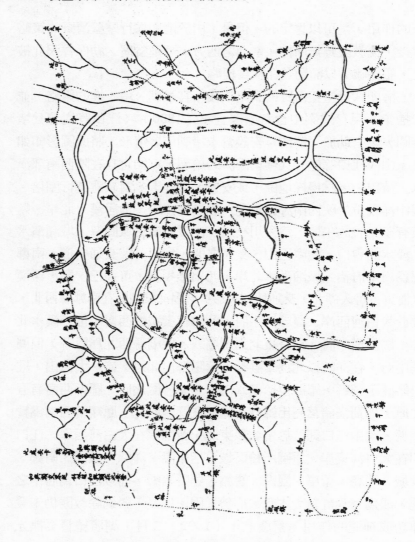

嘉慶五年〈江口等處分兵堵禦圖〉
《江中期五省白蓮教起義資料》

伏查辦理賊匪，原不出乎剿、撫二法，在安心爲逆者，非
剿不可；而脅從附和者，非撫不能解散，是以臣吳熊光前
任直隸藩司時，亦經奏及當剿撫兼用。迨自豫至楚，身歷
其境，屢經設法招致，迄無成效。蓋緣教匪起事之初，百
姓猝不及防，賊得肆其裹脅，動輒盈千累萬。自連年剿辦
以來，被裹良民非乘間逃回，即臨陣投出，此等民人本非
甘心從賊，一經回籍，並無復行從逆之事。至於目下眞正
賊匪，臣留心訪詢，其中習教者，不過十之二、三，其餘
多係川省啯匪及鹽梟私鑄並游手好閒之人，此等匪徒，本
屬悍不畏法，一入賊營，藉教匪之聲勢，得以遂其擄掠姦
淫之願，方將以爲得計，而教匪恃若輩相助，作爲羽翼，
遂致狼狽爲奸，固結莫解，實非一時裹脅可比，無由望其
翻然就撫，惟有痛加剿洗，庶可絕根株，而靖地方。雖現
在賊股每股內眞正賊匪多亦不滿千名，少則僅止數百，然
皆屬兇悍亡命之徒，且以大山老林爲窟穴，一見官兵，非
四散奔逃，即負嵎據險，擲石抗拒，官兵仰攻，往往轉致
失利。查從前元二三等年，凡賊匪所到之區，原多義勇堵
剿連年，被賊殘害，實已不少。近雖各修碉寨，爲自衛之
計，但每寨多則千餘人，少則二三百人，除去老弱婦女，
求其精壯能與賊匪打仗者爲數無多，且各寨相距自二三十
里至四五十里不等，彼此急難應援，設遇零星賊匪數在百
名內外者，尚可勉力搜剿。若成股之賊，眾至數百名者，
各寨僅僅能於緊守，各自捍衛，斷難責以剿賊之任⑭。

由引文內容可知，堡寨只是民間的自衛力量，缺乏攻擊力，只是
消極的防守，而剿辦教匪的主力，仍然落在官兵的身上。但因川
陝楚地形的險峻，用兵艱難，以致遷延歲月，未能出奇致勝，而

屢受挫敗。湖廣總督吳熊光所稱「各寨僅僅能於緊守，各自捍衛，斷難責以剿賊之任。」就是說明在剿平教匪的過程中，官兵是責無旁貸的，堅壁清野並非平定教匪的唯一策略。由於征勦困難，嘉慶皇帝屢頒嚴旨切責經略大臣。嘉慶七年（1802）三月二十八日，寄信上諭中對西安將軍經略大臣額勒登保頗有指摘，節錄一段內容如下：

> 額勒登保自本月十八日奏報追剿苟文明與宋李等逆情形後，迄今已閱十日未據續有報到，刻深盼望本日遞到五百里軍報，祇係於山內探剿苟逆，及慶成等截剿零匪各緣由，並未能將苟逆轟逼出山，痛加殲戮，殊屬無謂。昨經召見長麟，詢以陝省軍務，據稱現在陝境賊匪無多，惟苟文明一股有一千五六百人，在南山內往來竄逆，統計各路官兵十數倍於賊，若能將苟逆轟令出山，即可刻期殲滅等語，與額勒登保節次所奏賊情，亦屬相符，而迄今總未得手，殊不可解。額勒登保屢次奏報之摺，總以苟逆在深山老林潛逆不出，兵力難於施展，須誘令出山剿辦，方易爲力。茲又稱即使該匪窺伺平原，現有大兵緊剿，又有惠齡在峪外帶兵過截，可以無慮等語。是額勒登保之意，又不欲令苟逆出山。若山內山外，皆不能辦，額勒登保等竟可撤兵閒住，一任賊匪到處踩躪滋擾，或坐待賊匪自斃，有是理乎？又據稱因大山密林，艱於搜捕，亟須驅出，但恐該匪一出老林，亡命狂奔，又不得不於旁路抄截。此數語已爲賊匪出山後，預佔地步。額勒登保以十數倍於賊之兵，不能剿，不能堵，不能追，不能截，眞屬奇事。朕實代汝抱愧之至，而不能用人之咎，朕引爲己過，未知汝意如何耳？前此賊匪宋應伏由山內逸出，官兵既不能截殺，及由原路折回入

　　山，又未見有兵攔擊，任聽賊匪來去自如，額勒登保等毫

　　無防範，豈無應得之罪，即朕不加譴責，伊等獨不內愧於

　　心乎㉟？

前引寄信上諭，已指出川陝楚採行堅壁清野策略以後一直到戰爭
後期，官兵並未停止堵、剿的工作。經略大臣額勒登保等統領官
兵，遠超過教匪十數倍，但深山老林，險峻異常，進剿總未得手，
結果便是官兵不能剿，不能堵，不能追，不能截，只能讓教匪坐
以待斃。或許我們可以說，教匪佔據巴山老林等地，易守難攻，
教匪後來被平定，不是官兵打平的，但也不是堅壁清野、團練鄉
勇打平的。然而教匪被困於深山老林，勢力逐漸被削弱，因此，
也可以說由於官兵的剿、撫、堵截及堅壁清野、團練鄉勇的策略
運用下，終於平定了教匪。官兵不能剿，不能不剿；官兵不能堵，
不能不堵；官兵不能追，不能不追；官兵不能截，不能不截。在
平定教匪的過程中，只強調堅壁清野的策略，而忽視旗兵、綠營
等常備軍的存在，並不符合歷史事實。

　　白蓮教起事是以川陝楚秦嶺、巴山老林等地為根據地，深山
密箐，易守難攻。嚴如熤纂輯《三省邊防備覽》對川陝楚的地勢
論述頗詳，原書指出，蜀之巴、達、夔、巫，南阻岷江、巫山之
險，北憑羊圈、竹溪、望星，接連秦之青石、柏楊、毛壩各關，
懸巖峭壁，鳥道羊腸。鄖陽為楚、豫、秦三首的樞紐，長山大谷，
綿亘千里。襄陽南來，則通安陸，宜昌東過，則逼荊門，地廣而
徑多。秦之漢中，西通略陽，北連大散。興安一府，多為鄖陽分
地，中有石銼、金竹、化龍各山，及坪埠峪、觀音溝、七里關、
白土關各要扼，都是怪石嵯岈，谷深山阻，號稱天險。豫之淅川，
旁有荊子關，陵巒遙接武關。由是而南下鄧州，為熊耳山、旗杆
嶺，山勢巍峻。通計由巴、達至信陽西南，路近三千里，南北縱

廣亦不下千餘里。楚攻急，則潰入秦、豫；秦攻急，則潰入蜀、豫；蜀攻急，則潰入秦、楚；豫攻急，則潰入楚、秦⑯。由於教匪或分或合，聚散無常，或往或來，出沒無常，使官兵疲於奔命，剿捕不易。

官兵進剿川陝楚白蓮教匪所採取的策略，不外是剿、撫、堵、截。教匪佔盡地利，長於野戰，旗兵馬隊騎射，受地形限制，攻剿搜捕，均難奏功。官兵仰攻教匪，搶佔山頭，亦多失利。分進合擊，採取外線作戰，亦未收效。雖然採用四正八奇陣法，但仍難一舉盪平。無論是官兵或鄉勇，無日不堵，無地不堵，而教匪的往來，仍然來去自如。嘉慶四年（1799）以後，川陝楚各省採行堅壁清野的策略以後，戰事迄未提早結束，仍然老師糜餉。嘉慶五年（1800）正月初九日，嘉慶皇帝於寄信上諭中作了較爲客觀的分析，節錄要點如下：

> 用兵之道，總不出天時、地利、人和三者。以天時而論，則惟冬春兩令最爲得力之時，一交夏令，則氣候蒸熱，秋令雨水較多，雖精兵勁旅，亦不能展其長技。乃各路統兵大員，並未籌及，輾轉遷延，以致坐誤時日，不知天時，其弊一也；以地利而論，則扼險堵禦，最爲要著，川陝等省，雖深林密箐之處較多，然必有要隘處所，可操一夫當關之勢，而帶兵大員等並不能相度地形，擇要守險，惟事跟蹤尾追，東奔西逐，轉將險要之地被賊佔據，任賊來往，以致攻守兩難，徒疲兵力，不知地利，其弊二也；以人和而論，尤在將士同心，無分畛域，乃能收眾志成城之效。前此明亮、永保等遇公事則彼此觀望，於私忿則互相傾軋，似此猜疑交搆，人各一心，將士豈能用命，即現在之統兵大員如額勒登保、那彥成、松筠等，亦皆各顧各路，彼此

不相知會，以致此處餘匪未能剿盡，而他處之賊又復乘間
蔓延，亦非同舟共濟之道。殊不思伊等皆係受恩深重之人，
或久歷戎行，或家世本屬勳舊，無論何人得功，皆可一體
仰邀恩賞。即使伊等實有勞績，朕不明而未膺茂賞，亦仍
當各抒忠藎，勉力奏功，方為大臣公忠體國之義。況伊等
果著有勞績，朕尚不十分糊塗，亦斷不肯泯沒其功，乃俱
各存私見，甚至彼此各不相下，互相推諉，不能和衷，其
弊三也㊿。

清軍領兵大員不能把握天時、地利、人和的有利條件，結果剿、
撫、堵等策略都落了空。嘉慶皇帝已指出，所謂剿者，惟知冒險
深入，在後尾追；所謂堵者，並不能扼要嚴防，仍任教匪乘虛奔
突；所謂撫者，雖然立有章程，但投出者仍屬寥寥無幾。

官兵進剿教匪，雖然處處失利，但是教匪坐困巴山老林，並
不能殲滅官兵的有生力量。教匪忽南忽北、忽分忽合的流動戰，
其本身只是一種流寇主義的逃跑戰術，雖能暫時避開官兵的攻擊，
但在川陝楚等省採行堅壁清野的困敵策略下，官兵鄉勇連年征剿
堵截，使教匪陷於孤立，不能與清軍長期抗衡。教匪聲勢日益窘
蹙，最後終歸自取滅亡。總之，從清朝征剿川陝楚白蓮教的戰役
中，可以看出地理因素在戰爭舞台上確實扮演了重要的角色。

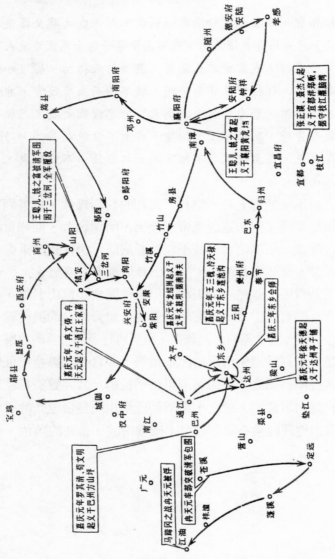

川陝楚白蓮教之役示意圖
《中國軍事通史》（北京，軍事科學出版社，1998）

第二節　天理教的活動及其起事經過

　　川陝楚等省教亂的平定，反映清廷對地方的控制力，並未完全喪失，但宗教叛亂的火苗，並未完全熄滅。天理教起事以後，雖然很快被清軍剿平，然而這個教案蔓延的地區更廣，社會動亂更加擴大。乾隆末年以來，山東、直隸等省，八卦教的勢力，並未因官府的取締而被削弱。山東金鄉縣人侯位南的父親侯繩武是震卦教的掌教，他收藏一份教首清單。侯位南被捕後供出部分教首姓氏，他說：「我記得單內乾卦姓張，鄆城縣人；坎卦姓郭，霑化縣人；艮卦姓許，忘記籍貫；震卦就是我祖父侯棠；巽卦姓朱，江南豐縣人；離卦姓郜，東昌府人；坤卦姓張，單縣人；兌卦姓郭，定陶縣人，均不記名字。」⑧侯位南的祖父侯棠，又名侯尚安，侯位南就其記憶所及，供出八卦教的一段歷史，他說：

> 我祖父侯棠是坎、震兩卦掌教，侯棠故後，傳給叔祖侯朴，侯朴故後傳給我父親侯繩武。我父親後來年老，因哥哥侯化南無能，把坎卦教傳給劉充善的胞伯劉上達，震卦教傳給冠縣張貫九，並他兄子張聖文，又傳段純修。當時掌震卦教的名爲扶震主事，掌坎卦教的名爲扶坎主事，還有次一等的名爲參戶、秋戶、爻戶、大法等項名目，並無品級職分⑨。

侯棠生前是坎、震兩卦掌教，侯繩武年老後，僅掌震卦一教，把坎卦一教傳給劉上達，後來又把震卦教傳給冠縣人張貫九。對照現存清代檔案，有助於了解嘉慶年間八卦教勢力的發展。

　　乾隆年間（1736-1795），八卦教總教首劉省過死後，已無人執掌八卦教。乾隆四十五年（1780）十月，劉廷獻在濟木薩

配所，侯位南的祖父侯尙安即侯棠欲復興八卦教，於是命其信徒直隸人徐青雲即徐卿雲和山東人劉尙安扮作挑賣磁器小販，藉以齎送銀兩及信件到濟木薩尋覓劉廷獻，告知劉廷獻關於侯棠現在復興八卦教事，因劉廷獻是劉省過近支，特令徐青雲等前來尋覓張廷獻，推爲中天教首，總掌八卦教事務，劉廷獻應允，收受銀一千兩。劉尙安後來在迪化州客店病故，徐青雲向劉廷獻討取回信。劉廷獻回信言及因發遣口外，不能回去，所有教中之事，由侯棠代爲管理。信內夾有傳教小書一本，寄回侯棠查取，可以照書傳教。劉廷獻還說，現已年老，身後有其子劉成林可以接充教首。劉廷獻隨後令劉成林拜徐青雲爲師，徐青雲教劉成林遇朔望之日早晚面東西，朝著太陽，合掌焚香，並教以捲簾塞隊，緊閉四門，撥開天堂路，塞住地獄門，清氣上升，濁氣下降等方法。嘉慶七年（1802），侯棠之子侯繩武六人齎送銀兩、信件到濟木薩。因劉廷獻已經病故，侯繩武等人即推其子劉成林爲中天教首，接掌八卦教。馮青雲、宋相貴向劉成林長跪，請求封爲乾、坤二卦一品教職，劉成林即封馮青雲爲乾卦一品教職，宋相貴封爲坤卦一品教職⑩。

馮士奇是山東德州恩縣人，世傳陰陽拳，藉以護身防家。其住家鄰近蔡村，每年三月，參加廟會之人多至馮士奇莊上賃房住宿。乾隆四十七年（1782），離卦教教首任萬立曾赴該莊趕會，販賣首帕，賃居馮士奇家房屋。嘉慶二年（1797）廟會期間，任萬立又到馮士奇家賃屋居住，並與馮士奇交好。馮士奇染患腿疾，任萬立告知是離卦教之人，倘若拜他爲師，即能將病治癒。馮士奇即拜任萬立爲師，入離卦教⑪。

孫懷亮是山東城武縣人，曾拜劉秉順爲師，入離卦教，時常爲人治病。嘉慶元年（1796）三月間，城武縣人劉化安因染患

時疾，邀孫懷亮至家醫治，孫懷亮勸令劉化安入教，以求消災除病。劉化安允從，即拜孫懷亮爲師，學習離卦教，孫懷亮即教劉化安尊敬長上，存順父母，敬天地，修今生，知來生事，存心無歹，燒香磕頭，戒酒色財氣，行好免罪。並教劉化安向太陽兩手垂下，閉眼運氣，聲稱功成即能替人治病。又口授耳爲東方甲乙木，眼爲南方丙丁火，鼻爲西方庚辛金，口爲北方壬癸水四句咒語。後來劉化安常爲人治病。嘉慶十六年（1811）五月間，山東菏澤縣人白相雲因母親患病，邀請劉化安至家醫治，劉化安即勸令白相雲學習離卦教，可以消災除病。白相雲應允，劉化安即傳授運氣坐功及四句咒語⑫。

張洛焦是山東東昌府冠縣人，自幼跟隨父親張乃公在冠縣三官廟做道士。嘉慶初年，張洛焦十七、八歲時，曾隨父叔拜河南武安縣谷山黃姑庵道士施老頭子爲師，入離卦教，施老頭子令張洛焦等跪地發誓：「弟子受老爺的戒，如開齋破戒，身化膿血。」並念「遵信佛法，眞空家鄉，無生父母，現在如來」等句咒語。施老頭子將手指在張洛焦腦後搓摸，口中念咒，畫符燒灰入水飲用後，張洛焦腦後發癢，就有月牙式一塊疤痕，不長頭髮。同時教張洛焦學習金鐘罩法，揚言可以不怕刀砍⑬。張洛焦所稱施老頭子，名叫施悅銘，是離卦教頭目，各卦信衆都與他相通，凡拜施悅銘爲師入離卦教受過戒的信衆，其腦後都有月牙痕。

孟見順是直隸鉅鹿縣人，乾隆五十五年（1790），孟見順經素識的蕭文登即蕭明遠勸令入離卦教，又名無爲救苦教，傳給誓言經語及運氣方法。乾隆五十九年（1794），孟見順轉傳同縣人侯岡玉。嘉慶四年（1799），侯岡玉與同教趙其祥到山西平定州傳教，有趙其祥的外甥傅濟等拜侯岡玉爲師。侯岡玉被捕後供出孟見順之師是蕭文登，蕭文登之師是吳二瓦罐，吳二瓦罐

之師是清河縣人劉恭⑭。由此可知侯岡玉傳習的離卦教，就是劉恭離卦教案件的餘波。劉恭又作劉功，是離卦教總當家。嘉慶十三年（1808），直隸井陘縣人杜玉、李化功拜元氏縣人張老沖爲師，學習離卦教，經張老沖教給採清換濁功夫。嘉慶十五年（1810），張老沖到離卦教總當家即清河縣人劉功家中，代杜玉、李化功領號，是一個「伯」字，張老沖囑咐李化功每逢四季上供昇單時，將「伯」字填寫單內，即可昇至無生老母天宮，並傳授昇單式樣⑮，是按四季上供。上供昇單時，由李化功閉目出神，上天問話。杜玉又學醫治病，如果見效，即令病人出錢上供酬神，並拜杜玉爲師。井陘縣人高大顯、獲鹿縣人劉老南、平山縣人劉之彥、牟平縣人胡四扳、唐山縣人樊老明、南單縣人孔繼善、隆平縣人頡老毛等人先後送錢入教。

離卦教平日爲人治病，教人坐功運氣，因此，入教者衆多。直隸青縣人葉富明轉傳滄州人湯四九⑯。葉富明平日種地度日，其父葉長青在日，傳習老君門離卦教，又名義和門，每日在家三次朝太陽燒香磕頭，誦念無字眞經歌訣，練習打坐功夫，並替人按摩治病，葉富明平日亦入教學習。嘉慶九年（1804）十一月，葉長青病故，葉富明仍習其教。嘉慶十二年（1807），葉富明收素相交好的季八爲徒，季八又轉傳滄州人湯四九⑯。山東蘭山縣人狄珍，曾拜劉功徒弟子孫起洛爲師，傳習離卦教。嘉慶十四年（1809），蘭山縣人凝旺、凝興等拜狄珍爲師，入離卦教。狄珍傳授盤膝運氣採清換濁的方法，稱爲「而」字功夫⑰。

尹老須即尹資源，是直隸清河縣人，與同縣人韓老吉即韓添相，以及山東清平縣人蕭荄等均相熟識。乾隆六十年（1795），尹老須拜直隸南宮縣人田蓋忠爲師，入離卦教，經田蓋忠向他指點：耳爲東方甲乙木，目爲南方丙丁火，鼻爲西方庚辛金，口爲

北方壬癸水，性在兩眉中間，外為十字街，內為方寸寶，地是中央戊己土。又稱：性是無生父母所給，無生父母住在三十三天中黃天，名為真空家鄉。同時傳授閉目運氣的方法：從鼻孔收入，名為採清；又從鼻內放出，名為換濁，統名「而」字功夫，取承上起下之義。聲稱用此功夫，生前免受災病，死後不致轉生畜類。又傳給「在理」二字，遇到同教之人，彼此問答，都以「在理」二字作為暗號。尹老須照依學習，田蓋忠見尹老須功夫純熟，即帶往直隸清河縣人離卦教總當家劉功家領法，經劉功傳授「真空家鄉，無生父母」及「後有一祖叫收元，名喚折金駕金船，懷揣日月先天氣，袖吞乾坤把道傳」等詩句，稱為靈文，叫做內度。尹老須默記在心，時常念誦。按照教中規矩，領法以後，即可傳徒，稱為開法。尹老須領法以後，即傳同縣人韓似水父子等人⑱。嘉慶十五年（1810），尹老須因習教已久，積妄生魔，每逢閉目時，彷彿看見天上人來往，又似聽到音樂，於是自稱「悟道明心」。總當家劉功聞知後，即傳喚尹老須至家問明前情，稱許其功夫深透，可以上天至無生老母處辦事。劉功又教尹老須按每年立春、立夏、立秋、立冬日期，在家上供，稱為四季祭風。教中以正月十五日為上元，七月十五日為中元，十月十五日為下元，屆期上供，稱為三元，可以祈福消災。劉功又口授祭文，內有「進金供一桌望聖慈悲」等語。尹老須臨時照書寫黃紙焚化，稱為昇單。又給他「豐」字作為記號，昇單時填寫在內，即可昇至無生老母處。尹老須返家後，按照節氣日期上供，並將教中信眾姓名一併列入單內代求福佑。尹老須自稱南陽佛，創造朝考、黑風劫等名目⑲。

據直隸總督方受疇奏報，自嘉慶元年至十六年（1796-1811），又有直隸南皮縣人劉孔厚等四人，東光縣人馬金城等二人，交河縣

人韓守業，清河縣人葛升青等二人先後入離卦教。其中劉孔厚、劉照奎、劉照元、劉士玉等四人俱拜東光縣人丁幗榮爲師，學習離卦教，念誦「眞空家鄉，無生父母」及「尊敬長上，和睦鄉里，不殺害命」等歌詞，藉以行好圖修來世。徒弟拜師後，稱師父爲當家，師父呼徒弟爲善人，如遇同教之人，則稱「在裡」二字。劉孔厚等贈送丁幗榮大錢數百至數千文不等，稱爲富貴錢。教中按四季做會，丁幗榮身故後，由劉孔厚、劉照奎父子等人輾轉傳徒⑦。

　　直隸、山東八卦教各卦長常往來於江蘇、河南等省收徒傳教，八卦教信衆，遂與日俱增。從耿孜元教案，有助於了解八卦教在江蘇的發展情形。耿孜元是江蘇銅山縣西北鄉人，其父耿泳昇收存祖遺地理書一本，耿孜元自幼多病，因見書內有坐功運氣的治病方法，即照書運氣，果有效驗。嘉慶十二年（1807）十月十六日，耿孜元至銅山縣境內黃家集地方時，遇見廣平府清河縣城王官莊人張東瞻在黃家集販賣棉花，彼此閑談熟識。張東瞻告以今生不如人，須修下來生，見了透天眞人，即能躱過輪迴之苦，不遭刀兵之劫。嘉慶十三年（1708）二月，耿泳昇令耿孜元進京爲長子耿孜廣捐監，耿孜元邀族人耿羊兒同行。二月十七日，耿孜元繞道至清河縣尋找張東瞻，求見透天眞人。張東瞻表明自己是離卦教中人，曾拜離卦教教首劉恭爲師，必須先得眞傳，然後能見眞人。耿孜元、耿羊兒即拜張東瞻爲師，入離卦教⑦。其入教儀式是由師父張東瞻執香三炷，對太陽作揖磕頭，將香焚化爐內，令耿孜元等念誦「離卦透天眞人，埋頭修行，今生不好，修來生，超生了死，眞如道，天下無比數。第一洩露眞法，不過百日身化流血」等歌句。張東瞻又稱：「人得太乙之氣而生性，得父母呼吸之氣而生命，如若不信，吹氣一口，便有冷暖之分。」

張東瞻向耿孜元手心吹氣，果屬溫暖，耿孜元自己吹氣，則屬寒冷。因此，耿孜元更加相信。張東瞻取出寶卷《掃心經》一本，給耿孜元閱看。寶卷開頭述說天地萬物五行生剋的道理，後面是坐功圖像。這些圖像的頂上，有放出圓光者，也有透出小人者。張東瞻指稱，就是透天真人。張東瞻又將坐功修道的方法，傳授給耿孜元等人。其法為舌抵上顎，鼻採真氣，閉目存神。並稱行之既久，自己頂上透出小人，無所不照，無所不達，就可得透天真人真傳。嘉慶十四年（1809）十月初間，張東瞻又到黃家集販賣棉花，有耿開化等人先後拜張東瞻為師。張東瞻令耿開化按四季做會擺供，念誦「太陽出現滿天紅，晝夜行走不住停，走的緊來催人老，走的慢來不從容，收乾曬濕都是俺，倒叫眾生叫小名，有朝一日惱了發個災病他應承」等歌句，相信可以消災獲福⑫。

　　河南境內的離卦教，多由郜姓流傳。河南束鹿縣人劉黑知、孟洛功、苗洛英等被捕後供認素習離卦教，是郜姓流傳，然後由晉州人崔洛泳傳給無極縣人張洛孝等人。嘉慶十三年（1808）以後，劉黑知等人，以習教可以消災免難，遞相傳習離卦教。教中稱呼教首為當家，點香三炷，供茶三碗，跪地叩頭，並口授誓語：第一學好人，尊當家；第二皈依佛、皈依法、皈依僧，皈依三寶向善；第三再不開齋破戒，違者身化膿血。教中不定期在傳教教首之家聚會，聽講孝順父母，敬重尊長，並傳授閉著口眼從鼻中運氣的功夫⑬。劉黑知又供認所習離卦教，稱為離卦黃陽教，是由河南商邱縣郜文生傳給直隸清河縣人劉恭，後來劉恭轉傳鉅鹿縣人吳洛興，吳洛興又輾轉傳徒⑭。

　　崔士俊是直隸長垣縣人，他和山東城武縣人劉燕認識，崔士俊被捕後供出劉燕素習八卦離字教，教首是金鄉縣人王普仁，王

普仁傳至張衡、王敬修，王敬修又傳至劉燕。其入教儀式是先令人跪香磕頭，傳授「真空家鄉，無生父母」八字真言。入教之始，先給師父錢一、二百文不等，名爲根基錢，每逢清明、中秋兩節，隨力致送錢文，稱爲跟賬錢，俱交給卦長。凡同教見面時，駢食指、中指，往上一指，名爲劍訣，作爲暗號。嘉慶九年（1804），崔士俊聽從劉燕勸說入離卦教，崔士俊又傳徒高鶴鳴等五人。王普仁被捕後供出離卦教首郜添麟之師是劉隴士，已於嘉慶九年（1804）淹斃。郜添麟又名高道遠，世居河南商邱縣。高道遠的高祖郜雲隴傳習離卦教，自稱透天真人。教中舉行傳教儀式時，跪香磕頭，緊閉四門，耳爲東方甲乙木，眼爲南方丙丁火，鼻爲西方庚辛金，口爲北方壬癸水，不許亂看亂說，同時傳授心法歌訣。又口授「真空家鄉，無生父母」及「天盤掛號，地府抽丁」等句咒語，每日朝太陽汲氣咽沫。入教時，先送給師父錢文，稱爲根基錢。每年春秋兩節贈送師父錢文，稱爲跟賬錢，以出錢多寡，定來生福澤厚薄，出錢多者，來生可得大貴。同教相見，各駢食指、中指，往上一指，稱爲劍訣，作爲暗號。郜雲隴之後，有郜三等人繼續在河南傳教。至郜添麟時始遷居山東聊城縣，並改姓名爲高道遠，繼續招徒傳習離卦教⑮。高道遠先後收莘縣人靳清和、從中仁爲徒。嘉慶十六年（1811），高道遠病故，由其堂弟高繼遠接充教首。靳、從兩姓分別傳習離卦教，兩家各傳其子孫，徒眾遂分爲兩派，靳教先以靳清和爲教首，被獲正法後，由其堂弟靳中和接充教首，先後傳其子靳咸宜等人；從教以從中仁爲教首，傳其子從建、道士吳連如等人。

　　直隸長垣縣陳家莊人徐安幗素習震卦教，嘉慶十七年（1812）八月，崔士俊同莊人高毓藻帶領徐安幗到崔士俊家，並以震卦教勝過離卦教，勸崔士俊改離歸震，崔士俊即拜徐安幗爲

師。徐安幗傳授「眞空家鄉，無生父母」八字眞言，與離卦教並
無不同，惟每日早午晚三次朝禮太陽，兩手抱胸，合眼趺坐，口
念八字眞言八十一次，叫做抱功，聲稱功成可免災難[76]。劉西祥
是山東金鄉縣人，嘉慶十八年七月，其族兄劉大忠勸劉西祥拜師
入教，劉西祥允從，劉大忠領他到崔士俊家，拜崔士俊爲師，入
震卦教，劉西祥送給崔士俊根基錢二百文[77]。胡成德本名胡二法，是
山東曹縣人，乾隆五十一年（1786），因年歲荒歉，其父胡新
淳帶著家小往河南鹿邑縣楊家莊種地。胡新淳病故後，胡二法到
孟家莊販賣豆腐腦營生。嘉慶十五年（1810）十二月，因買賣
平常，胡二法返回曹縣種地。嘉慶十六年（1811）二月間，胡
二法因病拜徐安幗爲師，入震卦教，徐安幗將胡二法另取名爲胡
成德。徐安幗令胡成德跟紀大幅學拳，但因胡成德向來跟其父胡
新淳學習八卦拳，所以未跟紀大幅出錢學拳[78]。

　　樊應城、樊應新兄弟是河南信陽州人。樊應新幼曾讀書識字，
曾入震卦教，嘉慶二年（1797），樊應新出外算命卜卦營生。
嘉慶十年（1805）返家，帶有《東方震卦經咒》一本，勸令其
兄樊應城入教學習，聲稱死後得赴龍華會，來世總有好處，並令
每日三次禮拜太陽。樊應城希圖求福，聽從習教。嘉慶十二年（
1807），樊應城等至湖北隨州，收姨甥胡德爲徒，傳習震卦教。
樊應城被捕後供稱：「東方震卦教的由來，是因太陽東升，方向
屬震，因此，有東方震卦經咒，每日向東方磕頭。」[79]山東曹縣
人趙得重、趙飛仁、趙飛義父子兄弟都是震卦教信徒，他們被捕
後供出入教經過。趙飛仁兄弟的姑夫張一，曾拜徐安幗爲師，學
習震卦教。嘉慶十七年（1812）二月，張一勸令趙得重父子兄
弟入教，以免災病，習誦「勸君四門緊閉關」、「太陽出來滿天
紅」等句咒語，每日三次燒香磕頭[80]。

　　劉全智、劉全義兄弟是山東定陶縣人，寄居曹縣田家莊，嘉慶十八年（1813）四月，劉全義拜教首袁興邦爲師入震卦教，袁興邦教他每日三遍拜太陽，早向東，午向南，晚向西，學習運氣功夫，並口授「太陽出來一滴油，手使鋼鞭倒騎牛，閉住紅門血不流」、「眞空家鄉，無生父母」等咒語。同年八月初十日，劉全智亦拜劉允中爲師，入震卦教。劉允中教他學習運氣及八字咒語，並用火石尖將劉全智左手二指劃傷，用火香烙成月牙痕，作爲暗號[81]。據教犯劉西芳供稱，震卦教中除八字眞言外，尚有「一朵白蓮海上鮮，海水倒流人不參，有人參透白蓮意，就是榮華會上一朵仙」四句咒語，信衆左手二指多有火烙月牙痕記號。

　　除離卦教、震卦教外，地方官也查獲兌卦教、巽卦教案件。西寧縣人劉邦禮曾因傳習兌卦教被捕。他供認因隨其舅改姓王，又因能念西藏咒語，被呼爲王喇嘛。劉邦禮幼時到西藏，僱給喇嘛服役，曾學念西藏咒語，喇嘛給過紙畫護身佛像一張，占卜番牌九塊，替人誦咒治病，占卜餬口。嘉慶八年（1803），劉邦禮在原籍西寧縣老爺山，與四川洪雅縣道士雷姓熟識，見雷姓道士供奉觀音佛像，前有銅圖章八塊，雷姓道士告知是八卦教內兌卦中人，如遇窮乏時，將圖章印在手上，同教人看見，自有資助。若遇相鬥時，見此印記，即可辨識。雷姓道士又教劉邦禮用九枚錢占卦之法，既可謀生，又可收人入教。劉邦禮聽信，即拜雷姓道士爲師。後來劉邦禮又遇見兌卦同教的甘肅河州人閏升、四川洪雅縣人向大旺二人，閏升、向大旺教劉邦禮咒語八句，告知此咒是由八卦中演出，時常念誦，可以消災延福，若遇荒亂之時，可以保身，每日早夜，焚香跪拜默誦，不可令人聽聞，並可傳徒，但不可取人之財。劉邦禮又拜閏三、向大旺二人爲師。劉邦禮先後收過直隸陳三、山西頡金伏等人爲徒[82]。趙德是山東人，經河

南滑縣人趙幗棟收爲義子，曾學唱戲，娶直隸長垣縣人師六成之妹爲妻。嘉慶十八年（1813）二月，師六成勸令趙德拜滑縣王家營異卦教教首張學武爲師，趙德即與妻師氏一同入教學習，念誦八字眞言⑧。

　　董懷信是直隸灤州人，其父董太於乾隆三十八年（1773）拜平谷縣人張榮爲師，傳習金丹八卦教。董太身故後，董懷信與素識佘旺玉等商同傳教斂錢，令林自貴等分管八卦各宮。嘉慶九年（1804），信衆楊得坡等向董懷信買取符袋，返回原籍開原縣散放。楊得坡被捕後供出分管各宮教首，其中佘旺玉及蘇姓同住永平符榛子鎭，教首龐彪住喜峰口西邊漢馬營⑧。嘉慶十七年（1812），董懷信被捕後，起出經符板片及入教男婦名冊。在名冊中記載乾隆年間（1736-1795）八卦教信衆共計二千二百餘人，嘉慶年間（1796-1820），有二千九百餘人⑧。

　　從離卦教信徒改歸震卦教的例子，可以了解八卦教各卦之間的差異，並不很大。至於天理教與八卦教、榮華會、三陽教等教派，彼此之間，也是名異實同。河南滑縣人牛亮臣是天理教中重要頭目之一，他被捕後供認原充華縣庫書，嘉慶十一年（1806），因虧用官項，逃往保定，在唐家衖衖馬家店內當夥計。同年十二月間，林清因犯案到省城，也在店內住歇，與牛亮臣談及教內的事，林清告知自己的教是京南人顧文升傳授。從前山東曹縣人劉林是先天祖師，林清是劉林轉世，是後天祖師，其教派本名三陽教，分青、紅、白三色名目，又名龍華會，因分八卦，又名八卦會，後來又改名天理會，每日朝拜太陽，念誦經語，相信可免刀兵水火之厄，如遇荒亂，並可圖謀大事。牛亮臣聽信其言，即拜林清爲師⑧。林清所稱京南人顧文升，又名顧亮，他是宋進會遠房表親，向來以看病爲業，時常在宋進會家中居住。嘉慶九年（

1804）八月間，顧亮勸令宋進會皈依他的榮華會，戒除酒色財氣，行善學好，遇教中貧難之人，布施錢文，來世即有好處，可以享受榮華。顧亮又告知宋進會教中傳習打坐功夫，習之日久，便可入道。宋進會聽信，顧亮即在宋進會家佛前上香，互相盟誓後，即傳給打坐功夫，默念「眞空家鄉，無生父母」八字眞言。嘉慶十一年（1806）三月間，宋進會又引其兄宋進耀拜顧亮爲師，入榮華會。同年五月間，又引林清、劉四向顧亮學習打坐功夫，遂尊顧亮爲教首。宋進耀轉勸直隸宛平縣人陳茂林、陳九成父子入教。凡入教者習稱「學好」，傳道者習稱前人，從學者稱爲後人，不以師徒相稱。宋進耀等人時相聚會，盤膝打坐，聽顧亮談說仙卷符咒。顧亮坐談之時，向不關門，不拒人窺探。嘉慶十二年（1807）六月，顧亮身故後，宋進耀等人仍舊聚會，講究習善⑧。

　　林清又名劉興幗，是直隸宛平縣黃村宋家莊人。嘉慶十三年（1808），因坎卦卦掌劉呈祥犯案問徒，坎卦無人掌管，教中公推林清掌坎卦。林清附會《三佛應劫書》中牛亮臣爲仙盤的說法，令牛亮臣穿著八卦仙衣，頭戴道冠，信衆稱牛亮臣爲先生，道號子眞道人。林清的外甥董幗太被捕後供認林清傳習的是白陽教，又名榮華會，實無白蓮、紅蓮、青蓮之說⑧。教中輾轉收徒傳習，例如王大即王畛，是直隸新城縣人，家住彎子營，與其姊夫張黑兒居住的姚家莊，相隔二十餘里。嘉慶十八年（1813）二月間，王大到張黑兒家探望，張黑兒告知王大，自己是白陽教榮華會內的人，勸令王大也入他們的白陽教學好。王大即拜張黑兒爲師，磕了一個頭，教王大每日念誦八字眞言，就可得好處。楊三即楊勇振，是直隸固安縣人，平日種田度日，住居王明莊，與其妹夫張文得居住的姚家莊相隔二十餘里。嘉慶十八年（

1813）五月內，楊三到妹夫張文得家探望，張文得同楊三妹子楊氏，向楊三說他們是榮華會內人，習白陽教學好，勸令楊三也入他們的教，楊三應允，張文得即引楊三往見同村居住的張廷太，拜張廷太爲師，張廷太令楊三燒一炷香，念誦八字眞言。張劉氏是新城姚家莊人，張廷太就是張劉氏的公公。張劉氏被捕後供稱：「我公公是李五即李得點傳的，我男人是我公公點傳的。十八年六月裡，我公公同我男人都叫我入他們的榮華會，我應允，先叫我燒香起誓，如若洩漏，就要天打雷轟，我就起了誓，我公公傳我眞空家鄉，無生父母八字咒語，令我不時念誦。」⑧張廷太父子媳婦一家人都入了榮華會。由王畛、楊勇振等人的供詞，可以了解榮華會就是白陽教，也可以說榮華會是白陽教的異名。教中戒除酒色財氣，行善學好，入榮華會或白陽教的信衆就是學好的人，「學好」一詞使用日久，就成了教派名稱，叫做學好教。教中有點畫眉心，並說「性在這裡」的入教儀式，簡稱「在裡」，訛爲「在理」。

　　祝邢氏是直隸宛平縣人，她於十九歲時許給桑垈村祝現之子祝秉仁爲妻。據祝邢氏供稱，祝現起先也不是在理，她的婆婆隴氏是在理的人，隴氏過門以後，因祝邢氏不是在理的人，諸事不便，隴氏即令祝邢氏拜陳爽爲師，入榮華會。祝現曾隨其母兩次赴檀柘寺燒香，回家後曾說山中僻靜，若能在山中修行，甚爲快樂⑨。山西人來明是武安縣黃姑菴道士，來明被捕後供出劉五即劉玉隴，他是離卦教頭目，那離卦教的口號，見人先說「眞空」兩字，答應說「妙」。又稱教中學會金鐘罩，不怕刀砍，只怕拖⑨。據牛亮臣供稱劉玉隴是離兌巽艮四武卦內頭目，善會喫符。據教犯郭洛雲供稱，離卦教又名如意門，見人稱爲「在理」二字，就知是同教⑨。

　　天理教按八卦分派，各有教首。據山東定陶縣教犯劉景唐供稱，「李文成是震卦教首，林清是坎卦教首，尚有艮卦教首郭泗湖即郭四翯，住居河南虞城縣郭村地方。又山西人解中寬即謝中寬，亦係艮卦，在古北口外承德府一帶，不知地名。又巽卦教首程百岳，住居城武縣程家莊。坤卦教首邱玉，兌卦教首侯幗隴，都住居山西岳陽縣西南十里之王莊。又離卦尚有張景文爲首，住居城武縣元家店。又乾卦教首張廷舉，住居定陶縣西三十五里之張家灣。」㉓林清等教首分遣信徒四出傳教，以入教有好處，戒除酒色財氣，念誦八字咒語，病症可痊，且免遭劫，善男信女爲求福佑，遂相繼聽信入教。信衆以林清口能辭辯，能言善道，道理最深，預知吉凶，又會捏訣，所以推林清爲十字歸一，八卦九宮，統歸他掌管，充當總教主，教中稱爲當家，並揚言林清是太白金星下降，是天盤，應做天王；衛輝人馮克善是地盤，應做地王；滑縣人李文成是人盤，應做人王，起事成功以後，由人王統治，至於天王、地王則同孔聖人和張天師一般。天理教信衆，與日俱增，林清等人遂密議起事。根據民間流傳的曆書，從正德十五年（1520）至光緒二十六年（1900），其間共經歷了十一個閏八月，其中嘉慶十八年（1813），歲次癸酉，閏八月，不見於清朝政府頒佈的時憲書。按曆法推算，嘉慶十八年（1813），應置閏八月，但因嘉慶十六年（1811）彗星見於西北方，欽天監以天象主兵，奏請更改時憲書。是年四月二十三日，《內閣奉上諭》記載了更改閏八月的經過，節錄一段內容如下：

　　　　前據管理欽天監事務定親王綿恩等奏，查得嘉慶十八年癸酉時憲書，係閏八月，是年冬至在十月內，爲向來所未有。因復查得十九年三月亦無中氣可以置閏，應否改爲十九年閏二月等語。朕思置閏，自有一定，非可輕言更易，恐該

監推步之處，或有舛錯，因降旨交綿恩等再行詳細通查。
茲據奏稱，溯查康熙十九年、五十七年俱閏八月，是年冬
至仍在十一月，與郊祀節氣，均相符合。今嘉慶十八年閏
八月，冬至在十月內，則南郊大祀不在仲冬之月，而次年
上丁上戊又皆在正月，不在仲春之月，且驚蟄春分，皆在
正月，亦覺較早，若改爲十九年閏二月，則與一切祭祀節
氣，均屬相符，復將以後推算至二百年，其每年節氣，以
及置閏之月，俱與時憲無訛等語。定時成歲，所以順天行
而釐庶績，南郊大祀，應在仲冬之月，上丁上戊，應在仲
春之月，此外一切時令節氣，皆有常則。今據該監上考下
推，直至二百年之遠，必須改於嘉慶十九年二月置閏，始
能前後吻合，實爲詳愼無訛，自應照此更正⑭。

按時憲書推算，嘉慶十八年（1813）癸酉，是閏八月，但經欽
天監奏准，改於嘉慶十九年（1814）二月置閏。官方曆書雖然
取消了嘉慶十八年（1813）的閏八月，可是民間仍然沿用舊的
曆書，流傳閏八月對清朝政權不利的歌謠。其中八卦教更是極力
宣傳閏八月爲紅陽末劫的思想，天上換盤，是變天的年代，清朝
政權，即將結束。對八卦教而言，「八」是神秘性質很濃厚的一
個數目，八的倍數可以推演出更多的變化，八乘以八，演爲六十
四，閏八月對八卦教而言，更具特殊意義。八卦教天書內就記載
著「八月中秋，中秋八月，黃花滿地開放」的讖語。句中第二個
中秋，就是閏八月中秋，相當於新頒時憲書中的嘉慶十八年（
1813）九月十五日，林清等人推算天書，算出這一年閏八月是
紅陽末劫，白陽教當興，彌勒降生。於是假藉天書，宣傳閏八月
交白陽劫的思想，是變天的時機，而暗中聯絡各卦教主，準備起
事應劫。是年四月間，河南滑縣八卦教卦長于克敬等人到直隸宛

平縣宋家莊，與當家林清密商大計。林清宣佈閏八月十五日即九月十五日將有大劫，已聯絡武官曹綸、太監高福祿等人爲內應，訂期於今年四五月三五日一齊動手。所謂「四五」，即四加五，和數爲九，將「九」拆爲四和五，四五月即九月；所謂「三五」，即三乘以五，積數爲十五，三五日即十五日。「四五月三五日」，暗藏九月十五日，就是第二個中秋閏八月。林清與于克敬、李文成等教首果然在九月十五日即閏八月十五日率衆起事。信衆以「奉天開道」白旗爲號，白布二塊，一塊拴腰，一塊蒙頭，口誦「得勝」暗號。李文成一路所豎大白旗書明「大明大順李眞主」字樣，鑄有大順錢，欲俟事成後，建國號爲「大順」。閏八月十五日，林清分東西兩路進入紫禁城，計畫趁嘉慶皇帝回鑾時劫駕。但因各路信衆未能如期會合，起事遂告失敗，直省地方官緝捕教匪人數衆多，經審訊後錄有供詞，各卦教首多被誅戮，成爲宗教末劫論的犧牲品。檢查現存檔案，可以將天理教案件要犯的分佈列出簡表如下：

嘉慶十八年（1813）天理教要犯分佈簡表

姓　名	籍　　貫	職　業	教派	師父姓名	備　註
于克敬	山西		震卦教		
王　左	直隸新城縣		白陽教	張廷太	
王　五	直隸交河縣		榮華會	張三	
王大畛	直隸固安縣		榮華會	張文得	
王文茂	直隸大興縣				
王成兒	直隸固安縣			李亮	
王廷瑞	直隸固安縣			顧殿英	
王希照	直隸清河縣		榮華會	王二	
王　秀	直隸宛平縣				
王世有	直隸宛平縣				

王　林	直隸宛平縣				
王進道	河南東明縣		震卦教	宋克俊	
王進忠	山東德州	衙役	天理教		
王　凱	直隸新城縣				
王　恆	直隸宛平縣				
王順添	直隸長垣縣				
王學詩	河南滑縣		兌卦教		兌宮伯
王普仁	山東金鄉縣		離卦教		
王振林	山東定陶縣				
王銀廣	山西陵川縣				
王　祥	山東濟寧州				
王得才	河南滑縣				
支進才	直隸宛平縣				
牛文成	河南滑縣		坎卦教		
牛亮臣	河南滑縣	庫書			
孔老登	直隸長垣縣		坎卦教		
孔廣運	山東定陶縣	武生			
白群兒	直隸新城縣				
田茂才	直隸宛平縣				
田茂貴	直隸宛平縣				
甘牛子	直隸通州	種地	榮華會	張以富	
任自貴	直隸宛平縣	務農	榮華會	宋進耀	
任洛正	直隸鉅鹿縣				
吉仰花	山西永濟縣	傭工	離卦教		
朱　成	河南滑縣				
朱成方	山東曹縣		震卦教		
朱成文	山東曹縣		震卦教		
朱成珍	山東曹縣		震卦教		
朱成來	山東曹縣		震卦教		
李三聾	河南滑縣				
李士安	直隸通州		震卦教		
李文成	河南滑縣		震卦教		

李進才	直隸武邑縣	小販	榮華會		
李得水	直隸長垣縣				
李興邦	河南滑縣				
李庭正	河南滑縣				
李法言	山東定陶縣		震卦教		
李信成	河南滑縣				
李志茂	河南封邱縣		震卦教	王進道	封丘縣
李成進	河南濬縣		離卦教		
李長更	河南滑縣		艮卦教		
李長春	河南滑縣		艮卦教		
李如蘭	河南滑縣		艮卦教		
李景幅	直隸鉅鹿縣		大乘教		
李盛元	直隸鉅鹿縣		大乘教		
李盛得	直隸故城縣		離卦教		
李　經	直隸鉅鹿縣		大乘教		
李奇魁	河南滑縣				
李善魁	河南滑縣				
杜　大	直隸宛平縣				
杜文潮	直隸宛平縣		榮華會		
宋　才	直隸宛平縣	務農	榮華會	宋進會	
宋玉林	山東德州		離卦教	馮克善	
宋義升	河南滑縣		天理會		
宋　喜	直隸宛平縣				
宋　德	直隸宛平縣		離卦教		
宋躍隆	山東德州		離卦教		
宋崇得	河南濬縣		坎卦教		
吳裕呈	河南滑縣				
吳城妮	河南滑縣				
車得新	河南滑縣				
邱　玉	山西岳陽縣				
邱自良	直隸固安縣	生員	榮華會	李　亮	
宗元武	河南濬縣		坎卦教		

宗元德	河南濬縣		坎卦教		
周文盛	山東定陶縣		震卦教		
周泳泰	安徽盱眙縣				
林 清	直隸宛平縣		坎卦教		
邵舉人	山東定陶縣				
屈 四	直隸通州				
胡黑兒	河南滑縣				
侯幗隴	山西岳陽縣				
姜復興	直隸長垣縣		天理教		
姜道學	直隸長垣縣				
祝秋兒	直隸通州		白陽教		
祝 現	直隸宛平縣				
祝 瑞	直隸宛平縣				
馬 十	直隸故城縣		離卦教	宋躍瀧	
馬三元	河南南陽府		離卦教		
馬文通	直隸通州		榮華會	張以富	
馬文隴	直隸長垣縣				
馬張氏	直隸通州				
馬朝棟	山東金鄉縣				
徐安幗	直隸長垣縣		兌卦教		兌卦伯
高玉瓜	山東金鄉縣		坤卦教		
高繼遠	河南商邱縣		離卦教		
郜 二	山東東昌府		離卦教		
郜 四	山東東昌府		離卦教		
郜坦照	山東東昌府		離卦教		
唐恆樂	河南滑縣				
郝 忠	山東清平縣	燒磚瓦	白陽教	李 老	
張一得	山東曹州		坎卦教		
張 七	山東商河縣	種地	榮華會	宋 九	
張九成	直隸南和縣	醫卜星相	離卦教		
張 三	直隸通州				
張文才	直隸新城縣				

張文得	直隸新城縣		白陽教		
張元祿	直隸長垣縣		震卦教		震宮伯
張　采	直隸新城縣				
張　連	直隸固安縣				
張　喜	直隸通州	務農	榮華會	張　升	
張廷舉	山東定陶縣				
張景文	山東城武縣				
張　得	山東曹州				
張本義	山東曹縣				
張玉祥	直隸隆平縣				
張爲漢	河南滑縣				
張　惠	河南滑縣				
張建木	山東城武縣				
張道綸	河南滑縣				
張喜元	河南滑縣				
陳　五	直隸武清縣	種地	白陽教	宋　九	
陳升兒	直隸固安縣				
陳　顯	直隸宛平縣				
陳文清	陝西城固縣		圓頓教		大書會
陳　祥	山東臨清州		圓頓教		
陳美玉	陝西西鄉縣		圓頓教		
陳金聲	陝西西鄉縣		圓頓教		
崔士俊	直隸長垣縣		離卦教		
崔文平	直隸新城縣				
梁莊兒	直隸大興縣		白陽教	李　老	
梁健忠	河南安陽縣		九宮教		離宮伯
梁登周	河南安陽縣				
梁添成	山東定陶縣				
曹光輝	山東定陶縣				
曹黑子	直隸通州		榮華會	曹　五	
郭泗湖	河南虞城縣				
楊遇山	直隸南和縣		離卦教		

楊勇振	直隸固安縣		白陽教	張文得	
程伯岳	山東單縣		震卦教		
程進水	河南滑縣				
程化廷	河南濬縣		離卦教		
馮克善	河南滑縣		離卦教		武卦總頭目
黃興宰	河南滑縣		兌卦教		
黃興相	河南滑縣		兌卦教		
富吉忠	河南滑縣				
解中寬	山西		艮卦教		
賀文升	直隸宛平縣				
賀起瑞	直隸宛平縣				
賀　恕	河南滑縣				
靳　三	山東莘縣		離卦教		
靳希盛	山東莘縣		離卦教		
葛立業	直隸固安縣		離卦教		
董　二	直隸通州		榮華會	李　老	
董法松	河南東明縣				
董伯旺	山東城武縣				
榮興太	山東曹縣		震卦教		
趙得龍	直隸長垣縣				
趙得鳳	直隸長垣縣				
趙步雲	直隸冀州		巽卦教		
劉文通	直隸饒陽縣	織布	坎卦教	劉玉隆	
劉玉隆	直隸饒陽縣		坎卦教		
劉景唐	山東定陶縣		震卦教		
劉廣遠	山東單縣		震卦教		
劉幗明	河南滑縣		兌卦教		
劉　燕	山東武城縣		離卦教		
劉啓武	直隸宛平縣		榮華會	劉啓文	
蔡克甲	山東曹縣	衙役	乾卦教		
蔡景元	山東曹縣		乾卦教		
蔡新旺	山東曹縣		乾卦教		

衛修得	河南濬縣		坤卦教		
韓　玉	直隸宛平縣		榮華會	宋進耀	
韓存林	直隸固安縣	傭工	榮華會	李　五	
韓義書	直隸長垣縣		兌卦教		
魏忠禮	直隸固安縣	傭工	坎卦教	李世德	

資料來源：國立故宮博物院典藏《上諭檔》、《林案供詞檔》、《宮中檔》
　　　　　等。

前列簡表教犯共計一七五人，其籍貫分佈，主要爲直隸、山東、
河南、山西、陝西等省，其中籍隸直隸的教犯計七十八人，約佔
百分之四十五，籍隸河南的教犯計四十六人，約佔百分之二十六，
籍隸山東的教犯計四十一人，約佔百分之二十三，其他省分所佔
比例很低，由此可以說明嘉慶年間天理教起事案件的信衆，主要
是分佈於直隸、河南、山東等省。在起事信衆內，含有庫書、武
生、小販、傭工、燒製磚瓦工人、醫卜星相師等，不限於務農種
地的農民。從教派的分佈，可以了解天理教案件的信衆，分屬白
陽教、榮華會、乾卦教、坤卦教、震卦教、巽卦教、坎卦教、離
卦教、艮卦教、兌卦教、圓頓教等教派。九宮教，即以乾、坤、
震、巽、坎、離、艮、兌八卦之宮，加上中央，合爲九宮而稱爲
九宮教。因此，天理教起事，主要就是以八卦教爲基本群衆。此
外，因地方官查拏教犯，也同時拏獲大乘教等其他教派的信衆。
嘉慶年間，三陽教、榮華會、天理教等教派，名異實同，有其錯
綜複雜衍化合流的過程。王進忠是山東德州人，曾經充當衙役，
跟過官。他被捕後供出山東冠縣人任四是林清的師弟，恩縣人馮
彥是王倫手下人李翠的徒弟，與直隸故城縣人曹貴等到德州邀同
糧道衙門糧書劉西園，德州衙門書吏焦梅占在德州地方設立天理

地，招引德州快役馮義田等人每日在劉西園家學習義和拳棒，運氣念咒。嘉慶七年（1802），王進忠拜教中人董立本爲師，入天理教，學習拳棒，念誦咒語⑮。直隸長垣縣人姜復興，他與同村王順興、河南滑縣白家道口宋義升、長垣縣馬寨村馬文隴四人爲教首，教中共分四層，稱爲天理會，每層約有二、三百人，朔望行香念咒⑯。榮華會不僅是白陽教的異名，其實也是由紅陽教易名而來。直隸宛平縣人宋文潮，他一向種地度日，嘉慶七年（1802）正月，宋文潮等拜宋進會爲師，入紅陽教，宋進會傳授「眞空家鄉，無生父母」八字眞言。嘉慶十三年（1808），宋進會在保定府打官司後，宋進耀與宋進會商量，把紅陽教改爲榮華會，宋文潮與同村任自貴一同入了榮華會⑰。綜合各教犯的供詞，可以了解三陽教包括青陽教、紅陽教、白陽教三教，又名榮華會，因其分爲八卦，又名八卦教，最後改名天理教。喻松青著《明清白蓮教研究》一書也指出，林清原來加入的教派組織，名叫白陽教龍華會即榮華會，是三陽教中的一支，當屬弘陽教系統。至於龍華會，當屬圓頓教系統。到林清活動的嘉慶年代，明末原有的弘陽教、圓頓教和其他各種教派，實際上已經不再是清一色的了。它們之間早已互相吸收、補充和混淆，後來林清把所習的龍華會改名爲天理教。這是一個很新的來自儒家的名稱，但它的實際內容還是繼承了弘陽教、圓頓教，並且增加了八卦教的內容，最後完全和八卦教合流⑱。

第三節　清茶門教及其他教派的活動

老理會與天理教，其淵源雖然不同，但它也是八卦教的一個支派。在天理教名目出現以前，官方文書已見老理會字樣。教中

相傳老理會起自山東，就是坎卦教，由李二、李氏、劉大紅、王二、張柏、王幗秀、王思昌等人輾轉傳習。劉大紅是山東曲阜縣人，王二是劉大紅的徒弟，王二傳徒直隸容城縣人張柏，張柏收徒直隸固安縣人王幗秀，王幗秀傳徒直隸新城縣人王思昌。山東章邱縣人潘均從事外科醫術，其子潘五種地兼做香，潘均、潘五父子俱傳習老理會⑨。教中劉大紅是老教根，王幗秀是普度誠師，王拐子是厄度誠師，張柏是道德眞師，王思昌是盡度誠師。教中傳說二十八宿丙戌年下凡，紫微壬辰年下凡，九曜星官中央轉，八大菩薩轉在黃宮院等語。王思昌之子王珂、王銳自幼即跟隨其父王思昌念誦「眞空家鄉，無生父母」八字眞言，每逢朔望燒二炷香，勸人學好⑩。王銳被捕後供認老理教自其父親王思昌身故後，徒眾散失。嘉慶七年（1802），王銳找到其父親的徒弟張明，王銳即拜張明爲師。張明後尋得新安縣人王拐子，即拜王拐子爲師。王拐子尋得潘五，即拜潘五爲師。王拐子告知王銳，教中老根，譬如紫微，大家都該修好，供給他錢。又說二十八宿中原轉，不知落那方等語⑩。王幗秀雖然傳習老理會，但他的兒子王亮並未跟從學習老理會。嘉慶十六年（1811），固安縣人魏忠禮引王亮入林清的榮華會。嘉慶十七年（1812）秋間，王銳至馬莊趕集，遇見林清等人，林清勸王銳入榮華會，但被王銳拒絕。嘉慶十八年（1813）六、七月間，王銳妻弟程文平又勸他入林清的榮華會。王銳以榮華會男女混雜，行苟且之事，而不肯加入。他說：「我原是山東老理會的根子，如何肯入你們的教，叫你們管著呢？我們教內有四本大賬，並聽得我父親說過二十八宿於丙戌年落凡，尚有九曜星官中央轉，八大菩薩轉在黃宮院，眞紫微壬辰年間也落，這個時候尚早，二十八宿尚未轉下，如何鬧得事呢？」⑩王銳自認是由其父從山東傳下來的老理會根子，榮華會是新興

教派，而且男女雜處，所以不願接受榮華會的領導。但當林清等起事以後，老理會信徒加入天理教或榮華會者，人數頗衆。直隸總督方受疇具摺時已指出，「林清及隨同滋事之犯，多係老理會改入榮華會，是老理會教最爲釀逆根株。」各教派的互相混合，使民間秘密宗教的混淆，更增加其複雜性。

清茶門教是白蓮教的重要支派，它繼承東大乘教教義思想。嘉慶年間，由於直省大規模的嚴厲取締，使王氏宗教世家土崩瓦解，清茶門教也隨之衰微[103]。從嘉慶初年川陝楚白蓮教起事以後，經嘉慶十八年（1813）直隸、山東、河南等省天理教起事，教案層出不窮，各省奉命查緝教犯，清茶門教要犯，屢經破獲，從各教犯所供情節，有助於了解清茶門教的源流。嘉慶二十一年（1816）五月間，在湖北襄陽縣屬段家坡地方訪獲張建謨等人，據供稱，乾隆五十年（1785），有河南新野縣人張蒲蘭帶引直隸石佛口人王姓到張建謨家，告以王姓世習白蓮教，後改爲清茶門教，又稱清淨法門[104]。

直隸總督那彥成查辦直隸灤州王姓教案內要犯王三顧及咨緝要犯王珠兒、王景祥、王佐弼等人，俱經奉天義州地方官拏獲，由盛京將軍晉昌等隔別研鞫。王三顧供出籍隸直隸盧龍縣，年五十一歲，是灤州石佛口王道森後裔，遷居盧龍縣境內安家樓，世傳清茶門教，與其胞兄王三省、王三聘分往湖北、山西等地傳教[105]。張建謨所供清茶門教傳自直隸石佛口王姓，與王三顧所供清茶門教傳自王道森後裔等語是相合的。喻松青撰〈清茶門教考析〉一文已指出聞香教又名東大乘教，清初曾用大成教名稱。徐鴻儒起事失敗後，王森的子孫，仍繼承父祖之宗教事業，將聞香教之名，改爲清茶教門，代代傳習[106]。清茶門教傳自直隸灤州石佛口王姓的說法，應屬可信？惟官方文書何時出現清茶門教的名目？

其名目如何輾轉改易？仍待進一步查考。王道森原名王森，他是
王朝鳳第三子。據直隸總督那彥成查抄的《灤州石佛口王姓宗譜》、
《盧龍縣安家樓王姓宗譜》的記載，第一代王道森共有三子：長
子王好禮，次子王好義，三子王好賢，是爲第二代。王好賢子王
如綸爲第三代，王如綸子王鹽爲第四代。順治七年（1650），
王鹽始由石佛口遷居安家樓。王鹽共有四子：長子王通修，次子
王遜修，三子王代，四子王德修，俱爲第五代。王德修在安家樓
居住期間，因屢遭族人連累，又由安家樓遷居盧龍縣境內的闞家
莊。王遜修生四子：長子王惕，次子王克己，三子王愷，四子王
懌，俱爲第六代。其中王愷出繼王通修爲子，他生有二子：長子
王英，次子王勉。王懌生四子：長子王秀，次子王苞，三子王廷
俊，四子王栗，俱爲第七代。其中王廷俊出繼王惕爲子，王栗出
繼王克己爲子。王英生二子：長子王允恭，次子王允武。王廷俊
生二子：長子王勤學，次子王勤業。王栗生五子：長子王三省，
次子王三聘，三子王三顧，四子王三樂，五子王三畏。王秀生二
子：長子王亨恭，次子王亨仲。王苞生一子，即王秉衡，俱爲第
八代。王允恭生四子：長子王時寶，次子王時措，三子王時玉，
四子王時田。王勤學生一子即王九思。王亨恭生一子，即王殿魁，
俱爲第九代⑩。王三顧又名王泳泰，或作王泳太，王秀即王錦文，又
名王景文，王亨恭即王家棟，王秉衡即王書魯，又名王景曾，或
名王三重，王三聘即王紹英，王勤學即王興建，王勤業即王啕氣，
王時田即王國珍，又名王文生，王九思即王時恩，王時玉又名王
老二。據湖北教犯張建謨供稱，「嘉慶十五年九月間，又有王老
二即王時玉至張學言、張建謨家，聲稱伊家傳教已有九輩，乾隆
五十年來傳教之王姓是第七輩，人俱呼爲相公爺，張建謨隨又拜
王老三爲師⑩。王時玉爲王允恭第三子，外號王老三，人俱呼爲

三爺，是王姓第九代，與王姓宗譜的記載是相符的。第八輩大爺即王允恭，第七輩相公爺即王英。兩江總督百齡具摺指出，「吳長庚住居上元，秦過海即秦幗海，籍隸溧水，王添弼與弟王順生籍隸安徽泗州，王殿魁故父王亨功，昔年曾至江南、安徽傳習大乘教。乾隆五十七年，王殿魁由原籍濼州來至江南，踵傳父教，改名清茶門。」⑩句中王亨功即王亨恭，又名王來儀，因家中堂名忠順，所以又名王忠順。王亨恭至江南、安徽後，即傳習大乘教。惟因其族祖王敏迪等人於雍正年間（1723-1735）犯案，其祖王懌遂改大乘教爲清淨無爲教，傳習三皈五戒。隨後收河南杞縣王輔公等人爲徒，王輔公又轉招江蘇沭陽縣周天渠、通州周受南等人爲徒，俱傳三皈五戒，因入教之人以清茶奉佛，所以又稱爲清茶會。王輔公立泗州同族王三子之子王漢九爲嗣，王漢九自幼隨其父吃齋。雍正七年（1729），王輔公身故，王漢九捐監後即開葷。乾隆二十四年（1759），王漢九因無子嗣，同妻王氏復行吃齋。乾隆二十九年（1764）九月，王亨恭因家道漸貧，又見其祖王懌所奉清淨無爲教無人信奉，起意改立白陽教，自稱是彌勒佛轉世，藉以惑衆斂錢，而與其父王秀以行醫、看風水爲名，遊歷各地，收徒傳教。同年八、九兩月，在京師會遇賣帽生理的李尚升，王亨恭即收李尚升爲徒，入白陽教。後來王漢九也拜王亨恭爲師，在河南杞縣地方開堂傳習白陽教。乾隆三十六年（1771）十二月，在直隸盧龍縣安家樓地方拏獲教犯王栗等人。王栗供出王亨恭自稱彌勒佛轉世，設立白陽教，又稱清茶會，假藉行善吃齋，向人佈施銀錢。乾隆三十七年（1772）二月，王亨恭、王漢九等在安徽泗州被拏獲⑩。

　　王亨仲是王秀的次子，就是王亨恭之弟。乾隆五十三年（1788），王亨仲至湖北京山縣，先後傳徒余爲淇等人。王姓族

人在湖北活動期間，也曾將大乘教改名爲清淨門。教犯樊萬興等人在湖北省城被拏獲後供出嘉慶三年（1798）直隸灤州王姓族人到湖北傳教，勸令樊萬興等人吃齋，名爲清淨門。直隸總督那彥成在盧龍縣安家樓拏獲王殿魁，他供出在湖北傳教的王姓，共有三人：一是王書魯，小名叫三重，所傳大徒弟是武昌府城外打鐵的李良從；一是王泳太所傳，其大徒弟是漢陽縣城外種菜園的陳堯；一是王興建所傳，其大徒弟是漢口開香舖的黃四⑪。王書魯即王秉衡，王泳太即王三顧。王泳太先後收漢陽縣人李朝柱，江夏縣人侯大化等人爲徒。王興建供認其父王廷俊在湖北傳徒李光達等人，嘉慶三年（1798），王興建在湖北武昌、漢口等處傳教，先後赴湖北四次，傳徒王自玉等十人⑫。丁祖銀居住沔陽州，種田度日。嘉慶七年（1802）正月間，丁祖銀拜江陵縣人張純幗爲師，入清茶門教。同年二月間，丁祖銀族叔丁志宣亦拜張純幗爲師，張純幗傳授三皈五戒及報答四恩等項咒語，並宣稱吃清茶門教，可以消災獲福⑬。

　　王允恭是直隸盧龍縣安家樓人，他常往河南新野等縣傳習清茶門教。陳潮玉是山西鳳台縣人，向來跟隨其父陳建在河南泌陽縣地方行醫，其母韓氏娘家，向從孟達學習清茶門紅陽教，每日早晚朝天供奉清水一杯，磕頭二次，朔望供齋燒香，口誦四句偈語：「一柱眞香上金爐，求助獲福免災殃；免過三災共八難，保佑大小多平安。」嘉慶八年（1803），陳潮玉在河南得病後返回山西原籍，其母韓氏即囑令吃素習教養病，家中供有佛祖及天地人三界牌位。王老三即王時玉也是盧龍縣安家樓人，嘉慶十三年（1808），王時玉跟隨其父王允恭到河南新野縣，見過王允恭的徒弟張蒲蘭、喬成章等人。嘉慶十五年（1810）正月，王允恭病故，同年九月，王時玉又到新野縣，收張蒲蘭等人爲徒⑭。王

時玉被捕後供認王姓傳教已有九輩，王時玉就是第九輩，教中供奉彌勒佛像。

王殿魁是直隸盧龍縣安家樓人，乾隆三十七年（1772），其父王亨恭在安徽傳教犯案被正法。王殿魁二十歲時，其祖母李氏傳給他清茶門教，口授三皈五戒，給人供茶治病。乾隆五十九年（1794），王殿魁祖母李氏因家人馬二曾跟隨王亨恭到過江南傳教，即令馬二跟隨王殿魁到江蘇、安徽傳教，所傳的教稱爲清茶會，又名清淨門，供奉觀音⑩。王殿魁到江寧府時收秦過海等人爲徒，他在淮安府時收徐二寧等人爲徒，在泗州時收王添弼等人爲徒，這些人原來都是其父王亨恭的徒弟，王殿魁到江南後，這些信徒又轉而拜王殿魁爲師。信徒們每年湊送銀兩自二、三十兩至四十兩不等。嘉慶八年（1803）以後，王殿魁就住在江蘇山陽縣河下二十四五堡蔡橋地方開張糧食舖。嘉慶十九年（1814），王殿魁返回盧龍縣安家樓，嘉慶二十年（1815）十月，王殿魁被捕⑩。

王克勤是直隸邯鄲縣人，父親王幗英，母親楊氏。王克勤從小跟隨母親楊氏吃齋，學習清茶門教。王克勤被捕後供認其母楊氏是外祖父楊殿撥傳的教，楊殿撥是河南滑縣人張城甫的徒弟，張城甫是灤州石佛口人王度的徒弟。在供詞中述及《三教應劫總觀通書》、《三教經》兩部寶卷是王度傳給張城甫，張城甫傳給楊殿撥，楊殿撥傳給其母楊氏。教中稱呼王姓師父爲爺，見了爺磕頭送錢，稱爲朝上，所給錢文，叫做根基錢，又名福果錢⑩。

王三聘又名王紹英，他是王栗次子，父子被捕供認世傳吃齋行教，不食葱蒜。每日向太陽供水一杯，磕頭三次，稱爲清茶門紅陽教。教人供奉未來佛，口誦天元太保南無阿彌陀佛，並念誦偈句。王三聘與灤州王汝諧即王景益是同族弟兄，王汝諧同繼父

王憲邦將清茶門紅陽教傳給河南滑縣人王獻忠，王獻忠轉傳山西
鳳台縣人孟克達，孟克達傳給陽城縣人王進孝，俱口誦「聖里佛
爺，凡里佛爺，治天治地佛爺，無生父母佛爺」。王憲邦、王獻
忠身故後，王汝諧繼續傳教。直隸總督那彥成認爲河南滑縣人王
正紀所傳清茶門教，也是灤州石佛口王姓分支⑱。據王秉衡供稱，教
中是以大乘教、清茶門教的名稱分往各省收徒傳教⑲。兩江總督
百齡提審王秉衡時，他供出王姓族人吃長齋已七、八代，所傳紅
陽教，又名大乘教、無爲教，別號清淨門教⑳。山東省拏獲龍天
門教要犯張丙欽，他供認傳習三皈五戒。直隸藁城縣民婦劉龔氏
等人所復興的龍天門教，地方大吏具摺時，亦稱龍天門教即清茶
門教㉑。因直省奉諭查辦清茶門教，地方大吏遂將龍天門教牽入
清茶門教案內辦理。

　　清茶門是因教中以清茶供奉神佛而得名，又叫清茶會。考察
直省教派名稱的變化，可以了解直隸灤州石佛口、盧龍縣安家樓
及闞家莊王姓自明季以來所傳習的教派稱爲大乘教，即東大乘教。
雍正年間，因王敏迪犯案，經王懌改名清淨無爲教後，大乘教的
名稱仍然繼續沿用。王秉衡被捕後也供認：「其族分往直隸灤州
及盧龍縣等處，以大乘教、清茶門，分往外省傳徒斂錢。」㉒其
後清淨無爲教亦逐漸衍化爲清淨門教及無爲教等名目。乾隆年間，
因查辦三陽教案件，也查出王亨恭改立白陽教的案件。因清茶教
的教義思想與當時盛行的紅陽教相近，所以清茶門教又稱紅陽教
或清茶門紅陽教。但所謂白陽教、紅陽教、龍天門教等名稱，往
往是地方大吏審擬教犯時輾轉牽引的名目。

　　雍、乾隆年間，已經破獲清茶門教案件，嘉慶年間，直隸、
江南、湖北、山西、河南等省所取締的清茶門教案犯，人數眾多，
教案層見疊出。可根據《上諭檔》、《軍機處檔‧月摺包》、《

《宮中檔》等所錄各教犯供詞，將清茶門教各教犯的分佈列出簡表如下：

嘉慶年間清茶門教信眾分佈簡表

姓　名	籍　　　　貫	職　業
丁志宣	湖北安陸府天門縣	種地兼賣卜
丁祖銀	湖北沔陽州	種地
王三姑	湖北武昌府江夏縣	
王三婆	湖北漢陽府漢陽縣	
王三聘	直隸永平府盧龍縣	
王天弼	安徽泗州	
王王氏	湖北武昌府江夏縣	
王世中	湖北武昌府江夏縣	種菜園
王自玉	湖北武昌府江夏縣	種菜園
王有華	湖北	開藤扉店
王克勤	直隸廣平府邯鄲縣	
王進孝	山西鳳台縣	
王漢九	河南開封府杞縣	
王　湘	河南汝州	
王輔公	河南開封府杞縣	
王獻忠	河南滑縣	
方　四	湖北漢陽府漢陽縣	開張香舖
方文炳	湖北漢陽府漢陽縣	
方仲才	湖北漢陽府漢陽縣	開設香料舖
田元隴	直隸廣平府邯鄲縣	
李光達	湖北漢陽府漢陽縣	
李尚升	直隸順德府	賣帽生理
李尚桂	湖北武昌府江夏縣	
李秋元	河南涉縣	
李良從	湖北武昌府江夏縣	打鐵匠
李起貴	湖北武昌府江夏縣	
李朝柱	湖北漢陽府漢陽縣	種菜園

李應豪	湖北武昌府江夏縣	
李塌鼻子	湖北漢陽府漢陽縣	挑剃頭擔
吳大深	湖北漢陽府漢陽縣	
吳三婆	湖北漢陽府漢陽縣	
吳長庚	江蘇江寧府上元縣	開張棕屜店
吳張氏	江蘇江寧府上元縣	
何永言	直隸廣平府威縣	
杜立功	河南南河	
余仲文	湖北襄陽府	
余爲洗	湖北安陸府京山縣	
余爲淇	湖北安陸府京山縣	
余　廣	江蘇江都縣	
孟克達	山西澤州府鳳台縣	
孟爾聰	山西澤州府鳳台縣	已革生員
周天渠	江蘇沭陽縣	
周受南	江蘇通州	
侯大化	湖北武昌府江夏縣	
徐二寧	江蘇淮安府山陽縣	
徐治幗	湖北武昌府	
徐　科	直隸順德府平鄉縣	
秦　見	直隸廣平府邯鄲縣	
秦過海	江蘇江寧府溧水縣	
柳有賢	江蘇揚州府儀徵縣	
陳大幗	湖北漢陽府漢陽縣	裁縫師
陳少奇	湖北隨州	
陳家恆	湖北漢陽府漢陽縣	
陳　堯	湖北漢陽府漢陽縣	種菜園
陳紹奇	湖北安陸府京山縣	
陳萬年	湖北咸寧縣	開設煙舖
陳潮玉	山西澤州府鳳台縣	行醫
張良臣	河南衛輝府滑縣	
張建謨	湖北襄陽縣	

張學曾	河南南陽府新野縣	
張學遠	湖北襄陽縣	
張城甫	河南衛輝府滑縣	
張純幗	湖北荊州府江陵縣	
張添榜	湖北武昌府江夏縣	
張蒲蘭	河南南陽府新野縣	
張壽太	湖北漢陽府漢陽縣	開張剃頭舖
常進賢	河南孟州孟縣	
莫國棟	湖北武昌府江夏縣	
郭太舉	直隸廣平府邯鄲縣	
郭奉文	山西陽城縣	
姬有名	直隸磁州	
喬成章	河南南陽府新野縣	
喬第五	河南南陽府新野縣	
楊玉麟	湖北武昌府	
楊振朝	湖北武昌府江夏縣	
楊殿揆	河南衛輝府滑縣	
楊蘭芳	湖北襄陽府	
鄒　姑	湖北漢陽府漢陽縣	
熊大富	湖北漢陽府漢陽縣	
劉光宗	湖北漢陽府漢陽縣	道士
劉廷樹	河南彰德府涉縣	陰陽生
劉東山	湖北安陸府京山縣	
劉景寬	河南彰德府涉縣	販賣花椒
劉　端	河南彰德府涉縣	
劉　煥	直隸磁州	
樊萬興	湖北武昌府江夏縣	
鄭生玉	湖北隨州	
鄭宗道	河南南陽府新野縣	
鄭勝玉	湖北安陸府京山縣	
閻鳳林	直隸磁州	
閻幗卿	直隸磁州	

| 魏延宏 | 湖北武昌府江夏縣 |

資料來源：國立故宮博物院典藏《上諭檔》；北京中華書
　　　　　局出版《清代檔案史料叢編》。

前列簡表，共計九十二人，其中籍隸湖北者計四十八人，約佔百
分之五十二；籍隸河南者計十八人，約佔百分之二十；籍隸直隸
者計十二人，約佔百分之十三；其餘江蘇、山西、安徽等省計十
四人，約佔百分之十五。籍隸湖北的教犯人數，所佔百分比較高。
教犯中的職業分佈，除種田的農人外，還有種菜園、賣卜、開張
藤雁店、開張香舖、賣帽生理、挑剃頭擔、打鐵匠、裁縫師等，
多屬於下層社會的升斗小民或販夫走卒。

　　清茶門教各要要犯被捕時，多供出教中的入教儀式，譬如王
三聘即王紹英在山西傳習清茶門教時，規定信衆不食葱蒜，每日
向太陽供水一杯，磕頭三次，供奉未來佛，口誦「天元太保南無
阿陀佛」等咒語⑫。陳潮玉被捕後供認籍隸山西鳳台縣，向來隨
其父陳建在河南泌陽縣地方行醫。陳潮玉之母韓氏娘家向來跟從
孟克達學習清茶門紅陽教，每日早晚朝天供奉清水一杯，磕頭二
次，朔望供齋燒香，口誦「一柱眞香上金爐，求助獲福免災殃，
免過三災共八難，保佑大小多平安」四句偈語。王殿魁由灤州至
江南傳習清茶門教，在傳徒時，由王殿魁口授三皈五戒，三皈即：
一皈佛，二皈法，三皈僧；五戒即：一不殺生，二不偷盜，三不
邪淫，四不葷酒，五不誑語。又以竹筷指點信徒的眼耳口鼻，令
徒弟將竹筷持回家中插在瓶內，設茶供奉，稱爲「盧木點杖」，
作爲死後吃齋憑據，轉生後可以獲福⑫。王三顧傳教聚會的儀式
是每月初一、十五等日燒香供獻清茶，磕頭禮拜天地日月水火父

母，拜佛拜師。他傳教收徒時也用竹筷點畫眼耳口鼻，令其徒眾遵守三皈五戒㉑。

　　河南涉縣拏獲清茶門教要犯劉景寬、李秋元等人，據供直隸石佛口王幅、王九息等人至涉縣傳教時，傳授三皈五戒，令入教信眾先在佛前受此三皈五戒。每年三月初三、七月初十、臘月初八等日，至李秋元家三次聚會，懸掛彌勒佛圖像，供奉清茶三杯，並念誦《伏魔寶卷》、《金科玉律戒》等寶卷。據王興建供稱，清茶門教相沿已久，教人三皈五戒，每逢朔望，早晚燒香，供獻兩鍾茶，凡傳教者，都稱呼王興建爲爺，向王興建禮拜，送給銀錢。新野縣人張蒲蘭等曾拜王允恭爲師，入清茶門教，傳習三皈五戒，茹素念經。王允恭身故後，其子王時玉又至新野縣等地，仍收張蒲蘭父子爲徒，口授咒語：「這杯茶甜如糖，師傅坐下講家鄉，只說凡事有父母，誰知愼中有親娘」等句㉖。在咒語中嵌入「家鄉」、「父母」等字樣。孟縣人常進賢等曾拜王景益即王汝諧爲師，入清茶門教，王景益傳授「酒色財氣四堵牆，迷人不識在裡藏，有人跳出牆門外，就是長生不老方」四句咒語，又給徒弟劉端合同紙一張，上面書寫「源遠流長」四字㉗。

　　湖北清茶門教要犯樊萬興等被拏獲後供稱，每逢初一、十五日令各徒弟在家敬神，用青錢十文供佛，名爲水錢，收積一處，候各人師父來時收去。每逢師父起身時，另送盤纏錢，不拘多少，名爲線路錢，意即一線引到他家，以爲來世根基，供養師父飯食，轉世歸還，可得富貴。傳授三皈五戒時，用竹筷點眼，不觀桃紅柳綠；點耳，不聽妄言雜語；點鼻，不聞分外香臭；點口，不談人惡是非。信徒遵依後，不許破戒，要磕七個頭；四個是報天地、日月、水土、父母恩；兩個是拜佛；一個是拜師。向師父磕頭時，師父並不起立，稱呼師父爲爺，不叫師父。磕頭時並要兩手合攏，

手指分開，磕到手背上，名爲安養極樂國⑫。清茶門教因傳佈甚
廣，歷代相傳亦久，王姓族人分投傳徒，各支輾轉沿襲，傳授三
皈五戒，供奉清茶，並吃長齋，不吃蔥蒜。但是各支的入教儀式，
念誦偈句，聚會日期，不盡相同，各有特色，與紅陽教、白陽教
頗爲相近。各支清茶門教所供奉的佛像，亦不相同，王殿魁在江
南傳徒，主要是供奉觀音菩薩，王三聘在山西傳教，是供奉未來
佛，王九思在河南傳徒聚會時，則懸掛彌勒佛。盧木點杖是清茶
門教入教的重要儀式，《古佛天眞考證龍華寶卷》內有〈盧伯點
杖品〉，內有「十把鑰匙十步功，十樣點杖祖留行」等句。〈萬
法皈一品〉中有「我衆生替祖代勞，開荒之教，找化人天，到無
我點杖」等句。清茶門教的盧木點杖，似即源自《古佛天眞考證
龍華寶卷》等寶卷。

　　嘉慶二十年（1815）十月三十日，直隷總督那彥成奉到〈
寄信上諭〉，令其派委幹員前往灤州及盧龍縣等處，將王姓族中
傳教之人全數收捕，解至省城嚴行審訊。各教犯經審訊後，俱遵
旨嚴行懲治。據統計直隷省城三監教犯多達一百七、八十名，那
彥成審擬具奏後，於同年十二月二十五日奉旨，王殿魁、王興建、
王亨仲、王時玉等俱著即凌遲處死，解至石佛口正法，仍分別傳
首江南、湖北、河南各犯案地方梟示。王克勤等十二犯，被誘入
教，俱發往回城，給大小伯克爲奴。因王克勤藏匿《三教應劫總
觀通書》，情罪較重，改爲監候，解回直隷，入於嘉慶二十一年
（1816）秋審情實案內辦理。王廷俊等犯在籍病故，俱刨墳戮
屍，即在本地方梟示。嘉慶十九年（1814）以前是清茶門教的
極盛時期，嘉慶二十年（1815），因直省嚴厲取締清茶門教，
教案層見疊出，清茶門教遂遭受重大的挫折。

　　嘉慶年間的大乘教案件，多見於直隷新城、南和、鉅鹿、衡

水，山東曹縣、菏澤，江蘇陽湖、江陰、儀徵，江西高安、吉水、清江、餘干、鄱陽，湖北孝感、襄陽、安陸、應城，四川廣安、渠縣等省州縣。嘉慶十五年（1810），有直隸添宜屯住的程毓蕙，他是大乘教坎卦教首，他到新城縣宋家辛莊活動。王忠是新城縣民人，種地度日。李榮是新城縣監生。程毓蕙想要修建聖人廟，勸人布施，王忠即助錢五百文，李榮助錢兩吊。程毓蕙勸令王忠、李榮入他的儒門聖會即大乘教，王忠、李榮即拜程毓蕙為師。程毓蕙傳授「真空家鄉，無生父母」八字真言，又令王忠、李榮每月初一、十五日燒一炷香，坐功運氣，將氣運到鼻子內，暗念八字真言，運九口氣，念一遍，稱為內轉圓爐一炷香⑫。程毓蕙向李榮等告知現在是釋迦佛掌教，太陽是紅的，將來彌勒佛掌教，太陽是白的，入了這教，將來富貴無窮。嘉慶十六年（1811），程毓蕙帶領李榮、王忠等至鉅鹿縣同教大教首孫維儉家裡，致送銀五十餘兩。同年八月間，孫維儉被保定府兵役拏獲正法，程毓蕙等發遣。李榮、王忠、陶爾燕三人都是坎卦重要頭目，當時有新城縣人孫申，因妻患病，請王忠等人看病，王忠等人對孫申之妻念了一會咒語，病就好了，後來又勸令孫申入教，孫申遂拜李榮等人為師。孫申被捕後供出，教中徒弟功課大的將來有頭等頂兒，功課小的有二等頂兒，功課再小的有三等金頂兒，再小的也有無窮富貴。李榮告知孫申等，儒門聖會，都是坎卦的，又稱為文卦，村子東邊二十五里的離卦頭目趙卓是武卦的人⑬。

　　英凌霄是直隸衡水縣已革武生，他隨母李氏傳習大乘教，念誦《十王經》，後來又皈依離卦教，教中老師父是南方離卦頭殿員人郜老爺。英凌霄轉收張鳳鳴為徒。英凌霄家中所供千佛萬祖圖第四層即是飄高老祖，另有無生老母圖。嘉慶十八年（1813），英凌霄將經卷、圖像焚燬⑭。直隸南和人張九成，素習醫卜星相，兼

習拳腳，與鉅鹿縣大乘教頭目李景幅是姻親，並與李經等人熟識。嘉慶十五年（1810），李經託張九成爲其子李中秋算命看相，告以其命大貴，二十五歲時可成大事，並稱嘉慶十九年（1814）將有劫數，可將其子年歲加增，乘時出世，隨後將其子易名爲李盛元。嘉慶十六年（1811），李經因大乘教案件獲罪，擬絞監禁。其後信眾劉幗名與張九成商謀，欲復興大乘教，由田克岐製旗分送，以迎佛出世爲名，訂期起事，揚言執黃旗者將來封官，執藍旗者，可保自身。又以俗傳二月初二日爲龍頭，二十九日爲龍尾，爲取龍象完全之義，所以商定於嘉慶十九年（1814）二月二十九日劫獄起事，惟在起事前已被查獲⑩。

　　山東菏澤縣人張東安，自幼茹素，從未出門。乾隆四十九年（1775），張東安因聞菏澤縣人王有先是曹縣人張魯彥之徒，學習大乘教，張東安即拜王有先爲師，亦習大乘教。王有先病故後，張東安又拜張魯彥爲師。嘉慶十六年（1811），張魯彥病故。季化民等人與張東安同縣，因久瘧不瘁，俱赴張東安家供神焚香，拜張東安爲師，誦經療病。張東安口授四句咒語：「苦海無邊眾生貪，我今渡你登彼岸，一報天地覆載恩，二報日月照臨恩」四句咒語⑬。嘉慶二十一年（1816）四、五月間，張東安、季化民等被拏獲，起出《護道榜文》一冊，《苦行悟道經》等三本，《快樂隨佛經》等四本，《鑰匙經》一扣，都是大板刊刻，內載萬曆年間刊刻及清朝順治年間所刊等字樣，是明朝開州人王姓號定庵所撰。據張東安供稱，其經卷來歷聽說是老師父張魯彥於乾隆五十五年（1790）在京城都察院衙門後街黨姓經舖內請回，張東安亦曾在張家灣高家莊高尚志家用錢買過十多部經。《苦行悟道經》等經卷內有「無生父母，本來真空能變化，本是家鄉能變化」等句懺語。在《護道榜文》內有「大乘教」字樣。鄉

里居民，或因患病，或因許願，多邀張東安念經。季化民等人拜張東安為師，傳誦經語，以求消災獲福㉞。

　　徐得賓籍隸江西高安縣，彭善海籍隸湖南湘陰縣，都是靠手藝小貿營生。嘉慶二年（1797），徐得賓前赴江西吉水縣四虛地方置買鐵貨，會遇在當地開店的江西清江縣人黃明萬，彼此熟識。徐得賓談及向來身患吐血病症，醫治無效。黃明萬告知他是大乘教信徒，法名普籌，教中傳有十二步功夫，入教學習，即可消災延壽。徐得賓即拜黃明萬為師，學習一步至三步經語，法名悟慈。嘉慶十七年（1812）四月，徐得賓前往常寧縣販賣布疋，賃寓劉添名家中。江西豐城縣人余魁章等人拜徐得賓為師，傳習一、二步經語。彭善海也在常寧縣貿易，並拜徐得賓為師，後來彭善海即在常寧縣勸令袁有梅等八人入教吃素。嘉慶二十年（1815）正月，彭善海因無生理，於是攜帶經卷前往寧遠縣貿易，同時勸令歐啓昆等人入教吃素㉟。江西人劉鵬萬曾拜張起坤為師，入大乘教。嘉慶三年（1798），盧晉士在鄱陽縣剃頭生理，但他身患足疾。劉鵬萬勸令盧晉士皈依大乘教吃素念經，可保病痊。盧晉士即拜劉鵬萬為師，傳誦《天緣經》、《十報經》等寶卷，並學習五戒及十二步教法。教內名字，俱用「普」字排行，盧晉士起名普舳。盧晉士後來又拜張起坤為師，給有《苦功悟道經》、《明宗孝義經》及《護道榜文》等經卷。嘉慶五年間，盧晉士攜帶各種經卷到江南儀徵縣開設剃頭店，同時勸人入教吃素。

　　嘉慶二十年（1815），湖北破獲觀音會案件，拏獲教犯桂自榜等人。據供，桂自榜、桂自有兄弟是湖北黃陂縣人，平日俱剃頭營生。嘉慶十二年（1807）二月間，桂自榜等人到江南儀徵縣尋覓生意，曾拜盧晉士為師。桂自榜在供詞中指出，盧晉士在儀徵縣甘露庵附近開設剃頭鋪，鋪內掛有觀音圖像，教中傳習

十二步道行，以求消災延壽。一步叫做小乘，是七言經四句；二步叫做大乘，是經語二十八句；三步叫做三乘圓道，是講究運氣的方法；四步叫做小引；五步叫做大引，並無經咒，是燒香打坐的事；六步叫做祀主六門道，是擺供禮佛的事；七步叫做燃燈；八步叫做清水；九步叫做號池；十步叫做明池；十一步叫做臟池；十二步叫做總池。嘉慶十六年（1811）八月間，桂自榜到湖北漢陽縣開設剃頭鋪。嘉慶二十年（1815）二月間，盧晉士與江寧人余廷貴等六人到漢陽縣，在桂自榜家中居住。因二月十九日是觀音生日，盧晉士就倡立觀音會，邀得杜大有等十人，同到桂自榜寓所，每人出錢二、三百文不等，於同年三月初六日在準提庵廟內做會念經。盧晉士將眾人姓名一併寫入表中祀神。做會念經結束後，盧晉士就於三月十四日起身返回江南儀徵縣。桂自榜等人被捕時，起出《意旨了然》、《小乘經》、《大乘經》等寶卷⑬。兩江總督百齡具奏時指出，「江西向有大乘教，即三乘教，又名羅祖教，始則喫齋祈福，繼則藉此傳徒斂錢，其中半係手藝營生之人，向皆稱爲齋匪，其教以普字取名，有五戒及一步至十步名目。」⑬由此可知三乘教即大乘教，就是羅祖教的一個支派，盧晉士傳習大乘教時，因在二月十九日觀音生日這一天起會，所以又名觀音會。

　　江蘇江陰縣也破獲大乘教案件，江陰縣人盛泳寧傳習大乘教時，常以入教吃齋可以消災獲福的說法，勸人皈依大乘教，有縣民顧考三等人拜盛泳寧爲師，後來顧考三又收江蘇陽湖縣人張泳德爲徒。湖北襄陽縣拏獲大乘教要犯周添華，據供，其高祖周斯望於康熙年間拜大乘庵僧人羅繼恒爲師，傳習大乘教。周斯望身故後，由其祖父周仲坤相沿傳習。嘉慶十九年（1814），奉示查禁，其父周大相改悔開葷，並將大乘庵改名爲大慈庵，另供觀

音佛像。孝感縣拏獲大乘教要犯李新于等人，李新于供出自幼茹素念經，傳徒漢陽縣余高、黃陂縣人杜志潮、孝感縣人岳志寶等人。教中信衆每年三月初三日、七月十五日、十二月初一日，在李新宇家做會三次⑱。此外，安陸、應城等縣，先後破獲大乘教案件多起。四川廣安州等地，大乘教亦極盛行，地方官拏獲教犯多名。其中僧開恭等人籍隸渠縣，乾隆五十四年（1789），僧開恭在吳家庵披剃爲僧，住在渠縣的文陽生，素信佛教，曾跟隨僧開恭之父楊昇爵習念佛經，楊昇爵身故後，文陽生出外貿易，在湖廣地方遇見遊方道人毛清虛傳授大乘教，分給經卷。嘉慶十九年（1814）七月間，文陽生回家，帶回各種抄刻經卷，他極力宣揚大乘教的好處，倘若皈依大乘教，即可消災獲福，並可替人禳解疾病。有四川廣安州人文時茂等人聽信入教。文時茂習熟大乘教各種經咒，其中六字咒語爲「唵嘛呢叭彌吽」，九字咒語爲「上主太老祖太娘眞佛」。文陽生在家中設立三教堂，作爲朔望喫齊誦經之所。

　　嘉慶年間，安徽巢縣等地取締收圓教，教主是金宗有。巢縣人方榮升等人拜金宗有爲師，傳習收圓教，教中信衆，閒常閉目運氣，半晌不言，亦不作聲音，稱爲天神附體，又叫做走陰禱聖，藉以傳徒惑衆斂錢。嘉慶十六年（1811），金宗有被捕解赴安徽省城審辦，問擬發遣病故，方榮升問擬靈壁縣充徒。嘉慶十八年（1813）冬間，方榮升從配所潛回安徽和州行教，次年十月，方榮升傳集同教的人在李喬林家中做會拜佛，欲刻一木戳，以印蓋造天圖、地圖、腳冊、萬祖冊、時憲書等，隨令楊松林催倩刻工王泳興刊刻，稱爲「九蓮金印」，以備將來坐朝問道時使用。方榮升所傳收圓教是凡有入教之人，先於佛前設誓，如有漏洩，雷殛天誅。教中做會拜佛時，亦必選定夜深人靜極其幽僻之所舉

行。方榮升平時靜坐密室，日間從不見人，凡其信衆往來，都在黑夜，所以一時無人知覺，非同教之人，莫測根由，所以久未敗露。平日徒弟見方榮升，都是向方榮升磕頭頂禮，方榮升端坐不動，儼然有君臣之分。嘉慶二十年（1815）正月間，方榮升與同教的嚴士隴密談，此時已屆末劫，後天世界紫微正附其體，應先造作讖緯之詞，散佈各省，使人心眩惑思亂，方可從中起事。

江寧地方有三醮之婦劉李氏與李繼貞倡立圓明教，不忌葷酒。地方傳聞劉李氏曾因患氣蠱，腹大不消。她曾向人說腹內懷孕，是彌勒佛投胎，自稱佛母，常爲人持香看病，口稱神佛向她說禍福休咎，須做道場祈禳，劉李氏遂開始替人延請僧尼，從中騙錢取利。劉李氏又造小大尺香團，叫做靈尺定香。又以紙布印作佛像蓮花，哄人買來供奉，聲稱可以消災獲福，善男信女頗信其言。劉李氏曾往茅山進香，見附近種山棚民甚多，常向人言及棚民都已皈依圓明教。方榮升欲勾結劉李氏，於是令信徒嚴士隴帶銀二十兩，送給劉李氏代做道場。因劉李氏所居尼菴靠近石觀音菴，於是假藉神道示諭「眞主在江南石觀音」，欲影射眞主，以附會方榮升有劉李氏洪福之言，並於字帖上寫明「若問皇極眞命主，隱藏江南石觀音」等句。嚴士隴告知劉李氏，從前太極當令，是姜尙掌盤，造封神榜，今係皇極當令，是方榮升掌盤，應造封佛榜。方榮升告知信徒朱上信：「天上星宿我已都發下凡間，附在衆英雄好漢身上，只要散佈帖子約人，就八方齊湊了。」隨令信徒李元興等人抄寫字帖，帖中有「紅梅一統」、「紅梅始治香騰」等語。李元興等人被捕後供出，從前金宗有在世時曾說過，戊辰己巳天換天，是彌勒佛掌天盤，稱爲紅梅香騰世界，所以塡入帖內。在方榮升密室內起出箱內有紅紙長經一個，面上橫書「白陽定品」四字，大字書「聖旨」二字，後開內三宮六院及大將軍、

大學士、丞相、王侯公伯，下至大夫六部郡域關口各官名稱、品級、俸米數目。收圓教本有五等執儀，方榮升又增為九品，最上者為批寶慶會，次為批寶法會，以下有加修二次，加修一次，聯科、聖寶、大法真言、雙金丹、單金丹、會頭等名目，各以捐錢多寡為次第，時常拜會念經。在經摺後書明教內九品執儀，在各名色下按品級分註，又在批寶慶會之前添寫副理山河之銜，註為一品，而每項下各註名數，自一名至一千零六名。方榮升所造封官制度，是欲俟舉事後即按九品執儀改授官職。方榮升編造一套說法，他指出，現在天上是彌勒佛管理天盤，將二十八宿增添「如會針袁辰蒙赤正真全陰榮玉生昇花」十六字，減去「張井」二宿，共為四十二宿，八卦重畫，四卦增為十二卦，十二支增「元紐宙辱未酊」六字為十八支，支屬干，既有十八支，應有九甲，以四十五日為一月，以十八個月為一年，於是私自重造萬年時憲書。他聲稱時常出神上天，是從天上看見現在星辰已改。又稱天上神靈，都有名號。他也指出，現在天下所習的文字按金木水火土，稱為五行字，此時應加「慧動」二行，以「天光為慧」，以「天行為動」，改為七行字。方榮升宣稱，天上換盤，人間亦當末劫，應廣勸世人持齋，以避劫難。他指出，燃燈佛為初祖，坐三葉金蓮，釋迦佛為二祖，坐五葉金蓮，彌勒佛為三祖，坐九葉金蓮，金宗有為四祖，以金宗有之死為回宮。方榮升曾詐死三日，死而復活，醒後宣稱金宗有借他的軀體仍復下凡。因金宗有生前常自稱為彌勒佛下世，前願未了，所以又借體重生。方榮升自稱是無終老祖紫微星、朱雀星下世。他指出，現在世界是五濁惡世，彌勒佛治世，天下皆喫素，即換為香騰世界[139]。善男信女見其議論詭異，多稱頌其道法高妙，更堅定其信仰。方榮升隨令信徒李元興等人先寫了帖子二百十六張，由嚴士隴等人帶往亳州，又分

路到河南、江南、江西、湖北所屬州縣佈散。帖子內創造許多怪體字，都是方榮升所改造，例如木戳內「獨令」爲「執」；「當令」爲「掌」；「硬石」爲「山」；「水衝土」爲「河」；「天地同修」爲「聖」；日月同春爲「壽」；「元空」爲「無」；「聖凡同興」爲「疆」，合起來就是「執掌山河聖壽無疆」八字。方榮升住在離巢縣縣城七十里北路河姊丈方志元家中，嘉慶二十年（1815）八月十九日，江寧城守協副將鮑友智率同巢縣兵役於是日夜間將方榮升等人拏獲，解赴江寧審辦。

　　圓明教又稱圓明會，是因經卷內有圓明道姥即無生聖母字樣而得名。嘉慶二十一年（1816）六月，江蘇取締圓明會，拏獲教犯駱敬行等人，起出《金天寶藏經》、《延齡寶懺卷》等經卷。兩江總督百齡查閱經卷後指出，經卷內有「皇極」、「太極」、「五盤四貴」、「無生聖母」、「九龍」、「收圓」、「白陽」等字樣，與方榮升收圓教案內經卷相似。摺內有「糧風鹽石」四字，八卦之外又添「關合造化週轉穿連」八字，被指爲「均屬謬妄」。教犯駱敬行是江蘇寶山縣人，原名駱聘三，與上海縣人楊遇薩平素認識。乾隆四十八年（1783），楊遇告知駱敬行，他曾拜上海縣人姚學周爲師，學習圓明會，喫素念經，可以邀福消災，勸誘駱敬行入會，駱敬行與上海縣人許登三等先後拜師入教。駱敬行被捕後供認其師告知，成佛之圓明道姥即無生聖母，載在經內，所以稱爲圓明會，會名相傳已久。抄本經分爲十二卷，是太始、太初等項名目，總目諸經。經文中所載「圓明無生聖母」是極頂之意，皇極、太極是指世界而言，天地人水雲謂之五盤，青龍、白虎、朱雀、元無〔玄武〕謂之四貴，天上世界謂之白陽，紅塵世界謂之紅陽，佛世界謂之青陽。經摺內有「一混源、二儀、三才、四相、五行、六合、七政、八卦、九宮」字樣，是指天道

週轉及東西南北五行環互之意⑭。圓明會經卷內容，與陸雲章傳習無爲教一案所起出的經卷內容，頗爲相近。

　　民間習俗有上元、中元、下元之說，三元教因此得名。嘉慶年間，直隸取締三元教，拏獲教犯裴景義等人。裴景義是直隸灤州人，行醫度日。嘉慶十三年（1808），裴景義的族叔裴元瑞引領山東臨清州人陳攻玉到灤州境內的雙園村爲裴雲布醫眼，很快病愈。陳攻玉即勸裴景義、裴元端、裴雲布等學習三元教，聲稱日久功深，可以長生不老。裴景義等人希圖成仙得道，即拜陳攻玉爲師。陳攻玉傳授咒語，並以眼耳口鼻爲東西南北四大門。其運氣之法，是先用手向臉一摸，閉目抿口，氣從胸腹向下行運，仍從鼻子放出。教中誡諭上供運氣時，不可令人窺見，以每年正月十五日爲上元，七月十五日爲中元，十月十五日爲下元，每逢三元會期，上供燒香，磕頭念咒，坐功運氣。教中講求爲人處世的道理，並導人爲善，遇事須從仁義禮智體貼，不可爲非作惡，上等人學成時，成仙得到；中等人學成時，卻病延年；下等人學成時，消災免難。嘉慶二十年（1815）十一月初，裴景義等人被捕，在裴景義家中起出抄白《推背圖》二本，《萬法歸宗》一本⑭。嘉慶二十一年（1816）正月間，在灤州訪獲傳習三元教的許聰等人⑭。同年九月間，山東拏獲陳攻玉的胞兄⑭。

　　牛八教又名揮率教，在牛八定爲教派名稱以前，牛八二字是民間拆讀「朱」姓的隱語，以牛八代替朱姓。民間秘密宗教託稱前明後裔，沿襲日久，遂成爲教派名稱。嘉慶年間，湖北、河南等地，破獲牛八教案件。河南汝陽縣人方手印，曾拜堂兄方手禮爲師，傳習牛八教，後來他就在河南招徒傳習牛八教，先後有新野縣人廖日洲、王坤、閆太、方元珍等人拜方手印爲師，入牛八教。乾隆三十三年（1768），方手禮破案正法，方手印畏罪不

敢在汝陽縣本地傳教，常赴湖北傳徒，廖日洲也在湖北襄陽縣轉傳武維金、朱明文等人。武維金轉傳湖北棗陽縣人武金卓、黃起倫、邵元善等人，黃起倫傳徒呂文璜，呂文璜又傳雷鵬奇，信眾共推方手印爲總教主，並爲河南牛八教掌櫃，另由武維金爲湖北襄陽縣牛八教掌櫃⑭。凡入教之人各出根基錢自數百文至數千文不等。嘉慶二十一年（1816）八月，湖北襄陽縣訪獲武維金等人，湖北境內赴官府具結改悔投案者共有三百六十四名⑮。教中燒香磕頭，誦習經咒。各犯所供咒語，詳略不同，其中武金卓所傳咒語八句：「妙語傳石佛落中原，普度男共女歸家，會靈山四方佛來臨，三佛九葉蓮諸星，封雍護纏上極山，去了心中垢纏得會靈山，天地門開放，母子大團圓。」雷鵬奇所供咒語云：「道法嚴嚴幾時休，鼠去馬來丑未頭，十字街前分岔道，四路工商修鼓樓，一點萬雲沖北斗，一切圖形眾苦修，大地男女莫驚怕，白骨如山血水流，萬法歸宗顯聖道，靈山伴母說千秋。」又云：「十門有道一口傳，七人共事一子單，十口合同西江月，開弓射箭到長安。」廖一山所供咒語云：「眼前三災到家，家生瘟兆，天造十口死，內有九家空，北岸生一祖，黃雞出了名牛八，立天下纏是萬古程，少了人莫言個個纏依從。」⑯牛八教以駭人聽聞的咒語，煽惑信眾，善男信女爲避禍求福，遂紛紛傳習牛八教。

《龍華經》是先天教誦習的主要寶卷之一，先天教就是因《龍華經》內「無生老母立先天，收源結果憑虛號」等語而得名，又稱爲收源教。嘉慶年間，取締先天教，拏獲教犯王寧等人，供出傅濟、侯岡玉等人爲教首。侯岡玉供出籍隸直隸鉅鹿縣，拜孟見順爲師。孟見順被捕後供稱：

> 小的是鉅鹿縣銅馬鎮人，今年六十二歲，父母已故，並沒妻子，有弟孟四。乾隆五十五年有舊城住的蕭文登即蕭明

遠在村內説書唱曲，遇晚在小的家空屋住歇。蕭文登勸小的入他離卦教，可以消災免難，小的允從。第二日就在小的家點了三炷香，供了三杯茶，同蕭文登望空跪下磕頭起誓。他先在神前自通籍貫名姓，並稱南方離卦教頭殿眞人部老爺門下先天老爺台下俺替祖親傳默默還鄉道，直至當來出世人，俺傳的眞法正道，要傳邪教哄了大地群民，將俺自身化爲膿血。習教的也口稱，遵當家願受拘束，若還不遵，自身化爲膿血，說完起來，再傳非禮毋言，非禮毋視，非禮毋聽，非禮毋動，若違此四戒，來生即變爲牛馬畜類，此名爲無爲救苦教。又傳給小的無字眞經四句，並坐功運氣法子，並沒傳給經卷圖像。小的就稱蕭文登爲師父，蕭文登稱小的爲善人。五十九年，有同縣人侯岡玉身上生瘡，小的勸他入教，他就拜小的爲師，小的把蕭文登的言語傳授。嘉慶八年，有已故舉人師道隆合他兒子師洛裕勸小的十道九邪，將來必要殺身，小的害怕，不敢傳習了⑭。

乾隆年間，離卦教教首劉恭，曾收吳二瓦罐爲徒，蕭文登就是吳二瓦罐的徒弟。孟見順拜蕭文登爲師，入離卦教，並轉收侯岡玉爲徒。據侯岡玉供稱：

小的是鉅鹿縣沙井村人，年四十歲。乾隆五十九年，小的身上生瘡，有本縣銅馬鎮人孟見順勸小的入他的離卦教，可以癒病，小的應允，就在他家燒香供茶，同他望空跪下磕頭起誓。孟見順口稱今在南方離卦頭殿眞人部老爺門下先天老爺台下收某人爲徒，俺替祖親傳默默還鄉道，直至當來出世人，俺傳眞法正道，要傳邪法，哄了大地群民，將俺自身化爲膿血，並叫小的口稱遵當家，願受拘束，若

還不遵，自身化爲膿血。再傳非禮毋言，非禮毋聽，非禮
毋視，非禮毋動，違此四戒，來生變爲牛馬畜類，此名爲
無爲救苦教。又傳無字眞經云：一子進佛道，九祖得高升，
十王皆拱手，永不墜沉淪，無事不來，這一遭超生了，死
路一條，今遇明師親指點，龍華三會樂逍遙。還傳給坐功
運氣的法子，據說功成後，就不生瘡患病，還可延年得道。
以後師父叫徒弟爲善人，徒弟稱師父爲當家⑭。

孟見順與侯岡玉的供詞，彼此是符合的，離卦教入教儀式中，必
須望空跪地，磕頭起誓，誓詞中有「南方離卦教頭殿眞人郜老爺
門下先天老爺台下」等語，可知先天教就是離卦教的支派。侯岡
玉以後曾傳傅濟爲徒，傅濟是直隸鉅鹿縣人，寄居山西平定州，
是一名獸醫，嘉慶四年（1799）十月間，傅濟染患疾病，其母
舅趙其祥自鉅鹿到平定州探望傅濟，勸令傅濟學好修善，口授孝
子點化歌詞一首，囑其朔望燒香念誦，告知可以卻病消災。王寧
是山西忻州人，寄居山西趙城縣，跟隨傅濟學習獸醫。葉生寬是
山西平定州人，跟隨傅濟傳習老子勸化歌。同年十一月間，趙其
祥邀侯岡玉到傅濟家中，令傅濟拜侯岡玉爲師。侯岡玉將所習離
卦門下無爲救苦教內坐功運氣之法，傳給傅濟。其入教儀式是首
先焚香供茶，同跪無生老母神前設誓，誓畢，傳授坐功運氣，心
想「無生老母」四字，聲稱《龍華經》內有「無生老母立先天」
之說，教中尊奉無生老母，相信習練長久，可免三災八難，死後
免入輪迴。嘉慶五年（1800），趙其祥將一部《龍華經》送給
傅濟。是年，傅濟轉傳平定州人葉生寬，學習坐功運氣。嘉慶六
年（1801），葉生寬招引王寧學習先天教，王寧即拜葉生寬爲
師。傅濟藏有《龍華經》一部，先送給葉生寬誦習，嘉慶十年（
1805），葉生寬將《龍華經》送給王寧。嘉慶十三年（1808），

傅濟因在平定州傳習老子勸化歌詞，被官府指爲「惑衆斂錢」，他犯案被捕後發配黑龍江爲奴，葉生寬擬徒，發配崞縣。嘉慶十四年（1809），奉旨釋回。嘉慶十八年（1813），傅濟改爲發配湖北。王寧在山西趙城縣村中新唐寺向僧人普銳借得《藥王經》、《九蓮經》二部習誦。嘉慶二十年（1815）二月，葉生寬因貧難度，起意傳習坐功運氣，惑衆騙錢，但因平定州人俱知葉生寬犯案，不肯信從，即往趙城縣尋找王寧，慫恿王寧設教做會，附會《龍華經》內「無生老母立先天，收源結果憑虛號」等語，於是倡設先天教，又名收源教，尊王寧爲總當家，每年四季之首做會斂錢分用⑭。王寧被捕後，經山西巡撫衡齡審擬，並將起出經卷進呈御覽。嘉慶皇帝指出，《藥王經》經本後載有「慶雲縣東北宗家庄宗應時妻徐氏發心造卷」等字樣，其經本內容，語多荒誕。由於官府的嚴屬查禁，先天教的發展遭受重大打擊。

　　義和拳又作義合拳，是取義氣和合之義，就其名稱而言，義和拳或義合拳，就是一種拳腳功夫的名稱，清代民間秘密宗教各教派不僅學習義和拳，也學習梅花拳。嘉慶十九年（1814）十一月間，山東臨清州人劉四即劉五訓，又名劉洛吉，他素習梅花拳，經州縣拏解省城後病故⑭。義和拳與梅花拳，並非同一種拳法，老天門教所傳習的拳腳，叫做義合拳。據教犯葛立業供稱：

> 小的年五十二歲，係故城縣青罕莊人，父母早故，並無伯
> 叔兄弟妻子，也沒房產，向推小車度日。葛文治是小的族
> 叔祖，在景州居住，他是老天門教劉坤的武門徒弟，傳習
> 義合拳腳。十八年七月內，葛文治到青罕莊招小的爲徒，
> 即在伊徒馬十家拜葛文治爲師，教小的念「眞空家鄉，無
> 生父母」八字眞言，每日早上向東，午時向南，下晚向西，
> 朝太陽磕頭，叫小的勾引年輕有錢的人入教習拳⑭。

老天門教中的武門弟子所傳習的拳腳功夫就是義合拳。天理教也傳習義合拳，嘉慶七年（1802），山東德州人王進忠拜董立本爲師，入天理教，學習拳棒。嘉慶二十一年（1816）四月，王進忠被捕後供稱：

> 我係山東德州人，年四十二歲，我父親早故，跟我母親張氏同兄弟王世烈、王世蟄在本州城內二郎廟地方居住，從前跟官，如今閒著，我記不得年分，有冠縣民人任四係逆犯林清的師弟，恩縣民人馮彥係逆犯王倫手下人李翠的徒弟，與直隸故城縣民人曹貴等到德州邀同糧道衙門糧書劉西園、德州衛書吏焦梅占在本州地方設立天理教，引誘本州快役馮義、田明、得生、魁武、郭明旺、羅秀生，並民人穆秀等每日在劉西園家學習義合拳棒，運氣念咒，念的是「秉聖如來，接聖如來，係離卦奉上命所委高陳楊新任李弟子一代前人所爲萬事萬應理到就行」等語句⑱。

天理教除了運氣念咒之外，也傳習義合拳。據王進忠弟王進孝指出，劉西園所教義和拳，又名六臟拳。「臟」當即「趟」的同音字，意即招數番次，六臟拳猶如六趟拳或六番拳。山東冠縣所查出的「八番拳」，其性質與六臟拳相近。嘉慶二十年（1815）五月初七日，冠縣知縣黃湘寧帶同丁役拏獲赴小屯集趕集的教犯郭洛雲，據他供稱：

> 嘉慶二、三年間，向冠縣甘集人張洛焦學習金鐘罩，又向邱縣辛店人尚際亭學習八番拳。尚際亭故後，又向邱縣丙家莊馮世禮學習鎗棍刀法。八年間，我到臨清州趕廟會，合素識的臨清州人劉洛常會遇，見他同了兩箇人在茶舖裡吃茶，當向詢問，一名劉玉隴，是饒陽縣支窩村人，向做鑿磨生理；一名尚洛載，是深州代潼人，向來縫皮。說起

都會拳棒，因此，講成相好，劉玉瓏、尚洛載邀我到他們
家去教金鐘罩，應允走散。那年九月裡，我找到深州地方，
與劉玉瓏撞遇，邀我到尚洛載家裡，他們兩人向我學金鐘
罩，劉玉瓏已經學會，尚洛載並未學會。十六年四月，劉
玉瓏到我家裡，說起他會坐功運氣，能出元神，知過去未
來的事，跟他學習的人甚多，叫我也跟他學習，我就應允。
劉玉瓏燒香，我向上磕頭，劉玉瓏叫念訣，是「道由心學
心向家，傳香焚玉爐心存，帝前仙佩臨軒靈，陳宮告竟達
九天。」還念「真空家鄉，無生父母，現在如來，我祖速
至」四句，又教我打坐運氣我問他的師父是誰？他說是饒
陽人朱玉，並沒說出任何村莊。劉玉瓏說這教名爲如意門，
見人稱爲「在裡」二字就知是同教⑯。

郭洛雲分別拜師學習金鐘罩、八番拳，後來入了如意門教派。嘉
慶二十一年（1816）二月，在山東樂陵縣拏獲饒陽縣人劉玉隆，
當即郭洛雲所供劉玉瓏，他供出曾拜大新莊人陳茂林爲師，學會
拳棒、金鐘罩。嘉慶十八年（1813）九月間，由饒陽縣逃至山
東樂陵縣境內張五才莊，改名劉汝榮，在莊民呂亨家長住，賣演
八卦拳，繪畫老虎賣錢度日⑯。乾嘉時期，因取締民間秘密宗教，先
後查出各教派多學習拳棒，包括紅拳、梅花拳、義和拳、義合拳、
六臟拳、八番拳、八卦拳等等名目，主要爲直隸、山東一帶各教
派所傳習，其拳法，彼此不同，似非出自同一宗派或分支。

　　義和門教是嘉慶年間盛行的一個民間秘密宗教，後世將義和
拳視爲教派名稱，與義和門教有關。嘉慶二十年（1815）五月，
直隸拏獲傳習義和門教的教犯葉富明等人，經審明入教經過：

　　葉富明籍隸青縣，種地度日，與季八素相交好。葉富明之
　　父葉長青在日，係習祖傳老君門離卦教，又名義和門，每

日在家三次朝太陽燒香磕頭，誦念無字眞經歌訣，練習打
坐運氣工夫，並與人按摩治病，並未傳徒，亦無不法經卷
圖像，葉富明旋亦入教。嘉慶九年十一月內，葉長青病故，
葉富明仍習其教，並不與人治病。至十二年間，葉富明傳
教季八，此外並無另有匪人來往，亦無別有徒眾，迨後季
八轉傳滄州人湯四九⑤。

直隸滄州地方，除湯四九外，岳輔等人亦拜季八爲師，入義和門
教，學習坐功運氣。嘉慶十八年（1813）十一月內，岳輔等被
滄州知州莊詠逮捕。青縣人吳永滿無服族姪吳久治也是祖傳義和
門離卦教，嘉慶十四年（1809），吳久治勸令吳永滿拜師入教，
學習好話歌詞及坐功運氣，其後，吳永滿又轉收同縣人尤明爲徒。
嘉慶二十年（1815）十一月初三日，直隸總督那彥成具摺奏稱：

查愚民私相傳習邪教，一時原難稽查，是在地方官時刻留
心，於曾犯教案之犯，曾經習教之家，不動聲色，嚴密稽
查，務使不驚不擾，隨案究其源流，庶可斷其傳習，臣仰
荷皇上畀以畿輔重任，秉承指示，夙夜實力整飭，不敢稍
存疏懈，斷不肯令邪慝復萌，釀成巨案，除陸續拏獲滑縣
潛逃從逆各犯，並林清案內應行緣坐餘黨不敘外，其離卦
一教仍未改悔之案，如所獲安平縣傳習離卦教之楊俊等究
出首先傳教吳二瓦罐之子仍稱少當家之吳洛雲，並其徒大
頭目路運等一案，交河縣傳習一炷香離卦教之齊聞章等搜
出違背《十王經卷》一案，滄州吳久治、路老等傳習佛門
教一案，青縣季八、葉幅明等傳習義和門教一案，又青縣
邊二從習白陽教，預知逆情一案，景州葛錫華等從習離卦
教，預知逆情一案，祁州邢士魁等傳習如意教，搜獲妄造
表名掛號總冊一案，故城縣葛立業傳習義和門拳棒，預知

逆情一案，均經訊明，教名雖別，俱係離卦教之子孫徒黨，
逐起奏明，分別凌遲斬遣在案⑯。

引文中葉幅明即葉富明，他傳習老君門離卦教，又名義和門。故
城縣葛立業所傳的教派是老天門教，教中習練義合拳腳，並非義
和門，直隸總督那彥成既將老天門與老君門混爲一教，又將義合
拳與義和門合而爲一，於是就奏稱「葛立業傳習義和門拳棒」，
義和門拳棒簡稱義和拳，義和拳也就成爲民間秘密宗教的一個教
派名稱，義和拳終於成爲「離卦教之子孫徒黨」了。由於那彥成
的嚴厲查禁，使直隸等地盛行的民間秘密宗教各教派都遭受到重
大的挫折。

【註　釋】

①　《上諭檔》，方本（臺北，國立故宮博物院），嘉慶六年三月初九
　　日，頁45，字寄。

②　《剿捕檔》（臺北，國立故宮博物院），嘉慶五年九月十三日，頁
　　97，張效元供詞。

③　《剿捕檔》，嘉慶五年九月十二日，頁91，張效元供詞。

④　《上諭檔》（臺北，國立故宮博物院），方本，嘉慶六年五月初二
　　日，頁29，王廷詔供詞。

⑤　《上諭檔》，方本，嘉慶六年三月初九日，頁45，字寄。

⑥　《上諭檔》，方本，嘉慶元年七月二十五日，頁137，張正謨供詞。

⑦　《剿捕檔》，嘉慶五年八月初七日，頁147，劉之協供詞。

⑧　《清中期五省白蓮教起義資料》（揚州，江蘇人民出版社，1981年
　　2月），第五冊，頁105。嘉慶五年六月，劉之協供詞。

⑨　《剿捕檔》，嘉慶五年八月十四日，頁211，慶桂等奏稿。

⑩　柳得恭著《燕台再游錄》，見《清中期五省白蓮教起義資料》，第

五冊，頁332。

⑪　《清中期五省白蓮教起義資料》，第五冊，頁79。嘉慶四年二月，李潮供詞。

⑫　《剿捕檔》，嘉慶三年三月初九日，頁53-54，覃加耀、張正朝供詞。

⑬　《關於在中國及東印度傳教會傳教通信新集》，第三卷，頁379-386。見《清中期五省白蓮教起義資料》第五冊，頁342。

⑭　《欽定剿平三省邪匪方略》（臺北，國立故宮博物院，內府朱絲欄寫本），正編，卷一七二，頁32。嘉慶五年閏四月初九日，寄信上諭。

⑮　《剿捕檔》，嘉慶元年四月，頁107，聶傑人供詞。

⑯　《剿捕檔》，嘉慶元年四月，頁116，向瑤明等供詞。

⑰　《清中期五省白蓮教起義資料》，第五冊，頁1。嘉慶元年二月，聶傑人供詞。

⑱　《清中期五省白蓮教起義資料》，第五冊，頁65。嘉慶三年七月，王三槐供詞。

⑲　《清中期五省白蓮教起義資料》，第五冊，頁10。

⑳　《清中期五省白蓮教起義資料》，第五冊，頁24。嘉慶元年五月，曾世興等供詞。

㉑　《清中期五省白蓮教起義資料》，第五冊，頁159。嘉慶八年五月，趙聰觀供詞。

㉒　《清中期五省白蓮教起義資料》，第五冊，頁105。嘉慶五年六月，劉之協供詞。

㉓　《清中期五省白蓮教起義資料》，第五冊，頁2。聶傑人供詞。

㉔　《剿捕檔》，嘉慶三年三月初九日，頁51。

㉕　《清中期五省白蓮教起義資料》，第一冊，頁71。嘉慶元年三月初四日，湖北巡撫惠齡奏摺。

㉖　《剿捕檔》，嘉慶三年三月初九日，頁51，覃加耀供詞。

㉗　《欽定剿平邪匪方略》，正編（臺北，國立故宮博物院），卷四，頁31。嘉慶元年四月十五日，據畢沅奏。

㉘　《剿捕檔》，嘉慶元年七月二十六日，頁135，王蘭供詞。

㉙　《清中期五省白蓮教起義資料》，第五冊，頁111。嘉慶五年九月，張效元供詞。

㉚　《清中期五省白蓮教起義資料》，第二冊，頁339。嘉慶五年八月十四日，軍機大臣慶桂等奏稿。

㉛　《清中期五省白蓮教起義資料》，第五冊，頁157。趙聰觀供詞。

㉜　《欽定剿平三省邪匪方略》，正編，卷五五，頁20。嘉慶二年十一月初八日，據額勒登保奏。

㉝　《剿捕檔》，嘉慶三年三月初九日，頁52，覃加耀供詞。

㉞　李劍農著《中國近百年政治史》（臺北，臺灣商務印書館，民國五十四年十月），頁11。

㉟　《欽定剿平三省邪匪方略》，正編，卷一〇四，頁25。嘉慶四年六月初四日，富成供詞。

㊱　《宮中檔》（臺北：國立故宮博物院），第2724箱，78包，13200號。嘉慶五年三月三十日，寄信上諭。

㊲　《宮中檔》，第2706箱，8包，1079號。嘉慶元年八月二十七日，湖北巡撫汪新奏摺。

㊳　劉鴻喜著《中國地理》（臺北，五南圖書公司，民國七十三年十一月），頁215。

㊴　卓秉恬奏〈川陝楚老林情形疏〉，見賀長齡輯：《皇朝經世文編》（臺北，國風出版社，民國五十二年七月），卷八二，頁27。

㊵　《宮中檔》，第2712箱，55包，7302號。嘉慶七年二月初一日，額勒登保奏摺。

㊶ 《宮中檔》，第2706箱，16包，2397號。嘉慶二年四月二十八日，惠齡等奏摺。

㊷ 《清中期五省白蓮教起義資料》，第五冊，頁199。

㊸ 龔景瀚著《澹靜齋文鈔外篇》，見《清中期五省白蓮教起義資料》，第五冊，頁169。

㊹ 《宮中檔》，第2712箱，55包，7418號。嘉慶七年二月十六日，惠齡等奏摺。

㊺ 《清中期五省白蓮教起義資料》，第五冊，頁174。

㊻ 《清史稿校註》，列傳一三一，額勒登保傳，頁9496。

㊼ 《宮中檔》，第2712箱，55包，7302號。嘉慶七年二月初一日，額勒登保奏摺。

㊽ 李劍農著《中國近百年政治史》，上冊，頁12。

㊾ 《清史稿校註》，列傳一三一，額保列傳，頁9488。

㊿ 周凱著《內自訟齋文鈔》，見《清中期五省白蓮教起義資料》，第五冊，頁314。

(51) 龔景瀚著《澹靜齋文鈔外篇》，見《清中期五省白蓮教起義資料》，第五冊，頁173。

(52) 《清史稿校註》，列傳一三一，勒保傳，頁9490。

(53) 龔景瀚著〈堅壁清野議〉，《澹靜齋文鈔外篇》，見《清中期五省白蓮教起義資料》，第五冊，頁182。

(54) 《宮中檔》，第2712箱，55包，7468號。嘉慶七年二月二十三日，湖廣總督吳熊光奏摺。

(55) 《宮中檔》，第2712箱，56包，7767號。嘉慶七年三月二十八日，字寄。

(56) 嚴如熤著《三省邊防備覽》，見《清中期五省白蓮教起義資料》，第五冊，頁194。

㊗　《宮中檔》，第2706箱，43包，4903號。嘉慶五年正月初九日，寄信上諭。

㊙　《軍機處檔・月摺包》，第2751箱，30包，52514號。嘉慶二十二年八月初一日，陳預奏摺錄副。

㊙　《軍機處檔・月摺包》，第2751箱，30包，52514號。

⑩　《上諭檔》，嘉慶二十二年十一月初九日，頁99，大學士托津等奏稿。

㊑　《宮中檔》（臺北，國立故宮博物院），第2724箱，88包，16303號。嘉慶十九年八月十八日，吏部尚書署山東巡撫章煦奏摺。

㊒　《軍機處檔・月摺包》，第2751箱，9包，48628號。嘉慶二十一年七月二十四日，山東巡撫陳預奏摺錄副。

㊓　《宮中檔》，第2723箱，98包，18960號。嘉慶二十年六月十五日，兩江總督百齡奏摺。

㊔　《軍機處檔・月摺包》，第2751箱，13包，49517號。嘉慶二十一年十月二十二日，直隸總督方受疇奏摺錄副。

㊕　《上諭檔》，道光十二年五月二十四日，頁269，曹振鏞等奏稿。

㊖　《宮中檔》，第2723箱，97包，18583號。嘉慶二十年五月初七日，直隸總督那彥成奏摺。

㊗　《上諭檔》，道光十二年十月二十一日，，曹振鏞等奏稿。

㊘　《上諭檔》，道光十二年五月初九日，曹振鏞等奏稿。

㊙　《奏摺檔》（臺北，國立故宮博物），道光十二年七月，據吏部奏。

⑩　《奏摺檔》，道光元年十一月，直隸總督方受疇奏。

㊑　《軍機處檔・月摺包》，第2751箱，17包，50202號。嘉慶二十一年十二月二十三日，張玉庭奏摺。

㊒　《軍機處檔・月摺包》，第2751箱，21包，50922號。嘉慶二十一年七月初八日，兩江總督百齡奏摺錄副。

⑦ 《軍機處檔‧月摺包》，第2751箱，19包，50753號。嘉慶二十二
年二月二十五日，直隸總督方受疇奏摺錄副。

⑦ 《軍機處檔‧月摺包》，第2751箱，30包，52463號。嘉慶二十二
年八月初三日，刑部尙書崇祿等奏摺。

⑦ 《外紀檔》（臺北，國立故宮博物院），道光十三年九月初七日，
山東巡撫鍾祥奏摺抄件。

⑦ 《欽定平定教匪紀略》（臺北，國立故宮博物院，朱絲欄寫本），
卷一，頁23。嘉慶十八年九月十五日，山東巡撫同興奏。

⑦ 《外紀檔》，嘉慶二十二年三月初二日，據山東巡撫陳預奏。

⑦ 《軍機處檔‧月摺包》，第2751箱，25包，51865號。嘉慶二十二
年六月初七日，山東巡撫陳預奏摺。

⑦ 《宮中檔》，第2723箱，99包，19308號。嘉慶二十年七月十一日，
河南巡撫方受疇奏摺。

⑧ 《宮中檔》，第2723箱，91包，16869號。嘉慶十九年十一月十四
日，山東巡撫陳預奏摺。

⑧ 《軍機處檔‧月摺包》，第2751箱，9包，48702號。嘉慶二十一年
七月二十九日，山東巡撫陳預奏摺錄副。

⑧ 《宮中檔》，第2723箱，92包，17279號。嘉慶十九年十二月十八
日，恩長奏摺。

⑧ 《宮中檔》，第2723箱，95包，18146號。嘉慶二十年三月二十三
日，直隸總督那彥成奏摺。

⑧ 《上諭檔》，方本，嘉慶十七年六月初五日，字寄。

⑧ 《上諭檔》，方本，嘉慶十七年五月十七日，字寄。

⑧ 《欽定平定教匪紀略》，卷二六，頁23。嘉慶十九年十二月十六日，
據那彥成奏。

⑧ 《宮中檔》，第2724箱，72包，11671號。嘉慶十三年八月初一日，

直隸總督溫承惠奏摺。

㊟88　《上諭檔》，嘉慶十九年十一月十四日，董幗太供詞。

㊟89　《上諭檔》，方本，嘉慶二十年正月二十日，張劉氏供詞。

㊟90　《宮中檔》，第2723箱，92包，17364號。嘉慶十九年二月二十六日，英和等奏摺。

㊟91　《宮中檔》，第2723箱，160包，19645號。嘉慶二十年八月二十二日，陝西巡撫朱勳奏摺。

㊟92　《宮中檔》，第2723箱，98包，19141號。嘉慶二十年五月二十七日，字寄。

㊟93　《欽定平定教匪紀略》，卷一五，頁1。嘉慶十八年十月二十九日，據同興奏。

㊟94　《清仁宗睿皇帝實錄》，卷二四二，頁24。嘉慶十六年四月庚午，內閣奉上諭。

㊟95　《軍機處檔·月摺包》，第2751箱，1包，47235號。嘉慶二十一年四月二十三日，英和等奏摺錄副。

㊟96　《欽定平定教匪紀略》，卷一，頁6。嘉慶十八年九月十三日，據直隸布政使素納奏。

㊟97　《上諭檔》，嘉慶二十年十一月二十八日，頁419，宋文潮供詞。

㊟98　喻松青著《明清白蓮教研究》（成都，四川人民出版社，一九八七年四月），頁56。

㊟99　《上諭檔》，嘉慶二十二年九月二十七日，頁401，潘五供詞。

㊟100　《軍機處檔·月摺包》，第2751箱，32包，52864號。嘉慶二十二年九月初五日，王銳供詞。

㊟101　《軍機處檔·月摺包》，第2751箱，32包，52843號。嘉慶二十二年八月二十九日，英和等奏摺。

㊟102　《軍機處檔·月摺包》，第2751箱，32包，52865號。嘉慶二十二

年九月初五日，王銳供詞。

⑩ 濮文起主編《中國民間秘密宗教辭典》，頁231。

⑩ 《軍機處檔・月摺包》，第2751箱，3包，47551號。嘉慶二十一年五月十八日，馬慧裕奏摺錄副。

⑩ 《軍機處檔・月摺包》，第2751箱，2包，47428號。嘉慶二十一年五月初三日，晉昌等奏摺錄副。

⑩ 喻松青撰〈清茶門教考析〉，《明清白蓮教研究》，頁131。

⑩ 《清代檔案史料叢編》，第三輯（北京，中華書局，1979年11月），頁25。

⑩ 《軍機處檔・月摺包》，第2751箱，3包，47551號。

⑩ 《軍機處檔・月摺包》，第2751箱，1包，47264號。嘉慶二十一年四月十二日，百齡奏摺錄副。

⑩ 《軍機處檔・月摺包》，第2765箱，88包，16433號。乾隆三十七年三月二十日，何煟奏摺錄副。

⑪ 《上諭檔》，嘉慶二十年十月二十七日，頁267，字寄。

⑫ 《上諭檔》，嘉慶二十年十二月十六日，頁185，字寄。

⑬ 《軍機處檔・月摺包》，第2751箱，13包，49459號。乾隆二十一年九月二十八日，湖廣總督孫玉庭奏摺錄副。

⑭ 《上諭檔》，嘉慶二十年十二月二十五日，頁341，王時玉供詞。

⑮ 《清代檔案史料叢編》，第三輯，頁23。嘉慶二十年十二月初十日，張師誠奏摺。

⑯ 《上諭檔》，嘉慶二十年十二月二十五日，頁333，王殿魁供詞。

⑰ 《上諭檔》，嘉慶二十年十二月二十五日，頁343，王克勤供詞。

⑱ 《清代檔案史料叢編》，第三輯，頁2。嘉慶十九年閏二月十八日，衡齡奏摺。

⑲ 《清代檔案史料叢編》，第三輯，頁6。嘉慶二十年十一月初三日，

那彥成奏摺。

⑳　《清代檔案史料叢編》，第三輯，頁11。嘉慶二十年十一月二十六日，馬慧裕奏摺錄副。

㉑　《軍機處檔‧月摺包》，第2751箱，3包，47689號。嘉慶二十一年，崇祿奏摺。

㉒　《清代檔案史料叢編》，第三輯，頁6。

㉓　《清代檔案史料叢編》，第三輯，頁2。嘉慶十九年閏二月十八日，衡齡奏摺。

㉔　《軍機處檔‧月摺包》，第2751箱，1包，47264號。嘉慶二十一年四月十二日，百齡奏摺錄副。

㉕　《軍機處檔‧月摺包》，第2751箱，2包，47428號。嘉慶二十一年五月初三日，晉昌奏摺錄副。

㉖　《清代檔案史料叢編》，第三輯，頁32。嘉慶二十一年三月初八日，河南巡撫方受疇奏摺。

㉗　《清代檔案史料叢編》，第三輯，頁72。嘉慶二十一年三月初八日，方受疇奏摺。

㉘　《清代檔案史料叢編》，第三輯，頁63。嘉慶二十一年正月二十八日，馬慧裕奏摺。

㉙　《軍機處檔‧月摺包》，第2751箱，30包，52507號。嘉慶二十二年八月初七日，英和等奏摺。

㉚　《軍機處檔‧月摺包》，第2751箱，30包，52513號。嘉慶二十二年八月初七日，左都御史景祿等奏摺。

㉛　《上諭檔》，嘉慶二十一年正月十八日，頁103，字寄。

㉜　《欽定平定教匪紀略》，卷二九，頁7。嘉慶十八年十二月二十六日，據章煦奏。

㉝　《軍機處檔‧月摺包》，第2751箱，7包，48327號。嘉慶二十一年

七月初一日，山東巡撫陳預奏摺錄副。

⑭ 《軍機處檔・月摺包》，第2751箱，2包，47500號。嘉慶二十一年五月初十日，山東巡撫陳預奏摺錄副。

⑬ 《軍機處檔・月摺包》，第2751箱，13包，49494號。嘉慶二十一年九月二十八日，巴哈布奏摺錄副。

⑯ 《宮中檔》，第2723箱，99包，19397號。嘉慶二十年七月二十三日，湖廣總督馬慧裕等奏摺。

⑰ 《宮中檔》，第2723箱，99包，19238號。嘉慶二十年七月初五日，兩江總督百齡奏片。

⑱ 《軍機處檔・月摺包》，第2751箱，28包，52209號。嘉慶二十二年六月二十日，湖廣總督阮元等奏摺錄副。

⑲ 《宮中檔》，第2723箱，100包，19642號。嘉慶二十年八月二十二日，兩江總督百齡奏摺。

⑭ 《軍機處檔・月摺包》，第2751箱，5包，47984號。嘉慶二十一年六月十四日，兩江總督百齡奏摺錄副。

⑭ 《軍機處檔・月摺包》，第2751箱，6包，48194號。嘉慶二十一年閏六月二十三日，刑部尚書崇錄奏摺。

⑭ 《上諭檔》（臺北，國立故宮博物院），嘉慶二十一年正月二十五日，諭旨。

⑭ 《上諭檔》，嘉慶二十一年九月二十八日，字寄。

⑭ 《軍機處檔・月摺包》，第2751箱，19包，50682號。嘉慶二十二年二月十五日，河南巡撫文寧奏摺錄副。

⑭ 《上諭檔》，嘉慶二十一年十二月十一日，內閣奉上諭。

⑭ 《軍機處檔・月摺包》，第2751箱，11包，49151號。嘉慶二十一年八月二十七日，咒語清單。

⑭ 《軍機處檔・月摺包》，第2751箱，13包，49509號。孟見順供詞。

⑭ 《軍機處檔・月摺包》，第2751箱，13包，49509號。侯岡玉供詞。

⑭ 《軍機處檔・月摺包》，第2751箱，15包，49790號。嘉慶二十一年十一月二十七日，山西巡撫衡齡奏摺錄副。

⑮ 《宮中檔》，第2723箱，91包，16934號。嘉慶十九年十一月十八日，山東巡撫陳預奏摺。

⑮ 章佳容安輯《那文毅公初任直隸總督奏議》（臺北，文海出版社，近代中國史料叢刊第二十一輯），卷三八，頁73。嘉慶二十年九月初三日，那彥成奏摺。

⑮ 《軍機處檔・月摺包》，第2751箱，1包，47235號。嘉慶二十一年四月二十三日，英和奏摺錄副。

⑮ 《那文毅公初任直隸總督奏議》，卷四〇，頁3。嘉慶二十年五月二十五日，那彥成奏摺。

⑮ 《那文毅公初任直隸總督奏議》，卷四〇，頁31。

⑮ 《宮中檔》，第2723箱，97包，18583號。嘉慶二十年五月初七日，那彥成奏摺。

⑮ 《那文毅公初任直隸總督奏議》，卷四二，頁9。嘉慶二十年十一月初三日，那彥成奏摺。

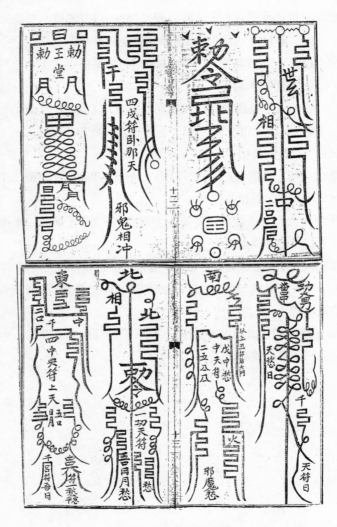

靈符《五公末劫經》

第六章　清朝後期民間秘密宗教的發展

第一節　八卦教系統的教案

　　嘉慶年間盛行的教派，到了道光年間（1821-1850），仍然繼續活動，教案頻繁，其中八卦教及其支派，勢力尤大。狄珍是山東蘭山縣人，他曾拜劉功之徒孫起洛爲師，傳習離卦教。嘉慶十八年（1813），狄珍被捕後被監斃。狄玢是狄珍的堂兄弟，他曾收李克昌等人爲徒，傳習離卦教。道光三年（1823），狄玢犯案被正法，狄玢之子狄文奎畏罪潛逃，不敢回籍，改從張姓，寄居江蘇邳州，拜直隸清河縣人解老松爲師，學習採清換濁功夫。解老松身故後，其兄解冰祥帶同狄文奎至教首尹老須家，送錢入教。狄玢之徒李克昌等人先後拜尹老須爲師，仍習離卦教。道光六年（1826），狄珍之子狄漢符拜謝老聞之徒清河縣人王得功爲師，學習運氣功夫。其後狄文奎、狄漢符分別帶領山東蘭山、嶧縣、江蘇邳州等處信衆，約計二千人，俱歸入尹老須教內。

　　李芳春是山東鄆城縣人，他曾於嘉慶年間拜直隸清河縣離卦教總當家劉功爲師，傳習離卦教，學習一起功夫，念誦「眞空家鄉，無生父母」及「耳爲東方甲乙木」等咒語。每日向東南西三方朝太陽磕頭，閉目運氣，舌抵上齒，一起一落，稱爲一起功夫。道光三年（1823），劉功已因犯案被捕身故，李芳春自稱是彌勒佛轉世，託言劉功遺命，接充教首，繼續傳徒，並將原來所傳

一起功夫加爲二起。道光十四年（1834），山東鄆城縣人劉亭吉等人拜李芳春爲師。同縣李維寅等人則拜劉亭吉爲師，學習坐功運氣。劉亭吉傳徒時，傳授閉目運氣，舌抵上齒，三起三落，稱爲三才全備①。教中分爲文武二教：文教念咒運氣，聲稱功夫深透，可以見到無生老母；武教演練拳棒技藝。文武二教輾轉傳徒，信衆與日俱增，俱以李芳春爲總師傅，致送根基錢②。李芳春見信衆日增，於是編造「細雨紛紛不見天」等讖語，指稱戊寅年間必有劫數，善男信女掛名上供，就可以避劫免災，於是令劉亭吉等輾轉宣傳。道光十六年（1836），李芳春犯案被捕③。

尹老須因信徒衆多，斂錢致富，於是令其子尹明仁報捐州同職銜，並爲尹老須捐請六品封典，並陸續置買田宅，設立舖業，由於教務興旺，乃附會劉功遺言日後有南陽佛出世倡興離卦教之說，而自稱爲南陽佛。因尹老須耳內原有長毫，於是添捏臂有龍紋，以爲生有異相之徵。其後陸續建蓋房屋兩所，計一百餘間，西所爲住宅，東所留作接待教徒之所，取經卷內「收找元人歸家認母」之義，將正廳命名爲收元廳，而統稱其寺爲飛龍寺。其後又起意商同謝老聞編造無生老母與先天爺要隨時考察衆人功夫，增添福力等神諭，而創立大場、小場、朝考、均正、巡香等名目，屆期各做功夫，預備考察。又商令教內蕭滋、田幅榮等假充明眼，作爲閉目出神，上天問話的超自然能力，聲稱加福，以出錢多寡，定其加福等次。同時由蕭滋編造將有劫數的謠言，欲使民衆心生恐懼，藉以出錢祈福。尹老須又令謝老聞書寫傳單，載明某年應有黑風劫，某年應有臭風劫，屆時即有妖獸食人等語，並令韓老吉將傳單轉送各處信衆，教中信衆遂紛紛出錢數千至數十千文，或銀數兩至數十兩不等。尹老須又念及教中人散在各處，恐日久分離，不能始終聯絡，而捏稱八卦本是文王所定，尹老須就是文

王轉世，所以充當離卦教首，其長子尹明仁是武王轉世，韓老吉幫輔傳教，年近八旬，是太公轉世，囑令蕭滋於出神上天時假裝先天言語，以服眾心。道光十二年（1832），軍機大臣等會審王法中教案時，從閻老得等人口供中究出尹老須習教傳徒，尹老須、韓老吉等被拏獲解交刑部。同年五月，經軍機大臣等審訊後指出，「八卦教林清謀逆於前，馬進忠滋事於後，該犯尹老須係著名離卦教首劉功之後，習念眞空家鄉，無生父母咒語，已難保非逆案倖免之人，且同教多至數千，蔓延已及三省，既經創朝考等場，假託文王轉世，逆情顯露。」④但是，尹老須堅稱與林清並非同卦，馬進忠亦非同股，均素不往來，並無糾眾謀逆情事。軍機大臣曹振鏞等原奏奉諭旨云：

> 此案尹老須即尹資源，接管劉功離卦教，自稱南陽佛，創立朝考等場，黑風等劫名目，神奇其說，煽惑至數千人之多，勾結至三省之遠，狂悖已極，尹老須即尹資源著即凌遲處死，仍傳首犯事地方，以昭炯戒。尹明仁聽從伊父習教多年，實屬世濟其惡，尹明仁著即處斬。韓老吉、蕭滋依擬應斬，著監候入於本年朝審情實辦理⑤。

馬進忠及其嗣父馬萬良是山東臨清人，傳習乾卦教，馬進忠曾赴天津收張學恕等人為徒。教中訂於道光三年（1823）十二月十五日起事，先搶臨清、清河等州縣，糾人編號，派捐米石。但在未起事前，就已被查拏，先後拏獲教犯三百餘名。

　　山東城武縣人闞夢祥、沈相等人先於嘉慶八年（1803）拜教首張景文為師傳習離卦教。張景文教以每日早晚三時朝太陽磕頭吸氣，口念「眞空家鄉，無生父母」八字眞言及「東方甲乙木」等咒語，並學習拳棒。每年三、九兩月，張景文邀集徒眾各做會一次，每人給張景文香供錢二、三百文不等。闞夢祥被捕後供稱，

同教中有僅止念咒運氣學習拳棒者，有兼用陰陽針爲人治病祛邪，乘機誘人入教者⑥。嘉慶十八年（1813）八月間，張景文因聽從震卦教首徐安幗等糾邀起事被獲正法，闞夢祥等畏懼逃赴各處躲避。道光十四年（1834）正月間，闞夢祥以事隔年遠，潛回原籍，因貧難度，起意復興離卦教，聚衆斂錢。道光十八年（1838）六月間，闞夢祥等七十餘人先後被捕。

　　山東濰縣、安丘縣是坎卦教盛行的地區之一，道光年間所破獲的添柱教，就是由坎卦教衍化而來的一個教派。道光六年（1826），安丘縣人劉杰拜馬俊爲師，傳習坎卦教。道光十五年（1835）春間，劉杰回家，因縣境瘟疫盛行，於是起意借治病爲由，復興坎卦教，以便惑衆斂錢，有濰縣人劉日漋等人先後入教。同年八月間，馬剛聽信劉日漋的勸說，拜師入教，學習坎卦教，念誦「眞空家鄉，無生父母」及「現在如來，彌勒我主」等咒語，每日念誦。並於吃飯喝水時口念「供飯全桌，叩請聖衆」等咒語。馬剛拜師後，即致送劉日漋栽根錢七十二文。道光十六年（1836）五月間，劉杰以馬剛口齒伶俐，即收馬剛爲義子，將教務交給馬剛掌管，教中推馬剛爲總教頭。馬剛以坎卦教容易犯案，人多不信，於是將坎卦教改爲添柱教，栽根錢仍是每人七十二文，女人入教，給栽根錢四十八文，春秋上供，各一、二百文不等，其信衆共有二百多人。教中以劉杰女劉金妮爲女教頭。教中捏稱，劉金妮是織女星下凡，馬剛是白虎星下凡，他見過無生老母，並稱上年瘟疫盛行，將來收成更壞，同遭劫運，凡信從入教者，就可以冤災，從此以後，教中人信奉日篤，多行善事。道光十六年（1836）十一月，劉金妮宣稱，馬剛相貌體面，屢有夢兆，將來富貴非常。馬剛心生妄念，起意邀約劉杰等聚衆起事。訂期於道光十七年（1837）二月間起事。但在是年正月初

七日，馬剛已被訪拏，劉杰提前於正月初八日晨倉猝糾衆起事，進城戕官，謀佔縣城，失敗後被捕教犯共一百五十餘名⑦。

根化教與艮卦教有密切關係，山東即墨等州縣有縣民魯文燦、郭廷臻等人於道光二、三年至五年間先後拜夏均、徐洪彩、郭日從爲師，傳習根化教，魯文燦又轉收魯明容爲徒。道光八年（1828），郭廷臻等人被拏獲，擬徒發配，限滿釋回，魯文燦在逃未獲。道光十二年（1832）秋間，魯文燦與郭安林聞知案結潛回，聲稱習教可以修福，因根化教既已破案，恐人指告，而將根化教改名爲艮卦教，信衆拜郭安林爲師，仍照根化教舊規，每逢朔望早午晚三時向太陽焚香磕頭，默念「幸生中國，得遇眞傳」等咒語，每年九月，各出京錢四、五十文送交郭安林赴高密縣夏莊黿神廟燒香一次。道光十三年（1833）春間，郭安林病故，魯文燦接管教務。道光十七年（1837）五月間，魯文燦等人被訪獲⑧。

一炷香教自明末清初以來輾轉流傳，不僅支派不一，其教派也是名目繁多。道光年間，直隸總督琦善查辦永年縣人宋庭玉等傳習添地會一案，供出添地會是從順治年間山東商河縣人董姓倡始，輾轉流傳，支派不一。在清河、南宮二縣破獲如意門教，拏獲戴洛占即戴老占等十七人，起出紙摺一扣，內書「山東老師傅董吉升，字四海，生於前明，住居商河縣董家林村地方，傳徒李秀眞、劉緒武、張錫玉、黃小業、楊念齊、劉新還、石瀧池、馬開山等，分爲八支」等字樣⑨，所起出的紙摺，教中稱爲「排頭記」⑩董四海，又作董士海，傳習一炷香教，教中舊規，每逢三月初三、六月初六、九月初九等日，聚集徒衆念經做會，每飯必須兩手上拱。教中相傳共分八支：長支是李秀眞，第二支是劉緒武，第三支是張錫玉，第四支是黃小業，第五支是楊念齊，第六

支是劉新還，第七支是石瀧池，第八支是馬開山。清河縣人戴洛
占是第三支張錫玉傳派，稱爲如意門教。南宮縣人楊姓也是張錫
玉傳派，稱爲一炷香五葷教。交河縣人劉盛和所習一炷香教，故
城縣人張路安所傳添門教即老天門教，都是第七支石瀧池傳派⑪。

　　董四海的墳塋在商河縣董家村附近，村民稱其墳爲神仙墳，
每逢三月、八月，遠近爭往禮拜。董四海五世孫董志道於乾隆五
十二年（1787）傳教犯案。至七世孫董壇，又作董坦，號平心，
傳習一炷香教已閱時二百餘年。除董四海子孫世代踵習外，其餘
各姓支派繁衍不一，其中永年縣宋得保、南和縣劉東住、雞澤縣
李際沅、邯鄲縣張桂淋等，或從事農耕，或傭趁度日，同時又傳
習一炷香教。因清朝政府查拏嚴緊，宋得保將所藏經卷圖像燒燬，
只用黃紙書寫「天地三界十方萬靈眞宰」牌位，在家供奉，治病
時即令病人在牌位前燒香磕頭，宋得保口念「敬天地全憑一炷香，
勸人行好敬上蒼，能了諸般雜病，不用良醫外邊方」等語，代爲
祝讚，收受香錢，自數文至數十文不等。俟病痊後，須至宋得保
家上供還願，並藉此引人拜師入教。道光十六年（1836）正月，
宋得保之子宋庭玉、董四海七世孫董壇等多人被拏獲。因一炷香
教供奉的牌位有「天地三界」等字樣，所以稱爲「天地會」，清
代文書作「添地會」⑫。但盛行於直隸的添地會或天地會，是教
派名稱，並非盛行於南方的會黨，性質不同。

　　直隸、山東所屬州縣，一炷香教案，屢有破壞。嘉慶初年，
直隸廣平府邯鄲縣西鄉戶村地方有龜台寺，戶村民人李如芝，山
東禹城縣人馮萬思等在戶村共習一炷香教，此教派又名如意教。
在龜台寺院中用磚壘起高方約二尺的天地台，逢朔望燒香跪拜，
口念「敬重天地，孝順父母」及「倚天靠天，爲善報天」等咒語，
宣稱燒香念咒，可以卻病消災。其後，馮萬思將教務傳給族姪馮

珍及河南人賈寶玉等，李如芝則傳給其子李士貴。馮萬思病故後，
馮珍前往齊河縣三教堂，賈寶玉前往龜台寺，各充道士。李如芝
身故後，其子李士貴接管教務，有同縣人宿登科等因病隨從李士
貴燒香。嘉慶十年（1805），山東禹城縣人馮大坤因母病，往
邀馮珍燒香治痊，馮大坤即拜馮珍為師，與齊河縣人鄭林等一同
習教。嘉慶十六年（1811），因賈寶玉患病，龜台寺無人住持，
邯鄲縣人李國輔遣其子李讓訪邀馮大坤前往住持。宿登科等人亦
因病邀請馮大坤至家燒香，並拜馮大坤為師。後因李國輔等不甚
信服，馮大坤仍返回齊河縣三教堂。嘉慶十八年（1813）秋間，
因河南滑縣教案，兵役查拏嚴緊，馮大坤即返回原籍禹城縣，停
止傳教。道光五年（1825）三月間，李士貴等以事隔多年，起
意復興一炷香如意教，由尹祥經理教務，即在寺內設立天地台，
每日燒香跪拜，將勸善好語編成歌詞，用魚鼓、剪板相唱，勸人
修行，宣稱如入一炷香如意教，一生可免災患，有病之人，跪香
即可除病，善男信女偶遇患病痊癒，即指為跪香功效，於是相繼
入教⑬。

　　嘉慶年間，直隸南宮縣人王金玉傳習一炷香教，其子王紅眼
隨同習教，道光年間被取締。教中每逢朔望焚香一炷，口誦「敬
天地，孝父母，尊敬長上，和睦鄉里，吃屈忍耐，戒去殺禍」等
語，祈求消災獲福。王金玉傳徒南宮縣人張建明、獻縣人于三、
臧三等人。于三轉傳苑洛廣，臧三轉傳獻縣人王景敘，交河縣人
張太昌等人。各信眾俱至王金玉家焚香禮拜，並稱王金玉為當家。
王金玉身故後，同教奉王紅眼為當家。直隸灤州人闞希令流寓吉
林，其胞兄闞希孟在黑龍江經營生理。道光七年（1827），闞
希令因病求醫，適有其親戚熊庭雲前往探望，告知曾拜南宮縣人
陳恭為師，傳習一炷香如意教，倘若拜師入教，病可痊癒。闞希

令隨拜熊庭雲為師，學習點香叩頭，口念「南方離卦透天真人郜老爺」名號，說「替真人傳道，勸人學好」等語，抄寫咒語記誦，又教給運氣法門，病遂漸痊。其後熊庭雲又傳寧遠州人徐凡等人為徒，闞希令則收撫寧人崔惠民、臨榆縣人李俊傑、旗人董成有等為徒，學習坐功運氣，按三月初三、七月十五、九月初九、十月十五等日做會，燒香念咒。道光十三年（1833）四月間，闞希令等人被拏獲，起出符鎮書、抄單咒語數十紙，內有「真空」、「無生」等字樣。同年五月，陳恭在遼陽州臥子屯李國發家中被拏獲。他供出曾拜房山縣觀音堂道士高彥真為師，傳授一炷香如意教，念八仙咒給人治病⑭。陳恭原名陳恭玉，嘉慶元年（1796），他拜道士高彥真為師時，所傳習的是三元教，後來改稱一炷香教，又稱一炷香如意教。其後往來於廣平、房山、灤州、山東、奉天、遼陽等地。

　　山東高唐、東河、新城、長山、鄒平、齊東、高苑等州縣，查出一炷香教案多起。高唐州人吳興旺等人拜郭連中為師，學習一炷香教，東河縣人張明夫拜其父張成義為師，學習一炷香教，跪誦歌詞，冀圖消災療病⑮。新城縣人史傳通族叔史復廣於嘉慶年間傳習一炷香教，每日燒短香一炷，朝北磕頭求福。史復廣身故後，家中無人傳習。道光十一年（1831）九月間，其族姪史傳通因年老多病，於是踵習前教，希圖邀福消災，並編造「雙膝跪下一蒲團」等句歌詞，先後收史傳縉等六人為徒。史傳縉轉收郭成得等人為徒。有村民何立功等人因患病入教燒香磕頭，以期邀福消災。道光十六年（1836）四月間，縣民王禮見素識的劉復保家中藏有《混元經》、《太山經》等經各一部，內有飄高老祖名號，查問其來源。劉復保告知其父曾充泰山廟道士，因而有此經，王禮即借去閱看收藏。道光十七年（1837）二月間，王

禮等人在村中觀音廟設壇念誦《混元經》、《太山經》等經文語句，希圖斂錢使用。有村民劉得林因子患病，即邀王禮念經禳災，供給飯食⑯。一炷香教或一炷香如意教的活動，主要是燒香磕頭，念誦經文歌詞，祈求邀福禳災，教中所念歌詞含有「南方離卦透天眞人郜老爺」及「飄高老祖」等名號。

　　就嘉慶、道光年間而言，大乘教與離卦教，關係密切，教中因官府查禁離卦教，信衆遂有將離卦教改稱大乘教者，大乘教信衆亦有皈依離卦教者。例如直隸鉅鹿縣人孫維儉先入離卦教，嘉慶十六年（1811），孫維儉將所習離卦教改稱大乘教，募款修茸尼山祠宇。他犯案後供出同教姓名多人，包括：直隸鉅鹿縣人蕭老尤、李如陵，南宮縣人張書興，南和縣人閻老得等人，孫維儉是大教首，擬絞正法。李如陵、閻老得爲二教首，擬軍。蕭老尤、張書興等人具結改悔，免其治罪。後來因逢嘉慶二十五年（1820）八月二十七日大赦，李如陵等釋回⑰。直隸隆平縣人頡老毛，先拜任縣人盧發科爲師，入大乘教。道光元年（1821），頡老毛經南和縣人孔繼善、唐山縣人樊老明引進，拜井陘縣人杜玉爲師，改入離卦教，經杜玉傳授採清換濁功夫⑱。道光三年（1823），蕭老尤充當縣衙胥役，李如陵充當代書，兩人起意復興大乘教，因恐民衆不見信，於是編造敕寶張貼揭帖，在直隸鉅鹿、唐山、南和、南宮等縣輾轉傳教⑲。河南涉縣人申老敘傳習白陽教，念誦《十字經》。直隸南和縣人閻老得先入孫維儉的大乘教，犯案擬軍，道光二年（1822），釋回原籍，後來又入申老敘的白陽教。此外，隆平縣人李老欣、任縣人趙順青、鉅鹿縣人張老慶、新城縣人劉繼昌等也先後入了白陽教⑳。

　　山東平原縣人孫之枚，向來傳習大乘教，教中勸人信奉閻王，聲稱念經拜懺，可以獲福。孫之枚藏有經卷一箱，《護道榜文》

一冊，傳給其子孫世儒、孫沂勳，並收趙法爲徒。孫沂勳傳子孫
烺，孫烺傳孫立修，孫立修轉傳孫文治等人。道光二年（1822），
孫文治與趙世明等人商同立會，因教中信奉閻王，而且各寺廟多
塑有十殿閻王泥像，所以取名十王會，議定由孫士坡、孫嘉謨等
二十人輪流充當會首，每月擇日念經拜懺一次。附近居民情願參
加做會，或有疾病喪事，延請懺悔追荐時，則任聽酌給香資錢數
百文。其後有孫天均等三十三人，或因父母已故，或因妻女疾病，
先後延請孫文治等念經拜懺一次。孫文治等人所念經卷，都是僧
道常念的經卷。孫文枚被捕後，在他家起出經箱，內含《皇極金
丹經》抄本，《龍華經》及《護道榜文》等經卷。山東巡撫琦善
具摺指出，各種經卷，「鄙俚荒誕，尚無違悖語句。」㉑直隸鉅
鹿縣人孟老藏即孟桂、宋連捷因教案被捕，大赦釋回後，又於道
光九年（1829）拜盧思文爲師，入大乘教。盧思文傳授坐功運
氣的方法，稱爲「性命雙修一字功夫」，同時念誦阿彌陀佛，相
信可以卻病消災㉒，道光十二年（1832），被官府取締，孟老藏
等人被拏獲。

　　江西地區傳習的三乘教，就是大乘教，也是羅祖教的分支。
嘉慶二十二年（1817）五月間，江西興國縣人王上村在贛縣地
方與贛縣人馬行情相遇，述及向習王幗山所傳三乘教即大乘教，
因三乘教起自羅姓，所以總名羅祖教，敬奉普賢菩薩，以「普」
字派名，勸令王上村等入教喫齋念經，藉以祈福延壽。王上村等
隨拜馬行情爲師，馬行情傳授教法，自一步至十二步：第一步名
爲皈依，僅止喫齋；二步名爲大神，是保佑疾病；三步名爲傳經，
學習經卷，並念誦「一心心向念彌陀，莫把流落下界務，專心長
念菩提詠，翻身跳出死生」四句口訣。王上村等人俱已學至三步
功夫，王上村派名「普止」。教中寶卷除五部六冊外，又有《意

旨了然集》三本，《護道榜文》一本㉓。

「在理」一詞，原本是白陽教及離卦教的暗號，後來衍化成為民間新興教派的名稱。嘉慶十九年（1814），山東濟南府平原縣人周添明拜夏津縣人郭都成為師，學習白陽教，郭都成令周添明燒香三炷，供茶三鍾，朝天磕頭立誓，並傳授坐功運氣的方法，鼻內收氣，口內出氣，採清換濁，相信日久便能清氣上昇，濁氣下降，靈光便能出頂。又傳授「耳為東方甲乙木，眼為南方丙丁火，鼻為西方庚辛金，口為北方壬癸水」等句咒語，每日兩手抱胸，盤膝打坐運氣二、三次，並默念「真空家鄉，無生父母」八字口訣，久之成功，自能免病避難。教中宣揚三世佛思想，並有「在理」二字暗號，遇人提「在理」二字，便知是同教中人㉔。

張廣發、張廣財兄弟是山西潞安府人，嘉慶十八年（1813），天理教起事失敗後，張廣發兄弟潛至北京崇文門外四條胡同路北開設廣發字號綢緞雜貨局，以充生意人，暗中傳習白蓮教，家中藏有紅沙經卷二箱，白銅教主一尊，黃緞帥旗八杆，每日五更念誦梭羅咒語及「真空家鄉，無生父母」八字真言，教中暗號為「在理」二字。張廣發暗中先後傳徒五百餘名，教中頭目以「發財利事有分坐主」命名，分為八卦：乾卦頭目為張廣發；坤卦頭目為張廣財，乾、坤二卦節制直隸京師；艮卦頭目為張廣利，節制盛京；坎卦頭目為張廣事，節制湖南；震卦頭目為張廣有，節制安徽；離卦頭目為張廣分，節制陝西；巽卦頭目為張廣坐，節制廣東；兌卦頭目為張廣主，節制河南，俱按八卦節制七省，各羈一方。張廣發知會各省教首定期進京起事。道光十四年（1834）八月，張廣發等被人揭告破獲各要犯㉕。張廣發等所傳白蓮教，既分為八卦，其實就是八卦教。「在理」二字，最初就是八卦教內部信眾所使用的暗號。

　　山東滕縣人李成文之叔祖李平，向習離卦教，曾拜江蘇蕭縣人呂姓爲師。教中傳授坐功運氣，鼻內出氣，口內收氣，早向東方，午向南方，晚向西方，一日三次朝太陽磕頭。相信誦念經咒之後，來生可得好處，如遇同教之人，以「在理」二字爲口號。入教以後，其師即送給弟子紙糊油漆盤一個。盤分三等：盤內畫太極圖者爲下等；來生可得人身；盤內畫太極圖及蝴蝶花草者爲中等，來生可得溫飽；盤內畫太極圖及龍虎者爲上等，來生可以富貴。此外又給徒弟紅布對聯，書寫「天道呼吸傳天下，龍子龍孫進龍棚」字樣。教中相信若將離卦教遍傳天下，子孫便可發達。其中李成文、孔廣仲等人都是得盤弟子。道光七年（1827）十二月，李成文等三十三名被捕，搜出經卷書籍，在抄本經卷內有「眞空家鄉，無生父母」等字句㉖。教中的暗號「在理」，後來成了教派名稱。

　　好話教是由八卦教衍化而來，嘉慶十七年（1812），有離卦教教首楊遇山到直隸雞澤縣內賣藥，縣民郭青雲因父親患病，邀請楊遇山醫治痊癒。楊遇山告知傳習離卦教，勸誘郭青雲入教，郭青雲即拜楊遇山爲師。同年十月間，郭青雲之父，舊病復發，另延劉汶明醫治痊癒，郭青雲又拜劉汶明爲師。劉汶明授以坐功運氣之法及好話數句。直隸永平縣人劉興玉同族劉存信拜楊遇山爲師，學習離卦教。嘉慶十八年（1813）二、三月間，劉興玉拜劉存信爲師，學習坐功運氣及好話㉗。道光十九年（1839），郭青雲、劉興玉等犯案被捕，教中的「好話」，後來也成了教派名稱。

　　道光年間，三陽教的信徒，分佈頗廣，其中紅陽教、白陽教案件，更是層出不窮，直隸南皮、文安、永清等縣，紅陽教頗爲盛行。道光五年（1825），查獲紅陽教案件，拏獲教犯李可學

等人。李可學又名李進學，是南皮縣人，嘉慶三年（1798），李可學因病拜同村紅陽教首張成位為師，入紅陽教，學習焚香治病，每年正月、十月兩次在張成位家做會，供奉飄高老祖，諷誦《地藏經》，唱說好話。赴會之人，各給京錢一、二百文不等，名為如意錢，備辦齋供。嘉慶十五年（1810），張成位身故，李可學停止做會。嘉慶二十四年（1819），李可學因原籍住屋出售，無處棲身，即在霸州等處傭工。道光三年（1823）正月間，李可學至永清縣，與習教的于三道會遇，講論三皈五戒，彼此稱為道友㉘。李可學後來替劉喜祖母張氏焚香供茶，醫治眼疾㉙。

辛存仁，原籍直隸，移居伯都諾廳屬葦子溝屯。嘉慶十七年（1812），辛存仁之母牟氏患病，適有三道嶺真武廟住持僧王慶環，法名廣慶，遊方至辛存仁門首化緣，因天晚留宿。辛存仁將其母時常患病，應如何醫治之處，向王慶環查詢。王慶環因信奉紅陽教，於是告以供奉飄高老祖，學習紅陽教《九蓮經》，並用黃紙寫立「無生老父，無生老母」牌位，虔誠供奉，日久便能以無中生有，有中消無，混元一氣，其母之病，即可痊癒。辛存仁聽信，即拜王慶環為師，入紅陽教。王慶環留給辛存仁「秉教沙門」篆體木印一顆，《報恩經》二本，《九蓮經》、《掃心經》、《明宗卷》、《達本還元經》、《護道榜文》各一本，俱於牌位前供奉，每月初一、十五等日，燒香十二炷，誦讀經卷，並傳授打坐三回九轉運氣功夫咒語。嘉慶十八年（1813），王慶環先後傳徒于成功、陳立功等人，並將《苦功悟道經》等寶卷傳給他們。是年秋間，因官府嚴查「邪教」，辛存仁將原寫牌位撕燬，改供釋迦、如來等佛，照常燒香誦經。嘉慶二十年（1815），王慶環病故。道光四年（1824），辛存仁陸續傳徒張幅等十三

人。道光六年（1826）十二月，辛存仁等被訪拏㉚。張幅因自幼雙眼失明，所以學算命，並將所記成方改用替人醫治病症。嘉慶二十一年（1816），張幅與素識的瞽目人張甫明合夥，為人治病，租地搭棚居住，後因病人痊癒者與日俱增，民間遂相傳有二仙洞綽號。道光元年（1821）六月，張甫明病故。道光四年（1824），張幅拜辛存仁為師，將辛存仁所給經卷燒香誦讀。張幅被捕後，吉林將軍富俊將起出經卷逐一查閱後指出，《九蓮經》內「無生老父、無生老母」已屬違禁，其《護道榜文》尤為荒誕。

直隸宛平縣人孟六、彭會、康四、龐五等人，都住在廣安門外。嘉慶九年（1804），孟六同妻楊氏，龐五同妻劉氏及彭會、康四本人，都拜同住一村的孟家庄谷老為師，皈依紅陽教。谷老家供有飄高老祖圖像，每年五月十七日、九月十七日，孟六等信衆各出京錢一百餘文送交谷老燒香上供喫齋，念誦《源流經》、《明心懺》等經卷。孟六、彭會、康四都出外為人治病，念誦「求佛祖看病下藥」等語，其治病方法是用茶葉、花椒等物給人煎服，並供奉飄高老祖。嘉慶十八年（1813），天理教起事後，查緝嚴厲，谷老即將經卷燒燬，所剩經卷二本，被信徒龐五取去，谷老僅將飄高老祖圖像供奉家中，每年仍拜會二次。孟六先後替深州民婦李張氏、宛平縣民婦孟傅氏及王龐氏之姑治病痊癒，李張氏等人即拜孟六為師，皈依紅陽教。道光九年（1829），谷老患病沉重，將飄高老祖圖像交給孟六供奉，繼續傳習紅陽教。道光十二年（1832）正月，孟六等人被步軍統領衙門訪獲㉛，交由軍機大臣會同刑部審訊，依照傳習紅陽教供有飄高老祖及拜師授徒者發烏魯木齊為奴例擬結。

直隸大興縣人周大即周應麒，種地度日，莊民王二樓是紅陽教的教首，周應麒自幼隨從王二樓傳習紅陽教，在廟內念經拜壇。

嘉慶二十三年（1818），王二樓病故，由周應麒接充教首，有同莊道人謝八等多人隨從入教。莊中有菩薩廟，由謝八看管，每逢正月十四、十五、十六等日，周應麒與戴雲隴等在菩薩廟前殿念誦《源流經》；二月十九日，念誦《菩薩送嬰兒經》；五月十三日、六月二十四日、十二月初八日，念誦《伏魔經》。其用意不外是爲同莊人祈福消災。所念經卷，由周應麒交給謝八收藏菩薩廟內，每屆念經之期，有李十兒等人到廟內燒香磕頭，助給京錢數十文至一、二百文，或麥子、高粱一斗數升不等，作爲廟內香火及念經時飯食開支，餘剩錢文，則置辦廟內器具，遇有人家喪事，周應麒等人即前往念經，教中遂稱周應麒等爲紅陽道人。念經結束後，周應麒即囑令蘇太等十人在廟內後殿望空向少林十祖師磕頭，學習少林拳法。教中李國梁素擅針灸爲人治病，並能畫符，遇有病人，即用香頭在黃紙上畫黑道數行，燒化水中，給病人飲服。周應麒被捕後，於道光十二年（1832）二月初八日經軍機大臣等從重照例問擬，發邊遠充軍㉜。

　　直隸玉田、薊州、寶坻等州縣，紅陽教頗爲盛行。玉田縣紅陽教的教首董文魁，平日茹素誦經，以求消災邀福，並藉授茶看香占病，以收徒傳教。嘉慶年間，玉田縣民人劉起旺等，或務農度日，或靠手藝爲生，他們或因本人生病，或因親屬患病，曾邀董文魁醫治，病癒後即拜董文魁爲師，入紅陽教。董文魁授茶治病的方法是用茶葉一撮，燒香供於桌上，跪誦眞言「虛空藥王到壇中，童子來下藥，急急落茶中」等句，誦畢，將茶葉在香上燻燒數轉，令病人用薑煎服。董文魁又將《紅陽混元經》、《隨堂經》、《玉華經》等項經卷，交由劉起旺收藏，並告教中舊規，每年聚會三次：三月初二日爲蟠桃會；六月初六日爲晾經會；十一月十五日爲收源會。每次做會都懸掛飄高老祖圖像，供奉素茶，

敲擊銅磬、木魚，環跪諷經。玉田縣人王進和自幼多病喫齋，自
從入紅陽教後，亦以授茶看香爲人治病。道光四年（1824）冬
間，王進和因無生業，憶及其故祖曾赴奉天、開原地方貿易，與
當地民人張學孔交好，即往開原找尋張學孔覓主傭工。道光七年
（1827）四月，仍回玉田縣，在收荒攤上買得醫家集驗成方及
畫符治病書籍。王進和因在原籍玉田縣無人見信，又值歲歉，乃
於道光十二年（1832）十月間攜帶醫書符書及《紅陽經》等項
前往奉天，先後爲開原、昌圖廳人李黎氏、趙玉夫婦等療治疾病。
其治病方法，或令病人服方藥，或令病人飲符水，或爲病人看香
占禱，其目的都是爲了消災邀福㉝。

　　道光年間，直隸大興縣出現紅陽大乘會。張幗祥是大興縣人，
在廣渠門外波落營地方居住。道光十八年（1838）二月間，他
到左營廣渠汛，向守備張雲慶呈告其堂弟張幗治等傳習「邪教」。
據張幗祥供稱，其堂叔張洪山在日時，在家中供有飄高老祖紙像。
嘉慶十八年（1813）以後，張洪山將紙像燒化。張洪山身故後，
其子張幗治、張幗安時常寅夜做功，傳習「邪教」，稱爲紅陽大
乘會，於正月初六日燒香上供，又名開元會，每月十六日，燒香
上供，背念祖經，教中稱張幗治爲老師傅，連他母親張常氏都要
給他磕頭㉞。

　　道光年間，山東、直隸、河南等省白陽教案，屢有破獲。據
署理山東巡撫琦善具摺指出，白陽教案是始自乾隆六十年（
1795）河間縣民劉恭即劉大武。縣民王志德、王志善、孫善恭、
張老欽等先後拜劉恭爲師，入白陽教。後來，王志德傳徒王好智，
孫善恭傳徒牟士學，牟士學傳徒郭文學，郭文學傳徒劉幅貴，劉
幅貴傳徒王登信，王登信傳徒郭都成。郭都成是夏津縣人，嘉慶
十九年（1814），平原縣人周添明拜郭都成爲師學習白陽教。

郭都成令周添明燒香三炷，供茶三鍾，朝天磕頭立誓，並教令坐
功運氣，鼻內收氣，口內出氣，採清換濁，日久清氣上升，濁氣
下降，靈光便能出頂。又傳授「耳為東方甲乙木，眼為南方丙丁
火，鼻為西方庚辛金，口為北方壬癸水，戒了在西南北處，養中
央戊己土」等句咒語，每日兩手抱胸盤膝打坐，運氣二、三次，
並默念「真空家鄉，無生父母」八字口訣，久之功成，自能免病
避難，並稱過去是青陽，現在是紅陽，未來是白陽。教中稱師父
為當家，稱老師父為總當家。又有「在理」二字暗號，遇人提「
在理」二字而答應者，即知是同教中人。道光二年（1822）冬
間，周添明因貧難度，起意傳徒斂錢。因白陽教屢次犯案，人皆
畏懼，隨即變換名目，改為一字門教，並將「真空家鄉，無生父
母」口訣刪去，又將「在理」二字改為「學好」，勸人入教，先
後收荊其虎等十一人為徒，荊其虎等輾轉傳徒，各自在家運氣習
咒，惟遇立春、立夏、立秋、立冬之日，俱在荊其虎家會齊打坐
運氣。道光三年（1823）十一月，周添明等被捕。

　　直隸獻縣人孫榮，與同縣人臧登法時相往來，臧登法堂叔臧
紹為孫榮妻兄。嘉慶四年（1799），孫榮、臧登法、趙萬有等
人拜臧紹為師，傳習白陽教。其後，孫榮轉傳獻縣人趙炳為徒，
趙炳轉收同縣戴潮鳳為徒。臧紹身故後，孫榮等繼續傳習白陽教。
嘉慶十八年（1813）天理教起事後，嚴厲查禁「邪教」，孫榮
等畏懼改悔。道光三年（1823）十月間，獻縣水災，孫榮因貧
苦難度，復起意傳教斂錢，將白陽教改為未來教，倡言過去為青
陽教，是燃燈佛；現在為紅陽教，是釋迦佛；未來為白陽教，是
彌勒佛。勸人學好修行，今生可以消災獲福，來世亦可做官發財。
因未來為白陽教，所以將「白陽教」改為未來教。教中教人念誦
「無生老母，先天老爺，未來菩薩」等句咒語，每逢朔望向空焚

香叩頭禮拜，孫榮一家三子俱一同習教。道光七年（1827）十二月，村人見孫榮來往人多，不習教的民人指出，孫榮將來必要鬧事，連累好人。孫榮聽聞氣氛，遂與其長子孫庭基、臧登法等商議，與其被人告發破案，不如乘勢起事，遂打造鐵鎗頭等物。又造作「老天在上父母得知弟子某人願歸白陽教保輔我主孫榮執掌江山，如有三心二意，天打雷轟」等誓語，因村民害怕有搬家的，遂傳出風聲。道光八年（1828）正月間，拏獲孫榮等八十八名，起出《十王經》等經卷㉟。

河南涉縣人申老敘，居住縣境馬步村，家中務農度日，傳習白陽教。直隸任縣人王老頭子即王法中，與同縣人趙理、隆平縣人李老欣等彼此認識。嘉慶十年（1805），申老敘常至任縣等處販賣花椒，曾向王法中談及紅陽是釋迦佛掌教，白陽是彌勒佛掌教。紅陽劫盡，白陽當興，現月光圓至十八日，若圓至二十三日，便是大劫。白陽教即圓頓教，可以避劫獲福，勸令入教。王法中等聽信，即至申老敘家拜師入教，經申老敘傳授「南無天圓太寶阿彌陀佛」等佛號，並將《榮華經》一部，未來星斗圖三張分給趙理。星斗圖中書明「南斗十二星，北斗十三星，東斗十五星，西斗十九星，中斗三十星，十八閻君星五十四祖星」等字樣。又將《未來易經》一部送給信徒趙順青，書中敘述「五祖相傳中央戊己土係王姓，東方甲乙木係張金斗，南方丙丁火係季彥文，北方壬癸水係劉姓，西方庚辛金即屬申老敘。」申老敘將《河圖洛書》加圈點，八卦增添二爻，改為十二卦，內加「興吉平安」四卦，六十四卦改為一百四十四卦，內加「用則高王江縣」等八十卦。十三時增添「紐宙唇未推酌」六時，而為十八時。九宮增添「紅鬼青」，並多一「白」字。其餘多係敘述王姓等四人悟道經過。又給信徒《家補卷》一部，內多敘入刀兵水旱瘟疫劫數等

字樣，語多不經。因王法中不識字，僅止口授經卷語句。嘉慶十九年（1814）冬間，申老敍在家病故，王法中等即推趙理爲當家，趙理轉傳次女吳趙氏入教。因吳趙氏素不識字，趙理自將申老敍所畫未來星斗，用紅紬書寫，稱爲絳龍寶，假托吳趙氏明心見性，忽能寫字，以明示神奇。吳趙氏先後收任縣人劉林善、袁勤，隆平縣人蕭老五、閆老得、張其德、王正魁，鉅鹿縣人張慶添，新城縣人謝老峰，定興縣人王沅，沙河縣人劉長青等四十餘人爲徒，其中多爲先習大乘教的信衆，例如劉林善、袁勤等人是因傳習大乘教改悔免罪的人，閆老得、謝老峰等人則因傳習大乘教擬軍援免釋回，後來又改習白陽教。吳趙氏傳徒衆多，就其徒衆籍貫分佈而言，包括直隸任縣、隆平、南和、鉅鹿、新城、定興、沙河、邯鄲、永年、平鄉、棗張、宛平、衡水、安平等縣，此外還有八旗鑲藍旗馬甲等。其中棗張縣人楊大在京師以鐵匠爲業，宛平縣人李六種荣生理，郭五也是宛平縣人，他在京師也以木匠爲業。道光三年（1823），王法中與李老欣談及趙理父女相繼病故，教中甚爲冷落，憶及吳趙氏臨死時，曾囑令往北傳徒，王法中即創爲旗門，亦即佛門，起意進京復興白陽教。後來王法中等人被拏獲解京嚴審。道光十二年（1832）四月二十日，奉旨王法中照例擬絞即行處決。唐八身係旗人，竟聽從入教，奉旨銷除旗籍，發配新疆給官兵爲奴㊱。

　　馮老條、馬萬良、吳得榮分隸直隸南和、元城、清河等縣，他們先後拜劉恭爲師，傳習白陽教。馬萬良傳徒孫亮亭、顧老孜等人。嘉慶十六年（1811），縣民韓富有因其母患病，央求孫亮亭燒香醫治，並拜孫亮亭爲師，傳習白陽教。馬進忠是馬萬良嗣子，道光元年（1821），顧振高經顧老孜引進，與李玉興先後拜馬進忠爲師。道光二年（1822），孫連科拜馮老條爲師，

都學習坐功運氣，採清換濁功夫。孫得榮曾將白陽教改為八卦教，傳至馬進忠，又改為明天教。道光三年（1823）五月，馬進忠等起意糾衆起事，失敗被捕㊲。

　　直隷地區，混元教案件，亦屢有破獲。三河縣人張景山等早年拜劉仲玉為師，入混元教，喫齋念經，並為人治病。嘉慶十七年（1812）六月，劉仲玉囑令張景山接管教務，張景山將混元老祖神像及經卷等物領回供奉，教中孫文士帶領衆人行禮，稱為領衆；孫文志經理上供香燭，稱為壇主；楊俊陳設經卷，稱為經主；段明楊約束衆人，稱為管衆；尹廷樞管教衆人喫齋，稱為調衆；陳顯旺買辦祭品，稱為供主；段龐舜催人辦供，稱為催衆。蕭呈、王國璽兩人家計充裕，每逢無力買辦祭品之人上供時，均由蕭、王兩家墊辦，稱為大乘會首，取承擔大衆之意。道光十二年（1832），三河縣混元教破案，教首張景山等人被捕，起出《泰山經》、《娘娘經》、《源流經》、《伏魔經》、《竈王經》等經卷，都是紅陽教或三陽教沿用的寶卷㊳。

　　直隷深澤縣人陳洛飛傳習混元教，乾隆末年，同村人雷洛培因患病，經陳洛飛畫茶醫治痊癒，雷洛培即拜陳洛飛為師，入混元門教，教中每月初一日做會。嘉慶年間，祁州人李丙辰因患病，經張進忠引進，拜晉州人楊盛堂為師，入混元門教，學習畫茶，每月二十四日做會。楊盛堂因年老無子，將《混元飄高祖臨凡經》、《紅陽悟道經》兩部經卷交給李丙辰收藏，李丙辰因識字無多，未能誦習。楊盛堂身故後，由張進忠接傳混元門教。深澤縣人王得玉所傳習的混元門教就是紅陽教，教中學習盤坐功夫，藉畫茶治病傳徒習教，每月十四日做會一次。王得玉身故後，由其子王洛增接管教務，仍按期在家擺供做會。教中治病的方法，是令病人跪在佛前，由王洛增向北燒香，將茶葉一撮供於桌上，用手掐

訣，代為祈禱，口念「病人左首與中間如有涼氣，俱與醫治，右邊若有涼氣，即不與醫治。」念畢，令病人將茶葉煎服。教中人見面，詢問姓名，告知真姓，必復問究何姓？答稱姓「無」，即知是同教無生老母之徒。道光十三年（1833）、十四年（1834）間，深澤縣人張洛正因自身患病，趙大有則因親屬有病，經祁州人張洛德引進，拜張進忠為師。張洛正等人因久病未痊，張進忠令其赴定州拜同教邊洛勝為師，畫茶治病，每月十六、二十四等日做會一次。道光十七年（1837），深澤縣破獲混元門教，拏獲教犯多名㊴。

敬空會又稱敬空教，其信仰較接近紅陽教。直隸朝陽門外靜意菴，原立有已故尼僧敬空銅像，其墓亦在菴後塔園，每逢夏季，附近村民各帶香資錢文赴菴燒香。直隸大興縣人李自榮、李成玉均隨同村人張二學念《泰山經》、《源流經》，田懷得學打法器。嘉慶二十年（1815），經巡視南城御史將供奉敬空遺像，念誦經卷的教犯趙啟明拏獲，送交刑部。道光元年（1821），李自榮因村人染患時疫，多有病故者，並無僧道念經追薦，於是商允田懷得、李成玉等起立敬空會，醵錢製備神像、法器等物，念誦《地藏經》、《豃口經》、《源流經》等經卷，為人薦亡，俱不索謝，並於每年正月十五、二月十九、四月初八、十月十五等日，在張字營村龍王廟內望空向故尼敬空禮拜，念誦經卷，為村人祈福，村鄰皆稱李自榮等為紅陽道人。道光十二年（1832）正月十五日，有河津營村人楊四因病癒還願，商允同時廟內道士李玉邀請李自榮等至廟念經，隨經步軍統領衙門訪獲㊵。

供奉已故僧人塑像是民間信仰常見的方式，直隸昌平州屯店村外六十里處的華塔山，有一和平寺，寺內供有已故僧人收源塑像，村民張二曾邀徐萬蒼等前往燒香，念誦《彌勒出細》等經卷，

因其供奉收源塑像，故稱爲收源會。嘉慶十八年（1813），天理教起事後，查辦教案嚴緊，張二等人中止活動。嘉慶二十一年（1816），張二復邀人前往燒香。道光六年（1826），張二病故，由徐萬蒼接充教首，先後有同村楊寬等人入教。徐萬蒼將張二遺留的《彌勒出細》等經卷交給村內地藏寺僧福興收藏，楊寬等隨同福興及其徒雲峰習念《金剛經》、《華懺》等經卷。村人遇有喪事，俱向徐萬蒼告知，轉邀楊寬等同往念經。道光十二年（1832）二月間，經縣民傅添柄等人赴步軍統領衙門指控，將楊寬等人拏獲㊶。

　　江南蕭縣、碭山縣與山東永城縣壤地相錯，嘉慶十三年（1808），蕭縣人聶士貞，碭山縣人王柱等聞知耿泳升之子耿孜元傳習收元教，擅長運氣袪病，即與同縣人陳逢年等往拜耿孜元爲師，傳習收元教。耿孜元告以收元教即由離卦教脫化而來，隨即取出黃紙畫一蓮花佛像，焚香供茶，囑令口念「傳彌勒眞法，勸人行善，如心有邪念，此身百日化爲膿血；若正身運氣修煉養性，免災獲福。」念畢，向佛像拜祝焚化，並令每日早午晚朝太陽磕頭，盤坐運氣，呼吸三次，必煉成功，可如佛像飛昇。聶士貞等人各致送根基錢二百文，耿孜元口稱「來生即得一本萬利」。耿孜元傳給聶士貞《掃心集》三本，都是習靜勸善之語。嘉慶二十二年（1817），耿孜元傳教犯案，經銅山縣拏獲解省擬罪，旋即監斃。因地官查拏嚴緊，各信徒未再傳徒。道光五年（1825）正月，聶士貞因貧難度，欲復興收元教，藉以傳徒斂錢，即與王柱商允邀人至王柱家中起會供佛。聶士貞等輾轉收徒，各授以耿孜元所傳供佛運氣及口念語句，聶士貞又添造「孔子默默道吾言，允執厥中性同天，時時常存仁義禮智信，君子仔細參此理，無生亦無死，自成參天一了然」等詩句，令信衆習誦。聶士

貞後來到永城縣班培緒家中設會供佛，有縣民白珩等聞知聶士貞
袪病有效，即往拜聶士貞為師。因永城縣稽查保甲，聶士貞等各
自散去。道光八年（1828）四月，聶士貞等二十餘人在永城縣
被捕，在白珩家人起出《萬法歸宗》、《掃心集》等經卷。河南
巡撫楊國楨查閱各經卷後指出，「多係假聖賢仙佛之說，雜以鄙
俚市井之詞，妄談修真醫病，均無違礙字跡。」⑫

　　直隸宛平縣村民韓興之母蘇氏，曾拜山東人徐文秀為師，學
習圓頓教，念誦「南無天圓太寶阿彌陀佛」，稱為十字佛號，每
年四月初八日、七月十五日、十月十五日，各做會一次，供奉彌
勒佛，念誦《皇極經》，藉以祈福消災。嘉慶十二年（1807），
韓興患病，經徐文秀醫治痊癒。次年十月間，徐文秀病故，由其
徒弟宋張氏接管教務。嘉慶十五年（1810），韓興拜宋張氏為
點師，指點念經。韓興又拜康能利為引師，引進門路；拜閻生為
保師，取「保其始終修行」之義。宋張氏並替韓興取名普惠，給
與傳教單一紙，開寫「祖是皇極祖，教是圓頓教，門是萬法總收
源門，道是包羅道，法是皈一法，會是九蓮會，最上一乘紅梅第
一枝」等字樣，並載明點師、引師、保師姓名，交給韓興收執，
每逢會期，韓興與康能利等同赴宋張氏家念經上供，致送香資京
錢一、二百文不等。宋張氏病故後，韓興即將宋張氏所遺留的經
卷佛像移至家人供奉。嘉慶二十五年（1820）四月，李紅德因
母親石氏患病，韓興即勸令李紅德拜師入教，李紅德為了保佑母
親平安，即拜韓興為點師，拜余張氏為引師，拜孫孟氏為保師，
韓興又代李紅德取法名普通。李紅德後來輾轉傳徒，道十二年（
1832）六月間，韓興、李紅德等師徒被捕。

　　山東商河縣董姓所傳添地會，是一種宗教信仰的新興教派，
輾轉流傳，支派不一。道光年間，直隸永年縣人宋玉庭、劉志順、

郭榮安等仍然繼續傳習。宋玉庭自幼跟隨其父宋得保傳習添地會，會中舊規，每逢三月初三日、六月初六日、九月初九日，聚集信眾念經做會，信眾各帶給宋得保京錢一、二百文，或送素蔬麵饛，各隨人便。因官府查禁「邪教」嚴緊，宋得保將家藏經卷圖像燒燬，用黃紙書寫「天地三界十方萬靈眞宰」牌位，在家供奉，遇有病人前往，即令在牌位前燒香磕頭，宋得保口念「敬天地全憑一炷香，勸人行好敬上蒼，能了諸般雜病疾，不用良醫外邊方」等語，代爲祝讚，收受香錢數文至數十文不等，俟病痊後至其家上供還願，藉此引人拜師入會。宋得保病故後，由其子宋玉庭接充會首。從嘉慶年間至道光年間，先後有永年縣人劉其，南和縣人韓藏等，或因自身有病，或因親人染病，先後至宋玉庭家請求禱祝，並拜師入教，做會治病。道光十六年（1836）正月間，南和、雞澤、永年等縣拏獲宋玉庭等首夥十九人㊸。

　　道光年間破獲的教案中，含有天香教、西天老教、天竹教、鳴鐘教、毛里教等諸小教派。直隸無極縣人張洛雄，莊農度日。嘉慶八年（1803），張洛雄拜同縣人趙洛希爲師，傳習天香教，每逢朔望，向空焚香三炷，供茶磕頭禮拜，並勸人念誦「非禮勿視，非禮勿聽」等句，希冀消災獲福。趙洛希及其子趙洛月身故後，由張洛雄接管教務。道光八年（1828）四月間，張洛雄等人被捕，破獲天香教。安徽潁州府界連河南，民間秘密宗教頗爲盛行。道光年間，有阜陽縣迴隴集人王會隴等曾拜河南人李在相爲師，傳習西天老教，寫立神牌，教中信眾燒香磕頭，傳授經語，念誦「人生天地間，大倫理不差，只有男立志，那有女當家」等語句，重男輕女，異於其他教派。河南孟縣破獲鳴鐘教，拏獲教犯韓有儒等人。河南南陽府破獲天竹教，拏獲教犯戴義等人。戴義是南陽府唐縣人，他曾於道光八年（1828）拜楊三宰爲師，

學習天竹教，爲人念咒治病，輾轉傳徒。道光十二年（1832）
冬間，村民王元亨偶患手足不仁的疾病，經戴義治痊，王元亨等
即拜戴義爲師㊹。在王元亨家中點燃香燭，擺設素供，稱爲正心
堂，教中以卦分號，稱同教爲「在情」，稱出教爲「死門」，尊
老師父總頭目戴義爲老主，衆徒則稱爲師長。謁見戴義時，必須
三叩首，以盡規矩；接見戴義之妻，必須稱呼主母，以盡禮法。
對老主裝煙送茶，非婦女不用，黑夜講道，信徒非跪地而不傳。
教中誦習的經卷主要爲《錦囊寶卷》、《五女傳道書》等，道光
十三年（1833）十二月間，南陽府曹縣貢生李上林等入京呈控
王元亨等習教，天竹教遂遭查禁。

　　毛里教也是因遭人呈控而破獲的，浙江金華縣人劉正字，他
於道光十三年（1833）四月十三日到河南探望分發河南候補知
縣廖漢章，因見廖漢章胞侄慶禧及祥符縣生員王雋等人入毛里教。
道光十四年（1834）四月初六日，劉正字入京赴耆英衙門呈控
慶禧等人傳習毛里教。劉正字在狀詞中指出，毛里教無男女長幼
之別，聚衆燒香，稱爲點臘；男女互相淫媟，稱爲碰緣，教首稱
爲佛祖；每年除夕用紅紙大書「值日功曹免見，諸神免參」，稱
爲示優。能勸十人入教者，則陞一級，給有檀木印信。教中相見
之禮，是以先入教者爲尊，親長亦甘侍立。劉正字於道光十三年
（1833）十一月十一日親見慶禧高坐說法，適有年長信衆秋發
聽講時，有違弟子禮，慶禧震怒，肆行毆打，竟將秋發髮辮揪落。
劉正字指出，毛里教盛行於閩浙之間，在河南僅慶禧、王雋等數
人互相唱和招引。廖漢章崇信毛里教，相信闔家皆可成佛，他也
勸誘劉正字入教㊺。

第二節　青蓮教的發展及其活動

　　「蓮」是一種植物，清代以「蓮」爲名的教派，除白蓮教外，還有黃蓮教、紅蓮教、青蓮教等等教派。其中青蓮教是清代後期較盛行的一種民間秘密宗教。「青蓮」也是一種花的名稱，稱爲青蓮花，是梵語「優鉢羅」（Litpala）的意譯，它是一種青色蓮花，瓣長而廣，青白分明，清淨香潔，不染纖塵，佛家將青蓮花比喻爲佛眼。就字面上而言，青蓮教即因青蓮花而得名。青蓮教又稱金丹道，雲城是青蓮教的傳教本部，金丹道、雲城等字樣，多見於清茶門教的重要寶卷《皇極金丹九蓮正信皈眞還鄉寶卷》。青蓮教盛行於道光年間，其活動地區，是以湖廣、四川等地爲中心，與乾隆、嘉慶年間清茶門教的傳教地區，互相重疊，可以說明青蓮教的起源與發展，主要是受到清茶門教的影響。陝甘總督富呢揚阿指出，四川南部縣人李一元向習龍華會，有四川人夏長春等拜李一元爲師，供奉無生老母，稱爲青蓮教⑯。龍華是一種樹名，樹枝如龍，傳說彌勒佛就是坐在龍華樹下得道成佛的。民間以四月初八日爲浴佛節，是日，各寺廟聚集信衆設會，以香湯浴佛，共做龍華會，象徵著彌勒降生。後來，「龍華」也成爲一種經卷的名稱，叫做《龍華經》。因此，青蓮教的起源，與龍華會有著密切的關係。日本學者市吉宇三撰〈朱九濤考〉，小島晉治撰〈太平天國與農民〉，鈴木中正撰〈中國史上的革命與宗教〉等文，都指出青蓮又叫做「齋匪」，是清代白蓮教的一派⑰。

　　道光年間，湖廣地區，結盟拜會的風氣，頗爲盛行。新寧縣傜生藍沅曠犯案被捕後供認他初生時，假托其母夢見玉璽懸天。後來，其妻夢見雙龍，將來富貴無比，以哄騙衆人。道光十五年

（1835）六月間，在新寧縣圳源岡地方有九隴菴，菴內僧人張和尚即張永祿及其素好的陳仲潮等結拜弟兄，商議各自糾人幫助，聚集九隴菴，共相謀議大事。藍沅曠等人因知武岡縣人程孔固傳習青蓮教，勸人喫齋，人多信服，希圖藉傳教爲名，以招收黨夥。藍沅曠又編成「逆書」三十條，名爲《王政本子》，假托仁義之言，令陳仲潮代寫多本，分給衆人閱看。程孔固、程恒忠父子被捕後供出，道光十五年（1835）正月間，有四川成都人王又名來至武岡州，向程孔固勸說青蓮教是金丹大道，如能學習，可以成仙成佛。程孔固即拜王又名爲師，誓食長齋。王又名給他《龍華經》、懺悔經文及坎卦圖章。程孔固於家中設立無生老母牌位，早晚焚香念經，每逢佛誕日做龍華會供佛⑱。程恒忠供詞中稱青蓮教爲金丹大道。

　　濮文起主編《中國民間秘密宗教辭典》指出，青蓮教是清代五盤教支派，道光初年，由五盤教首楊守一所建立，又名金丹道。道光末年，傳入福建的一支改名先天教；傳入四川的一支則改名燈花教⑲。在青蓮教或金丹大道的名稱普遍通行以前，曾出現「報恩會」的名目。四川新都縣人楊守一平日算命營生，購藏道教《性命圭旨》、《唱道眞言》各一本，茹素念誦，並學習坐功運氣。道光七年（1827）三月間，楊守一到華陽縣新街，向張俊租得空屋，開設命館。街民徐繼蘭、蔣玉章：余青芳等前往請求算命。因楊守一推算頗驗，徐繼蘭等人信服，常相往來。其後又有唐添受等人俱因患病，前往算命。楊守一告以坐功運氣，可以卻病延年，唐添受等人聽信其言，各送楊守一錢三、四百文，學習打坐運氣諸法。貴州龍里縣人袁志謙，又名袁無欺，向來看風水爲生⑳。同年五月間，袁無欺到四川售賣土紬，也到楊守一舖內算命。因楊守一所言多中，袁無欺常常前往坐談，彼此相好。

袁無欺得知楊守一喫齋念經，即告知楊守一藏有《開示眞經》，供奉飄高老祖及無生老母牌位，燒香念誦《開示眞經》，可以消災獲福，如願學習，袁無欺可以相傳。楊守一欣然允從，即拜袁無欺爲師，袁無欺送給楊守一抄寫的《開示眞經》一本，袁無欺隨後返回原籍。同年五月二十三日，徐繼蘭等人又到楊守一舖內閒談，楊守一起意做會傳徒，斂取錢文，因舖內窄狹，楊守一等人於五月二十五日在徐繼蘭家做會念經，俱拜楊守一爲師，並致送錢一千文。楊守一將《開示眞經》及《唱道眞言》給與徐繼蘭等人閱看。因官府查禁供奉飄高老祖，遂以《唱道眞言》爲青華道祖講道之書，用黃紙書寫青華老祖及無生老母牌位供奉，即取名爲報恩會，並將《開示眞經》改稱《恩書》，藉以引人入會。有附近居民陳育盛等先後前往探問做會之事。楊守一告以會中念誦報答父母恩經典，無論何人皆可入會，祈神保佑。陳育盛等人各致送香錢一、二百文，跟隨楊守一行禮求福。華陽縣人尹正、劉日瑚等拜楊守一爲師後，傳習《十參四報經》，尹正又轉收方運泓爲徒。同年閏五月初十日，徐繼蘭等人被兵役拏獲，楊守一聞風逃逸，後來也被拏獲。四川總督戴三錫查閱各書後指出，《性命圭旨》、《唱道眞言》二書，俱係道家之言，是原有經卷，《開示眞經》則係鄙俗常言編成禳災祈福語句，並無違悖字樣，亦無荒誕不經咒語�。報恩會供奉青華老祖及無生老母，後來稱青蓮教，楊守一是青蓮教主，袁無欺被奉爲青蓮教祖師，教中稱袁無欺爲無欺子。青蓮教以達摩爲初祖，傳十三祖，其第十三祖即楊守一。根據教犯供詞清單，可將各教犯列出簡表如下：

道光年間青蓮教信衆分佈表

姓　名	籍　　貫	道　號	別　名	又　名	職　業	教　　區
丁允壽	安徽當塗縣					甘肅
毛智源	四川簡州					
王祖榮	湖南衡陽縣					
王忠騰	湖南衡陽縣					
古魁連	江西宜春縣					
朱中立	湖北沔陽州			八牛兒		
朱清泉	湖南	朱依專				
朱幗玉	湖南零陵縣			朱凌雲		湖南
任明江	浙江杭州府				小本生理	
任有明	浙江杭州府				小本生理	
任盛先	貴州龍泉縣				文生	
任鴻業	貴州龍泉縣				文生	
李一元	四川南部縣	李依微	李一原	依微子		
李元俸	貴州貴筑縣					川、陝、甘
李世容	湖南長沙縣				監生	
李廣華	湖南郴州					
宋　遇	四川南部縣					
宋朝魁	湖南寧鄉縣					
宋潮眞		宋依道		土道子		
余克明	江西德化縣	宋依元				浙江、福建
言柏亭	湖南湘潭縣	言致讓	言衍權		行醫	湖南
呂文炳	湖南城步縣					
阮元明	江蘇江寧府	阮性初			捆柴	
阮吉祥	江蘇江寧府	阮克悟			捆柴	
林祝官	四川敘州府	林依秘	林惺然	金秘子		
安添爵	湖南湘潭縣	安依成		木成子		湖南
周中禮	陝西西鄉縣					
周位掄	湖南清泉縣	摘光祖師	張利貞	周　蠻		陝西
周位猷	湖南清泉縣		固上一			陝西
周榮正	湖南清泉縣		張清江			陝西
周　燦	湖南清泉縣		周　健			湖南
范汶忹	四川新都縣				染匠	
范貽福	湖南長沙縣					

范臻	四川金堂縣	范依果				江西、安徽
夏長春	四川內江縣					
夏繼春	雲南宜良縣	夏致溫	夏連祚		生員	雲南、貴州
徐惠先	四川仁壽縣	徐致儉				山東、山西
徐萬昌	湖南	徐克驚				廣東、廣西
唐仁忠	湖南零陵縣					
高受榮	雲南雲南府					東川
陳正倫	四川安岳縣					
陳汶海	四川新都縣	陳依精		火精子		
陳超萬	湖南寧鄉縣					
張亮	湖南善化縣					
張俊	湖南善化縣	張致讓	張克廣		外科醫生	
張有林	湖南		鄧知禮			廣東、廣西
張汶法	四川巴縣					
張幗成	雲南昆明縣					
張蔚澤		張致儉	克恆、長清			山東、山西
曾興州	湖南寧鄉縣					
曾傳富	湖南善化縣		曾克開			山東、山西
袁無欺	貴州龍里縣		袁志謙	無欺子	文生	雲南
郭建文	湖南	葛依元	郭明智			江蘇、浙江
黃德修	湖南善化縣	黃致恭	黃克立			湖北
湯萬川	湖南瀏陽縣					
湯萬石	湖南瀏陽縣					
彭超凡	湖北沔陽縣	彭依法	杰、久盛	水法子		
傅安桂	湖南江陵縣					
楊林	湖南常寧縣					雲南
楊守一	四川新都縣				算命	
楊作錦	湖南城步縣					
楊通紳	貴州黃平州				文生	
僧悟通	四川羅江縣				僧侶	
廖德	湖南常寧縣					
廖通	湖南常寧縣					
廖康	湖南常寧縣					
趙洪順	陝西咸寧縣					
趙蓋南	湖南益陽縣					
鄧三謨	四川仁壽縣					
鄧良仕	四川南部縣	鄧依元			醫生	福建、浙江

鄧良玉	四川南部縣	鄧依眞			行醫算命	廣東、廣西
劉　瑛	江蘇江寧府	劉依道			寫字謀生	江蘇
劉隆恩	湖南清泉縣		劉吉臨		醫生	雲南
劉昌榮	江蘇儀徵縣					
談芝恇	陝西長安縣					
謝克畏	湖南善化縣	謝致良				直隸、河南
謝永先	四川南部縣					
戴理釗	江西德化縣					
鮮成功	貴州龍泉縣					
蕭　剛	四川仁壽縣					陝西
譚致富	湖南清泉縣					
蘇丹桂	陝西府谷縣	蘇克武			醫生	山東、山西
羅士選	湖南零陵縣				裁縫師	

資料來源：《軍機處檔‧月摺包》，臺北，國立故宮博物院典藏。

　　表中所列教犯共計八十三人，其中籍隸湖南省者計三十八人，約佔總人數百分之四十六；其次，四川省計十八人，約佔百分之二十二，其餘貴州、雲南、陝西、江蘇、湖北、江西、浙江、安徽等省，人數甚少，比率不高。檢查現存青蓮教案卷，其信眾主要分佈於湖南永州、衡州、沅陵、零陵、湘陰、平江、湘潭、善化、武陵、清泉、常寧、城步、長沙等州縣，四川仁壽、內江、簡州、安岳、巴縣、南部、敍州、金堂、羅江、新都等府州縣，湖北沔陽、武昌等府州縣，貴州龍泉、貴筑、龍里、黃平等州縣，雲南宜良、雲南、昆明等府縣，江西宜春、德化等縣，陝西府谷、西鄉、咸寧、長安等縣，江蘇、江寧、儀徵等縣，安徽當塗等縣。青蓮教信眾，就其籍貫分佈而言，主要集中於湖南、四川地區。

　　四川新都縣人陳汶海、南部縣人李一元等人於道光七年（1827）聽從楊守一傳習青蓮教，供奉無生老母，持齋戒殺，念誦《三皈五戒》、《十報十懺》、《開示眞經》等經卷，學習坐

功運氣。鄭子青則拜方存敬爲師，亦傳習青蓮教，後來李一元又
收夏長春爲徒。當楊守一被獲正法後，陳汶海涉案審擬發遣回城
爲奴，李一元、夏長春則停止傳習青蓮教。道光八年（1828），
鄭子青逃往陝西，隨從徐繼蘭傳教被獲，審明依例改發回城，給
大小伯克爲奴。因喀什噶爾回亂，陳汶海隨同官兵作戰出力，於
道光十一年（1831）奏准免罪釋回。

　　道光十三年（1833）九月，湖南清泉縣人周位掄拜城步縣
人呂文炳爲師，入青蓮教，學習坐功運氣，念誦《三皈五戒》、
《無上妙品》等經卷。道光十五年（1835）八月十五日，湖南
新寧縣傜生藍沅曠圖謀率領青蓮教信衆起事，他書寫詔書，製成
黃布令旗，分給徒衆執持，每旗一面，議定招一百壯丁，每招一
丁，給錢一千文。次年二月間，招足千餘人，即於二月初五日祭
旗起事，共尊藍正樽爲教主，羅才清封帶令大元帥，僧人張和尙
封大軍師，信徒陳仲潮等六人各封爲敬賢司、敬良司等職分。二
月初六日卯時，率衆出陣，申時，至武岡州，衆至二、三千人㊺，猛
撲州城，卻爲兵勇所敗。

　　道光十七年（1837），四川南部縣人鄧良玉拜謝永先爲師，
供奉無生老母，喫齋念經。湖南人徐萬倡、張有林各拜彭超凡爲
師，供奉無生老母，抄藏禮拜表偈懺語及刻本《悟性窮源》等經
卷，徐萬倡又轉傳湖南人張光祿爲徒。道光十九年（1839），
周位掄欲出外傳教，遂充頂航，自號摘光祖師，前往江西、湖北、
湖南等處收徒傳教。他在各處古廟及荒貨擔上收購《推背圖》、
《東明律》、《風輪經》、《託天神圖》等書。湖南城步縣人楊
作錦先年因病朔望茹素。道光二十年（1840），因查辦新寧縣
雷盛輝等教案，楊作錦被捕責釋。道光二十一年（1841）九月，
楊作錦遇到邵陽人唐本來，勸令楊作錦喫長齋，傳授《三皈五戒》

及坐功運氣，稱爲煉丹採藥，並令楊作錦默叩無生老母，楊作錦即拜唐本來爲師㊸。道光二十二年（1842）正月間，周位掄之兄周位猷拜楊作錦爲師，傳習青蓮教。

　　湖南善化縣人謝致良自幼喫齋念佛，測字算命度日。道光二十年（1840）三月間，謝致良到湖北黃陂縣長春觀，與李道人會遇，談及武昌府人黃克立道行甚高，勸其往訪。道光二十二年（1842）十一月間，謝致良至黃克立家，結爲道友，傳習坐功運氣。是年，李一元在四川商約陳汶海、彭超凡等共議復興青蓮教未成。後來陳汶海又與四川敍州府人林祝官及郭建汶等會遇，議及復興青蓮教，並稱必須扶乩判出同教信衆字派，方好傳徒，斂錢分用。道光二十三年（1843）二月間，陳汶海邀同彭超凡、林祝官等人到善化縣東茅巷地方潛住，以算命行醫爲名，收徒傳教。

　　江寧人劉瑛即劉依道向來在湖南貿易，道光二十三年（1843）二月間，劉瑛到長沙販賣雜貨，與素識的湖南人莫光點會遇，談及與陳汶海等人商議復興青蓮教，念誦《無生老母圓懺》，茹素運氣，相信可以避災免劫。劉瑛即拜莫光點爲師，入青蓮教㊹。其後有寄居江蘇儀徵縣的湖南人朱清泉邀同劉瑛前往湖北雲壇，彭超凡即開壇扶乩批判，判出用「依」字取名者十人，是內五行；用「致」字取名者五人，是外五行。劉瑛取名劉依道，爲內五行。朱清泉取名朱依專，爲外五行㊺。隨後又有言柏亭、張蔚澤等人入青蓮教。因聞有人要告官，劉瑛即返回江蘇原籍。有江寧人阮吉祥、阮元明父子幫人捆柴度日，與劉瑛素識，他們都拜劉瑛爲師，阮吉祥取名阮克悟，阮元明取名阮性初。劉瑛被捕時，兵役等人在劉瑛家起出符筆一枝，念珠一串，自書「誘善」二字匾額，款名爲「依道」。所誦《無生老母圓懺》，詞句鄙俚，

其內容多爲求佛慈悲，消滅罪惡詞句。

言柏亭原名言衍准，道號言致讓，湖南湘潭縣人，移住省城，行醫度日，與安依成即安添爵素識。道光二十三年（1843）二月，安添爵告知有四川人謝致良即謝克畏之師湖北沔陽州人彭超凡來省，邀言柏亭一同往見彭超凡，勸令茹素坐功，可以祛病延年，言柏亭聽信，即與安添爵同拜彭超凡爲師，入青蓮教。同年十一月二十九日，言柏亭與張蔚澤同往湖北洗馬池壇，見安添爵經開壇扶乩，派名安致讓，奉命前往湖南傳教㊿，以湖南爲教區。

道光二十三年（1843）正月，周位掄在湖北廣收信衆，以擴充勢力。他揚言靜坐出神，忽見天有白光，得知世人不久將遭劫難，於是編成七十二種魔道，未來三災八難，名爲《九蓮寶讚》，書寫散佈。他又宣稱曾得天書三卷，註明周位掄是彌勒轉世，將成大道，於是製造雲履、仙衣、壽帶、黃旗、佛冠及畫有蘭龍虎的字軸，並購買鐵劍，聲稱能鎮邪驅瘟，可除妖魔。周位掄曾在黃雀樓與彭超凡、陳汶海談道論辯，周位掄指摘彭超凡、陳汶海等人好講符籙，彼此不合，兩不相下，爭論而散。因聞彭超凡等人不許周位掄在漢口傳教，恐彭超凡等人加害，周位掄即前往臥龍岡等地躲避，並改姓名爲張利貞㊼。同年二月間，湖南人劉隆恩即劉吉臨在湘潭縣會遇周位掄，周位掄教他坐功運氣，念誦《三皈五戒》、《愿懺》等經卷，默叩無生老母，劉隆恩即拜周位掄爲師。後來，劉隆恩與同教的譚致富雇唐運書挑送行李前往雲南昆明縣傳教收徒。

道光十三年（1833），湖南常寧縣人廖德，又名廖舉鼇，捐納從九品職銜。道光二十三年（1843），廖德與周燦即周健會遇，談及金丹道，如能鍊精歸氣，鍊氣歸神，即可祛病延年。廖德聽信其言，即拜周燦爲師，周燦傳授十報、十懺等語句，練

習坐功運氣，禮拜無生老母。廖德隨後轉傳楊林等人。楊林後來到雲南，又拜周燦爲師，並傳徒廖通等人。楊林被捕後供稱：

> 年四十四歲，湖南常寧縣人，道光二十三年三月内，伊至本縣楊柳沖人廖德家内，廖德勸伊吃長齋，默叩無生老母，並教伊坐功運氣，可以卻病延年，名爲金丹大道。伊聽信，即拜廖德爲師，傳習十報懺語。伊又轉同村人廖通、廖康，拜伊爲師。二十四年三月，伊約同廖通、廖康，各湊資本往雲南省城貿易。五月十四日到彼，先有清泉縣人周健即周燦，與譚致富、廖富、廖松林、唐運書在財神宮寓住。伊素聞周燦道法甚高，前往相見，又拜周燦爲師，即在財神宮同住⑱。

楊林拜廖德爲師，入金丹大道。楊林到雲南後拜周燦爲師，也是傳習金丹大道。周燦道法甚高，但他與傳習青蓮教的林依秘彼此爭利，各自爲教。

朱凌雲又名朱幗玉，是湖南零陵縣人，他曾拜貴州龍里縣人袁無欺爲師，學習坐功運氣，默叩無生老母，稱爲金丹大道。袁無欺口授《愿懺》語句，並稱初入教爲衆生，遞生添恩、證恩、保恩、引恩、頂航等名目，袁無欺派朱凌雲爲添恩。不久以後，袁無欺返回貴州原籍。道光二十三年（1843）三月，朱凌雲在衡州草河街與彭超凡會遇，彭超凡給他法語二張，九蓮堂字條二紙，囑令出外傳徒。同年七月，朱凌雲前往貴州，先後收得龍泉縣文生任盛先，黃平州文生楊通紳等人爲徒⑲。

羅士選是湖南零陵縣人，平日靠裁縫手藝爲生。道光二十三年（1843）三月，他前往廣西臨桂縣縫衣度日，遇見四川金堂縣人范臻，勸他喫長齋，念誦《愿懺》語句，學習坐功運氣。羅士選即拜范臻爲師，默叩無生老母。范臻給他《悟性儀節》一本，

教他誦習。同年六月，羅士選回家後，先後收同縣人王忠騰、鍾二賢、楊士震之妻楊鍾氏等人爲徒，並將《悟性儀節》經卷交由王忠騰照抄二本，轉交鍾二賢等人，教中約定每月初一日各出錢五、六十文至羅士選家燒香一次。

湖南寧鄉縣人陳超萬，捐納從九品職銜，他因妻子多已身故，己身患病，日常喫齋誦經。道光二十三年（1843）三月內，有青蓮教首彭超凡到他家看望，勸他修行，供奉無生老母，望空禮拜，可以袪病延年。陳超萬等人聽信其言，即拜彭超凡爲師，默叩無生老母。後來，陳超萬轉收益陽縣人趙蓋南等人爲徒。黃致恭即黃克立，原名黃德修，湖南善化縣人，他與湘潭縣人安添爵素識。道光二十三年（1843）三月間，安添爵勸他喫齋行善，可以袪病延年。黃德修隨後到湖北洗馬池廣興棧壇內拜安添爵爲師，經乩筆判出，派他爲黃克立，又因宋致恭被推派爲宋依道，黃克立又頂補黃致恭字派，安添爵給他銀十兩，令他前往襄陽開道。夏長春是四川內江縣人，曾拜李一元爲師，入青蓮教，學習坐功運氣，誦念《三皈五戒》、《十報》、《十懺》、《開示眞經》等經卷，當楊守一教案發生後，夏長春即改悔出教。道光二十三年（1843）二月，夏長春與李一元會遇，一同出外雲遊。

道光二十三年（1843）十月間，安添爵、彭超凡、陳汶海等人前往湖北漢陽，適林祝官、郭建文等也先後到漢陽。道光二十四年（1844）正月間，李一元亦至漢陽，衆人商議復興青蓮教，發展教務，於是議定在漢陽府孟家巷賃租劉王氏空屋，設立乩壇，將無生老母捏稱瑤池金母，倩人畫出神像二幅懸掛供奉，稱爲雲城，又稱紫微堂。陳汶海假託聖賢佛轉世，聲稱喫齋行善，可以獲福延年，不遭水火劫難等語，作爲乩筆判出，以達摩爲初祖，從前川省犯案被正法的楊守一、徐建牧爲十三祖。善男信女

初次入教，先給勸善書本，例如《玉皇心印》、《十二圓覺》、《悟性窮源》、《慈航性理》等經卷，然後供奉香火，並授以《愿懺》語句，入教後隨時捐獻功果錢數千，或銀數十兩、數百兩不等，所得銀錢，大家互相接濟。李一元慮及將來信眾日增，須立一人主壇爲教主，使眾人不致爭分錢文，以鞏固同教向心力。郭建文以周位掄曾經得有天書，道法玄妙，將來定成正果，可以奉爲教主。但陳汶海等人都認爲周位掄爲人狡詐，且與郭建文交好，稱他爲摘光祖師，將來斂得錢文，必被周位掄把持，難以分用。彭超凡表弟朱中立，同教之人俱呼爲八牛兒，陳汶海等人以朱中立爲人老實，易於愚弄，又與《開示眞經》內「八牛普度」一句暗合，奉爲教主，較有號召力，可以招人入教。因恐人不見重，於是商議設壇請乩，假託鬼神之意，令人信服，隨後議定以江夏洗馬池太和公棧即泰和公棧爲寄住往來之所，眾人至太和公棧後，即假託扶乩，將《開示眞經》內「八牛即彌勒佛轉世，未末申初之年應當成佛」等語，故意判出，即於太和公棧設立新壇，以孟家巷爲紫微壇，虛奉朱中立爲教主。李一元與陳汶海等人扶鸞禱聖，先書寫無生老母降壇字樣，捏稱「未末申初，當滅六十億萬生靈，入教者可以邀福免禍[60]」，未末申初之年有水火刀兵瘟疫大劫，爾時朱中立當得成佛普度世人」等語句[61]，藉以煽惑信眾。陳汶海等人決心做龍華三會，共奉朱中立爲教主，朱中立改名爲化無子，教中往來書信，均以雲城爲暗號，不寫「漢陽」字樣，免致敗露。但郭建文始終不肯奉朱中立爲教主，他堅持自奉周位掄爲教主，彼此遂分道揚鑣，各自傳教。湖南巡撫陸費瑔具摺指出，青蓮教一名龍華會，金丹道教是由本習青蓮教的葛依元即郭建文欲奉周位掄爲總教主，而與同教的李依微即李一元、陳依精即陳汶海等意見不合，各自爭勝，分黨傳徒。兩教同一默

叩無生老母，念誦三皈五戒、十報、十懺等經語，學習坐功運氣，並無二術。因此，青蓮教與金丹大道，名異實同㊽。

　　李一元、陳汶海等人復興青蓮教，爲了避免與周位掄的金丹道教內人相混，乃設壇扶乩，依照鸞語定出「元秘精微道法專眞果成」十個字派，編成道號，分派取名，俱用「依」字加首，叫做「十依」。又定出「溫良恭儉讓」五字，俱以「致」字加首，並添「克特」二字，共十七個字派，作爲排行，分別內外等坎，即以「法精成秘道」五字爲內五行，掌陰盤，在壇內照料，專管乩壇；「元微專眞果」五字爲外五行，掌陽盤，同「致」字「派」「溫良恭儉讓」五人爲十地，分往各省開道，例如彭超凡改名爲彭依法，陳汶海改名爲陳依精，安添爵改名爲安依成，林祝官改名爲林依秘，宋潮眞改名爲宋依道，以上五人爲先天內五行。內五行又以水火木金土爲序，彭超凡爲水法子，陳汶海爲火精子，安添爵爲木成子，林祝官爲金秘子，宋潮眞爲土道子，他們都自稱是聖賢仙佛轉世，俱在雲城掌壇，總辦收圓。李一元改名爲李依微，余克明改名爲余依元，柳清泉改名爲朱依專，范臻改名爲范依果，鄧良玉改名爲鄧依眞，以上五人爲後天外五行。夏繼春改名爲夏致溫，謝克畏改名爲謝致良，黃德修改名爲黃致恭，張蔚澤改名爲張致儉，張俊改名爲張致讓，以上五人爲五德，外五行與五德爲十地大總，分往各方傳教。陝西府谷縣人蘇丹桂即蘇克武，行醫度日。道光十二年（1832），他在廣東軍營防堵叛傜出力，得有六品軍功頂戴。道光二十四年（1844）三月，他到湖北武昌府，因希圖免災，而拜彭超凡爲師，入青蓮教。彭超凡告知蘇丹桂，青蓮教是龍華會，會上由彭超凡管事，安添爵掌壇。教中最大是十地，共有十人，其次是頂航，共有四十八人，再次是證恩、保恩、引恩、添恩等名目，以入教深淺爲等第㊾。

初入青蓮教的稱爲「衆生」，迨判准收的信徒，稱爲添恩，以後依等級遞進爲證恩、保恩、引恩，以至頂航。因此，青蓮教又稱爲法船，以頂航爲首。

陳汶海等人因信徒衆多，深恐聚集一處，易於破案，所以與衆人商議，分往各省傳教，以外五行與五德爲十地大總，以清朝十八省爲道家十方，十地大總各認一方，並各分派其信徒分往各地傳教，共爲一百零八盤。其中李一元認往四川、陝西、甘肅，余克明認往浙江、福建，柳清泉認往江南，范臻認往兩江，鄧良玉認往廣西、廣東，夏繼春認往雲南、貴州，謝克畏認往河南、直隸，黃德修認往湖北、武昌，張蔚澤認往山東、山西，張克廣認往湖南。衆人同在神前盟誓，各募銀錢，互相接濟，後若欺侮，定遭雷殛。各人隨帶《開示眞經》、《玉泉心印》、《修眞寶傳》、《諭迷喚醒》等經卷及勸善書本，分往各方傳徒募化。據陳汶海等供稱，原來認往浙江的郭建文，原認往山東等地的張蔚澤，因與陳汶海等人彼此不睦，教中改派鄧良仕等人前往浙江，改派徐惠先到山東。貴州地方是由雲南派去，廣東由廣西派去，福建由浙江派去，江蘇由江南派去，安徽由江西派去，直隸由河南派去，山西由山東派去⑭。

湖廣總督裕泰查辦青蓮教案件，曾起獲傳徒名簿一本，內載四川省李一元等共七十三名，湖南省謝克畏等五十六名，江西省張尙延等十六名，雲南省夏繼春等五十九名資料。國立故宮博物院典藏《軍機處檔・月摺包》內含有〈青蓮教分往各省傳教人犯年貌住址清單〉，開明林祝官在江寧傳教，兼傳江西；徐惠先在山東傳教，兼傳山西；李一元在四川傳教，兼傳陝西、甘肅；鄧良仕在浙江傳教，兼傳福建；鄧良玉在廣西傳教，兼傳廣東；范臻在江西傳教，兼傳安徽；夏繼春在雲南傳教，兼傳貴州；謝克

畏在河南傳教，兼傳直隸⑥。湖南善化縣人張俊，向習外科，行醫度日。他拜彭超凡爲師，入青蓮教，經安添爵扶乩，派名張克廣。因派往湖南傳教的言致讓即言柏亭辭退星沙教主，彭超凡即命張俊接頂致讓字派，叫做張致讓，接充星沙教主，仍回湖南傳教。彭超凡將松木劍一把給與張俊，劍上有乩筆畫訣五個。又傳給他無極天皇掌令雷霆咒語，囑令每日念誦，可避邪魔。張俊領劍返回湖南原籍後，先後前往武陵、常德等縣傳教。李一元奉派爲四川兼陝甘教主後，於道光二十四年（1844）四月間帶同夏長春、王潛川等自湖北返回四川原籍，教人坐功運氣，招收徒衆，聲稱俱係一百零八盤內之人，將來同赴龍華三會，定獲厚福。李一元等揚言未末申初之年即有水火刀兵瘟疫大劫，世人虔誠入教，並出功果銀錢赴會，教主替他懺悔，便可免災獲福。李一元又製作桃木劍一柄，自稱善降妖魔，同時畫製符籙多張，聲稱是雲城寄來的電唵二偈，令王潛川等散發信衆佩帶，揚言可禦災難。

李一元將所管四川、陝西、甘肅教區，分別號數，四川分爲四號，西安、漢中、甘肅各一號，共分列爲七號。因地方遼闊，李一元令夏長春、毛智源同赴甘肅傳徒，並將假託乩語的《斗牛宮普度規條》、《靈犀玉璣璇經》各一本交給夏長春、毛智源收執習誦，同時帶領信徒唐守中等人前往甘肅開道。四川仁壽縣人蕭剛、鄧三謨等拜李一元爲師，入龍華會，念誦《開示眞經》等經卷。教中揚言將有水火刀兵大劫，倘若出錢入教，供奉無生老母，即可邀神護，不致遭劫。道光二十四年（1844）七月，夏長春、毛智源從南山僻路行抵蘭州省城，藉名行醫，收徒傳教。同年十一月，李一元令蕭剛赴西安，鄧三謨赴漢中分投傳教，並令攜帶《斗牛宮普度規條》、《乩詩寶光寶錄》、《金丹口訣》等經卷及符籙，以便各自傳徒。道光二十五年（1845）正月，

蕭剛、毛智源、夏長春先後被訪獲，在蕭剛住處起出寶卷、歌單、口訣等多件。據陝西巡撫李星沅指出，教中供奉無生老母，勸人爲善俚詞，並無違悖字句。但在鄧三謨等人所帶《斗牛宮普度規條》經文內有「以雲城斗牛宮爲開道根基」以及「王法當權，佛法未顯，應宜檢密，暗釣賢良」等語，在占詩內有「三豕遇龍，八牛逢犬」等句，俱被指爲「殊涉狂謬」⑩。

周位猷是周位掄之兄，周榮正爲周位掄之姪。道光二十四年（1844）八月，周位猷、周榮正等人到漢中收買煙葉、木耳等物，周位掄適由樊城到漢中，會遇同居，周位掄告知周位猷等人恐陳汶海師徒加害，已改姓名爲張利貞，前往各處躲避，遂囑令周位猷父子亦改姓名，以防陳汶海等人加害，周榮正即改爲張清江，周位猷自將「周」字拆寫，改爲固上一。署陝西巡撫李星沅搜出周位掄所藏冠履衣物等件後指出，所畫蘭龍虎字軸，不過尋常之物，並不足怪。其杏黃旗上書寫「敕令萬雲龍」五字，亦係紙剪之旗。但在經卷鈔本內如《推背圖》、《東明律》、《風輪經》、《九蓮寶讚》、《無上妙品》、《託天神圖》等等，或語涉「悖逆」，或事近「妖邪」，因而疑其另有「邪術」，謀爲不軌重情。

雲南地方的民情風俗，素崇釋道，各寺院燒香拜佛之風，極爲盛行。道光二十五年（1845），先後挐獲的教犯多達一百二十四名，其中除十九名爲金丹道要犯外，其餘一百零五名都是青蓮教信衆。在雲南傳金丹道的，主要周燦、譚致富、楊林、廖康、廖通等人；前往雲南傳青蓮教的，主要是夏繼春、孫可功等人。其中夏繼春原名夏連祚，他是雲南宜良縣人，是已革給頂生員。孫可功籍隸蒙化廳，他曾同夏繼春到四川貿易，與四川敘州人林祝官會遇閒談，林祝官告知茹素念經，可以消災。道光二十四年

（1844）正月，夏繼春、孫可功在雲南原籍接獲林祝官自湖北漢陽所寄書信，促其前往湖北入青蓮教。同年四月初一日，夏繼春、孫可功齊抵漢陽孟家巷，俱拜林祝官爲師。林祝官教令供奉無生老母，茹素念經，並抄給《三皈五戒》、《十恩十懺》等經卷，令其誦習。夏繼春由湖北雲城乩判賜名夏致溫，認往雲南傳教。林祝官告知乩語指示，道光二十四年（1844）八月間，有水火刀兵的劫難，配掛青蓮教的符籙，即可免難。是年七月間，夏繼春領取經卷符籙，孫可功領取頂航頭銜，啓程返回雲南，各自分頭傳教⑥。雲南巡撫鄭祖琛提訊各教犯後指出，青蓮教與金丹道各自爭勝，習金丹道者假稱延壽修眞，指青蓮教誦咒扶鸞爲邪魔外道；習青蓮教者假稱消災降福，指金丹道坐功運氣爲虛妄空談。金丹道與青蓮教雖然彼此不和，但他們都遠涉雲南傳教，廣收信衆，主要原因都是由於雲南婦女素性好佛，當地向多瘴癘疾病，民間茹素者較多，易於收徒斂錢⑥。

　　扶鸞即扶乩，本是占卜術的一種，民間製丁字形木架，懸錐於直端，狀如踏碓的舂杵，承以沙盤，由兩人扶其橫架兩端，作法請神，錐自動畫沙成字，或與人唱和詩詞，或示人吉凶休咎，或爲人開樂方，事畢，神退，錐亦不動。《圖書集成·神異典》引《江西通志》謂：「文孝廟在吉安府東，祀梁昭明太子統，有飛鸞，判事甚靈驗。」文中的飛鸞，當即扶鸞，蓋因民間傳說神仙多駕鳳乘鸞，故有此名⑥。扶鸞最流行的時期是在明清兩代，尤其是在文風較盛的江浙等地區，當地士子多有不信乩仙不能考中的心理。青蓮教也盛行扶乩，教中重要大事，多設壇扶乩，取決於鸞語或乩筆。教中重要信徒分派取名，俱依照鸞語所定字號作爲排行，誦咒扶乩遂成爲青蓮教的重要特色。

　　青蓮教的十地大總或教首頭目分區傳教，主要是藉行醫治病

或賣卜算命爲由，收徒斂錢。例如言柏亭、劉隆恩、張俊、徐惠先、夏長春、毛智源、鄧良玉、鄧良仕等人都是行醫度日。至於楊守一、謝克畏、文先覺、鍾大環、徐萬倡、任秋陽等人或開設命館，或擺攤測字，收徒傳教。例如湖南人任秋陽在河南省城開設洗心堂命館，有鍾大環等人常至命館閒談，隨後即拜師入教。任秋陽因平日算命測字，到處可以行走，掩人耳目，藉此收徒傳教。

第三節　民間秘密宗教的派生衍化

青幫和紅幫都是由民間秘密宗教衍化而來的一種行幫組織。長期以來，關於青幫和紅幫的名稱由來及其性質，中外史家的解釋，彼此不同，異說紛紜，莫衷一是。常聖照編著《安親系統錄》一書指出：

> 青幫，或名清幫，又名安清幫，又名安親幫，又名安慶幫，就是本幫的人，也人言人殊，莫衷一是。究竟以那一個名稱較爲準確，實在難下斷語。不過，從它幫內幫外的習慣，我們便稱它叫青幫，比較方便⑦。

原書將同源異派的各種行幫，統稱爲青幫，並不妥當。原書又稱：

> 洪幫最初的組織，是以反清復明爲目的，所以它的哥老會，便要注重四方分佈在中國境內。我們傳統文化的習慣，每每以五色代表了五方。便門最初有紅、黃、藍、白、青的方位分配。青幫原來在洪門中，就是分配負責大江南北和水上弟兄們的堂主，所以相傳便稱它叫青幫，這也含有代表負責東方的意思。後來的青幫不知爲某種政治因緣，勢在必須與清廷合作，所以表面上，便一變爲安清幫了。意

思是表示這個幫會，志在安定清朝，並無反志。可是它的骨子裡，還是沒有完全改變反清復明的宗旨，所以它幫內的後人，就說青幫原來的「青」字，是「汨」寫的；「月」就是代表明朝，如此一寫，也就是內含反清復明的作用。這種傳說的準確性到什麼程度？實在也很難說。至於說青幫起於安慶，故稱安慶幫，那只是青幫中的一支，並不足代表整個幫會。總之，它最初是洪門的分支，這是毫無疑問的。不過由分支而獨立稱幫以後，它對於本身歷史的淵源，就大有不同於洪門之處了⑪。

引文中相信青幫是洪門的分支，因其代表東方，相當於青的方位分配，所以叫做青幫，這種解釋，純屬臆測。原書將青幫與安清幫混爲一談，藉以表明青幫志在安定清朝，但它的骨子裡，還是沒有完全改變反清復明的宗旨，這種說法也是無稽之談。原書又稱：

當清廷乾嘉之際，有所謂紅幫的興起，其實，它便是青幫所分化的一支。不過，他們袒護清廷的意識佔多數，紅幫的祖師，便是總紅，此人無姓無名，非常神秘，可能是清廷的化身，但不久也便衰落，又復倂其勢力入於青幫。這與青幫的變質，是有重大關係，也可以說，是清廷善於運用幫會的明證⑫。

青幫與紅幫的勢力，各有消長，然而引文中所謂紅幫興起於乾嘉之際，它是青幫分化的一支云云，則有待商榷。至於引文中所稱紅幫的祖師，可能是清廷的化身，紅幫的衰落，是清廷善於運用幫會的明證等語，更是荒誕不經。南懷瑾撰〈青幫興起的淵源與內幕〉一文認爲：

總紅確有其人，他的名字是否就是如此的稱呼，那也無從

考證，祇是在洪門與清幫之間，當滿清中葉之時，又分化
成立一個紅幫，它與青幫既互相照應，又互相分立，據説
就是總紅祖師所創的。這位祖師，又是雍正或乾隆的祖師，
所以幫忙他創立紅幫，以分化洪門與青幫的勢力。他有很
高的武功與法術，可能是一位學習密宗紅教的學者，所以
便叫總紅⑦。

引文中認爲總紅祖師也是雍正皇帝或乾隆皇帝的祖師，幫忙清朝
皇帝創立紅幫，以分化紅門與青幫勢力的説法，也是一種神話。
常聖照與南懷墐都稱紅幫是由青幫分化而來，並無史實依據，俱
不足探信。日人末光高義著《中國之秘密結社與慈善結社》一書，
略謂紅幫係匪徒之間結合而成的秘密團體，其源流分爲雙龍山、
春保山、伏虎山三個時期，雙龍山是紅幫的創立時期，春保山是
紅幫的再興時期，伏虎山是末期。清文宗咸豐四年（1854），
有林鈞等十八人，俱係退役將領，率其部屬約一千人，在江蘇北
部雙龍山鴻鈞廟組織秘密團體，因爲這個團體產生的地點是在鴻
鈞廟，所以在初創時期叫做「鴻幫」。清穆宗同治年間，平定太
平軍後，鴻幫遭受清軍將領彭玉麟的攻擊，而被解散。大約在同
治四年（1865）前後，有秀才盛春山與無賴漢三共謀復興鴻幫，
在水北春保山聚集群衆，並易名爲紅幫⑦。書中所述紅幫的起源，傳
説的成分居多，於史無徵，不足探信。幫會叢書《金不換》則稱
元末韓山童、劉福通、徐壽輝、郭子興、朱元璋等起兵，其兵頭
戴紅巾。朱元璋爲郭子興部將，後來代領其衆而有天下，爲了紀
念朱元璋起義時所帶紅巾，遂稱爲紅幫。原書引天地會文件中〈
包頭詩〉「紅巾一條在手中，包在頭上訪英雄」等句⑦，指出紅
幫是以頭包紅巾而得名。其實，紅幫與紅巾無涉，紅幫因紅巾而
得名的説法，不足探信。平山周著《中國秘密社會史》一書對青

幫和紅幫的起源提出他的解釋說：

> 哥老會或稱哥弟會，其成立在乾隆年間。同治時，平定粵
> 匪以後，湘勇撤營，窮於衣食之途，從而組織各團體，於
> 是哥老會始盛，除有仍爲水陸軍將弁者外，餘則皆以賭博
> 盜劫爲業。李鴻章弟李某自廣東回京，所載財物船百餘艘，
> 自湘水下，哥老會襲之，掠奪其八十艘，自是始爲盜，然
> 其本旨則在復仇，其理想則爲俠義，故嚴禁竊攘，不害良
> 民，惟襲劫不義之豪富，與不正之官吏，謂盜劫爲武差事，
> 謂賭博爲文差事。有所謂洪家者，或紅幫，乃會中之正統
> 也。又有稱爲青幫者，即鹽梟及光蛋，如安慶之道友會是
> 也。其徒始者以運河漕糧爲業，及漕糧改由海運無所衣食，
> 遂集於大族潘氏兄弟下，組織團體，密行販鹽，或以偷稅
> 爲業，所謂潘氏者，即哥老會之支派⑯。

原書所述哥老會成立時間及其早期活動，純屬傳說。所謂紅幫爲
哥老會的正統，青幫爲哥老會的支派云云，亦不足採信。蕭一山
撰〈天地會起源考〉一文認爲哥老會、青紅幫等都是天地會的分
派，紅幫是哥老會的正統，是由洪門即洪家轉來的，青幫是乾隆
時代漕運上的結合，由潘德林等竊洪門之餘緒組織的，也叫潘門
或潘家，其徒王伊傳道，以「安清」二字作自己宗教同氣連枝，
後遂由清幫訛作青幫⑰。陶成章撰〈教會源流考〉一文亦稱：

> 三點會也，三合會也，哥老會也，無非出自天地會，故皆
> 號洪門，又曰洪家，別稱洪幫（俗訛爲紅幫）。哥老會既
> 出現以後，乃又有潘慶者，竊其餘緒以組織潘門，或曰潘
> 家，又曰慶幫（俗訛作青幫）。其分立之原因，蓋由潘慶
> 爲販賣私鹽之魁，哥老會之徒皆湘勇，則又爲捕販賣私鹽
> 者也，勢成反對，故別立旗幟，然湘勇之捕鹽梟也其名，

而暗通也其實，故雖有反對之名，而無其實，且其源流本
出洪門，尚未盡忘木本水源之意，故凡潘門兄弟，遇見洪
門兄弟，其開口語必曰潘洪原是一家㉘。

陶成章將幫與會混爲一談，洪門別稱洪幫，因「洪」與「紅」讀
音相近，所以洪幫又訛爲紅幫。又有潘慶竊取哥老會餘緒，組織
潘門，又稱慶幫，因「慶」與「青」讀音相近，所以慶幫又訛爲
青幫。其實，紅幫爲天地會洪門別稱，青幫爲哥老會餘緒或洪門
分支的說法，都有待商榷。戴玄之撰〈清幫的源流〉一文中已指
出，研究中國秘密社會史的學者，有一個共同的論點，咸認青幫
源出洪門，爲天地會支派，衆口一辭，視同定理，此種觀念，牢
不可破㉙。胡珠生撰〈青幫史初探〉一文中已指出，「那些關於
青幫是乾隆時代漕運上的結合，由潘德林等竊洪門之餘緒組織的
傳說，以及三祖於康熙四年、雍正四年、乾隆四年投效滿清，開
幫興運的傳聞，因和原始可靠資料——三祖原係明季人——不符，
顯係後人附會，應予澄清。」㉚誠然，長期以來，對於青幫、紅
幫的研究，大都杜撰故事，牽引史事，穿鑿附會，似是而非，不
足徵信。

青幫、紅幫是信奉羅祖教的漕運糧船水手的秘密組織，而且
往往就是械鬥組織，其名稱的由來，與洪門無涉，而是因糧船幫
而得名。青幫和紅幫的形成，是清代漕運積弊下的產物。由於糧
船旗丁人數甚少，且不諳水性，只得雇募水手，由千總保結，然
後呈報守備及府廳等官。又因漕船體積日增，水手人數亦隨著增
加，每船旗丁、舵工、水手不下三、四十人㉛。漕運總督張大有
具摺指出：

　　茲於糧船過淮盤驗時，臣逐船查點，每船只換一、二名，
　　或三、四名不等，據各糧道弁丁同稱：糧船除正副旗丁之

外，其本軍內或貿易爲生，或務農爲業，撐駕之事，多不
諳練。糧船涉江渡黃，提溜打閘，關係重大，非熟諳之人，
不能勝任，不得不將老練水手留用數人撐駕，俟本軍學習
諳練，然後盡得更換，且糧船旗丁有什軍朋運者，可以學
習撐駕，漸次更換。若戶少丁稀，倂無什軍者，勢不得不
僱募外人代撐⑧。

清廷雖曾議及更換頭舵、水手，但因本軍不諳撐駕，所以無從更
換。江西巡撫謝旻具摺時進一步指出，「各省糧船，約有七千隻，
以頭舵、水手計之，不下十萬餘人，而糧船經過之地，需用剝淺、
短繂、提溜等項人工，沿途之民藉以爲食者，又不下數萬。」⑧
河道運糧，主要分爲漕糧與白糧，山東、河南、安徽、江蘇、浙
江、湖廣等省徵納白米，轉輸入京，稱爲漕糧；江蘇省蘇、松、
常三府，太倉一州，浙江省嘉、湖兩府，歲輸糯米於內務府，以
供上用及百官廩祿之需，稱爲白糧。漕運糧船有船幫的組織，江、
浙轉輸白糧，沿明代民運舊制，以蘇州、太倉爲一幫，松江、常
州各爲一幫，嘉興、湖州各爲一幫。各幫水手械鬥滋事案件，層
出疊見，所謂青幫或紅幫的「幫」，就是由漕運糧船幫的「幫」
衍化而來。雍正元年（1723）十二月，刑部尙書勵廷儀於《奏
請嚴禁怙惡邪教水手》一摺略謂：

查糧船每隻頭舵二名，水手八名，又閒散二、三名，此類
率多無籍之徒，朋比爲奸，本船正副旗丁二名，勢不能彈
壓制服。當漕糧兌足之後，仍延捱時日，包攬私貨，以致
載重稽遲，易於阻淺，不能如期抵通，及回空經產鹽之地，
又串通風客，收買私鹽，此其弊端之彰著者。乃尤有不法
之事，凡有漕七省之水手多崇尚羅門邪教，而浙江、湖廣、
江西三省，其黨更熾，奉其教者，必飲生雞血酒，入名冊

籍，並蓄有兵器。按期念經，則頭戴白巾，身著花衣，往往聚眾行兇，一呼百應，於康熙五十七年浙江與湖廣之船在武清縣地方相遇爭鬥，殺傷多人。六十一年，嚴州、盧州等幫在山東地方有行劫鹽店大夥劫殺等事。凡此種種兇惡，漸不可長，亟思懲治之法，莫若飭令該省督撫務著本軍充當水手，則此弊自可禁絕。聞從前糧船因撐駕乏人，招募數名，謂之外水，歷年以來，呼朋分類，盤踞漕船，視爲常業，旗丁畏其勢眾，不能不行僱募⑭。

有漕省分包括直隸、山東、河南、江西、江蘇、浙江、湖廣等省，其中江蘇、浙江、湖廣等省，崇奉羅祖教的糧船水手，爲數尤夥。他們供奉羅祖神像、誦經及棲息之所，習稱佛菴或菴堂，有漕省分運河沿岸糧船停泊處所，多建有佛菴。江浙地方的佛菴，主要爲山東、直隸各屬糧船水手回空棲息之所，其中杭州府北新關外拱宸橋地方，向爲糧船停泊之處，附近佛菴林立。閩浙總督崔應階具摺時對杭州佛菴的由來，曾作簡單的描述：

> 杭州府北新關外拱宸橋地方，向爲糧船停泊之所，明季時有密雲人錢姓、翁姓、松江潘姓三人流寓杭州，共興羅教，即於該地各建一庵，供奉佛像，喫素念經，於是有錢庵、翁庵、潘庵之名。因該處逼近糧船水次，有水手人等借居其中，以致日久相率皈教，該庵遂爲水手己業。復因不敷居住，醵資分建至數十庵之外，庵外各置餘地，以資守庵人日用，並爲水手身故義塚，每年糧船回空，其閒散水手皆寄寓各庵，積習相沿，視爲常事，此水手皈教之由來也⑮。

北新關外各佛菴內寓歇的水手，以異籍之人爲主，籍隸直隸、山東者尤夥，他們皈依羅祖教，以佛菴作爲託足棲身之所。自從明

末清初以來，由於糧船水手與日俱增，拱宸橋地方的佛菴，陸續
增設達七十餘菴。雍正五年（1727），浙江巡撫李衛曾訪聞北
新關外仍有三十餘卷，因恐盡行拆燬後，異籍水手回空之日，無
所依歸，所以僅燬去經像，不許崇奉羅祖教，仍保留二十餘菴。
乾隆初年，浙江仁和縣知縣王莊訪聞拱宸地方尚有十餘菴，各菴
由錢、翁、潘三菴輾轉分化，以致佛菴林立。浙江巡撫覺羅永德
等具摺指出，皈依羅祖教的糧船水手，都是好勇鬥狠之徒，聲應
氣從，尤易齊心生事，而奏請燬去菴名，改爲公所，以爲水手託
足容留之處。但是，乾隆皇帝認爲所辦未盡妥協，於是軍機大臣
寄信覺羅永德從嚴辦理，略謂：

> 據永德奏北新關外查出庵堂十餘處，庵內收藏經卷，供奉
> 羅像，每年糧船回空水手容留托足，請將皈教之人從重處
> 治，毀其經像，革除庵名，改爲公所，仍許水手回空時棲
> 止等語，所辦尚未盡妥協。杭州各處經堂，向係糧船水手
> 所設，借棲止爲名，信奉羅教，本應嚴禁，從前雖經李衛
> 查毀經像，而房屋尚存，以致故智復萌，各庵內仍藏羅經
> 羅像，是其惡習難返，非徹底毀禁，不能盡絕根株。若僅
> 如該撫所奏，將庵堂改爲公所，數年之後，查察稍疏，伊
> 等勢必又將公所變爲庵堂，總非正本清源之道。至水手棲
> 止之所，原不必官爲籌畫，此輩皆旗丁臨時雇募應用，更
> 非官丁可比，即或散居各處，至期自能赴幫應雇，何必爲
> 之鰓鰓過計。況有漕之處，不止浙江一省，即如江南、湖
> 廣、河南、山東均有糧船，均需水手，並不聞皆有棲止公
> 所，何獨浙江爲然，況此等游手好閒之人，群居一處，必
> 至滋生事端，於地方又有何益？著傳諭永德，除將本案從
> 重辦理外，所有各庵堂概行拆毀，毋得仍前留存，復貽後

患⑧。

浙江巡撫覺羅永德遵旨檄行藩臬兩司，將北新關外所查出三十三庵，概行拆燬，不使留存。但是，信仰羅祖教的糧船水手，依舊肆行無忌，各立教門。浙江巡撫烏爾恭額曾經具摺奏聞糧船水手各立教門的原委，其原摺略謂：

> 查浙江糧船水手習教，起自前明羅姓之徒翁、錢、潘三人，翁、錢兩教謂之老安，潘姓一教謂之潘安，每幫頭船名為老堂，供有師傅羅姓牌位，凡投充水手，必拜一人為師，各分黨羽，意在爭窩爭鬥以自強，與別項邪教之煽惑人心者各別，其中年老水手間有持齋，並誦金剛等經之人，亦與念習荒誕之咒語不同。自道光五年嘉白等幫分類械鬥，殺斃多命，大加懲創後，其教漸衰，其堂亦漸廢，不敢設立師傅羅姓牌位。又在每幫船上供奉觀音大士神像，於糧艘渡黃過壩以前，朔望焚香念誦心經，祈保平安，於是復有經堂名目。嗣經各御史以各省水手諸多不法，歷次條奏，欽奉諭旨查辦，疊經前撫臣暨臣於糧船歸次開行時，多派員弁周歷巡查，不遺餘力，各水手亦知所儆懼，不敢仍將神像公然供於艙面，或移送廟宇，或收藏木龕，於是經堂之名，漸亦衰熄，此浙省水手沿習羅教及老堂經堂旋興旋廢之實在原委也⑧。

由引文內容可知江浙糧船幫水手習教結夥，因爭奪地盤滋事逞強的嚴重情形。安徽巡撫色卜星額具摺時亦稱：

> 伏查老安、潘安，係水手所習教名，該教起自前明羅姓，傳徒翁、錢、潘三人，遂分三教，翁、錢二教曰老安，潘教曰潘安，稱在船習教年久者為老官，為師傅，意在結黨逞強，以便爭窩鬥門，與別項邪教之煽惑人心者不同，其

所誦念亦係尋常佛經，並無違悖語句。此風惟江浙兩幫最
盛，安省水手踵事效尤，雖不如江浙幫之橫行無忌，而拜
師傳徒之弊，老官師傅之稱，亦所不免，自道光五年浙江
糧船水手在嘉興爭船械鬥，殺斃多命案內究出前情，業經
歷任撫臣隨時查禁，該水手等改過自新者固屬不少，而頑
梗不化者，亦有其人⑧。

安徽糧船水手踵事效尤，雖然不如江浙糧船幫的橫行無忌，但其
拜師傳徒的弊端，老官師傅的稱呼，並無不同。糧船水手各立教
門，其中翁庵與錢庵的羅祖教信徒，合爲一教，稱爲老安教，潘
庵信徒另爲一教，稱爲潘安教，從翁、錢、潘各庵分化出來的新
庵，合爲新安教，供奉羅祖神像，每個教門內各有主教，叫做老
官，又作老管，每幫有老官船一隻，皈依羅祖教的糧船水手，都
投拜老官爲師傅。據御史王世紱估計，三教不下四、五萬人，沿
途縴手不在此數之內。各幫老官操生殺予奪之權，水手犯過，必
送老官處治，輕者責罰，重者立斃，沉入河中。向來幫船沿途給
發水手錢文，是由各幫頭船開寫一單，遞交在後各船，照單開發，
稱爲溜子。水手雇值，向例不過一兩二錢，水手以雇值低微，往
往挾制旗丁，每名索錢二、三十千文不等，貪得無厭。除應發身
工等項外，沿途屢次勒索，各船多已加至百餘千文。糧船水手一
遇重空兩運，水淺停滯，或催趕閘壩，即藉端向頭船旗丁加索錢
文，逼寫溜子，溜子一出，即須挨船給付。倘若頭船不發溜子，
一、二次以後，懷怨既深，每於停泊曠野處所，乘夜聚衆滋鬧，
以洩其忿，打船進艙，持刀恐嚇，無所不爲，不但旗丁畏之如虎，
即丞倅運弁，亦不敢過問⑧。羅祖教聲勢既盛，老官竟開寫溜子，當
糧船銜尾前進時，忽然停止，老官即傳出溜子，索添身工價值，
旗丁不敢不從。

　　各糧船老幫水手多屬老安教的信徒，新幫水手多屬新安教的信徒，老幫水手與新幫水手彼此之間亦常因利害衝突，互相仇殺，械鬥案件，屢見不鮮。道光五年（1825）三月，杭三新幫水手李廣明、郭世正、楊起敬三人到浙江省城喊控。據供稱向來嘉白、杭三兩幫內，老幫水手俱是齊心一氣。是年二月初四日，嘉白老幫水手與新幫水手爭鬧，杭三老幫水手於同日夜間，尋殺幫內新幫水手，新幫水手被殺屍身撈獲十一軀，其老幫首領是吳在明，其餘頭目有徐老大等二十多人⑩。御史錢儀吉指出，浙江糧船水手所立老安教與潘安教，糾眾仇殺，在嘉興西麗橋水次鬥殺，自二月初四日起至初七日止，教中以朱墨塗面，各為標幟，持刀鬥殺，晝夜不散，其逃逸上岸者俱被追殺，有的被截斷手足，投擲河流，傷斃多人，過往客船皆被攔截搜拏，甚至有行人因走避不及誤遭刃斃者，數日內城門晝閉，府縣營汛坐觀無策，兵役等竟無一人上船會拏滋事水手。其自行投案的水手李明秀、馬文德二名，在縣城拘禁，幫中水手旋即糾眾劫獄，府縣畏葸驚惶，竟商同將李明秀等二名釋放。據漕運總督恩特亨額具摺指出，江蘇、浙江兩省不安分的水手計有二十餘幫，各幫糧船內藏匿大量器械，包括鳥鎗、鐵砂、長槍、撲刀、鐵鞭、大斧、腰刀、鐵尺、順刀、鬼頭刀、木棍等等。糧船沿途雇募的縴手，必推曾經械鬥受傷的人充當頭目。據御史王世紱奏稱，教中遇有爭鬥，老官「以紅箸為號」，人即立聚。嘉興白糧幫，全幫共六十九船，水手有一千餘名，主要為籍隸徐州、山東各州縣的水手，他們結成一氣，眾心甚齊，幫中俱「以紅布繫腰」，作為標幟。由於各幫之間，利害相衝突，動輒糾眾械鬥，夙仇始終未釋。道光八年（1828）七月間，嘉興白糧幫船隊停泊通州劉格莊東岸，水手王大小上街購買衣物，與台州前幫水手李大楞等會遇，李大楞等企圖報復，

將王大小殺傷斃命。嘉興白糧幫水手楊德糾合同幫水手百餘人，
各持刀槍器械前往尋毆。台州前幫水手力不能敵，傷亡眾多，李
大楞等被殺，棄屍河內。台州前幫水手以處州後幫原屬老安教，
後來也有潘安教水手雜入其中，爲清理門戶，台州前幫遂勾結處
州後幫老安教水手將潘安教水手殺斃多人，拋棄河中，其挾仇兇
鬥之烈，實已目無法紀⑨。

　　老安教、潘安教與新安教雖然都是由羅祖教轉化派生而來的
教門，具備相同的宗教信仰，但因彼此利害不同，或因水手爭駕
新船而起釁，或因走私販毒而引起糾紛，或因爭奪地盤即所謂爭
窩而鬥毆，動輒火併。各幫糧船水手械鬥時，均有其特殊標幟，
其中嘉興白糧等幫以紅箸爲號，黨夥立聚；以紅布繫腰，作爲識
別；夜間鬥毆，以朱墨塗面，以爲標幟。因幫中以紅色爲其最顯
著的特徵，所以稱之爲紅幫。質言之，以紅色爲標幟的糧船幫，
就稱爲紅幫，紅幫的名目，是由嘉興白糧等幫械鬥時的紅色標幟
而得名，並非創自一人。紅幫的「紅」，與洪門的「洪」，雖然
諧音，但彼此之間，並無直接的關係，所謂「紅幫是哥老會的正
統，由於洪家一名轉來的，洪家當然就是洪門了」的說法，實出
自後人的附會。至於蒙古人總紅祖師創立紅幫的論證，是純屬虛
構的神話傳說，渺無實際，俱非信史，不足徵信。

　　紅幫以外，青幫的勢力也是方興未艾。大學士長齡等具奏指
出：

　　　　據兩江總督奏稱，游幫棍匪，冒充水手，劫奪傷人，持刀
　　　　拒捕，即照水手犯案辦理等語。臣等伏查漕船經過地方，
　　　　沿途岸上，游幫匪徒，或名放散風，或名青皮，或名河快，
　　　　皆以糧船爲逋逃藪，日則上岸滋事，夜則赴船食宿，內外
　　　　勾結，朋比爲奸，水手恃游匪爲爪牙，游匪恃水手爲包庇，

一切搶劫竊盜之案，多係若輩牽引，實大爲行旅商民之害
⑨。

青幫的「幫」，也是由糧船幫而得名，游幫中的青皮，日則上岸
滋事，夜則赴船食宿，爲害行旅商民。掌陝西道監察御史劉夢蘭
於〈奏請飭禁運丁容隱糧船積慣惡徒〉一摺，對青皮的敘述較詳，
其原摺略謂：

> 近年糧船水手，屢次滋事，蒙我皇上再三訓諭，漕臣暨各
> 省督撫督飭文武員弁，實力查拏，較往年爲認眞。據臣所
> 聞，尚有一種匪類，號爲青皮，又名好老，爲患最甚，偶
> 値汛丁捕役查拏，而本幫運丁運弁輒向該丁役等飾詞容庇，
> 往往已獲之犯，仍行釋放。竊思此等匪類，習慣兇橫，如
> 果迅就拏獲，從嚴根究，必皆確有案據，豈可任其通同徇
> 庇，當場兔脱，致將來或別生事端。推原各運丁所以庇護
> 青皮之故，緣青皮黨類甚夥，皆係游手無籍，強狠異常，
> 專隨重空運船往來上下各幫，起卸私貨，全倚仗青皮之勢，
> 官吏不敢盤詰，地方不敢阻攔，盤踞日久，水手聽其指揮，
> 時有搶奪劫殺拋棄屍骸之事。自來地方文武，習以爲常，
> 因循不辦，近聞沿途州縣簽差捕役，協同汛弁，遇有幫船
> 過境，極力盤詰，間有緝獲，實屬青皮，無如該船運弁旗
> 丁，共相扶隱，汛官捕兵，明知確係青皮，亦竟聽從保釋，
> 否則恐該船停幫不進，在汛弁捕役，固不敢膺此重咎，而
> 該管有司，亦憚於多事，以致旋獲旋放，由此青皮必更與
> 捕兵結恨，捕兵益不敢與青皮爲難，而匪徒遂肆無忌憚矣
> ⑨。

糧船水手中，青皮衆多，強狠異常，肆無忌憚，屢滋事端，搶奪
劫殺案件，層見疊出，汛弁捕役不敢過問。涇縣人包世臣所進《

淮鹽三策》中曾述及青皮充斥的情形云：

> 梟徒之首，名大仗頭，其副名副仗頭，下則有秤手書手，
> 總名曰當青皮，各站馬頭，私鹽過其地，則輸錢，故曰鹽
> 關，爲私販過秤主交易，故又曰鹽行。爭奪馬頭，打仗過
> 於戰陣，又有乘夜率眾賊殺者，名曰放黑刀，遣人探聽，
> 名曰把溝。巨梟必防黑刀，是以常聚集數百人，築土開濠，
> 四面設炮位，鳥鎗、長矛、大刀、鞭鏈之器畢具，然相約
> 不拒捕，非力不足也，知拒捕則官兵必傷敗，恐成大獄，
> 阻壞生計耳㉔。

放黑刀、把溝，都是江湖黑話，糧船水手、岸上游幫，以及鹽梟
中，青皮充斥，黨夥眾多，販賣私鹽，爭奪馬頭，兇悍強狠。

　　所謂青皮，就是無賴漢的俗稱，《新五代史・前蜀世家》記
載，「王建，字光圖，許州舞陽人也。隆眉廣額，狀貌偉然。少
無賴，以屠牛、盜鹽、販私鹽爲事，里人謂之賊王八。」㉕青皮
的本義，是皮膚刺青，引伸爲無賴、流氓、地痞，或游手好閒之
徒的通稱。道、咸以降，漕運積弊日深，積重難返，紅幫、青幫
的勢力益盛，凡投充水手者，如欲立足糧船，必須加入紅幫或青
幫，甚至短縴、游幫以及岸上開張茶酒各舖、運弁捕役、走私販
毒不法商人等多有加入紅幫或青幫者。光緒年間，漕糧改由海運，
鹽梟充斥，紅幫和青幫的勢力更大，肆行無忌，直接挑戰公權力，
形成嚴重的社會問題。紅幫、青幫的名目多見於官方文書及報章
雜誌。光緒二十四年（1898）十二月二十六日，兩江總督劉坤
一接到軍機大臣字寄後，遵旨查明紅幫滋事緣由覆奏，原奏略謂：

> 光緒二十四年十二月二十六日，承准軍機大臣字寄，奉上
> 諭，有人奏，江南通州劉海沙地，與常熟、江陰毗連，近
> 時哥老會、紅幫糧所窟宅，有船有械，沿江鄉民皆受其害

等語，著劉坤一體察情形，酌調勇營駐紮其地，並飭通州、常熟、江陰各州縣曉諭紳耆，力行保甲，以清匪黨而固江防等因，欽此。伏查劉海沙孤懸江心，周圍一百餘里，爲通州及江陰、常熟兩縣所分轄，港門多處，匪徒最易潛蹤，前因訪聞有紅糧幫匪盤踞，希圖滋事，節經分飭查拏，並派撥水師船隻暨狼山鎮標練勇百名前往駐巡在案。茲復欽奉諭旨，飭令調營駐防，遵即札飭統領合字旗章其俊，就近速撥一旗，前往該沙，會同地方文武，督飭兵捕，密探各匪蹤跡，所在無分畛域，合力兜拿，務獲懲辦，一面嚴飭各該州縣，將保甲事宜認眞舉辦，總期奸宄無從託足，閭閻藉以乂安⑯。

光緒二十四年（1898）十二月十八日，軍機大臣發下寄信上諭⑰，同年十二月二十六日，劉坤一奉到字寄。在寄信上諭中所稱「紅幫糧」，劉坤一覆奏中所稱「紅糧幫」，就是指紅幫而言，紅幫盤踞劉海沙地，歷時已久，以致沿江鄉民深受其害。光緒三十一年（1905）十月二十四日，《中外日報》有一則報導說：

> 東南產鹽之區，票商投資本以利轉運，奸民不軌，輒竭其死力，買賤賣賤，與之並塗而爭盈餘，日抵抗於戰陣之下，徒黨愈繁，膽氣愈壯，爲寇爲盜，滋蔓難圖，勢力所及，足以固結人心，終亦有恃而無恐，亂生有原，東滅西起，其所由來者遠矣。逍遙之師，將吏無功，殷憂虽迫，蔽於近明，務芟夷其枝葉，而不知根本之何在，毋曰寇不足平也。江浙梟匪之猖獗，未有甚於今日者也。長江太湖，私鹽之運道也，皆自淮南買鹽而來，紅幫西溯江，青幫南入湖，率其群醜，分道而馳。販鹽則爲梟，無鹽可販則聚賭，賭不勝則爲盜，盜不足則擄勒索詐，無所不至。兩幫之勢

力，江盛於湖，而搆黨之先後，湖爲最早，蓋青幫者，當
日漕河運丁，拜師傅拜老公之餘孽也，久浸淫於淮河流域，
克復蘇湖之淮軍，承其枝派，雖遣不歸，盤踞於浙湖郡縣，
而以販鹽爲生，於是有焦湖幫之名稱，其根柢最深，其魄
力最厚，土著無賴，從而附合之，營汛兵役，從而庇護之，
如虎傅翼，莫敢誰何，間有生擒陣斬，元氣亦無所傷，去
一渠魁，復來一渠魁，接踵呼嘯，歷世積年，不若江梟之
散漫飄忽，一散而不可復聚者，故江防戒嚴而長水絕，儀
棧嚴緝而短水絕，江流上下二千餘里，不見梟船之片帆，
最近之效，固如是矣。然而江梟無立足之地，迫而歸湖，
在青、紅兩幫本自水火，一旦窮蹙，猶有狐兔之悲，是以
湖匪猝增，生計猝窘，演其故技，尤劇於前，此則今日江
浙梟匪猖獗之原因也⑱。

引文中的「老公」，似即「老官」的音轉。「青幫者，當日漕河
運丁，拜師傅拜老公之餘孽」，意即青幫是皈依羅祖教拜老官爲
師傅的糧船水手的教門組織，紅幫和青幫的發展方向，分道而馳，
紅幫西溯長江，青幫南入太湖，兩幫的勢力，起初是「江盛於湖」，
意即紅幫盛於青幫。但是，青幫根柢最深，魄力最厚，紅幫散漫
飄忽，後來在長江已無立足之地，轉而依附於青幫，使青幫的聲
勢更加浩大。光緒三十二年（1906），御史奏請飭江浙兩省合
剿梟匪，其原奏指出青、紅幫猖獗的由來，節錄一段內容如下：

竊維昔之鹽梟，僅以販賣私鹽爲生計，所虧者國課，所損
者商業，而與民無與也。近日裏脅愈多，猖獗愈甚。區區
私鹽之利，不足飽其慾壑，遂變而爲開場誘賭，變而爲擄
人勒贖，變而爲殺人越貨。其幫名有青、紅之分；其記號
有明暗之別，蓋今則非止爲梟，已全乎其爲匪矣，而以江

> 之松太，浙之嘉湖爲尤甚。推原其故，一誤於民畏匪而不
> 敢言，一誤於兵縱匪而與之通，一誤於官撫匪而不痛剿，
> 坐此三誤，養癰貽患，以致不可收拾⑨。

引文中已指出，「其幫名有青、紅之分；其記號有明暗之別」，
各幫以色彩青、紅爲標幟，並非「清」、「洪」的諧音或音轉，
與洪門或哥老會不可混爲一談。江蘇江陰縣知縣承厚拏獲文漢湘
等三名，據供稱，文漢湘身入紅幫，在沿江販賣私鹽，其兄文漢
同是幫中正龍頭⑩。哨弁楊起元帶勇在江蘇省城鐵瓶巷谷樹橋地
方拏獲紅幫正龍頭易翰一名。據供，易翰是湖南湘鄉人，曾充營
勇，加入紅幫後，充當正龍頭，開立山堂，稱爲天龍山，自稱南
天元帥，開堂放飄，其活動地區，主要在江浙一帶⑩。

　　光緒三十三年（1907）五月，《東方雜誌》刊載，「紅幫
會匪頭目張福壽在無錫縣境開立山堂，結盟拜會，謀爲不軌，水
師營偵知，隨即帶同眼線前往拏獲，並起獲軍裝僞印、令旗及票
布、盟帖等項。」⑩

　　紅幫與會黨都開堂放飄，以致幫與會被混爲一談。光緒三十
三年（1907）十二月，兩江總督端方等具奏云：

> 伏查蘇、浙兩省梟匪，即蔡乃煌摺內所稱浙西之青、紅幫
> 匪，太湖之鹽販，蘇松一帶之青皮、光蛋，平日以販私開
> 賭爲生，與民雜處，恃眾橫行，有時強借強索，有時擄人
> 勒贖，有時白晝搶劫，官兵往拿，兵少則拒捕，兵多則竄
> 逸，其窟穴多在太湖附近支河汊港之間，聚則爲匪，散則
> 爲民，與大股巨寇攻城掠地抗敵叛逆者，情形迥不相同⑩。

引文中所稱浙西的青、紅幫，與蘇松一帶的青皮，平日以販私開
賭爲生。青皮是青幫名目通行以前的舊稱，浙西青幫名稱雖然通
行已久，而蘇松一帶仍稱青皮，此青皮即蘇松青幫的舊稱，其後

由於青幫名稱普遍使用，蘇松一帶的青皮亦習稱青幫，青皮名目，遂棄而不用，以致後人對青皮的本義，不加詳考。光緒三十四年（1908）正月，法部侍郎沈家本具奏稱：

> 臣迭接家鄉電信，據稱嘉湖一帶梟匪蔓延，勢甚猖獗，湖州如石塚、重潮、新市等處，嘉興如桐鄉、石門、海鹽等處，白晝搶劫，擄人勒贖，甚至拒捕戕官，打毀教堂、學堂，種種不法，指不勝屈。近聞朝廷特派重兵前往坐鎮，誠以亂萌一日不靖，則閭閻一日不安。聖主眷念東南，江浙人民實深慶幸。臣查此項匪徒，與大股匪黨揭竿起事者情形不同，蓋其中半爲昔年裁勇，半爲鹽梟，有紅幫、青幫各種名目。其籍貫以皖省之焦湖人爲最多，兩湖人次之，溫台人亦雜出其間。平日以包賭販私爲事業，遇便則搶劫訛詐，無所不爲，恃太湖爲出沒之所，沿湖各府州縣，蹤跡無常，一聞官兵搜捕，往往四散逃匿，或竟持械抗拒，官兵反致失利，如是者已數十年，辦理總未得手[104]。

法部侍郎沈家本，是浙江歸安人，讀書好深思，專心法律之學，他對浙江青幫和紅幫的社會侵蝕作用，頗有聞見。其原奏已指出光緒末年的紅幫、青幫，成員複雜，半爲裁勇，半爲鹽梟，其籍貫是以焦湖人爲最多，其次爲兩湖人，溫台人亦雜出其間，他們包賭販私，搶劫訛詐，擄人勒贖，無所不爲。

　　光緒、宣統年間，紅幫、青幫等幫派的勢力，與哥老會等會黨勢力，互相結合，爭相開堂放飄，自稱龍頭，更加深了社會的動亂。江西巡撫胡廷幹具摺時已指出，「長江一帶會匪，有紅、青、黑三幫之分。」[105]原摺指出，湖南瀏陽縣人楊青山，他曾先後在各省充當營勇，因事被革後，先入哥老會，繼入洪江會，同時又是紅幫的正龍頭。署理郵傳部右丞蔡煌也指出，「浙西有青

幫、紅幫諸匪,浙東有會匪、梟匪,以及寧、紹、台之海盜,豐、沛、蕭、碭之刀匪,太湖之鹽販,蘇、松一帶之青皮、光蛋,久已結黨聯盟,肆行無忌⑩。原摺分析社會動亂擴大的原因,主要是由於江浙繁富甲於天下,外人通商傳教,日盛月新。稻米價騰,不逞之徒,交相嘯聚,伏莽太多,地方官不敢過問,以致匪類縱橫,日甚一日。

宣統年間,青幫勢力,發展迅速。外務部主事韓葆謙具摺指出,「各處會匪,名目不同,有在青、在紅、仁義、大刀等稱號,而勢力之大,黨羽之多,則以青幫爲最著,分旗散票,煽惑愚民,聞現在各縣入會者,不下數萬人。」⑩皖北、豫東一帶也是各幫派活動的重要地盤。加入幫派後,自稱在青,或在紅,意即已加入青幫或紅幫。除了青、紅幫外,還有安清幫等幫派。因爲大江南北一帶,港汊紛歧,向來就是鹽梟、會黨、幫派出沒的地區。宣統三年(1909)四月,拏獲朱羊林,他又名朱大花臉。朱羊林供認曾加入安清幫,幫中成員共二百餘人,他們積慣販私,動輒劫擄殺人⑩。

紅幫和青幫等原本是以信仰羅祖教的糧船水手爲基本成員的教門組織,藉宗教信仰,以祈保水手航行的平安,他們拜老官爲師傅,利用宗教組織,建立縱的師徒關係,並以嚴格的幫規,約束黨夥。清朝中葉以降,由於糧船水手與日俱增,漕運積弊日深,凡投充水手者,如欲立足於糧船,必須加入紅幫或青幫等幫派,甚至短縴、游幫及岸上開張茶樓酒肆的店家,此外還有捕役等人,多有加入紅幫或青幫者。清朝末年以來,紅幫和青幫的成員,更加複雜,有些是鹽梟,有些是水手,有些是被裁革的散兵游勇,有些是無業游民,長江、太湖等地,江蘇、安徽、江西、浙江等省,紅幫、青幫滋事案件,層出不窮,不僅是漕運問題,同時也

形成嚴重的社會問題。紅幫、青幫的名稱，雖久已家喻戶曉，但它們如何由羅祖教派生而來，後人多莫名其妙了。

　　光緒、宣統時期的民間秘密宗教，也是教派林立，五花八門，名目繁多，經官府先後取締的教派包括：青蓮教、燈花教、姚門教、一字道教、天水教、金丹道教、末後一著教、紅陽教、白陽九宮道教、清水教、龍華會、涼水教、一貫教、在理教、武聖門教、黃羊教、聖道門教、普度教、彌陀教、神拳教、紅燈教、九功道教、信香教、大神教、無生門教、巫教等等，查獲教案的地區，包括：直隸、山東、河南、安徽、江西、湖北、四川、貴州等省境內。光緒二年（1876）四月間，河南道監察御史胡聘之具奏時已指出，四川五方雜處，有青蓮教、燈花教等教派⑩。光緒九年（1883），湖北巡撫彭祖賢具摺指出，湖北武漢地方，人煙稠密，也是五方雜處。是年三月二十八日戌刻拏獲王大啓等二十九名，據王大啓供稱，他們分隸黃陂、孝感等縣，因聽從鄧老五即鄧五閻王等勸誘，傳習燈花教，混入省城，訂於三月二十八日夜間子時起事，以放火為號，教中成員皆以「口吃」二字為暗號⑩。光緒二十年（1894）四月，據湖南綏靖鎮總兵張士芳稟報，四川秀山縣宋農場插壁嶺有燈花教活動，教首姚復乾等聚眾滋事⑪。

　　光緒二年（1876）六月間，江西境內破獲的姚門教，是因姚姓所傳而得名，因訛姚為窯，又有窯門教之稱，教中俱以「普」字分派，其信眾分佈甚廣。據都昌縣拏獲的方普志供稱，方普志拜涂坤玉為師，涂坤玉法名普通，他曾拜普十為師。安仁縣拏獲僧長喜，法名普馱，又名昌起，他曾拜裘普萬方為師⑫。民間相傳窯門教傳習邪術。光緒二年（1876）九月，廣饒九南道湖口縣拏獲教犯張瞎子即張作濱，彭澤縣拏獲教犯張老六即張廣潮，

他們都拜陳錫交爲師，入窰門教，學習符咒，剪取人髮雞毛，交給他們的師父九龍山頭目萬老大練成陰兵神馬，並約期起事⑬。

　　光緒初年，官府破獲的天水教、金丹教，也傳習符咒和邪術。光緒二年（1876）八月間，江西奉新縣拏獲教犯喻學環，據供，他曾拜鄧錫飛爲師，入天水教⑭。光緒三年（1877）正月間，廣昌縣拏獲教犯李連盛，據供，他曾拜僧人胡顯明爲師，入天水教，學習符咒，剪人髮辮。李連盛在教中被封爲百總⑮。臨川縣拏獲教犯許矮子即徐矮子，他曾拜佛和尙即僧祥有爲師，入金丹教，教中傳授剪辮符咒法術，他曾經放過紙人兩個，剪取髮辮二枝⑯。

　　貴州地處極邊，山深箐密，其中鎭寧州境內葫蘆沖地方，更是偏僻山區，州民胡廣狗即胡添岡，他於光緒九年（1883）二月間在破廟內檢得殘缺符書一本，起意畫符治病，騙錢使用，並在家中供設清水一碗，早晚禮拜，取名清水教，收童念青即童沅虎等十二人爲徒，一同禮拜。胡黃狗捏稱上年曾遇廣東趙道人教他畫符念咒，聲稱能避刀鎗，趙道人稱他是白花星下凡，前明朱姓轉劫，改名朱潮品，將來必成大事。胡黃狗令童念眞等十二人，每人各招子弟十二人，招齊以後，子弟每人又各招十二人之數，輾轉相招，各以十二人爲一組。但在光緒九年（1883）三月二十四日總人數尚未招齊以前，胡黃狗等人即被訪拏⑰。

　　光緒初年，直隸祁州、涿州等屬查獲紅陽教案件，祁州人邢洛紀即邢紹祖、邢洛位即邢攀桂，同宗無服。邢洛位之祖邢文炳即邢洛木，他曾傳習紅陽教，供有飄高老祖，諷念經卷，盤腿坐功運氣，聲稱可以養性卻病，多增壽數。邢洛紀曾拜邢文炳爲師，將經卷抄錄給與邢洛紀學習。邢文炳病故後，邢洛位搬至淶水縣覓工度日。光緒六年（1880）春間，邢絡紀與房山縣人呂五，勸令良山縣人譚祥入教，並將所抄《善惡卷》、《性命圭旨》、

《秀士盤道卷》交給呂五，呂五即拜邢洛爲師。邢洛紀與邢洛位等人分立四會：譚祥爲東會，邢洛紀爲南會，呂五爲西會，邢洛位爲北會，各懸飄高老祖神像，按春夏秋冬四季交節集會，茹素燒香，諷念紅陽教經卷⑱。

除紅陽教外，山東所查辦的是白陽九宮道教案件。孫大廷是山東平陰縣人，光緒八年（1882）六月，他呈控直隸冀州蕭城人張恩峻等人在山東平陰縣屬黃起元莊住戶有守正家設立白陽九宮道教。據稱，有守正是教中管營元勳，其女有大姑娘管太陽，掌迷魂陣，肥城縣人李金浩等則善用法術。教中有營盤八十一盤，各有盤名，每人發給合同一張爲記認，並有對答口號十六句，以及習練功夫咒語⑲。

光緒年間所取締的龍華會，多具有暴力傾向。湖北黃梅縣人柳和尙即柳官保等人聽從於添保在縣境小溪鎮多雲山古廟內倡立龍華會。光緒九年（1883）二月初七日夜間，龍華會信衆搶劫染店布疋，經兵役訪拏破案，柳官保供出，龍華會信衆約定於同年二月十四日動手起事⑳。河南商城縣與湖北、安徽接壤，山徑紛歧。光緒三十二年（1906），縣民鄧建堂即鄧道眞倡立龍華會。有縣葉綠青、葉七生兄弟竟以讀書子弟傳習龍華會，設壇扶乩，燒香焚表，斂錢惑衆，編造詩詞，勸誘佃戶王志仁等多人登入黃冊，兄弟各創道號，分別叫做道正、德和，並立道、德、明、心、性五字派名。有居住老圍的胞叔葉宜賨、堂兄弟葉潤含等人素不信教，葉七生兄弟假託壇場乩語十月二十三日大劫已到，教中王平安捏稱神主附體，即率領信衆至老圍地方，欲殺害胞叔葉宜賨等人。因葉宜賨先已得信，全家遷走避匿，未曾遇難，王平安率衆焚燒民房一千四百餘間㉑。

光緒初年，官府已查獲末後一著教。王覺一又名王養浩，是

山東青州人。因其自稱是古佛降生，手掌有古佛字紋，所以又稱為王古佛，末後一著教就是他所創立的教派。他常到海州、沭陽、安東、桃源、金陵、湖口、荊州等地傳教⑫。據其信衆張懷松等供稱，同治十年（1871）間，有湖南人王國敬勸令張懷松入教吃齋，並給點元，傳他末後一著教，教他供奉無生老母，學習鍊氣功夫。光緒四年（1878）春間，張懷松前往風後頂燒香，見有算卦青州人王覺一問他功夫，教他以守玄關呼吸的方法。王覺一告訴張懷松尚有二層功夫，非拜師不能傳授，張懷松即在廟中拜王覺一為師，王覺一傳授練精化氣的方法。張懷松返家後，將拜師經過告知同教蕭鳳儀，蕭鳳儀提及曾在周口拜王覺一為師，後來王覺一託天津人劉漢鼎帶給蕭鳳儀《三易探源》一本，三極圖一張，上頭畫無極太極，中間畫河圖洛書，下邊畫六十四卦。另有書帖一紙，書寫「單等金雞三唱曉，四十八龍入中原」等語⑫。

在河南南陽府拏獲的教犯高勤，他供認與謝尚奇、殷五等先後聽從淅川廳人張沅德入一字道教，學習運氣念經。光緒二年（1876）二月間，高勤與詹沅興會遇，告以南召縣人劉萬金是彌勒佛轉世，為漢朝後裔，應坐大漢龍朝，勸令詹沅興入教，高勤後來又收謝尚奇等人為徒，入一字道教。光緒六年（1880）二月間，高勤拜王覺一為師，入末後一著教，得有《三易探源》、《學庸解》等書⑫。光緒九年（1883），高勤等人被捕，同時被拏獲的許蘭、王富等人另拜河南桐柏縣人曹丙為師，傳習涼水教，與高勤並非同教。

光緒九年（1883）三月初五日，王覺一由江蘇到漢口，轉往四川。其子王繼太與熊定幗、劉志剛等商令與鄧老五等人在漢口散佈謠言，約期見湖北省城火光大起，即同時起事，因人數未

到齊，又是烏合之衆，旋即敗露竄逃。其中熊定幗被捕後供稱：

> 係嘉魚縣人，由捐貢生投效霆軍，保舉江西知縣，尚未到
> 省，在外賣字畫符爲生。本年正月間，在漢口會遇山東人
> 劉志剛，談及其師王覺一傳教多年，王覺一手掌有文像字，
> 著有《一貫探原圖説》，在江蘇、湖北、河南、四川等省
> 收徒無數，名爲傳教，實則謀反，並説王覺一能知天文奇
> 門，其子王繼太耳大手長，是帝王之相。去秋，天上出有
> 怪星，主湖北有事，邀伊入教，充當湖北總頭目，伊未敢
> 允承認充當僞軍師，因知鄧老五即鄧五閻王、鄧老三即鄧
> 玉亭、熊老八素習燈花教，手下人多，遂邀允入夥，聽候
> 王覺一消息。三月初，王覺一由江蘇來漢口，耽擱數日，
> 就往四川。其子王繼太同劉志剛在船住宿，不敢上岸，伊
> 與相商，先遣徒黨在漢口布散謠言，使人驚惶搬動，並製
> 備五色號帽及放火洋油等物，約定是月二十八日夜子時在
> 武漢地方同時起事，以放火爲號，先劫監獄，繼搶局庫，
> 凡在教內之人，皆以口吃二字爲暗號。其時省城正在縣考，
> 先令鄧玉亭、王大啓等多人暗藏號帽等物，於二十六、七
> 等日假託考客，陸續混入省城，由伊帶領分投知情之王劉
> 氏棧房及尼僧仁勝菴內住歇，伊即回漢口，令鄧老五、宋
> 克潤即宋木匠等人俟見省城火光，一體舉動。初聞王覺一
> 主意，因武昌省城三面受敵，不便長踞，原想擾亂後擄掠
> 船隻，下駛金陵，不料漢口因居民搬家，派有文武各官，
> 巡查嚴緊，鄧老王等不能齊人，無從動手，省城亦被官員
> 查覺，於二十八夜二更時帶領兵役圍住棧房，將王大啓等
> 全行拏獲，惟聞鄧玉亭乘間走脱，王繼太、劉志剛與伊知
> 事已敗，分路逃走，伊逃至崇陽縣地方當被盤獲到省。此

項教內，規矩甚嚴，非派爲大頭目，不能得一貫圖，王覺
一稱爲太老師，王繼太稱爲大老班，劉志剛稱爲老師，凡
入教未久之人，皆不得見此三人之面，所以前獲正法之王
大啓等僅知鄧玉亭等所傳燈花教，不知另是一貫教也，伊
所得一貫圖，業已起獲㉖。

由引文內容可知燈花教與末後一著教連合起事，但燈花教與末後
一著教不可混爲一談。王覺一著有《一貫探原圖說》，末後一著
教中傳有一貫圖，教中規矩很嚴，必須派爲大頭目者始能得到一
貫圖，因爲教中有《一貫探原圖說》或一貫圖，所以末後一著教
又稱爲一貫教。熊定嶼是教中大頭目，得有一貫圖，他在供詞中
也說過末後一著教不是燈花教，「另是一貫教」。末後一著教與
彌陀教也有互動關係，江蘇桃源縣人夏世承先入普度教，後來改
習彌陀教，光緒二十七年（1901）十月，夏世承在江蘇宿遷縣
被捕，搜出「奉天承運一貫眞傳」印章。據夏世承供稱：

桃源縣人，先入普度教，嗣至河南上蔡縣，在逸匪張妙松
即張步松家教讀，與張妙松談道投機，並知張妙松係認從
前犯案教匪王覺一徒弟昔存今故之陳學餘爲師，新改倡彌
陀教，既學扶乩，又有無生老母附體傳道，兼有騰雲駕霧
法力。伊因張妙炢道法高超，亦改從彌陀教，胞弟夏世啓
亦同入教。上年春間回家，張妙松送給銀兩，令在家鄉招
徒，並另派人分赴別省，廣傳教法。八月間，在宿遷地方
與張妙松會晤一次。七月，伊移住宿遷東關，與同教已獲
之趙開業，在逃之陳永清等講道。九月初旬，張妙松來勸
伊設堂念經，只向上邊禮拜無生老母，並未供立牌位，即
派同教已獲之王振核打掃經堂，張根煮飯打雜，並由張妙
松帶來冊籍書本圖記多件，令伊執筆，掌管圖記，代書新

入教人冊簿給照。九月半後，張妙松向伊等談及各處水災，人心不定，又見陳永清帶有「奉天承運一貫眞傳」木印，說是教中遺留之物，張步松復聲言在河南時，早與馬子如要做大事，並有韓明義、陳玉賢、王諷先等可約山東八卦、大刀各會相助，現又得此木印，正是天時到，地理合，人手將齊，不可錯過，定期十月初七夜起事，舉火爲號，知照馬子如、韓明義等帶人接印，內外動手，夏世承、陳永清、趙開業應允。張步松又囑凡在教中之人，均給會元、龍華、彌陀、收圖旗號，並門外畫一無極，其圈口對會元、龍華口號條各一紙，到時各在門首畫一大白圈，並做旗子，對答口號。商定後張步松、陳永清各去分投邀人，不期初七日即被破獲[126]。

由引文內容可知張妙松即張步松，他是王覺一的信徒陳學餘再傳弟子，張妙松在河南上蔡縣改立彌陀教，教中既學扶乩，又藉無生老母附體傳教，兼講法術。江蘇桃源縣人夏世承原來入普度教，他見張妙松道法高超，於是改習彌陀教。夏世承以陳永清攜有末後一著教即一貫教的「奉天承運一貫眞傳」木印後，起意聯合山東大刀、八卦等教起事，並令同教各在門首畫一大白圈，教中還有對答口號，但在起事前即被官府破獲，夏世承等被捕，張妙松等逃逸未獲。由夏世承供詞，可以說明河南上蔡縣的彌陀教是由末後一著教或一貫教衍化派生而來的一個新興教派。

在理教，清朝官方文書間亦作在禮教，簡稱理門。《錦西縣志》有一段記載說：

在理教供菩薩，起於明清之際。明逸民組織此教，蓋隱有恢復宗社之意焉。其大意謹戒煙酒，勸人立志行善，又有五字眞言，不准道破，有揭開者，即謂爲背教規。相傳李

鴻章督直時，軍中多有信此教者，詳詢其五字眞言曰：「一心保大明」。奈當時明社既屋，不敢明言耳，李令改之爲「觀世音菩薩」，而甚秘密，甚無謂也。本境在理教城鎮尚有之，其聚會之地點曰公所，首領曰大爺。遇有齋日，則歸公所舉辦，設宴高會，燒香吃茶，由首領當眾演說，謂之開釋，所有各費，按人均攤。教義極爲簡單，僅限於戒除煙酒而已⑫。

引文中所稱在理教起於明清之際的說法，不足採信。《綏化縣志》，則謂「理門亦供觀音佛，自光緒十年，綏境始有其教。」⑱光緒初年以後，在理教或理門的活動，日趨活躍。光緒九年（1883）六月初二日，御史李璲具奏時指出，京城及直隸等處，盛行在理教，以戒人吸煙飲酒爲名，互相傳引，人數眾多，傳聞在理教是白蓮教的別名⑭。同年六月十五日，署理直隸總督李鴻章奉密諭派員查訪在理教的活動。七月十三日，李鴻章具摺覆奏，他指出，天津地面，向有在理教，宣稱洋煙是毒人之物，足以致病戕生，而天津民俗強悍，動輒酗酒，械鬥釀命，因此，教中以戒人吸煙飲酒爲主要的工作，民間信從在理教者十之六、七，都有身家恒業，大致而言，從事手藝力役之人居多，農商次之，讀書士子，間亦入教。因不吸煙飲酒，有益身心性命，所以入教者眾多。其教首並無大小頭目之別，教中各就所居附近處所自製戒煙秘方，隨願施治，勸令改過遷善。李鴻章認爲在理教「亦無妖言邪術蹤跡詭秘誘惑愚民情事，實與白蓮等教聚眾爲非者，迥然不同。」李鴻章自稱駐津年久，對在理教素有所聞。因此，他具摺時認爲「今查明在理教係安分良民，勸人爲善，聞其秘製戒吸洋煙藥膏，極有效驗，非邪教匪徒可比。」他又說：「戒煙酒以保身命，與吃齋求福者，意義相同，而戒食洋煙，尤於風俗有裨。」李鴻章

鑒於鴉片盛行，人多貪食，遂致委靡不振，而在理教既能製方互戒，正可因勢利導。而且在理教人數眾多，設或拏辦，必致紛紛驚擾，轉於地方大局有礙，所以李鴻章奏請免其拏辦[130]。但是，監察御史謝祖源卻提出不同看法，他具摺指出，在禮會即在理教在近畿一帶假藉戒食鴉片煙爲名，到處活動，黨羽日繁，京師地帶，尚不敢公然爲非，近畿東北各縣，則肆行無忌，例如天津、永平等處，每縣教犯，不下數千人，其爲首者都以老師傅相稱。教中人皆不食煙酒，但市井無賴，多混跡其間，即使在官人役，亦多習其教。入教之家，雖童穉婦女，必須同受戒約，起居動作，異於常人，隨處聚眾傳徒，陽託戒煙之名，陰爲不法，行蹤詭秘，莫測其所爲[131]。時人對在理教的認識，彼此不同，但在理教的活動，十分活躍，人數眾多，則是事實。

　　金丹道教，又稱學好教，合稱金丹學好教。光緒年間拏獲的教犯楊悅春是金丹學好教的教首。據楊悅春供稱：

> 係建昌縣人，年五十一歲，從前有江南老道郭姓至伊處化緣，傳授《夢首經》等六種。伊轉傳齊灝、王福、楊連元、郭洛九等，取名聖道門，又名金丹教。齊灝等輾轉傳授朝陽縣之李廣、李斌、張富、轟珍、郭海、于義和、趙玉洗，建昌縣之徐立、楊坤、李青山、佟傑，平泉州之惠代鐸、惠代耀等多人。此教無非勸人學好，並無邪術，是以信從者眾。伊又兼施醫藥，人皆稱爲楊四老師。向種敎罕貝子府旗地。該貝子自得昭烏達十一旗盟長之後，租課屢增，又縱其子色二爺、喇嘛四爺藉勢橫行，訛索姦淫，拷打殺，無惡不作，受累者不敢告官伸理，懷恨甚深，欲圖報復泄忿[132]。

楊悅春等人傳習的金丹教，即聖道門，因教中勸人學好，所以又

稱爲學好教。楊悅春在金丹教中被尊稱爲楊四老師，地位崇高。

　　承德府平泉州，朝陽府建昌、朝陽等縣及赤峰直隸州邊外，蒙漢雜處，常因嫌隙，引發社會衝突。金丹學號教或武聖門在蒙漢衝突中產生了重大的負面作用。朝陽縣人焦志，綽號振東，在迷立營居住。光緒十七年（1891）二月，他在縣屬木斗城子蘇萬深家聽從李教明勸告，學習金丹教。郭廣海籍隸奉天義州，是正黃旗關永佐領下人，一向唱書度日，是年三月間，郭廣海聽聞鄰屯石體坤素習武聖門教，遂與胞叔郭柏令拜認石體坤爲師，石體傳授咒語。後因正黃旗訪拏，郭廣海等逃走熱河草白營子，投入教首王增股內，被封爲平青王。齊保山是朝陽府建昌縣人，在敖漢貝子旗居住，素習金丹學好教。光緒十六年（1890）十一月及十七年（1891）五月，齊保山胞弟、胞姪在黑山私砍柴草，先後被蒙古旗拏獲懲辦身死，齊保山心懷忿怨，冀同報復[133]。光緒十七年（1891）二月二十日，據平泉州知州文卜年稟報，州屬鏡子山地方突有七、八十人持械搶掠。四月十六日，又據圍場廳同知裘履謙等稟報，廳屬圍場朝陽灣子、段家灣子、于家灣子、大局子等處地方，突有馬步一百餘人，執持洋鎗火炮等械，豎旗列陣，白晝搶奪萬順永聚源棧、福順永裕興隆銀樓等鋪及民人王元、祁姓、高姓等家衣飾財物，燒燬房屋，俱經駐防馬隊練軍及綠營步隊馳往剿捕。四月二十四日，據佐領全齡等稟報，帶領馬隊練軍、綠營步隊及圍場官兵等前往圍內五台山、花兒胡同等處剿捕時，金丹教徒衆見官軍進剿，竟列隊施放鎗砲拒敵，相持約有三時之久[134]。

　　光緒十七年（1891）十月初間，敖罕貝子調派蒙古兵一千餘名，托辭打獵，實圖剿殺金丹學好教徒衆。金丹學好教則假藉仇殺天主堂傳教士之名，聚集信衆數千人，乘蒙古兵尚未會齊之

前起事⑮。教首楊悅春在供詞中亦稱，十月初間，因聞敖罕貝子欲調兵殺民騰地，當即與王增等商議，不如先發制人，於是令王增、王幅邀集齊灝、楊連元、楊坤、郭洛九、李斌等聚集八百餘人，附近百姓，多願隨從。

　　光緒十七年（1891）十月初二日，焦志聽從李教明的邀約，同赴蘇萬深家，商議起事，公舉李國珍爲主，蘇萬深置備洋砲旗幟，約會建昌教首齊保山、平泉州教首梁貴成等率衆同時舉事。十月初九日夜間，楊悅春等率衆攻破敖罕貝子府，貝子府蒙古人雖然鎗砲齊發，極力抵抗，但寡不敵衆，貝子、色二爺、喇嘛四爺等逃脫，其餘男女及兩鄰東西府中蒙古人俱遭殺害，貝子府墳墓亦被掘燬。由於朝陽、建昌一帶，東連奉天，北界游牧，地方遼闊，向來就是馬賊出沒之區，又因直隸洪水爲災，各路飢民逃出口外者，絡繹不絕，所以許多飢民都加入了金丹學好教。據三座塔稅司恒成、朝陽縣知縣廖倫明等稟報，風聞縣屬趙胡子溝等處，突有由蒙古地方外來匪徒，煽惑飢民入教，名曰「學好」，聚集各處搶劫⑯。十月初十日早，有曲里營蒙古聚集百餘人拒敵，亦被楊悅春大隊信衆殺害。楊悅春佔住貝子府，改爲開國府，信衆公推楊悅春爲開國府總大教師，出示安民，楊悅春雖以片紙傳令，民皆樂從。楊悅春一面製造旗幟器械，搶掠馬匹軍火，以備攻打蒙古，抵敵官兵，計劃佔領平泉、建昌、朝陽、赤峰等州縣，於是商派王增、王幅等招集五千人，抄殺東路土默特旗一帶，到達鄂爾土坂後，即與官兵接仗。另派李青山至西路平泉州喀喇沁等旗一帶抄殺，在惠家溝與惠代鐸等會合，共有五、六千人，到達朱碌科、札薩營子等處時，與官兵打仗。赤峰縣北路又派李國珍、馮善政招集七、八千人，分往札薩王旗、奈曼王旗、海林王旗一帶抄殺，各路人數連同裹脅百姓，約有二、三萬人。朝陽縣砲手

營子鄉牌稟報時亦稱，初十日突有學好教匪騎馬持鎗，並有步行執持刀械者，約數至一、二千人，至三道梁汛搶劫，又在西官營子地方肆行搶奪，勢甚猖獗。

李斌是朝陽縣人李廣的師父，光緒十七年（1891）十月十一日，李斌告知李廣、聶珩等人，已邀人攻打朝陽，約定與張富、丁義和、趙玉洗共集三百餘人。教首李國珍被地方官冠以「妖師」字樣。十月十二日，李國珍在敖吉地方，與張雙等率眾五百餘人，燒殺蒙古人，搶奪鎗砲馬匹。王增接獲李國珍來信後，即帶領郭廣海等赴朝陽縣木頭城子蘇萬深家會齊。十月十二日夜間，李廣等率眾同至朝陽街外，聶珩等進街商令俟七道泉子廟中火起，一齊動手。到了後半夜，一見火光，李廣行至北門，因被官兵截住，李斌被擊斃，李廣等繞過西門進街。焦志率領二百餘人奔赴縣城，沿途裹脅居民一千八百餘人。據署松嶺子邊門雲騎尉永勝稟稱，十月十二日五更時分，有在裡馬賊約四、五百名闖入朝陽縣城大街⑬。十月十三日，各路信眾齊集，殺斃哨官，釋放獄犯，搶劫當鋪。邊外居民肩背或車拉行囊，紛紛奔逃。李國珍等遂佔踞大街，被推為掃北武聖人，蘇萬深稱九門提督。焦志與副將王坤、參將張奴、周寬各帶大隊四面圍攻朝陽縣城。聶珩等焚燒喇嘛廟，並殺斃喇嘛數名，隨即分頭駐紮。口外教堂多處，俱遭金丹學好教徒眾燒燬。據平泉州知州文卜年等稟稱，十月十七日夜間，突有數百人竄擾州街，隨後州街西北角山岔間，又突然竄出一股入街，焚燬教堂。

光緒十七年（1891）十月二十日，金丹學好教頭目李林等聲稱，與蒙古喀拉沁王有仇，於是邀允郭廣海等前往報復。焦志、李廣等亦帶大隊至喀拉沁，焚燒王府，蒙古男婦被殺者不計其數。據義州城守尉義秀詳報，九關台邊門外五十餘里上貝子府、十家

子、雙樓、涼水河子等處，俱被焚掠，燒燬貝子府、太吉府、喇嘛廟。十月二十日夜間，距六溝二十里聶門子溝地方，有二百餘人將天主堂拆毀，殺死教民男婦多人，奪取馬匹。十月二十一日未刻，據喀拉沁扎薩克王旺都特那木吉勒文稱，喀拉沁王旗與敖罕旗接壤的道古郎營子、白音格勒川各等處的蒙古村舍，俱被劫掠焚燒，聲勢猖獗[138]。據新台邊門防禦順慶稟報，邊外有黃羊教邪術，能避刀鎗，聚衆千餘人，到處搶掠。原稟中所稱「黃羊教」，是黃陽教的同音字。順慶同時指出，義州城三十餘里外小二台地方，亦遭滋擾，亂民豎立大旗二面，上書「奉天伐暴」、「護國佑民」、「在裡旗門」等字樣[139]。葉志超具奏時指出，口外地面遼闊，山路紛歧，金丹教由敖罕倡亂以後，殘害蒙古，旬月之間，由數千聚至數萬，人心動搖，分陷朝陽，焚署劫獄，平泉、建昌、赤峰三州縣及接壤的奉天沿邊一帶大小各股同時響應，各股人數，或數百人，或二、三千人，盤踞險要，蹂躪地方，勢成燎原，承德府各屬幾至不堪設想[140]。直隸總督李鴻章具摺時則指出，「伏查熱河近年蒙漢民教積怨甚久，該地方官因循玩愒，漫不經心，致在理、金丹各匪黨乘機煽惑，釀成巨變。」[141]金丹好話教起事後，動亂擴大，在理教也加入劫掠。光緒十七年（1891）十一月初七日，江南監察御史陳懋侯具摺時即指出，「近日熱河郭萬昌即係在理教首，平時專以妖言惑衆，此次竟敢豎旗謀亂，破朝陽，偪建昌，入平原，戕殺敖罕貝子，旬日之間，擄脅至萬餘人。」[142]

　　金丹學好教起事以後，加入行列的，除黃羊教、在理教以外，還有武聖教。光緒十八年（1892）十月初，奉天新民廳人沈國永被捕後供認在同治年間，聽從外來道士曹義路傳習武聖教金鐘罩法術及符咒。教中創立衆生、天命、正恩、隱恩、寶恩、頂航、

十閣、十諦、五老九等名目，揚言入教習術，能避刀兵劫數，鎗砲不能傷身，藉以惑眾騙錢。後來，沈國永變名胡仁中，其弟沈國順變名胡仁憶，以掩人耳目，直隸昌黎縣人石力坤變名任義。胡仁中即沈國永等邀約同教的道士魏中羊潛至蓋平縣灰莊屯地方，結交李庭幅等隨從習教，捏稱李庭幅之孫李中央是青龍附體，推以為主，石力坤認李中央為義子，並自稱蓋世法王，還設立元帥、副元帥、虎將等名目㊷。沈國永兄弟前往開原縣屬八棵樹屯添置房地，並在縣城開設雜貨軌喇鋪，藉圖掩飾匿跡，暗中卻與金丹好話教首楊悅春、齊保山等人結交，通謀舉事㊸。光緒十八年（1892）十月，李庭幅在蓋平縣被捕時，搜獲《混元明心經》二本，以及銅佛、咒語單等件。沈國永、石力坤等人亦先後被捕，武聖教的活動，並未停止。孟毓奇是武聖教的教首，其宗師為劉明，孟毓奇奉命由張家口前往奉天、吉林、黑龍江三省傳教。沿途放有頭目一百六十四人，每人各領一盤，每盤三至五百人不等，凡能收徒加倍者，或放為總兵，或放為元帥，以天地雲三盤為據，教中存有盤圖書㊹。恩澤具奏時指出，東三省山海關內外以迄張江口，無處沒有武聖教信眾，眾至數萬人，推朱承修為主，以張九令、岳洋為帥公，約期舉事。此外又有左道惑眾的呂大拙，他摘錄先賢諸子餘緒，編造新說，刊印《桃源路》一書，倡立如意教，善男信女聽從入教者甚多。孟毓奇等被捕正法後，如意教中人有全家老少畏罪自盡者。恩澤奏請「嚴緝教首，寬免脅從，如受有武聖教天地雲三種圖盤及如意教《桃源路》等書者，能即時自首到官者，准其免罪，概予自新。」㊺從寬免脅從及鼓勵自首的措施，可以反映武聖教、如意教等信徒的眾多。

　　在朝陽等州縣的金丹學好教起事以前，綏化廳境內玉虛門、混元門等教門的活動，已頗頻繁。教首何廣大先後入玉虛門、混

元門，拜李深遠、沈沅菁爲師，他受封爲妙覺仙師，負責北路黑龍江傳教及起事計劃。何廣大又引其胞弟何廣厚、何九思同入玉虛門等教。何廣大先至江北傳教，收劉振慶及其胞叔劉秉禮等人爲徒，習練避鎗避刀邪術。教中以劉振慶爲元帥，劉秉禮爲軍師，與朝陽、赤峰、建昌、錦州、義州、寬城子等處的金丹學好等教派結爲一黨，訂期於朝陽起事。以金丹學好教爲基本骨幹的宗教起事失敗以後，許多逃逸的重要教犯仍繼續活動。光緒十八年（1892）三月二十九日，據綏化廳佃民劉少山等探報，廳屬東崴子地方的大戶會總劉振慶全家俱習玉虛門教，教中仍由劉秉禮充軍師，稱劉軍師，綽號賽伯溫。教中藏匿由朝陽逃來的金丹學好教白眉宮法師，他們會同劉老道即劉愼得、李半仙等人，以招募會勇爲名，結合教徒、盜匪及被裹脅的良民，計劃於四月初一日操演兵法，並於次日起事。四月初二日官兵剿平教亂，陣斃白眉宮法師等一百二十餘名，生擒李半仙、賽伯溫劉秉禮等人。

光緒末年，各種教派，屢有破獲。光緒三十一年（1905）十月間，直隸通州人朱占鰲，以招兵爲名，在元氏縣境內的封龍山嘯聚數十人，燒香盟誓，傳習九功道教，稱爲龍天會，教中傳有符咒，聲稱可避鎗砲，置有黃旗，上書「古沖天中皇天獨聖合」九字。朱占鰲在河南涉縣東北明四溝寶泉寺聚衆至二千餘人。曲陽縣捕役董繼山等因追捕教犯，竟被拒捕開鎗擊斃⑪。光緒三十二（1906）三月間，直隸高邑縣人陳洛杰勾串贊皇縣僧人妙擔，傳習信香道教，教中供有黃紙神牌，每日焚香練習，聲稱可避刀鎗。陳洛杰是教中大師兄，當妙擔被捕後，陳洛杰等在高邑縣西林寺聚衆一百餘人，抗官奪犯，陳洛杰被捕後供出信香道是由義和拳改名而來⑭。

四川資陽、富順、犍爲等縣破獲神拳教，光緒三十年（

1904）十二月間，署犍爲縣知縣李端棨訪知縣屬文家山有人傳習神拳教後，即遣兵役馳往文家山查拏教犯，教首張老三被格殺，其兄張潮榮被捕。但至光緒三十一年（1905）正月間，神拳教仍甚猖獗，信徒衆多⑭。四川總督趙爾巽具摺時，對四川境內的民間秘密宗教活動有一段描述說：

> 四川民情，本極純樸，第以地廣人衆，生計日窘，小民習
> 於游惰，重以迷信，邪教從而煽惑，匪類因以潛滋，無端
> 而麕聚，即無端蠢動。從前白蓮、無生等教，迭釀大患，
> 雖經撲滅，未絕根株。去年，成都、資州各屬，紅燈倡亂，
> 尤爲近事之可徵者⑮。

四川紅燈教滋事後，蔓延至鄰省，因四川剿辦紅燈教，其餘黨潛匿貴州遵義縣等處。光緒三十二年（1906）三月間，貴州遵義縣苦竹壩人樊春廷雇四川中江縣人周木匠至家箍桶，周木匠自稱是紅燈教餘黨，會打神拳，畫符念咒，能避鎗砲。樊春廷聽信其言，即拜周木匠爲師，邀同王文六等人，一同在家學習。三月初九日下午，紅燈教頭目黃木匠糾約同教黃興順等十二人，頭裹紅巾，手持符籙、拂塵及刀矛，形同瘋魔，蜂擁進城，企圖打燬教堂⑮。所謂無生教，即無生門教，成都人蘇子林，他傳習無生門教，光緒三十四年（1908）八月間，蘇子林與同教孫膏如商議起事，建立「梧花王」字號，設官分職，訂期於同年十月十五日夜間在省城內放火爲號，聚衆攻城。十月十三、十四等日，蘇子林、孫膏如等人先後被捕，據蘇子林供稱：

> 成都省城北門外二仙橋人，年四十六歲，父母都故，弟兄
> 二人，小的行大，娶妻沒生子女。小的從前做過絲辮生理，
> 曾習無生門教多年，講究放生茹素。司付是昔年由湖北來
> 川王足一的兒子，更名李二老板傳授的，小的不曾收過徒

　　弟。因近年未做生理，起意廣行善事，結交朋友。前年認
　　得外省來的孫雨蒼即孫膏如，他會筆墨，有見識，他窮苦
　　難過，小的陸續借他錢不少，孫雨蒼諸事與小的幫忙。淮
　　州鎮有王三成，也是習教，與小的所習不同，他家有菩薩，
　　夜間能對人說話。又有黃彖成、曾老司即心雲、黃老司、
　　張老司、溫老司即慶洪，都通教門，共是七人，常通往來。
　　光緒三十四年八月間，小的想起外國教堂勢大，民窮財盡，
　　起意邀眾打毀教堂，乘機起事⑭。

由引文內容可知無生門教雖然講究放生茹素，但有暴力傾向，成
爲反教排外的群眾力量來源，蘇子林藉口民窮財盡而起意打燬教
堂。同教孫雨蒼即孫膏如，其原籍四川南部縣，遷居陝西漢中府
生理，光緒三十一年（1905），他因收賬返回四川，流落成都
省城，入無生門教。無生門教滋事後被捕的的重要教犯岳青山是
蘇子林的表兄，何良玉是蘇子林的義子，曾海廷向充提督衙門戈
什哈防營差官，教犯楊占春在雙流縣當過警察，教犯張正能是金
堂縣人，務農爲業，教犯史晴川是成都人，向來從事豆芽生理，
多屬於下層社會各行各業的民眾。

　　光緒末年，江西破獲的秘密教門是大神教，其性質也是一種
排外意識較強烈的仇教組織，其活動地區，主要是在贛州府南康
縣一帶。光緒三十三年（1907）八月二十五日，贛州府知府龍
鵬昌給兩江總督端方的電文中指出，「該匪名爲大神教，聲言仇
教不擾民，故民多附和。」⑮大神教信眾拆燬南康縣城南門下半
截，並由北門爬城進入城內，天主堂多被焚燬，同時波及耶穌教
堂，城外教民房屋亦被拆燬。兩江總督端方致外務部電文中亦稱：

　　贛州攻城數百匪，南康人居多，所帶多畫符之木挺、木錘、
　　竹刀、紙扇，間有鐵刀、鳥槍，黃旗一寫「齊天大聖」，

一寫「扶國太平」，自稱不畏槍炮，能飛上城，擊斃數名，隨即渙散。惟由大窩至南康，縱橫數十里，民皆附和。勢成騎虎，非候兵到，不能鎮懾，屆時該鎮道等當同往相機剿撫，南康一靖，他處自可消滅。南康教堂已毀，該堂並無教士，衙署居民皆無恙，贛城現尚安靜。通南康要路牛迹嶺，已派兵駐守。南安府城，二十四日有拳匪插旗持刀來探消息，並令民間預備茶飯。經該郡申管帶、李參將出城追捕，槍斃匪首一名，擒獲一匪，訊明定二十五攻城，已斬首示眾⑮。

江西南康縣的大神教滋事以後，仇教排外，打燬教堂，衙署無恙，亦不擾民，因此，民多附和，聲勢浩大。

　　清朝末年的民間秘密教門，多附會邪術，迷信色彩更加濃厚。宣統年間，雲南貴州查獲的巫教，主要就是假藉傳習符咒，誆騙錢財。雲貴總督李經羲具摺時已指出，雲南昭通府屬界接川黔，民情浮動。宣統二年（1910）正月，恩魯一帶，求免路股、新政各捐，傳單聚眾，屢有撲城仇殺之謠，教首崔香亭、李老么等人久蓄異志，適值人心惶惑之後，輒又乘機煽惑，附會邪術，假托神權，持咒畫符，宣稱能封鎗砲。宣統三年（1909）六月，貴州巡撫沈瑜慶具摺時亦稱：

　　黔省偏處邊隅，民沿苗俗，往往崇拜巫教。其始不過一、二莠民練習符咒，借神道設教，誆騙鄉愚錢財。繼則不逞之徒號召黨羽，乘機煽惑，遂有齋匪、藥匪、紅燈教等名目⑮。

清朝末年，民間反教排外的情緒，日益高昂，民間秘密教門，一方面多進行仇教排外，打燬教堂，焚燒教民房屋，成為明顯具有暴力傾向的地域化宗教團體；一方面附會迷信邪術，假托神權，

持符念咒，宣稱能避鎗砲，刀鎗不入，以煽惑愚夫愚，以致善男信女附和入教者，人數眾多，終致擴大社會動亂。清朝末年，內憂外患的加深，清朝政權的加速崩潰，民間秘密宗教或民間秘密教門的活動，確實扮演了推波助瀾的負面作用。

【註　釋】

① 《外紀檔》（臺北，國立故宮博物院），道光十七年十二月十二日，山東巡撫經額布奏摺抄件。

② 《宮中檔》（臺北，國立故宮博物院），第2727箱，5包，1044號。道光十七年六月初二日，經額布奏摺。

③ 《外紀檔》，道光十七年十二月十二日，山東巡撫經額布奏摺抄件。

④ 《上諭檔》（臺北，國立故宮博物院），道光十二年五月初九日，曹振鏞等奏稿。

⑤ 《軍機處檔·月摺包》，第2760箱，56包，63564號。道光十三年五月初八日，文孚等奏摺錄副。

⑥ 《宮中檔》，第2726箱，11包，1749號。道光十八年六月三十日，經額布奏摺。

⑦ 《外紀檔》，道光十七年二月初四日，山東巡撫經額布奏摺。

⑧ 《宮中檔》，第2727箱，5包，1044號。道光十七年六月初二日，山東巡撫經額布奏摺。

⑨ 《軍機處檔·月摺包》，第2743箱，86包，70059號。道光十六年二月十八日，直隸總督琦善奏片錄副。

⑩ 《清宣宗成皇帝實錄》，卷三二七，頁13。道光十九年十月乙亥，寄信上諭。

⑪ 《軍機處檔·月摺包》，第2743箱，86包，70059號。直隸總督琦善總督琦善奏片錄副。

⑫　《軍機處檔・月摺包》，第2743箱，93包，69743號。道光十六年正月十九日，直隸總督琦善奏摺錄副。

⑬　《軍機處檔・月摺包》，第2747箱，18包，56528號。道光七年八月初十日，那彥成奏摺錄副。

⑭　《軍機處檔・月摺包》，第2760箱，61包，64403號。道光十三年七月初八日，寶興等奏摺錄副。

⑮　《外紀檔》，道光十六年正月十八日，山東巡撫鍾祥奏摺抄件。

⑯　《外紀檔》，道光十七年十二月十二日，山東巡撫經額布奏摺抄件。

⑰　《上諭檔》，道光十二年五月十三日，曹振鏞奏稿。

⑱　《上諭檔》，道光十二年五月二十四日，曹振鏞奏稿。

⑲　《奏摺檔》（臺北，國立故宮博物院），道光十二年七月，據吏部奏。

⑳　《上諭檔》，道光十二年正月十八日，曹振鏞奏稿。

㉑　《外紀檔》，道光三年十一月二十四日，署理山東巡撫琦善奏摺。

㉒　《上諭檔》，道光十二年六月初六日，曹振鏞等奏稿。

㉓　《外紀檔》，道光十二年九月二十一日，江西巡撫周之琦奏摺抄件。

㉔　《外紀檔》，道光三年十一月二十四日，署理山西巡撫琦善奏摺抄件。

㉕　《軍機處檔・月摺包》，第2743箱，89包，69099號。道光十四年八月二十七日，匿名揭帖。

㉖　《軍機處檔・月摺包》，第2747箱，27包，58215號。道光七年十二月二十一日，琦善奏摺錄副。

㉗　《外紀檔》，道光十九年九月十五日，琦善奏摺抄件。

㉘　《外紀檔》，道光五年十二月十九日，直隸總督那彥成奏摺抄件。

㉙　《上諭檔》，道光五年十一月初三日，寄信上諭。

㉚　《軍機處檔・月摺包》，第2747箱，9包，55254號。道光七年三月

二十五日，富俊奏摺錄副。

㉛ 《奏摺檔》，道光十二年二月，曹振鏞等奏。

㉜ 《上諭檔》，道光十二年二月初八日，曹振鏞奏稿。

㉝ 《軍機處檔・月摺包》，第2743箱，85包，68482號。道光十四年七月初九日，琦善奏摺。

㉞ 《奏摺檔》，道光十八年二月，奕經奏。

㉟ 《軍機處檔・月摺包》，第2747箱，32包，59205號。道光八年二月二十三日，護理直隸總督屠之申奏摺錄副。

㊱ 《上諭檔》，道光十二年四月二十日，曹振鏞等奏稿。

㊲ 《宮中檔》，第2726箱，15包，2363號。道光十八年十二月十四日，署理直隸總督琦善奏摺。

㊳ 《上諭檔》，道光十二年六月初六日，曹振鏞等奏稿。

㊴ 《宮中檔》，第2726箱，7包，1210號。道光十八年正月二十六日，琦善契摺。

㊵ 《上諭檔》，道光十二年二月二十八日，曹振鏞等奏稿。

㊶ 《上諭檔》，道光十二年二月十二日，曹振鏞等奏稿。

㊷ 《軍機處檔・月摺包》，第2747箱，37包，59940號。道光八年五月初七日，河南巡撫楊國楨奏摺錄副。

㊸ 《外紀檔》，道光十六年正月十二日，直隸總督琦善奏摺抄件。

㊹ 《清宣宗成皇帝實錄》，卷二四六，頁15。道光十三年十二月戊申，寄信上諭。

㊺ 《軍機處檔・月摺包》，第2743箱，79包，67603號。劉正字呈詞。

㊻ 《軍機處檔・月摺包》，第2752箱，113包，73417號。道光二十五年三月初九日，富呢揚阿奏摺錄副。

㊼ 淺井紀撰〈關於道光青蓮教案〉，《東海史學》（東京，一九七七年），第十一號，頁57。

㊽　《奏摺檔》，道光十六年五月，湖廣總督訥爾經額奏摺抄件。

㊾　濮文起主編《中國民間秘密宗教辭典》（成都，四川辭書出版社，1996年10月），頁226。

㊿　《軍機處檔·月摺包》，第2747箱，42包，60783號。道光八年六月，清單。原清單記載袁無欺身材中瘦，長臉，黑色，黑齒，蒼白，三鬚，駝背，年六十八歲。

(51)　《軍機處檔·月摺包》，第2747箱，43包，60885號。道光七年六月十六日，四川總督戴三錫奏摺錄副。

(52)　《清宣宗成皇帝實錄》，卷二七九，頁14。

(53)　《宮中檔》，第2731箱，46包，8293號。道光二十五年九月三十日，湖南巡撫陸費瑔奏摺。

(54)　《軍機處檔·月摺包》，第2752箱，129包，76457號。道光二十五年十二月十四日，刑部尚書阿勒精阿等奏摺；《宮中檔》，第2731箱，41包，7377號。道光二十五年四月初十日，兩江總督壁昌奏摺。

(55)　《宮中檔》，第2731箱，41包，7377號。道光二十五年四月初十日，兩江總督壁昌奏摺。

(56)　《宮中檔》，第2731箱，41包，7412號。道光二十五年四月十八日，湖南巡撫陸費瑔奏摺。

(57)　《宮中檔》，第2731箱，45包，8052號。道光二十五年八月十六日，暫署陝西巡撫李星沅奏摺。

(58)　《宮中檔》，第2731箱，45包，8007號。道光二十五年八月初四日，湖南巡撫陸費瑔奏摺。

(59)　《宮中檔》，第2731箱，46包，8293號。道光二十五年九月三十日，湖南巡撫陸費瑔奏摺。

(60)　《軍機處檔·月摺包》，第2752箱，129包，76470號。道光二十五年十二月初九日，鴻臚寺少卿董瀛山奏摺。

⑥1　《宮中檔》，第2731箱，46包，8169號。道光二十五年九月初九日，
陝甘總督惠吉奏摺。

⑥2　《宮中檔》，第2731箱，45包，8007號。道光二十五年八月初四日，
湖南巡撫陸費瑔奏摺；《宮中檔》，第2731箱，46包，8293號。道
光二十五年九月三十日，湖南巡撫陸費瑔奏摺。

⑥3　《宮中檔》，第2731箱，41包，7414號。道光二十五年四月十九日，
雲南巡撫吳其濬奏摺；《宮中檔》，第2731箱，44包，7952號。道
光二十五年七月二十三日，山西巡撫梁萼涵奏摺。

⑥4　《軍機處檔·月摺包》，第2752箱，121包，74959號。道光二十五
年七月二十六日，裕泰奏摺錄副。

⑥5　《軍機處檔·月摺包》，第2752箱，114包，73555號之1。道光二
十五年三月二十六日，清單。

⑥6　《宮中檔》，第2731箱，45包，8052號。道光二十五年八月十六日，
陝西巡撫李星沅奏摺。

⑥7　《宮中檔》，第2731箱，41包，7414號。道光二十五年四月十九日，
雲南巡撫吳其濬奏摺。

⑥8　《軍機處檔·月摺包》，第2752箱，124包，75496號。道光二十五
年八月初八日，雲南巡撫鄭祖琛奏摺錄副。

⑥9　許地山著《扶箕迷信底研究》（臺北，臺灣商務印書館，民國六十
九年六月），頁7。

⑦0　常聖照編著《安親系統錄》（臺北，古亭書屋，民國六十四年八月），頁
1。

⑦1　《安親系統錄》，頁2。

⑦2　《安親系統錄》，頁37。

⑦3　南懷瑾撰〈青幫興起的淵源與內幕〉，《新天地》，第五卷，第八
期（臺北，新天地編輯社，民國五十五年），頁14。

⑭　末光高義著《中國之秘密結社與慈善結社》（臺北，古亭書屋，民國六十四年），頁29。

⑮　《金不換》（皖江書店，民國三十六年仲夏），頁6。

⑯　平山周《中國秘密社會史》（臺北，古亭書屋，民國六十四年八月），頁76。

⑰　蕭一山撰〈天地會起源考〉，《近代秘密社會史料》（臺北，文海出版社，民國六十四年九月），頁4。

⑱　陶成章撰〈教會源流考〉，《近代秘密社會史料》，卷二，頁5。

⑲　戴玄之撰〈清幫的源流〉，《食貨月刊復刊》，第三卷，第四期（臺北，食貨月刊社，民國六十二年），頁24。

⑳　胡珠生撰〈青幫史初探〉，《歷史學》，一九七〇年，第三期（北京，中國人民大學書報資料中心，1970年5月），頁105。

㉑　《清高宗純皇帝實錄》，卷一四五三，頁10。乾隆五十九年五月丙午，上諭。

㉒　《宮中檔雍正朝奏摺》，第二輯（臺北，國立故宮博物院，民國　年　月），頁435。雍正二年三月二十六日，漕運總督張大有奏摺。

㉓　《宮中檔雍正朝奏摺》，第十七輯（民國六十八年三月），頁514。雍正九年正月二十四日，江西巡撫謝旻奏摺。

㉔　《宮中檔雍正朝奏摺》，第二輯（臺北，國立故宮博物院，民國六十六年十二月），頁139。雍正元年十二月初七日，刑部尚書勵廷儀奏摺。

㉕　《史料旬刊》（臺北，國風出版社，民國五十二年六月），第十二期，天408。乾隆三十三年十一月三十日，閩浙總督崔應階奏摺。

㉖　《清高宗純皇帝實錄》，卷八一九，頁3。乾隆三十三年九月壬寅，寄信上諭。

⑧　《宮中檔》，第2776箱，1包，580號。道光十七年二月二十二日，
　　浙江巡撫烏爾恭額奏摺。

⑧　《軍機處檔・月摺包》，第2726箱，1包，376號。道光十七年正月
　　二十日，安徽巡撫色卜星額奏摺錄副。

⑧　《清宣宗成皇帝實錄》，卷一六三，頁29。道光九年十二月壬午，
　　寄信上諭。

⑨　《宣宗成皇帝聖訓》（臺北，文海出版社），卷八一，靖奸宄，頁
　　5。道光五年三月庚戌，上諭。

⑨　《清宣宗成皇帝實錄》，卷一四一，頁31。道光八年八月丁酉，寄
　　信上諭。

⑨　《軍機處檔・月摺包》，第2768箱，97包，70492號。道光十六年
　　三月二十六日，大學士長齡等奏摺。

⑨　《軍機處檔・月摺包》，第2768箱，104包，71782號。道光十六年
　　七月初十日，掌陝西道監察御史劉夢蘭奏摺。

⑨　包世臣撰〈淮鹽三策〉，《皇朝經世文編》（臺北，國風出版社，
　　民國五十二年七月），卷四九，頁11。

⑨　《新五代史》（臺北，鼎文書局，民國六十五年十一月），卷六三，
　　頁783。

⑨　《光緒朝東華錄》（臺北，大東書局，民國五十七年八月），第八
　　冊，頁4325。

⑨　《光緒宣統兩朝上諭檔》（北京，中國第一歷史檔案館，1996年10
　　月），（二十四），頁629。光緒二十四年十二月十八日，字寄。

⑨　《東方雜誌》，第三年，第一期（上海，光緒三十二年正月），頁
　　1，論江浙梟匪。

⑨　《東方雜誌》，第三年，第四期（光緒三十二年四月），頁61，軍
　　事。

⑩　《宮中檔光緒朝奏摺》，第二十三輯（臺北，國立故宮博物院，民
　　國六十四年四月），頁598。光緒三十二年八月二十八日，江蘇巡
　　撫陳夔龍奏摺。

⑩　《宮中檔光緒朝奏摺》，第二十三輯，頁691。光緒三十二年九月
　　二十八日，江蘇巡撫陳夔龍奏片。

⑩　《東方雜誌》，第四年，第五期（光緒三十三年五月），頁55，各
　　省軍事紀要。

⑩　《光緒朝東華錄》，第十冊，頁5803。

⑩　《光緒朝東華錄》，第十冊，頁5823。

⑩　《辛亥革命前十年間民變檔案史料》（北京，中華書局，一九八五
　　年二月），上冊，頁295。光緒三十一年十一月初二日，江西巡撫
　　胡廷幹奏摺錄副。

⑩　《辛亥革命前十年間民變檔案史料》（北京，中華書局，一九八五
　　年二月），上冊，頁279。光緒三十三年十一月二十六日，署郵傳
　　部右丞蔡乃煌奏摺。

⑩　《辛亥革命前十年間民變檔案史料》，上冊，頁248。宣統三年閏
　　六月十四日，外務部主事韓葆謙奏摺。

⑩　《辛亥革命前十年間民變檔案史料》，上冊，頁288。宣統三年五
　　月二十五日，兩江總督張人駿奏摺。

⑩　《月摺檔》（臺北，國立故宮博物院），光緒二年四月二十日，河
　　南監察御史胡聘之奏摺抄件。

⑩　《月摺檔》，光緒九年四月十一日，湖北巡撫彭祖賢等奏摺抄件。

⑪　《軍機處檔·月摺包》（臺北，國立故宮博物院），第2729箱，45
　　包，131742號。光緒二十年四月初三日，湖南巡撫吳大澂奏片錄副。

⑫　《月摺檔》，光緒二年八月二十三日，劉秉璋奏片抄件。

⑬　《月摺檔》，光緒二年九月二十九日，劉秉璋奏片抄件。

⑭ 《月摺檔》，光緒二年八月二十三日，劉秉璋奏片抄件。

⑮ 《月摺檔》，光緒二年正月二十日，劉秉璋奏片抄件。

⑯ 《月摺檔》，光緒三年正月二十日，劉秉璋奏片抄件。

⑰ 《月摺檔》，光緒九年九月三十日，貴州巡撫林肇元奏摺抄件。

⑱ 《軍機處檔·月摺包》，第2735箱，2包，119244號。光緒七年十月二十六日，直隸總督李鴻章奏摺錄副。

⑲ 《軍機處檔·月摺包》，第2735箱，17包，123694號。光緒八年六月十五日，宗室麟書等奏摺。

⑳ 《月摺檔》，光緒九年四月十一日，涂宗瀛奏片抄件。

㉑ 《辛亥革命前十年間民變檔案史料》（北京，中華書局，一九八五年二月），上冊，頁219。光緒三十三年十二月十八日，河南巡撫林紹年奏摺錄副。

㉒ 《月摺檔》，光緒九年四月初二日，兩江總督左宗棠等奏摺抄件。

㉓ 《月摺檔》，光緒十年十二月二十日，孫毓汶奏片抄件。

㉔ 《月摺檔》，光緒十年三月十一日，河南巡撫鹿傳霖奏摺抄件。

㉕ 《月摺檔》，光緒九年五月二十五日，湖北巡撫彭祖賢等奏摺抄件。

㉖ 《軍機處檔·月摺包》，第2736箱，89包，146656號。光緒二十七年十一月二十八日，兩江總督劉坤一奏摺錄副。

㉗ 《錦西縣志》（遼寧，作新印刷局，民國十八年，鉛印本），卷二，頁150。

㉘ 《綏化縣志》（臺北，國立故宮博物院，民國十年三月刊印），卷五，頁38。

㉙ 《月摺檔》，光緒九年六月初二日，李璿奏片抄件。

㉚ 《月摺檔》，光緒九年七月十三日，署直隸總督李鴻章奏摺抄件。

㉛ 《月摺檔》，光緒十年十一月十三日，江南道監察御史謝祖源奏摺抄件。

⑬㊂　《清代檔案史料叢編》，第十二輯（北京，中華書局，一九八七年
　　九月），頁346。光緒十八年正月二十一日，直隸總督李鴻章奏摺
　　錄副。

⑬㊂　《宮中檔光緒朝奏摺》，第六輯（臺北，國立故宮博物院，民國六
　　十二年十一月），頁679。光緒十七年十二月初八日，管理理藩院
　　事務都統恩承奏片。

⑬㊃　《清代檔案史料叢編》，第十二輯，頁235。光緒十七年五月初一
　　日，德福奏摺。

⑬㊄　《宮中檔光緒朝奏摺》，第六輯，頁856。光緒十七年十二月十一
　　日，葉志超奏摺。

⑬㊅　《清代檔案史料叢編》，第十二輯，頁237。光緒十七年十月十六
　　日，德福奏摺錄副。

⑬㊆　《清代檔案史料叢編》，第十二輯，頁252。光緒十七年十月二十
　　六日，宗室崇善奏摺錄副。

⑬㊇　《清代檔案史料叢編》，第十二輯，頁246。光緒十七年十月二十
　　二日，德福奏摺錄副。

⑬㊈　《清代檔案史料叢編》，第十二輯，頁252。

⑭㊀　《月摺檔》，光緒十七年十一月十二日，葉志超奏摺抄件。

⑭㊁　《清代檔案史料叢編》，第十二輯，頁341。光緒十七年十二月二
　　十八日，直隸總督李鴻章奏摺錄副。

⑭㊁　《月摺檔》，光緒十七年十一月初七日，江南道監察御史陳懋侯奏
　　摺抄件。

⑭㊂　《清代檔案史料叢編》，第十二輯，頁379。光緒十八年十二月初
　　三日，裕祿等奏摺錄副。

⑭㊃　《月摺檔》，光緒十八年十二月十四日，裕祿等奏摺抄件。

⑭㊄　《月摺檔》，光緒二十一年正月二十七日，恩澤奏摺抄件。

⑭⑥　《月摺檔》，光緒二十一年正月二十七日，恩澤奏片抄件。

⑭⑦　《辛亥革命前十年間民變檔案史料》（北京，中華書局，一九八五年二月），上冊，頁55。光緒三十二年八月三十日，直隸總督袁世凱奏摺錄副。

⑭⑧　《辛亥革命前十年間民變檔案史料》，上冊，頁56。

⑭⑨　《四川省奏稿》（臺北，國立故宮博物院），光緒三十一年三月十二日，四川總督錫良奏殲滅健爲拳匪情形摺。

⑮⓪　《辛亥革命前十年間民變檔案史料》，下冊，頁780。光緒三十四年十二月初四日，四川總督趙爾巽奏摺。

⑮①　《辛亥革命前十年間民變檔案史料》，下冊，頁703。光緒三十三年四月二十八日，署貴州巡撫岑春蓂奏摺。

⑮②　《辛亥革命前十年間民變檔案史料》，下冊，頁781。光緒三十四年十二月初二日，蘇子林供詞。

⑮③　《辛亥革命前十年間民變檔案史料》，上冊，頁328。光緒三十三年八月二十五日，電文。

⑮④　《辛亥革命前十年間民變檔案史料》，上冊，頁329。光緒三十三年八月二十五日，兩江總督端方致外務部電。

⑮⑤　《辛亥革命前十年間民變檔案史料》，下冊，頁727。宣統三年六月十五日，貴州巡撫沈瑜慶奏摺錄副。

第七章　民間秘密宗教的寶卷及其教義

第一節　民間秘密宗教寶卷的查禁

　　有清一代，民間秘密宗教教派林立，各教派爲了傳佈其教義思想，多編有寶卷，以供信衆誦習。各教派的寶卷，多屬於變文的形式，敷衍故事，雜揉儒釋道經典、各種詞曲及戲文的形式與思想，編成寶卷，通俗生動，容易爲下層社會識字不多的善男信女所接受。各種寶卷的抄寫翻刻，流傳頗廣，成爲下層社會裡常見的宗教讀物。但因各省地方大吏奉旨嚴厲取締民間秘密宗教，禁燬各種寶卷書籍，以致後世所見寶卷，品類既少，數量亦有限。爲了便於了解清代各教派所誦習的經卷，僅就現存檔案所見經卷名目列出簡表，對於搜集及整理寶卷，或有裨益。

清朝查禁民間秘密宗教寶卷書籍名稱簡表

年　　分	教派名稱	分佈地點	寶 卷 書 籍 名 稱	備註
順治二年	大成教	直隸武強縣	九蓮經、定劫經、黃石公御覽集。	
順治五年	三寶大教	陝西興安州	無爲經。	
康熙四十四年	收元教	山東單縣	錦囊神仙論、五女傳道書、槃聖如來。	
康熙四十四年	收元教	山西定襄縣	錦囊神仙論、五女傳道書、槃聖如來、八卦圖。	
康熙五十三年	收元教	山東	五女傳道書、小兒喃孔子。	

康熙六十一年	收元教	河南虞城縣	五女傳道書、八卦說、小兒喃孔子、蒙訓四書、金丹還元寶卷。
雍正三年	混元教	山西長子縣	李都御救母經、立天卷。
雍正五年	白蓮教	山西長子縣	立天後會經。
雍正七年	羅祖教	江西南安縣	淨心經、苦工經、去疑經、泰山經、破邪經。
雍正七年	羅祖教	福建汀州府	苦心悟道經。
雍正十年	大成教	直隸	老九蓮經、續九蓮經。
雍正年間	無爲教	江南	聖論寶卷、懇切嘆世歌。
乾隆十年	收元教	山西定襄縣	錦囊神仙論、六甲天元。
乾隆十二年	收源教	山西安邑	天佛寶卷、萬言詩註。。
乾隆十三年	收元教	山西定襄縣	錦囊神仙論、稟聖如來、六甲天元。
乾隆十三年	明宗教	山西代州	明宗牟尼注解祖經。
乾隆十三年	收元教	直隸長垣縣	金丹還元寶卷、五女傳道書、告妖魔狀式。
乾隆十五年	三乘正教	江西贛州	本名經、心經、金剛經、護道榜文。
乾隆十五年	羅祖教	廣東	人天眼目經。
乾隆二十三年	羅祖教	廣西恭城縣	皇極收元寶卷、護道榜文。
乾隆二十五年	羅祖教	湖北應城縣	霧靈山人天眼目經、扶教明宗。
乾隆二十八年	黃天教	直隸	朝陽三佛腳冊、皇極寶卷、普明寶卷、普靜如來鑰匙寶卷、清淨經。
乾隆三十三年	羅祖教	浙江仁和縣	苦工經、破邪經、正信經、金剛經。
乾隆三十四年	未來教	湖北江陵縣	定劫經、五公末劫經、大唐國土末劫經。
乾隆三十六年	羅祖教	江西寧都州	苦功悟道經、嘆世無爲經、正信除疑經、巍巍不動泰山經、破邪顯證鑰匙經。
乾隆三十七年	羅祖教	江西寧都州	五公尊經、紅爐接續、護道

			榜文。
乾隆三十八年	羅祖教	江西寧都州	西來法寶經、明宗孝義經、護道眞言。
乾隆三十九年	青陽教	河南鹿邑縣	青陽經。
乾隆四十五年	羅祖教	福建建寧縣	金剛經、蓮華經、黃庭經、楞伽經、護道眞言。
乾隆四十六年	羅祖教	江西寧都州	五公尊經、紅爐接續、護道榜文。
乾隆四十六年	大乘教	湖北應城縣	大乘諸品經咒、銷釋金剛經科儀、大乘歎世無爲經、大乘苦功悟道經、大乘破邪顯證鑰匙經。大乘正性除疑無修證自在經、巍巍不動太山深根結果經、姚秦三藏西天取經解論、霧靈山人天眼目經、扶教明宗經。
乾隆四十六年	紅陽教	山西平遙縣	觀音普門品。
乾隆四十八年	大乘教	江西安仁縣	大乘大戒經。
乾隆四十九年	收元教	直隸長元縣	金丹還元寶卷、告妖魔狀式、五女傳道書。
乾隆四十九年	紅陽教	山西平遙縣	觀音普門品、祖明經。
乾隆五十年	清茶門教	湖北襄陽縣	一心頂叩經。
乾隆五十一年	收元教	直隸蠡縣	收圓經、收元經、救度經、九蓮經。
乾隆五十一年	八卦教	山東武定府	苦功悟道經。
乾隆五十二年	白陽會	直隸蠡縣	收圓經、收元經、九蓮經。
乾隆五十三年	悄悄會	陝西寶雞縣	數珠經。
乾隆五十五年	紅陽教	直隸衡水縣	十王經。
乾隆五十七年	西天大乘教	湖北襄陽縣	太陽經。
乾隆五十七年	金丹門圓頓教	山西曲沃縣	金丹九蓮經。
乾隆五十九年	三陽教	安徽太和縣	三陽了道經。
乾隆六十年	長生教	浙江蕭山縣	四恩經、十報經、法華經、金剛經、妙法蓮華經。
乾隆末年	混元紅陽教	直隸景州	混元紅陽經。

乾隆末年	紅陽教	直隸通州	隨堂經、明心經、臨凡經、苦功經、嘆世經、顯性經。
嘉慶元年	長生教	浙江蕭山縣	妙法蓮華經。
嘉慶二年	大乘教	湖北江夏縣	小乘大乘經咒。
嘉慶三年	大乘教	江西鄱陽縣	天緣經、十報經、苦功經、悟道經、明宗經、孝義經、護道榜文。
嘉慶三年	大乘教	江蘇陽湖縣	酬恩孝義無爲寶卷、破邪顯證鑰匙經。巍巍不動太山深根寶卷、護道榜文、歎世無爲卷、明宗孝義經。
嘉慶九年	大乘教	江蘇陽湖縣	明宗孝義經。
嘉慶十年	大乘教	江蘇陽湖縣	明宗孝義經、去邪歸正經、破邪顯證經、嘆世無爲卷、觀音懺、三官經。
嘉慶十年	震卦教	河南信陽縣	告竈經、科範。
嘉慶十二年	五郎會	直隸安肅縣	皇極卷。
嘉慶十三年	收元教	江蘇蕭縣	掃心集。
嘉慶十三年	離卦教	直隸清河縣	掃心集。
嘉慶十三年	三元教	直隸灤州	萬法歸宗。
嘉慶十三年	收元教	河南永城縣	掃心集。
嘉慶十四年	大乘教	江蘇儀徵縣	十報經、天緣經、大乘眞經
嘉慶十四年	清茶門教	河南涉縣	伏魔寶卷、金科玉律。
嘉慶十六年	大乘教	山東菏澤縣	苦行悟道經、護道榜文。
嘉慶十七年	紅陽教	吉林伯都訥	九蓮經、掃心經、明宗卷、達本還元經、報恩經、護道榜文。
嘉慶十八年	紅陽教	吉林伯都訥	苦功悟道經。
嘉慶十八年	天理教	直隸	太陽經、苦功悟道經、破邪經、掃心經、悟道寶卷、嘆世經、深根結果經、正心除疑自在經、佛說救度超生經、姚秦三藏西天解藥王經。
嘉慶十九年	鴻鈞教	四川邛州	北斗經。

嘉慶十九年	天理教	直隸宛平縣	三佛應劫、統觀通書。
嘉慶十九年	先天教	山西平定州	龍華經、藥王經、金丹九蓮經。
嘉慶二十年	大乘教	四川渠縣	三教課誦、大乘提綱、三教尊經、醮科儀範。
嘉慶二十年	金丹門圓頓教	山西曲沃縣	金丹九蓮經。
嘉慶二十年	無爲教	江蘇上海縣	皇極經還鄉寶卷。
嘉慶二十年	清茶門教	湖北	皇極寶卷眞經。
嘉慶二十年	清茶門教	直隸盧龍縣	九蓮如意皇極寶卷眞經、元亨利眞鑰匙經。
嘉慶二十年	紅陽教	直隸束鹿縣	飄高老祖經。
嘉慶二十年	三元教	直隸灤州	萬法歸宗、推背圖。
嘉慶二十年	清茶門教	江寧	金剛經、論百中經。
嘉慶二十年	清茶門教	湖北武漢	九蓮皇極寶卷眞經、元亨利貞鑰匙經。
嘉慶二十年	清茶門教	直隸邯鄲縣	三教應劫總觀通書、三教經
嘉慶二十年	清茶門教	直隸灤州	皇極金丹九蓮正信皈眞還鄉寶卷。
嘉慶二十年	大乘教	湖北江夏縣	音旨了然。
嘉慶二十一年	清茶門教	直隸灤州	銷釋木人開山寶卷、觀世音菩薩普度授記皈家寶卷、消釋收圓行覺寶卷、銷釋圓通寶卷、三教應劫總觀通書、皇極金丹九蓮正信皈眞還鄉寶卷、九蓮如意皇極寶卷眞經、元亨利貞鑰匙經、伏魔寶卷、金科玉律戒。
嘉慶二十一年	清茶門教	湖北	眞武經、三官經、金剛經。
嘉慶二十一年	大乘教	湖北	苦武悟道經、明宗孝義經、大乘眞經。
嘉慶二十一年	紅陽教	山東陵縣	紅陽經懺、普門品、太陽經
嘉慶二十一年	大乘教	山東菏澤縣	快樂隨佛寶卷、苦行悟道經、鑰匙經。

嘉慶二十一年	大乘教	湖北	苦功悟道經、明宗孝義經、大乘眞經、大乘十報經。
嘉慶二十一年	無爲教	江蘇上海縣	皇極經還鄉卷。
嘉慶二十一年	圓明會	江蘇寶山縣	金天寶藏經、延齡寶懺。
嘉慶二十一年	大乘教	江蘇陽湖縣	破邪顯證經、嘆世無爲卷、明宗孝義經、觀音懺、三官經、護道榜文。
嘉慶二十一年	三元教	直隸灤州	推背圖。
嘉慶二十一年	紅陽教	直隸武邑縣	混元紅陽經。
嘉慶二十一年	大乘教	江西餘干縣	天緣經、十報經、大乘眞經、苦功經、悟道經、明宗孝義經。
嘉慶二十一年	紅陽教	直隸武邑縣	紅陽經、混元紅陽經。
嘉慶二十一年	大乘教	山東菏澤縣	華嚴正宗、快樂隨佛經。
嘉慶二十一年	大乘教	湖北孝感縣	大乘經、苦功悟道經。
嘉慶二十一年	離卦教	江蘇銅山縣	掃心經。
嘉慶二十一年	先天教	直隸慶雲縣	藥王經。
嘉慶二十一年	大乘教	直隸通州	銷釋大乘寶卷。
嘉慶二十二年	大乘教	四川渠縣	三教課誦、大乘提綱、三教尊經、醮科儀範、金剛經、圓覺經、心經、彌陀經、鑰匙經、地藏經、道德經、護道榜文。
嘉慶二十二年	清靜無爲教	熱河朝陽縣	嘆世無爲卷。
嘉慶二十二年	紅陽教	直隸新安縣	泰山東嶽十王寶卷、銷釋收圓行覺寶卷。
嘉慶二十二年	大乘教	湖北安陸縣	苦功悟道經、法華咒、皇極經、皇極金丹九蓮正信皈眞返鄉寶卷、血湖經、三官經。
嘉慶二十二年	紅陽教	直隸獻縣	混元紅陽經、三藏經、十字經、道場總抄、陽宅起首。
嘉慶二十二年	紅陽教	山東德州	紅陽悟道經、三元經、北斗經。

嘉慶二十二年	紅陽教	直隸通州	隨堂經、明心經、臨凡經、苦功經、嘆世經、顯性經。
嘉慶二十三年	紅陽教	直隸大興縣	菩薩送嬰兒經、伏魔經、源流經。
嘉慶二十五年	大乘教	貴州丹江廳	大乘經、護道榜文。
道光元年	太上隨心會	直隸	太陽經、皀王經、宏陽經、
道光六年	收源會	直隸平州	彌勒出細、金剛經、華嚴懺
道光七年	青蓮教	四川華陽縣	開示眞經、唱道眞言、性命圭旨、三皈五戒、十報經、十懺經、恩書、十參四報經
道光八年	收元教	河南永城縣	掃心集、萬法師宗。
道光十二年	混元教	直隸三河縣	泰山經、娘娘經、源流經、伏魔經、竈王經。
道光十二年	圓敦教	直隸宛平縣	皇極經。
道光十二年	天竹教	河南唐縣	錦囊寶卷、五女傳道書。
道光十三年	青蓮教	湖南城步縣	無上妙品、三皈五戒。
道光十五年	青蓮教	湖南武岡州	龍華經、懺悔經。
道光十七年	青蓮教	湖南	悟性窮源。
道光十七年	混元門教	直隸祁州	混元飄高祖臨凡經、紅陽悟道經。
道光十九年	金丹教	湖南長沙	東明律、風輪經、託天神圖、推背圖。
道光二十三年	金丹教	湖北漢口	九蓮寶讚。
道光二十三年	青蓮教	湖南善化縣	無生老母圓懺。
道光二十三年	金丹教	湖南湘潭縣	十報經、十懺經。
道光二十三年	青蓮教	湖北漢陽府	斗牛宮規條、靈犀玉璣璇經
道光二十三年	青蓮教	廣西臨桂縣	悟性儀節
道光二十四年	青蓮教	湖北漢陽府	玉皇心印、十二圓覺、悟性窮源、慈航性理。
道光二十四年	青蓮教	四川南部縣	開示眞經。
道光二十四年	青蓮教	湖北漢陽府	十恩十懺經。
道光二十四年	青蓮教	湖北漢陽府	玉皇心印。
道光二十四年	青蓮教	甘肅蘭州	靈犀玉璣璇經、斗牛宮普度規條。

道光二十四年	青蓮教	四川南部縣	斗牛宮普度規條、乩詩寶光實錄、金丹口訣。
道光二十五年	青蓮教	貴州貴筑縣	無生老母經、願懺經、開示眞經。
道光二十五年	青蓮教	甘肅皐蘭縣	金丹口訣、斗牛宮普度規條
道光二十五年	青蓮教	雲南	無生老母經。
道光二十五年	青蓮教	浙江仁和縣	梵王經、威德咒、悟性窮源、慈航性理、性命圭旨、劉香寶卷、註解心經、玉皇心印。
道光二十五年	青蓮教	四川樂縣	開示眞經、玉皇心印、修眞寶傳、諭迷喚醒。

資料來源：《宮中檔》硃批奏摺、《軍機處檔》奏摺錄副、《上諭檔》。

　　表中所列各教派誦習的經卷，多屬存目，其中含有頗多佛道經典。
例如乾隆十五年（1750）江西贛州三乘教即三乘正教所念誦的
《心經》，就是《般若波羅蜜多心經》，或《般若心經》的簡稱。
《宋史・藝文志》記載，「般若波羅蜜多心經一卷，俗亦簡稱心
經。」①《心經》主要在闡述大般若精要諸法皆空之理。《金剛
經》即《金剛般若經》，又稱《金剛般若波羅蜜經》，此經以空
慧爲體，說一切法無我之理。乾隆四十五年（1780）十一月，
福建建寧縣查禁羅祖教，起出《金剛經》、《蓮華經》、《楞伽
經》、《黃庭經》等。其中《黃庭經》原爲道教經典，分爲《上
清黃庭內景經》、《上清黃庭外景經》兩部分，俱以七言歌訣述
說養生修煉原理，爲歷代道教信徒及修眞養性者所重視②。乾隆
四十六年（1781），山西平遙縣查禁紅陽教，起出《觀音普門
品經》，即《觀世音菩薩普門品經》的簡稱。乾隆六十年（
1795）八月，浙江山陰縣查禁長生教，起出《法華經》、《妙

法蓮華經》、《金剛經》。其中《法華經》是《妙法蓮華經》的
簡稱，是佛教主要經典之一，以鳩摩羅什譯本爲最通行。經中宣
揚三乘歸一之旨，自以其法微妙，如蓮華居塵而不染，故名《妙
法蓮華經》。嘉慶十九年（1814）十二月，四川邛州查禁鴻鈞
教，起出《北斗經》，或爲《北斗七星延命經》，或爲《玉清無
上靈寶自然北斗本生眞經》的簡稱，原爲道教經書。北斗崇拜在
星辰崇拜中地位突出，古人相信北斗七星不但是夜間指示方位的
極好標誌，而且其運行規律對於制定律法大有作用。道教認爲北
斗注死，專掌壽夭。也相信北斗七星掌管人類善惡，信衆念誦《
北斗經》，就可以得到北斗神靈的保佑。道光十二年（1832），
直隸三河縣查禁混元教，起出《泰山經》、《娘娘經》、《源流
經》、《伏魔經》、《竈王經》等經卷。其中《竈王經》是《太
上靈寶補射竈王經》的簡稱，是道教經卷之一。道教認爲竈王是
管人類飲食、操一切生死禍福、隨時錄人功過一年一度上天報告
玉皇大帝的神祇。《竈王經》敘述的大意是天下竈君，以種火老
母爲尊，祂能上通天界，下統五行，主司世人的壽命長短，富貴
貧賤。民間也相信五帝竈君，管人住宅十二時辰，熟知人間之事，
每月朔旦，記人善惡功德，夜半奏明天尊。民間家竈，都有禁忌，
若犯禁忌，竈王能降禍殃。由前列簡表存目，可知佛道典籍，是
民間秘密宗教常念的經卷。至於《小兒喃孔子》、《蒙訓四書》
等講述儒家思想的書籍，也是民間秘密宗教的宗教讀物。雍正三
年（1725）五月，浙江永嘉縣查禁教門，起獲《推背圖》③。嘉
慶二十年（1815）、嘉慶二十一年（1816），直隸灤州查禁三
元教，俱起出《推背圖》。官方文書以書中有「不經不軌」、「
悖逆」等字跡，而嚴加取締。

　　《推背圖》是一種政治性，同時也是宗教性的預言書，《宋

史・藝文志》五行類有《推背圖》一卷，不著撰人。相傳貞觀中李淳風與袁天罡共作圖讖，每圖附有讖語頌詩，預言歷代興亡變亂之事，共六十圖。其第六十象癸亥萃卦，繪圖李、袁二人，袁推李背，以此殿圖，故稱《推背圖》。宋太祖即位後，詔禁讖書，惟因此圖流傳已久，民間多有藏本，不復可禁絕，於是命取舊本，紊其次序而雜書之，在流傳中又多所附益，傳本不一，其讖語詩句，大都在可解不可解之間，若明若暗，多屬兩可之詞，以便於附會。李淳風、袁天罡雖實有其人，而《推背圖》是否爲其所作，則殊難置信。後世流傳的《推背圖》，有金聖嘆手批本，流傳甚廣。金聖嘆是江蘇吳縣人，生於明神宗萬曆三十六年（1608），本姓張，名采，後改姓金，名喟，一名人瑞，字聖嘆，爲明末諸生。明亡，絕意仕進，以讀書著述，排遣光陰，爲人狂傲，有奇氣，博覽多通，爲文洸洋巧恣，雅俗雜揉，所批點《水滸傳》、《三國志通俗演義》、《西廂記》等書，領異標新，迥出意表，爲世所傳誦。順治末年，因抗糧哭廟案，於順治十八年（1661）坐斬，籍其家。金聖嘆將死，大嘆曰：「斷頭，至痛也；籍家，至慘也，而聖嘆以不意得之，大奇。」於是一笑受刑。金聖嘆於《推背圖》序文中謂：「唐臣袁天罡、李淳風著有《推背圖》，父老相傳，迄未寓目。壬戌之夏，得一抄本，展而讀之，其經過之事，若合情節，其數耶，其數之可知者耶，其數之可知而不可知而可知者耶。玩其詞，參其意，胡運不長，可立而待，毋以天之驕子自處也。」④《推背圖》的內容主要是推演術數家之言，以讖語寓意，力求玄妙，其中涉及胡漢忌諱者頗多，例如第三十三象丙申，大過卦，讖曰：「黃河水清，氣順則治；主客不分，地支無子。」頌曰：「天長白瀑來，胡人氣不衰，藩籬多撤去，稚子半可哀。」金聖嘆批註云：「此象乃滿清入關之徵，反客爲

主，殆亦氣數使然，非人力所能挽回歟！遼金而後，胡人兩主中原，瑣瑣漢族，對之得毋有愧」滿漢種族意識，躍然紙上，民間秘密宗教誦習《推背圖》遂被官方指稱含有某種程度的政治意識。

羅祖著有五部六冊，羅教系統或無生老母信仰系統各教派所誦習的經卷，主要就是這五部寶卷，即：《苦功悟道卷》、《歎世無爲寶卷》、《破邪顯證鑰匙卷》、《正性除疑無修證自在寶卷》、《巍巍不動泰山深根結果寶卷》，其中《破邪顯證鑰匙卷》分爲上下二冊，其餘各爲一冊，合計五部六冊。《苦功悟道卷》爲明正德四年（1509）原刻本，嘉靖二十八年（1549）、萬曆十四年（1586）、萬曆二十三年（1595）、萬曆二十四年（1596）、順治九年（1652）、嘉慶七年（1802）、道光二十七年（1847）、同治八年（1869）等年俱有重刻本。後世所存《歎世無爲卷》，有萬曆十二年（1584）、萬曆二十三年（1595）刻本，萬曆四十三年（1615）羅文舉校注本及萬曆年間源靜重集本等數種。《破邪顯證鑰匙卷》上下二冊，計二十四品，有萬曆十二年（1584）、萬曆二十三年（1595）、萬曆二十五年（1597）、萬曆四十年（1612）、康熙十四年（1675）、康熙三十七年（1698）等年刻本及萬曆四十三年（1615）羅文舉校注本。《正信除疑無修證自在寶卷》，有正德四年（1509）原刻本及萬曆四十七年（1619）羅文舉校注本。《巍巍不動泰山深根結果寶卷》，有正德四年（1509）原刻本，萬曆二十五年（1597）、萬曆四十年（1612）、康熙十四年（1675）、康熙三十七年（1698）等年重刻本，萬曆四十三年（1615）羅文舉校注本，崇禎二年（1629）王海潮會解本，順治九年（1652）重刊本，嘉慶七年（1802）古杭選賢堂復刊本。道光二十七年（1847）、同治八年（1869）等年也有重刊本。民國六十九年（

1980），臺灣臺中民德堂，曾據同治八年（1869）重刊本影印出版五部六冊。民國八十八年（1999），臺北新文豐出版公司出版《明清民間宗教經卷文獻》，內含各種版本的五部六冊，包括雍正七年（1729）合校本五部六冊，光緒十二年（1886）刻蘭風註解經五部六冊，開心法要版五部六冊註解本，道光三十年（1850）庚戌春手抄開心決疑版五部六冊，都是珍貴的版本，對研究羅祖教的教義思想，提供了重要的文獻資料。

　　雍正年間（1723-1735），江西、福建、浙江等省，羅祖教案件，層出不窮。雍正七年（1729）九月，刑部移咨署理江西巡撫謝旻行文各府州縣查出羅祖教庵堂後即拏解庵內住持教首，並將其經卷一併解送刑部。謝旻接到刑部咨文後，即移札各屬遍行密查。旋據南安、贛州、吉安、瑞州、南昌、撫州等府查拏教犯王耀聖等一百二十三名及僧人海照等六十八名，繳送寶卷四十一部，內含《苦工》即《苦功悟道卷》、《去疑》即《正性除疑無修證自在寶卷》、《泰山》即《巍巍不動泰山深根結果寶卷》、《破邪》即《破邪顯證鑰匙卷》，此外還有《淨心》等寶卷⑤。同年十月，署福建汀州府邵武府同知王德純訪拏羅祖教信衆張維英等人。據張維英供稱，羅祖教是「羅明忠的祖上羅成就在正德年間傳下來的，封爲無爲教，誦的是一部《苦心悟道經》，吃齋點燭。」⑥《苦心悟道經》即《苦功悟道卷》。

　　乾隆三十三年（1768）九月，浙江仁和縣境內羅祖教庵堂內起出寶卷計一百二十七卷，其中《苦工》即《苦功悟道卷》，《破邪》即《破邪顯證鑰匙卷》，《正信》即《正性除疑無修證自在寶卷》，此外也起出《金剛經》。江西寧都州人廖廷瞻，平日行醫生理。乾隆三十二年（1767）六月，廖廷瞻拜素識的寧都州人羅奕祥爲師，皈依羅祖教。乾隆三十六年（1771），廖

廷瞻聽聞同教曾廷華藏有羅祖教寶卷，即向曾廷華借抄，內含《苦功悟道經》、《歎世無爲經》、《正心除疑經》、《巍巍不動泰山經》各一冊，《破邪顯證鑰匙經》二冊，共計六冊。其中《正心除疑經》即《正性除疑無修證自在寶卷》。沈本源是福建長汀縣人，卜卦爲生。乾隆三十七年（1772）二月，沈本源到寧都州後，即拜廖廷瞻爲師。同年八月，沈本源隨廖廷瞻往拜教首詹明空爲師。乾隆三十八年（1773）五月，詹明空將《護道眞言》一本及各種寶卷給與沈本源抄寫。沈本源將經卷抄竣後，即將舊本帶回福建。旋爲地方官訪查取締，起出《西來法寶經》、《明宗孝義經》等抄本。

　　江西寧都州人吳慕周，自幼隨母改嫁謝雲章，住在廬墓峰下，與獅子巖詹明空的住處相近。謝雲章拜詹明空爲師，皈依羅祖教，師徒往返甚密。詹明空常誇稱珍藏經卷秘本，不肯輕易示人。乾隆三十七年（1772）正月間，詹明空將所藏《五公尊經》、《紅爐接續》、《護道榜文》三種經卷抄本傳給謝雲章，囑以此三種經卷，外間難得，當好爲收藏供奉。乾隆三十八年（1773）九月間，詹明空住屋被火焚燒，經卷全燼，詹明空常以經卷被燼歎息。乾隆三十九年（1774），詹明空身故。次年，謝雲章身故，此三種經卷抄本俱存留在吳慕周家中。乾隆四十六年（1781）正月間，江西按察使湯蕚棠在吳慕周家中起出此三種經卷抄本各一冊。江西巡撫郝碩等逐一查閱，其中《護道榜文》一種，於乾隆四十年（1775）已經廣西巡撫熊學鵬奏明禁燼。《紅爐接續》抄本所載崇禎年間羅祖被拏勘問及大地山河等句，俱與福建咨文內所開《護道眞言》內語意相同，但經名互異。《五公尊經》假託誌公、唐公、化公、朗公及觀音大士偈言，被官府指爲妖妄悖逆⑦。

　　乾隆年間（1736-1795），蘇州經坊大量刊印《護道榜文》
販售圖利，善男信女進香時，多買回《護道榜文》持誦。據江西
巡撫薩載具摺指出，民人陳盛章故伯陳松起意將前明羅祖教《護
道榜文》改換清朝年號，刻板圖利。柳城縣人梁上董素吃長齋，
乾隆十六年（1751），梁上董與羅城縣人龍及海赴江南蘇州觀
音山燒香，在城內香花橋徐姓經坊買經，見有《欽頒護道榜文》，
梁上董相信可以護身，即買一本帶回念誦。乾隆二十二年（
1757），梁上董前往象州賣貨，路遇恭城縣民閉恒道，詢知也
是吃齋。次年，閉恒道央求梁上董領往蘇州觀音山燒香，在城內
臥龍街桃花橋周姓經坊買回《護道榜文》二本，收藏念誦。羅城
縣民陸仁即盧仁自幼多病吃齋，乾隆二十五年（1760），陸仁
雇覃添玉挑負行李煮飯，往蘇州觀音山燒香，在城內臥龍街徐姓
經坊買回《護道榜文》一本念誦。柳城縣民潘興太因求子吃齋，
乾隆三十五年（1770），縣民潘憲德將《護道榜文》及經卷，
送給潘興太。乾隆三十七年（1772）六月，梁上董在象州挑賣
木耳，寓歇覃元秀家中，覃元秀等人拜梁上董爲師，借抄《欽頒
護道榜文》⑧。由此可知《護道榜文》在民間的普遍流傳。廣西
巡撫熊學鵬查閱《護道榜文》前面載有聖諭十六條，且有「維新
羅祖」字樣。熊學鵬具摺指出《護道榜文》似係羅祖教搜燬未盡，
棍徒另行敷衍，假稱諭旨，捏造大臣等姓名，刊刻蔓延。熊學鵬
同時指出梁上董等所買徐姓經坊《護道榜文》內俱刊載康熙六年
（1667）、康熙二十三年（1684）奏准聖旨等字樣，可知《護
道榜文》流傳已久。閉恒道等人被捕時，除搜出《護道榜文》外，
還有《皇極收元寶卷》等經卷。熊學鵬認爲各種寶卷多係勦襲佛
經陳言，敷衍其說⑨。

　　無生老母是羅祖教崇奉的神祇，李普明所創立的黃天道，對

無生老母的信仰，有承先啓後的作用，教中寶卷，主要爲《普明如來無爲了義寶卷》、《普靜如來鑰匙寶卷》等。方觀承在直隸總督任內所進呈的經卷，其內容屢見「收元黃天道」等字樣，經協辦大學士兆惠、布政使錢汝誠等人細加推證後指出山西潞安人田金允、直隸昌平人張銀等都是收元會人犯案內所有。「臨凡怨」等詞，亦見於李普明的《朝陽三佛腳冊》。河南洧川人張二所藏《皇極寶卷》，亦見於碧天寺內所搜出的《普明經》中。直隸沙河人胡二引進是田金台的徒弟，磁州李懷林案內孫耀宗、劉丙公等人也傳習黃天道。因此，兆惠等人指出普明一脈，實爲數十年來所破獲各教案之總。在起出的符印字蹟內有三角符三張，每張各有四字，每字在上下雨山二字中間藏嵌「大王朱相」、「朱王後照」、「日月天下」等字樣。在所起出的《先天敕箚》內稱，「走肖傳與朱家，朱家傳與木子」等語。教中玢璹印篆標題指稱爲普明所遺，詞中涉及吳三桂。協辦大學士兆惠等指稱，「逆詞怪誕狂悖，隱然欲以僭亂誣民創爲邪說，道籙梵經中所未曾有。」⑩此外，還起出《清靜經》一卷，共七十二頁，是由信衆杜孔智所抄寫。

　　清初以來，羅祖教案件，層見疊出，乾嘉年間所查禁的大乘教，地方大吏多指爲羅祖教的「餘孽」。湖北漢川縣周圓如所傳習的大乘教，於破案後被官府搜出的寶卷，名目繁多。乾隆二十年（1755）七月間，周圓如身故。乾隆二十五年（1760），陳佐相等人前往漢川縣周圓如家，將周圓如所遺經卷，取回家中收存。乾隆三十四年（1769），陳佐相身故，所遺經卷又由陳輔相取回家中保存。乾隆四十六年（1781），湖北應城縣破獲大乘教案件，同年五月初二日，拏獲陳其才等十人，並在陳輔相家中起出大乘教經卷圖像，分爲三類：第一類爲圖像，內含紙畫諸

佛像十九張，木雕佛像一個，都是倣用僧家供奉諸佛圖像。紙畫
佛號紙牌位三張：一書南無法寶達麼耶；一書南無眞如佛馱耶；
一書南無福田僧迦耶，都是僧家供奉所用的牌位。另有紙畫圖像
四張，畫像背後注明羅祖、趙祖、李祖、華祖，其中一張畫像背
後注明「雍正二年四月初八」字樣，四張畫像，都是僧道所無。
第二類爲刊本經卷，計八部：其中《大乘諸品經咒》一部，上下
二卷，《銷釋金剛經科儀》一部，都是僧道尋常念誦的經卷。其
餘《大乘歎世無爲經》一部，《大乘苦功悟道經》一部，《大乘
正性除疑無修證自在經》一部，《大乘破邪顯證鑰匙經》一部，
計二套，《巍巍不動太山深根結果經》一部，《姚秦三藏西天取
經解論》一部，此六部經卷被地方大吏指爲是將僧道各經典摘錄
數句，或摘用一段，並添改刪除而成，語多鄙俚，但無狂悖不法
字句。在《大乘苦功悟道經》內有「正德甲戌三月刊刻」字樣。
《姚秦三藏取經解論》內載「萬曆辛丑歲八月吉日重刊」字樣。
甲戌即正德九年（1514），辛丑即萬曆二十九年（1601）。湖
北巡撫鄭大進剖析各刊本總名「大乘」居多的原因，他指出乾隆
三十三年（1768），江蘇巡撫彰寶奏辦朱文顯成案內開前明民
人羅孟浩以清淨無爲創教，稱爲羅祖，羅孟浩之子名佛廣及其婿
王蓋人另派流傳，又稱爲大乘教，因此，大乘教與羅祖教之名雖
殊，但仍屬羅孟浩一派流傳。大乘教第三類經卷爲抄本經卷，如
《霧靈山人天眼目》、《扶教明宗》等。其中較受官方重視的是
《霧靈山人天眼目》，湖北巡撫鄭大進指出《人天眼目》原係宗
門語錄，羅祖教竊取後冠以「霧靈」兩字，以表明宗派所由。序
文記載始祖羅孟浩是山東即墨縣人，宋淳熙年間纂集《人天眼目》。
鄭大進檢查《人天眼目》係屬羅孟浩始末，與序文不符。書中又
稱羅道霞係羅孟浩之孫，生於正統年間，從軍密雲，成化時，參

羅孟浩開示受記，正德年間，封爲國師等語。鄭大進認爲淳熙、成化相隔幾三百年，安得有受記之事？檢查《巍巍不動太山深根結果經》內羅道霞自述里居，與敘略同。經文內又稱祖輩當軍密雲衛悟靈山居住，「霧靈」字樣，應係傳寫錯訛。鄭大進檢查《宋史》、《明史》方伎列傳及《明史·武宗本紀》，並無羅孟浩、羅道霞姓名，所稱封爲國師之說，事屬無稽。至於《扶教明宗》抄本，其內容主要是演說大乘教的經偈，並無悖逆字句⑪。此外，《大乘大戒經》抄本流傳亦廣，經文內容，多爲教人皈依三寶，持齋戒酒，明心見性等勸善文字。

　　嘉慶二年（1797），湖北江夏縣人單萬成遭風覆舟遇救，有徽州人李松茂勸令吃齋，並傳給《小乘大乘經咒》⑫。江蘇陽湖縣人顧考三拜江陰縣人盛泳寧爲師，後來顧考三又轉收張泳德爲徒，傳習大乘教。嘉慶三年（1798），顧考三病故無後，張泳德前往送殮，見顧考三遺有抄白《酬恩孝義無爲寶卷》、《破邪顯證鑰匙寶卷》、《巍巍不動太山深根寶卷》、《護道榜文》及飄高老祖蓮花座圖像等，張泳德即行取回收藏，寄存在同教李勝大家中，李勝大被捕時，在他家中起出《明宗孝義經》、《嘆世無爲卷》各二本及抄白《護道榜文》等經卷⑬。費文眞也是陽湖縣人，他向來吃長齋。嘉慶九年（1804），費文眞拜盛泳寧爲師，入大乘教，每逢朔望，懸掛蓮花座飄高老祖像，念誦《明宗孝義經》。嘉慶十年（1805），盛泳寧身故，費文眞將蓮花座飄高老祖像同《明宗孝義經》二本，《去邪歸正經》一本，一併攜回家中。費文眞被捕時，在他家中起出抄白《護道榜文》、《破邪顯證經》、《嘆世無爲卷》、《明宗孝義經》、《觀音懺》、《三官經》等經卷。在《明宗孝義經》內有「龍華會」及「無生父母」等字樣⑭。

　　江西餘干縣人盧晉士先拜劉鵬萬爲師，傳習《天緣經》、《十報經》等寶卷。其後，盧晉士又拜劉鵬萬之師張起坤爲師，張起坤給與《苦功經》、《悟道經》、《明宗孝義經》等寶卷。嘉慶十四年（1809），盧晉士在江南儀徵縣將《十報經》、《天緣經》、《大乘眞經》刊板十塊刷印九十餘本，將其中六十本散給信衆，餘剩二十本及經板存放在同教萬順輝家中⑮。山東菏澤縣人張東安是大乘教的教首，平日爲人念經治病。菏澤縣境杜家莊居民季化民等容留張東安，嘉慶二十一年（1816）五月，季化民、張東安等被捕，在季化民家中起出張東安所存抄白《護道榜文》一本，《苦行悟道經》三本。在縣民毛王氏家中起出《快樂隨佛經》等寶卷四本，《鑰匙經》一部。在《苦行悟道經》內有「無生父母，眞空家鄉」等字樣及「無生父母本來眞空能變化，本是家鄉能變化」等句懺語⑯。山東巡撫陳預檢查所起出的寶卷，都是大板刊刻，是明代萬曆年間及清初順治年間所刊，是明代開州人王姓，號空庵所撰⑰。

　　嘉慶二十一年（1816）二月，湖廣總督馬慧裕等將大乘教樊萬興、桂自榜二案內起出的寶卷加封進呈，其中在盧勝才家起出《苦功悟道經》一本，書後載有「嘉慶三年重刊」、「積善堂藏板」等字樣，《明宗孝義經》一本，爲嘉慶四年（1799）所刻，《大乘眞經》一本，爲嘉慶十四年（1809）所刻，《大乘十報經》則爲嘉慶十四年（1809）盧晉士在江南儀徵縣所刻，兩面刻字，其板共十塊⑱。嘉慶二十一年（1816）十月，湖北孝感縣查辦大乘教一案，在信徒周添華家中起出《苦功悟道經》等寶卷，又在大慈庵內起獲《大乘經》等經卷二部⑲。嘉慶二十二年（1817）六月，湖北安陸縣人尹邦熙等赴官自首，承認因惑於求福免禍之說，自祖上以來即信奉大乘教，遺有《苦功悟道經》

等經三十五部，抄經八本。《法華咒》一部，抄本二十二本，內有《皇極經》二本，刻本《皇極金丹九蓮正信皈眞還鄉寶卷》上、下共二部，《血湖經》一卷，《三官經》一部。其中《皇極金丹九蓮正信皈眞還鄉寶卷》，是一種刻本，與嘉慶二十一年（1816）湖北審辦直隸清茶門教犯王秉衡供出家中所藏經卷多相似。在《皇極金丹九蓮正信皈眞還鄉寶卷》經本內粘有「康熙三十二年冬月姑蘇徐涵輝北寺南徑地方校正重刻」字樣⑳。《血湖經》即《血湖寶卷》，經本內有「周素蓮誌藏」字樣。

《血湖寶卷》開宗明義就指出「血湖寶卷初展開，地藏菩薩降臨來；善男信女齊來賀，血湖地獄變蓮台。」故事開端引目連尊者遊地獄尋母時到了羽州追陽縣，看見一個深廣的血湖地獄，池中有鐵樑、鐵柱、鐵枷、鐵索。左有鬼王，右有獄主，前有牛頭，後有馬面鬼卒夜叉，三十六司，二十四案監察尊神，善惡二判主，掌管血湖地獄。判官手執文簿，馬面手拿鐵叉，牛頭手執長枷，青面獠牙，硃紅頭髮，捉拏惡毒作孽婦女的亡魂，送到血湖地獄受罪。這些婦女生前不肯持齋念佛，造下無邊大罪，生產之時，又不小心，污血觸犯了一切神祇，又把滾湯潑地，燙死無數諸蟲螻蟻生命，常在灶前讒罵公婆，怨天恨地，呵風罵雨，打僧罵道，欺壓天主，瞞心昧己，將無作有，以直爲非，大秤小斗，姑嫂不和，妯娌不睦，斷絕六親，不尊長上，打男罵女，無故毀罵平人，將身上灶，不先淨手，觸犯灶君，漿洗衣裳，多費漿粉，作賤油鹽醬酒，拋撒五穀粥食家伙什物，費多用少，造罪如山，閻王叫夜叉將一衆婦人上了長枷，剝去衣裳，送在血湖池中受罪。只見牛頭馬面各執狼牙鐵棒來到血湖池邊，叫衆婦人快將血水吃下幾碗，若然不吃，即大棍拷身，小棍拷腳。嚇得婦女個個強將血水吃了幾碗，正所謂「血湖池內千般苦，一日三餐血水吞。」

每日三餐將血水灌下喉嚨，何年吃盡血水，那日脫離火坑。《血湖寶卷》中有哭五更一段，其內容云：

> 一更慘傷墮在血湖受苦難，每日河中踏浸的皮肉爛，我的佛呀！不得片時間萬苦千辛幾時扒上岸，銅蛇來吞鐵狗咬。

> 二更心焦血水漫漫浸到腰，無處去投告，兒女誰知道，我的佛呀！渾身赤條條受苦，難保空把爹娘叫生男養女作孽了。

> 三更無眠血湖受苦誰可憐，不見親娘面，又無人看望，我的佛呀！血水食三餐當飯充饑，只得開口嚥，若是不吃鐵棍鞭。

> 四更心憂血湖池中日夜愁，浸得周身臭，苦痛真難受，我的佛呀！衣破不遮羞，赤體精形上下皮肉露自己恓惶低了頭。

> 五更傷悲自恨前生分娩時自己全不是，血水潑在地，我的佛呀！又洗穢污衣，觸犯精神造下無邊罪，今日受苦怨誰人。

《血湖寶卷》一方面描述血湖池中婦女啼哭不止的景象，一方面敘述目蓮尊者遊獄尋母，來到血湖地獄，只見許多女人披頭散髮，長枷杻手，都在血湖池中飽受苦痛，目蓮見了受罪婦女，想起生身老母親，於是合掌長跪，請求我佛大慈大悲救度婦女。佛開金口，給與目蓮九環錫杖、明珠一顆，晝夜光明，在鐵圍城中將這錫杖一搦三振，將鐵圍粉碎。目蓮尊者懺母功德圓滿，超生極樂國土，佛放光明，眾苦地獄，化作天堂，血湖池中婦女盡得昇天㉑。《血湖寶卷》的宗旨，主要就是在說明兒女孝順父母，持齋念佛，其母終於脫離血湖之苦。

龍海燕是貴州丹江廳人，在土司所屬鳳凰山居住，素習大乘

教，嘉慶年間，龍海燕入京呈請換發《護道榜文》時被步軍統領
衙役盤獲。龍海燕等供出大乘教傳自直隸人羅維行，教中禮佛念
經，供奉天地君親師牌位，燒九炷香，念誦無生老母。所誦《大
乘經》只不過是勸化世人，並無為匪之事。龍海燕恐被人誣為邪
教，所以抄了《護道榜文》及《大乘經》十二本入京呈明，請求
換發《護道榜文》㉒。四川渠縣人文陽生傳習大乘教，嘉慶二十
年（1815）三月二十八日，文陽生病故，其子文仕善追憶文陽
生一生善行泯滅無聞，於是將《三教課誦》一書刊成版片，作為
其父垂名後世之意。文仕善等被捕時，起出經卷多種，其中《大
乘提綱》、《三教尊經》、《醮科儀範》等經卷是摭拾佛道《金
剛經》、《涅槃經》、《圓覺經》、《心經》、《彌陀經》、《
地藏經》、《道德經》等經卷牽綴成句，但經卷中也有「無為教
主」、「無生父母」等句。教中所刻《三教課誦》一書的大意，
與《大乘提綱》等經相似。四川總督常明認為雖無違悖字樣，究
屬荒誕不經，就是「邪教」㉓。嘉慶末年所查獲的大乘教經卷，
有不少是新刻的，反映嘉慶年間大乘教仍極盛行，大乘教傳佈既
廣，信徒亦與日俱增。

　　收元教的寶卷，流傳亦廣。山西定襄縣人劉起鳳前往山東單
縣拜劉儒漢為師，入收元教。康熙四十四年（1705），劉起鳳
自山東返回原籍，收韓德榮為徒。後來韓德榮又隨同劉起鳳前往
山東單縣，拜劉儒漢為師，抄有《錦囊神仙論》、《五女傳道書》、
《稟聖如來》等經卷。王天賜原籍直隸長垣縣，移居河南虞城縣。
康熙五十三年（1714），王天賜隨同劉起鳳拜劉儒漢為師，皈
依收元教。王天賜身故後，遺下《五女傳道書》、《八卦說》、
《小兒喃孔子》、《訓蒙說》、《金丹還元寶卷》等書㉔。乾隆
十三年（1748）正月，山西定襄等州縣破獲收元教，拏獲教首

韓德榮、田大元等人，搜出收元教書籍多種，山西巡撫準泰翻閱各書後指出其文字皆荒誕不經，類如「村婆佛偈」，混引八卦五行之說，飾以村俗之語，敷衍成鄙俚歌詞，其大意以勸人修行學佛爲詞，然多怪誕不經之語。其中如《錦囊神仙論》、《六甲天元》內有「太平有道之世」等語，被指爲異端邪說，而且收元教字樣，與乾隆初年雲南大乘教張保太所稱「收圓」二字同音，所以被指爲邪教重案㉕。耿孜元是江南碭山縣人，嘉慶十三年（1808），江南蕭縣人聶士貞等往拜耿孜元爲師，皈依收元教，耿孜元傳給《掃心集》三本，聶士貞輾轉傳徒。道光八年（1828）二月，聶士貞的信徒白珩等人在河南歸德府永城縣被拏獲，起出《萬法歸宗》、《掃心集》等經卷。其中《掃心集》，多爲習靜勸善之語。河南巡撫楊國楨具摺指出白珩家起獲各書多係假聖賢仙佛之說，雜以鄙俚市井之詞，妄談修眞醫病，但均無違礙字跡㉖。

混元教因供奉混元老祖，故又稱混元祖教，其教祖是飄高祖。飄高祖編造《混元弘陽臨凡飄高經》，在〈混元教弘陽中華經序〉中有「混元一氣所化，弘陽法者，現在釋迦佛掌教，以爲是弘陽教主，過去清陽，現在弘陽，未來纔是白陽」等語㉗。清陽即青陽，清高宗名弘曆，爲避御名諱，弘陽又作紅陽。青陽、紅陽、白陽，合稱三陽教。乾隆三十九年（1774），河南歸德府鹿邑縣人趙文申傳習青陽教，教中傳有《青陽經》。乾隆四十五年（1780），山西平遙縣人渠閏甫拜同村人王增元爲師，皈依紅陽教，教中供奉飄高老祖，持誦《觀音普門品經》。王增元另藏有《祖明經》，經本封面書明「京都黨家老舖造賣經文」字樣㉘。

紅陽教因燒一炷香，所以又稱一炷香紅陽教。直隸衡水縣已革武生英凌霄，其家藏有祖遺印板《十王經》兩本，圖像兩軸：

一軸是飄高老祖像；一軸是無生老母像。英凌霄供出，乾隆五十六年（1891），其親戚胡德明因見英凌霄之母英李氏燒香念佛，即傳給大乘門教，又名一炷香紅陽教，教中做會時，念誦《十王經》。乾隆末年，直隸景州人嬰添誠，因父患病，延請州人趙堂醫治痊癒，嬰添誠即拜趙堂爲師，皈依混元紅陽教，學習吃茶醫病，趙堂送給《混元紅陽經》一部。嬰添誠入教後，常替村民念誦《混元紅陽經》，聲稱可以消災延年㉙。直隸通州人邢文秀傳習紅陽教，收張法惠等五人爲徒，傳授的寶卷是《隨堂經》、《明心經》、《臨凡經》、《苦功經》、《嘆世經》、《顯性經》等，每逢誦經，俱供奉飄高老祖。直隸人辛存仁，移居吉林伯都訥。嘉慶十七年（1812），辛存仁之母牟氏患病，適有吉林三道嶺眞武廟住持僧王慶環遊方至辛存仁家。王慶環告以供奉飄高老祖，持誦紅陽教《九蓮經》，並用黃紙書寫無生老父無生老母牌位，信心供奉，日久以後，混元一氣，病即痊癒。辛存仁隨拜王慶環爲師，王慶環給與辛存仁的寶卷有：《報恩經》二本，《九蓮經》、《掃心經》、《明宗卷》、《達本還元經》各一本，令辛存仁供奉牌位前，每月初一、十五日燒香十二炷，持誦經卷㉚。嘉慶十八年（1813），王慶環收陳立功爲徒，給與《苦功悟道經》。嘉慶二十年（1815）十月十九日，在諭旨中指出直隸束鹿縣馬楊氏傳習紅陽教，起出《飄高老祖經》㉛。嘉慶二十一年（1816）二月，山東陵縣人陳謹因染患瘧疾，日久未癒，即開箱取出家藏紅陽經卷，供像誦經，隨後病痊。他被捕時，在西廂牆下搜出木箱一隻，內含神像五軸，《紅陽經懺》十六套，《普門經》六套，《太陽經》二十五本㉜。直隸武邑縣北石村僧人大通傳習紅陽教，嘉慶二十一年（1816）閏六月，拏獲大通徒弟僧人春山，起出《混元紅陽經》十套，內有「飄高祖無生老母」

字樣。

嘉慶二十二年（1817）六月，直隸新安縣民劉師達等出首任永興等傳習紅陽教一案，起出木印一顆，刻有「紅陽寺寶」四字。直隸提督徐錕將印模咨送軍機處存查，並將起出經卷解送軍機處，包括：墨抄《泰山東嶽十王寶卷》二本，刊印《泰山東嶽十王寶卷》二本，刊印《銷釋收圓行覺寶卷》一本㉝。在《泰山東嶽十王寶卷》內有「臨清縣景泰六年」及「黃村呂祖立，至今得興隆天下眾善人掛號對合同」等字樣，在《銷釋收圓行覺寶卷》內有明代萬曆年號，及「眞空」、「無生老母」等字樣。嘉慶二十二年（1817）八月，在直隸獻縣拏獲紅陽教教首王存來等人，起出寶卷箱一隻，內裝刻本《混元紅陽經》九本，又在信徒杜學成家起出抄本《三藏經》一本，不全《十字經》一本，天師符一張。在王宋氏家起出抄本《道場總抄》一本，《陽宅起首》一本㉞。直隸大興人周應麒，自幼學習紅陽教，莊中有菩薩廟，周應麒等每逢正月十四等日在菩薩廟前殿念誦《源流經》，二月十九日，念誦《菩薩送嬰兒經》，五月十三等日，念誦《伏魔經》，爲同莊人消災祈福㉟。

三陽教的寶卷，或沿用羅祖教寶卷，或沿用佛道經卷，或自行編造，各種寶卷自萬曆年間以降，輾轉抄寫翻刻，名目繁多，流傳頗廣。其中《青陽經》是青陽教的主要寶卷，是禮拜太陽時所念誦的經文，每月朔望焚香念誦《青陽經》內「奉母親命祖萬篇，安天立地總收元，替父完結立後世，眞金女子保團圓」等歌詞，向太陽虔心禮拜，相信今生可以消災免禍，來世託生好人，不受輪迴之苦㊱。三陽教中，以紅陽教的寶卷流傳最廣，現存《軍機處檔・月摺包》內含有嘉慶末年紅陽教寶卷清單，詳列各寶卷書籍名稱，即：《墨寫泰山東嶽十王寶卷》、《混元弘陽悟道

明心經》、《混元弘陽顯性結果經》、《混元弘陽苦功悟道經》、
《混元弘陽嘆世眞經》、《混元弘陽飄高祖臨凡經》、《混元弘
陽血湖寶懺》、《混元弘陽中華寶懺》、《混元弘陽明心寶懺》、
《混元弘陽觀燈讚》、《銷釋混元無上大道玄妙眞經》、《銷釋
混元無上普化慈悲眞經》、《銷釋混元無上拔罪救苦眞經》、《
銷釋混元弘陽拔罪地獄寶懺》、《銷釋混元弘陽救苦生天寶懺》、
《銷釋混元弘陽大法祖明經》、《銷釋歸依弘陽覺願眞經》、《
弘陽妙道玉華隨堂眞經》、《清靜無爲妙道眞經》、《無爲勸世
了義寶卷》、《普明如來無爲了義寶卷》、《華嚴寶懺》、《嘆
世無爲卷》、《大方廣佛華嚴經》、《銷釋金剛科儀》、《佛說
利生了義寶卷》、《巍巍不動泰山深根結果寶卷》、《正信除疑
無修證自在寶卷》、《太上說平安皂經》、《姚秦三藏西天取清
解論》、《靈應泰山娘娘寶卷》、《護國佑民伏魔寶卷》、《金
光明經》、《金光明最勝王經》、《大般涅槃經》、《地藏經》、
《大乘本生心地觀經》、《華嚴經》、《金剛經》等經卷㊲。以
上各寶卷中《銷釋混元弘陽大法祖明經》簡稱《祖明經》，《弘
陽妙道玉華隨堂眞經》簡稱《隨堂經》，《混元弘陽悟道明心經》
簡稱《明心經》，《混元弘陽飄高祖臨凡經》簡稱《飄高老祖經》，
或簡稱《臨凡經》。官方奏報文書對各寶卷的簡稱，頗不一致，
例如嘉慶年間直隸祁州人李丙辰因爲患病，經張進忠引進，拜晉
州人楊盛堂爲師，入混元門教，學習畫茶治病，楊盛堂因年老無
子，將《混元飄高祖臨凡經》、《紅陽悟道經》兩部寶卷交給李
丙辰收藏。其中《混元飄高祖臨凡經》就是《混元弘陽飄高祖臨
凡經》的簡稱，《紅陽悟道經》就是《混元弘陽悟道明心經》或
《混元弘陽苦功悟道經》的簡稱。道光十二年（1832），順天
府查辦三河縣民張景山等傳習混元教一案，在張景山等人家中起

出《泰山》、《娘娘》、《源流》、《伏魔》、《竈王》等經㊳。其中《泰山》就是《巍巍不動泰山深根結果寶卷》的簡稱，《娘娘》就是《靈應泰山娘娘寶卷》的簡稱。在三陽教寶卷中多有「眞空家鄉，無生老母」、「飄高老祖」等字樣。

　　《十王經》即《十王寶卷》，是《泰山東嶽十王寶卷》的簡稱，它以故事形式宣揚善惡賞罰的因果報應思想，《十王寶卷》就是紅陽教常見的寶卷。故事開始是藉山東濟南府臨清縣一名儒學生員李清死後還陽的經過，奉勸世人持齋念佛，以闡述善惡報應的道理。故事大意敘述明景宗景泰六年（1455）八月初三日，李清往生後，魂至陰司，閻君問李清在陽間作何事情？李清答以在陽間每遇釋迦牟尼佛於四月初八日誕辰時持齋念佛。閻君因陽間不知十殿閻君誕日，所以無人持齋念佛，於是將每殿閻君誕日寫給李清，並讓李清還魂，要他奉勸善男信女每逢十殿閻君誕辰之日，焚香誦經，持齋念佛，所念的主要就是《十王寶卷》。善男信女相信亡魂到地獄受苦果報，或被推入刀山地獄，或被推入寒冰地獄，或被推入劍樹地獄，或被推入毒蛇地獄，或被推入碓臼地獄，或被押到鋸解地獄，或被推入鐵床地獄，或被推入黑暗地獄，受罰苦報，世人念誦《十王寶卷》，就可以脫離地獄之苦，合家大眾保安康。

　　《伏魔經》即《伏魔寶卷》，是《護國佑民伏魔寶卷》的簡稱，全書上、下各一卷，計二十四品，是因關聖帝君受敕封爲神威遠振天尊三界伏魔大帝而得名。寶卷內臚敘關聖帝君事跡，顯靈滅妖邪，佑民護國傳說及善因自種，福慧自修等勸善內容。其中第二十二品〈粉紅蓮〉云：

　　　　請大眾細聽聞，聽我從頭說分明，我今留下伏魔卷，見今刊板在北京，眾賓朋各人請眞經，伏魔老爺有神通，請經

諷佛前供，保佑居家得安寧。伏魔卷非等閒也，有聖來也
有凡，不論老少宣寶卷，增福延壽保平安，發心虔大眾諷
眞言，伏魔老爺在空懸，大眾虔誠加精進，福慧雙修不落
凡。勸他大眾各處良心，自救自己，莫指他人，元來自性
只在海底，不得翻身，我祖留下玄妙煉海燒山根，我自性
有人叮嚀死手出盡紅塵，海寶自顯，海寶即是自性，自性
即是靈光，靈光即眞空，眞空無形無像，落了住角，頂替
虛名，分其男女貴賤，形象有差別，一炁爲主，四四十六
兩，應爲丈六金身，四兩清氣，無生母執掌，四兩仙氣，
王母娘娘執掌，四兩神氣，神州娘娘執掌，四兩鬼氣，地
藏老母執掌。學道之人，去了鬼眼鬼心，滅了鬼氣，儉點
飲食，降了神氣，採取先天，煉就清氣，一體同觀，任得
無生老母撒手還元，成其正覺也㊴。

引文中指出自性即是靈光，靈光即眞空，眞空無形無像，煉就清
氣，即成正覺。念誦《伏魔寶卷》，可以保佑居家安寧，增福延
壽。善男信女信授《伏魔寶卷》，萬劫不踏地獄門。

　　直隸灤州石佛口及盧龍縣王氏世傳清茶門教，或稱清茶會，
或稱大乘教，或稱清淨法門。乾隆末年，河南涉縣人李延春拜石
佛口人王姓爲師，同縣人李秋元拜李延春爲師，俱入清茶會。嘉
慶十四年（1809），李秋元收劉景寬等人爲徒。嘉慶二十年（
1815）七月，劉景寬被捕後，並在他家中起出《伏魔寶卷》等
寶卷㊵。同年八月，湖北拏獲王秉衡，據供其原籍家中藏有《皇
極寶卷眞經》。同年十月，因直隸總督那彥成奏報拏獲教犯王殿
魁，頒降上諭，在諭旨中指出於王殿魁家中搜出《九蓮如意皇極
寶卷眞經》、《元亨利眞鑰匙經》等寶卷。同年十二月，在王克
勤家中搜出《三教應劫總觀通書》等寶卷。王克勤是直隸邯鄲縣

人，自幼跟隨母親吃齋，傳習清茶門教。他供出《三教應劫總觀通書》傳自石佛口王度㊶。直隸清河道韓文綺曾派員到石佛口二里許圍峰山壽峰寺內查獲《皇極金丹九蓮正信皈眞還鄉寶卷》一部，計二本。地方官也在石佛口空廟內陸續查獲寶卷多種，嘉慶二十一年（1816）正月，據直隸布政使司呈送軍機處寶卷清單所列名目，計：《銷釋木人開山寶卷》二本，《觀世音菩薩普度授記皈家寶卷》二本，《銷釋收圓行覺寶卷》一本，《銷釋顯性寶卷》一本，《銷釋圓通寶卷》一本㊷。此外，江蘇人徐萬志是王殿魁的信徒，徐萬志被捕時，在他家中搜出《金剛經》、《論百中經》等經卷及舊抄佛曲歌詞。《三教應劫總觀通書》是清茶門教的重要寶卷，簡稱《三教經》，八卦教的《三佛應劫書》，是根據《三教應劫總觀通書》作了部分的增改而來的，兩者當即一書㊸。

　　道光年間，直省嚴厲取締各種教派，破獲頗多青蓮教的寶卷，包括《性命圭旨》、《開示眞經》、《無上妙品》、《悟性窮源》、《龍華經》、《懺悔經》、《東明律》、《風輪經》、《愿懺經》、《無生老母圓懺》、《斗牛宮普度規條》、《靈犀玉璣璇經》、《玉皇心印》、《十二圓覺》、《慈航性理》、《乩詩寶光實錄》、《金丹口訣》、《無生老母經》、《梵王經》、《劉香寶卷》、《修眞寶傳》、《諭迷喚醒》、《十參四報經》等經卷。其中《開示眞經》又稱《開示經》，內有「皇清嘉慶」字樣，其編印上限當在嘉慶年間。經文中主要在闡述三皈五戒的教義思想，「要五戒精嚴，三皈清淨。三皈者；皈依佛，皈依法，皈依僧。皈依佛，不墮地獄；皈依法，不墮餓鬼；皈依僧，不墮旁生。五戒者：一不殺生，二不偷盜，三不邪淫，四不酒肉，五不妄語。此乃是三皈五戒，佛法僧，皈依佛，不是泥胎，不是彩畫，不是泥塑木

雕，不是銅打鐵鑄。要皈依，活潑潑，轉轆轆，有靜有動，常放
五色毫光。圓陀陀，赤灑灑，無新無舊，爲救衆生，乃爲一尊眞
佛，自性爲佛。皈依法，不是王法，不是家法，不是邪魔外道法，
不是呼風喚雨法，不是邪神壓鎭法，要皈依，明晃晃，亮堂堂，
晶轆轆，金輪常轉，悟道之人，蘊空妙法，取經發卷，乃爲眞法，
自性爲法。皈依僧者，不是人僧，不是尼僧，不是衆僧，不是看
經唸佛僧，不是走方雲遊僧，不是一切人中僧，要皈依，光昆昆，
轉巍巍，妙元元，無塵無垢，無身無體，半虛空放一段光明，乃
爲眞僧，自性爲僧。」㊹四川新都縣人楊守一平日算命營生。道
光七年（1827）三月，楊守一到華陽縣新街地方，開設命館。
同年五月間，貴州龍里縣人袁無欺到四川售賣土紬，與楊守一相
識。袁無欺勸令楊守一供奉飄高老及無生老母牌位，每月燒香念
誦，可以消災獲福，並給與《開示眞經》一本。楊守一起意做會
傳徒，因官府查禁供奉飄高老祖，遂藉稱《唱道眞言》爲青華道
祖講道之書，而用黃紙書寫青華老祖及無生老母牌位供奉，即取
名爲報恩會，並將《開示眞經》改名爲《恩書》，宣稱教中念誦
報答父母恩經典，以引人入教，祈神保佑。四川總督戴三錫查閱
青蓮教各種寶卷後指出《性命圭旨》、《唱道眞言》二書，俱係
道家之言，爲原有經卷，《開示眞經》則爲鄙俗常言編成攘災祈
福語句，並無違悖字樣㊺。《普度規條》內以「雲城斗牛宮爲開
道根基」，又有「王法當權，佛法未顯，應宜檢密，暗釣賢良」
等句。《乩詩》內有「三豕遇龍八牛逢犬」等句，俱被指爲「殊
涉狂謬」。在《開示眞經》內有「萬法開群品，丙午丁未大收圓」
等字樣。《靈犀玉璣璇》內載有「無生老母降乩之言」。青蓮教
的教義，主要在宣傳未末申初當滅六十億萬生靈，入教者可以邀
福免禍的思想㊻。

有清一代，許多規模較小的教派，雖未釀成重大教案，但諸小教派所念誦的經卷，亦受到官府的取締。例如，江西贛州人廖景泮於乾隆十五年（1750），聽從信豐縣齋公蕭維志受戒，皈依羅祖三乘正教，教中念誦《本名經》、《心經》等經卷，在《本名經》內即有「三乘教」名目。山西曲沃縣人任景翰，素習金丹門圓頓教。乾隆五十七年（1792），任景翰之姪任進德因家道貧困，所以依照任景翰所習金丹門圓頓教收徒傳授，刷印寶卷圖利。嘉慶二十年（1815）七月，任德進被捕，在家中起獲《金丹九蓮經》及《護道榜文》等經卷㊼。浙江蕭山縣人葉禹功傳習長生教，嘉慶元年（1796），葉禹功被捕時，起出抄錄《四恩經》、《十報經》等經卷㊽。直隸安肅縣人梁畛供奉彌勒佛，傳習五郎會。梁畛病故後，由其子梁好禮接充會首，每年四月初八、六月初六、七月二十等日，做會念誦《皇極卷》等經卷㊾。嘉慶十九年（1814）十二月，四川邛州破獲鴻鈞教，拏獲教首黃子賢等人，起出《北斗經》。嘉慶二十年（1815）十一月，直隸灤州破獲三元教，拏獲教首裴景義等人，起出《萬法歸宗》、《推背圖》等經卷書籍㊿。

江蘇上海縣人徐幗泰傳習無爲教，嘉慶二十年（1815）六月，徐幗泰等人被捕，起出《皇極經還鄉卷》，寶卷中有「無生老母，天外家鄉」等字樣(51)。熱河朝陽縣土默特貝勒旗學莊頭貢子等人傳習清靜無爲教，嘉慶二十二年（1817），貢子等人被捕，起出《嘆世無爲寶卷》等經卷。駱敬行是江蘇寶山縣人，傳習圓明會，嘉慶二十一年（1816）六月，駱敬行被捕，起出《金天寶藏經》二本，《延齡寶懺》四本(52)。

乾隆年間，有江西南昌縣人李純佑，在湖北江陵縣傳習未來教，李純佑被捕時，查出《五公末劫經》(53)。李純佑供認改編《

五公末劫經》及《大唐國土末劫經》經過。直隸宛平縣人韓興母子曾拜山東人徐文秀爲師，學習圓頓教，供奉彌勒佛。道光十二年（1832）六月，韓興等人被捕，起出《皇極經》。河南南陽府唐縣人戴義，傳習天竹教，爲人念咒治病。道光十二年（1832），縣民王元亨因手足不仁，經戴義治癒，王元亨即拜戴義爲師，皈依天竹教。道光十三年（1833）十二月，天竹教遭到取締，起出《錦囊寶卷》、《五女傳道書》等寶卷。諸小教派所念誦的經卷，名目繁多，各具特色，不容忽視。

第二節　彌勒信仰與劫變思想的盛行

在佛經中，劫是一個時空觀念，意即宇宙所經歷的時空和成敗往返的過程。《隋書・經籍志》有一段記載說：

> 天地之外，四維上下，更有天地，亦無終極，然皆有成有敗。一成一敗，謂之一劫。自此天地已前，則有無量劫矣。每劫必有諸佛得道，出世教化，其數不同。今此劫中，當有千佛。自初至於釋迦，已七佛矣。其次當有彌勒出世，必經三會，演說法藏，開度眾生。由其道者，有四等之果。一曰須陀洹，二曰斯陀含，三曰阿那含，四曰阿羅漢。至羅漢者，則出入生死，去來隱顯，而不爲累。阿羅漢已上，至菩薩者，深見佛性，以至成道。每佛滅度，遺法相傳，有正、象、末三等淳醨之異。年歲遠近，亦各不同。末法已後，眾生愚鈍，無復佛教，而業行轉惡，年壽漸短，經數百千載間，乃至朝生夕死。然後有大水、大火、大風之災，一切除去之，而更立生人，又歸淳朴，謂之小劫。每一小劫，則一佛出世[54]。

佛教把宇宙從它形成至末日，分成若干階段，每個階段叫做劫，
共成一個大劫，每一個大劫中包含幾個中劫，每一個中劫又包括
數十個小劫。佛教不僅把整個宇宙和人類的經歷，都看成是大大
小小劫數的組合，而且是無數災難的組合。在每一劫數的末尾，
稱爲劫末，其災難最爲嚴重。劫末過去，則又是另一劫數的開始，
如此循環不已，直到末劫，一切結束。《俱舍論》中對於劫和災，
描述尤爲詳盡。喻松青著《明清白蓮教研究》一書已指出，「佛
教大力宣傳劫和災，它的目的就是要闡明經過無數劫災後的世界，
是一個空無一物的世界。用對物質世界的根本否定來引導人們去
嚮往和追尋非物質的彼岸世界。」⑤明清時期的民間秘密宗教，
吸取了佛教劫數的內容後，極力宣傳劫變思想，使劫災觀念成爲
否定物質現實世界的思想觀念。

　　南北朝時期的《龍華誓願文》、《彌勒三會記》、《龍華會
記》，已將世界分成三個時期，稱爲龍華三會。白蓮教及其他民
間秘密宗教，普遍接受龍華三會的思想，認爲宇宙從開始到最後，
必須經歷三個時期，即：龍華初會、龍華二會和龍華三會。初會
的燃燈佛代表過去，二會的釋迦佛代表現在，三會的彌勒佛代表
未來。在民間秘密宗教的寶卷中，對龍華三會的內容作了補充及
發揮，成爲各教派思想信仰的主要理論基礎。明清時期，民間秘
密宗教的過去、現在、未來三世說法，除了受到龍華三會說的影
響外，還受到三階教、摩尼教的影響。三階教將世界分成三階，
第一階稱爲一乘，是爲正法；第二階稱爲三乘，是爲像法；第三
階稱爲普歸普法，是爲末法。摩尼教有二宗三際說，二宗即明宗
和暗宗，三際即過去、現在、未來。過去是初際，此時明暗相背；
現在是中際，明暗相混；未來是後際，明暗相分。

　　《皇極經》，又作《皇極寶卷》，或爲《佛說皇極結果寶卷》

的簡稱，或爲《皇極金丹九蓮正信皈眞還鄉寶卷》的簡稱。《佛說皇極結果寶卷》上、下二卷，卷中對三佛輪流掌教作了詳盡的敘述，節錄一段內容如下：

> 無極生太極，太極煉皇極，皇極煉無極，三極輪轉，豈有虛迷。始皇又問我佛怎麼是煉，佛言眞機不可泄漏，緊緊牢記心懷，無極會，燃燈佛掌青陽教立玄爐，曾在皇極會攝頂光而煆煉成三葉金蓮，轉九劫，賢聖以前過去了；太極會，釋迦佛掌紅陽教，曾在無極會內攝身光而入玄爐，煆煉五葉金蓮，轉十八劫；人緣上有皇極會，是彌勒佛掌白陽教，要治那八十一劫，賢聖立玄爐攝內光而煆煉那九葉金蓮，無有修治。咱先差三十六祖下凡交他混下人緣專造當來世界⑤。

無極、太極、皇極，三極輪轉。三世佛輪流掌教，無極會燃燈佛掌青陽教，煉成三葉金蓮，轉九劫；太極會釋迦佛掌紅陽教，煉成五葉金蓮，轉十八劫；皇極會彌勒佛掌白陽教，煉成九葉金蓮，轉八十一劫。《佛說皇極結果寶卷》中也說：「念甚麼佛纔是了道法門？佛言：你不知道然燈佛三葉金蓮，念四字佛成聖，他是過去佛；釋迦佛五葉金蓮，念六字佛成眞，這是見在的佛；咱脩的是九葉金蓮，該念十字佛纔了道。」⑤

　　《皇極金丹九蓮正信皈眞還鄉寶卷》與《佛說皇極結果寶卷》，名稱相近，然而卻是內容不同的兩種寶卷。喻松青著《民間秘密宗教經卷研究》一書指出，《皇極金丹九蓮正信皈眞還鄉寶卷》的作者是江西鄱陽縣人黃德輝（1684-1750），於乾隆年間刊刻。全卷借假彌陀爲作者，其主要內容，是鋪演一個彌陀救世的故事，古彌陀教主，奉天神世尊旨命，臨凡住世，去拯救沉落紅塵的九十二億失鄉兒女⑤。寶卷中第十品〈天人證道〉敘述三世佛輪管

天盤的內容，頗為詳盡，節錄一段內容如下：

> 爾時無為教主在三真堂，與諸大眾講論名山洞府不提，卻說華藏天華真人忽聞信香，就問當直神：此香是那天聖意？當直神上告：今有後天教主奉天佛遣差在下方九洲漢地無影山前無為府三心堂闡教，要度三會賢良。今有皇極老母散動寶香，普請天上人間名山洞府有道真人同去合手助道。華嚴聽罷，滿心歡喜，當時收什〔拾〕隨身寶物，領定仙童，化道金光，片時來到下方無影山前，化一貧僧，撥開人空闖入堂中，開言便問：尊師你知道過現未來三極道，三極元有多少天，宮闕斗府多少數，靈山多少佛祖仙，甚麼年間治起世，甚麼年來佛收源，三佛共有多少劫，誰多誰少幾千年，講開皇極金丹道敢了殘靈。掌後天祖師睜眼觀看，認的元人威威，笑曰：老僧近前來聽吾分講，一生二意發生真三身化現治乾坤，過去燃燈極嚴劫，現在釋迦掌教尊，未來彌勒星宿會，三佛臨轉下天宮，見前二十七，未來八十一，一百單八劫，諸佛透須彌，過去佛掌了十萬八千年，現在佛該掌二萬七千年，未來佛該掌九萬七千二百年，三佛掌過無當差官，通共一百單八劫，一十令七蓮，一百單八天，三家通用九十六億元來客，三佛共掌二十三萬二千二百年，三元造就古冊，誰敢泄漏⑤。

引文中的三佛三世掌管天盤的說法，使龍華三會增添了新內容和每會的時間極限。在直隸灤州石佛口二里許的圍峰山壽峰寺內也藏有《皇極金丹九蓮正信皈真還鄉寶卷》，一部二本，寶卷中以「無極、太極、皇極」為三教，有「九蓮如意及過去、未來，真空、無生、九宮、八卦、青陽、紅陽」等字樣散敘於寶卷內，並有「無影山」字樣，據當地人士稱，圍峰山就叫做無影山，壽峰

寺就是王姓昔年所建香火廟。嘉慶年間，江南查辦徐幗泰傳習無爲教一案，在徐幗泰佛堂內，起出《皇極經還鄉卷》，這部寶卷就是《皇極金丹九蓮正信皈眞還鄉寶卷》的簡稱。兩江總督百齡指出經文內有「無生父母、天外家鄉、白陽、紅陽、無影山、龍華會、彌勒當極、暗生八卦、五盤四貴、暗鈞賢良」等悖逆語句。據徐幗泰供稱，經文大意是說無生老母在天外家鄉，憫念失鄉兒女，救度殘靈男婦，吃齋出貲入教，即可將靈性逐漸復還，死後不墮輪迴。據徐幗泰之師陸雲章供稱，白陽是仙境，享清淨之福。紅陽是紅塵，享人間之福，齊赴散花天會，稱爲同赴龍華。無影山是天付之性，凡人不能看見，並非世上眞有此山。「彌勒當極」一句是指過去燃燈佛、現在釋迦佛、未來彌勒佛輪流掌教之意，「暗生八卦」一句是說人身上亦有八卦，「五盤四貴」一句是天地人水雲稱爲五盤，朱雀玄武青龍白虎稱爲四貴。「暗鈞賢良」是指引人入教⑩。

直隸灤州石佛口王姓世代傳教，並傚照《皇極金丹九蓮正信皈眞還鄉寶卷》編造三教應劫分掌天盤諸說，而成爲各教派輾轉附會的理論根據。《皇極金丹九蓮正信皈眞還鄉寶卷》的卷首指出，聖玄中古佛，造定三元劫數，三佛臨流掌教，九祖來往當機，分定過去、現在、未來三極世界，各掌乾坤。寶卷中所稱三元劫數是和三佛輪流掌教以及三極世界相關的宗教術語。喻松青著《民間秘密宗教經卷研究》一書已指出，明清秘密宗教，將世界歷史中過去、現在、未來三個階段稱爲三極世界，此三極世界中有三佛輪流掌教，三極世界要經歷三次大劫，每次大劫後，世界就發生一次巨大變化，三次大劫，三次巨大變化，稱爲三元劫數。三次大劫中的最後一劫是人類所遭遇的最大劫數，就是末劫，或稱紅陽劫。此劫一過，天下太平，彌勒下凡掌世的理想世界隨即

出現。所以三元劫數說含有否定和肯定的雙重內涵。否定的是天災和來自現實統治者所造成的人禍；肯定的是上天給予了一次造劫的機會，即用暴力造劫，使世界巨變，彌勒下凡掌世，民間秘密宗教的教主遂多自稱是彌勒或彌陀的化身。劫災說所描述的天災人禍，就是歷史發展進程中經常發生的景象。因此，劫災說或三元劫數說，對於人們具有很強的說服力，也最能吸引群衆，從而使衆多的人民湧入民間秘密宗教的行列㊶。

《三教應劫總觀通書》簡稱《三教經》，是清茶門教重要寶卷之一。直隸邯鄲縣清茶門教要犯王克勤家中藏有《三教應劫總觀通書》，據王克勤供稱，《三教應劫總觀通書》是由石佛口王度轉交張成甫，張成甫因無後嗣，而傳給楊殿揆，再由楊殿揆傳給王克勤之母楊氏。《三教應劫總觀通書》以燃燈佛、釋迦佛、未來佛爲三劫。有天盤三副，過去是燃燈佛掌教，每年六個月，每日六個時；現在是釋迦佛掌教，每年十二個月，每日十二個時；將來是未來佛掌教，未來佛即彌勒佛，每年十八個月，每日十八個時。未來佛將降生在石佛口王姓家內，如有入教者送給王姓師傳等根基錢，若逢未來佛出世，即得好處，共享榮華富貴。因《三教應劫總觀通書》內有「未來佛降生青山石佛口」字樣，所以王姓傳教之人，俱稱爲青山主人，信衆俱尊王姓爲爺，寫信者稱爲朝上，王姓教主即係主上，磕頭禮拜，有主臣之分。直隸總督那彥成指出，王姓族人世傳清茶門教，藉未來佛掌盤之說，以煽惑人心，釀啓異謀，毒流數省，害延累代，竟爲各「邪教」之宗，「名爲清茶，似無謀逆之迹，暗圖未來，實爲謀逆之由。」㊷清茶門教傳教的主要理論，就是在宣揚三世佛輪管天盤的思想。教犯王三顧在湖北傳教時也指出，世界是由過去、現在、未來三世佛輪管天盤，凡皈依吃齋者，可避刀兵水火之劫，各送給師父水

錢、線路錢，爲來世根基，可以富貴。王三顧聲稱，其祖上現在天上掌盤，有一聚仙宮在西方，凡入教吃齋者身故以後，度往聚仙宮，享清淨之福，免受刀兵水火之劫⑬。湖北教犯張建謨供稱，王姓師父傳教時，宣揚說過去燃燈佛所管天盤是每四十日爲一月，六個月爲一年；現在釋迦佛所管天盤是每三十日爲一月，十二個月爲一年；未來彌勒佛所管天盤是四十五日爲一月，十八個月爲一年⑭。教犯王殿魁被捕後亦供稱：「我家內並無經卷，止記得祖母講過，教內過去的是燃燈佛，九劫，一年六個月，一日六個時；現在是釋迦佛，十八劫，一年十二個月，一日十二個時；未來的是彌勒佛，八十一劫，一年十八個月，一日十八個時，並相傳未來佛將來出在王姓。」⑮據清茶門教犯樊萬興供稱：

> 王秉衡等說起他是直隸灤州石佛口人，祖傳習教，從前有人吃齋的，只到他家祖先牌位前磕頭，就算皈依門下爲徒，送錢與他使用，後因犯案查抄，遷居盧龍縣安家樓居住。弟兄同族各自四出傳教收徒，捏說世界上是過去、現在、未來三佛輪管天盤：過去者是燃燈佛，管上元子丑寅卯四個時辰，度道人道姑，是三葉金蓮，爲蒼天；現在者是釋迦佛，管中元辰巳午未四個時辰，度僧人尼僧，是五葉金蓮，爲青天；未來者是彌勒佛，管下元申酉戌亥四個時辰，度在家貧男貧女，是九葉金蓮，爲黃天。他們王姓祖上即是彌勒佛托生，世傳清淨門齋，到他已有八代。此時吃的現在佛的飯，修的未來佛的道，將來彌勒佛仍要轉生到他家。凡皈依他吃齋的，可避刀水火之劫，免墮輪迴，不入四生六道⑯。

清茶門教把三蓮、五蓮、九蓮分別和燃燈佛、釋迦佛、彌勒佛相配。同時又在龍華三會的思想基礎上，增添了干支、五行、三教、

三元等內容。引文中把每日十二個時辰分爲三元，分別由三世佛
輪管天盤，並表明三世佛所度人群的不同，未來佛所度的，就是
在家貧男貧女，加強了下層社會的貧苦信衆對未來理想世界的憧
憬。鉅鹿人張角起事時已有「蒼天已死，黃天當立」的說法，清
茶門教也以蒼天、青天、黃天分別代表過去、現在、未來，就是
一種劫變思想。

　　孫家望，祖籍湖北黃岡縣，乾隆五年（1740），孫家望祖
上遷至河南光山縣喻家灣居住。嘉慶年間，孫家望因念咒斂錢犯
案被捕，據孫家望供稱：

> 我平日卜卦算命營生，嘉慶八年六月十三日，我在我妻父
> 楊易榮家會見我妻子的母舅戴添幅與胡丙秀、蔡奉春同到
> 我家勸我喫齋。蔡奉春說目下年成不好要死人，此時是三
> 個佛爺管天盤，先是燃燈佛管天盤十萬八千年，坐五葉青
> 蓮台，名青陽會青蓮教；燃燈佛管滿又是釋迦文佛管天盤，
> 坐七葉紅蓮台，名紅陽會紅蓮教；釋迦文佛管滿又是彌勒
> 佛管天盤，坐九葉白蓮台，名白陽會白蓮教。叫我出錢四
> 百文，作根基錢，與我天榜掛號，地府抽丁，並說彌勒現
> 今臨凡投胎⑥。

青陽、青蓮、紅陽、紅蓮、白陽、白蓮，與過去燃燈佛、現在釋
迦佛、未來彌勒佛相配，白陽會即白蓮教，未來彌勒佛所坐爲九
葉白蓮台。過去、現在、未來三世，稱爲三會。教犯王時玉也供
稱：「那燃燈佛九劫，釋迦佛十八劫，彌勒佛八十一劫的話，是
父親傳給我的，說是出在《三教應劫》書上，至《三教應劫》及
《九蓮寶卷》我家裡並沒這兩種書。」⑥

　　清茶門教王姓族人王秉衡在江南儀徵縣傳教時，曾收柳有賢
等人爲徒，柳有賢傳徒金悰有，金悰有又轉收方榮升爲徒。方榮

升編造萬年書，改造曆法爲十八個月之說，就是根據三教應劫三佛分掌天盤之說而來。方榮升改造曆法就是想藉變天來否定現實社會及統治政權的威權。湖北人嚴士隴是方榮升的徒弟，嚴士隴被捕時，官府在他家中起獲《定劫寶卷》一本。據嚴士隴供稱，方榮升曾告知，天上是彌勒佛管理天盤，將二十八宿增添「如會針袁辰蒙赤正眞全陰榮玉生昇花」十六字，減去「張井」二宿，共爲四十二宿。八卦重畫，四卦增爲十二卦，十二支增「元紐宙唇未酹」六字，而爲十八支，又稱以支屬干，既有十八支，應有九甲，以四十五日爲一月，以十八個月爲一年，於是私自重造萬年時憲書。方榮升改造新曆是爲配合未來彌勒佛下凡的世界作準備。方榮升宣稱，他自己時常出神上天，從天上看見現在星辰已改，天上換盤，人間亦當末劫，應廣勸世人持齋，可避劫難。方榮升自稱爲無終老祖紫微星朱雀星下世。又稱燃燈佛爲初祖，坐三葉金蓮；釋迦佛爲二祖，坐五葉金蓮；彌勒佛爲三祖，坐九葉金蓮，現在世界是五濁惡世，彌勒治世，天下皆吃素，即換爲香騰世界⑲。李普明創立黃天道的最終目的，就是在他所寄託的乾坤世界。《普明無爲了義寶卷》有一段重要的內容說：

> 說《普明寶卷》，此是三元了義，無極聖祖，一佛分於三教。三教者，乃爲三佛之體。過去燃燈混源初祖，安天治世，立下三元甲子，乃是三葉金蓮，四字爲號，五千四十八卷，爲一大藏眞經，五百四十日，爲做一年，一百八十四日，爲做一甲，六個月分做一年，晝夜按著六時，每一時辰八刻，一晝一夜共合四十八刻。五十四祖先天眞炁，一百零八後天祖炁，十日一炁，五日一候，晝夜一度，五百四十日，是一佛理性。一佛分作九千年天數，三佛總計二萬七千年之數，三佛共合九劫，人人長壽，無我無人，

靈光各照，草衣遮體，身住巢穴，人吃動融之食，頭上有角，身上生毛，獸面人心，一無邪染，與佛同明，不分異相，一無文字，個個長生。若知一覽大藏經，三佛原來一性同，打開虛空無爲庫，超度九祖去歸宮。説普明如來，又説見在古佛，接續先天，另換乾坤世界。眞金出鑛，水銀汲散，現出牟尼寶珠，照耀乾坤世界。三皇聖祖，十大眞仙，各顯神通，能治萬物。一佛化成六甲，内合一十八界，三周譬喻，按合一十八劫，總而言之，乃爲三界。如何是三界？色界、慾界、無色大界，纔是清淨法身。上有三十三天，下按一十八層地獄。一佛之理，正合六甲天機，三百六十日，爲做一年，三十六祖先天眞氣，七十二候後天靈氣，安立九宮八卦，須彌相天，二六循環，畫夜週轉，出息入息，有明有暗，有圓有缺。人有生死，天有形相，莊嚴爲色。人有形體，五欲邪婬染塵，末世不得長生，人活百歲七十者希。十二個月，爲做一年，三十日，爲做一月，畫夜十二時辰，共合九十六刻，内按九十六億人緣。過去佛度了二億，此是道尼，見在佛度了二億，乃是僧尼釋子，後留九十二億。皇極古佛，本是聖人轉化，全眞大道，乃是在家菩薩悟道成眞。身心清淨，對天各發弘誓大願，纔是等身命，布施供養龍天，久守齋戒，意轉無字眞經，個個都得還源。佛説眞語，在家菩薩智非常，鬧市叢中作道場，都依普賢全眞道，大男小女赴仙鄉。説普賢菩薩化現富樓，那長者口傳最上一乘無爲妙法，男女清淨，採取先天一氣，安天治世，都在凡相，所修前天是後天眼目，後天與古佛同心，只是眾生染塵末世，你強我弱，爭教爭禪，各分異相，不等原來。佛性本無二心，古佛收圓

了道，調和眾類一心，都是混源一體。迦葉拈花，直指單傳，乃是老君八十一化。設立乾坤世界，遺留九甲混源眞經，從換山河，另立星辰，安天治地，倒海移山，還丹九轉，同登彼岸，南北針停，二九相見。一十八劫已滿，改形換體，十八個月，爲做一年，十八時辰，乃爲晝夜。一年正合九甲，四十五日，爲做一月，晝夜一百四十四刻，循環週轉，總計八百一十日，爲做一年。人人老少，一十八歲，脫胎換體，都是丈八金身。天地無圓無缺，人無老少，亦無女相。無生亦無死，無短本無長，纔是長生大道。壽活八萬一千，天數已盡，又立乾坤世界，另換一十八歲童顏。又按八十一歲老像，後人不信，金剛科儀，見有後照，佛留續語，八百餘家呈妙手，大家依樣畫葫蘆，一祖分了八十一歲，十祖共合八百一十，纔是老翁，後有千萬億劫，天機說不能盡，不可泄漏⑦。

《普明無爲了義寶卷》中的三世說，反映了民間秘密宗教的烏托邦理想，由無極、太極、皇極三世佛分別代表過去、現在、未來，其中皇極古佛即指李普明。皇極古佛是未來掌世佛，一年十八個月，八百一十日，一月四十五日，晝夜一百四十四刻，十八時辰。未來佛掌世的乾坤世界，人人老少，脫胎換體，都是丈八金身，天地無圓無缺，人無老少，亦無女相，無生亦無死，是一個衆生平等的社會。三世說對清代民間秘密宗教產生了巨大的影響。直隸總督方觀承等人具摺時已指出，近年「邪教」不外直隸、山西、河南等省，所有設教名色，其說皆本於普明，「普明一脈，實爲諸案邪教之總。」⑦

推算個人命運的占運術，根據各人誕生時的天文現象，包括太陽在二十八宿中的宿度，相信可以推算出個人的休咎壽夭。按

照二十八宿和地上各分野在占星術上的關係，也相信從天象的變異，可以用來解釋國家的吉凶禍福。因此，二十八宿在民間秘密宗教運動中起了相當重要的作用。乾隆三十九年（1774）正月間，河南歸德府鹿邑縣人樊明德因身患病症，延請楊集至家醫治痊癒，楊集將《混元點化經》、《大小問道經》各一本傳給樊明德，樊明德即傳習混元教。在《混元點化經》內有「末劫年刀兵現」、「二十八宿臨凡世」等文句⑫。乾隆四十二年（1777），陝甘地區查禁元頓教即紅單教，拏獲教首狄道州人王伏林等人。教中頭目多爲神佛轉世，或星宿臨凡，其中教首王伏林爲彌勒佛轉世，其手下十二人封爲十二星，其他頭目則封爲二十八宿，以星宿爲內部組織的職稱⑬。直隸新城縣人王思昌傳習老理會，乾隆五十八年（1793）病故，他臨終時囑咐其子王銳，二十八宿至丙戌年落凡，紫微星壬辰年落凡⑭，此外，尚有九曜星官，八大菩薩等名目。老理會信衆聽信二十八宿臨凡的時候，就是末劫年，起事的時機就成熟了。

民間秘密宗教各教派多宣傳干支劫運思想，認爲從天干地支的變化，可以推算人世的吉凶禍福。南宋江山人柴望著《丙丁龜鑑》一書指出，在甲子六十年中，凡逢丙午、丁未的年分，天下都有變故，非禍生於內，即夷狄外侮爲患。根據柴望的統計，從秦昭襄王五十二年（西元前255），歲次丙午，到五代後晉天福十二年（947），歲次丁未，前後共一千二百零二年間，丙午、丁未歷經二十一次，都是天下動亂的年代，人君必須修省戒懼。因爲丙屬火，色赤；未是十二生肖中的羊，丙午逢丁未，稱爲紅羊劫。紅陽是紅羊的同音字，紅羊劫又稱紅陽劫，民間秘密宗教宣傳紅陽劫盡，白陽當興，彌勒降生，過了丙午、丁未就是紅陽末劫。各教派的宗旨，多在宣傳劫變的思想，天上換盤，人間亦

當末劫。江西南昌人李純佑，又名李正顯，曾在湖北江陵縣學習裁縫生理。乾隆三十年（1765）正月，李純佑爲了傳教動人，將《末劫經》改編成《五公末劫經》，加添「戌亥子丑年大亂，刀兵爭奪，寅卯年百姓饑荒，人死無數，辰巳年方見太平」等句，經尾加註「李純佑抄寫」字樣，以掩飾其自行編造痕跡。同年八月間，李純佑正式倡立未來教。乾隆三十一年（1766）五月間，李純佑因所改編的《五公末劫經》語句長短不一，難以念誦，又編添躲兵避劫等言詞，經名改稱《大唐國土末劫經》，並在《定劫經》後尾填寫「正顯抄寫」四字，並自行裝裱成冊⑮，「正顯」就是李純佑的別名。

除《五公末劫經》外，還有《天台山五公菩薩靈經》，這部經簡稱《五公尊經》，或《五公救劫經》，又稱《佛說轉天圖經》，習稱《轉天圖經》，共二十二頁，計九百八十五句，散文和韻文並用，韻文爲七言、五言雜用，是一部較有系統的經讖寶卷，在它的全部經文中，包括了對五公菩薩和觀音大士的崇敬、亂世悲慘的末劫觀，暗示眞命天子下凡的讖語，天下太平的理想世界，寅卯信仰及其宗教道德修養等等。雖然它的篇幅不長，但內容豐富，不僅展示了漢民族的一些傳統觀念、信仰和心態，同時也反映了他們的宇宙觀、政治觀、倫理觀等。就其宗旨而言，雖然《轉天圖經》是爲錢鏐圖王製造輿論，但經文內容也反映了人民的疾苦、希望和理想，具有一定的人民性⑯。《轉天圖經》詳細敘述五公的故事，其中誌公又稱志公，五公菩薩就是以誌公爲首，稱爲寶誌。喻松青撰〈《轉天圖經》新探〉一文，對五公菩薩作了詳細的介紹⑰。《太平廣記·釋寶誌》說誌公本姓朱，金城人，少出家，在江東道林寺修禪業，與人言，或賦詩，如讖記，後皆效應。《南史·隱逸傳》也記載了誌公的事跡，他於南朝宋泰始年

間（465-471），出入鍾山，往來都邑，年已五、六十矣。齊宋之際，開始顯靈跡。他時而披髮徒跣，時而著錦袍，有時徵索酒肴，有時累日不食，好爲讖記，人稱「志公符」。關於誌公作讖言靈驗和其他靈跡故事很多，譬如齊太尉司馬殷齊之，隨陳顯達鎭江州，臨行向誌公告辭。誌公畫紙作樹，樹上有鳥，說道：「急時可登此。」後來陳顯達叛變，殷齊之逃入廬山，追騎將及，殷齊之見林中有一樹，樹上有鳥，正如誌公所繪，悟而登樹，果然脫險。五代時，誌公的讖言，在南唐流行，傳說石龍山誌公所作鐵銘，說中了五百年後南唐的亡國。五公菩薩中的第二位是朗公，他原是一位印度高僧，曾師事佛圖澄，碩學淵通，尤明氣緯。第三位是康公，即康僧會，他是康居人，世居天竺，吳赤烏十年（247），康公至建業，有神異事跡，在江東地區享有盛名。第四位是寶公，《明一統志》說他是隋開皇中（581-600）居河北眞定解慧寺的高僧，「嘗礱石爲柱，作門三楹，上爲樓，坐臥其上。後北虜來寇，縱火焚至寺，寶公從樓隙身而下，毫髮無傷。衆寇刃之，刀自斷。寇又舉火焚樓，火自滅。群寇驚駭，稽顙而去。」[78]第五位是化公，他是傳說中的神仙人物。《轉天圖經》假托的五公菩薩，有的是具有靈驗神術好爲讖記的高僧，有的是碩學淵通，明通氣緯的隱逸，有的是服食有術的神仙人物。經文大意是說誌公、朗公、康公、寶公、化公等五公菩薩共集天台山上，觀南閻浮提中華之地，過下元甲子年，衆生造惡，君不仁臣，臣不忠君，上下相利，強弱相侵，干戈競起，鄉田凋殘，二十年之內，四海一同受此災劫。於是五公菩薩商議一計，共撰《轉天圖經》，兼有神符八十一道，以救護末劫衆生，至末劫子丑年，不論富貴貧賤，上下臣民，家家須用此經，置黑旗一面，鎭壓四方，轉經七日七夜，燒香供養，黑風赤雨之神，不入其境。經文

中宣傳干支劫運思想，它一再強調末劫的來臨，有所謂「末劫子丑年，白骨壓荒田」，「子丑之年人吃糠」，「子丑之年，百姓橫罹災」，「子丑之年天無光」等讖語。子丑年就是末劫年，世界橫遭殃禍。首先是遭受天災，接著妖魔競起，諸惡鬼神施放毒氣，於是瘟疫四起，干戈相侵，人我相食，骸骨滿地。在《轉天圖經》中，以大量的篇幅，描繪子丑末劫年代的悲慘景況。無論富貴貧賤，上下臣民，只要敬信五公菩薩和靈符經文，即可度過子丑年，等到寅卯中聖主明王出世，便是太平世的到來。

民間秘密宗教除了宣傳干支末劫年的思想外，還宣傳閏八月的宗教末劫論。根據官方頒佈的曆書，從明武宗正德十五年（1520）至清德宗光緒二十六年（1900），前後三百八十年間，共經歷了十個陰曆閏八月。正德十五年，歲次庚辰，王守仁平定寧王宸濠之亂後，宸濠伏誅，變天失敗。明神宗萬曆五年（1577）閏八月，歲次丁丑，萬曆二十四年（1596）閏八月，歲次丙申，萬曆四十三年（1615）閏八月，歲次乙卯，都沒有重大歷史事件變化。明思宗崇禎七年（1634）閏八月，歲次甲戌，車箱峽流寇降而復叛。清聖祖康熙十九年（1680）閏八月，歲次庚申，鄭經兵敗於廈門。康熙五十七年（1718）閏八月，歲次戊戌，沒有重大動亂。清文宗咸豐元年（1851）閏八月，歲次辛亥，太平天國洪秀全稱天王，後來變天失敗。清穆宗同治元年（1862）閏八月，歲次壬戌，上海成立常勝軍。清德宗光緒二十六年（1900）閏八月，歲次庚子，義和團起事排外，八國聯軍進攻北京，慈禧太后、光緒皇帝西狩。在以上十次閏八月的年代裡，變天的機率不大。根據民間流傳的曆書，從明正德十五年（1520）至清光緒二十六年（1900），其間共經歷了十一個閏八月，其中嘉慶十八年（1813），歲次癸酉，閏八月，不見

於官方頒佈的時憲書，因此，就官方曆書而言，只有十個閏八月。
《清仁宗實錄》記載了欽天監修改曆書隱諱閏八月的經過。嘉慶
十六年（1811）四月二十三日，〈內閣奉上諭〉的記載如下：

　　前據管理欽天監事務定親王綿恩等奏，查得嘉慶十八年癸
　　酉時憲書，係閏八月。是年冬至在十月內，爲向來所未有，
　　因復查得十九年三月亦無中氣可以置閏，應否改爲十九年
　　閏二月等語。朕思置閏，自有一定，非可輕言更易，恐該
　　監推步之處，或有舛錯，因降旨交綿恩等再行詳細通查。
　　茲據奏稱，溯查康熙十九年、五十七年俱閏八月，是年冬
　　至仍在十一月，與郊祀節氣均相符合。今嘉慶十八年閏八
　　月，冬至在十月內，則南郊大祀不在仲冬之月，而次年上
　　丁上戊又皆在正月，不在仲春之月，且驚蟄春分，皆在正
　　月，亦覺較早，若改爲十九年閏二月，則與一切祭祀節氣，
　　均屬相符，復將以後推算至二百年，其每年節氣，以及置
　　閏之月，俱與時憲無訛等語。定時成歲，所以順天行而釐
　　庶績，南郊大祀，應在仲冬之月，上丁上戊，應在仲春之
　　月，此外一切時令節氣，皆有常則。今據該監上考下推，
　　直至二百年之遠，必須改於嘉慶十九年二月置閏，始能前
　　後脗合，實爲詳愼無訛，自應照此更正。至該監此次推算，
　　據稱係時憲科五官正王嵩齡、何元泰、陳恕、何元海四員
　　將十八年時憲書與萬年書校出之後，向該堂官告知，復行
　　詳查具奏等語。王嵩齡等四員俱著施恩，各加二級，其管
　　理監務之定親王綿恩著施恩，紀錄二次，監正額爾登布福
　　文高、監副吉寧、陳倫、李拱宸、高守謙俱著施恩，各加
　　一級。至從前何以於嘉慶十八年八月率行置閏，彼時職司
　　推步者，實有錯誤，著該監查明如其人尚在，應奏聞候旨

治罪⑦。

欽天監更改時憲書的原因，不僅在順天行而已，其主要原因還是由於嘉慶十六年（1811）彗星見於西北方，天象主兵，閏八月又是民間宗教信仰的末劫年，所以欽天監奏請修改曆書，將嘉慶十八年（1813）閏八月改於十九年二月置閏。官方時憲書雖然取消了嘉慶十八年（1813）的閏八月，可是民間依然沿用舊的曆書，流傳閏八月天象主兵對清朝政權不利的變天歌謠。以八卦爲主導力量的民間秘密宗教，更是極力宣傳閏八月爲紅陽末劫的劫變思想，天上換盤，是變天的年代，紅陽末劫，既已降臨，清朝政權，亦當終結。

八卦教的組織，是按照地理分位，分爲八卦，每卦設一卦長，各掌一教。天理教本名三陽教，分青、紅、白三色名目，因分八卦，又名八卦教⑧。直隸宛平縣人林清是天理教起事時的首領，林清等人推算天書後宣稱，彌勒佛有青羊、紅羊、白羊三教，此時白羊教當興。青羊即青陽，紅羊即紅陽，白羊即白陽。民間習俗常以羊代表陽，古畫中多以繪三羊表示三陽開泰。民間秘密宗教又從而附會未來的太陽是白的，以符合彌勒教或白蓮教尚白的信仰。據天理教坎卦教首程毓蕙供稱：「現在是釋伽佛掌教，太陽是紅的，將來彌勒佛掌教，太陽是白的。」⑧三陽教中的紅羊劫，就是紅陽劫。天理教中的天書內記載著「八月中秋，中秋八月，黃花滿地開放」的讖語。句中第二個中秋，就是閏八月中秋，相當於清廷新頒時憲書中的嘉慶十八年（1813）九月十五日。林清等人推算天書後，算出這一年的閏八月是紅陽末劫，白陽教當興，彌勒佛降生。於是假藉天書，宣傳閏八月交白陽劫，是變天的時機，於是暗中聯絡各卦的卦長，準備起事應劫。嘉慶十八年（1813）四月間，河南滑縣卦長于克敬等人前往直隸宛平縣

宋家莊，與當家林清密商大計。大清宣稱閏八月十五日即九月十五日將有大劫，已聯絡武官曹綸、太監高福祿等人爲內應，訂期於嘉慶十八年（1813）「四五月三五日」一齊動手。所謂「四五」，即四加五，和數爲九，將「九」折爲四和五，四五月即九月；所謂「三五」，即三乘以五，積數爲十五，三五日即十五日。「四五月三五日」暗藏九月十五日，即閏八月中秋。林清等人果然於閏八月十五日率衆應劫起事，進入紫禁城，計劃趁嘉慶皇帝回鑾時刺駕。但因八卦各路信衆未能如期會合，起事遂告失敗，天理教首夥信衆，多被拏獲誅戮，善男信女遂成爲宗教末劫論的犧牲品。

第三節　眞空家鄉無生老母信仰的憧憬

　　明清時期，民間秘密宗教各教派所念誦的寶卷經籍中多見有「無生老母」或「無生父母」等字樣，反映無生老母的崇拜，已經成爲民間秘密宗教各教派的共同信仰，明末清初以來，民間秘密宗教信仰主要就是以無生老母爲信仰的核心。宋光宇撰〈試論「無生老母」宗教信仰的一些特質〉一文已指出，無生老母宗教信仰的形成，包括了中國人長久以來對於創世神話的認識、對「主宰之天」的認識、和宋明理學家周敦頤等人所提出的宇宙觀，再加上佛教所揭櫫無生涅槃境界，道家所說的「道」，共同混合而成⑧。

　　首先提出無生老母信仰概念的，應該是羅祖。喻松青著《明清白蓮教研究》一書已指出，「眞空家鄉，無生父母」的起源，和羅祖教有關。羅祖教最初所傳的徒衆，有以「無極正派」爲名的。因爲羅祖教以無極淨土爲宇宙的本源，並以此闡發眞空義諦，

把道家的無爲思想和佛家的空無宇宙觀結爲一體。羅祖教的五部六冊中，空和無相提並論，並大唱眞空法，把眞空當作宇宙的根本的、永恒的眞理，「眞空家鄉，無生父母」就是根據這一觀念和思想而演變出來的眞訣和信仰⑧。羅祖教的教義思想，可以從各種不同的角度加以討論。羅祖教的主要寶卷五部六冊，採用民間通俗性說書、唱曲的表現方式，藉以宣導其教義思想，它所關懷的是鄉土百姓對人世間的社會秩序、政治制度、現實生活中有關生老病死與自然環境變遷的理解及其處理方式，透過宗教信仰的情懷，以無生老母的呼喚來消除生存的恐懼，以來生的逍遙自在遙應眾生的希冀與願望，是有它特殊的民間文化意識與社會功能的價值存在⑧。羅祖教所傳佈的救世福音，主要是源自佛教禪宗與淨土宗的教義，其基本概念是無極，而無極所指的就是眞空家鄉，是阿彌陀佛的極樂世界，回到淨土的目的，就是要了解無極，認識自己的本來面目。無生的說法，是來自佛經，它的原意是強調無形生命的永生。無生雖然是一個抽象名詞，但在明中葉以後，它卻與老母相聯繫，而最早出現於羅祖教的寶卷之中。無生的生命是綿長、永恒的，無生老母後來被塑造成一個最高的女神，她又和眞空家鄉相結合，而成爲「眞空家鄉，無生父母」八字眞言，在民間秘密宗教許多教派中普遍流傳。乾隆四十六年（1781）五月間，湖北應城縣破獲大乘教，拏獲教犯陳其才等人，起出經卷多種，其中《銷釋金剛科儀》，是刊本經卷，內有「悟取無生歸去來」，「說破無生話，決定住西方」，「花開見佛悟無生」等句，其詞句與佛經相似，以「無生」之語，參入經文中。佛經內雖有「無生」字樣，但佛經是將無生無滅相連成文，並無單言「無生」者⑧。地方大吏以大乘教截取佛經詞句，單言「無生」，編造無生老母，而信以爲神，混「邪教」於佛教之中，以

煽惑愚民。《弘陽苦功悟道經》內也有「拜謝無生父母」或「拜謝無生老母」等句⑧。清茶門教要犯王殿魁供詞中亦稱，龍華會就是上供後天，就是未來佛，無生父母是無極⑧。道光年間，直隸深州人王得玉、王洛增父子傳習混元門紅陽教，同教見面，詢問姓名時，即告以眞姓，復問究何姓？答以姓「無」，即知是同教無生老母的兒女。楊癸甲又作楊桂甲，籍隸四川新都縣，行醫度日。咸豐元年（1851）正月，楊癸甲起意傳徒，商同將青蓮教改爲龍華會，無生老母改爲瑤池金母⑧，無生老母的崇奉就是各教派共同的信仰。

　　羅祖教五部六冊對眞空家鄉，無生父母的信仰，描述最多。張希舜等主編《寶卷》初集，收錄五部六冊，其中《苦功悟道卷》不分卷一冊，經文中有「說與我，彌陀佛，無生父母」；「使盡力，叫一聲，無生父母」；「又參一步，單念四字阿彌陀佛，念得慢了，又怕彼國天上，無生父母，不得聽聞」；「師傅教我念四字佛，到臨危超出三界，彼國天台見無生父母」；「南北東西無遮當，今日還鄉入大門；老君夫子何處出，本是眞空能變化。山河大地何處出，本是眞空能變化。天地日月何處出，本是眞空能變化。」⑧《嘆世無爲寶卷》的經文內容，主要指出塵世浮生，並不堅久，父子相逢，只是一刹那間，一家團聚，不得常守，只有眞空家鄉才是永不散，永無輪迴，無量壽，長生不死，永團圓，無生死，快樂無邊的淨土。失鄉兒女卻淪落紅塵，或入地獄，遭受煎熬，永墮沉淪，只有返回眞空家鄉，始能永無生死。《巍巍不動太山深根結果寶卷》有一段敘述說道：「婆婆世界，流浪家鄉，這里死，那裡生，那裡死，這裡生，叫做流浪家鄉，生死受苦無盡，既得高登本分家鄉，永無生死。」⑨寶卷中所描述的是流浪家鄉不久長，流浪家鄉夢一場。《金剛經註太山》亦指出失

鄉兒女，無家可歸，所謂這裡生，那裡死，那裡生，這裡死，生來死去，四生六道，無處棲身，所以叫做流浪家鄉。世人生時，受苦無盡，死後到陰司地獄，亦受苦無盡。無生父母千言萬語，重重囑咐，細細叮嚀，不停地呼喚，盼望失鄉兒女，早早還鄉，永無生死。五部六冊中的「本分家鄉」，就是眞空家鄉。

　　《普明如來無爲了義寶卷》，簡稱《普明寶卷》，是黃天道的重要寶卷，上下二卷，共三十分，每分藉一佛名說教，有系統地闡述了黃天道的思想信仰。黃天道宣傳三教合一，其思想信仰，明顯地來自佛、道兩教，以及儒家思想三者的調和。黃天道信奉眞空、無生、混元和無爲。其宇宙起源說、修道目的及最後的歸宿，也都離不開眞空、無爲、混元等內容。人類的理想歸宿是永生、長生、永恒的涅槃世界，李普明創立黃天道的最終目的，就是想實現他所寄託的涅槃世界。喻松青著《民間秘密宗教經卷研究》一書指出，無生老母是由羅祖教開始信奉的神祇，黃天道對無生老母的信仰則有所發展。《普明寶卷》中的無生老母，比之羅祖教五部六冊，其地位和作用，卻較爲明確，形象和性格，也比較鮮明，雖然她還沒有如同萬曆以後的一些民間秘密宗教中的無生老母那樣，成爲神佛的第一主角，但已經開始顯示了她的權威性，已經開始用母親的慈愛關切去征服在塵世中受了苦楚和經歷坎坷苦難的人們，用感情、心理的需要吸引了他們。在無生老母的信仰上，黃天道對於上承正德年間的羅祖教，下啓萬曆時期以後民間秘密宗教的各宗各派，起了過度和發展的作用⑨。無生老母就是黃天道所信奉的女性至上神佛，《普明寶卷》中的無爲聖母、無生聖母、白雲老母、無生母等，都是無生老母的別稱。《普明寶卷》含有頗多描述無生老母和她兒女們眞摯感情彼此牽掛思念及相見後動人情景的文字。譬如：「九蓮池，無生母，盼

望兒童」；「見了我，得無生老母，撲在娘懷裡抱，子母們哭哮
啕，從靈山失散了，因爲我貪心不捨，串輪迴無歸落，今遇著老
母家書，也纔得了無價寶，老母你是聽著，普度眾生出波淘，老
母你聽著，無上眞經最爲高」；「嬰兒見母纔得返本還源，說不
盡塵輪苦報，論不盡業網牽纏，多虧了無生聖母救嬰兒，都得還
鄉，五百箇羅漢說道，三千位佛祖稱揚全眞道，九十二億六萬祖，
都赴仙鄉受天福」；「大地眾生，都是失鄉兒女」；「母懷胎，
親生子，九十二億。」㊈《皇極金丹九蓮正信皈眞還鄉寶卷》第
一品〈古佛太皇演教〉敘述世尊告彌陀的金言說道：

> 當初因爲乾坤冷淨，世界空虛，無有人煙萬物，發下九十
> 六億仙佛星祖菩薩臨凡住世，化現陰陽，分爲男女，匹配
> 婚姻，貪戀凡情，不想皈根赴命，沉迷不悝，混沌不分。
> 無太二會下界收補四億三千，元初佛性，皈宮掌教，今下
> 還有九十二億仙佛祖菩薩，認景迷眞，不想皈家認祖，你
> 今下界，跟找失鄉兒女，免遭末劫，不墮三災㊉。

無生老母曾留下兒女共九十六億，這些失鄉兒女，在流浪家鄉盡
染紅塵，飽嘗苦難。無生老母有時化爲觀世音菩薩，有時差遣諸
佛下臨世間，將失鄉兒女收回天宮，過去青陽劫內燃燈佛收回二
億，現在紅陽劫內釋迦佛又收回二億，還留下九十二億兒女。無
生老母就是大地現存九十二億兒女的母親，普度眾生的救世主，
世人修行參道後，便可以返本還源，回到眞空家鄉。

　　有清一代，「眞空家鄉，無生父母」，以各種意義，流行於
民間秘密宗教。有些教派，是以無生老母而得名。例如嘉慶八年
（1803），江西地方破獲的老母教，就是因無生老母而得名。
《龍華經》是先天教誦習的主要寶卷之一，先天教就是因《龍華
經》內「無生老母立先天」等語而得名。江蘇上海縣人楊遇隆傳

習圓明會。乾隆四十八年（1783），江蘇寶山縣人駱敬行皈依
圓明會。嘉慶二十一年（1816）六月，查禁圓明會，起出《金
天寶藏經》等寶卷，在寶卷內有「皇極」、「太極」、「無生聖
母」、「九龍收圓」等字樣。駱敬行等供出，教中相傳有成佛之
圓明道姥即無生聖母載在寶卷內，所以稱爲圓明會，據稱圓明無
生聖母是極頂之意㊾。直隸鉅鹿縣人侯岡玉傳習無爲救苦教，其
入教儀式，首先供茶，同跪無生老母神前設誓，其誓詞爲：「今
在南方離卦頭殿眞人郜老爺門下先天老爺台下收某人爲徒，俺替
祖親傳默默還鄉道，直至當來出世人。俺傳眞法正道，要傳邪法
哄了大地群民，將俺自身化爲膿血。」㊿誓畢，傳授坐功運氣，
心想「無生老母」，因《龍華經》內有「無生老母立先天」之說，
所以教中遵奉無生老母。徙居伯都訥的直隸人辛存仁，因其母牟
李氏患病，延請紅陽道人王慶環醫治。王慶環教辛存仁供奉飄高
老祖，並用黃紙書寫無生老父、無生老母牌位，虔誠供奉，日久
即能混元一氣，疾病就可以痊癒。林清所領導的天理教，信衆入
教後，不僅要常念「眞空家鄉，無生父母」八字眞言，還要將八
字眞言寫在白絹上，供奉於暗室㊻。山西武安縣黃姑菴道士來明
被捕後供出，離卦教的口號，見人先說「眞空」兩字，答應說：
「妙」㊼。直隸人程毓蕙在新城縣收監生李榮等人爲徒，傳習大
乘教，教中每月初一、十五等日燒一炷香，坐功運氣時，將氣運
到鼻內，暗念「眞空家鄉，無生父母」八字眞言，每運九口氣，
即念一遍八字眞言，稱爲內轉圓爐一炷香，相信功夫純熟後，即
可消災除病。直隸長垣縣人徐安幗傳習震卦教，傳授「眞空家鄉，
無生父母」八字眞言，每日早、午、晚三次朝禮太陽，兩手抱胸，
合眼趺坐，口念「眞空家鄉，無生父母」八字眞言八十一遍，叫
做抱功，相信功成後，就可以免除災難㊽。山東曹縣人胡成德因

病拜徐安幗爲師，皈依震卦教。胡成德被捕後供稱：「徐安幗叫
我洗了臉，喝了茶，點著香，徐安幗左手大指、食指、小指伸起
掐訣，右手食指、中指伸著說是劍訣，嘴裡念著眞空家鄉，無生
父母八字咒語，教我依著他做。還說每日早晨、晌午、晚上念三
遍，久之自然有好處。若替人治病，大病念五十六遍，小病念三
十六遍。」⑲由此可以反映有清一代，無生老母的權威日益提昇，以
及下層社會信衆對眞空家鄉的憧憬。

　　各教派法船濟度衆生信仰的盛行，也反映清代無生老母信仰
的普及。佛教把人世間視作苦海，諸佛菩薩發大慈悲救度衆生出
離生死苦海，稱爲慈航，慈航普度就成爲佛教拯救大地衆生的代
名詞。明清時期，民間秘密宗教的法船濟度衆生的信仰，主要就
是來自佛教，兼受摩尼教的影響。法船濟度衆生的信仰，在民間
秘密宗教的寶卷中到處可見。例如《銷釋收圓行覺寶卷》中說道：
「無生老母當陽坐，駕定一支大法船，單渡失鄉兒和女，赴命歸
根早還鄉。」《古佛天眞考證龍華寶經》中也說道：「無生老母
令太上老君在無影山前排造大法船」云云⑩。民間秘密宗教的一
些教派，其首領就具有法船思想，並藉法船度人爲號召，以吸引
信衆。例如康熙年間雲南景東府貢生張保太以同做龍華爲名，傳
習大乘教，在大理府雞足山開堂倡教，自稱爲四十九代收圓祖師，
法號道岸，意思是用法船濟度衆生脫離苦海以登彼岸。教中護法
分爲三船：一名法船，二名瘟船，三名鐵船，各有教首，也都有
法船的信仰。

　　道光二年（1822），河南新蔡縣白蓮教教首朱鳳閣聚衆起
事，他揚言「七月十五日，有水災疫瘟，劫數難逃。邢名章有法
船三隻，可載無數的人，可以避劫登仙。」⑩喻松青撰〈《法船
經》研究〉一文中已指出邢名章是朱鳳閣的師父，他自稱治劫祖

師，宣傳「安天立地總收緣，替佛完結利後世」的思想。所謂「替佛完結」、「總收緣」的方式，就是要用法船來載負追隨他的信衆，避劫登仙。」⑩《法船經》是探討民間秘密宗教法船信仰的重要寶卷。山西趙城縣耿谷村人曹順，他素習陰陽生，粗曉醫道，兼習拳棒。道光二年（1822），曹順拜韓鑑爲師，入先天教，韓鑑令其閉目運氣，教給咒語。道光十五年（1835），曹順領導先天教起事，失敗後，曹順被捕，他供出經咒內容云：

> 觀音老母造法船，造在婆娑海岸邊。船板船底沉香木，魯班帶去做桅杆。若問法船有多大，聽我從頭說根源。東至東洋東大海，南至普陀落伽山。西至古佛雷音寺，北至老龍遊馬灘。王母娘娘位上座，十八羅漢列兩邊。金童玉女分左右，二十八宿來拉船。有朝一日開船了，想上法船難上難⑩。

韓鑑令曹順早晚習誦經咒，並供奉無生老母畫像。《法船經》信奉如來、觀音、文殊、彌陀、普賢等佛教諸佛菩薩，但無生老母在《法船經》中也有崇高的地位。《孝修回郎寶卷》所附《法船經》及《龍華寶經》內〈排造法船品〉中的諸佛菩薩和無生老母，他們造法船或駕法船的目的，都是爲了拯救沉淪苦海中的衆生，濟度衆生到極樂世界去。創教和排造法船的含義相同，立一個教派，就是造一艘法船，入教就是登上法船，善男信女入教後，使他們的自我感覺，彷彿已經登上了法船，脫離紅塵苦海，駛向永生樂土，從而得到了無上的慰藉⑩。

　由於民間崇奉無生老母的日益普及，無生老母廟也到處可見。道光年間，各省先後查出無生老母廟宇多處，多經地方官拆燬。鴻臚寺卿黃爵滋認爲「近年以來，山東各省邪教之案，所在皆有，雖屢經查辦，而究不能掃除者，非遺孽之難銷，實總源之未破也。」

黃爵滋爲了破除民間秘密宗教的「總源」，於是積極訪查各教派的廟宇，其中無生老母廟宇，就是各教派的總源。道光十八年（1838）七月二十二日，黃爵滋具摺奏請撤燬無生老母廟，節錄一段奏摺內容如下：

> 臣近訪得邪教所奉之無生老母，在河南汲縣潞洲屯地方，有墳有塔，有廟有碑，實爲邪教祖庭，每歲正月初八日，遠近邪匪，百十爲群，先一日到墳，男女混雜，繞墳朝拜，晚即蜂聚廟中，緊閉大門，終夜有聲，不知作何邪術。嘉慶十八年以前，此廟極盛，惟自滑逆大創之後數年，無人入廟，今則又熾如舊矣。查從前各處邪廟，多經奉官撤毀，惟此處實爲其根本之地，匪徒暗中防護，地方官畏生事端，未敢聲毀，至今巍然獨存，邪教之引誘愚民，正指此墳廟有靈，而爲之招，愚民之歸從邪教，亦信此墳廟有靈，而受其惑，相應請旨飭交河南巡撫將該處墳廟，即行撤毀[105]。

河南汲縣潞洲屯的無生老母墳廟，有塔有碑，是民間秘密宗教各教派的祖庭，定期舉行朝拜儀式。黃爵滋原奏指出，其頭目爲汲縣西關郝發文，他是無生老母廟山主，掌管廟中器用什物。另有張老一，在汲縣西關開張鐵舖，嘉慶十八年（1813），河南滑縣天理教起事時所用刀鎗，均由張老一鐵舖打造[106]。黃爵滋原摺附呈〈邪教根源實蹟〉，史料價值頗高，節錄要點如下：

> 一　無生老母者，相傳明代滑縣何姓之女，未嫁即著醜聲，其父母逐之，自此隨無賴少年流轉內黃、新縣、輝、淇等縣，自稱是無生老母轉世，串惑山西人高揚稱飄高老祖者，造作經咒，勾通明季內廷太監，煽惑愚民，遂爲教主。

> 二　無生老母墳在汲縣城北三十里潞洲屯地方。潞洲屯者，明潞藩開國衛郡，信用太監，奢僭無度。此屯係其池沼所在，

無生老母爲潞藩太監崇奉，故歿後建墳立廟，即在該屯之
西南，南向，用石甃作寶頂，圍圓約三丈，高二尺餘，正
南石面刻字一行，曰：「莊嚴原寂居士何老祖神位」。兩
旁復刻四語曰：「初建寄信遺留後，雲庵整裏又重修，偶
遇今朝來讚祖，週而復始一番新。」

三　無生老母墳，前塔南向，六面，每面嵌石一方，約尺餘。
正南面刻一房內一婦人作欲出不出狀，餘五石各鑴一字；
歸、還、原、寂、塔，龍興乙酉仲秋重修。

四　無生老母墳，前碑南向，高七尺餘，寬三尺餘，碑額字四
行，碑文前一行與後一行，文意相聯，中正文直書，計三
十六句。碑額：羅祖借凡，九迴母收圓，歸空傳六教，萬
古永流芳。碑前一行：無極能分天先天氣，嗳呾哆囉嘛，
邱倉魁孔朱，西域劉古林奉母一篇文。碑正文：上三無影
通中三，一粒須彌在西川，元始判開鴻濛體，纔與後三盤
古王，盤古初分龍合龘，盤古太清始先龘，纔顯太清神通
廣，又顯盤卜治人倫，無極能治先龘氣，太極產開錦乾坤，
無名之師太極掌，有名萬物龘母生，後有盤陽治月日，高
元老君治行，龘龘五行生水火，龘有五行萬物生，伏羲女
媧爲領袖，都是後三來現身，散光東土這裡轉，轉到末劫
苦輪迴，右〔古〕佛讚嘆眾生苦，留經三藏救爾身，先留
嗳呾哆囉嘛，又留唵嘛叭哪吽，眾生不認嗳呾哆囉公，又
留華嚴經，眾生不認西來意，乾州脫化神州名，三十二分
金剛卷，羅什吞眞歸了空，內裡吞眞歸空去，掃名絕相金
剛經，眾生迷了本來面，大國城裡又留經，九部眞經未圓
滿，留經七部母歸空。碑後一行：太極產開錦乾坤，若通
上三事除非呂聖人，八月十四日涅盤歸眞空。

五無生老母廟，在墳之北，大門三間，額曰：三藏菴。兩旁塑大像四，有足踏裸婦人者。初進一層爲三教堂，中塑如來，東塑老子，西塑儒童。菩薩俱南向，兩旁東西十像，不知何神，貌皆兇惡。中間後牆連一塔，塔分三層，以板隔之，各塑小神無數，女像爲多，東西廂各塑眾神。後一層無爲無生老母僭殿，正中一龕，塑作老婦人像，金身被黃龍衰，旁侍四像，有童子捧經，老者背袱等形。龕內及神前供案上小神，自尺餘及寸餘者，不可勝數。院西迤後三間，亦有神像，爲灶火燻黑，不甚可辨。又西一大院，即當日廚厩庖湢等舊址，中有井，爲作會時取水之用，向來作會，不用本村一物，即水亦不外取。每作會時，緊閉廟門，不許本村人窺看，廟內地約可容千餘人。

六僭殿前有無生老母功行圓滿碑甚多，又前層三教堂前有無生老母字碑尤夥，年久者多漫滅，不甚可辨，惟嘉慶、道光年間新立數碑皆完整，大書曰：無生老母，四年，功行圓滿碑⑩。

黃爵滋奏摺所附無生老母墳、廟實蹟，都是珍貴的田野調查報告，對研究無生老母信仰提供了重要原始資料。無生老母廟山主郝發文被捕後供稱：

潞洲屯廟宇，創自前朝，由來已久，廟門扁額，原係三藏菴，因廟內第四進供奉女像，相傳呼爲無生老母，亦有稱此廟爲老母廟者，每年正月初八日，附近鄉人，來廟燒香，間或攜帶鑼鼓，此往彼來，不過晌午俱散，從未見有作會誦經，夜聚曉散之事，其廟墳塋，傳聞係已故僧人墳墓，歷年以來，並無祭掃之人⑩。

郝發文供詞，與黃爵滋訪聞情形，雖有出入，但潞洲屯建有無生

老母廟，則是由來已久的事實。琦善在署直隸總督任內查出直隸
順德府邢台縣二架梁地方有小廟一座，廟內塑有男女像二座，旁
立石碑，載有「窵生父母」字樣。廣平府城半壁街觀音廟內查有
無生老母像。據地方人士指出，因無生老母廟犯禁，街民改易頭
面，另行裝塑。大名縣訪獲燒香治病人犯苗二、安允中等，搜出
無生老母及混元老祖等圖像。東光縣老母店廟內塑有女像，廟內
有鐵鐘一口，鑄有「無生老母」字樣。據住持尼僧惠修供稱，從
前本來是供奉無生老母，自嘉慶十八年（1813）後因查禁嚴緊，
由惠修師父改塑斗姥像，又將碑記上「無生老母」等字鏟去⑩。

　　《破邪詳辨》一書的作者黃育楩於道光十三年（1833）調
任直隸鉅鹿縣知縣，道光十九年（1839）春初，陞任滄州知州，
與吏目喬邦哲遍閱各地廟宇，查得城內有無生廟碑一座，廟已無
存，碑猶如故。在滄州南捷地鎮有無生廟一座⑩。道光十九年（
1839）四月初八日，道光皇帝頒發諭旨指出，河南省各州縣查
出無生老母廟，共三十九處，山東曹縣等處，查出舊有無生老母
廟十處，附近居民皆不詳其廟創自何年，僅存斷碣殘碑，碑上所
鑴年月，有建自明代天啓三年（1623）者，有建自清初康熙年
間者。直隸查出無生老母廟十餘處，以及飄高老祖墳塚碑記數處
⑪。無生老母的信眾相傳無生老母的骨骸是存放在直隸清苑縣城
東二十五里的磚塔內。信徒王法中供出，「無生老母，於康熙年
間轉世在清苑縣之國公營。既出嫁，生一子。後被其夫休棄，而
所生之子，又被雷殛，因在國公營之大寺內習教傳徒，迨至身死。
其徒於寺後修一磚塔，以藏骨骸。」⑫王法中供詞內容與黃爵滋
奏呈〈邪教根源實蹟〉所述時空雖有出入，但其事蹟傳聞，卻頗
相合。

　　在宗教領域中，真空和無生，都是永恒而圓滿的，入教信眾

往生後即度往西方聚仙宮，永無生死，免受刀兵水火之劫。白陽教信眾相傳無生老母住在三十三天中，其中「黃天」，就是眞空家鄉⑬。喻松青著《明清白蓮教研究》一書已指出，眞空家鄉即天宮，是人們最早出生的地方，也是人們最後的歸宿。無生老母即上帝，是塵世不分男女老幼的母親。每個人在現實世界中的一生，也就是流落紅塵，經歷各種苦難和折磨的過程。但這一過程是短暫的，當世人接受無生老母的召喚和拯救後，便可以返回眞空家鄉，而得到永生。無生老母的信仰，就是用眞空和無生來作爲天宮與上帝的名號，其用意即在於說明彼岸世界的永恒與圓滿。每當社會動蕩不安，人民生活困苦的時候，無生老母的信仰便更加容易獲得大量的信眾。人們希望儘快地結束塵世苦難的歷程，返回到安定、快樂的彼岸，從而獲得永生。「眞空家鄉，無生父母」八字眞言，雖然吸取了禪宗的空、道家的無和淨土宗的彼岸思想而形成，但它仍有自己獨特的思想內容。這一信仰的本質，就是用彼岸思想來否定現實世界，以現實世界的存在，是短暫的，虛幻和苦痛的，它們對現實世界的否定，就是要證實眞空和無生境界的永恒性，藉以引導人們拋棄現實，而去追求一個永生的彼岸世界。它們也用宗教的關係替代人們既有的血緣親屬關係及階級的從屬關係，用新的神權系統來替代世俗的綱常系統，於是就不能不對傳統社會中佔有統治和支配地位的儒家思想有所否定，同時也不能不去觸犯統治階級從政治到思想的神聖不可侵犯的權威地位⑭，也正因如此，「眞空家鄉，無生父母」的宗教信仰活動，遂遭到官府的取締。

【註　釋】

①　《宋史》（臺北，鼎文書局，民國六十九年五月），〈藝文志〉，

卷二〇五，頁5187。

② 濮文起主編《中國民間秘密宗教辭典》（成都，四川辭書出版社，1996年10月），頁106。

③ 《宮中檔雍正朝奏摺》，第四輯（臺北，國立故宮博物院，民國六十七年二月），頁451。雍正三年六月初三日，浙江按察使甘國奎奏摺。

④ 《推背圖》（臺中，郵購出版社，民國六十九年四月），金聖嘆手批本，序文。

⑤ 《史料旬刊》（臺北，國風出版社，民國五十二年六月），第二期，天49。雍正七年十二月初六日，江西巡撫謝旻奏摺。

⑥ 《宮中檔雍正朝奏摺》，第十四輯（民國六十八年二月），頁698。雍正七年十月十三日，福建巡撫劉世明奏摺。

⑦ 《軍機處檔‧月摺包》，第2705箱，128包，2966號。乾隆四十六年正月二十四日，江西巡撫郝碩奏摺錄副。

⑧ 《明清檔案》（臺北，中央研究院歷史語言研究所），第二二二冊，B124798。乾隆三十九年十月初四日，刑部尚書英廉等奏摺。

⑨ 《宮中檔乾隆朝奏摺》，第三十五輯（民國七十四年三月），頁246。乾隆三十九年四月初九日，廣西巡撫熊學鵬奏摺。

⑩ 《宮中檔乾隆朝奏摺》，第十七輯（民國七十二年九月），頁378。乾隆二十八年四月初五日，兆惠等奏摺。

⑪ 《軍機處檔‧月摺包》，第2705箱，135包，31665號。乾隆四十六年八月初八日，湖北巡撫鄭大進咨呈；同檔，31258號，乾隆四十六年七月初三日，鄭大進奏摺錄副。

⑫ 《宮中檔》，第2723箱，99包，19397號。嘉慶二十年七月二十三日，湖廣總督馬慧裕奏摺。

⑬ 《軍機處檔‧月摺包》，第2751箱，5包，47925號。嘉慶二十一年

六月十六日，咨呈。

⑭　《軍機處檔‧月摺包》，第2751箱，5包，47998號。嘉慶二十一年六月十六日，兩江總督百齡奏摺錄副。

⑮　《軍機處檔‧月摺包》，第2751箱，11包，49214號。嘉慶二十一年八月二十七日，江西巡撫錢臻奏摺錄副。

⑯　《軍機處檔‧月摺包》，第2751箱，7包，48327號。嘉慶二十一年七月初一日，山東巡撫陳預奏摺錄副。

⑰　《軍機處檔‧月摺包》，第2751箱，2包，47500號。嘉慶二十一年五月初十日，山東巡撫陳預奏摺錄副。

⑱　《軍機處檔‧月摺包》，第2751箱，3包，47602號。嘉慶二十一年五月二十一日，兩江總督百齡奏摺錄副。

⑲　《軍機處檔‧月摺包》，第2751箱，12包，49400號。嘉慶二十一年十月二十日，孫玉庭奏片錄副。

⑳　《軍機處檔‧月摺包》，第2751箱，28包，52207號。嘉慶二十二年七月初九日，湖廣總督阮元奏片錄副。

㉑　張希舜等主編《寶卷》，第二十二冊，頁437-557。

㉒　《上諭檔》，方本，嘉慶二十五年二月十二日，字寄。

㉓　《軍機處檔‧月摺包》，第2751箱，19包，50698號。嘉慶二十二年正月二十五日，四川總督常明奏摺錄副。

㉔　《軍機處檔‧月摺包》，第2772箱，16包，2258號。乾隆十三年四月二十二日，河南巡撫碩色奏摺錄副。

㉕　《軍機處檔‧月摺包》，第2772箱，15包，2010號。乾隆十三年二月二十九日，山西巡撫準泰奏摺。

㉖　《軍機處檔‧月摺包》，第2747箱，37包，59940號。道光八年五月初七日，河南巡撫楊國楨奏摺錄副。

㉗　《明清民間宗教經卷文獻》（臺北，新文豐出版公司，民國八十八

年三月），第六冊，頁695。

㉘　《宮中檔乾隆朝奏摺》，第五十九輯（民國七十六年三月），頁455。乾隆四十九年三月初七日，山西巡撫農起奏摺。

㉙　《軍機處檔‧月摺包》，第2751箱，16包，50027號。嘉慶二十一年十二月十六日，直隸總督方受疇奏摺錄副。

㉚　《軍機處檔‧月摺包》，第2747箱，9包，55254號。道光七年三月二十五日，富俊奏摺錄副。

㉛　《清代檔案史料叢編》，第三輯（北京，中華書局，1979年11月），頁8。嘉慶二十年十一月初三日，直隸總督那彥成奏。

㉜　《軍機處檔‧月摺包》，第2751箱，1包，47337號。嘉慶二十一年四月二十四日，山東巡撫陳預奏摺錄副。

㉝　《軍機處檔‧月摺包》，第2751箱，27包，51919號。嘉慶二十二年六月十五日，直隸提督徐錕奏摺錄副；同檔，第2751箱，27包，52032號。嘉慶二十二年六月二十三日，直隸總督方受疇咨呈。

㉞　《軍機處檔‧月摺包》，第2751箱，32包，52891號。嘉慶二十二年八月三十日，直隸總督方受疇奏摺錄副。

㉟　《上諭檔》，方本，道光十二年二月初八日，頁64，曹振鏞等奏稿。

㊱　《史料旬刊》（臺北，國風出版社，民國五十二年六月），第27期，天993，乾隆四十年閏十月十五日，河南巡撫徐績奏摺。

㊲　《軍機處檔‧月摺包》，第2751箱，28包，52303號。紅陽教寶卷清單。

㊳　《上諭檔》，方本，道光十二年六月初六日，頁49，曹振鏞等奏稿。

㊴　《寶卷》，初集，第五冊，頁510。

㊵　《清代檔案史料叢編》，第三輯，嘉慶二十年十一月二十七日，河南巡撫方受疇奏摺錄副。

㊶　《清代檔案史料叢編》，第三輯，頁51，王克勤供詞。

㊷　《清代檔案史料叢編》，第三輯，頁59，嘉慶二十一年正月十四日，
　　直隸布政使司咨呈。

㊸　喻松青撰〈清茶門教考析〉，《明清史國際學術討論會論文集》（
　　天津，天津出版社，1982年7月），頁1105。

㊹　《明清民間宗教宗教經卷文獻》，第九冊，頁431。

㊺　《軍機處檔・月摺包》，第2747箱，43包，60885號。道光七年六
　　月十六日，四川總督戴三錫奏摺錄副。

㊻　《軍機處檔・月摺包》，第2752箱，129包，76470號。道光二十五
　　年十二月初九日，鴻臚寺卿董灝山奏摺。

㊼　《宮中檔》，第2723箱，99包，19418號。嘉慶二十年七月二十六
　　日，山西巡撫衡齡奏摺。

㊽　《宮中檔》，第2706箱，3包，338號。嘉慶元年三月十九日，浙江
　　巡撫覺羅吉慶奏摺。

㊾　《上諭檔》，方本，道光十二年二月十六日，曹振鏞等奏稿。

㊿　《軍機處檔・月摺包》，第2751箱，8包，48587號。嘉慶二十一年
　　六月二十六日，直隸總督那彥成奏摺錄副。

５１　《軍機處檔・月摺包》，第2751箱，8包，48454號。嘉慶二十一年
　　六月十六日，兩江總督百齡奏摺錄副。

５２　《軍機處檔・月摺包》，第2751箱，5包，48001號。嘉慶二十一年
　　六月十四日，署理江蘇巡撫楊護奏摺錄副。

５３　《軍機處檔・月摺包》，第2771箱，71包，10731號。乾隆三十四
　　年十月初四日，湖廣總督吳達善奏摺錄副。

５４　《隋書》（臺北，鼎文書局，民國七十六年五月），卷三五，經籍
　　四，頁1095。

５５　喻松青：《明清白蓮教研究》（成都，四川人民出版社，1987年4
　　月），頁92。

(56)　《寶卷》，初集，第十冊，頁236。

(57)　《寶卷》，初集，第十冊，頁295。

(58)　喻松青：《民間秘密宗教經卷研究》（臺北，聯經出版公司，民國八十三年九月），頁213。

(59)　《寶卷》，初集，第八冊，頁178-183。

(60)　《軍機處檔・月摺包》，第2751箱，8包，48454號。嘉慶二十一年六月十六日，兩江總督百齡奏稿。

(61)　喻松青：《民間秘密宗教經卷研究》，頁237。

(62)　《清代檔案史料叢編》，第三輯，頁30。嘉慶二十年十二月十四日，直隸總督那彥成奏摺。

(63)　《軍機處檔・月摺包》，第2751箱，1包，47135號。嘉慶二十一年四月十三日，晉昌奏摺錄副。

(64)　《軍機處檔・月摺包》，第2751箱，3包，47551號。嘉慶二十一年五月十八日，馬慧裕奏摺錄副。

(65)　《清代檔案史料叢編》，第三輯，頁47。王殿魁供詞。

(66)　《清代檔案史料叢編》，第三輯，頁65。嘉慶二十一年正月二十八日，馬慧裕奏摺。

(67)　《宮中檔》，第2723箱，98包，18945號。嘉慶二十年六月十三日，湖廣總督馬慧裕等奏摺。

(68)　《清代檔案史料叢編》，第三輯，頁50，王時玉供詞。

(69)　《宮中檔》，第2723箱，100包，19642號。嘉慶二十年八月二十二日，百齡奏摺。

(70)　《普明無爲了義寶卷》，〈如來分第三十六〉，《寶卷》，初集，第四冊，頁579。

(71)　《宮中檔乾隆朝奏摺》，第十七輯，頁457。乾隆二十八年四月十四日，直隸總督方觀承奏摺。

⑫　《清代檔案史料叢編》，第九輯（北京，中華書局，1983年6月），
　　頁167。乾隆四十年五月二十八日，河南巡撫徐績奏摺。

⑬　《上諭檔》，方本（臺北，國立故宮博物院），乾隆四十三年正月
　　十二日，党曰清供詞。

⑭　《上諭檔》，嘉慶二十二年十月二十一日，軍機大臣奏稿。

⑮　《軍機處檔・月摺包》，第2771箱，71包，10731號。乾隆三十四
　　年十月初四日，湖廣總督吳達善奏摺錄副。

⑯　喻松青：《民間秘密宗教經卷研究》，頁80。

⑰　喻松青：《民間秘密宗教經卷研究》，頁41。

⑱　《明一統志》，《欽定四庫全書》（臺北，國立故宮博物院，文淵
　　閣），卷三，頁59。

⑲　《清仁宗睿皇帝實錄》，卷二四二，頁24。嘉慶十六年四月二十四
　　日庚午，內閣奉上諭。

⑳　《欽定平定教匪紀略》，卷二六，頁22。嘉慶十八年十二月十六日，
　　據那彥成奏。

㉑　《欽定平定教匪紀略》，卷二九，頁7。嘉慶十八年十二月二十六
　　日，據章煦奏。

㉒　宋光宇撰〈試論「無生老母」宗教信仰的一些特質〉，《中央研究
　　院歷史語言研究所集刊》，第五十二本（臺北，中央研究院，民國
　　七十年九月），頁587。

㉓　喻松青著《明清白蓮教研究》（成都，四川人民出版社，1987年4
　　月），頁103。

㉔　鄭志明著《無生老母信仰溯源》（臺北，文史哲出版社，民國七十
　　四年七月），頁39。

㉕　澤田瑞穗著《校注破邪詳辯》（日本，日本道藏刊行會，昭和四十
　　七年三月），頁104。

㊉　《弘陽苦功悟道經・金山寺打坐悟道品第二十四》，《寶卷》，初集，第十五冊，頁398。

㊆　《上諭檔》，嘉慶二十年十二月二十五日，王殿魁供詞。

㊇　《宮中檔》，第2709箱，11包，1543號。咸豐元年十一月十八日，四川總督徐澤醇奏摺。

㊈　《寶卷》，初集，第一冊，頁110-175。

㊐　《巍巍不動太山深根結果寶卷・流浪家鄉受苦品第二十三》，《寶卷》，初集，第三冊，頁350。

㊑　喻松青著《明清白蓮教研究》，頁151。

㊒　《普明如來無爲了義寶卷》，《寶卷》，初集，第四冊，頁507-582。

㊓　《皇極金丹九蓮正信皈眞還鄉寶卷》，《寶卷》，初集，第八冊，頁22。

㊔　《軍機處檔・月摺包》，第2751箱，5包，47984號。嘉慶二十一年六月十四日，兩江總督百齡奏摺錄副。

㊕　《軍機處檔・月摺包》，第2751箱，12包，49509號，侯岡玉供單。

㊖　汲修主人著《嘯亭雜錄》（臺北，文海出版社），卷六，癸酉之變。

㊗　《宮中檔》，第2723箱，100包，19645號。嘉慶二十年八月二十二日，陝西巡撫朱勳奏摺。

㊘　《欽定平定教匪紀略》，卷一，頁23。嘉慶十八年九月十五日，山東巡撫同興奏。

㊙　《軍機處檔・月摺包》，第2751箱，25包，51865號。嘉慶二十二年六月初七日，山東巡撫陳預奏摺錄副。

⑩⑩　喻松青：《民間秘密宗教經卷研究》，頁328。

⑩①　《軍機處錄副奏摺》（北京，中國第一歷史檔案館），農民起事類，2272號，道光二年，惠顯等奏。

⑩　喻松青：《民間秘密宗教經卷研究》，頁332。

⑩　《奏摺檔》，道光十五年閏六月，山西巡撫鄂順安奏摺。

⑩　喻松青：《民間秘密宗教經卷研究》，頁346。

⑩　《月摺檔》（臺北，國立故宮博物院），道光十八年七月二十二日，鴻臚寺卿黃爵滋奏。

⑩　《黃爵滋奏疏》（臺北，大中國圖書公司，民國五十二年三月），頁76。

⑩　《月摺檔》，道光十八年七月二十二日，邪教根源實蹟。

⑩　《奏摺檔》（臺北，國立故宮博物院），道光十八年十月，河南巡撫桂良奏摺；《外紀檔》（臺北，國立故宮博物院），道光十八年十月初七日，奕山等奏。

⑩　《宮中檔》，第2726箱，15包，2363號。道光十八年十二月十四日，署直隸總督琦善奏摺。

⑩　澤田瑞穗著《校注破邪詳辨》（日本東京，道教刊行會，昭和四十七年三月），頁89。

⑪　《宮中檔》，第2726箱，18包，2699號。道光十九年四月初三日，署直隸總督琦善奏摺。

⑪　《校注破邪詳辨》，頁77。

⑪　《上諭檔》，方本，道光十二年二月初五日，供單。

⑪　喻松青著《明清白蓮教研究》，頁105。

第八章　民間秘密宗教的經費
來源與經費運用

第一節　民間秘密宗教的經費來源

　　清朝初年以來，民間秘密宗教，日益興盛，到處創生，衍生
轉化，枝幹互生，以致教派林立，名目繁多。各教派主要是建立
在小傳統的一種社會制度，其成員多以下層社會的信眾爲基礎，
其經濟地位較低下，多爲生計窘迫的善男信女。各教派不僅在文
化意識方面有共同感，而且存在著共同的利益關係。清朝政府指
摘民間秘密宗教聚衆斂財，聚斂銀錢遂成爲官府取締民間秘密宗
教的重要原因之一。其實，各教派多屬於一種自力救濟團體，在
經濟上自給自足，並非都是聚衆斂錢。例如河南汲縣潞州屯有無
生老母廟，信眾做會時，對鄰近村民秋毫無犯。鴻臚寺卿黃爵滋
具摺指出，無生老母廟在潞州屯無生老母墳之北，每年正月初八
日，遠近信徒百十爲群，先二日到墳，繞墳朝拜，至晚即蜂聚廟
中，緊閉大門。廟西一大院爲廚廁庖湢，中有水井，爲做會時取
水之用。向來做會時，不用村中一物，即用水，亦不外取①。湖
北孝感縣民人李新于等十一名傳習大乘教，每年三月初三、七月
初五、十二月初一等日，各出錢八十文給李新于買備香燭供果，
同至李新于家做會三次，如有親友身故病歿等事，邀請念經，李
新于即率同教前往喪家念經行善，並不收人銀錢。後來有尼僧心
友因師父病故，邀請李新于念經超度，李新于等即前往鐵佛寺爲

尼僧心友師父念經超度，並未收取銀錢②。山東恩縣人王漢實，
寄居平原縣，曾拜禹城縣人李成名爲師，學習一炷香教。王漢實
被捕後供出，一炷香教的信衆，往來各聽自便，並不相強，所以
一炷香教又稱爲如意門。教中每月做道場兩三次，以求消災免難。
做道場之時，並不斂錢，各帶乾糧齊集一處，用鼓板敲打念佛歌
唱。每次做道場時，都不與婦女見面，並未男女雜處。教中信徒
爲人治病，病人痊癒後，亦不許向病人索取謝禮錢文，病人如情
願入教者，聽其自便，亦不相強③。惟就清代直省所取締的民間
秘密宗教，有不少教派，確實是爲了生計問題，而有斂錢的現象。

　　由於下層社會普遍的貧窮，許多窮苦之人，往往藉倡立教門
而向善男信女謀取銀錢。善男信女希求消災免禍而拜師入教。河
南巡撫方受疇具摺時指出：

> 臣復查豫省民風本係勤於稼穡，樸實椎魯者居多。惟小民
> 畏禍希福，妄信祈求感應之説，所在皆然，因而牟利狡黠
> 之徒，或踵行舊教，或倡立會名，總以入會後雖遇水旱瘟
> 疫，俱可解免，即轉世亦得好處之言，煽誘愚氓，罔知利
> 害，既欲免禍，又圖獲福，是以深信不疑，墮其術中，悉
> 皆願出錢財，拜師從教，以邀福利。所欲錢數，每人不過
> 數十文及二、三百文不等。蓋錢少則易於措備，人所勿吝，
> 故願出者衆，而教首薄收廣取，所得轉多。迨被惑之人相
> 信日深，即傾囊相助，亦出情願，及至貧乏，則首犯又將
> 所斂錢文濟助，以爲固結之計，歷辦邪教重犯，究其原委，
> 大率類此④。

民間秘密宗教的教首，每日生意折本，或生計艱難，而欲藉復行
舊教或另創名目而邀人入教，以圖獲取徒弟的佈施。教首藉收徒
傳教，成爲解決貧困的常見社會現象。善男信女爲祈求消災獲福

而致送數十文或二、三百文，錢少願出，教首則積少成多。善男信女相信日深，必然慷慨解囊，所謂聚斂錢財，不能忽視他們薄收廣取的經濟效果。

　　各種形式的宗教，多在創造各種不同概念的社會價值，並藉以直接的達到目的。民間秘密宗教具有補償性的特點，它一方面提出劫變思想，一方面又創造一個避風港。各教派一方面告知世人將有水旱瘟疫，一方面又勸人入教，可以免除各種水旱瘟疫。湖北宜都宜縣人張正謨，曾入白蓮教，他被捕後供出入教經過，節錄一段供詞如下：

> 乾隆五十九年四月裡，有房縣的白培相對我說：「山西平陽府樂陽縣王家庄長春觀出了真主，是戊戌年生的，名叫李犬兒，左右兩手有「月」兩字紋，鳳眼龍睛，相貌異人；劉之協是軍師，朱九桃是輔佐他的臣子；因王家庄向有一塊大石，一日忽然迸開，現出一篇經文，內有：一日一夜黑風起，吹死人民無數，白骨堆山，血流成海四句；凡是眾人念熟了這幾句經文，就可免得災難；李犬兒到辰年辰月辰日就要起手；若有人製備槍刀火藥接應他去，將來事成，定有好處。」並勸我出給銀錢，拜他為師；又叫我廣傳別人，斂得銀錢，給他轉送；並囑各自製備器械。我因聽了他的話，就拜白培相為師，出給銀八錢⑤。

引文中的「一日一夜黑風起」，就是指「黑風劫」。白蓮教教首房縣人白培相一方面指出世上將有黑風劫，吹死人民，白骨堆山，血流成海。這是民間秘密宗教的劫變預言，是一種假設。但他一方面又教人破解之道，通過拜師入教，念誦經文，就可免除災難，告訴善男信女有一個避風港，也是一種補償性的思想。然而其前提是在拜師入教，願出銀錢。民間秘密宗教各教派的教首，輾轉

收徒，他們爲了獲得社會資源，創造了許多具有社會價值的宗教術語，名目繁多，使善男信女相信拜師入教可免災病，而情願出錢從教。有清一代，斂財術語的大量創造，遂成爲民間秘密宗教各教派的顯著特色。譬如香錢、香資錢、香油錢、香燭錢、根基錢、福果錢、壘福錢、水錢、線路錢、打丹銀、升丹錢、點化錢、點臘錢、學香錢、品級錢、富貴錢、謝師錢、酬神錢、還願錢、跟賬錢、盤纏錢、如意錢、念經錢、墊盤錢、上供錢、謝禮錢、節禮錢、上信錢等等，不勝枚舉。

祭祀鬼神多用香煙燈火，民間秘密宗教祭祀神祇燒香上供時佈施給教首的錢文，稱爲香火錢，簡稱香錢或香資，香油錢、香燭錢等都是香錢。湖北棗陽縣人孫貴遠，復興收元教。孫貴遠被捕後供出收受香錢的經過，節錄一段內容如下：

> 孫貴遠住居裏、棗二邑交界之區，石匠生理。有已正法之李從呼原入豫省徐國泰收元邪教，孫貴遠於乾隆三十三年八月初二日在李從呼家鑽磨，李從呼言及伊奉收元教，吃齋念經，可以消災免禍，孫貴遠即給錢百文，拜師入教。李從呼口傳「南無天元太寶阿彌陀佛」十字，又「十門有道一口傳，十人共士一子丹，十口合同西江月，開弓射箭到長安」咒語，令其念誦。並將徐國泰原給《九蓮》、《苦難》、《五女傳》邪經各一本、咒語單一紙，給與帶回，囑令勸人入教，可以賺錢。孫貴遠當求講解，李從呼因不識字，稱俟徐國泰前來解說。嗣聞徐國泰、李從呼經豫楚兩省拿獲正法，孫貴遠即將經咒收藏，仍赴各處生理，李從呼等亦未將經咒轉傳孫貴遠情由供出，致被漏網。迨至乾隆四十九年冬間，孫貴遠因病窮苦，憶及李從呼從前有傳教可以騙錢之語，輒起意復行邪，於十二月二十四日路

過王易榮家，進內敘談，孫貴遠即告以收元教吃齋念經，可以消災獲福。王易榮信從，即拜孫貴遠爲師，隨口傳「南無天元太寶阿彌陀佛」十字，令其每日念誦。次日，復取出原藏邪經三本，同咒語單給與王易榮，囑令抄寫，勸人入教。該犯又招收蕭允題、李尚德、姚應彩爲徒，各送錢百文。王易榮隨收彭永升爲徒，囑令勸人入教，復將經咒轉給抄錄。彭永升抄畢，復將原本送還。彭永升先後轉收詹正林、李之凡、詹之富、劉起榮、周添才、李學詩、李學菀、張文明、張文金、曹起菀、陶華、蕭英舉、潘宗文、董正倫、游宗典、詹世貴、蕭維綱、周添貴一十八人入教。詹正林亦收嚴廷鳳及嚴黃氏入教，李之凡亦收湯應珍入教。凡入教之人，各出香錢一、二、三百文不等，共收錢三千五百文。彭永升自留錢七百文，餘二千八百文交王易榮轉送孫貴遠收受。孫貴遠分給王易榮錢一千文⑥。吃齋念經，可以消災免禍，是善男信女的共同信仰。善男信女爲祈求神祇禳災獲福，必須佈施錢文，由教首置備香油或香燭，燒香供奉。孫貴遠、王易榮等人輾轉拜師入教時，都佈施錢文，致送教首香錢一、二、三百文不等。湖北隨州人王士廉，種田度日。乾隆四十九年（1784），隨州所屬寇家店居民趙士成至王士廉家，聲言其家有羅祖眞經，如能持齋念誦，便可消災獲福。王士廉信以爲眞，即致送趙士成香錢三百文，拜趙士成爲師，皈依羅祖教，吃齋念經。自此以後，王士廉時至趙士成家學誦經卷。後來又有鄭必舉等人先後送給香錢，拜趙士成爲師，許願吃齋⑦。

　　法名，習稱法號，又稱戒名。佛教徒受戒時由本師授予的名號，稱爲法號。後世皈依三寶的居士信衆，亦由本師給予法號。民間秘密宗教的信衆拜師入教後，各派教首亦有爲信徒取法名的

傳統。本師代取法名時，信徒必須送給教首香資。閩浙總督喀爾
吉善等具摺指出，老官齋一教，傳自浙江處州慶元縣姚普益之祖
姚文宇，法名普善。老官齋教義思想始於羅祖教，自明代以來，
流傳已久，其姚氏子孫分往各地代取法名，仍以「普」字爲排行，
信徒每一名致送本師的香資爲銀三錢三分⑧。湖南衡陽縣人劉偕
相傳習大乘教，聲稱習教茹素念經，可以祛病消災，如能出錢一
百二十文，即可取法名，其中譚如南、何賢湖各給錢一百二十文，
作爲佈施香資錢，拜劉偕相爲師。劉偕相爲譚如南取法名普堪，
何賢湖取名普瑤，劉偕相口授經語及坐功運氣的方法。浙江蕭山
縣人葉禹功傳習長生教，邀得倪錫鳳等拜師入教，葉禹功即爲倪
錫鳳等人各取法名，每人送錢二千文。自十月初一日起每逢朔望，
即前往葉禹功家念經拜佛，燒香上供，每次各送香錢三百三十文
⑨。有些教派曾因香錢發生過爭執。山東菏澤縣人白相雲傳習離
卦教，曾收劉允中爲徒，師徒之間，曾因香資問題而失和。節錄
山東巡撫陳預奏摺內容一段如下：

> 十六年五月間，白相雲因母患病，邀劉化安至家醫治。劉
> 化安勸令白相雲習離卦教，消災除病，白相雲應允。劉化
> 安即教其運氣用功，並傳授張懷亮所教之四句咒語，白相
> 雲當給劉化安根基錢一百文。張懷亮在日，白相雲每逢八
> 月十五日送與劉化安節禮錢七、八十文不等，劉化安轉交
> 張懷亮收用。嗣白相雲亦收劉允中爲徒。十八年五月間，
> 白相雲因劉允中欠其香錢未償，赴劉允中家催討。劉允中
> 告以伊另拜曹縣人朱成貴爲師，改習震卦教，並未還給香
> 錢，白相雲生氣回家，自後與劉允中並不往來見面⑩。

嘉慶十六年（1811）五月間，白相雲拜劉化安爲師，傳習離卦
教，後來收劉允中爲徒。嘉慶十八年（1813）五月間，劉允中

所欠香錢仍未還清，劉允中改習震卦教以後，雖經本師催討，亦未償付。引文中除香錢以外，拜師入教後，還要致送教首根基錢、節禮錢等錢文，成爲各教派的重要財源。

　　民間秘密宗教的教首爲信徒取法名時，爲表示對本師的敬重，常致送謝禮。乾隆三十年（1765），天圓教的教首鄒岐山邀人入教後，替入教信徒代取法名時，俱以「善」字行派，並傳授經懺，信徒每名各致送銀三錢六分，或四錢，作爲敬師謝禮。善男信女拜師入教的見面禮，或稱拜師錢，或稱謝禮錢。乾隆三十九年（1774），河南鹿邑縣人樊明德傳習混元教，他被捕後供出教中議定，每年清明節、五月十五、九月初十、十二月初一等日，在樊明德家聚會念經，善男信女入教拜師時，致送錢數百文，作爲拜師錢。每逢會期，另給樊明德錢三、五十文不等⑪。山西鳳台縣人陳潮玉傳習紅陽教，揚言所供佛祖靈應，能爲人求福禳病。嘉慶二十年（1815）十月間，有縣民原廣治因家口患病，邀請陳潮玉醫治。陳潮玉令原廣治備辦素供，代爲祈禳。原廣治致送謝禮錢一千五百文。同年十一月間，又有趙大桂因父患病，往求陳潮玉祈禳，致送謝禮錢三千文。山西巡撫衡齡將陳潮玉所得禳病謝禮錢四千五百文追繳入官⑫。道光年間，湖南查辦青蓮教案件，其中教犯胡正元即胡榮奎，曾跟從其叔學習扶乩，替人開方治病。道光二十三年（1843）四月間，胡正元會遇彭依法，聽信吃長齋，學習坐功運氣，拜彭依法爲師，入青蓮教。胡正元與寧鄉縣人熊滿，素相熟識。同年五月間，熊滿之妻患病，胡正元前往扶乩開方醫治，熊滿致送謝銀四兩⑬。此項謝銀，就是謝禮銀錢。各教派每藉消災治病，收受病患謝禮錢，也成爲各教派的重要經費來源。

　　民間秘密宗教吸取了佛教的教義，也主張今生修行的成果，

是來生修行的基礎，善根福基，即是修行的根基，根基錢就成爲善男信女今生種善根奠福基的實踐。四川夔州府大寧縣人謝添朋等傳習白蓮教，他被捕後供出入教者每人出銀自一、二錢至五、六、七、八錢不等，稱爲根基銀，出了此項銀兩，不但可免災難，而且還可厚植善根福基⑭，來生將有好處。乾隆五十六年（1791），湖北房縣人祁中耀拜胡立爲師，入白蓮教，出過根基銀一兩。胡立告知祁中耀可以免災，合家平安。湖南新化縣人曾世興，其父曾順武拜姚之富、姚文學爲師，出過根基銀五十兩。曾世興則聽從劉義糾邀，加入白蓮教，出過根基銀五十兩⑮。乾隆五十九年（1794）四月，湖北穀城縣人童紹虎勸令同縣人王義學習白蓮教，聲稱學會了就可消災獲福。王義就拜童紹虎爲師，給他根基錢五百文。同年十二月，湖北光化縣人趙起才勸令周添祿學習白蓮教，周添祿允從後，即給趙起才根基二百文，拜他爲師。乾隆六十年（1795）二月，湖北均州人李林拜均州人王廷章爲師，送給根基錢二百文。王廷章即傳授咒語，教李林念誦「啓稟家鄉掌教師，我佛老母大慈悲」等咒語⑯。嘉慶年間，各省取締清茶門教，教犯丁祖銀被拏獲後供稱，嘉慶七年（1802）正月間，有江陵縣熊口人張純幗勸令丁祖銀學習清茶門教，可以消災獲福。丁祖銀聽信，就拜張純幗爲師，張純幗傳授三皈五戒及報答四恩等項咒語。丁祖銀送給張純幗根基錢三百文⑰。郭安是山東金鄉縣人，嘉慶十八年（1814）春間，郭安及其弟郭榮等先後拜呂華容爲師，致送根基錢各一百五十文，入坤卦教，傳習眞空家鄉無生父母八字眞言。同年六月間，又有金鄉縣人王子成拜崔士俊爲師入離卦教，崔士俊口授八字眞言，並囑王子成早向東，午向南，晚向西，夜向北，一日四次，叩頭念咒。王子成即送給崔士俊大錢二十文，作爲根基錢⑱。各教派多以致送根基錢的多寡，

決定他在教中的地位及其來生富貴的大小。《當陽縣避難記》記載嘉慶間川陝楚白蓮教信徒出錢入教後在教中的地位，「入其教，先輸錢一千，名曰根基錢，遂列名，厥後漸有所加增，推尊權其錢之多寡，多則稱爲掌櫃，婦曰師母。」⑲《道光城口廳志》一書也記載入教如出五兩者，可免一身災難，五十兩至一百兩以上者免劫，後尤有富貴，以根基銀之多少以爲富貴之大小⑳。道光年間，大乘教的教首魏中沅收徒傳教時，信徒致送根基錢九千文或五千文，揚言「少者來生得福，多者得官。」㉑，青蓮教收徒傳教時也是以銀錢多寡決定他在教中的地位，就是視信徒出錢多寡，分別給與頂航、引恩、保恩、證恩、添恩等名目，信徒須致送本師的謝禮，稱爲領恩錢。道光年間，蒙化廳人孫可功傳習青蓮教，有楊朝臣等人先後拜師習教，各送給孫可功等習教領恩錢自五、六百文至二、三千文不等㉒。嘉慶間，大乘教的教首張起坤收徒傳教時，亦視信徒所給根基錢的多寡而傳授不同的教法，信徒中王桂林等人因給過張起坤二八六〇文，錢數較多，遂傳授四步教法，王秀淙等人各給錢一千文，則傳授三步教法，稱爲傳士，廖義遠等人各給一百四十文，只傳授一步教法，稱爲小乘。老官齋的修行分爲三層功夫，學習第一層功夫，稱爲小乘，念二十八字偈語，須致送香資銀三分三釐；學習第二層功夫，稱爲大乘，念一〇八字偈語，須致送香資銀一錢二分；學習第三層功夫，稱爲上乘，沒有偈語，單是坐功，須致送香資一兩。嘉慶九年（1804），無爲教的教首柳有賢前往安徽巢縣告知信衆劉元章吃齋拜佛，須領受佛門執儀，禱病懺悔時，方有靈驗，往生以後，有仙童接引。其執儀共有五等：一等批寶法會；二等加修；三等大法眞言；四等金丹；五等會頭。凡領執儀之人，一等需錢五千文，二等四千文，三等、四等各二千文，五等八百文，稱爲禮錢

㉓。從根基錢、香錢、禮錢的多寡劃分等級，反映民間秘密宗教等級觀念的濃厚。

除根基錢以後，又有栽根錢、疊福錢、功果錢、跟賬錢、水錢、線路錢等等名目。栽植福田，是由教首舉行儀式後產生作用的民間信仰，信徒須致送本師謝禮，這種謝禮，或稱根基錢，或稱栽根錢。山東邱縣人馬俊是坎卦教總教頭，道光六年（1826），馬俊收劉杰等人爲徒，劉杰轉收劉日乾等人爲徒。同年八月，馬剛拜劉日乾爲師。道光七年（1827）五月，劉日乾帶領馬剛往見劉杰行禮，劉杰見馬剛口齒伶俐，收爲義子，令其掌管教務，教中公推馬剛爲總教頭。馬剛以坎卦教容易犯案，改爲添柱教，信衆致送總教頭馬剛栽根錢，男人七十二文，女人四十八文。郜添麟又名高道遠，世居河南商邱縣。郜添麟的高祖郜雲隴傳習離卦教，教中舉行儀式時，跪香磕頭，緊閉四門，傳授心法歌訣。信徒即致送本師根基錢，每年春秋兩節另須餽贈本師錢文，稱爲跟賬錢，以出錢多寡，定來生福澤厚薄，出錢多者，來生可得大貴。山東城武縣人劉燕曾拜王敬修爲師，入八卦離字教。直隸長垣縣人崔士俊與劉燕認識，崔士俊被捕後供出八卦離字教入教之始，先給本師根基錢一、二百文不等，每逢清明、中秋兩節，隨力致送錢文，稱爲跟賬錢。直隸冀州人崔延孟傳習如意教門，又名一炷香好話摩摩教，是屬於八卦教內離卦教內的一個支派。崔延孟先後收崔文炳等人爲徒。教中宣傳習教可免輪迴，信衆俱於每年四季做會，邀同教人至家唱好話歌，往聽之人各送給京錢二、三百文不等，稱爲疊福錢㉔。青蓮教信衆入教以後，隨時致送功果錢數千文或銀數十兩及百兩不等，所得銀錢要互相接濟㉕。疊福錢就是累積善根福基的銀錢，功果錢性質相近，教中獲取功果錢後，即送往雲城，由教首代爲供佛頂禮，降福消災。山東空子

教的修行，分爲外承法和內承法，不能閉目捲舌運氣的爲外承法，能坐功運氣閉目捲舌的爲內承法，信衆內承熟悉後，本師即賜給來生大小福品級，信衆即致送本師謝品級錢，教中稱這種品級錢爲走線錢。嘉慶年間，各省嚴查清茶門教。其中湖北清茶門教要犯樊萬興等人被拏獲供出教中每逢初一、十五等日，令各信衆在家敬神，用青錢十文供佛，稱爲水淺，收積一處，候各人師父到來時收去。每逢本師啓程時，信衆另送盤纏錢，不拘多少，稱爲線路錢。線路錢的含義是一線引到家，以爲來世根基，供養師父飯食，轉世歸還，可得富貴㉖。教首王泳泰即王三顧在湖北傳習清茶門教，他指出三世佛輪管天盤，宣傳劫變思想，凡皈依清茶門教，吃齋念經者，即可避免刀兵水火之劫，各送師父水錢、線路錢，以爲來世根基，可以富貴，善男信女多聽信入教㉗。河南新野縣人張蒲蘭帶引直隸石佛口王姓到湖北傳清茶門教，湖北襄陽縣人張建謨拜王姓爲師，同縣人張學言則拜張蒲蘭爲師，俱入清茶門教。張建謨等被捕後亦供出王姓宣傳三世佛輪管天盤之說，將來彌勒佛降生於石佛口王姓家內，若給王家線路錢文，以作根基，來世即有好處，入教者須遵三皈五戒，念誦經咒，可避刀兵水火之劫，張建謨致送本師王姓數百文，張學言等致送本師張蒲蘭三百文，俱作來世根基㉘。拜師入教，致送本師錢文，來生有好處，可以富貴，通過轉世，輾轉供養，可以歸還錢文，所謂根基錢，就是來世根基錢文的通稱。直隸南皮縣人劉孔厚等傳習離卦教，他被捕後供述入教致送本師富貴錢的經過，節錄一段供詞如下：

> 劉孔厚籍隸南皮縣，生有二子：長名劉照奎，次名劉照元，與劉士玉同籍，馬金城與徐元吉籍隸東光縣，韓守業籍隸交河縣，葛升青與許有得籍隸清河縣。嘉慶元年至十六年

間，各犯惑于邪説，先後入教。内劉孔厚、劉照奎、劉照
元與劉士玉均拜東光縣已故丁幅榮爲師，習離卦教。丁幅
榮燒香供茶，率眾磕頭，唸誦眞空家鄉無生父母咒語，並
尊敬長上，和睦鄉里，不殺生害命等歌詞，各爲行好，圖
修來世。徒弟拜師，傳爲當家，師傅呼徒爲善人，如遇同
教之人，則稱「在裡」二字。劉孔厚等嘗給丁幅榮大錢數
百至數千文不等，名爲富貴錢，來往便有數百千數十千使
用。丁幅榮復按四季斂錢做會㉔。

出錢入教，祈福消災，倘若多出錢文，則可加福添壽，今生可避
免刀兵水火之劫，來生還有好處，可以富貴。由於期盼來生的榮
華富貴，信眾多樂意奉獻富貴錢。

　　升丹是民間秘密宗教的一種入教儀式，又稱爲打丹。各教派
按季爲信眾舉行消災祈福儀式時，也有升丹或打丹的儀式。儀式
進行後，教首將信徒的姓名、籍貫等資料寫在黃紙上，然後望空
拜佛，念經焚化，以示知會無生老母祈求賜福。升丹時，信徒須
致送本師錢文，稱爲升丹銀，或打丹錢。簡七是直隷南宮縣人，
乾隆四十六年（1781）正月，簡七拜寧晉縣收元教内分掌兑卦
的卦長李成章爲師。李成章臨終前，將教中所藏素紙字本一件，
黃紙字片一張，木戳三個面交簡七，囑令如有願意拜師入教者，
即用黃紙照抄一張，後填徒弟姓名，望空燒化，令其磕頭爲徒，
兼可得受贄禮錢文，告知黃紙内有四相嚴謹五行歸中之語，總説
人之視聽言動，不可邪妄，教得好徒弟，愈多愈好，死後可以上
昇等語。同年五月，李成章病故。此後兩年之内，簡七收得溫大
等六人爲徒，每人致送升丹大錢二百至四百文不等，年節生辰，
另須致送食物㉚。乾隆四十八年（1783），簡七被捕。從他的供
詞中，可知升丹或打丹錢文就是信徒入教儀式中致送本師的一種

贄禮錢文，多寡不等。四川夔州大寧縣人謝添綉是白蓮教的要犯，他被捕後供出入教升丹的經過。乾隆五十七年（1792）十一月間，有湖北竹谿縣民陳金玉前往大寧，教他學習靈文經咒，揚言將來可免災難。他聽信其言，即致送根基銀三錢，拜陳金玉爲師。教中儀式，凡入教之人，先令過願，傳給靈文，然後升丹。所謂過願，就是賭誓拜師入教，必須上不漏師，下不漏徒，中不漏自身。他曾親至竹谿同陳金玉前往王大烈家升丹一次。陳金玉告知將來到了下元甲子，百姓遭水火風三災，彌勒佛轉世，現已生在河南無影山張家，要保扶牛八起事，牛八即係朱字，入教之人出了根基銀兩，遇後劫數，都能免難㉛。嘉慶二十年（1815），先天教的葉生寬爲了收徒傳教，見《龍華經》內有「一字爲宗，六字普渡」等字句，於是從經內摘取「平照京天喜動」六字，分給其信徒，並在無生老母神前祝禱焚化，作爲上達天庭的記號，死後免見閻王，也不入畜道，信徒則送給葉生寬升丹錢各數百文不等。

　　湖北襄陽縣人宋之清，有族弟宋文高徙居河南新野縣。乾隆五十四年（1789）正月間，宋文高返回襄陽縣原籍，前往宋之清家，述及素習經咒，並稱將來彌勒佛轉世掌教，有水火瘟疫諸災，念經尊奉，方能躲避。宋之清致送根基錢文，請求宋文高傳授經咒。宋文高囑令宋之清每季送給香資錢文，然後轉送給宋文高的師父姚應彩，以備供佛升丹。宋之清傳習的是西天大乘教，相信拜師入教，可以躲避災難。他先後收齊林、宋相等人爲徒，告以各自收徒，不拘何處，四季升丹，各出錢文，送交宋之清。後來，齊林又輾轉收伍公美等人爲徒。蕭貴也是襄陽縣人，乾隆四十一年（1776），蕭貴前往陝西安康縣滔河地方種地營生。乾隆五十四年（1789）五月，蕭貴的妻弟襄陽縣人樊學鳴前往

安康縣探望蕭貴，適值洺河痘疫流行，樊學鳴即替人燒香拜佛禳災治病。乾隆五十七年（1792）六月，蕭貴回到襄陽縣，樊學鳴告知蕭貴，近年來有宋之清、伍公美等傳習西天大乘教，揚言將來有五魔下降水火諸劫，必須尊奉彌勒佛，燒香念經，方能躲避。蕭貴聽信，央求樊學鳴招引入教。樊學鳴令蕭貴發過誓願，先出根基銀一兩，帶至信眾王元兆家，用黃表紙開寫姓名，望空拜佛，念經焚化，稱為打丹。乾隆五十八年（1793）三月，蕭貴回到安康，起意收徒得錢，先邀平日相好的蕭正杰等六人，告以念經避劫之語，俱招收為徒，各出根基銀七、八錢至一兩不等，先在蕭貴家發過誓願，打丹一次，蕭貴商令幫同行教，將打丹餘剩銀錢大家分用。後來又陸續招收善男信女入教，多達七十餘人，俱傳給《太陽經》、靈文合同等件，信徒所出根基銀三、四錢至一兩不等。此外還有打丹銀，每打丹念經一次，都借供佛為名，收受銀兩。蕭貴將所收根基銀兩送交樊學鳴，至於打丹餘剩銀錢，則由蕭貴與蕭正杰等人零星分用㉜。

　　河南人樊明德傳習混元教，傳徒王懷玉，王懷玉又轉收劉松為徒，後來劉松轉收劉之協為徒，劉松、劉之協改立三陽教。安徽太和縣人阮志儒與劉之協兩人鄰居素好，乾隆五十五年（1790），劉之協勸令阮志儒拜師入教，告知甘肅老教首劉松之子劉四兒是彌勒佛轉世，每年出錢，送往打丹，可免瘟疫水火諸災。阮志儒聽信，即拜劉之協為師，並傳授靈文口訣、護身咒及《三陽了道經》等經咒語句。阮志儒先後給過打丹錢三千二百文㉝。善男信女相信升丹或打丹以後，就可免除災難，所以出錢祈福消災。

　　升丹又作昇單，點燒、書丁，與升丹或昇丹，儀式相近。善男信女相信各教首多能為信眾祈福保佑，消災除禍，各教首遂利

用愚夫愚婦對災禍的恐懼，每藉舉行宗教儀式，而向信衆謀取銀
錢。安徽阜陽縣人朱明道先曾隨父朱繼祖習教。乾隆四十七年（
1782），朱繼祖被捕充發，朱明道漏網。嘉慶八年（1803），
朱明道起意傳習三陽教，同教以朱明道接續其父之教，遂稱爲續
燈，尊爲教首。凡入教的信徒，開寫名單，用硃筆點過，將單焚
化，稱爲點燒，信衆相信經過點燒的儀式後，就能天榜掛號，地
府除名，掃除災禍。信徒對本師須致送點燒錢，每人自三、五百
文至一、二千文不等㉞。因爲點燒以後，就能天榜掛號，掃除災
禍，所以點燒錢又稱爲掛號錢。嘉慶十五年（1810），王三保
因貧難度，假藉教主王法僧等在配乏用，起意招徒入教，收受錢
文，於是與朱明道等商議傳教。朱明道等人便以王三保是老教主
王懷玉的親丁爲名，到處宣揚彌勒佛轉世的思想，凡有拜師入教
者，須致送本師香燭錢，又名掛號錢。

　　尹老須又名尹資源，是直隸清河縣人。他在乾隆末年拜南宮
縣人田蕙忠爲師，皈依離卦教。田蕙忠即傳授功夫，因功夫純熟，
田蕙忠將尹老須帶往清河縣離卦教總當家劉功家領法，並學習靈
文。尹老須因習教日久，積妄生魔，每逢閉目時，彷彿見天上人
來往，又似聽到音樂，自謂悟道明心。總當家劉功聞知後，稱許
尹老須功夫深透，可以上天至無生老母處辦事，並令尹老須按每
年立春、立夏、立秋、立冬日期，在家上供，稱爲四季祭風，每
逢三元，也要上供，可以祈福消災。劉功又口授祭文，尹老須臨
時照樣書寫黃紙焚化，稱爲昇單。又給與「豐」字作爲記號，昇
單時填寫在內，即可昇至無生老母處。尹老須返家後，按照節氣
日期上供，並將同教人姓名一併列入單內代求福佑。嘉慶二十一
年（1816），教首韓老吉等至尹老須家探望，談及劉功已故，
教中無人領導，於是公推尹老須爲總當家。尹老須仿照劉功舊規，

按四季三元上供昇單，爲同教信衆祈福消災。隨令同教信衆將姓名開寫，每名出錢數百文，然後彙送尹老須家上供，將各人姓名列入單內昇至無生老母處，稱爲「書丁」，宣稱死後免墮地獄，皆可昇天㉟，因此，昇單錢又稱書丁錢。

　　販售歌單、榜文、合同、紙票、經卷等等，是民間秘密宗教各教派謀取信衆錢文常見的方式。大乘教的教首張保太住在雲南大理府蒼山，後名點蒼山，各地信衆多到蒼山覲見張保太，傳授經卷，給與授記一張，每張取銀一、二錢不等㊱。江西南昌縣人李純佑自幼讀書未成，前往湖廣江陵縣學習裁縫手藝，認識賀坤。賀坤平日吃齋，家中藏有《三官寶卷》、《觀音寶卷》、《雷祖寶卷》、《玉皇寶卷》、《金剛經》、《還鄉寶卷》、《末劫經》、《定劫經》等八部經卷，勸人茹素念經，祈福免災。每年三月初三日、五月十三日、九月初九日等日，各做會一次。乾隆二十五年（1760）五月十三日，李純佑等至賀坤家做會。同年十二月，賀坤身故，其子賀祥因積欠同教黃昌緒錢三百文，無力償還，而將其父賀坤所遺八部經卷交給黃昌緒作爲抵押。黃昌緒因出外謀生，將經卷存放同教呂法振家中。乾隆二十九年（1764）十二月，李純佑至呂法振家探望，見到《末劫經》、《定劫經》兩部經卷，名色新奇，希圖藉它惑衆取財，於是向呂法振借抄，將《末劫經》改爲《五公末劫經》，並增加「戊亥子丑年大亂，刀兵爭奪。寅卯年，百姓飢荒，人死無數。辰巳年，方見太平」等內容。乾隆三十年（1765）八月，李純佑令木匠羅國太刊刻「報恩堂」三字木圖章一個，正式倡立未來教名色。又由羅國太刻成票版一塊，刷印紙票，將教中信衆姓名塡入，以爲憑據，宣稱死後燒化紙票，可免墮地獄。李純佑又假造康熙初年兩道諭旨，敘成《護道榜文》一篇，使人見而信從，並藉刷印紙票、榜文獲得

錢文。教中規定每年正月、七月、十月逢十五日做會，不拘男女，入教出錢，自六十、八十文至一百、二百文不等㊲。直隸蠡縣人董敏，自幼茹素讀書。其故祖遺有《收圓經》、《收元經》、《九蓮救度經》等寶卷，董敏時常唪誦，欲藉誦經爲由，謀取銀錢，於是起意將《收圓經》等寶卷抄寫成佛曲，以便易於歌唱，並收段雲等人爲徒，成立白陽會友。董敏常率同教信衆爲村民唪誦經文，歌唱佛曲，善男信女多佈施香油錢一、二十文，隨同入教。山西長子縣有縣民田景盛等刊刷歌單，以四張爲一副，兩張爲合同，兩張爲靈文。董敏宣稱生時唪誦靈文，死後將靈文一半燒化，一半放在胸前，即可成爲善人。乾隆五十一年（1786）六月，完縣人郭林跟同內邱縣人劉進心至山西長子縣，向田景勝買取歌單二十餘副，郭林先將歌單攜回，路遇董敏。董敏欲散賣歌單漁利，即拜郭林爲師。郭林隨將歌單給與董敏持回，賣給村民，每張賣京錢一、二百文，每副賣四、五百文㊳。河南林縣人裴錫富素習八卦會震卦教，他撰有歌詞，勸人傳習，以謀取錢文。有馬三元等人先後拜師入教，裴錫富傳授歌詞，信衆各致送香錢數十文至二、三百文不等㊴。

段文琳原籍猗氏縣，祖居安邑，其嗣祖段思愛傳習收源教，又名源洞教。乾隆十三年（1748），太原縣人梁彩、陽曲縣趙雙印等人先後拜師入教。乾隆三十一年（1766），趙雙印因貧苦難度，起意收徒取財，於是宣稱拜師入教，可以躲避災難，並聲稱佛水可以治病。乾隆四十一年（1776），趙雙印將投身誓詞刊刷合同，註明男人出錢三百六十文，婦女出錢二百四十文，遇有入教之人，每人填給一張，又以經卷內有「皇極號」字樣，於是刊刻「皇極號」三字，聲稱靈符可以卻病消災。他又從《龍華經》中摘抄妄誕詞句，刻刷小票，同皇極靈符賣錢，信衆購買

合同一張，各錢十七文。他被捕時已有男信衆三十一人，婦女二十四人，都各購買合同㊵。

　　民間相信亡魂赴陰持有陰照，則可順利進行，並享有不同待遇。江蘇江陰縣人陳雲章是長生教信徒，他住在章鄉鎮養老堂，投拜王瑞華爲師。後來陳雲章又轉收陸天甫、周國富等人爲徒，俱入長生教。教首王瑞華遺有陰照一張，聲稱是敕書陰司路引。乾隆二十六年（1761）八月間，陳雲章起意造賣陰照，以獲取錢文。於是用綾絹紙張製造，令買照之人俟身故時將陰照燒燬入殮，聲稱可以帶赴陰司，有神接引，不受地獄之苦。照內開寫「元都教主廣法天尊彌勒尊佛引進」字樣。陳雲章所造陰照，因材質不同，售價有高低之分，其中綾照每張索銀一兩二錢，絹照、紙照的售價，則依次遞減，善男信女多聽信買取陰照㊶。

　　民間秘密宗教除了售賣歌單、合同、紙票、陰照外，也售賣經卷取得錢文。山西曲沃縣人任進德族伯任景翰，向來傳習金丹門圓頓教。任景翰病故時，任進德年甫二週，經任景翰之妻呂氏承繼撫養，任進德自幼隨嗣母呂氏吃齋習教。乾隆五十七年（1792），任進德因家道貧苦，起意藉傳教謀取銀錢使用，即按照任景翰傳習金丹門圓頓教名目，並自起「樂善堂」名號，收徒習教，並刷印經卷，希冀得價售賣㊷。此外，也有刷印小佛像出售得錢者。

　　善男信女相信做會、上供、念經，都可以消災除病，教首每藉做會、上供、念經時向信衆收受錢文。嘉慶六年（1801），悄悄會的信徒石慈等人復興舊教，收徒入教。石慈爲信徒念經時，信徒須致送錢文，每念一經，收受信徒香火錢每人三百、五百文不等。八卦會震卦教稱太陽爲聖帝老爺，以禮拜太陽爲主要的儀式活動，教中相信禮拜太陽，即可消災獲福，每當做會、上供時，

信眾均須致送銀錢。據教中信徒林進道供稱，每日三次禮拜太陽，每年五次上供。河南巡撫畢沅具摺指出：

> 其上供之費，即斂之各徒，自一、二百文至一、二千文不等，上供時復將入教之姓名籍貫，用紙書寫念誦，其不能書者，口誦通誠，名曰稟家門，該犯等哄誘愚民，總說歸教之人，現在邀福，來世轉爲好人，又撰爲勸人行孝鄙俚歌詞，伴稱修善，實則煽惑斂錢，遞相傳播，日引日多，此托名行善，希圖再興劉教，誆騙錢文之原委也[43]。

做會上供的費用，是由信眾負擔，教首收受錢文。江蘇青浦縣監生李寶善曾入京呈控縣民吳元等人聚眾念經，吳元被捕後，曾供出念經治病經過，節錄供詞一段內容如下：

> 小的元和縣人，向做織機生理，後來失業。九年十二月裡，有同業的沈隴觀、楊錦三、冷煥揚、馬老士、沈六、徐登雲、范老忝、楊在三同小的一共九人，大家因沒生理，說起向做成衣的袁掄山現在青浦，商量投託尋工。十年正月初三日，到青浦縣觀音堂內尋見袁掄山，他把小的們暫留廟內住宿。沈隴觀見有《心經》，連《金剛經》一本，他平素會念，小的們空閒無事，也同著他隨口念誦。適初四日有郁王氏因幼孫患病，到廟燒香，沈隴觀起意騙錢餬口，就央袁掄山向郁王氏說若叫他們念經求福，便可祈保病愈。郁王氏應允，就叫小的們到家念誦，講定每人給錢五十文[44]。

嘉慶十年（1805），沈隴觀等人因貧苦而起意念經治病，確實是一種騙錢行爲。王尙春是直隸河間府獻縣人，在縣城外李家莊居住，種地度日。嘉慶九年（1804），王尙春之父王仲來入紅陽教，拜張廷端爲師。嘉慶十七年（1812），張廷端病故，王

仲來接充教首，共有徒弟五、六十人，每月到王仲來家聚會一次，燒香念咒。每年六月初六日，在村中韓祖廟內曬經一次，教中人俱至廟內燒一炷香念經，每人出錢一百餘文給王仲來辦齋㊺。道光二十年（1840），紅陽教的教首張秉乾因傳徒所得拜師香資錢文數量不多，遂與同教商允做會念經，藉此收錢分用。其做會日期定爲正月十五日爲天官會，四月十五日爲火官會，七月十五日爲地官會，十月十五日爲水官會，屆期信衆俱至張秉乾家做會念經，信衆各送香資錢一百、二百文不等。

　　假藉神諭收受銀錢，是民間秘密宗教獲取社會資源時常見的一種方式。直隸靜海縣安家莊人崔煥，原爲音樂會的成員之一，會中遇村民白事，即前往吹打念經。嘉慶十一、二年間（1806-1807），崔煥同其父崔文載拜交河縣人崔大功爲師，入未來眞教即天門眞教。崔煥轉收張柏青、朱明順等十餘人爲徒，張柏青素學過陰法術。未來眞教因信衆平日多不肯致送銀錢，崔煥即令張柏青過陰，假藉神佛口諭，指派崔煥爲三宗法子，接管教務，希冀徒衆信服，肯送銀錢，信衆日增㊻。

　　下層社會，由於生計艱難，有許多貧民每因窮困而起意創立教派，各教派的教主或教首，利用各種儀式及活動，創造各種具有社會價值的宗教信仰術語，以聚衆獲取銀錢的形式，累積財富。由於宗教活動需要經費，許多教派往往假借各種名義向信衆需索錢文，甚至販售歌單、經卷、佛像、合同、照票漁利。江蘇上海縣人徐國泰，官方文書又作徐幗泰，傳習無爲教。河南泌陽縣人李文振是徐國泰案內逸犯。乾隆三十六年（1771）四月，李文振等被捕，供出入教經過，河南巡撫永德具摺奏聞。原摺有一段內容如下：

　　　　泌陽縣民李文振係徐國泰案內未獲之犯，本由原案擬流之

陳中舜誘引拜徐國泰爲師。事發在逃，事平潛回汜邑，與
其徒張成功復興邪教，輾轉誑誘南汝一帶民人入教，即將
徐國泰所傳之十字經「南無天元太保阿彌陀佛」，令人每
日燒香持頌。妄言自己入教，可免一身之災，轉勸數人入
教，可免一家之災。凡入教之人，騙令出錢數百文、百數
千文不等，名曰根基錢，謂積下根基錢，今生出一，來世
得百。若遇貧人，即以此錢周濟，藉爲蠱惑良善，以致歸
教者比比。每人又另出孝敬錢數十百文與李文振使用㊼。
善男信女聽信因果輪迴之說，相信拜師入教，致送根基錢文，是
種善根，累積福基的具體表現，所以根基錢又稱福果錢㊽，希冀
消災獲福，來生富貴，今生出一，來世得百，信衆大多樂意奉獻
錢文。

第二節　教派經費的運用與管理

民間秘密宗教是一種自力救濟的宗教團體，各教派的經費，
都須自行籌措，開闢財源，其中寺廟庵堂的興建維修，都由信衆
捐獻。從明朝末年以來，由於糧船水手與日俱增，爲了解決糧船
水手們的食宿等問題，羅祖教教首曾在運河兩側大量興建庵堂，
其中浙江杭州拱宸橋等處所建羅祖教庵堂，多達七十餘庵。庵堂
的修建，主要在解決流寓外地的糧船水手疾病相扶，意外相助及
在異地寓歇的切身問題，具有社會公益活動的性質。羅祖教由於
大規模地興建庵堂，所需經費較爲龐大，都由羅祖教廣大信衆致
送香錢、根基錢等積累餘剩經費支用。

修橋鋪路是造福鄉里的善舉，民間秘密宗教也有這類善舉，
善男信女相信修橋鋪路行善助人，多積陰功，來生將有善報。山

西平陽府臨汾縣人胡關氏，嫁與胡昌思爲妻。胡昌思傳習無爲教，
雍正年間，無爲教奉旨查禁，胡昌思將無爲教改名橋梁會。胡昌
思身故後，胡關氏踵習橋梁會。教中熱心公益，常爲鄉里修橋鋪
路，所謂橋梁會，就是因教中以修橋鋪路爲善舉而得名。胡關氏
被捕後供出教中經費來源及其開支，節錄供詞要點如下：

> 每年正月二十九日會集病愈之人念經，收取布施錢米，藉
> 爲食用，餘爲修橋補路使費。胡昌思復又捐地募銀，於路
> 傍建蓋茶房五間施茶。嗣因雍正年間嚴禁無爲等教，即改
> 爲橋梁會名色。又有平日因病治痊之秦世祿等並太平縣民
> 梁學雍等俱各布施銀錢，先後入會。胡昌思並給與梁學雍
> 經卷二本，令其誦習，其關綸民之子孫關惟亮、關喜兒俱
> 不能承習遺教，惟倚傍昌思，藉圖衣食。乾隆十二年六月
> 內，胡昌思物故，伊妻胡關氏無以餬口，即襲夫所爲，念
> 經治病，踵行做會，募化銀錢，以作施茶修橋使用。賀永
> 康復又設立疏頭，協力募化，添建茶房三間，爲行人住足
> 憩息之所。胡關氏即邀貫譚氏作伴，遷住其內㊾。

無爲教或橋樑會修橋補路，建蓋茶房施茶，又可供行人住足憩息，
都是樂善好施的公益活動，其經費主要是信衆佈施及募化而來的
銀錢。嘉慶年間，山西岳陽縣出現橋樑教，教中供奉羅祖、釋迦
牟尼，信衆茹素念經，每逢正月初一日、四月初八日、十月初一、
十五等日在縣境東邊王嶺村念誦羅祖教經卷，希冀消災獲福。道
光九年（1829），教首楊幗泰向信衆募化四十餘千文錢，在寺
廟城鎮之間建造木橋，以便利往來行走㊿。募化錢文，建造橋樑，就
是橋樑教得名的由來。

　　民間秘密宗教雜揉儒釋道的思想，對社會教化產生了重要的
作用，各教派多以尊崇孔子使傳教活動及宗教團體合理化，藉此

吸收信眾。嘉慶年間，直隸鉅鹿縣人李景幅傳習老佛會，他被捕後供出老佛會爲孫維儉所興立，教中每逢朔望禮拜龍牌，孫維儉是教主，他派令李景幅充大教首。嘉慶十三年（1808），老佛會被人指爲邪教，孫維儉同李景幅等人商量，以孔夫子爲天下正教，前往山東夫子廟內盡點孝心，人家就不敢說老佛會是邪教了，同年，老佛會募化銀子一千多兩。嘉慶十四年（1809）正月，孫維儉令同教呂興旺、劉美奐帶了一千多兩銀子，到曲阜西關，住在姜永全店內，經姜永全帶領引見公府四品執事官孔傳揚，又由孔傳揚帶去見衍聖公，並謁孔廟，致送贄見銀一百兩及捐修祭器銀五百兩，俱交孔傳揚收領。呂興旺向孔傳揚商議要修孔廟，孔傳揚告知孔廟修護是欽工，老佛會信眾修不得，不如修尼山祠。呂興旺等人覆以回去募銀再商量，於是帶了用剩的銀子返回鉅鹿。同年十月，孫維儉帶同李景幅等共五人，乘坐大車二輛，小車一輛，用布口袋作包裝捆，共帶二千多兩銀子到曲阜石家莊孔傳揚家。因孔傳揚已死，由其弟孔傳標帶領引見衍聖公，備送贄見禮銀五百兩，包銀五十兩，俱交孔傳標收領。因衍聖公生子，孫維儉等另備緞、匾、繡花靴、四色綾紫金冠等物。孔傳標同張協中、曹秉和帶領孫維儉等人勘估維修尼山祠工程，約需銀五、六萬兩。孫維儉等以全修工程浩大，所需經費龐大，只能將大殿牆垣略爲粘補，隨即將銀五百兩交給曹秉和。此外，又送孔傳揚奠儀銀一百兩。後來孔傳標到孫維家弔孝，李景幅等又送給他銀四百五、六十兩[51]。老佛會爲捐修孔廟祭器、尼山祠大殿牆垣工程等，兩年之內花費銀二千二百餘兩，但經多次催工，孔傳標俱未動工，竟敢侵沒銀子。老佛會將相當可觀的銀兩捐修孔廟祭器及尼山祠，對維護聖蹟的貢獻，是具有意義的。

　　直隸大興縣人周應麒傳習紅陽教，莊中有菩薩廟，每逢正月

十四日、五月十三日、六月二十四日、十二月初八日，周應麒俱率領同教在菩薩廟前殿念經祈福。每屆念經之期，信衆俱至菩薩廟內燒香磕頭，助給京錢數十文至一、二百文，或麥子、高粱數斗，作爲廟內香火及念經時信衆飯食支出，餘剩錢文，則置辦廟內器具⑫。道光元年（1821），直隸大興縣人李自榮因見村人染患時疫，多有病故者，並無僧道念經追薦，於是商允田懷得等人創立敬空會，醵錢製備神像、法器等物，念誦《地藏經》等經卷，爲人薦亡，超度亡魂。民間教派衆多，寺廟林立，各寺廟內裝塑神像，製備法器、置辦用具等項，都需要費用，必須得到信衆的支持與贊助，由於各教派的勸募及信衆的佈施，始能舉行各種宗教活動，民間秘密宗教雖然教派林立，但都是根據共同的信仰傳統，在自立救濟的經濟基礎上，由共同的祭祀圈所形成的地域化社會共同體。

　　慈善救濟，對貧苦信衆提供經濟援助，同教互相周濟，以及施粥、施藥的活動，頗受民間秘密宗教的重視。乾隆二十九年（1764），王忠順改立白陽教，令王漢九勸人入教。乾隆三十一年（1766），王漢九的伯母出殯，同教多相助喪葬費用，教中周天渠送銀一兩，丁學周等親赴王漢九家送殯，亦各送銀一兩。乾隆三十四年（1769），王忠順之父王懌病故，由王漢九等籌措喪葬費用，王漢九前往揚州，勸令信徒周受南等各送銀四兩，周邦彩等各送銀一兩⑬。江蘇上海縣人徐國泰傳習無爲教，河南泌陽縣人李文振等拜徐國泰爲師，李文振後來輾轉收徒習教，乾隆三十六年（1771）四月，李文振被捕，供認無爲教勸人入教消災，收受信衆根基錢，見有教中貧人，即將積存根基錢量爲周濟⑭。李文振曾因徐國泰的弟婦李氏在家貧苦，將積存根基銀提出二十兩，令王天基等送交李氏⑮，作爲生活費。嘉慶初年，川

陝楚白蓮教也實行經濟互助的措施，教中按貧富出根基錢，多少不等，赤貧者，教首則周濟他⑯。民間秘密宗教多具有周濟貧窮的共識，使下層社會貧苦信眾也多願意拜師入教，有利於民間秘密宗教的發展。

　　民間秘密宗教的師徒關係是父子縱的統屬關係，信眾奉獻的銀錢，須由本師輾轉呈送老教主。雍正年間，李衛到直隸總督新任後，即訪得直隸有大成、衣法等教派，大成教內部有老教首、次掌教、小教首即領頭門徒。衣法教內部也有老教首、次教首、小教首之分。李衛具摺指出大成、衣法二教，皆始於順治年間（1644-1661），教中以輪迴生死勸人修來世善果爲名，吃齋念經，每月朔望，各在本家獻茶上供，出錢十文，或從厚數百文，積至六月初六日，俱至次教首家念佛設供，稱爲晾經，將所積錢文交割，稱爲上錢糧，次教首轉送老教首處，稱爲解錢糧，或一、二年一次送到老教首處，每次各有數百金不等⑰。信眾致送本師銀錢後，仍須轉送次教首，再解送老教首，存庫積貯。大成、衣法等教派的交割銀錢，稱爲上錢糧或解錢糧，儼若國家正項的撥解。直隸王姓傳習清茶門教，王克勤等人供認，「我們教裡人稱姓王的師父爲爺，見了磕頭，送錢稱爲朝上，所給錢文名爲根基錢，又名福果錢。」⑱以致送根基錢或福果錢，稱爲朝上，它的含義，與大成等教的上錢糧或解錢糧，頗爲相近。

　　民間秘密宗教的教產，因各教派規模不同，諸小教派多由教主或老教首自行管理，其大教派則設有專人掌管。八卦教要犯劉省過被捕後供出教中所收信徒分爲八卦，每卦以一人爲卦長，二人爲左干右支，以下俱爲散徒，每卦各自收徒。所收之徒，各出銀錢，送與卦長，卦長彙送與教主，多寡隨便⑲。江蘇沛縣人楊進被捕後供出，乾隆二十六年（1761），八卦教的要犯山東人

高志遠因到沛縣販賣布疋，與楊進彼此熟識，閒談八卦教的好處，每年只要隨各人情願，出錢幾百文，交給傳教師父收存，彙總送與掌教的人，點香上供。教內有全仕、流水等名目，年久了就可充當流水，自行收徒。郭振也是江蘇沛縣人，陳柱是郭振的表兄，他是八卦會震卦教內的理條。乾隆四十三年（1778），陳柱告知郭振，震卦教勸人行好，可以獲福免禍，諸事順利。教中由王中徒弟高志遠管事，其下有全仕、傳仕的名目，每年只要出錢三、四百文，就可入教，做了全仕，就可轉收徒弟。郭振聽信後，即拜陳柱爲師。後來，郭振遇見高志遠，高志遠准許郭振做全仕，郭振轉收孫添然等人爲徒，每年各收錢三百文，都全數交給高志遠收管。高志遠身故後，就由沛縣人楊進接手管事，教中銀錢即交楊進掌管⑩。

　　乾隆五十一年（1786），安徽阜陽縣人張效元接管三陽教的教務，教中銀錢都由他掌管。他被捕後供稱：「四川斂來的根基錢，都送與我，我轉交王老保收藏。起初斂得的銀錢尚少，這五、六年來每年約有萬餘兩。這些銀兩都爲累年打官司費用及同教的人發遣做盤纏。」⑪乾隆六十年（1795）五月，湖北宜都縣人聶傑人等拜張宗文爲師，入白蓮教。同年七月，同教的劉盛才告知聶傑人說：「習教的人各出銀兩，交與掌櫃的收下，轉送李犬兒，就在簿內開入名字。日後成事，查對納銀多少，分別封官。」⑫聶傑人心想做官，就出銀一百兩，交劉盛才收去。劉盛才見聶傑人給銀較多，聲稱可做總督。據聶傑人供稱，教中簿冊就是由劉盛才掌管。教中掌櫃，就是教首，有老掌櫃、大掌櫃及掌櫃之分。例如河南開封府西華縣人王廷詔的祖父王珊，他原習白蓮教，教中知道王廷詔是老師傅王珊的孫子，所以就稱王廷詔爲老掌櫃或大掌櫃⑬。

　　民間秘密宗教的教產或經費，雖然有專人管理，但是，各教派都缺乏收支嚴密管理制度，信眾所致送的銀錢，本師是否轉交老教首或老掌櫃，小教首所收受的錢文，是否按時交割，都缺乏具體辦法，亦難以稽查。例如山東鄒縣人孔玉顯是坎卦的卦長，由教首李文功收受信眾銀錢，轉送孔玉顯，然後再送給老教首，但孔玉顯並未轉送，而據爲己有，私自中飽，擅自挪用。孔玉顯被捕後供稱，自乾隆四十八年（1783）至五十年（1785），其間孔玉顯共收過李文功致送銀三十二兩七錢，孔玉顯並未解京送給老教主劉省過的兒子，竟將所得銀錢自行置地七畝，耕種爲業⑥。或可藉此數據推知乾隆後期山東鄒縣耕地，每畝平均約計紋銀五兩以下。

第三節　民間秘密宗教財政來源的特點

　　明末清初以來，隨著社會經濟結構的整體性變動，各種地域化社會共同體逐漸趨於多元化和複雜化。理學「泛家族主義」的價值系統也更加廣泛的滲入基層社會，許多本來沒有血緣聯繫的群體也利用血緣紐帶的外觀作爲整合手段⑥，形成了形形色色的地域化社會共同體，民間秘密會黨和民間秘密宗教，就是清代下層社會引人矚目的地域化社會共同體，也都是泛家族主義普及化的一種虛擬宗族。秘密會黨是由民間異姓結拜組織發展而來的多元性地域化社會共同體，它以異姓人結拜弟兄或金蘭結義爲群體整合的主要方式，多爲離鄉背井的出外人基於互助的需要而倡立的自力救濟組織，並模擬宗族血緣紐帶的兄弟關係，建立兄弟橫向的平行關係。民間秘密宗教是以宗教信仰作爲群體整合的主要方式，各教派多爲世俗化的佛道宗派衍生轉化而來的新興教派，

同時雜儒釋道的思想教義，並模擬宗教血緣紐帶的父子關係，建立師徒縱向的統屬關係。由於社會分化的加深和社會文化價值系統的分裂，在基層社會的地域化社會共同體愈來愈士紳化並納入正統規範的軌道的同時，背離這一軌道的社會組織也逐漸分化出來，民間秘密會黨和秘密宗教的普遍出現，就是雍正、乾隆年間以來中國基層社會的一個重要發展方向。

雍正、乾隆年間的地域化社會共同體，由於人口流動的頻繁，多已從血緣紐帶演化成以地緣爲紐帶，形成依附式的地方社會共同體，進而演化成以經濟利益爲紐帶，形成合同式的地方社會共同體。民間秘密會黨一方面是以地緣爲紐帶而形成的依附式地方社會共同體；一方面也是以經濟利益爲紐帶而形成的合同式地方社會共同體。其成員的經濟地位都較低下，除了少數的墾戶外，大都爲家無恆產爲生計所迫的流動人口，由於生活陷入困境，而出外謀生，或進入城鎮肩挑負販，尋覓生理，傭工度日。同鄉在異域相逢，多互道出外人的難於立足，每當閒談貧苦孤身無助之時，即起意邀人結拜弟兄，遇事相助，患難與共，免受外人欺侮。離鄉背井的出外人，在新的生態環境裡，傳統宗族社會的血緣紐帶既已被割斷，只有模擬血緣親屬結構的兄弟關係，義結金蘭，倡立會黨，各會黨強調對內的互濟互助，多屬於經濟性的內部互助，會中成員以弟兄相稱，入會時各出定額的會費。雍正四年（1726），臺灣諸羅縣父母會成立的宗旨，是爲父母年老疾病身故籌措喪葬費用而創設的，就是屬於互助性的經濟活動。據父母會成員尾二蔡祖等供稱：「陳斌在湯完家起意招人結父母會，每人出銀一兩拜盟，有父母老了，彼此幫助。」⑯《臺灣舊慣習俗信仰》有一段敘述如下：

　　所謂父母會，就是各會員父母去世時，以父母資助喪葬費

用爲目的而組成。他們雖說祭祀神佛，其實等於利用神佛，和現在的「人壽保險」相差無幾。類似父母會的還有孝子會、孝友會、長生會、兄弟會等，名稱雖然不同，但組織幾乎相同。就是當幾十個人創立父母會時，先各自捐出一定的金額，用其利息作爲祭祀神佛之用。又各會員分別指定其尊族中的一人，當此人死亡時，各會員再捐款作爲喪葬費⑰。

早期臺灣移民因生活貧苦，無力辦理喪葬事宜，所以招人結會，成立父母會，會中成員，每人出銀一兩，各自捐出一定的銀額，以其利息作爲喪葬祭祀神佛等用途，類似後世的人壽保險。《臺灣私法》一書，對臺灣父母會的性質，有一段較詳盡的說明，節錄如下：

> 臺灣有稱父母會或孝子會的互助團體，其目的在補助會員的父母、祖父母、伯叔等喪葬及祭祀費。是一種保險團體，因而此等尊屬全部亡故時，該團體原則上要解散。南部地區的父母會，皆不置財產，中部地區的父母會，大多擁有財產。亦有保險對象的尊屬全部亡故後仍不解散而繼續充爲祭祀費者。然而僅依會員協定存續而已，無論何時皆得以解散處分財產，所以亦有在杜賣所屬財產的契字註明：「今因孝子會完滿」，表示父母會的目的已達成，將所屬財產處分者。父母會亦有置總理或爐主等管理財產、主持祭祀者。會員對此財產的持分，，通常以股份表示，是一種合股組織，其財產爲會員共有⑱。

諸羅縣境內的父母會，是移墾社會裡常見的一種地域化社會共同體，模擬宗族制度的兄弟關係，會員之間，彼此以兄弟相稱，大哥湯完與尾弟朱寶是兄弟平行關係，情同手足，合異姓爲一家，

使其組織成為一種宗族化的虛擬宗族，既是地緣關係的依附式虛擬宗族，也是一種以經濟利益為紐帶的合同式虛擬宗族。父母會的成員入會時，各出銀一兩，都是財產的持有人。會中成員對父母會財產的持分，通常是以股份表示，屬於一種合股組織，父母會就是一種以地緣關係及經濟利益為紐帶的合同式虛擬宗族。類似臺灣父母會的秘密會黨，並不罕見。乾隆十三年（1748），福建漳州府長泰縣陳巷墟地方查出居民戴瓜素學習彈唱，是年六月十五日，戴瓜素糾邀林漸等三十七人，各出錢六十文，聚集彈唱，號為父母會。其名稱的由來，或因其目的是為父母身故念經彈唱儀式而得名。道光二十年（1840）十月，貴州大定府人汪擺片因素好的友人張老四之母病故，無力殯埋，於是邀同陳水蟲等二十七人結拜老人會，資助張老四銀錢包穀，以籌措喪葬費用⑩。老人會與父母會，名目雖然不同，但其目的卻相同，都是為了父母年老身故資助喪葬費用、祭祀神佛、念經彈唱而倡立的合同式虛擬宗族。老吾老以及人之老，患難相助的手足情誼，就是父母會和老人會共同的文化傳統，都是強調內部的互助問題。加入會黨的弟兄各出一定金額的會費，他們對會中財產的持分，既以股份表示，就是一種合股組織，會中財產為會中弟兄所共有。秘密會黨的財產管理，有其共同特徵，那就是每個弟兄各有一定金額的持分所有權，並以合同的形式確認各自的權利和義務。出外人通過異姓弟兄的資助，可以解決貧窮問題，雖然是自力救濟的互助性質，但在會黨內部的資源分配具有較高的合理性和平等性。

　　民間宗教信仰中有許多進香活動，各進香團體，多倡立會名，其性質已無異於民間教門，例如直隸山西會，就是以進香為主要活動的宗教團體。山西會的會首為牛老，當牛老身故後，由石祿

接充會首，每年三月同往西域寺進香一次。嘉慶十二年（1807），
因南府人出境燒香，被內務府查禁。嘉慶十四年（1809），仍
復起會進香。嘉慶二十二年（1817），又遭取締，石祿等被捕，
供出會中成員資料，可據清單列出簡表如下：

嘉慶二十二年（1817）山西會成員簡表

姓　　名	身　　　分	住　　　　址	香資金錢
佛　　保	滿洲鄭紅旗護軍	安河橋紅旗榮	2840 文
劉長太兒	包衣人膳房小蘇拉	雙關帝廟門口	2840 文
俞　　二	包衣人	雙關帝廟門口	2840 文
鄒二格	包衣人	掛甲屯月亮門內	2840 文
希拉布	包衣人高麗通事	楊家井	2840 文
趙　　大	旗人	香山	2840 文
崔　　貴	儀親王府太監	北海淀太和莊	2840 文
徐　　三	民人，開鐵鋪	北海淀	2840 文
王興業	民人，開古玩鋪	北海淀藍靛廠	2840 文
郭林祥	民人，開煙鋪	福園門外	2840 文
崔載氏		北海淀老宮門口	2840 文
錢河氏		馬廠門西三合館	2840 文
金六奶奶		楊家井	2840 文
王周氏		掛甲屯	2840 文

資料來源：國立故宮博物院《上諭檔》，方本，嘉慶二十二年六月十
　　　　　四日，頁143。

　　前列簡表十四人，崔載氏等四人為婦女，其餘十人內，旗人、
包衣、太監共七人，佔多數，另三人為民人，都是鋪商。十四人
都是直隸人，每人每年各出香資京錢都是二千八百四十文，是合
資性質的宗教活動。類似這種性質的宗教信仰團體，並不罕見。
例如嘉慶二十二年（1818）在直隸通州丁家莊破獲的路燈會，

其經費的籌措，也是合資的性質。每年正月，丁家莊合村捐資在村中的觀音庵點設路燈，因路燈是顯著的特徵，所以叫做路燈會。

　　民間秘密會黨的倡立，基於會中成員的互濟互助，可以暫時解決生計孤苦等現實問題。宗教信仰則注意到生前死後的心理問題，它與巫術活動不同，巫術是一套動作，具有實用的價值，是達到目的之工具；宗教則基於共同的文化意識創造一套社會價值，而直接的達到目的。人類在求生存的過程中，經常遭遇到種種困難與挫折，譬天災、人禍、疾病、死亡，或者說是生老病死等問題，其中死亡是生命過程中所遭遇的最具破壞性的挫折，往生以後，不轉四牲六道，免除輪迴之苦，不墮無間地獄，得生西方淨土，就是善男信女的心理寄託，民間秘密宗教信仰大都能適時地給予人們某種程度的助力，使他們有信心的生存下去。《大乘大戒經》就指出，「在家修道者，孝順父母，尊敬長上，和睦鄉里，早辦國稅，生不遭王法，死不墮地獄；出家修行者，日則化飯充飢，夜則看經念佛。爲善至勝，爲國家保佑長生，祝延聖壽，理合自然。」承認生活規範的價值，就是一種認知的功能，也具有社會教化的正面意義。民間秘密宗教的宗旨，主要就是戒殺生，戒飲酒。《大乘大戒經》也有幾段經文說：「持戒者得生佛道，飲酒食肉者，正是忤逆不孝之人也，入無間地獄。」又說：「受戒念佛之人，臨終得生西方淨土，黃金爲地，四邊街道金銀琉璃，受諸快樂。」「世間惡人，無心念佛一聲，也當一個銅錢功德；善人念佛一聲，已當十文銅錢功德；持長齋皈三寶，念佛一聲，當一個金錢功德；受五戒之人，念佛一聲，有一萬二千金錢功德；受十誡善知識，念佛一聲，有三十六萬金錢功德。」⑦民間秘密宗教就是以佛教文化的價值觀，對善惡作了詮釋。善者就是菩薩，惡者就是畜牲；善者長生富貴，惡者子孫貧窮；善者孝順，惡者

忤逆；善者飽暖，惡者飢寒；善者受戒，惡者破戒；善者受戒持齋，惡者毀謗佛法，世間善惡，皆有報應。民間秘密宗教的教首師父，度人生死，與人受戒，信眾須盡供養的孝心，恭敬佈施，就有功德，生前獲福，亡靈超昇。

　　民間秘密宗教的組織是一種虛擬宗族，各教派模擬血緣宗族制度的父子倫常關係，本師和信徒的關係，就是父子關係，是屬於縱向的統屬關係。善男信女多具有佛道信仰的傾向，大都樂意奉獻積蓄，佈施銀錢，供養師父，一方面是做功德，一方面也是盡孝道。各教派信徒認爲「要求來生福，還須今世財。」出錢入教，祈求福報，平日積下根基錢，致送本師，便可修來生富貴，相信「今生出一，來生得百。」反映下層社會善男信女對富貴的渴望。加入會黨，從家庭中游離出來，是個人行爲，洪門機密，父不傳子，兄不傳弟。宗教信仰與會黨不同，往往是一人入教，闔家男女都成爲信徒，有時還按一家丁口同時出錢入教。在傳統社會裡，血緣宗族的家長或族長，是家產或族產的支配者。民間秘密宗教的教產，其處置方式，也接近宗族制度，信徒致送本師的銀錢，必須輾轉交由掌櫃或老教首支配。乾隆年間，山東單縣人劉省過傳習八卦教，他是教主，河南商邱縣人郜三是離卦卦長，各卦輾轉收徒，收受銀錢，由山東人孔萬林等轉交劉省過。乾隆三十七年（1772），破案時，郜三送交劉省過銀計二千二百兩，搜獲劉省過埋藏銀共一萬二千餘兩⑦，爲數頗多。

　　信眾供養老教主及其子孫，不僅是一種功德，而且也是一種義務，民間秘密宗教的信眾，就是以奉養父祖的孝道觀念來供養老教主及其後裔。乾隆四十八年（1783），孔萬林的胞姪山東鄒縣人孔玉顯等因聞劉省過的次子劉二洪藏匿京中，於是以贍養劉二洪爲名，復興坎卦教，孔玉顯自稱卦長，收受信眾銀兩。乾

隆四十年（1775），河南樊明德傳習混元教，教首劉松因混元教案發被發配甘肅隆德縣。安徽太和縣人劉之協是劉松的徒弟，劉之協轉收湖北襄陽縣宋之清等人爲徒，宋之清轉收伍公美爲徒，伍公美轉收樊學鳴爲徒，樊學鳴又轉收蕭貴爲徒，俱傳習混元教。蕭貴平日所收打丹銀兩，即交本師樊學鳴轉送宋之清收受，宋之清奉劉之協之命，陸續送交劉松配所。據劉松供稱：「有舊徒安徽太和縣原香集人劉之協及劉之協之徒宋之清自五十四年起至五十八年，曾到過隆德配所六次，斂取打丹銀兩，陸續送給，至二千兩之多。」⑫。這些銀兩後來被官府起出，都是雜碎銀兩，約有市平銀二千兩。乾隆五十九年（1794），劉之協與劉松商議復興三陽教，王法僧與劉松同配，知情不舉。王法僧改發回疆喀什噶爾，發給阿奇木伯克伊布拉依名下爲奴。安徽阜陽縣人張全、張效元父子俱爲三陽教信徒，嘉慶五年（1800），張效元被捕後，供出其父張全曾令張效元攜帶銀兩，前往喀什噶爾探望王法僧，補助王法僧的盤費。山東金鄉縣人侯位南，世代傳習坎卦教，他被捕後供認，「我向眾人哄騙，收斂錢文，換銀五十餘兩，存放趙振基家，我意欲再斂銀錢，送往烏魯木齊給劉教首的子孫。」⑬劉教首就是劉松。

　　王三保籍隸河南鹿邑，劉之協等復興三陽教一案的要犯王雙喜，就是王三保的堂兄。劉之協曾以王雙喜爲紫微星臨凡，收徒入教。三陽教案發後，王雙喜被發遣黑龍江監禁。嘉慶十五年（1810），王三保藉名紫微星王雙喜之弟，與朱明道等商議傳教收徒，斂取銀錢，送往黑龍江配所。自嘉慶十五年（1810）至十九年（1814）止，約計收取朱明道、李珠、王百川錢四百餘千，徐良璧錢六百餘千，任格錢二十餘千，阮鳳儀錢二十餘千，吳隴雲錢二百餘千，陳定印、王起盛錢一百餘千。王三保留用錢

四百餘千，其餘錢一千餘千，易換銀兩，派同教送往配所。嘉慶十六年（1811），換銀二百餘兩，交阮鳳儀等送往黑龍江配所；嘉慶十八年（1811），換銀二百兩，嘉慶十九年（1814），換銀二百餘兩，俱交阮鳳儀等送去。嘉慶二十年（1815），換銀三百五十兩，交王四保等人送去。前後四次，共銀九百五十餘兩，均送至黑龍江，由配所遣犯阮朋齡、劉文魁二人送交王法僧之妻王王氏，分給王雙喜收用⑦。

　　離卦教當家尹老須接管教務，信徒日益眾多。嘉慶二十五年（1820），尹老須延請同教謝老聞至家教讀，幫辦教中事物，所有前去昇單書丁的信眾，均由謝老聞代記賬單。教中信徒因人數眾多，所以分為南北兩會。其中山東清平、冠縣等處的信徒共有一千餘人，稱為南會；高塘、夏津、聊城、邱縣、棠邑等處的信徒，稱為北會。此外又有狄漢符、狄文奎等頭目分帶蘭山、嶧縣、邳州等處之人，約計二千人前往昇單書丁，俱歸入尹老須教內。尹老須因信徒眾多，斂錢致富，即令其子尹明仁報捐州同職銜，並為尹老須本人捐請六品封典。同時陸續置買田宅，設立舖業。尹老須因見教務興旺，於是自稱南陽佛，以弘法自居，陸續建造房屋兩所，計一百餘間。以西所為住宅，東所留作接待信眾之所，並取經內「收找元人歸家認母」之義，而將正廳命名為「收元廳」，並統稱其寺為飛龍寺。後來又創立大場、小場、朝考、均正、巡香等名目。屆時各做功夫，預備考察。商令教內蕭滋等人假充明眼，聲稱閉目出神，上天問話，以出錢多寡，決定加福等次。並揚言八卦是文王所定，尹老須就是文王轉世，所以充當離卦教教首。又令蕭滋編造將有劫數的謠言，使信眾畏懼，出錢祈福。又令謝老聞書寫傳單，載明某年當有黑風劫，屆時即有妖獸食人等語，遣派韓老吉等將傳單轉送各處信眾。其信眾畏懼，

紛紛送錢數千至數十千文，或銀數量至數十兩不等。尹老須接管離卦教的教務以後，信衆多達數千人，教中組織規模擴大，儼若小朝廷。

民間秘密宗教的教產，既歸老教主或總當家支配，就是族長制的管理方式。財富都集中在教主或教首手上，信衆無權過問，是一種集權化的教產管理體制。寺廟庵堂的建造，修橋鋪路，裝設路燈，塑造神像，救濟窮人，以及各項宗教福利措施的支出，多由教主或總當家處置。老教主或總當家由於教中財產的集中和累積而致富，可以置產捐官，各教派所籌措的經費都建立起一套集權化或族長制的管理體制。

秘密會黨內部成員，雖以兄弟相稱，但是只能維持橫向的散漫關係，而且秘密會黨各立山頭，此仆彼起，彼此之間，各不相統屬，倏起倏滅，缺乏延續性，對社會資源的取得較爲有限。民間秘密宗教的形態，則屬於師徒縱向的嚴密關係，各教派輾轉衍化，枝幹互生，向下紮根，盤根錯節，具有較持久的延續性，下層社會的有限資源，竟因宗教信仰的普及而被各教派所吸收，對社會資源的集中與分配所產生的負面作用，是值得重視的。

【註　釋】

① 《月摺檔》（臺北，國立故宮博物院），道光十八年七月二十二日，鴻臚寺卿黃爵滋奏摺抄件。

② 《軍機處檔・月摺包》（臺北，國立故宮博物院），第2751箱，28包，52209號。嘉慶二十二年六月二十日，湖廣總督阮元等奏摺錄副。

③ 《外紀檔》（臺北，國立故宮博物院），嘉慶二十四年十二月十一日，和寧奏摺抄件。

④　《軍機處檔・月摺包》，第2751箱，1包，47139號。嘉慶二十一年
　　四月十八日，河南巡撫方受疇奏摺錄副。

⑤　《清中期五省白蓮教起義資料》（蘇州，江蘇人民出版社，1981年
　　2月），第五冊，頁35。

⑥　《清代檔案史料叢編》，第九輯（北京，中華書局，1983年6月），
　　頁173。乾隆五十年四月十一日，特成額等奏摺。

⑦　《軍機處檔・月摺包》，第2778箱，160包，38680號。乾隆五十三
　　年十二月初五日，湖廣總督畢沅等奏摺錄副。

⑧　《史料旬刊》（臺北，國風出版社，民國五十二年六月），第二十
　　八期，地30。

⑨　《宮中檔》（臺北，國立故宮博物院），第2706箱，3包，338號。
　　嘉慶元年三月十九日，浙江巡撫覺羅吉慶奏摺。

⑩　《軍機處檔・月摺包》，第2751箱，8包，48628號。嘉慶二十一年
　　七月二十四日，山東巡撫陳預奏摺錄副。

⑪　《清代檔案史料叢編》，第九期，頁168。乾隆四十年五月二十八
　　日，河南巡撫徐績奏摺。

⑫　《軍機處檔・月摺包》，第2751箱，8包，48498號。嘉慶二十一年
　　七月十三日，山西巡撫衡齡奏摺錄副。

⑬　《宮中檔》，第2731箱，46包，8293號。道光二十五年九月三十日，
　　湖南巡撫陸費瑔奏摺。

⑭　《清中期五省白蓮教起義資料》，第一冊，（蘇州，江蘇人民出版
　　社，1981年1月），頁2，謝添朋等供詞。

⑮　《清中期五省白蓮教起義資料》，第五冊，頁23-25，祁中耀、曾世
　　興等供詞。

⑯　《清中期五省白蓮教起義資料》，第五冊，頁11至23。

⑰　《軍機處檔・月摺包》，第2751箱，12包，49459號。嘉慶二十一

年九月二十八日，湖廣總督孫玉庭等奏摺錄副。

⑱ 《軍機處檔‧月摺包》，第2751箱，27包，52016號。嘉慶二十二年六月十九日，山東巡撫陳預奏摺錄副。

⑲ 彭廷慶著《當陽縣避難記》，見蔣維明編《川湖陝白蓮教起義資料輯錄》（成都，四川人民出版社，1980年），頁31。

⑳ 洪錫疇纂《道光城口廳志》，見《中國方志集成—四川府縣志》，第五十一輯（成都，巴蜀書社，1992年），卷一二。

㉑ 《硃批奏摺》（北京，中國第一歷史檔案館），464-1號。道光十二年三月十二日，兩江總督陶澍奏摺。

㉒ 《宮中檔》，第2731箱，48包，8351號。道光二十五年十月二十一日，祐建巡撫鄭祖琛奏摺。

㉓ 《硃批奏摺》，472-1號，嘉慶十七年五月十六日，安徽巡撫錢楷奏摺。

㉔ 《軍機處檔‧月摺包》，第2751箱，19包，50647號。嘉慶二十二年二月十六日，直隸總督方受疇奏摺錄副。

㉕ 《宮中檔》，第2731箱，41包，7395號。道光二十五年四月十五日，湖廣總督裕泰等奏摺。

㉖ 《清代檔案史料叢編》，第三輯，頁65。嘉慶二十一年正月二十八日，湖廣總督馬慧裕等奏摺。

㉗ 《軍機處檔‧月摺包》，第2751箱，1包，47135號。嘉慶二十一年四月十三日，晉昌奏摺錄副。

㉘ 《軍機處檔‧月摺包》，第2751箱，3包，47551號。嘉慶二十一年五月十八日，湖廣總督馬慧裕等奏摺錄副。

㉙ 《奏摺檔》（臺北，國立故宮博物院），道光元年十一月分，直隸總督方受疇奏摺抄件。

㉚ 《軍機處檔‧月摺包》，第2776箱，146包，34875號。乾隆四十八

年十二月初十日，直隸總督劉𬀩奏摺錄副。

㉛　《清代檔案史料叢編》，第九輯，頁179。謝添綉供詞。

㉜　《清代檔案史料叢編》，第九輯，頁194。乾隆五十九年九月十四日，陝西巡撫秦承恩奏摺。

㉝　《清代檔案史料叢編》，第九輯，頁220。乾隆五十九年十一月十二日，蘇凌阿奏摺。

㉞　《清代檔案史料叢編》，第九輯，頁256。嘉慶二十年十月二十日，兩江總督百齡等奏摺。

㉟　《軍機處檔・月摺包》，第2760箱，56包，63564號。道光十三年五月初八日，文孚等奏摺錄副。

㊱　《清高宗純皇帝實錄》，卷九〇，頁18。乾隆四年四月戊子，據那蘇圖奏。

㊲　《硃批奏摺》，乾隆三十四年九月二十五日，湖廣總督胡達善奏摺。

㊳　《上諭檔》，乾隆五十二年三月初二日，和珅奏稿。

㊴　《宮中檔乾隆朝奏摺》，第六十九輯（民國七十七年一月），頁474。乾隆五十三年九月十三日，署理山西巡撫海寧奏摺。

㊵　《軍機處檔・月摺包》，第2764箱，103包，22328號。乾隆四十三年十二月二十二日，山西巡撫覺羅巴延三奏摺錄副。

㊶　《宮中檔乾隆朝奏摺》，第三十三輯（民國七十四年一月），頁168。乾隆三十四年正月二十二日，江蘇巡撫兼署兩江總督彰寶奏摺。

㊷　《宮中檔》，第2723箱，99包，19418號。嘉慶二十年七月二十六日，山西巡撫衡齡奏摺。

㊸　《宮中檔乾隆朝奏摺》，第六十九輯（民國七十七年正月），頁100。乾隆五十三年七月二十八日，河南巡撫畢沅奏摺。

㊹　《宮中檔》，第2724箱，74包，12276號。嘉慶十三年十月二十二

日，江蘇巡撫汪日章奏摺。

㊺ 《軍機處檔・月摺包》，第2751箱，31包，52685號。嘉慶二十二年八月十七日，英和等奏摺。

㊻ 《上諭檔》，嘉慶二十一年三月初三日，托津等奏稿。

㊼ 《軍機處檔・月摺包》，第2771箱，83包，14003號。乾隆三十六年四月二十六日，河南巡撫永德奏摺錄副。

㊽ 《上諭檔》，嘉慶二十年十二月二十五日，王克勤供詞。

㊾ 《宮中檔乾隆朝奏摺》，第三輯（民國七十一年七月），頁485。乾隆十七年七月二十八日，山西巡撫阿思哈奏摺。

㊿ 《外紀檔》，道光十九年十二月初五日，山西巡撫楊國楨奏摺抄件。

(51) 《上諭檔》，嘉慶十七年六月初九日，李景幅供詞。

(52) 《上諭檔》，道光十二年二月初八日，曹振鏞等奏稿。

(53) 《軍機處檔・月摺包》，第2765箱，90包，16828號。乾隆三十七年四月十九日，署理江蘇巡撫薩載奏摺錄副。

(54) 《軍機處檔・月摺包》，第2771箱，84包，14467號。乾隆三十六年七月十五日，河南巡撫何煟奏摺錄副。

(55) 《軍機處檔・月摺包》，第2771箱，83包，14003號。乾隆三十六年四月二十六日，河南巡撫永德奏摺錄副。

(56) 楊延烈纂修《房縣志》，《中國方志叢書》，湖北省（臺北，成文出版社，民國六十四年），卷六，頁467。

(57) 《宮中檔雍正朝奏摺》，第二十輯（民國六十八年六月），頁868。雍正十年十一月二十九日，直隸總督李衛奏摺。

(58) 《上諭檔》，嘉慶二十年十二月二十五日，王克勤等供詞。

(59) 《軍機處檔・月摺包》，第2765箱，90包，16982號。乾隆三十七年五月初一日，山東按察使國泰奏摺錄副。

(60) 《乾隆朝上諭檔》，第十六冊，頁462。乾隆五十六年九月初六日，

郭振等供詞。

(61) 《剿捕檔》（臺北，國立故宮博物院），嘉慶五年九月十三日，張效元供詞。

(62) 《清中期五省白蓮教起義資料》，第五冊，頁1，嘉慶元年二月，聶傑人供詞。

(63) 《上諭檔》，嘉慶六年五月初二日，王廷詔供詞。

(64) 《宮中檔乾隆朝奏摺》，第六十三輯（民國七十六年七月），頁358。乾隆五十二年二月十四日，山東巡撫明興奏摺。

(65) 《清代全史》，第五卷（瀋陽，遼寧人民出版社，1991年10月），頁432。

(66) 《宮中檔雍正朝奏摺》，第十一輯（民國六十七年九月），頁67。雍正六年八月初十日，福建總督高其倬奏摺。

(67) 高賢治、馮作民編譯《臺灣舊慣習俗信仰》（臺北，衆文圖書公司，民國七十三年一月），頁55。

(68) 陳金田譯《臺灣私法》（南投，臺灣省文獻會，民國七十九年六月），第一卷，頁560。

(69) 《宮中檔》（臺北，國立故宮博物院），第2719箱，24包，3729號。道光二十一年七月二十四日，貴州巡撫賀長齡奏摺。

(70) 《軍機處檔・月摺包》，第2776箱，147包，35188號。乾隆四十八年十二月初八日，《大乘大戒經》

(71) 《軍機處檔・月摺包》，第2765箱，92包，17978號。乾隆三十七年八月二十九日，河南巡撫何煟奏摺錄副。

(72) 《清中期五省白蓮教起義資料》，第五冊，頁28，乾隆五十九年十月十三日，安徽巡撫陳用敷奏摺。

(73) 《軍機處檔・月摺包》，第2751箱，30包，52514號。嘉慶二十二年八月初一日，山東巡撫陳預奏摺錄副。

⑭　《清代檔案史料叢編》，第九輯，頁256；《軍機處檔‧月摺包》，
　　第2751箱，32包，52973號。嘉慶二十年九月初二日，特依順保奏
　　摺錄副。

嘉慶皇帝像　《御製文集》

第九章　民間秘密宗教的社會功能

第一節　民俗醫療的特徵

　　宗教之所以能伴隨著人類的歷史而長期存在，主要還是在於宗教本身有著與其他社會意識形態和社會團體所不能替代的社會功能①。概括而言，宗教多具有人類的生存功能，社會的整合功能，群體的認知功能，行為的規範功能，心理的調節功能。民間秘密宗教，教派林立，各教派的共同宗旨，主要在勸人燒香唸經，導人行善，求生淨土，解脫沉淪，其思想觀念，與佛教的教義最相切近。各教派傳授坐功運氣，為村民療治時疾，其修真養性的途徑，與道教頗相近似。各教派也雜揉了儒家的道德觀念，接受儒家的生活規範。儒、釋、道各具治世、治心、治身的長處，以儒治世，以佛治心，以道治身，各有所長，但也各有不及之處，民間的秘密宗教，卻可截長補短，以適應下層社會的需要。

　　在傳統醫學上而言，民間秘密宗教的民俗醫療，只能稱為「社會文化治療」（Socio-cultural theropy），或者稱為「民俗精神醫療」（Etheno-psychiatry）。民俗醫療法，雖然缺乏系統，也不是主流醫學，但是，民俗醫療是以整個文化傳統與信仰體系為後盾的。民俗醫療有超自然的作用，在下層社會裡具有正面的社會功能。人類在求生存的過程中，所遭遇的挫折與困難，不一而足，例如天災、人禍、疾病、死亡等等，不勝枚舉。在傳統下層社會裡，幾乎一切的挫折，都倚靠民俗醫療。民俗醫療應用最

廣的地方，就是在人類憂樂所繫的健康方面，民俗醫療對於精神
心理方面的病人，或功能性慢性疾病的患者，無疑地產生了相當
大的作用，有助於人們調適自然，以獲得生存的功效。民間秘密
宗教的教首，幾乎被認爲就是民俗醫療的靈媒，兼具巫術與醫術，
具有神力治療的功效。在傳統下層社會裡的貧苦衆生，多因其本
人或親人染患疾病，甚至心理遭受挫折，亟待治療，民間秘密宗
教的教首，大都能適時地爲村民消災除病，善男信女相信各教首
幾乎是能夠無病不醫。乾隆年間，江西寧都州破獲羅祖教案件，
重要教犯羅奕祥等人被捕後供出他們入教的原因。根據被捕各要
犯供詞，可將善男信女皈依羅祖教的原因列出簡表如下。

乾隆年間江西羅祖教要犯入教簡表

姓　　名	籍　貫	職　　　業	入 教 年 月	入 教 原 因
羅　奕　祥	寧都州	開點心鋪	乾隆三十年	聽說入教可消災祈福
廖　廷　瞻	寧都州	行醫生理	乾隆三十二年	聽說可以消災求福
張　煥　彩	寧都州	做箸笪營生	乾隆三十八年	患病請求醫治
王　志　福	寧都州	種田	乾隆三十二年	聽說可以消災獲福
曾　廷　華	寧都州	做香度日	乾隆三十一年	聽說可以消災獲福
陳　炳　如	寧都州		乾隆三十六年	聽說可以消災祈福
駱三牛子	寧都州	傭工度日	乾隆四十一年	聽說可以消災祈福
謝　恆　升	寧都州	傭工度日	乾隆四十年	聽說可以消災祈福

資料來源：《軍機處檔‧月摺包》，奏摺錄副。

表中所列教犯羅奕祥是江西寧都州人，向開點心鋪生理。乾隆三
十年（1765）二月，有素識的河樹菴齋工孫先戀信奉羅祖教，
告知信奉羅祖教可以消災祈福，勸羅奕祥入教，羅奕祥就拜孫先
戀爲師，皈依羅祖教，聽受五戒。寧都州人廖廷瞻，平日行醫生

理，乾隆三十二年（1767）六月，羅奕祥告知信奉羅祖教可以消災求福，勸廖廷瞻入教，廖廷瞻即拜羅奕祥爲師，皈依羅祖教，聽受五戒。寧都州人張煥彩，又名張翰彩，一向做箬笠營生，與廖廷瞻素識。乾隆三十八年（1774），張煥彩患傷寒病，請廖廷瞻醫治，廖廷瞻勸張煥彩入教，告知信奉羅祖教，可以消災祈福，張煥彩即拜廖廷瞻爲師，聽受五戒。王志福也是寧都州人，與河樹菴齋工孫先戀亦彼此熟識。乾隆三十二年（1767），孫先戀勸王志福入教，告以信奉羅祖教，可以消災獲福，王志福聽信入教，即拜孫戀先爲師，聽受五戒，並在河樹菴外種田。寧都州人曾廷華，做香度日，乾隆三十一年（1766），羅奕祥勸曾廷華入教，告以信奉羅祖教，可以消災獲福，曾廷華因患病，即拜羅奕祥爲師，皈依羅祖教，聽受五戒，以求消災除病。寧都州人陳炳如與王萬傳素識。王萬傳告知信奉羅祖教，可以消災祈福，陳炳如聽信入教，即拜王萬傳爲師。寧都州人謝恆升，一向傭工度日，乾隆四十年（1775），謝恆升拜王萬傳爲師，皈依羅祖教，聽受五戒，藉此消災祈福。寧都州人駱三牛子，一向傭工度日，乾隆四十一年（1776），有素識的娑婆齋工黃慧達，勸駱三牛子入教，告以信奉羅祖教，可以消災祈福。駱三牛子聽信入教，拜黃慧達爲師，聽受五戒。表中所列羅奕祥等人，都是寧都州人，有其地緣關係，他們聽信皈依羅祖教，可以醫治疾病，消災獲福，所以願意拜師入教，聽受五戒。

　　湖北棗陽縣人孫貴遠復興收元教，曾收同縣人姚應彩爲徒。姚應彩被捕枷杖，釋放後改立三益教，爲人治病。乾隆五十四年（1789）正月，河南親野縣人宋子寬因母臂疼痛，延請姚應彩醫治痊癒，宋子寬即拜姚應彩爲師②。嘉慶初年，山東恩縣人馮士奇染患腿疾，離卦教頭目任萬立告以拜師入教，即能治病痊癒，

馮士奇聽信拜任萬立爲師，皈依離卦教③。江西清江縣人黃明萬
是大乘教信徒，法名普籌，傳習十二步功夫。嘉慶二年（1797），
江西高安縣人徐得賓素患吐血病症，醫治無效。黃明萬告知如拜
師入教，學習十二步功夫，即可消災延壽。徐得賓聽信入教，拜
黃明萬爲師，學習一步至三步經語，法名悟慈④。

　　嘉慶六年（1801）五月，山東武定府海豐縣人宋二，因害
熱病，經同縣張各莊人李士明治好，李士明即勸令宋二拜師入了
榮華會，念誦眞空家鄉無生父母八字眞言。縣民溫亮、溫長兒等
人，亦因治病皈依榮華會，念誦八字眞言 ⑤。直隸河間府獻縣
人王仲來，種地度日。在縣境井家莊居住的張廷端和在王家莊居
住的王寡婦，都是紅陽教的頭目。嘉慶九年（1804），王仲來
拜張廷端爲師，入紅陽教。王仲來之子王尚春在十五歲時患心疼
病，延請教首王寡婦醫治。王寡婦囑咐病痊後，須拜師入教吃齋，
可免舊疾復發，若不拜師，恐病發難痊。王尚春應允拜師入教，
王寡婦即燒香磕頭，將茶葉熬水給王尚春飲服。王尚春病痊後即
拜王寡婦爲師，皈依紅陽教⑥。嘉慶十三年（1808），直隸灤州
人裴景義的族叔裴元端帶領陳攻玉至村中爲族人裴云布醫治眼疾，
不久病痊，陳攻玉即勸令裴云布、裴景義等人學習三元教，聲稱
日久功深，即可以長生不老。裴景義等俱拜師入教，陳攻玉傳授
咒語及坐功運氣的方法⑦。

　　嘉慶十五年（1810）九月，直隸堤上村人孟大頭因害病，
經同村居住的王大代爲醫治，王大即令孟大頭拜他爲師入榮華會，
傳授眞空家鄉無生父母八字眞言，告以常念八字眞言，病就可痊
癒⑧。山東菏澤縣人張東安傳習大乘教，嘉慶十六年（1811），
同縣孟光柱、秀化銀、李義、劉畛等人，因久瘴不痊，俱拜張東
安爲師，皈依大乘教，誦經療病，各赴張東安家上供敬神，焚香

磕頭。張東安口授「苦海無邊眾生貪，我今渡你登彼岸，一報天地覆載恩，二報日月照臨恩」等句咒語⑨。嘉慶十七年（1812），直隸雞澤縣人郭青雲因父親患病，邀請離卦教的教首楊遇山醫治痊癒，楊遇山即勸令郭青雲拜師入教。同年十月間，郭青雲之父舊病復發，郭青雲另請離卦教頭目劉汶明醫治痊癒，郭青雲又拜劉文明為師10。

　　嘉慶十七年（1812），直隸天津府滄州人宋雨子因腿上生瘡，請求同村的趙文興醫治，趙文興即勸令宋雨子入紅陽教一炷香會，燒香磕頭⑪。直隸通州人任三是紅陽教的信徒，任三被捕後供稱：「我是通州人，年四十一歲，在坻上地方居住，種地度日，嘉慶十七年二月裡，我因患眼疾，是羊修店住的白蓮教張六給我醫好的，他叫我入教，我應允拜他為師。他教我八個字，是真空家鄉無生父母，並告訴我，會名叫紅陽會。」⑫。直隸饒陽縣人劉明堂，因病入坎卦教，他被捕後供稱：「我與同村劉玉嚨同姓不同宗，他時常在外做石匠手藝。十八年七月間，我因背上生瘡，聽說劉玉隆會治，我求他醫治，他用香在瘡上畫了一會，又噴了一口水，說就可好了。他又說他有個好咒，叫我學會，將來諸事如意，他隨念出真空家鄉等八個字，教我記著，我應允了。」⑬。嘉慶十八年（1813）九月，天理教起事以後，直隸地區逮捕教犯多人，多錄有供詞，根據教犯供詞，可將直隸地區紅陽教教犯入教原因列出簡表如下：

嘉慶年間直隸紅陽教案教犯入教簡表

姓　名	入　　教　　原　　因
王尚春	因自身患病拜王寡婦為師。
王倪氏	因自身患病請倪六醫治入教。
王添甫	隨義父劉興禮入教。

王　順	因自身患病請倪六醫治入教。
王龐氏	隨劉興禮入紅陽教。
任　三	因自身患病拜高三爲師。
李廷用	因自身患病拜王寡婦爲師。
李勇通	甘心拜高三爲師。
沈瘸子	因自身腿折請劉興禮醫治。
建　四	因自身患病請海康醫治。
建　功	因弟患病請海康醫治。
明　保	因自身患病請海康醫治入教。
倪　二	甘心拜倪六爲師。
倪　六	因妻病請李三醫治。
倪劉氏	因自身病拜李三爲師。
倪畢氏	甘心拜倪六爲師。
奕　純	因臀腿生瘡拜劉興禮爲師。
海　忠	因自身患病請劉興禮醫治。
泰　存	因子患病請海康醫治。
翁王氏	因夫患病請倪六醫治。
張　二	因自身病請李三醫治。
張　大	因自身病請李三醫治。
張玉方	因自身病拜高三爲師。
張玉輝	因父患病拜高三爲師。
陳士秀	因自身病請劉興禮醫治。
陳　鐸	因子患病請陳七醫治。
梅鎖兒	隨母拜李三爲師。
梅郭氏	拜李三爲師入教。
崔　五	因自身病請李九醫治。
祥　德	因父患病請海康醫治。
富林泰	因自身請劉興禮醫治。
黃　二	因子患病請倪六醫治。
黃劉氏	因夫患病請倪六醫治。
普　慧	因母患病請海康醫治。
趙　五	因自身患病請倪六醫治。
趙得立	因自身患病請倪六醫治。
趙得亮	因自身患病請倪六醫治。

劉　八	因自身患病請倪六醫治。
劉正舉	因自身患病拜劉興禮為師。
劉寶幅	甘心拜孫三為師。
慶　遙	因自身患頭疼症，請梅氏醫治。

資料來源：《軍機處檔・月摺包》、《軍機處檔・上諭》。

　　表中所列紅陽教要犯共四十一人，其中除甘心入教，或隨父母入教以外，其因病入教者計三十三人，約佔百分之八十。有的是因自身患病而拜師入教，有的是因父母或配偶患病拜師入教，有的則因子弟患病請求教首醫治而皈依紅陽教。其中因自身患病請求教首醫治而拜師入教者計二十二人，約佔因病入教人數的百分之六十六，所佔比例較高。

　　清代民間秘密宗教各教派多以茶葉為人治病，善男信女相信各教首將茶葉供佛祝禱後，即可產生神力治療的功效。直隸涿州人包文玉、包義宗父子是紅陽教信徒，乾隆十一年（1746），直隸奉旨查禁民間秘密宗教，包文玉犯案身故。乾隆十九年（1754），包文玉之妻董氏患病，其子包義宗憶及紅陽教內有將茶葉供佛祝禱治病的方法，於是將茶葉放在家中觀音菩薩像前供奉祝禱，然後煎熬，給與母親董氏服用，其病即痊癒。包義宗以供茶治病頗具效驗，乃將其父包文玉生前存放村中大寺的寶卷取回念誦，並替人治病行善。其後有良鄉人霍振山之母董氏患病，包義宗將供過佛的茶葉給與霍振山之母董氏煎服，其病亦痊癒，霍振山即拜包義宗為師，入紅陽教。每年五月十六日、十一月十六日，霍振山上供誦經，希圖消災降福。包義宗被捕後，直隸總督楊廷璋訊以茶葉治病究竟是使用何種邪術？包義宗坦承將茶葉供奉於佛前，焚香叩頭祈禱，然後給與病人煎服，並無別項邪術

⑭。乾隆二十九年（1764），良鄉人李士勤等人，亦因茶葉治病效驗，於病痊後相繼入紅陽教。

　　直隸深澤縣人陳洛飛是混元門教的教首之一，乾隆末年，同村人雷洛培病痊後即拜陳洛飛爲師。皈依混元門教。晉州人楊盛堂也是混元門教首之一，嘉慶初年，祁州人李丙辰因自身患病，拜楊盛堂爲師，皈依混元門教，學習畫茶治病。直隸大興縣人梅氏，即梅郭氏，是一炷香紅陽教的教首之一，家中供奉林洞老祖神像，神像披散的白髮，近似有鬍鬚的和尚模樣。梅氏平日將茶葉供在佛前，替人治病行善，她被捕後供稱：

> 我係大興縣民人梅二之妻，年六十九歲，我男人去年十二月病故，同我兒子梅索兒在菠蘿營居住。我祖上家内供的佛，我婆婆燒了。至嘉慶三年，我因患抽風的病，我男人許願，等我病好，將佛爺仍照舊供奉。後我又因害眼疾，聽得說馬家灣倒坐觀音庵榆樹底下出了聖水，我求了一鍾，將眼洗好。開光之日，我許了永遠燒香，將茶葉供在佛前，給人治病，也有求了去洗眼的，也有求了去喝的，病好了，送給我茶葉，我男人我兒子俱攔過不許我供佛治病。我因抽風許下供佛就好了。嘉慶六年間，宗室慶大爺害傷寒病，是我治好，認我做乾媽是有的，以後時常來往。我女兒許給董村鄭八爲妻，鄭八因白蓮教十八年上被官人拿去送部殺了，我女兒發了，我實只給人茶葉治病，並不是白蓮教是實⑮。

茶葉供佛祝禱後，可以煎服，可以求了去飲用，也可以洗眼睛，頗有效驗。引文中的慶大人，即正藍旗慶齡佐領下宗室奉恩將軍慶遙。據慶遙供稱，嘉慶七年（1802）正月二十五日，因患頭疼症，延請梅氏醫治，梅氏將茶葉給與慶遙服用，隨後病痊。因

茶葉治病有效，慶遙家中小孩患病時，亦延請梅氏以茶葉醫治痊癒。慶遙因梅氏治病痊癒，就拜她為乾媽，給過她老米茶葉，彼此常相往來⑯。

　　嘉慶九年（1804），直隸宛平縣人孟六等拜同村人谷老為師，皈依紅陽教。孟六入教後，常為人治病，祈求佛祖，看病下藥。其治病方法是用茶葉、花椒等物給病人煎服。深州民婦李張氏、宛平縣民婦孟傅氏及王龐氏之姑等人，先後經孟六醫治痊癒⑰。直隸新城縣人張汶是紅陽教的教首之一，嘉慶十四年（1809）四月間，同縣人賈敬的母親染患癱症，延請張汶醫治。張汶令賈敬向北磕頭，燒一炷香，求了茶葉，給他母親熬水飲服，賈敬隨後即拜張汶為師，皈依紅陽教。嘉慶十五年（1810）五月間，賈敬表嬸劉喬氏患心疼症，賈敬同表弟劉寬到張汶家中求茶葉給他表嬸劉喬氏熬水飲服，後來劉寬也入了紅陽教⑱。直隸通州人陳七是紅陽教信徒，其族弟陳鐸在通州馬駒橋南樊家居住，種地度日。嘉慶十四年（1809），陳鐸之子三車兒兩腿患病，延請陳七醫治。陳七將供過佛的茶葉給了陳鐸，教陳鐸熬水為三車兒洗腿，三車兒病癒後，陳鐸即拜陳七為師，入了紅陽教⑲。

　　劉興禮又名劉三道，住在直隸通州馬駒橋，是紅陽教的教首之一，他平日以茶葉為人治病。嘉慶六年（1801）夏間，直隸通州人李勇通因母親患病，請求劉興禮醫治。劉興禮將茶葉熬水後給與其母親飲服。同年秋間，李勇通兄弟就拜劉興禮徒孫高三為師，入紅陽教。海康曾拜劉興禮為師，皈依紅陽教，授持茶葉為人治病。嘉慶十年（1805），貝子奕純因臀腿生瘡，經貝子府內護軍校建功延請海康醫治未癒。海康告以其師劉興禮治病甚有效驗，囑令奕純延請劉興禮到家中瞧看。奕純即令建功同海康到劉興禮家，請求劉興禮到奕純家看病，劉興禮不允前往。海康

當即向劉興禮磕頭，允諾若肯前往奕純家治病，必令奕純拜劉興
禮爲師，劉興禮始應允前往貝子府中西院書房內爲奕純治病，不
久即痊癒，奕純即拜劉興禮爲師，皈依紅陽教⑳。鑲白旗滿洲保
慶佐領下雲騎尉富林泰曾充肅親王府三等護衛。嘉慶十六年（
1811）四月間，富林泰因嘴上長了一個疙疸，請求劉興禮醫治。
劉興禮給他茶葉一包，教富林泰嚼爛敷上，富林泰病痊後即拜劉
興禮爲師，入紅陽教。張六居住羊修店，是紅陽教信徒。通州人
任三，種地度日，嘉慶十七年（1812）二月間，任三因患眼疾，
由張六以茶葉醫好。大學士曹振鏞等具摺時已指出，「查海康等
給人治病，或於病症未癒之時，勒令拜師，或於病痊之時，誘令
入教，訊之現在案內人犯，其拜該犯等爲師者，大半皆因治病之
時被伊等誘勒勉強依從。」㉑。劉興禮、海康等人常以病症難治，若
非拜師入教，斷難醫好等語勸令病患入教，病患亦相信誠則靈，
虔誠信教，病症較易痊癒。

　　直隸玉田、薊州、寶坻等州縣，紅陽教亦頗盛行。其中董文
魁就是玉田縣的紅陽教重要教首之一，他平日茹素誦經，以求消
災邀福，並藉授茶治病，以收徒傳教。嘉慶年間，縣民劉起旺等
人曾邀董文魁醫治疾病。董文魁將茶葉一撮，燒香供於桌上，跪
誦眞言：「虛空藥王到壇中，童子來下藥，急急落茶中」等句，
誦畢，將茶葉在香上燻燒數轉，然後交給病人用薑煎服㉒。直隸
景州人嬰添誠，莊農度日，曾因父病延請趙堂醫病痊癒，趙堂勸
令嬰添誠拜趙堂爲師，學習其祖傳混元紅陽教。趙堂教嬰添誠吃
齋醫病，並送給《混元紅陽經》一部，共十套，以便時常念誦。
其治病方法是令病人將茶葉放在碗內設供燒香磕頭後煎服，頗有
效驗㉓。

　　道光年間，直隸各州縣，紅陽教仍極盛行。道光五年（

1825），直隸霸州、六安等州縣拏獲紅陽教信徒李可學等人。
據李可學供稱，教中每年兩次在同村張成位家中拜師誦經說好話。
曾為同教劉喜祖母張氏焚香供茶，醫治眼疾㉔。直隸深澤縣人王
得玉傳習混元門紅陽教，藉畫茶治病傳徒習教。王得玉病故後，
由其子接掌教務。教中治病的方法，是令病人跪在佛前，由王洛
增向北燒香，將茶葉一撮供於桌上，用手招訣，代為祈禱，口念
咒語，念畢，令病人將茶葉煎服。看香治病，將茶葉供佛治病，
在民間很普遍，有些治病方法，也含有巫術的性質。直隸棗強縣
人郭韓氏被捕後供稱：

> 嘉慶二十年，我男人故後，我染患癆病時，常見有一人身
> 穿青衣，向我纏擾。我到東嶽廟燒香，在後殿看見娘娘，
> 我就禱祝，如我病好，許下看香，給人治病，畫了真武爺
> 並娘娘神像二軸，掛在家內供奉，每日燒香磕頭，遇有人
> 叫我治病，我先在佛前燒了三股香，拏幾包茶葉，供在佛
> 前，磕頭禱祝，拏茶葉給病人，如病癒，謝我京錢三、四
> 百文不等。我又能送祟，如有人叫我送祟，我剪紅黑紙人
> 二個，拏桃條編圈到病人家至三更時用菜刀問紙人去不去？
> 若不去，就要砍了，那病人就好，遇有人叫我治病之日，
> 至三更時回家是有的㉕。

民間普遍相信將病人身上的惡鬼驅趕到替身的身上，或用火燒，
或用刀砍，嫁禍於替身，病人就痊癒了。引文中的紅黑紙人，就
是替身的一種。此外，也可束草人，作成病人的替身，然後作法
驅祟治病。

　　民間秘密宗教對於疾病的調治，兼具世俗與神聖的醫療體系。
茶葉的特質，具有清潔消毒的功用，加上民間信仰的神秘力量，
相信將茶葉供佛禱祝後，即可產生超自然的神力治療的功效，能

夠無病不醫。在民間秘密宗教的各教派中如紅陽教，或混元門紅
陽教，常以茶葉爲人治病。其治病的方法，主要是將茶葉供佛禱
祝，然後給病人煎服，熬水飲用，或將茶葉嚼爛，敷在傷口上，
或畫茶治病。茶葉也可和生薑煎服，或將茶葉與花椒等物混合煎
服，都頗具效驗。民間秘密宗教藉供佛茶葉醫治的疾病，常見的
有眼疾、腿疾、頭疼、心疼、熱病、癱症、疙疸等症狀。茶葉百
害，唯利一目，茶葉供佛後給病人洗眼，對眼睛的保養，確實產
生了正面功效。嘴上長疙疸，或身上生瘡，可將供過佛的茶葉熬
水擦洗，都有殺菌消毒的作用。因紅陽教常以茶葉治病，民間又
稱紅陽教爲茶葉教。

　　鍼灸，又作針灸，是傳統中醫的一種醫療方法，即以針刺或
用艾灼人體穴位的醫術，亦即針法和灸法的總稱。人體經絡不適，
多採用按摩推拿的治療方法，分爲按、摩、掐、揉、推、運、搓、
搖等方法，以代替醫藥，每有奇效，都是民間秘密宗教常用的治
病方法。直隸隆平縣人李思義，從小讀書，因不得上進，就學看
醫書，學會二十四種針法，還會揉掐治病。雍正十年（1732），
李思義以治病爲由，傳習儒理教。因教主李思義善用揉掐的方法
治療疾病，所以民間習稱儒理教爲摸摸教㉖。領導山東清水教起
事的教首王倫，他曾拜張既成爲師。張既成是山東陽穀縣袁公溥
的徒弟。乾隆三十九年（1774）六月，袁公溥身故。袁公溥生
前擅長推拿治病，他曾替王倫之妻用推拿治好病症㉗。

　　紅陽教除了使用茶葉治病外，也常以針灸治療疾病。山西平
遙縣人王毓山因買賣折本，窮苦難度，王增元則因年老，無力種
田，兩人商同復興紅陽教，爲人消災治病，藉以謀取銀錢。王增
元、王毓山素善針灸治病，村鄰病患，多經王增元、王毓山治療
痊癒，然後拜師入教。乾隆四十七年（1782）七月初四日，王

增元等共同做會，供奉飄高老祖，念誦《觀音普門品經》等經卷。
村民段立基等六人，均因針灸治病痊癒，到王增元家聚會，拜佛
佈施㉘。

　　震卦教、離卦教都是八卦教的支派，教中也傳習針法。直隸
開州人郝成是木匠，素善針治心疼的疾病。乾隆四十八年（
1783），郝成傳習東方震卦教，藉針法治病吸收信徒張法仲等
人，張法仲又轉收直隸清豐縣人樊永錫兄弟為徒。教中每年正月
十五等日，聚會燒香，祈求保佑來世㉙。闞夢祥是山東曹州府城
武縣人，嘉慶八年（1803），他拜張景文為師，學習離卦教。
闞夢祥被捕後供稱：「同教中有僅止念咒運氣學習拳棒者，有兼
用陰陽針為人治病袪邪，乘機誘人入教者。」㉚。直隸青縣人葉
富明，重地度日，其父葉長青在日，學習祖傳老尹門離卦教。嘉
慶二十年（1815）五月，葉富明被捕後供稱：「每日在家三次
朝太陽燒香磕頭，誦念無字真經歌訣，練習打坐運氣功夫，並與
人按摩治病。」㉛。針灸按摩就是八卦教常見的治病方法。

　　直隸大興縣人周應麒接充紅陽教的教首後，有同莊人李國梁
等人隨從入教。李國梁素善針灸，他起意賺人錢文，他自稱能畫
符治病，遇有病人，李國梁即用香頭在黃紙上畫黑道數行，燒化
水中給病人飲服，藉以收受謝禮㉜。同教李九也擅長以針灸為人
治病，他平日常替人針灸治病。嘉慶十四年（1809）六月，直
隸通州人崔五，年近七十歲，仍藉針灸治病。他被捕後供稱：「
我患肚疼病，叫素識的李九給我醫治，他用針將我肚臍上扎了三
下，我的病好了，我就給李九磕頭，拜他為師，他叫我燒一炷香，
入紅陽會。」㉝。

　　民間秘密宗教針灸按摩治病的範圍很廣，可以打通脈絡，醫
治心疼、肚疼，使用陰陽針還可以袪邪除病。病人以教首醫治見

效，於是先後拜師入教。坐功運氣以外，兼以針灸按摩，對功能性的疾病，確實具有治療的功效。

　　打坐運氣，稱爲坐功，是民間秘密宗教常用的一種治病健身的方法，它兼具身心治療的功效。各教派信眾每日面向太陽，虔誠禮拜磕頭，口中念誦眞言，對病人的心理及生理便可產生神力治療的功效。雍正初年，山東魚台縣查禁空子教，拏獲信徒李萬祿等人。據李萬祿等供稱，空子教內部有內承法及外承法之分，教中編有八卦歌持誦，傳授運脈口訣，閉目捲舌運氣，默念眞空家鄉無生父母八字眞言，稱爲內承法，其不能閉目捲舌運氣者，稱爲外承法㉞。

　　雍正十年（1732）五月，直隸趙州隆平縣知縣鄭遠奉命親赴各村莊稽查保甲，訪出縣民李思義傳習儒理教，傳授磕拜太陽，禳災避難的方法，先後收張茂林、姜承宗等人爲徒。據姜承宗供稱：

> 我是順德府唐山縣人，今年肆拾貳歲了，合李思義原是一向認識的，他平日並沒有什麼邪教。本年正月中，李思義對我說，今年災病很多，叫我禮拜太陽，供養祖先，方可免災。我問他的緣故，他說每日向太陽叩頭參次，早上朝東，晌午朝南，晚上朝西，虔心叩拜，早晚燒香供奉祖先，叫做儒理教。還要我每月給他幾個錢，替我上供，保佑國家平安，我給過李思義壹百個小錢。我有親戚殷兆祥、李建，我也叫他們歸了教，如今他們已俱自首了。李思義並沒有什麼符咒法術，也不知道他有多少徒弟合傳授他的是實㉟。

李思義宣傳將有災病，歸入儒理教中，就可以免除災難，入教以後每日三次向太陽磕頭，早上朝東，晌午朝南，晚上朝西，禮拜

太陽，並供奉三代宗親牌位，早晚燒香，即可免除災難。

　　乾隆初年，河南衛輝府趙姓道人在京師右安門傳習紅陽教。旗人趙宗普拜趙姓道人為師，入紅陽教。趙宗普輾轉傳徒，他身故後，由其妻趙王氏接掌教務，招引孔芝華等人入教，教中傳授靜養功夫，其法為右手扣著左手，右腳扣著左腳，舌頭頂著上牙根，相信功夫成熟後，可以袪病延年。直隸大興縣人屈得興，素患怯症。他自稱因得佛法護持，病即痊癒。乾隆三十四牛（1769）正月，有同縣人趙美公因不時患病，未得良醫調治，所以久病未癒。屈得興勸令趙美公傳習白陽教，每夜盤膝打坐，默念眞空家鄉無生父母八字眞言，相信日久即可消災除病。

　　八卦教也很重視坐功運氣，徐卿雲是直隸地區八卦教的教首之一。乾隆四十五年（1780）十月，中衛縣人劉成林拜徐卿雲為師，入八卦教。教中信衆於每月初一、十五日的早晨向東，傍晚向西，朝著太陽合掌焚香，兩眼合閉，身不聽外聲，心不可亂想，閉口把舌尖頂住上顎，稱為捲簾塞隊，緊閉四門，撥開天堂，塞住地獄門，清氣上昇，濁氣下降，相信功夫成熟後，可以保佑身體平安 ㊱。直隸清河縣人尹資源曾拜南宮縣人田藎忠為師，入離卦教，教中傳習坐功，閉目運氣，從鼻孔收入，名為採清；又從鼻內放出，名為換濁，相信功夫成熟後，生前免受災病，死後不致轉生畜類。乾隆五十五年（1790），直隸鉅鹿縣人孟見順拜蕭明遠為師，入離卦教，學習坐功運氣的方法。乾隆五十九年（1794），直隸鉅鹿縣人侯岡玉因身上生瘡，請求孟見順醫治，即在孟見順家燒香供茶，學習坐功運氣，相信功成後就不生瘡患病，並可延年得道。侯岡玉被捕後，亦供稱，坐功運氣，練習長久，即可免受三災八難，死後不入輪迴㊲。白相雲是山東菏澤縣人，與城征縣人劉化安素相認識，城武縣人張懷亮曾拜離卦

教劉秉順爲師，時常爲人治病。嘉慶元年（1796）三月，劉化
安因染時疾，所以邀張懷亮至家醫治，張懷亮勸令劉化安拜師入
教，可以消災除病。劉化安允從，即拜張懷亮爲師，入離卦教。
張懷亮傳授坐功運氣的方法，令劉化安面向太陽，兩手垂下，閉
目運氣，聲言功成即能替人治病，口授：耳爲東方甲乙木，眼爲
南方丙丁火，鼻爲西方庚辛金，口爲北方壬癸水四句咒語。後來，
劉化安亦常爲人治病。嘉慶十六年（1811）五月間，白相雲因
母患病，邀劉化安至家醫治，劉化安勸令白相雲學習離卦教，可
以消災除病，白相雲應允，即拜劉化安爲師，入離卦教。劉化安
即教白相雲運氣用功，並念誦四句咒語㊳。

　　直隸鉅鹿縣人傅濟，向來寄居山西平定州栢井驛，獸醫營生。
嘉慶四年（1799）十月，傅濟染患疾病，其母舅趙其祥從鉅鹿
到山西探望，趙其祥勸令傅濟學好修善，口授老子點化歌詞一首，
囑其朔望燒香念誦，可以消災除病。趙其祥又告知尙有坐功運氣
之法，更可消災祈福，俟傅濟病痊再來傳授。同年十一月間，趙
其祥邀同縣人侯岡玉同至傅濟家中，勸令傅濟拜侯岡玉爲師，侯
岡玉將所習離卦門下無爲救教內坐功運氣的方法傳給傅濟，先焚
香供茶，同跪無生老母神前設誓，誓畢傳授坐功運氣，心想無生
老母四字，聲稱《龍華經》內有無生老母立先天之說，其教遵奉
無生老母，習煉長久，可免三災八難，死後免入輪迴㊴。山東鄆
城縣人李芳春拜直隸清河縣離卦教總教首劉功爲師，學習坐功，
每日向東南西三方朝太陽磕頭，閉目運氣，舌抵上齒，一起一落，
稱爲一起功夫㊵。離卦教也傳授每日朝向太陽吸氣咽沫的功夫㊶。八
卦教又傳習抱功，嘉慶十七年（1812）冬間，山東定陶縣人曹
興泗拜劉景堂爲師，入八卦教，學習坐功，每日兩手抱胸做功夫，
早晨、晌午朝向太陽念咒㊷。直隸長垣縣人崔士俊是震卦教信徒，他

被捕後供稱，震卦教每日早午晚三次朝拜太陽，兩手抱胸，合眼趺坐，口念眞空家鄉無生父母八字眞言十一遍，稱爲抱功，相信功成，可免災難。

　　江西清江縣人黃明萬傳習大乘教，法名普籌。高安縣人徐得賓，素患吐血病症，醫治無效。黃明萬告以大乘教傳有十二步功夫，若能入教學習，即可消災除病。徐得賓聽信其言，即拜黃明萬爲師，皈依大乘教，取法名悟慈，傳授一步至三步功夫，給與經卷榜文、紙畫觀音像、鐵佛等，徐得賓攜回家中朝夕供奉，吃齋誦經，不久以後，夙疾痊癒⑭。直隸添宜屯人程毓蕙是大乘教的教首之一，嘉慶十五年（1810），程毓蕙收監生李榮等人爲徒。教中每月初一、十五等日，燒一炷香，坐功運氣，將氣運到鼻子內，暗念八字眞言，運九口氣，念一遍，稱爲內轉圓爐一炷香⑭。程毓蕙所傳習的大乘教，清代文書作大乘會，又作儒門聖會，程毓蕙爲大教首，李榮爲次教首。直隸新城縣人王忠拜程毓蕙爲師後，每月初一、十五等日都到次教首李榮家燒一炷香，坐功運氣。嘉慶十三年（1808），直隸濼州人裴景義拜山東臨清州人陳攻玉爲師，入三元教。陳攻玉傳授坐功運氣的方法，以眼耳口鼻爲東西南北四大門，先用手向臉一摸，閉目捫口，氣從胸腹下運行，仍從鼻子放出。據稱，上等人學成時，可以成仙得道，中等人學成時，可以卻病延年，下等人學成時，可以消災免難⑮。山東惠民縣人王壽榮曾入黃蓮教，他被捕後供出道光二十五年（1845）四月間，有濱州城南崔家莊的崔金伯到王家莊，住在王壽榮家空院閒房。崔金伯能坐功運氣歛神，勸令王壽榮學習，聲稱可以免除酒色財氣，日後必有好處，功夫煉成，神能出竅，隨意所至，即可成仙，長生不老。並告知教派名稱爲黃蓮教，供奉天理老主圖像⑯。王壽榮學習打坐運氣，數日以後，果然有效，

頗覺心中開豁。坐功運氣是各教派相當普遍的修行功夫，具有身
心治療的功效，可以消災除病，可以延年益壽，往生以後可以不
入輪迴，把平常的健身運動，賦與宗教價值以後，遂使善男信女
深信不疑，趨之若鶩。

　　民間秘密宗教常藉念誦經咒爲村民消災治病，善男信女也相
信世人的三災八難，也只能藉念經誦咒來消除它，各教派所傳習
的經咒，名目繁多，其消災治病的作用，亦彼此不同。咒語是專
供念誦的神秘語句，也是民間秘密宗教信仰中最守秘密的部分。
在巫術世系中，咒語都是嚴格而又愼重的傳授，只有行使法術的
人纔知道如何念誦，或作何解釋。民間秘密宗教除了襲用佛道常
用的咒語外，還編造了許多神秘密不易解釋的咒語，當各教派的
教首向神靈祝禱時，便產生了咒術的作用，顯現神力，可藉以驅
除鬼祟，調治疾病。善男信女久病不癒，在無能爲力的時候，便
相信咒術是有效的，尤其涉及精神或心理方面挫折感很深的病人，
他們更相信念誦咒語的治療方式，具有超自然能力的靈驗。

　　雍正年間，上江南陵縣人潘玉衡傳習三乘會，教中吃齋念經
爲病人療疾。村鄰病患請求三乘會念經治病時，教首潘玉衡即穿
了隨身衣服，供奉笑羅漢，點起火燭，供上茶果和糍粑。潘玉衡
念經治病，多在夜間舉行，常從黃昏開始念到次日五更時分，整
夜念誦　㊼。乾隆年間，陝西寶雞縣民雷得本，自稱神仙，設立
悄悄會。教中由馬本抄錄《數珠經》等，分給李文、譚四等人，
以念經避難爲詞，勸人出錢入教，輾轉招引善男信女多達三百餘
人㊽。直隸蠡縣人董敏，自幼吃齋讀書，曾將祖遺《收圓經》、
《收元經》、《九蓮經》等改編成曲，易於歌唱。董敏與村民王
芒兒等人同爲白陽會友，唱曲念經。有村民賈立業之母王民因年
老多病，邀請董敏等人前往念經治病，並勸賈立業等隨同入會念

經㊾。王仲智是山東泰安縣人，曾在族叔王海若家拾有《萬法歸宗》一書。乾隆三十七年（1772），王仲智染患腹瀉病症，醫藥無效。王仲智在病中查看書上有一條可以求神脫離生死的方法，他爲了修煉袪病，就倣照經書上的記載，做了一把木劍，一塊木牌，都用金箔紙貼糊，又買了祭神紙馬，以爲求神之用，並照畫符紙，燒化求禱。署理山東布政使徐恕具摺指出：「弔驗萬法歸宗書內有：拜神脫離生死一條，與該犯所供情形符合。」㊿。王仲智相信《萬法師宗》寶卷不僅可以消災除病，還可以求神脫離生死。乾隆末年，湖北襄陽縣人宋之清傳習西天大乘教，宣傳將來有五魔下降，水火諸劫，必須尊奉彌勒佛，燒香念經，方能躲避。教中所念的經咒爲《太陽經》及靈文合同㈤。西天大乘教揚言將來彌勒佛轉世掌教，有水火瘟疫諸災，必須念誦經咒，方能躲避。

　　嘉慶初年，江西餘干縣人盧晉士因染患足疾，拜劉鵬萬爲師，皈依大乘教。劉鵬萬令盧晉士念誦《天緣經》、《十報經》，以消除災病。江蘇江陰縣人盛泳寧傳習大乘教，教中每逢朔望懸掛飄高老祖蓮花座像，念誦《明宗孝義經》、《去邪歸正經》等寶卷，相信吃齋念誦，可以消災獲福㈤。四川渠縣人文陽生是大乘教的教首之一，他常藉念誦咒語爲人治病。嘉慶十九年（1814）七月，縣民李水漢等人拜文陽生爲師，皈依大乘教。文陽生傳授替人禳解時疫的各種咒語，其中六字咒是「唵嘛呢叭囒吽」（om mani padme hum）㈤。六字眞言是藏傳佛教最普遍的咒語，每字代表某一種超自然的力量，學者指出其中「唵」字是由婀、烏、莽三個字音所合成的，婀字是菩提心義，烏字是報身義，莽字是化身義，合三個字音成爲「唵」，讀如「甕」，攝義無邊。「唵」字就是代表宇宙神的三位一元，念誦每一個咒字，即能借

得某位神的力量⑭。《佛學大辭典》對六字咒語，注釋頗詳，不問僧俗，若一度唱「唵」字，其功德能塞死後流轉天上界之途；唱「嘛」字時，能免輪迴於惡鬼所住阿修羅道；唱「呢」字時，離再受生於人間界之厄；唱「叭」字時，令人能去輪迴於畜牲道之難；唱「彌」字時，能脫沉淪於餓鬼道之苦；唱「吽」字時，有使無死而墮於地獄的功德。同時，「唵」字是表示天上界的白色，「嘛」字是表示阿修羅道的青色，「呢」字是表示人間界的黃色，「叭」字是表示畜生道的綠色，「彌」字是表示餓鬼道的紅色，「吽」字是表示地獄的黑色。簡單地說，「唵嘛呢叭彌吽」是說明它所以有智慧解脫救濟快樂的本源，僧俗不論口唱六字咒語，即使著之於身，或持於手，或藏於家，俱得爲生死解脫之因⑮。清代大乘教就是常以六字眞言爲人禳災時疫，醫治疾病。

　　清代民間秘密宗教各教派普遍念誦的咒語是「眞空家鄉，無生父母」八字眞言，念誦八字眞言，就能求得無生父母的救助。嘉慶年間，直隸宛平縣人林清掌管天理教八卦九宮後，即遣各宮卦長四出傳教，勸人念誦八字眞言，聲稱病症可痊，災殃可免。儒門聖會也是藉念誦八字眞言治療疾病。嘉慶十五年（1810），直隸新城縣人孫申因妻患病，請求儒門聖會的教首陶爾燕看病，陶爾燕等人對孫申的妻子念了一會兒咒語，病就好了。陶爾燕等人所念的咒語，就是「眞空家鄉，無生父母」八字眞言。當咒語產生巫術作用後，就可以驅祟治病⑯。嘉慶十六年（1811）二月，山東曹縣人胡成德因害時氣病，邀請震卦教頭目長垣縣人徐安幗到家治病。徐安幗問了病由，然後要了一股香，在胡成德床前桌上點著，供了三杯酒，徐安幗左手掐著訣，右手用兩個指頭點在胡成德頭上，嘴裡念著「眞空家鄉，無生父母」八字眞言，念畢，令胡成德喝了這杯酒，過了兩天，他的病果然好了。胡成德到徐

安幗家中拜師入教，徐安幗令胡成德洗了臉，喝了茶，點著香，徐安幗左手大指食指小指伸起招訣，右手食指中指伸著說是劍訣，嘴裡念著「眞空家鄉，無生父母」八字眞言，令胡成德跟著學習，並告以每日早晨、晌午、晚上念三遍，久之自然有好處。若替人治病，大病念五十六遍，小病念三十六遍⑰。

　　紅陽教的治病方式，一方面念誦經文，一方面念誦八字眞言。嘉慶十七年（1812），徙居伯都訥的直隸人辛存仁，因其母李氏患病，由紅陽道人王慶環醫治。王慶環教辛存仁供奉飄高老祖，念誦《九蓮經》，並用黃紙書寫無生老父，無生老母牌位，虔心供奉，相信日久能混元一氣，病即痊癒⑱。山東陵縣人陳謹的父親陳學孟，因年老多病，將取回的《紅陽經》、《太陽經》、《普門經》及圖像在家供奉念誦。陳學孟病重時，囑咐陳謹將經像鎖入箱內收藏，若遇有災病時，取出念誦，即可消災除病。嘉慶二十一年（1816）二月，陳謹染患瘧疾，久病不癒，憶及父親遺言，於是開箱取出經像供奉，念誦《紅陽經》、《太陽經》，隨後病癒，適有莊民趙甫性等四人，亦因患瘧不痊，俱請求陳謹代為誦經療治。陳謹令趙甫性等四人各備素供於神前祝禱，祝畢，由陳謹念誦《紅陽經》、《太陽經》、《普門經》等經卷⑲。紅陽道人為村鄰消災祈福時，在不同的節日，念誦不同的經卷，嘉慶二十三年（1818），直隸大興縣人周應麒傳習紅陽教，每逢正月十四、十五、十六等日，在薛店莊內菩薩廟前殿念誦《源流經》。二月十九日念誦《菩薩送嬰兒經》。五月十三日、六月二十四日、十二月初八日，念誦《伏魔經》，為同莊人消災祈福⑳。

　　為村鄰祈福消災是各教派共同的活動，念誦經卷是祈福消災的重要內容。四川邛州地方，州民黃子賢自稱曾遇川主二郎神，告以北斗為鴻鈞道人。二郎神又勸令黃子賢時常打坐，念誦《北

斗眞經》，可以消災[61]。直隸宛平縣人韓興之母蘇氏，曾拜山東人徐文秀爲師，傳習圓頓教。教中每年四月初八日、七月十五日、十月十五日，各做會一次。做會時，供奉彌勒佛，念誦《皇極經》，以祈福消災。嘉慶十二年（1807），直隸安肅縣人梁好禮接充五郎會教首後，即轉邀村人李祥等先後入教，每年四月初八、六月初六、七月二十等日，村人湊錢搭棚，供奉神牌，延請梁好禮轉邀梁好直等三人念誦《皇極經》，李祥在場幫打樂器，爲闔村祈福消災。其後有村民李自有、盧聖基、梁貴及其子梁六五等，俱因家有病人，先後到梁好禮家佛前許願求籤，病癒後仍至梁好禮家佛前上供還願，邀請梁好直等念誦《皇極經》[62]。袁艾是貴州龍果縣人，性不喜葷，入報恩會，教中傳習《開示經》。道光十六年（1836）十一月，袁艾染患癆病，爲了治療癆病，袁艾開始默寫《開示經》，時常念誦。同年十二月，有素識的葉于全等人前往探望袁艾，袁艾告知自己病勢日劇，央請葉于全等代爲念經懺悔。後來，袁艾又將《開示經》改編爲《三皈五戒指南歌》，令人抄寫，送給病患。貴州巡撫賀長齡具摺時指出，「查閱開示經，與指南歌，字句相同，係禳災祈福鄙俚之語，並無違悖之語。」[63]但是清朝政府認爲民間每借傳經爲傳播民間秘密宗教的手段，「念經祈福，即爲惑衆之漸。」[64]因此，禁燬經卷，可謂不遺餘力。

　　下層社會的貧苦大衆，在醫學落後的時代，社會慈善事業並不發達的環境裡，所有疾病，只能仰賴民俗醫療，或以茶葉供佛治病，或藉針灸按摩打通經絡，或藉坐功運氣鍛鍊體魄，或靠念誦經咒以消災除病，民俗醫療確實產生了正面的社會功能。

第二節　慈善救濟與養生送死

　　在傳統社會裡，由於社會福利的缺乏，許多民眾在求生存的過程中，多遭遇極大的挫折，尤其是下層社會的貧困、孤苦、疾病、年老、死亡等問題，加上天災人禍，情形更加嚴重，亟待救助。民間秘密宗教的宗旨，主要就是惜貧憐老，扶助孤苦，各教派多重視慈善救濟，相信對同教中貧難教友佈施錢文，來世即有好處，可以享受榮華富貴，慈善佈施就是助人行善的表現。

　　羅祖教對慈善救濟，頗為重視，其信眾可以享受多項宗教福利。在運河兩岸糧船停泊的地方，羅祖教多建有佛菴，其中浙江杭州府北新關拱宸橋地方，向來就是漕運糧船停泊的集散地。據羅祖教信徒丁天佑等供稱，拱宸橋地方的佛菴，「聞昔年有密雲人錢、翁二姓及松江人潘姓先創錢、翁、潘三菴，為糧船水手回空居住之所，因糧船水手俱係山東北直各處人氏，回空之時，無處住歇，疾病身死，亦無處掩埋，故創設各菴，俾生者可以託足，死者有地掩埋，在菴者俱習羅祖教。」據住菴的信徒劉天元供稱，「每年糧船回空，各水手來菴居住者，每日給飯食銀四分，平日僅止一二人管菴，並無輾轉煽惑教誘聚眾之事。飯教之人，有喫素念經者，亦有不喫素不念經者。」㊿閩浙總督崔應階將各教犯逐一隔別嚴加究訊後，具摺奏明糧船水手皈依羅祖教的由來，節錄一段內容如下：

> 看得杭州府北新關外拱宸橋地方，向為糧船停泊之所，明季時，有密雲人錢姓、翁姓、松江潘姓三人，流寓杭州，共興羅祖教，即於該地各建一庵，供奉佛像，喫素念經，於是有錢庵、翁庵、潘庵之名。因該處逼近糧船水，有水

手人等借居其中，以致日久相率皈教，該庵遂爲水手己業。
復因不敷居住，釀資分建至數十庵之多。庵外各置餘地，
以資守庵人日用，並爲水手身故義塚。每年糧船回空，其
閒散水手皆寄寓各庵，積習相沿，視爲常事，此水手皈教
之由來也。至我朝雍正五年經前撫臣李衛訪聞浙幫水手有
信從羅祖教之事，奏明飭禁。祇緣其時但將經像毀去，而
庵堂仍留爲水手棲息之區，致各庵仍有私藏經像，未能盡
絕根株，尚存二十二庵，現在老庵即錢庵，係朱光輝看守，
萬庵即翁庵，係曹天章即唐潮看守，王庵即潘庵，係王世
洪看守，李庵係劉天元看守，劉庵係丁天佑看守，陸雲庵
係繆世選看守，八仙珠庵係仲壽成看守，滾盤珠庵係陳起
鳳看守，劉庵係宋起文看守，李庵係王德生看守，周庵係
韓德山看守，閭庵係沈世榮看守，石庵係吳吉士看守，劉
庵係楊欽看守，橋庵係程玉即李應選看守，王庵係周成瓏
看守，章庵係余得水暨戴成武看守，黃庵係周子萬看守，
虞庵係虞成暨虞少亨看守，彭庵係吳洪明暨彭應葵看守，
王庵係丁文學看守，劉庵係張國柱看守，計共二十二人，
均係向爲水手皈依羅祖教之人，因年老有病，遂各進庵看
守，或相沿收藏經卷，或並未收藏經卷，或舊曾學習能念
羅經，或並未識字不能念誦，皆賴耕種餘地，以資餬口。
每年糧船回空，水手人等內有無處備趁者，即赴各庵寓歇，
守庵之人墊給飯食，俟重運將開，水手得有雇價，即計日
償錢，藉沾微利。其各庵借寓之水手，亦不盡歸羅教之人，
而每年平安回次，則各出銀五分，置備香蠋素供，在庵酬
神，向來守庵之人，是日念經數卷，其中水手中歸教念經
者，亦即隨之，如守庵之人不會念經，則惟與水手人等焚

香禮拜，別無夜聚曉散及煽惑民人之事⑥⑥。

引文中已指出各菴守菴之人，原先都是皈依羅祖教的糧水手，因年老有病，於是先後進菴看守。佛菴可以提供回空水手寓歇之所，守菴者先墊給飯食，重運將開，水手領取工資後，即計日償值，年老守菴者，可以藉沾微利，取資過活。佛菴外面各置餘地，可供耕種，以資餬口，也可以作為水手身故義塚。質言之，羅祖教佛菴的創建，其宗旨就是在於使皈依羅祖教的信衆，生者可以託足，死者有葬身之地，確實解決了流寓外地的糧船水手年老退休，疾病相扶，意外相助以及在異地寓歇的切身問題⑥⑦。由於羅祖教的慈善救濟工作較受重視，頗能照顧到下層社會的貧苦大衆，因此，下層社會各行各業的人皈依羅祖教者，佔了絕大多數，擁有衆多下層社會的群衆。

除了運河兩岸或糧船停泊地點以外，其他羅祖教盛行的地方，也修建了頗多佛菴。福建建寧府松溪縣霹靂巖，建有觀音堂，是羅祖教菴堂。康熙年間，曾有清流縣孤老江善光到觀音堂居住，置有香火山田養贍。後來又有寧化縣孤老賴恩春，因孤苦無依，亦至觀音堂就食。江善光身故以後，賴恩春即接管山田。朱本銘也是寧化縣人，乾隆四十一年（1776）二月，他攜帶五部六冊至觀音堂居住，並吃素念經。次年，朱本銘病故，其弟朱成良與同縣人黃月良等先後至觀音堂相依。乾隆四十三年（1778），又有寧化縣人伍文標攜帶貨本至觀音堂將貨本交與賴恩春，並隨同喫齋，以度殘年。福建浦城縣舊有儒林菴，又稱儒嶺菴，由來已久。江西瑞金縣民人何圓一，自幼隨父兄至福建傭工度日。雍正十一年（1733），何圓一拜儒林菴僧人來全為師。雍正十二年（1734），何圓一披剃出家，僧人來全傳授羅祖教經卷三本。何圓一前往浦城、崇安連界的虎扒地墾田架菴居住。乾隆九年（

1744），來全因儒林菴毀壞，即攜帶羅經圖像前往虎扒地菴內同住，旋即身故。何圓一即將師父來全埋葬菴旁，自耕自食。乾隆四十年（1775），何圓一又在附近崇安縣東源角荒山開田架菴。開始收羅龍等三人爲徒，幫同耕作。後來有年邁無依的老丁即丁士、袁子飛及病廢的陳德陞，各帶養贍銀兩至虎扒地菴，將銀兩交給何圓一，隨同吃齋，以度餘年⑱。佛菴的興建，可以解決部分老年安養的社會問題。

　　養生送死是人類面臨的共同問題。民間秘密宗教在地方上所扮演的角色，除了民俗醫療之外，其養生送死的儀式，亦多由各教派來主持，或超度亡魂舉行法會，或爲死者念經發送，或吹打樂器，或探勘墳地。各教派相信爲村鄰喪家辦理喪葬儀式，使往生者安息，就是廣結善緣，多積陰德的具體表現。直隸灤州王姓家族世代所傳習的教派，也叫做清淨無爲教，其後裔王亨恭等人往來於湖北等省傳教。湖北咸寧縣人陳萬年在隨州利山店開設煙舖，平日吃齋。乾隆二十二年（1757）十一月，王亨恭路過利山店，勸令陳萬年入教，並告以若引人入教，可以超度父母，自免災難，來世還有好處。陳萬年聽信，與王亨恭同往京山縣素識的黃秀文家，邀請黃秀文等人入教佈施，應允爲其先人舉行儀式，超度亡魂，並給與紙帶，書寫大帶、小帶人數，大帶接引男人，小帶接引婦女⑲。愼終追遠，爲先人超度亡魂，是孝道觀念的具體表現。

　　乾隆三十四年（1769）二月，直隸各州縣查禁紅陽教，拏獲信徒眾多，包括大興縣人李國聘，良山縣人張天佑，房山縣人齊如信等人，他們世代傳習紅陽教，他們在民間喪葬儀式中扮演了重要角色。據被捕的紅陽教信徒李國聘等人供稱，遇有附近貧民喪葬之事，無力延請僧道時，村民即邀請紅陽教信徒前往念經

發送⑦。劉從禮是直隸宛平縣人，在右安門盧城村居住，是紅陽教信徒，他對紅陽教信徒爲村鄰喪家念經發送的經過，有一段自述，節錄一段供詞如下：

> 乾隆四十年間，我母親患病，我就許吃長齋，後有本村已故民人王九見我吃齋，就向我說，他約同李萬金、劉幅旺起有行好紅陽會，遇有本村人家死人，會同四、五人前往念經行好。我也入他的紅陽會，拜他爲師，教我誦念《十王經》，遇有死人之家，就去念經行好。後王九病故，我又收了趙夢熊、高洪北、吳玉幅、王順四人給我爲徒，所以別人具稱我劉三師傅⑦。

紅陽會即紅陽教，教中爲村鄰喪家念誦《十王經》，行好積德。直隸大興縣人周應麒也傳習紅陽教，他除了爲人治病外，平日遇村鄰中有人辦理喪事時，他也帶領信徒前往念經發送，周應麒等人都被稱爲紅陽道人⑦。直隸通州丁家莊設有路燈會，每年正月，合村捐資在莊中觀音菴點燃路燈。丁家莊人馬守貴等人，是路燈會中人，習誦《閻王經》，村中貧民凡遇白事無力延請僧道者，馬守貴等人即代爲念誦《閻王經》發送，馬守貴等人稱爲火居道士。

直隸靜海縣人崔煥，又名崔四，在蔡公莊居住，父親崔文載。崔煥十五、六歲時開始學習吹打念經，遇人家白事，即前往吹打樂器，嗹念《大悲咒心經》、《阿彌陀經》，稱爲音樂會⑦。，嘉慶十一年（1806），崔煥皈依未來眞教後，勸人行善，遇村民人家辦理喪事時，仍前往吹打念經。

道光元年（1821），直隸大興縣發生流行病，多有病故者，縣民李自榮見村人多病故，並無僧道念經追薦，隨後商允田懷得、李成玉等設立敬空會，釀錢製備神像法器等物，念誦《地藏經》、《燄口經》及《源流經》等經卷，爲村鄰人家薦亡，俱不索謝禮。

並於每年正月十五、二月十九、四月初八、十月十五等日在村中
龍王廟內望空向朝陽門外靜意菴故尼敬空禮拜，念誦經卷，爲村
人祈福。後來李自榮又陸續邀允張紅亮等人入會，學習吹打樂器，
念誦經卷，衆人皆稱李自榮等人爲紅陽道人⑭。收源會也爲村鄰
喪家念經發送，道光六年（1826），直隸昌平州屯店村人徐萬
蒼接充收源會教首後，有同村楊寬等人隨從入會。每年九月十四
日，徐萬蒼即邀同楊寬等人同赴村外六十餘里的華塔山和平寺，
在收源像前燒香念經，有周二等人各出京錢二、三百文，並隨同
進香禮拜，村人遇有喪事，俱告知徐萬蒼，轉邀楊寬等同往念經，
並未收受謝錢⑮。

　　在傳統下層社會裡，相地看風水的堪輿師，也扮演了重要的
角色。選擇理想的陰宅，固然可使死者入土爲安，人們也相信陰
宅的擇定，與死者家人的是否安寧以及後世子孫的是否興旺，息
息相關，民間秘密宗教的教首多能爲貧苦民衆相地看風水，可以
滿足下層社會的需要。乾隆二十九年（1764）九月，直隸灤州
人王亨恭因家道漸貧，又見其祖王懌所奉清淨無爲教無人信奉，
而起意改立白陽教，自稱是彌勒佛轉世，以招收信徒，遂與其父
王秀藉行醫及看風水爲名，行走各地，勸人入教。山東金鄉人侯
位南，自祖上以來，即世代傳習八卦教。嘉慶二十二年（1817）
三月，侯位南到齊河縣地方給同縣人趙振基的兄媳看病，又給張
廣學醫治腿疾。趙振基因侯位南會看風水，即推薦侯位南到孫紹
禹家探勘墳地⑯。

　　下層社會的一般民衆，肩挑負販，生計艱難的貧民，佔了相
當高的比率。對於同教貧苦信衆，各教派多能提供經濟上的援助，
使教內貧苦信衆能夠分享教中的部分經濟資源，反映民間秘密宗
教各教派多具備福利性質。乾隆三十五年（1770），李文振將

收元教與榮華會結合爲收元榮華會後，即將教中積存的根基錢周濟教中貧窮信衆。李文振又因徐國泰弟婦李氏寄居母家，生活窮苦，而給銀二十兩，派信徒張成功、王天基送往李氏母家資助⑦。陝西渭南縣人劉照魁入八卦教，教中勸人行好，入了八卦教，有了功行，得了流水名號，就可以動用教中錢文。劉照魁供出教中所得錢文是由總流水經管，湊買香蠋上供皇天，上供餘下的錢文，總流水們就可使用，或掌教有何用度，或要資助教內窮苦的人，俱可在賬內動用⑧。直隸宛平縣人陳茂功，曾入榮華會，他被捕後供出，榮華會戒除酒色財氣，行善學好，遇同教中貧難之人，即佈施錢文，相信來世將有好處，可以榮華。並稱，教中有打坐功夫，習之日久，便可入道⑨。道光年間取締的青蓮教，信衆分佈甚廣，教中議定「所得銀錢，互相接濟。」⑩青蓮教將教中所得銀錢接濟同教信衆，就是一種慈善救濟。由於民間秘密宗教具有正面的社會功能，善男信女入教以後，可以分享部分社會資源，得到經濟上的資助，生活獲得保障，因此，民間秘密宗教頗受下層社會廣大貧苦民衆的歡迎，皈依各教派的信衆，人數衆多。

第三節　民間秘密宗教的社會教化功能

宗教的行爲規範功能主要是通過社會行爲的宗教律法規範、教內行爲的律法規範及宗教道德的行爲規範等方式表現出來的，它與世俗律法和道德的行爲規範有很大差異，它的根本特點是在於借用神的名義，賦與其行爲規範具有一種特殊的神聖性，這不僅具有強化行爲規範的作用，而且還有它獨立的自我規範。世俗道德的社會功能，主要是通過社會的輿論的方式來調節人與人之間的關係，而宗教道德除此之外，還蒙上了一層神聖的靈光，是

在遵照神明意志的前提下來調節人與人之間的關係。而且宗教道
德除了神聖性之外，還有補償性和感化性的特點。宗教道德把神
祇的仁慈和懲治結合在一起，善行得到神祇的仁慈而上天堂，惡
行要受到神祇的懲罰而下地獄。至於宗教的生動感化形象例如佛
教的釋迦牟尼多被奉爲人類眞善美的化身，對於生動感化形象的
崇拜，更能促使虔誠的信徒發自內心地遵守宗教道德的行爲規範。
當宗教道德的這種神聖性、補償性和感化性同一般的世俗道德結
合在一起的時候，宗教道德的行爲規範就比一般的世俗道德更具
有自律自控的自我約束作用⑧。

　　長期以來，民間秘密宗教的道德行爲規範，頗受誤解。各教
派的成員，多屬於下層社會的販夫走卒或貧苦民眾，一方面由於
信徒眾多，良莠不齊；一方面由於夜聚曉散，男女雜處，而有調
戲婦女，行姦破身等不道德的社會案件。譬如嘉慶年間，直隸新
城縣姚家莊人張黑子一家人都加入榮華會。據張黑子之女張姐供
稱：

> 我係新城縣人，年二十二歲，跟我父親張黑子，母親王氏
> 在姚家莊居住。我父母同我哥哥張文得俱是榮華會的人，
> 我同村住的張二撓頭夫妻也是榮華會的人。我十七歲時，
> 張二撓頭的女人勸我學好入了李得的榮華會，李得教我念
> 眞空家鄉無生父母八字。我跟李得等黑夜坐功，李得將我
> 姦污，以後凡遇坐功，我與李得行姦。還有王雨姐、魏絃
> 姐，也是榮華會的人，也時常與李得行姦，李得應許我們
> 後來自有好處⑧。

孤男寡女，黑夜坐功，易致行姦。嘉慶三年（1798），直隸南
皮縣人李可學因聽聞村人張成位傳習紅陽教，焚香治病，李可學
因病求治，即拜張成位爲師，入紅陽教。嘉慶十五年（1810），

張成位身故，李可學繼續爲人燒香治病。嘉慶二十四年（1819），李可學因原籍住屋出售，無處棲身，即在霸州等處傭工。道光三年（1823）六月，李可學在州民劉當家傭工期間，與劉當之母劉馮氏、其妹劉姐兒等，男女見面，彼此不避。同年十月，劉當祖母劉張氏染患眼疾，請求李可學醫治。李可學聲言必須病人親屬虔心燒香，方有效驗。李可學即於當天夜晚上香供茶，令劉當與母劉馮氏、妹劉姐兒跟同磕頭治病講好話，此後時相往來。道光四年（1824）七月，李可學到劉當家借宿。次早，劉當出外工作，李可學乘隙與劉姐兒調戲成姦，後來又多次通姦。劉當及其父劉汝實，母劉馮氏均不知情。道光五年（1825）九月初七日夜間，李可學復至劉當家中，欲與劉姐兒通姦，被劉當族人劉壕等查知，將李可學拿解霸州知州衙門，訊出李可學傳習邪教，燒香治病。劉姐兒因姦情敗露，即於九月十四日晚羞愧投井身故，其父劉汝實亦因羞忿，於次日晚投井殞命㊟。因李可學調戲成姦，造成劉汝實的家庭悲劇，令人不齒。

　　民間秘密宗教男女調戲成姦的案件，雖然是事實，但並非普遍的現象，各教派的宗旨，主要在勸人遵守戒律，重視果報。各教派多具有認知的功能，承認傳統道德行爲規範的價值。乾隆四十八年（1783），郝碩在江西巡撫任內，查出安仁縣民萬興仁吃齋，念誦勸世懺語，並搜出《大乘大戒經》等寶卷。《大乘大戒經》的內容，主要是拼湊儒釋道的教義思想而編寫出來的勸世經文，具有社會教化的作用。經文中勸戒在家修道者，孝順父母，尊敬長上，和睦鄉里，早辦國稅，生不遭王法，死不墮地獄。出家修行者，日則化飯充飢，夜則看經念佛，爲善至勝，爲國家保佑長生，祝延聖壽，理合自然。一切衆生，受之父母，不敢毀傷，一胎卵溼化衆生，不可故殺，萬般蟲蟻，皆是衆生，作業之報身

而不信，有天地三界善惡神祇，只貪口資養，故殺萬般微細眾生，墮落人身，現世蟲類果報，因此不得故殺害命，其劫到來，當墮千劫，入於阿鼻地獄，永劫不得出頭。殺害物命，其劫甚重，雖然禮為天地神祇，猶為不孝之子也。身體髮膚受之父母，不敢毀傷，殺命供給父母者，是忤逆不孝之人也。若果行孝義，須用持齋受戒，修行者，名為大孝之子，殺傷物命，飲酒食肉者，是忤逆不孝之人，三世諸佛，同口說法度人。若人殺害生靈，劗肉剁肉，只割其三世父，七代宗親，生死變化，豬羊雞鵝鴨鳥六畜，三途苦楚，改形異相不識只故將刀殺其父母六親眷屬，你可思憶，痛哉苦哉，若割自身肉痛，全不可殺牲供給父母妻兒老小。食之死後，阿鼻千劫無間地獄。《大乘大戒經》的用意，主要就是戒殺生，戒飲酒，持戒者得生佛道，飲酒食肉者，正是忤逆不孝之人也，入無間地獄。受戒念佛之人，臨終得生西方淨土。經文中一再強調修行吃素的重要。一切眾生謗道、謗佛、謗法、謗僧者，墮於阿鼻地獄，永不得出頭。勸人修行，第一功德，讚人修行，助人修行，得成佛道，生西方淨土，五百世不入地獄。破人齋戒者，當隨鋸解地獄，做賊劫盜者，當墮該殺地獄萬劫。《大乘大戒經》所描述的地獄是有五惡抄封九族，先亡盡皆提來穿喉入鎖，銅釘鐵鍊穿腳穿手，鐵鎖纏身腳鐐。九族先亡，一同受苦後五百惡鬼鐵棒打捉叫聲押入無間地獄受無量苦。民間秘密宗教一方面將儒家的孝道觀念與佛教的戒律規範互相結合，一方面又以佛教的價值觀，對善惡作了詮釋，《大乘大戒經》指出，善者就是菩薩，惡者就是畜生；善者長生富貴，惡者子孫貧窮；善者孝順，惡者忤逆；善者飽暖，惡者飢寒；善者受戒持齋，惡者毀謗佛法。世間善惡，皆有報應，孝順善者，往生天堂，忤逆惡者沉於地獄。天堂就是西方淨土，金蓮台上受諸快樂；地獄就是無間地獄，永

劫不得出頭⑭。乾隆四十八年（1783）十月，江西巡撫郝碩將《
大乘大戒經》進呈御覽。乾隆皇帝披覽後，認爲《大乘大戒經》
「祇係將佛家詞句隨意填寫，勸人信奉，愚民易於煽惑，不過藉
得錢財，並無悖違字句。」⑮。《大乘大戒經》雖然文字俚俗，
但不失爲一部易於誦念的民間宗教讀物。

　　民間秘密宗教各種寶卷及教首傳教時，都將孝順父母列爲修
行的第一教義。山東城武縣人張懷亮先曾拜劉秉順爲師，入離卦
教，時常爲人治病。嘉慶元年（1796）三月，城武縣人劉化安
因染患時疾，邀請張懷亮至家中醫治，張懷亮勸令劉化安入教，
可以消災。劉化安允從，即拜張懷亮爲師，學習離卦教。張懷亮
即將教中必須遵守的道德行爲規範，譬如尊敬長上，孝順父母，
敬天地，修今生，知來生事，存心無歹，燒香磕頭，戒酒色財氣，
行好免罪⑯。直隸束鹿縣人劉黑知、孟洛功等人於嘉慶十三年（
1808）先後皈依離卦教，他們被捕後供出入教的好處，節錄一
段內容如下：

　　　　習教可以消災免難，遞相傳習，稱傳教之人爲當家，點香
　　　　三祝，供茶三碗，跪地叩頭，並口授誓語：第一學好人，
　　　　遵當家；第二皈依佛，皈依法，皈依僧，皈依三寶向善；
　　　　第三再不開齋破戒，違者身化膿。又教令閉著口眼從鼻中
　　　　運氣功夫，有時聚會傳教之家，聽講孝順父母，敬重尊長
　　　　⑰。

經過宗教儀式後的誓語，更具有約束力，學習做好人，尊敬長上，
孝順父母，齋戒向善，就是儒釋道的基本道德規範。離卦教重視
社會教化，潛移默化，對轉移社會風氣，具有正面的社會功能。
一炷香教又稱如意門，教中講求信衆的修行，重視道德行爲規範
的要求，節錄《外紀檔》一段記載如下：

　　　王漢實籍隸山東恩縣，寄居平原縣，先於乾隆三十一年間
　　　拜昔存今故之禹城縣人李成名爲師，習一炷春教。此教因
　　　隨同學習之人往來各聽自便，並不相強，又稱爲如意門。
　　　李成名向王漢實告知一炷香教係山東商河縣董家村董姓所
　　　傳，教令王漢實早晚磕頭燒香，在門首燒香係敬天，就地
　　　燒香係敬地，令其習念父母恩理應贊念等歌詞。並令每月
　　　做道場三次，可以消災免難，並無經卷圖像邪術咒語，做
　　　道場之時，並不斂錢，各帶乾糧，齊集一處，用鼓板敲打
　　　念佛歌唱，並不與婦女見面。教內如有不孝父母，犯姦盜
　　　賭博之人，即不收其爲徒，並教給與人治病。治病之法，
　　　聲稱只須按病人部位，如頭痛必係不孝父母，手足痛，兄
　　　弟不睦，肚腹痛必係良心不善，令其對天磕頭改悔，不久
　　　即可瘁癒，不許索取謝禮錢文，如情願入教者，聽其自便
　　　⑧。

一炷香教敬重天地，教中有讚頌父母恩歌詞，每月做道場三次，
都不斂錢，而是自帶乾糧，也不與婦女見面。至於教中治病方法，
只是假神道以設教的心理治療，病人頭疼，固然與不孝順父母沒
有必然的關係，同樣，病人手足疼痛，也與兄弟情誼未必有關。
但是，教中重視孝悌的社會教化意義，是值得肯定的。嘉慶三年
（1798），直隸南皮縣人李可學因病拜同村張成位爲師，入紅
陽教，每年兩次在張成位家做會，念誦《地藏經》，並唱說孝順
父母，和睦鄉鄰等好話⑧。許多教派都有勸化信衆，勸人行好的
好話內容。江蘇沛縣人郭振拜陳柱爲師入震卦教後，即傳授好話
的內容。據郭振供稱，「我聽了他的話，就認他做了師父。他叫
我每日向著太陽磕頭三遍，口中念誦孝順父母，尊敬長上，和睦
鄉里，不瞞心，不昧己的。」⑨禮拜太陽時說好話，具有誓願的

性質。這種勸善好話，還編成歌曲，文字雖然鄙俚，但是較易唱念，頗能表現下層社會的說唱藝術。直隸束鹿縣人劉黑知等人傳習離卦黃陽教，教中念誦無字真經歌訣。同教信徒遞相做會，邀集信眾到家中唱好話歌，前往聽歌的人也送給錢文⑨。由於說好話的風氣日益普及，「好話」一詞就逐漸形成了教派名稱，有所謂好話教、好話道摩摩教、一炷香好話摩摩教等教派。直隸冀州人崔延孟等傳習一炷香好話摩摩教，教中均以習教可免輪迴等語勸人入教，口念無字真經歌訣及真空家鄉無生父母八字真言，並將《論語》中「學而時習之」等句，教人讀作運氣功夫⑨。民間秘密宗教將《論語》等改編成運氣歌訣，頗易被信眾所接受。

直隸寧晉縣高口人麥成章是收元教內分掌兌卦教的頭目，拳棒頗好。乾隆四十六年（1781）正月，南宮縣人簡七前往高口拜李成章為師，用黃紙一張填寫徒弟姓名，望空燒化，令其磕頭為徒。在黃紙內有「四相嚴謹，五行歸中」等句，文中大意總說：「人之視聽言動，不可邪妄，教得好徒弟，愈多愈好，死後可以上昇。」⑨。張洛雄是直隸無極縣人，莊農度日。嘉慶八年（1803），拜同縣人趙洛希為師，傳習天香教，每逢朔望向空焚香三炷，供茶三鐘，叩頭禮拜，並勸人非禮勿視，非禮勿聽等語，希圖消災獲福⑨。視聽言動，不可邪妄，非禮勿視，非禮勿聽，都是提昇個人品德，端正社會風氣的基本要求，與儒家生活規範，並無不同。嘉慶十三年（1808），直隸灤州人裴景義等拜冀州南宮縣人陳攻玉為師，入三元教。教中每逢會期，信眾俱燒香上供，磕頭念咒，坐功運氣。陳攻玉即告誡信眾，「遇世須從仁義禮智體貼，不可為匪作惡，上等人學成時成仙得道，中等人學成時卻病延年，下等人學成時消災免難。」⑨直隸靜海縣人崔文載、崔煥父子拜崔大功為師，入未來真教後，崔大功即傳授五戒十勸。五戒就是

佛家不殺、不淫等戒律。十勸即：一勸回頭向善；二勸低頭拜佛；
三勸永不虧心；四勸指路明人；五勸改邪歸正；六勸眞心學好；
七勸多積陰功；八勸休攬雜事；九勸休要錯意；十勸普積善緣⑨。民
間秘密宗教將儒家的生活規範與佛教的戒律善行結合成爲信眾的
道德行爲規範，善男信女皈依民間秘密宗教以後，彼此勸勉學好，
凡事都要從仁義禮智體貼，並實踐於視聽言動的四相，自然不致
爲匪作惡。山東人姜明等曾拜邵大稜爲師，傳習歌詞。隨後又邀
劉八等人設立如意會，即如意教，上供燒香，念誦歌詞。嘉慶十
九年（1814）正月，姜明等人被拏獲，軍機處將姜明所傳習的
歌詞抄錄呈覽。嘉慶皇帝披覽歌詞後命軍機大臣傳諭山東巡撫同
興，諭旨內容如下：

> 諭軍機大臣等，同興奏，審訊姜明、石瑾二案大概供情一
> 摺，據稱，姜明於嘉慶九年正月間，由邵大稜傳給歌詞，
> 伊即邀同劉八等起立如意會，燒香念誦。本年正月被該縣
> 訪拏，伊情願改過自新，別無傳徒惑眾情事，並將姜明供
> 出歌詞，鈔錄呈覽。朕閱其歌詞，雖屬鄙俚，均係勸人爲
> 善，並無違悖字句。惟伊等既知勸善，則聖賢書籍，何非
> 教人爲善之意。此外如世所傳之陰騭文、感應篇等類，朝
> 夕誦習，亦可爲修身行善之助。若自行編造歌詞，私立會
> 名，轉相傳授，是即與邪教相類。著同興廣出示諭，剴切
> 訓導，俾無知愚民，共知禁戒，勿再效尤，致干法令，其
> 姜明一案，質訊明確，即行擬結可也⑨。

民間秘密宗教的勸善歌詞，確實並無違悖字句，未含有政治意味。
嘉慶皇帝以儒學爲國教，以儒家生活規範爲社會教化的行爲準則，
因此，堅持要以聖賢書籍爲勸善的教材。引文中的《感應篇》，
是《太上感應篇》的簡稱，清初順治年間有滿漢合璧刊本，其書

內容以勸人爲善居多，託名爲老子之師太上，宣揚因果報應。民間秘密宗教的勸善歌詞及其勸善形式主要是用宗教尤其是民間秘密宗教精神作爲教化「愚夫愚婦」的生活規範。通過禮拜、燒香、禁忌、戒律、修行和教法等方面的行爲規範或活動方式表現出來，而使學好行善成爲善男信女發自內心的信仰，其行爲規範因而更能產生潛移默化的社會教化作用，遂使民間秘密宗教更能深植人心。

【註　釋】

① 陳麟書撰〈宗教的基本功能〉，《世界宗教研究》，1990年，第三期（北京，中國社會科學出版社，1990年9月），頁84。

② 《軍機處檔·月摺包》（臺北，國立故宮博物院），第2778箱，171包，41214號。乾隆五十四年七月初一日，河南巡撫梁肯堂奏摺錄副。

③ 《宮中檔》（臺北，國立故宮博物院），第2724箱，88包，16303號。嘉慶十九年八月十六日，山東巡撫章煦奏摺。

④ 《軍機處檔·月摺包》，第2751箱，13包，49494號。嘉慶二十一年九月二十八日，巴哈布奏摺錄副。

⑤ 《上諭檔》（臺北，國立故宮博物院），嘉慶二十年九月二十一日，宋二供詞。

⑥ 《軍機處檔·月摺包》，第2751箱，31包，52685號。嘉慶二十二年八月十七日，英和等奏摺。

⑦ 《軍機處檔·月摺包》，第2751箱，6包，48194號。嘉慶二十一年閏六月二十三日，刑部尚書崇祿等奏摺。

⑧ 《上諭檔》，嘉慶十九年十二月初三日，孟大頭供詞。

⑨ 《軍機處檔·月摺包》，第2751箱，7包，48327號。嘉慶二十一年

七月初一日，山東巡撫陳預奏摺錄副。

⑩　《宮中檔》，第2726箱，21包，3221號。道光十九年九月十五日，直隸總督琦善奏摺。

⑪　《軍機處檔・月摺包》，第2751箱，10包，49025號。嘉慶二十一年九月初二日，山東巡撫陳預奏摺錄副；《上諭檔》，嘉慶二十一年十月十二日，宋雨子供詞。

⑫　《宮中檔》，第2723箱，92包，17262號。嘉慶十九年十二月十七日，巡視東城監察御史琦昌等奏摺。

⑬　《上諭檔》，嘉慶二十一年三月初三日，劉明堂供詞。

⑭　《史料旬刊》（臺北，國風出版社，民國五十二年六月），天五八○。乾隆三十四年二月十二日，直隸總督楊廷璋奏摺。

⑮　《軍機處檔・月摺包》，第2751箱，29包，52342號。梅郭氏供詞單。

⑯　《軍機處檔・月摺包》，第2751箱，8包，48527號。慶遙供詞。

⑰　《宮中檔》，第2726箱，7包，1210號。道光十八年正月二十六日，直隸總督琦善等奏摺。

⑱　《軍機處檔・月摺包》，第2751箱，32包，52854號。嘉慶二十二年九月初一日，英和等奏摺。

⑲　《軍機處檔・月摺包》，第2751箱，31包，52697號。嘉慶二十二年八月十九日，英和等奏摺。

⑳　《軍機處檔・月摺包》，第2751箱，32包，52865號。嘉慶二十二年九月初三日，曹振鏞奏摺。

㉑　《軍機處檔・月摺包》，第2751箱，32包，52865號。嘉慶二十二年九月初三日，曹振鏞奏摺。

㉒　《軍機處檔・月摺包》，第2743箱，85包，68482號。道光十四年七月初九日，直隸總督方受疇奏摺。

㉓　《軍機處檔‧月摺包》，第2751箱，16包，50027號。嘉慶二十一年十二月十六日，直隸總督方受疇奏摺錄副。

㉔　《上諭檔》，道光五年十一月初三日，寄信上諭。

㉕　《軍機處檔‧月摺包》，第2751箱，27包，52010號。嘉慶二十二年六月二十二日，英和等奏摺。

㉖　《宮中檔雍正朝奏摺》，第十九輯（臺北，國立故宮博物院，民國六十八年五月），頁827。雍正十年閏五月初六日，李思義供詞。

㉗　《軍機處檔‧月摺包》，第2764箱，96包，19441號。乾隆四十三年二月十八日，山東巡撫國泰奏摺錄副。

㉘　《軍機處檔‧月摺包》，第2776箱，150包，36027號。乾隆四十九年三月初七日，山西巡撫農起奏摺錄副。

㉙　《宮中檔乾隆朝奏摺》，第六十二輯（民國七十六年六月），頁839。乾隆五十二年正月初七日，河南巡撫畢沅奏摺。

㉚　《宮中檔》，第2726箱，11包，1749號。道光十八年六月三十日，山東巡撫經額布奏摺。

㉛　《宮中檔》，第2723箱，97包，18583號。嘉慶二十年五月初七日，直隸總督那彥成奏摺。

㉜　《上諭檔》，道光十二年二月初八日，曹振鋪等奏稿。

㉝　《軍機處檔‧月摺包》，第2751箱，31包，52693號。嘉慶二十二年八月十七日，英和等奏摺。

㉞　《宮中檔雍正朝奏摺》，第三輯（民國六十七年正月），頁175。雍正二年九月十二日，山東巡撫陳世倌奏摺。

㉟　《宮中檔雍正朝奏摺》，第十九輯（民國六十八年五月），頁826。雍正十年閏五月初六日，署理直隸總督劉於義奏摺。

㊱　《軍機處檔‧月摺包》，第2751箱，36包，53692號。劉成林供詞單。

㊲ 《軍機處檔·月摺包》，第2751箱，13包，49509號。侯岡玉供詞單。

㊳ 《軍機處檔·月摺包》，第2751箱，9包，48628號。嘉慶二十一年七月二十四日，山東巡撫陳預奏摺錄副。

㊴ 《軍機處檔·月摺包》，第2751箱，18包，50537號。嘉慶二十二年二月初五日，山西巡撫衡齡奏摺錄副。

㊵ 《宮中檔》，第2727箱，5包，1044號。道光十七年六月初二日，山東巡撫經額布奏摺。

㊶ 《軍機處檔·月摺包》，第2760箱，64包，64964號。道光十三年九月初一日，山東巡撫鍾祥奏摺錄副。

㊷ 《軍機處檔·月摺包》，第2751箱，17包，50248號。曹興泗供詞單。

㊸ 《軍機處檔·月摺包》，第2751箱，13包，49494號。嘉慶二十一年九月二十八日，湖南巡撫巴哈布奏摺錄副。

㊹ 《軍機處檔·月摺包》，第2751箱，31包，52785號。嘉慶二十二年八月二十七日，英和等奏摺。

㊺ 《軍機處檔·月摺包》，第2751箱，6包，48194號。嘉慶二十一年閏六月二十三日，刑部尚書崇祿等奏摺。

㊻ 《宮中檔》，第2752箱，121包，74862號。道光二十五年七月十七日，王壽榮供詞單。

㊼ 《史料旬刊》（臺北，國風出版社，民國五十二年六月），第十一期，天三七三。雍正十三年五月十二日，兩江總督趙弘恩奏摺。

㊽ 《清高宗純皇帝實錄》，卷一三〇九，頁8。乾隆五十三年七月戊寅，上諭。

㊾ 《上諭檔》，乾隆五十二年三月初二日，和珅等奏稿。

㊿ 《軍機處檔·月摺包》，第2764箱，96包，19358號。乾隆四十三

年二月十一日，署理山東布政使徐恕奏摺錄副。

(51) 《清代檔案史料叢編》，第九輯（北京，中華書局，1983年6月），頁194。乾隆五十九年九月十四日，陝西巡撫秦承恩奏摺。

(52) 《軍機處檔·月摺包》，第2751箱，5包，47998號。嘉慶二十一年六月十六日，兩江總督百齡奏摺錄副。

(53) 《軍機處檔·月摺包》，第2751箱，19包，50698號。嘉慶二十二年正月二十五日，四川總督常明奏摺錄副。

(54) 釋聖嚴編《比較宗教學》（臺北，中華書局，民國六十八年五月），頁117。

(55) 《佛學大辭典》（臺北，新文豐公司，民國七十四年六月），卷中，頁1987。

(56) 《軍機處檔·月摺包》，第2751箱，30包，52513號。嘉慶二十二年八月初七日，左都御史景祿奏摺。

(57) 《軍機處檔·月摺包》，第2751箱，26包，51865號。嘉慶二十三年六月初七日，山東巡撫陳預奏摺錄副。

(58) 《軍機處檔·月摺包》，第2747箱，9包，55254號。道光七年三月二十五日，富俊奏摺錄副。

(59) 《軍機處檔·月摺包》，第2751箱，1包，47337號。嘉慶二十一年四月二十四日，山東巡撫陳預奏摺錄副。

(60) 《上諭檔》，道光十二年二月初八日，曹振鏞奏稿。

(61) 《宮中檔》，第2723箱，94包，17815號。嘉慶二十年二月十一日，四川總督常明奏摺。

(62) 《上諭檔》，道光十二年二月十六日，曹振鏞等奏稿。

(63) 《外紀檔》，道光十七年十一月二十日，貴州巡撫賀長齡奏摺抄件。

(64) 《上諭檔》，乾隆四十六年閏五月初八日，字寄。

(65) 《史料旬刊》（臺北，國風出版社，民國五十二年六月），第十二

期，天四〇五。乾隆三十三年九月初十日，浙江巡撫覺羅永德奏摺。

(66) 《史料旬刊》，第十二期，天四〇八。乾隆三十三年十一月三十日，閩浙總督崔應階奏摺。

(67) 葉文心撰〈人「神」之間——淺論十八世紀的羅教〉，《史學評論》（臺北，華世出版社，民國六十九年七月），頁7。

(68) 《軍機處檔・月摺包》，第2705箱，130包，30319號。乾隆四十六年四月初二日，福建巡撫富綱奏摺錄副。

(69) 《軍機處檔・月摺包》，第2765箱，86包，15603號。乾隆三十六年十二月十六日，富明安奏摺錄副。

(70) 《史料旬刊》，第十六期，天五七九。乾隆三十四年二月十二日，直隸總督楊廷璋奏摺。

(71) 《外紀檔》（臺北，國立故宮博物院），道光五年十一月二十八日，據英和等奏。

(72) 《上諭檔》，道光十二年二月初八日，曹振鏞奏稿。

(73) 《上諭檔》，嘉慶二十一年三月初三日，托津奏稿。

(74) 《上諭檔》，道光十二年二月二十八日，曹振鏞等奏稿。

(75) 《上諭檔》，道光十二年二月十二日，曹振鏞等奏稿。

(76) 《軍機處檔・月摺包》，第2751箱，30包，52514號。嘉慶二十二年八月初一日，山東巡撫陳預奏摺錄副。

(77) 《軍機處檔・月摺包》，第2771箱，84包，14467號。乾隆三十六年七月十五日，河南巡撫何煟奏摺錄副。

(78) 《乾隆朝上諭檔》（北京，檔案出版社，1991年6月），頁405。乾隆五十六年八月，劉照魁供詞。

(79) 《宮中檔》，第2724箱，72包，11671號。嘉慶十三年八月初一日，直隸總督溫承惠奏摺。

(80) 《宮中檔》，第2731箱，41包，27395號。道光二十五年四月十五

日，湖廣總督裕泰等奏摺。

(81) 陳麟書撰〈宗教的基本功能〉，《世界宗教研究》，1990年，第三期，頁87。

(82) 《軍機處檔・月摺包》，第2751箱，36包，53674號。嘉慶二十二年十一月初六日，英和等奏摺。

(83) 《外紀檔》，道光五年十二月十九日，直隸總督那彥成奏摺抄件。

(84) 《軍機處檔・月摺包》，第2776箱，147包，35188號，《大乘大戒經》。

(85) 《軍機處檔・月摺包》，第2776箱，148包，35309號。乾隆四十九年十二月初八日，兩廣總督覺羅巴延三等奏摺錄副。

(86) 《軍機處檔・月摺包》，第2751箱，9包，48628號。嘉慶二十一年七月二十四日，山東巡撫陳預奏摺。

(87) 《軍機處檔・月摺包》，第2751箱，19包，50753號。嘉慶二十二年二月二十五日，直隸總督方受疇奏摺錄副。

(88) 《外紀檔》，嘉慶二十四年十二月十一日，據和寧奏。

(89) 《外紀檔》，道光五年十二月十九日，直隸總督那彥成奏摺。

(90) 《乾隆朝上諭檔》，第十六冊，頁463。乾隆五十六年九月初六日，郭振供詞。

(91) 《軍機處檔・月摺包》，第2751箱，27包，52085號。嘉慶二十二年六月二十七日，直隸總督方受疇奏摺錄副。

(92) 《軍機處檔・月摺包》，第2751箱，19包，50647號。嘉慶二十二年二月十六日，直隸總督方受疇奏摺錄副。

(93) 《軍機處檔・月摺包》，第2776箱，146包，34875號。乾隆四十八年十二月初十日，直隸總督劉峩奏摺錄副。

(94) 《奏摺檔》（臺北，國立故宮博物院，民國六十八年五月），道光八年五月，護理直隸總督屠之申奏摺抄件。

⑨⑤　《軍機處檔·月摺包》，第2751箱，5包，47948號。嘉慶二十一年
　　六月二十八日，直隸三元教案奏摺。

⑨⑥　《上諭檔》（臺北，國立故宮博物院），嘉慶二十一年三月初三日，
　　托津奏稿。

⑨⑦　《清仁宗睿皇帝實錄》，卷二八九，頁14。嘉慶十九年四月辛未，
　　寄信上諭。

第十章　結　論

　　在宗教的體系中，宗教史的研究，佔有相當重要的地位，通過宗教史的研究，可以從中概括和歸納出宗教產生及存在的內緣因素。民間秘密宗教史的研究，其主要目的也是在探索民間秘密宗教史發展變遷的內在理路。明末清初以來，隨著社會經濟結構的整體性變動，下層社會的地方共同體，逐漸趨於多元化和複雜化。理學泛家族主義的價值系統也更加廣泛地滲入社會的底層，使許多本來沒有血緣聯繫的群體也利用血緣紐帶的外觀作為整合手段。由於社會分化的加深和社會價值系統的分裂，在基層社會的地域化共同體愈來愈士紳化，並納入正統規範軌道的同時，背離這一軌道的社會組織也逐漸分化出來，民間秘密宗教和秘密會黨就是下層社會背離這一軌道中最引人矚目的地方社會共同體，也都是泛家族主義普及化的一種虛擬宗族。秘密會黨以異姓人結拜弟兄或金蘭結義作為群體整合的主要方式，各會黨多為出外人基於互助需要而倡立的自力救濟組織，並模擬宗族血緣紐帶的兄弟關係，建立兄弟橫向的平行關係，會中成員以兄弟相稱。民間秘密宗教是以宗教信仰作為群體整合的主要方式，各教派多為世俗化的佛教宗派衍生轉化而來的新興教派，同時也是雜揉儒釋道思想教義而產生的混合教派，各教派多模擬宗族血緣紐帶的父子關係，建立師徒縱向的統屬關係，教中信眾以師徒相稱，各教派的教主，地位崇高，師徒之間是屬於上下輩份的關係，並藉宗教信仰及教規調整教中成員的關係。

　　明朝中葉以降，民間秘密宗教的活動，其所以日趨盛行，固然有其政治、經濟背景，但是，由於朝廷本身的放任，宮中篤信宗教，蔚爲風氣，非佛即道，上行下效，宗教氣氛，極爲濃厚，爲民間秘密宗教的發展，提供了極有利的環境。明朝政權覆亡後，民間秘密宗教繼續活動，清初以來的民間秘密宗教，多爲明末民間秘密宗教的延續，其活動更加頻繁，並未因政權遞嬗而稍戢。順治年間（1644-1661），直隸境內先後查獲白蓮教、聞香教、無爲教、混元教、弘陽教，陝西境內查獲三寶大教，江蘇境內查獲大乘教，浙江境內查獲天圓教，直隸、廣東境內查獲大成教。各教派的活動，雖然並不頻繁，規模也不大，但其所以引起朝廷的重視，主要是有鑒於歷代民間秘密宗教反政府的教訓，而且民間各種組織動輒以明裔相號召，對清朝政權產生威脅，必須嚴加防範。

　　康熙年間（1662-1722），山東、山西境內查獲五葷道收元教，直隸境內查獲黃天道、聖人教，直隸、奉天境內查獲弘陽教，山西境內查獲源洞教，山東、河南境內查獲白蓮教、神捶教、八卦教，直隸、江蘇境內查獲大乘教，江蘇、廣東境內查獲羅祖教，浙江境內查獲天圓教等等，其中黃天道、弘陽教、羅祖教、大乘教、白蓮教等等，都是明末以來流傳較久，規模較大的教派，聖人教、源洞教等等是信衆較少的小教派。至於五葷道收元教或八卦教的創立，是民間秘密宗教開始活躍的重要標誌，對後來民間秘密宗教的發展，產生了重大的影響。

　　雍正年間（1723-1735），民間秘密宗教更加盛行，名目益繁，教案的地理分佈，主要集中於直隸、山東、山西等省，其中直隸境內查獲大乘教、順天教、少無爲教、儒理教、摸摸教、大成教、衣法教、一炷香教、老君會、羅爺會、朝陽會、清靜無爲

教等，山東境內查獲一炷香教、空子教、無為教、羅祖教、大成教、三元會、收元教等，山西境內查獲白蓮教、混元教、龍華會、混沌教、收元教、皇天教等。此外，河南境內查獲橋梁教、哈哈教、悟真教，浙江境內查獲長生教，浙江、福建境內查獲道心教，江西境內查獲一字教、三皇聖祖教，雲南境內查獲大乘教，其中多為新興教派。雍正皇帝對民間秘密宗教問題的處理，採取了謹慎的態度，他密諭直省督撫暗中訪拏，不頒明旨，不許屬員擾民，以免激成事端，由於君臣態度的審慎，因此，在雍正年間，民間秘密宗教並未因官府的取締而造成宗教叛亂。

在乾隆朝（1736-1795）六十年間，民間秘密宗教的活動，更加頻繁，除順治初年以來盛行的教派繼續發展外，許多規模較小的新興教派如雨後春筍般地到處創生，譬如西來教、山西老會、燃燈教、收緣會、源洞教、龍天道、彌勒教、拜祖教、四正香教、金童教、一字教、祖師教、三元會、喫素教、未來教、未來真教、青陽教、沒劫教、末劫教、元頓教、義和拳門、空字教、天一門教、儒門教、邱祖龍門教、三益教等，不勝枚舉。各教派案件的地理分佈，遍及南北各省，在華北地區，主要分佈於直隸、山東、山西、河南、陝西、甘肅等省境內，在華南地區，主要分佈於江蘇、浙江、湖北、湖南、江西、福建、廣東、廣西、四川、雲南、貴州等省境內。其中收元教、八卦教、紅陽教、清水教等教派的活動，更是不可忽視的問題。

乾隆末年，川、陝、楚等地區的混元教、三陽教、白蓮教及其支派，勢力興盛，教案疊起，到了嘉慶初年，終於爆發了以白蓮教為通稱的大規模宗教起事，歷時九年，蔓延四川、陝西、甘肅、湖北、河南等五省。白蓮教叛亂的平定，雖然表明清廷對地方的控制力，並未完全喪失，但宗教叛亂的火苗，並未完全熄滅。

　　嘉慶十八年（1813），天理教起事，雖然失敗，但民間秘密宗教的勢力，蔓延更廣，社會動亂，更加擴大。天理教是一個源自儒家學說的教派名稱，其實際內容，又繼承了明末弘陽教、圓頓教等教義思想，並且增加了八卦教的內容。天理教的起事，說明了清初以來各種新興教派早已互相吸收、補充和混淆。由於各教派的互相混合，使民間秘密宗教的內容，更增加其複雜性。

　　道光年間（1821-1850）以來，各大教派及其支派，仍然繼續活動。嘉慶年間（1796-1820），朝野上下，許多有識之士，都已經意識到因時變通的迫切性，要求改革，就形成一股政治潛力。道光皇帝受到當時政治改革思潮的影響，他在即位之初，即下詔整頓內政。由於道光朝的施政重點在於整頓內政，因此，直省督撫查辦教案，更加嚴厲，取締「邪教」，更是不遺力，於是教案疊起，層出不窮。其中直隸、山東等省的八卦教及其支派的案件，頗受矚目。教首尹老須即尹資源接管劉功離卦教後，信眾日增，多至數千人。當他斂錢致富後，即令其長子尹明仁報捐州同職銜，並陸續置買田宅，設立舖業，建造房舍一百餘間，分爲東西兩院，西院爲住宅，東院爲接待所，供信眾住宿，並取寶卷內「收找元人歸家認母」之義，將正廳命名爲「收元廳」，而統稱其寺爲飛龍寺。由於教務興旺，尹老須遂自稱爲南陽佛，並設立大場、小場、朝考等名目，還捏稱八卦本是文王所定，尹老須本人就是文王轉世，其長子尹明仁是武王轉世，幫輔傳教的大頭目韓老吉，因年近八十，是太公轉世。尹老須的八卦教王國確實震驚了朝廷，道光十二年（1832），道光皇帝遂以尹老須狂悖已極，下令將他凌遲處死，傳首犯事地方，尹明仁世濟其惡，著即處斬，韓老吉等依擬應斬。

　　青蓮教又稱金丹道，盛行於道光年間，其活動地區，是以湖

北、四川等地為中心。青蓮教是五盤教的支派，但因其活動中心與乾隆、嘉慶年間清茶門教的傳教地區互相重疊，故其起源與發展，都受到清茶門教很大的影響。青蓮教的組織，有內五行、外五行、五德等名目，其中外五行與五德為十地大總，教中以清朝十八省為道家十方，十地大總各認一方，並各遣信徒分往各地傳教，共為一百零八盤。臺北國立故宮博物院典藏《軍機處檔·月摺包》內含有《青蓮教分往各省傳教人犯年貌住址清單》，其中林祝官在江寧傳教，兼傳江蘇；徐致儉在山東傳教，兼傳山西；李一原在四川傳教，兼傳陝西、甘肅；鄧良仕在浙江傳教，兼傳福建；鄧良玉在廣西傳教，兼傳廣東；范臻在江西傳教，兼傳安徽；夏繼春在雲南傳教，兼傳貴州；謝克畏在河南傳教，兼傳直隸①。青蓮教傳入福建的一支，後來改名先天教，官方文書稱它為「齋匪」；傳入四川的一支，後來改名為燈花教。由於青蓮教分遣十地大總等遠赴各省傳教，因此，發展迅速，對後來太平天國的活動，也產生影響。

　　光緒、宣統時期（1875-1911），民間秘密宗教，仍極活躍，名目繁多，主要的教派，包括：青蓮教、燈花教、姚門教、一字道教、天水教、金丹道教、末後一著教、紅陽教、白陽九宮道教、清水教、龍華會、涼水教、一貫教、在理教、武聖門教、黃羊教、聖道門教、普度教、彌陀教、神拳教、紅燈教、九宮道教、信香教、大神教、無生門教、巫教等等，查獲教案的地點，也不限於華北地區，華南地區也很盛行。至於青幫和紅幫等則是由羅祖教衍生轉化而來的糧船水手的行幫組織，幫中以色彩作為識別。青幫蓋因青皮刺青的青色而得名。紅幫則以紅色為標誌，幫中以紅布繫腰；緊急通知，以紅箸為暗號；夜晚械鬥，以朱墨塗面作為識別，因幫中以紅色為其最顯著的特徵，所以稱之為紅幫。光緒、

宣統年間，青幫、紅幫等行幫的勢力，與散兵游勇或哥老會互相結合，開堂放飄，更加深了社會的動亂。但是，青幫、紅幫與哥老會或洪門天地會，不能混爲一談。洪門會黨或哥老會成員，以兄弟相稱，彼此之間，是橫向兄弟平行的關係；青幫、紅幫成員則爲縱向師徒關係，宗教信仰的神秘性，較洪門會黨更爲濃厚。

神是宗教的核心，神與人共生。多神崇拜是我國傳統宗教信仰的顯著特徵，民間秘密宗教也是衆神雜沓，神祇衆多，各教派在它的發展和傳播過程中，既吸收了傳統正信宗教和民間信仰的各種神祇，也因此吸收了崇拜各種神祇的信衆。隨著民間秘密宗教的盛行，各教派的造神運動，更是蓬勃發展，民間秘密宗教的神祇，遂與日俱增，五花八門。從民間秘密宗教寶卷的記載，可以略窺各教派的神祇崇拜體系的產生與衍化。其常見的神祇，包括：一百單八祖、一千一百大佛、二十四祖、十大聖祖、十二老母、三十六祖、三官大帝、三十八位如來、三十九位老母、三千諸佛、四十八母、四十八祖、四季天王、四十八位菩薩、六祖八母、六百四十諸祖、七十二賢聖、七十七位觀音、八十一洞眞人、九十八位老祖、觀音老母、三世佛、當陽佛、南陽佛、當陽皇極佛、儒童佛、都天如來、金光如來、龍殊菩薩、收元老祖、混元老祖、充天老祖、花林老祖、善林老祖、金光老祖、呂祖、呂皇聖祖、達摩老祖、無上至尊老祖、無生老母等等，不勝枚舉。民間秘密宗教的多神崇拜，與民間善男信女追求有求必應的宗教信仰，有密切關係。民間秘密宗教吸收儒釋道及民間信仰中的諸佛菩薩及神仙人物後，多將諸佛菩薩及人物改造成爲各教派所崇拜的神祇。譬如，七十二賢聖本爲孔子七十二弟子，經明末大乘天眞圓頓教吸收後即被改造成爲它的教化神。達摩老祖就是南天竺僧人菩提達摩，佛教禪宗奉菩提達摩爲初祖，經民間秘密宗教吸

收後，稱爲達摩老祖，被改造成爲協助彌勒佛完成三期末劫總收圓的佛祖之一②。呂祖本爲道教神仙，經民間秘密宗教吸收後，各教派多以呂祖爲無生老母差遣下凡掌教的佛祖之一，被民間秘密宗教視爲指揮、前導、護駕的神靈。

在佛經中，劫是一個時空觀念，意即宇宙所經歷的時空和成敗往返的過程。有清一代的民間秘密宗教，吸取了佛教劫數的內容後，也極力宣傳劫變思想，使劫災觀念成爲否定物質現實世界的思想觀念，其根本目的就是要闡明經歷過無數劫災後的世界，是一個空無一物的世界。在宗教領域中，眞空和無生都是永恒而圓滿的，民間秘密宗教宣傳劫變思想的信仰，其本質就是要用彼岸思想來否定現實世界，以證實眞空和無生境界的永恒性，藉以引導人們拋棄現實，而去追求一個永生的彼岸世界。羅祖教所傳佈的救世福音，主要是源自佛教禪宗與淨土宗的教義，其基本概念，就是無極，而無極所指的就是眞空家鄉，是阿彌陀佛的極樂世界。無生原意，主要是強調無形生命的永生，無生與老母互相結合，而成爲最高女神。無生老母是至尊女神，祂是創世主，是人類的祖先，祂也是救世主，是一位集創世與救世爲一身的至聖至尊的最高女神，具有至高無上的權威，凌駕於諸神之上③。無生老母與眞空家鄉互相結合，又成爲「眞空家鄉，無生父母」八字眞言，而在民間秘密宗教中普遍流傳。羅祖教的寶卷，採用民間通俗性說書唱曲的表現方式，藉以宣傳其教義思想，它所關懷的是鄉土百姓對人世間的社會秩序、政治制度、現實生活中有關生老病死以及自然環境變遷的理解，透過宗教信仰的情懷，以無生老母的呼喚來消除生存的恐懼，以來生的逍遙自在遙應衆生的願望，確實具有特殊的民間文化意識和社會功能的價值。每當社會動盪不安，人民生活困苦的時候，無生老母的信仰便很容易獲

得眾多的信奉者，流落紅塵的失鄉兒女期盼聽聞無生老母的召喚和拯救，而返回眞空家鄉，獲得永生。

湯立新撰〈中國民間宗教：文化神與神文化〉一文指出，無生老母是文化神，祂有滿足不同層次需要的作用，形形色色的信眾，在不同的程度上把無生老母變成通用性的文化神。元版《佛說楊氏鬼繡紅羅化仙哥哥寶卷》中有「無生老母，自從失散，不得見面，時時盼大地男女，早早歸家，怕的是三災臨至，墜落靈光，八十一劫永不見娘生面」等句。湯立新指出，在元代寶卷中雖然已經出現了無生老母，但是，無生老母觀念眞正在民間秘密宗教中流行，那是明代中葉至清初的發展。無生老母雖然是由飄高明確提出，但無爲教創始人羅清作了極其重要的鋪墊工作，羅祖反覆強調祖即母，母即祖。無爲教豎立起無生老母這位最高女神，就是羅祖悟道過程已經拋棄的東西之回歸。明清民間秘密宗教的教義，大致可以概括爲兩個基點：一個是無生老母信仰；一個是劫變觀與收元觀。民間秘密宗教的眞空家鄉是儒道歸根思維和佛教極樂世界影響下的產物，無生老母與眞空家鄉的結合，便成爲下層社會善男信女憧憬的境界。無生老母信仰流行後，又加入了收元觀念，遂形成民間秘密宗教教義思想的完整結構④。

宗教之所以能伴隨著人類的歷史發展而長期存在，主要是在於宗教本身有正面的社會功能。儒釋道所表現的社會作用，主要是在於教化之道，所謂佛以治心，道以治身，儒以治世。有清一代，儒釋道依舊並存於世，朝廷肯定儒釋道的教化作用，把儒釋道視爲有益於世道人心的一種力量，就是依據神道設教的傳統⑤。世俗道德的社會功能，主要是通過社會輿論的方式來調節人與人之間的關係，宗教的行爲規範功能主要是通過社會行爲的宗教誡律的行爲規範方式表現出來的，其根本特點是在於借用神祇的名義，

使其行爲規範具有一種特殊的神聖性，也具神判的性質。民間秘密宗教的宗旨，主要在勸人燒香誦經，導人行善，其行爲規範也是通過宗教道德或誠律的行爲規範等方式表現的，把神祇的仁慈和懲治結合在一起，善行得到神祇的仁慈而上天堂，惡行要接受神祇的懲罰而下地獄，善惡分明，因果報應，其根本特點，就是遵照神祇的意志來調節人與人之間的關係，其宗族行爲規範較一般的世俗道德，更具有約束作用，更能促成虔誠的信衆發自內心地遵守宗教道德的行爲規範，更具有社會教化的正面作用。民間秘密宗教的各種寶卷及勸善歌詞，其主要作用是藉宗教信仰作爲教化下層社會「愚夫愚婦」或善男信女的宗教道德生活規範，通過禮拜、燒香、修行和佈道等活動表現出來，而使學好行善成爲善男信女發自內心的信仰，其行爲規範因而更能產生潛移默化的社會教化作用。

　　人生根本的問題，是「存在」問題，包括死亡、罪惡、痛苦、不幸等等，宗教的功能，主要在於減輕人生的不幸和痛苦，使之轉化爲最高的幸福⑥。人類在求生存的過程中所遭遇的挫折與痛苦，不一而足，如何減輕或轉化生老病死或生住異滅的挫折與痛苦，也成爲民間秘密宗教所關注的問題。民間秘密宗教傳授坐功運氣，各教派教首爲村民療治疾病，其修眞養性，延年益壽的途徑，與民間常見的民俗醫療法頗相近似。民俗醫療法雖然缺乏系統，也不是主流醫學，但是，民俗醫療是以整個文化傳統和信仰體系爲後盾的。民間秘密宗教的教首，大多具備民俗醫療的醫術，兼通超自然能力治療的巫術，在傳統下層社會裡，幾乎一切的疑難雜症，都倚靠民俗醫療，它應用最廣的，就是在人類憂樂所繫的健康方面。民俗醫療對於功能性疾病或精神心理方面的病患來說，民間秘密宗教的教首，幾乎就是無病不醫的靈媒，具有神力

治療的功效。在下層社會裡的貧苦眾生，由於醫療條件較差，每當自身或親人患病，甚至心理遭受挫折，都亟待治療，民間秘密宗教的教首大都能適時地爲村民消災治病，或以茶葉供佛煎熬飲服，或藉針灸按摩推拿打通經絡，或傳授坐功運氣以求益壽延年，或念誦經咒禳災祈福，或嫁禍替身驅祟祛病，民俗醫療確實曾經產生過正面的社會功能。民俗醫療的盛行，反映了下層社會的眾生，對疾疾、死亡的惶惑，以及對渴望得到妥善醫療，獲得健康平安保障的願望⑦。養生送死是人類面臨的共同問題，其儀式多由各教派的教首來主持，或超度亡魂，舉辦法會，或爲往生者念經發送，或相地看風水，民間秘密宗教的信眾相信，這些活動可以使往生者安息，就是廣結善緣，多積陰德的善行。功能主義學說風行以來，中外社會人類學界越來越多的學者反對把民間秘密宗教看成是沒有體系的邪教或迷信，而把它界定爲一種與佛道正信宗教具有同等性質和功能的一種宗教體系，越來越多的學者已經注意到民間秘密宗教的內在體系、社會功能、意識形態，而進行較深入的考察，藉以理解下層社會一般民眾的生活和思維方式⑧。

在西方語彙中，政教關係，所指的是國家與教會的關係，即國家政權與教會之間的關係。但是，在中文詞彙裡，政教關係中的「政」字，不僅被理解爲政權、政府，甚至被理解爲政治。至於「教」字，不僅被理解爲教會，也被理解爲宗教，或宗教信仰⑨。宗教是一種社會歷史現象，有其發生、發展的過程，既有長期性，也有複雜性和群眾性，固然不能利用政治力量去發展宗教，同樣也不能利用政治力量去消滅宗教，正確對待宗教問題，也是正確對待群眾問題⑩。滿洲入關後，爲鞏固政權，清朝政府開始制訂文化政策，將崇儒重道定爲基本國策。康熙年間，進一步具

體列舉十款，強調黜異端，以崇正學的政策。康熙皇帝認爲帝王之道，以堯舜爲極；孔孟之學，即堯舜之道。雍正年間，御製《聖諭廣訓》，逐條闡述聖訓的要旨，重申黜邪崇正的立國方針，《聖諭廣訓》遂成爲清朝文化政策的綱領。清代歷朝皇帝對崇儒重道，黜邪崇正文化政策的執行，可謂不遺餘力，清朝政府也因此以正統主義者自居，於是制訂律例，取締異端，查禁「邪教」，雷厲風行。但是，所謂正統與異端，正信宗教與「邪教」，是相對而言的。佛教和道教初起時，未嘗不是異端，惟因其相沿已久，信衆與日俱增，佛教和道教遂由新起異端逐漸發展成爲正信宗教。用舊教，除新教，是清朝對西北伊斯蘭教的宗教政策，甘肅伊斯蘭教中的新教，遂被指爲「邪教」。天主教是來自西方的外來宗教，也曾經被指爲「邪教」。由佛道世俗化衍生而來的新興民間秘密宗教，終有清一代，都被朝廷指爲異端邪教。葉小文撰〈當前我國的宗教問題──關於宗教五性的再探討〉一文中認爲，「邪教是宗教的變種，既非宗教組織，又非宗教派別，而是由少數不法分子糾合在一起，披著宗教外衣，摘取和利用宗教的經典中的片言隻語，摻雜大量封建迷信，泡製一套異端邪說，矇騙群衆，秘密結社，從事違法犯罪活動。」⑪民間秘密宗教被官府指爲「邪教」，是一種泛政治化的他稱，應當還他本來名稱，將民間秘密宗教各教派都歸入「邪教」範疇，並不客觀，將各教派視爲非宗教組織的不法分子的犯罪活動，更不符合歷史事實。有清一代的民間秘密宗教，幾乎沒有一個教派在開創時期就主張對抗當局，鼓吹造反的。相反地，絕大多數的教派都在經卷中頌揚皇權⑫。民間秘密宗教是盛行於下層社會的混合宗教，清朝政府把它視爲「邪教」，嚴厲取締，但是，卻屢禁不絕，芟而復生，正是所謂野火燒不盡，春風吹又生。

【註　釋】

① 《軍機處檔‧月摺包》，第2752箱，114包，73555號。道光二十五年三月二十六日，清單。

② 濮文起主編《中國民間秘密宗教辭典》（成都，四川辭書出版社，1996年10月），頁37。

③ 《中國民間秘密宗教辭典》，頁328。

④ 湯立新撰〈中國民間宗教：文化神與神文化〉，《世界宗教研究》，1995年，第3期（北京，中國社會科學出版社，1995年10月），頁123。

⑤ 王志耀撰〈從文化傳統看中國宗教的人文化傾向〉，《世界宗教研究》，1995年，第2期（1995年6月），頁25。

⑥ 呂大吉著《宗教學通論新編》（北京，中國社會科學出版社，1998年12月），頁59。

⑦ 謝重光撰〈從吳本的神化看福建民間宗教信仰的特點〉，《世界宗教研究》，1989年，第4期（1989年12月），頁6。

⑧ 王銘銘撰〈中國民間宗教：國外人類學研究綜述〉，《世界宗教研究》，1996年，第2期（1996年6月），頁134。

⑨ 任延黎撰〈政教關係淺議〉，《世界宗教文化》，1996年，春季號（北京，中國社會科學出版社，1996年3月），頁7。

⑩ 葉小文撰〈當前我國的宗教問題——關於宗教五性的再探討〉，《世界宗教文化》，1997年，春季號（1997年3月），頁6。

⑪ 葉小文撰〈當前我國的宗教問題——關於宗教五性的再探討〉，《世界宗教文化》，1997年，春季號（1997年6月），頁4。

⑫ 馬西沙撰〈黃天教源流考略〉，《世界宗教研究》，1985年，第2期（1985年6月），頁15。

徵引書目

一、檔案資料

1. 《宮中檔》，臺北，國立故宮博物院。

2. 《宮中檔康熙朝奏摺》，臺北，國立故宮博物院，民國六十五年六月。

3. 《宮中檔雍正朝奏摺》，臺北，國立故宮博物院，民國六十六年十一月。

4. 《雍正朝漢文硃批奏摺彙編》，上海，江蘇古籍出版社，1991年3月。

5. 《宮中檔乾隆朝奏摺》，臺北，國立故宮博物院，民國七十一年五月。

6. 《硃批奏摺》，乾隆朝，北京，中國第一歷史檔案館。

7. 《宮中檔光緒朝奏摺》，臺北，國立故宮博物院，民國六十二年六月。

8. 《光緒朝硃批奏摺》，北京，中華書局，1996年2月。

9. 《奏摺檔》，臺北，國立故宮博物院。

10. 《軍機處檔·月摺包》，臺北，國立故宮博物院。

11. 《軍機處錄副奏摺》，北京，中國第一歷史檔案館。

12. 《明清檔案》，臺北，中央研究院，民國七十五年一月。

13. 《起居注冊》，康熙朝，臺北，國立故宮博物院。

14. 《康熙起居注》，北京，中華書局，1984年8月。

15. 《起居注冊》，雍正朝，臺北，國立故宮博物院。

16.《雍正起居注冊》，北京，中華書局，1993年9月。

17.《起居注冊》，乾隆朝，臺北，國立故宮博物院。

18.《上諭檔》，乾隆朝，臺北，國立故宮博物院。

19.《乾隆朝上諭檔》，北京，檔案出版社，1991年6月。

20.《上諭檔》，嘉慶朝，臺北，國立故宮博物院。

21.《上諭檔》，咸豐朝，臺北，國立故宮博物院。

22.《光緒宣統兩朝上諭檔》，北京，中國第一歷史檔案館，1996年10月。

23.《外紀檔》，臺北，國立故宮博物院。

24.《剿捕檔》，臺北，國立故宮博物院。

25.《四川省奏稿》，臺北，國立故宮博物院。

26.《東案檔》，臺北，國立故宮博物院。

27.《東案口供檔》，臺北，國立故宮博物院。

28.《史料旬刊》，臺北，國風出版社，民國五十二年六月。

29.《國史大臣列傳》，臺北，國立故宮博物院。

30.《清代檔案史料叢編》，第九輯，北京，中華書局，1983年6月。

31.《清史資料》，第三冊，北京，中華書局，1982年7月。

32.《月摺檔》，臺北，國立故宮博物院。

33.《辛亥革命前十年間民變檔案史料》，北京，中華書局，1985年2月。

34.《清中期五省白蓮教起義資料》，揚州，江蘇人民出版社，1981年2月。

35.《皇清奏議》，臺北，文海出版社，民國七十五年一月。

36.《清史稿校註》，臺北，國史館，民國七十八年二月。

二、官書典籍

1. 《大明會典》，臺北，新文豐出版社，民國六十五年七月。

2. 《清太宗文皇帝實錄》，初纂本，臺北，國立故宮博物院。

3. 《清太宗文皇帝實錄》，重修本，臺北，華聯出版社，民國五十三年十月。

4. 《清世祖章皇帝實錄》，臺北，華聯出版社，民國五十三年十月。

5. 《清聖祖仁皇帝實錄》，臺北，華聯出版社，民國五十三年十月。

6. 《清世宗憲皇帝實錄》，臺北，華聯出版社，民國五十三年十月。

7. 《清高宗純皇帝實錄》，臺北，華聯出版社，民國五十三年十月。

8. 《清仁宗睿皇帝實錄》，臺北，華聯出版社，民國五十三年十月。

9. 《清宣宗成皇帝實錄》，臺北，華聯出版社，民國五十三年十月。

10. 《光緒朝東華錄》，臺北，大東書局，民國五十七年八月。

11. 《欽定大清會典事例》，臺北，國立故宮博物院，光緒二十五年石印本。

12. 《聖諭廣訓》，《文淵閣四庫全書》，第717冊，臺北，臺灣商務印書館，民國七十五年三月。

13. 《御製文二集》，臺北，國立故宮博物院，嘉慶二十年，內務府烏絲欄寫本。

14. 《御製文餘集》，臺北，國立故宮博物院，道光間武英殿刊本。

15. 《欽定廓爾喀紀略》，臺北，國立故宮博物院，內務府朱絲欄寫本。

16.《欽定剿平三省邪匪方略》，臺北，國立故宮博物院，嘉慶間朱絲欄寫本。

17.《欽定剿捕臨清逆匪紀略》，臺北，國立故宮博物院，乾隆間內府朱絲欄寫本。

18.《欽定平定教匪紀略》，臺北，國立故宮博物院，嘉慶間內府朱絲欄寫本。

19.《那文毅公初任直隸總督奏議》，臺北，文海出版社。

20.《皇朝經世文編》，臺北，國風出版社，民國五十二年七月。

21.《隋書》，臺北，鼎文書局，民國七十六年五月。

22.《新五代史》，臺北，鼎文書局，民國六十五年十一月。

23.《宋史》，臺北，鼎文書局，民國六十九年五月。

24.《明一統志》，《欽定四庫全書》，臺北，臺灣商務印書館，民國七十五年三月。

25.《寶卷》，初集，張希舜等主編，太原，山西人民出版社，1994年10月。

26.《明清民間宗教經卷文獻》，王見川等主編，臺北，新文豐出版公司，民國八十八年三月。

27.《推背圖》，金聖嘆手批本，臺中，郵購出版社，民國六十九年四月。

28.《錦西縣志》遼寧，作新印刷局，民國十八年鉛印本。

29.《綏化縣志》，臺北，國立故宮博物院，民國十三年三月。

30.《城武縣志》，袁章華修，臺北，國立故宮博物院，道光十年刊本。

31.《道光城口廳志》，洪錫疇纂，《中國方志集成——四川府縣志》，成都，巴蜀書社，1992年。

32.《房縣志》，《中國方志叢書·湖北省》，臺北，成文出版社，

民國六十四年。

33.《佛學大辭典》，臺北，新文豐出版公司，民國七十四年六月。

　　三、專書著作

1. 王戎笙等主編《清代全史》，瀋陽，遼寧人民出版社，1991
年7月。

2. 平山周著《中國秘密社會史》，臺北，古亭書屋，民國六十四
年八月。

3. 末光高義著《中國之秘密結社與慈善結社》，臺北，古亭書屋，
民國六十四年八月。

4. 朱德宣著《康熙思想研究》，北京，中國社會科學出版社，
1990年10月。

5. 汲修主人著《嘯亭雜錄》，臺北，文海出版社。

6. 呂大吉著《宗教學通論新編》，北京，中國社會科學出版社，
1998年12月。

7. 李劍農著《中國近百年政治史》，臺北，臺灣商務印書館，民
國五十四年十月。

8. 李毓澍著《蒙事論叢》，臺北，永裕印刷廠，民國七十九年十
一月。

9. 周凱著《內自訟齋文鈔》，《清中期五省白蓮教起義資料》，
揚州，江蘇人民出版社，1981年2月。

10. 金澤著《中國民間信仰》，杭州，浙江教育出版社，1995年3
月。

11. 俞蛟著《臨清寇略》，《筆記小說大觀》，第十編，臺北，新
興書局，民國六十四年十二月。

12. 柳得恭著《燕台再游錄》，《清中期五省白蓮教起義資料》，
揚州，江蘇人民出版社，1981年2月。

13.夏先範編《胡文忠公遺集》，臺北，文海出版社，民國六十七年一月。

14.馬西沙著《清代八卦教》，北京，中國人民大學出版社，1989年9月。

15.馬西沙、韓秉方著《中國民間宗教史》，上海，上海人民出版社，1992年12月。

16.高賢治等編譯《臺灣舊慣習俗信仰》，臺北，衆文圖書公司，民國七十三年一月。

17.秦寶琦著《中國地下社會》，北京，學苑出版社，1994年1月。

18.陳金田譯《臺灣私法志》，南投，臺灣省文獻委員會，民國七十九年六月。

19.許地山著《扶箕迷信底研究》，臺北，臺灣商務印書館，民國六十九年六月。

20.常聖照編著《安親系統錄》，臺北，古亭書屋，民國六十四年八月。

21.黃育楩著《又續破邪詳辯》，《清史資料》，第三輯，北京，中華書局，1982年7月。

22.喻松青著《明清白蓮教研究》，成都，四川人民出版社，1987年4月。

23.喻松青著《民間秘密宗教經卷研究》，臺北，聯經出版事業公司，民國八十三年九月。

24.《黃爵滋奏疏》，臺北，大中國圖書公司，民國五十二年三月。

25.彭延慶著《當陽縣避難記》，蔣維明編《川湖陝白蓮教起義資料輯錄》，成都，四川人民出版社，1980年。

26.鈴木中正著《千年王國民眾運動研究》，東京，東京大學出版會，1982年2月。

27.澤田瑞穗著《校注破邪詳辯》，日本，道教刊行會，昭和四十七年三月。

28.鄭志明著《無生老母信仰溯源》，臺北，文史哲出版社，民國七十四年七月。

29.濮文起著《中國民間秘密宗教辭典》，成都，四川辭書出版社，1996年10月。

30.濮文起著《秘密教門：中國民間秘密宗教溯源》，南京，江蘇人民出版社，2000年8月。

31.劉鴻喜著《中國地理》，臺北，五南圖書公司，民國七十三年十一月。

32.釋聖嚴編《比較宗教學》，臺北，中華書局，民國六十八年五月。

33.嚴如熤著《三省邊防備覽》，《清中期五省白蓮教起義資料》，揚州，江蘇人民出版社，1981年2月。

34.龔景瀚著《澹靜文鈔外篇》，《清中期五省白蓮教起義資料》，揚州，江蘇人民出版社，1981年2月。

四、期刊論文

1.王志耀撰〈從文化傳統看中國宗教的人文化傾向〉，《世界宗教研究》，1995年，第2期，北京，中國社會科學出版社，1995年6月。

2.王銘銘撰〈中國民間宗教：國外人類學研究綜述〉，《世界宗教研究》，1996年，第2期，1996年6月。

3.巴桑羅布撰〈活佛轉世的文化內涵〉，《西藏研究》，1992年，第4期，拉薩，西藏社會科學院，1992年11月。

4.包世臣撰〈淮鹽三策〉，《皇朝經世文編》，臺北，國風出版社，民國五十二年七月。

5. 任延黎撰〈政教關係淺議〉，《世界宗教文化》，1996年，春季號，北京，中國社會科學出版社，1996年3月。

6. 宋光宇撰〈試論「無生老母」宗教信仰的一些特質〉，《中央研究院歷史語言研究所集刊》，第五十二本，臺北，中央研究院，民國七十年九月。

7. 李世瑜撰〈民間秘密宗教史發凡〉，《世界宗教研究》，1989年，第1期，北京，中國社會科學出版社，1989年3月。

8. 希文撰〈傳統宗教、新興宗教、邪教〉，《世界宗教文化》，1999年，第4期，北京，中國社會科學出版社，1999年12月。

9. 豆格才讓・扎嘎撰〈班禪世系的產生及歷世班禪的轉世過程〉，《西藏研究》，1991年，第1期，拉薩，西藏社會科學院，1991年2月。

10. 卓新平撰〈論西方宗教學研究的主體、方法與目的〉，《中國社會科學研究院學報》，1988年，第4期，北京，中國社會科學院，1988年7月。

11. 南懷瑾撰〈青幫興起的淵源與內幕〉，《新天地》，第五卷，第8期，臺北，民國五十五年。

12. 勁夫撰〈西藏佛教發展的幾個階段及特徵〉，《西北民族研究》，1991年，第1期，蘭州，西北民族學院，1991年6月。

13. 胡珠生撰〈青幫史初探〉，《歷史學》，1970年，第3期，北京，中國人民大學書報資料中心，1970年9月。

14. 馬西沙撰〈黃天教源流考略〉，《世界宗教研究》，1985年，第2期，北京，中國社會科學出版社，1985年6月。

15. 馬良文撰〈中國民間宗教芻議〉，《世界宗教研究》，1994年，第1期，北京，中國社會科學出版社，1994年3月。

16. 孫雨志撰〈談談西藏宗教習俗〉，《世界宗教研究》，1990

年，第3期，北京，中國社會科學出版社，1990年9月。

17.陳小強撰〈試論西藏政教上層與滿洲清政權的初次互使〉，《西藏研究》，1992年，第2期，拉薩，西藏社會科學院，1992年5月。

18.陳麟書撰〈宗教的基本功能〉，《世界宗教研究》，1990年，第3期，北京，中國社會科學出版社，1990年9月。

19.郭建撰〈當代社會民間法律意識試析〉，《復旦學報》，1988年，第3期，上海，復旦大學，1988年5月。

20.陶成章撰〈教會源流考〉，《近代秘密社會史料》，臺北，文海出版社，民國六十四年九月。

21.淺井紀撰〈關於道光青蓮教〉，《東海史學》，1977年，第11號，東京。

22.喻松青撰〈關於明清時期民間秘密宗教研究中的幾個問題〉，《明清白蓮教研究》，成都，四川人民出版社，1987年4月。

23.喻松青撰〈破邪詳辯淺析〉，《明清白蓮教研究》，成都，四川人民出版社，1987年4月。

24.喻松青撰〈清茶門教考析〉，《明清史國際學術討論會論文集》，天津，天津出版社，1982年7月。

25.賀聖迪撰〈秦始皇的倫理觀〉，《上海大學學報》，1993年，第4期，上海，上海大學，1993年11月。

26.湯立新撰〈中國民間宗教：文化神與神文化〉，《世界宗教研究》，1995年，第3期，北京，中國社會科學出版社，1995年10月。

27.葉小文撰〈當前我國的宗教問題——關於宗教五性的再探討〉，《世界宗教文化》，1997年，春季號、夏季號，北京，中國社會科學出版社，1997年3、6月。

28.戴玄之撰〈明末的秘密宗教〉，《文壇》，285期，臺北，文壇月刊社，民國七十三年三月。

29.戴玄之撰〈老官齋教〉，《大陸雜誌》，第五十四卷，第六期，臺北，大陸雜誌社，民國六十六年六月。

30.戴玄之撰〈清幫的源流〉，《食貨月刊》復刊，第三卷，第四期，臺北，民國六十二年。

31.謝忠岳撰〈天津圖書館藏善本寶卷敘錄〉，《世界宗教研究》，1990年，第3期，北京，中國社會科學出版社，1990年9月。

32.謝重光撰〈從吳本的神化看福建民間宗教信仰的特點〉，《世界宗教研究》，1989年，第4期，北京，中國社會科學出版社，1989年12月。

33.瞿同祖撰〈清律的繼承和變化〉，《歷史研究》，1980年，第4期，北京，中國社會科學出版社，1980年8月。

34.顧祖成撰〈清朝前期治藏政策述略〉，《西藏研究》，1989年，第4期，拉薩，西藏社會科學院，1989年11月。

35.蕭一山撰〈天地會起源考〉，《近代秘密社會史料》，臺北，文海出版社，民國六十四年九月。